edition suhrkamp 2004

W0076972

Kultur und Konflikt
Herausgegeben von Wilhelm Heitmeyer,
Otto Backes und Rainer Dollase

Die Bundesrepublik befindet sich am Ende dieses Jahrhunderts in einer elementaren Identitätskrise, die die Gesellschaft vor eine ihrer schwersten Zerreißproben stellt. Bisher dominierende kulturelle, religiöse und familiale Orientierungsmaßstäbe sind ins Wanken geraten, das Mißtrauen in die Funktionsfähigkeit der Demokratie nimmt stetig zu, Zukunftsangst macht sich in immer stärkerem Maße breit. Der rasante soziale Wandel in den letzten Jahren – stichwortartig lassen sich hier die Wiedervereinigung, der Zusammenbruch des politischen Systems im Osten, die Globalisierung von Kapital und Kommunikation, die Massenarbeitslosigkeit sowie die kulturellen, religiösen und ethnischen Auseinandersetzungen anführen – hat zu einer grundlegenden Verunsicherung und Ratlosigkeit geführt, die alle Bereiche der Gesellschaft durchdringen und deren individuell wie kollektiv zerstörerische Folgen bislang kaum wahrgenommen wurden.

Was treibt die Gesellschaft auseinander? ist der erste Band der Bestandsaufnahme *Bundesrepublik Deutschland: Auf dem Weg von der Konsens- zur Konfliktgesellschaft.* In ihm wird der Frage nachgegangen, welche spezifischen Entwicklungen in dieser Republik die Desintegration verstärken und die Möglichkeiten politischer Gestaltung gefährden. Die Beiträge dieses Sammelbandes reichen von der kritischen Sichtung der klassischen Anomietheorie über die Analyse der strukturellen Zusammenhänge, der Auflösungstendenzen in allen wichtigen Lebensbereichen bis zu den individuellen Reaktionen, ihren unterschiedlichen Intensitäten in Ost- und Westdeutschland und den ethnisch-kulturellen Konflikten.

Der zweite Band beschäftigt sich unter dem Titel *Was hält die Gesellschaft zusammen?* (es 2034) mit der Frage, welche »Bindekräfte« in unserer hochgradig individualisierten, ethnisch-kulturell vielfältigen Gesellschaft wirken.

Was treibt die Gesellschaft auseinander?

*Bundesrepublik Deutschland:
Auf dem Weg von der Konsens-
zur Konfliktgesellschaft*

Band 1

Herausgegeben
von Wilhelm Heitmeyer

Suhrkamp

edition suhrkamp 2004
Erste Auflage 1997
© Suhrkamp Verlag Frankfurt am Main 1997
Erstausgabe
Alle Rechte vorbehalten, insbesondere das
der Übersetzung, des öffentlichen Vortrags
sowie der Übertragung durch Rundfunk und Fernsehen,
auch einzelner Teile.
Satz: Hümmer, Waldbüttelbrunn
Druck: Nomos Verlagsgesellschaft, Baden-Baden
Umschlag gestaltet nach einem Konzept
von Willy Fleckhaus: Rolf Staudt
Printed in Germany

2 3 4 5 6 – 02 01 00 99 98 97

Inhalt

I. Theorie

II. Anomiepotentiale in gesellschaftlichen Teilbereichen

III. Sozialisationsbereiche und Lebensräume

IV. Individuelle Verarbeitungen und anomisches Verhalten

V. Die Situation in Ost- und Westdeutschland

VI. Anomie und ethnisch-kulturelle Konflikte

Vorwort

Die langjährigen Forschungen zu Fremdenfeindlichkeit, Gewalt und Rechtsextremismus an der Universität Bielefeld haben zur Etablierung des »Instituts für interdisziplinäre Konflikt- und Gewaltforschung« geführt, das von den Professoren Backes, Dollase und Heitmeyer aufgebaut wird. Mehrere Forschungsvorhaben und umfangreiche Publikationsprojekte sind initiiert und z. T. bereits abgeschlossen.

Damit soll eine kontinuierliche Forschung gesichert werden, die sich auf innergesellschaftliche Konflikte und Gewalt, insbesondere auch in ethnisch-kultureller Gestalt konzentriert.

Dazu gehört auch der vorliegende Band, dessen Konzeption auf der Annahme gründet, daß Anomie und ihre Auswirkungen in Teilbereichen der Gesellschaft wie im individuellen Verhalten oder von Gruppen direkte wie indirekte Zusammenhänge mit ethnisch-kulturellen Konflikten und ihren z. T. gewalttätigen Erscheinungsformen aufweisen. Das Fehlen ausführlicher Analysen zur Anomiethematik gab den Anstoß, zusammen mit Hans Hartwig Bohle, Wolfgang Kühnel und Uwe Sander konzeptionelle Vorarbeiten und strukturierende Fragestellungen zu entwerfen. Den drei Kollegen gilt mein besonderer Dank.

Die in diesem Band versammelten Beiträge sind mit weitreichender Förderung durch das Ministerium für Wissenschaft und Forschung des Landes Nordrhein-Westfalen entstanden. Zu danken ist deshalb besonders Herrn Dr. Jenkner.

Der Dank gilt außerdem den Kolleginnen und Kollegen für ihre Arbeit und die Geduld, mit der zeitliche und inhaltliche Anforderungen über einen längeren Zeitraum ertragen worden sind.

Für ihre umfangreiche Textbearbeitung ist an dieser Stelle auch Byrthe Fink, Renate Hillenkötter und Sigrid Ward zu danken.

Bielefeld, im August 1996

Wilhelm Heitmeyer

Wilhelm Heitmeyer
Einleitung: Auf dem Weg in eine desintegrierte Gesellschaft

Es deutet vieles darauf hin, daß *Desintegration* zu einem Schlüssel-begriff zukünftiger gesellschaftlicher Entwicklungen avancieren wird. Zumal dann, wenn man sich nicht nur theoretischen Erörte-rungen zur Legitimation des »Gegebenen« durch den Nachweis des Funktionierens von »menschenleeren« Systemen oder poli-tisch-ideologischen Wunschträumen hingibt, sondern sich vorran-gig empirisch auf die »widerspenstigen« und unübersichtlichen Entwicklungen konzentriert.

Dies bedeutet nicht weniger, als daß weitreichende individuelle, soziale und politische Beeinträchtigungen und Beschädigungen auf die Tagesordnung gesetzt werden – allen angestrengten Verdrän-gungsbemühen zum Trotz. Denn es sei daran erinnert, daß die gewaltsamen Ideologien des 20. Jahrhunderts durch die Umwäl-zungen im 19. Jahrhundert eingeleitet wurden. Die Frage ist nun, welche Folgen die rasanten Internationalisierungs- und Globalisie-rungsschübe am Ausgang dieses Jahrhunderts haben werden.

Bei der Beantwortung dieser Frage ist zu berücksichtigen, daß die empirisch ermittelten Tatbestände das ganze Ausmaß der dra-matischen Entwicklungen nur unvollkommen abbilden können, da diese in der Regel in vollem Ausmaß erst *zeitversetzt* aufbre-chen.

I.

Das krisendurchschüttelte 19. Jahrhundert drängte den Gründer-vätern der Sozialwissenschaften die Einsicht auf, daß gesellschaft-liche Umbrüche und Strukturwandlungen den Zusammenhalt einer Gesellschaft in hohem Maße gefährden können. Insbesonde-re Émile Durkheim hat die problematischen Auswirkungen der sich anbahnenden Industriegesellschaft in den Blickpunkt seiner Forschungsarbeit gestellt. Der Schlüsselbegriff seiner Analysen war das Konzept der Anomie. Auslöser für eine Gefährdung der gesellschaftlichen Integration waren seiner Ansicht nach tiefe Veränderungen in der sozialen Struktur innerhalb sehr kurzer Zeit. Wie aktuell eine solche Sichtweise auch nach über 100 Jahren sein kann, belegen gerade die Veränderungen und elementaren Krisen der westlichen Industriegesellschaft in der heutigen Zeit. Auch in der Bundesrepublik sind schwere, z. T. offene, z. T. noch verdeckte Zerreißproben festzustellen.

Bisher dominierende kulturelle, religiöse und familiale Orientierungsmaßstäbe sind ins Schwanken geraten, das Mißtrauen in die Funktionsfähigkeit der Demokratie nimmt stetig zu, Zukunftsangst macht sich in immer stärkerem Maße breit, zumal die soziale Ungleichheit rapide wächst. Der rasante gesellschaftliche Wandel in den letzten Jahren – stichwortartig lassen sich hier die Wiedervereinigung, der Zusammenbruch des politischen Systems im Osten, die Globalisierung von Kapital und Kommunikation, die Massenarbeitslosigkeit sowie die kulturellen, religiösen und ethnischen Auseinandersetzungen anführen – hat zu einer grundlegenden Verunsicherung und Ratlosigkeit geführt, die alle Bereiche der Gesellschaft durchdringen und deren individuell wie kollektiv zerstörerische Folgen bislang kaum angemessen wahrgenommen und diskutiert werden.

Diese Hinweise auf Zustand und Entwicklung einer Gesellschaft lassen sich unter zahlreichen Gesichtspunkten analysieren. Zu den gewichtigsten zählen jene, mit denen Integrationsqualitäten und Desintegrationsgefahren in den Mittelpunkt gerückt werden. Sie lassen sich in vielfältigen Facetten registrieren. Dazu gehören die

– trotz der Wiedervereinigung währende und sich u. U. vertiefende Spaltung in zwei deutsche Gesellschaften;
– Verschärfung sozialer Ungleichheit, und damit die Vergrößerung der Kluft zwischen Arm und Reich;
– Ausgrenzung von sozialen Gruppen und Milieus vom Zugang zu materiellen und kulturellen Gütern;
– Einsparung von sozialen Unterstützungssystemen und Infrastruktureinrichtungen;
– Rückzüge aus den Institutionen;
– Abwertung und Diskriminierung von ethnisch-kulturellen Minderheiten;
– Fragmentierung von Lebenszusammenhängen;
– Zerstörung von sozialen Beziehungen;

– Auflösung basaler Werte- und Normenkonsense.

Zwar sind nicht unwesentliche »Gegenbewegungen« sowohl z. T. staatlichen Ursprungs als auch v. a. »von unten« zu verzeichnen, die sozialen Zusammenhalt gewährleisten sollen. In der Summe jedoch gibt es viele Hinweise darauf, daß in einer Zeit ungeheuren Wandlungsdrucks mit einem entfesselten Kapitalismus die Desintegrationsentwicklung zunimmt.

– Deutlich wird eine brisante *Inkonsistenz*: Die Individualisierung *ermöglicht* Entscheidungsfreiräume, die sich u. a. als Subjektivierung von Werten und Normen, Enttraditionalisierung etc. ausweisen; die strukturell im Kapitalismus verankerte Konkurrenz- und Verwertungslogik hingegen *erzwingt* zunehmend ein utilitaristisch-kalkulatives Verhalten, so daß die Möglichkeitsräume ungebremst damit ausgefüllt werden.

– Es entstehen auch deshalb besondere Probleme durch *Ungleichzeitigkeit*: Die durch Individualisierung erworbenen *neuen* Verhaltensweisen kollidieren mit den durch die reaktualisierten *alten* sozialen Fragen notwendig werdenden Verhaltensweisen kollektiven Handelns und der Solidarität. Außerdem hat sich eine Rückkehr zu den alten, kollektiv »gemeinschaftlichen« Bewältigungsformen strukturell endgültig überlebt.

– Insgesamt zeigt sich eine *Asymmetrie*: Individualisierung als *kulturelle* Norm gilt für alle. Die damit verheißenen und mit Aufforderungscharakter oder Anpassungsdruck verbundenen Realisierungschancen sind zwischen den Angehörigen der unterschiedlichen Milieus strukturell zunehmend ungleich verteilt. Dies führt zu einer *strukturellen* Konservierung von Statuspositionen und Milieuzugehörigkeiten bei gleichzeitig existentem *kulturellen* Wandlungsdruck, so daß sowohl individuelle als auch politische Konfliktsituationen entstehen. *Konkurrenz* wird zum zentralen Motor von Desintegration und damit der Auflösung des Sozialen.

Die großen Spannungen zeigen sich z. B. in der parallelen Entwicklung rapide steigender Unternehmensgewinne und der ebenso wachsenden Sozialhilfeabhängigkeit. Daran wird deutlich, daß der gesellschaftliche Kitt der sozialen Gerechtigkeit zerbröckelt.

Die Phänomene kennzeichnen tiefreichende Krisenerscheinungen, die sich bündeln lassen in

– *Strukturkrisen* als Ausdruck dafür, daß z. B. die Steuerungskapazitäten drastisch abnehmen;

- *Regulationskrisen* als Zeichen dafür, daß z. B. die Gesellschaft ihre eigenen Regeln nicht mehr ernst nimmt. Am prägnantesten äußert sich dies in der Wirtschaftskriminalität ihrer ökonomischen Eliten;
- *Kohäsionskrisen* als Indiz für die Auflösung von Vergemeinschaftung, d. h. der Bindekraft von Idealen, sozialen Beziehungen, Milieus, Parteien und Institutionen.

Das Bedrohliche an diesen Krisenerscheinungen ist die Zunahme von politischen, sozialen und individuellen Zerstörungen, die angesichts des Wandlungsdrucks irreparabel werden, mithin die Aggressions- und Gewaltraten in unkalkulierbaren Schüben vergrößern lassen könnten.

II.

Die Zuspitzung der Untersuchungsrichtung auf Ursachen und Erscheinungsformen gesellschaftlicher Desintegration und daraus entstehende Folgen für das Verhalten von Individuen, Gruppen und Institutionen legt es nahe, eine Theorie- und Analysekonzeption aufzuzeigen, die geeignet erscheint, die Grundfigur der ablaufenden Prozesse zu erfassen. Diese Grundfigur besteht m. E. darin, daß die ausdifferenzierte Gesellschaft immer *neue* und immer vielfältigere Möglichkeiten der Lebensgestaltung hervorbringt und durch die kapitalistische Kulturindustrie geradezu erzeugt. Zugleich verknappen sich aber für immer mehr Personen die Chancen auf die Realisierung der Optionen, d. h., *alte* soziale Fragen der Armut bzw. relativen Deprivation etc. kehren auf die gesellschaftliche Tagesordnung zurück. Auch darin dokumentiert sich gesellschaftliche Desorganisation, die mit kollektiver Desorientierung bezüglich politischer Zukunftsentwürfe wie mit individueller Desorientierung über die weitere Lebensplanung einhergehen kann.

Dieses auf Westdeutschland anzuwendende Grundmuster erhält in Ostdeutschland noch einen anderen Duktus, wenn »alte« Verhaltensweisen auf neue Strukturen, Regeln und Verfahren treffen. Aber auch dort ist nach einer Umstellungszeit das für Westdeutschland gültige Muster zu erwarten. In jedem Fall handelt es sich um ungleichgewichtige und asynchrone Wandlungsprozesse von Struktur und Kultur.

»Die Dynamik des Sozialen wird durch die Interaktion von Struktur (Differenzierung, Komplexität, Mobilität etc.) und Kultur (Universalismus, Pluralismus etc.) einer Gesellschaft und den zwischen diesen Dimensionen existierenden Spannungen bestimmt« (Hoffmann-Nowotny 1988, S. 660).

Zur analytischen Klärung von gesellschaftlichen Zuständen wie Entwicklungen reichen daher weder allein strukturbezogene Ansätze (z. B. Ungleichheitskonzepte) noch kulturorientierte (also auf Werte- und Normveränderungen zentrierte) Ansätze aus, um die Auswirkungen der Spannungen für die Individuen wie für den sozialen Zusammenhang aufzuzeigen.

Es mag nun paradox erscheinen, daß für die Erforschung der neueren Entwicklungen auf ein altes Analysekonzept zurückgegriffen wird, nämlich auf das Anomiekonzept. Die integrationsgefährdenden Auswirkungen solcher Spannungen zwischen kulturellen Werten und strukturellen Bedingungen sind von Merton (1957; 1968) in seiner Untersuchung sozialstrukturell bedingter Anomie eindringlich dargelegt worden. Seine Überlegungen waren für die Sozialforschung über drei Jahrzehnte für verschiedene Teilgebiete der Gesellschaft richtungsweisend (vgl. Besnard 1987). Auch der schon erwähnte Durkheim (1897; 1973) hat auf das Schwinden von Solidarität, die Erosion sozialer Beziehungen, und damit die Fragen der Integration einerseits und die Auflösung von kulturellen Orientierungen andererseits, als die beiden Seiten von Anomie in der modernen Gesellschaft hingewiesen. Seine konzeptionellen Anleitungen haben in der empirischen Forschung zur Arbeitsteilung, zur Kriminalität, zum Suizid und natürlich zur Anomie in den achtziger und neunziger Jahren eine wahre Renaissance erlebt (vgl. Albrecht 1987). Aber nicht nur die Dignität soziologischer Begriffstradition und die empirische Bewährung in der Forschung – und beides wäre eine wichtige Voraussetzung für kumulativen Erkenntnisfortschritt – lassen die Anwendung der Konzepte von Durkheim und Merton gerechtfertigt erscheinen, sondern v. a. auch die nicht mehr zu übersehenden sozialen Spannungen, kulturellen Unübersichtlichkeiten und Plausibilitätsverluste.

Dies gilt umso mehr angesichts des Umstandes, daß ein unbestrittenes Kennzeichen der modernen Gesellschaft die historisch wohl unvergleichliche *Veränderungsgeschwindigkeit* als eine Erscheinungsform der Radikalisierung der »Moderne« ist, die v. a. durch ökonomisch-technologischen Fortschritt, auch durch politische Systemzusammenbrüche im Osten und die Internationalisierung von Kommunikation und Kapital forciert wird. Sichtbar werden z. T. gegenläufige bzw. ungleichzeitige Trends. Ebenso scheint die *Gerichtetheit* der gesellschaftlichen Entwicklungen entlang von Utopien und politischen Visionen abzunehmen, wie die Desillusionierung über die politische *Steuerbarkeit* der Prozesse wächst.

Alte Fragen werden durch diese Dynamiken neu ins Blickfeld gerückt. So scheinen die regelnden Verbindungen zwischen den Handlungszielen sozialer Gruppen und Individuen einerseits und moralischen Normen andererseits unter immer größeren Druck zu geraten bzw. schon auseinandergerissen zu sein, die Eindeutigkeit und Bestimmtheit der Geltungskraft von Normen und Handlungszielen in Frage gestellt. Damit wird zugleich der Sinn, sich nach ihnen zu richten bzw. aus ihnen Handlungsorientierungen zu gewinnen, in Zweifel gezogen.

Dies hat auch Folgen dergestalt, daß die alte Bestimmtheit des »abweichenden Verhaltens« nicht nur dadurch aufgelöst wird, daß jede Gesellschaft um des sozialen Wandels willen abweichendes Verhalten braucht (Hondrich 1995, S. 20), sondern daß durch die freiheitsverheißende Normen*pluralisierung* (vgl. Friedrichs 1993) möglicherweise gerade nicht die Autonomiebestrebung gefördert, sondern eher individuelle anomische Zustände provoziert werden, weil der Subjektivierung von Werten und Normen die sozialen Bezüge fehlen und dadurch wiederum Sinn verlorengeht, mithin die Bedrohungsgefühle von Kontingenz, daß alles auch ganz anders sein könnte, wachsen. Die Normalitätsdefinitionen werden unterminiert. Die alte Schematik von erfolgreicher Sozialintegration vs. abweichendem Verhalten, durch die Gruppen ausgrenzend markiert oder reintegrierend befeiert werden konnten, verliert ihr Gewicht:

»Soziale integrative Prozesse sind (…) weniger planbar, desintegrative Erscheinungen weniger vorhersehbar und vor allem kaum noch eindeutig lokalisierbar geworden« (Böhnisch 1994, S. 177).

Damit ist das Anomieproblem nicht erledigt – im Gegenteil. Es radikalisiert sich, lastet zunehmend auf dem Individuum und streut über alle sozialen Milieus.

Betrachtet man Jugendliche als denjenigen Teil der Bevölkerung, der der Gesellschaft das Bild ihrer eigenen Zukunft zeigt (so Oskar Negt), dann wird deutlich, daß die Problemwahrnehmungen zu Sicherheit/Unsicherheit, sozialer Verortung und kognitiver Durchschaubarkeit nicht auf bestimmte, randgelagerte Milieus beschränkt sind (vgl. Heitmeyer u. a. 1995/²1996).

Daß sich diese Aspekte von Anomieerscheinungen so über die Milieus verteilen, verwischt nicht die massiven sozialen Ungleichheiten, sondern aktualisiert eine alte Frage neu: Bei jenen Milieus, die materielle Entbehrungen weniger kennen, radikalisieren sich Fragen der Zielsetzungen, also kulturelle Probleme; demgegenüber verschärfen sich für jene Milieus mit existentiellen Nöten eher die Probleme, die infolge von Strukturentwicklungen auftreten, weil sie dauerhaft sind. In den individuellen Effekten zeigen sich dann durchaus vergleichbare Schwierigkeiten im Hinblick auf Orientierungsverluste als Elemente von Anomie.

Diese Entwicklungen bedürfen neuer Diskussionen, da zwei wesentliche Grundmerkmale moderner Gesellschaften zunehmend zwei grundverschiedene Auswirkungen auszulösen scheinen. Die *strukturelle Differenzierung* erzeugt in den einzelnen Handlungsbereichen eine eigene Zweckrationalität. Das Individuum gerät unter den Zwang, sich den Organisationszielen unterordnen zu müssen, weil es ansonsten Gefahr läuft, mit existentiellen Bestrafungen konfrontiert zu werden.

Die strukturelle Differenzierung ist nun aber »mit dem Fortbestand übergreifender und allgemein verbindlicher Sinn- und Wertordnung nicht verträglich« (Berger/Luckmann 1995, S. 66). Folglich werden etwa übergreifende Sinnordnungen wie z. B. Solidaritätspotentiale strukturell aufgelöst und gewissermaßen durch das verheißungsvolle Kompensationsangebot des kulturellen Pluralismus ersetzt, zu dem es keine Alternative gibt, welche nicht auf Zwang gründet. Gleichzeitig sind übergreifende und allgemein verbindliche Sinn- und Wertordnungen – so Berger/Luckmann (ebd., S. 66) – »für eine gesellschaftlich garantierte Gleichsinnigkeit in Ausbildung persönlicher Identität und für ein hohes Maß an Sinngemeinschaft in Lebensgemeinschaften« eine Vorbedingung.

Bezieht man dieses Kultur-Struktur-Schema auf das Verhältnis von Macht und Moral, so offenbaren sich nachstehende Folgen:

»Die verbreiteten Identitätskrisen, die Krisen der sozialen Integration und die Schwierigkeiten der politischen Steuerung ergeben sich daraus, daß die in der Sphäre des Marktes gültigen Regeln des Verhaltens über ihre Grenzen überdehnt und durch nichtmarktförmige Kulturbestände nicht mehr zureichend in Schach gehalten werden« (Dubiel 1995, S. 12).

Es zeigt sich, daß die moderne Gesellschaft durch strukturelle Entwicklungen und marktförmige Prozesse immer *mehr* »Sinn« und Solidaritätspotentiale verbraucht, als sie erzeugt. Die für Solidarität notwendigen Spielräume und Handlungsbedingungen scheinen durch den auf das Individuum ausgeübten existentiellen Druck zunehmend verstellt.

Anomiepotentiale können deshalb überall dort zur Geltung kommen, wo neuartige Funktionen und soziale Strukturen entstanden sind, ohne daß sich in gleicher Weise verbindliche Handlungsformen ausbilden.

Durkheims Annahme, daß sich immer wieder sozial befriedende »Gleichgewichtsprozesse« entwickeln würden, etwa zwischen zunehmender Arbeitsteilung und daraus entstehenden Solidaritäten, kann gegenwärtig keine empirische Plausibilität beanspruchen. Es spricht vieles dafür, daß die gesellschaftliche Anomie nicht nur ein episodenhaft wiederkehrendes Übergangsphänomen darstellt, sondern ein andauernder Zustand mit ungewissem Ausgang ist. Man kann annehmen, daß dies z. B. auch für den enormen Anstieg bei der Jugendkriminalitätsrate, insbesondere bei Gewaltdelikten (Pfeiffer u. a. 1996), zumal bei ostdeutschen Jugendlichen, gilt.

Was bleibt, ist also der Umstand, daß sich Anomie als ein strukturelles Merkmal moderner Industriegesellschaften erweist, so daß zu analysieren gilt, in welchem Verhältnis die Zerstörungen des sozialen Zusammenhalts mit »Gegenbewegungen« neuer Formen stehen.

III.

In diesem Lichte wird Anomie als *strukturelles* gesellschaftliches Problem betrachtet, das sich in *kulturellen* Kontexten zeigt und in vielgestaltigen *individuellen* und *kollektiven* Einstellungen und Verhaltensweisen sichtbar wird: sei es an *eindeutigen* Indikatoren wie z. B. Kriminalität, Selbstmord, Sucht, Korruption; an *latenten* wie z. B. Sinnlosigkeitsempfindungen, Machtlosigkeit, Apathie oder Ehescheidungen und an *ambivalenten*, besonders umstrittenen Formen wie z. B. einigen Protestbewegungen, die als Problemanzeiger wirken können und denen z. T. sowohl sozialer Fortschritt als auch Gewaltpotentiale inhärent sind.

Um die individuell wie sozial destruktiven Auswirkungen von

Anomieprozessen zu ermitteln, durchziehen drei Fragerichtungen dieses Buch:

- Die theoretischen Fragen zielen auf das Problem, wie die klassischen anomietheoretischen Konzepte im Zeitalter funktional differenzierter Gesellschaften fruchtbar umgesetzt werden können bzw. wie diese Ansätze dementsprechend modifiziert werden sollen.
- Die analytische Fragerichtung soll den Horizont *erweitern*, um den bisher zumeist vernachlässigten Zusammenhang zwischen Anomieentwicklung und dem Wandel nicht nur zu differenzierten, sondern auch zu ethnisch-kulturell vielfältigen Gesellschaften aufzuzeigen.
- Daran schließt die empirische Fragerichtung an, in deren Gefolge teilgesellschaftlich und verhaltensbezogen die anomieträchtigen Problempotentiale *präzisiert* und Verbindungslinien zu ethnisch-kulturellen Konfliktkonstellationen gezeichnet werden.

IV.

Nun gehört es zu den Gemeinplätzen sozialwissenschaftlicher Forschung, daß die dargelegten Facetten weder linear gedacht noch fix in kausale Zusammenhänge eingereiht werden können. Es betrifft auch das Anomiekonzept, daß Zusammenhänge, die auf der Theorieebene plausibel sind, empirisch oft nur schwer nachgewiesen werden können. Denn bekanntlich lassen sich weder einfach aus gesellschaftsstrukturellen Dilemmata anomische Bewältigungsmuster individueller Akteure deduzieren, noch wird man aus der Annahme defizitärer Persönlichkeitsmuster schlechthin auf anomische Entwicklungen sozialer Strukturen und Systeme schließen können.

Die Schwierigkeiten des Umgangs mit dem Anomiethema sind also nicht zu übersehen. Zum einen avancierte der Begriff mit vielgestaltigen Assoziationen zu einer vereinfachenden Krisen- und Skandalisierungsmetapher. Intensive wissenschaftliche Auseinandersetzungen geraten dagegen in komplexe Analyseprobleme. Dazu gehört zum einen, daß empirische Untersuchungen in der Regel hinter der tatsächlichen Entwicklung zurückbleiben und vielfach auch nicht die komplizierten Wechselwirkungen und unübersichtlichen zyklischen Verläufe etwa von Gewaltkurven und sozialen Gegensteuerungen aufzeigen können. Im Saldo »schönen« die empirischen Befunde eher die Realität, als daß sie diese überzeichnen. Das liegt zumal bei Individualdaten daran, daß z. B. nicht sonderlich gern die desolate soziale Situation, Machtlosigkeit oder gar Selbstwertverluste – aus naheliegenden Gründen des Selbstschutzes – eingestanden werden.

Ein zweites grundsätzliches Analyseproblem ergibt sich aus der Tatsache, daß sowohl der alte Grundkonflikt und die neuen gesellschaftlichen Entwicklungen (der rasanten Individualisierung) ebenso zu berücksichtigen sind wie aktuelle individuelle Erscheinungsweisen.

Diese Dynamik erhält neue Konturen und Konsequenzen, die sowohl von den rapiden *Modernisierungs*prozessen gespeist werden und insofern nachhaltig soziale Beziehungen, Ungleichheitsrelationen etc. beeinflussen als auch durch die kulturellen, religiösen und ethnischen Zuwächse über *Wanderungs*bewegungen, die die Zusammensetzung der Bevölkerung verändern und andere Normalitätsvorstellungen, z. T. aus traditionalen Gesellschaften, in das soziale Gefüge einbringen und somit auch neue kulturelle Unterschiede erzeugen.

Die Differenzierung und Vielgestaltigkeit von Gesellschaft erhöhen die Chancen der Neuentwicklung bzw. die Chancen der Aufnahmefähigkeit neuer Elemente, in dem Fall etwa Fremde mit anderen kulturellen, religiösen oder politischen Selbstverständlichkeiten und Selbstverständnissen.

Gleichzeitig ist die Differenzierungszunahme aber auch anomieförderlich, wenn insbesondere intermediäre Institutionen und Kollektive sowohl Orientierungs- als auch Kontrollverluste aufweisen, so daß emotionalisierungsfähige und glaubensträchtige Sinnkategorien vorrangig nationaler oder ethnisch-kultureller Qualität an ordnungsversprechender Relevanz gewinnen.

Die hier vorgelegten Beiträge zielen deshalb auch auf die Frage ab, inwieweit die Zunahme von anomischen Erscheinungen eine der zentralen gesellschaftlichen Grundlagen für ethnisch-kulturelle Konflikte bildet, die dann über politische Funktionalisierungen ihre unerbittliche Gestalt annehmen können. Damit wird ein neuer Akzent mit der alten Anomiedebatte verbunden, weil die soziologischen Klassiker gerade auch im Hinblick auf die nationalen und ethnisch-kulturellen Problemlagen optimistisch davon ausgegangen waren, daß die gesellschaftliche Differenzierung solche Kategorien im Laufe des Modernisierungsprozesses zum Verschwinden bringen würde. So wie bei Durkheim die Folgen der strukturellen Differenzierung für die soziale Qualität des Zusammenlebens im Laufe seiner Analysen mit immer pessimistischeren Untertönen versehen wurden, so pessimistisch muß man wohl auch mit dem Zusammenhang von Anomie und dem Entstehen ethnisch-kultureller Konflikte umgehen. Deshalb ist eines der Ziele dieses Bandes, auf solche Zusammenhänge verstärkt hinzuweisen. Das Zusammenspiel von Orientierungs- und Kontrollverlusten intermediärer Instanzen, der Delegitimierung von Normen (die auch eine Absenkung von Gewaltschwellen mit sich bringen kann) und das Aufheizen des politischen Klimas mit emotionalisierungsfähigen Themen zeigt nur eines der Muster auf, in dem anomietheoretische Annahmen eine wichtige Rolle einnehmen.

V.

Die Konzeption des Bandes gruppiert sich um sechs Kapitel, die von der kritischen Bestandsaufnahme zur Anomietheorie über die strukturellen Zusammenhänge, ihren Erscheinungsformen in sozialisationsrelevanten Lebensbereichen bis zu individuellen Verarbeitungen, ihren unterschiedlichen Intensitäten in Ost- und Westdeutschland bis zu den ethnisch-kulturellen Konflikten reichen.

Im einleitenden Theoriekapitel resümieren Hans Hartwig Bohle, Wilhelm Heitmeyer, Wolfgang Kühnel und Uwe Sander zunächst den Theoriestand der klassischen Anomietheorie in den Varianten von Durkheim und Merton. Wesentliche Dimensionen wie Mängel zentraler Regulationen, nachlassende soziale Kohäsion und die strukturellen Disbalancen als Hindernisse sozialer Integration werden herausgestellt. Gleichzeitig sind die Begrenzungen der klassischen Analyse angesichts der gesellschaftlichen Ausdifferenzierung markiert worden, so daß kaum noch von genereller gesellschaftlicher Anomie im Sinne Mertons gesprochen werden kann. Statt dessen sind genauere Untersuchungen einzelner Teilbereiche mit ihren Eigenlogiken vonnöten, die – in einem Analysemodell verdichtet – dann idealiter über mehrere Ebenen hinweg von den Disbalancen zwischen Kultur und Struktur zu den auftretenden Integrationsproblemen geführt, im Rahmen verstärkender oder abschwächender intermediärer Instanzen diskutiert und auf individuelles Verhalten bezogen werden müßten.

Auf den zentralen gesellschaftlichen Teilbereich der Ökonomie, und damit auch den die Anomietheorie weitgehend konstituierenden Prozeß der Arbeitsteilung, konzentriert sich Klaus Dörre. Er setzt bei der Globalisierung der Ökonomie und der Internationalisierung der Arbeitsteilung an. Gerade dieser Zugang bringt neue Produktions- und Reorganisationskonzepte mit anomischen Tendenzen in Verbindung, die aufgrund einer doppelten Entwertung des Arbeiterstatus infolge der Veränderung des kollektiven Status und der gesellschaftlichen Positionierung entstehen. Insofern verbinden sich nach dieser Analyse mit anomischen Entwicklungen auch verstärkte Ethnisierungen gesellschaftlicher Schwierigkeiten, die keineswegs durchgängig Reaktionen auf soziale Verelendung darstellen.

Daß Armut als eine Variante sozialer Verelendung in den Zusammenhang mit Anomie gebracht werden muß, zeigt Hans Hartwig Bohle. Eine entscheidende Neuentwicklung besteht nun in der Tatsache, daß Armut inzwischen als strukturelles Problem auftritt, also als dauerhaft gelten muß, und aus dem Ghetto klassischer Sozialgruppen herausgelöst ist. Die Problematik eskaliert v. a. auch deshalb, weil die klassische Verteilung auf den Kopf gestellt ist und heute insbesondere junge Menschen davon betroffen sind, da der Einstieg in Berufslaufbahnen nicht geschafft werden konnte und sich auch im weiteren Verlauf nicht mehr im Hinblick auf Statuserwartungen etc. wird aufholen lassen.

Die politischen Auswirkungen der Disbalancen zwischen kulturellen Zielen (dem »guten Leben« u. a. als sozialer Aufstieg etc.) und strukturellen Zwängen thematisiert Eike Hennig hinsichtlich national-populistischer und rechtsextremistischer Varianten. Dabei betont er insbesondere, daß es seit 1990 eine abnehmende Demokratieakzeptanz gebe. Die Output-Orientierung gegenüber dem politischen System verdichtet sich zu vielfältigen Vertrauensverlusten gegenüber Institutionen und intermediären Instanzen.

Solche politischen Verarbeitungen sind ohne massenmediale Verbreitung nicht denkbar. Gleichwohl sind nach der Analyse von Uwe Sander und Dorothee M. Meister aufgrund der internen Vielfältigkeit des Mediensystems keine generellen Aussagen über anomische Wirkungen möglich. Statt dessen werden die Zusammenhänge von Medien und Gewalt sowie der politischen Kommunikation aus den einfachen Schematiken herausgelöst und im Kontext des Medien-Politiksystems diskutiert, um den anomischen Konsequenzen von Integrations-, Kohäsions- und Strukturkrisen nachzugehen, weil sich hier über augenblicklich schwach erscheinende Wirkung doch vielfältig langfristige Folgen ergeben. Sei es im Bereich der Erosionen gewaltrelevanter Normvorstellungen, über die Inszenierung symbolischer Politik oder daß Anomie als bevorzugtes Thema ausgewählt und normalisiert wird, weil mit dem Abweichenden, Normverletzenden (bis hin zur Berichterstattung über fremdenfeindliche Gewalt) und Außergewöhnlichen die erfolgreichsten Thematisierungsstrategien auf dem umworbenen privatisierten Medienmarkt entsprechend plaziert werden wollen. Ob sie auch neue regulationsfähige Qualitäten zur Konstruktion kollektiver sozialer Realitäten ausbilden, also eine anomischen Tendenzen entgegensteuernde intermediäre Instanz anstelle alter erodierender Instanzen darstellen, ist eine der spannendsten zukünftigen Fragen, deren Beantwortung angesichts der Medienvisionen von 500 Programmen mit äußerster Skepsis verfolgt werden muß.

In jedem Falle haben die Massenmedien Folgen für die verschiedenen Sozialisationsbereiche und Lebensräume, deren Analysen in einem weiteren Kapitel versammelt sind.

Karl-Dieter Keim konzentriert sich auf die Frage, inwieweit gesellschaftliche Modernisierung und strukturelle Umbrüche im räumlichen Kontext der Urbanisierung anomische Tendenzen erzeugen. Urbanisierung und Wohnen wird als Bereich gesehen, der verstärkende oder abschwächende Funktionen etwa im Hinblick auf soziale Kohäsion einnehmen kann. Es wird die These verfolgt, daß sich der öffentliche Stadtraum in einer Richtung entwickelt hat, die bei einzelnen Bewohnergruppen oder gegenüber der städtischen Lebensweise insgesamt zu erheblichen Orientierungsverlusten führt. Dabei wird die Spaltung des öffentlichen Stadtraums nicht mit Anomie gleichgesetzt, sondern die ansteigende Beschleunigung der Umformung und Beseitigung räumlicher Strukturen wirkt dem Bedürfnis nach einer kontinuierlich erlebbaren urbanen Umwelt entgegen und verschärft damit anomische Tendenzen.

Ein forcierter Wandel ist bekanntlich auch im Sozialisationsbereich der Familie zu konstatieren, dessen Auswirkungen – wie Rüdiger Peuckert in seiner Analyse feststellt – bisher nicht anomietheoretisch interpretiert worden sind. Dazu zeigen sich aufgrund der vorgestellten Ergebnisse genügend Ansatzpunkte, wobei jedoch sich die zahlreichen Konsequenzen der Entwicklungsrasanz (etwa der Scheidungsfolgen auf Kinder etc.), der anomischen Spannungen für Alleinerziehende und ihre Kinder bzw. des steigenden Anomiedrucks für Frauen als Folge der wachsenden Kluft zwischen beruflichen Aspirationen und deren Realisierung erst zeitversetzt in ihrem ganzen Ausmaß offenbaren werden.

Desintegrationsprozesse und Strukturen der Desorganisation in der Institution Schule stehen im Mittelpunkt der Analyse von Heinz Günter Holtappels und Sabine Hornberg. Dazu stellen sie insbesondere die Erosion kollektiver Bindungen, die restriktiven Konformitätszwänge und Ziel-Mittel-Diskrepanzen heraus. Es zeichnen sich deutliche strukturelle Bedingungen für anomische Spannungen im Schulbereich ab, die sich vielfach noch besonders erschwerend für Kinder und Jugendliche aus ethnischen Minderheiten auswirken und sie gewissermaßen doppelt und lebensbiographisch weitreichend belasten. Diese Analyse erhält ein besonderes Gewicht durch die Tatsache, daß die Schule zunehmend auch ehedem familiäre Sozialisationsleistungen übernehmen soll – ohne daß die aufgezeigten Probleme hinreichend gewürdigt werden oder den dargelegten anomieträchtigen Prozessen hinreichend Aktivitäten entgegengesetzt werden (können).

Während die Institution Schule u. a. durch begrenzende Konformitätszwänge Anomietendenzen hervorbringt, sind es im Freizeit- und Konsumbereich insbesondere die Entgrenzungen, mit denen nach Hartmut Lüdtke die Untersuchungen zu Anomiepotentialen im Zusammenhang mit prekären Sozialisationsverläufen von Jugendlichen verbunden werden müssen. So bestehen diesem Beitrag zufolge verschiedene, teilweise interdependente, sich in ihrer Wirkung verstärkende Ursachen für eine »Überschußproduktion« von Anreizen zur Expansion der Güteraneignung durch Konsumakte, die tendenziell zu entgrenzter Wahrnehmung ihrer Realisierbarkeit durch die Akteure führen. Regulationskrisen treten v. a. dann auf, wenn mangelnde Selbstkontrolle durch das Muster der unmittelbaren aufwandslosen Befriedigung indiziert wird. Daß gerade in hedonistisch dominierten Milieus zur Spannungsbefriedigung problembeladene Situationen angezielt werden, zeigt sich beispielsweise an einer empirischen Untersuchung (vgl. Heitmeyer u. a. 1995/²1996), die im Vergleich mit je acht anderen Milieus in Ost- und Westdeutschland hohe Werte bei fremdenfeindlichen Einstellungen und Gewalt ausweist. Lüdtke entwirft zu diesem Problemkreis ein komplexes Modell, in das die vorher entwickelten Zusammenhänge von Anomie und Konsum als Ausweis von Regulationskrisen einbezogen sind.

Gegen Regulationskrisen werden in der klassischen Anomietheorie Durkheims das Kollektivbewußtsein und intermediäre Instanzen ins Feld geführt, mithin Religion, die zudem Kohäsion festigen soll. Heiner Barz weist anhand verschiedener religionssoziologischer Kategorien das »Absterben« des Christentums nach, was seiner Analyse zufolge nicht zu einer Dramatisierung, sondern zu einer Suspendierung der Sinnfrage geführt habe. Die Antwort steht aus, ob gerade damit bei veränderten sozialen und politischen Zuspitzungen beispielsweise vermehrt fundamentalistisch-faschistische Einstellungen an Boden gewinnen, der Rückgang religiöser Orientierungen folglich nicht anomische Tendenzen erzeugt, aber den Balanceakt zwischen Autonomisierung und Anomisierung erst recht prekär werden läßt.

Mit dem Einflußverlust des Christentums als normativ regulierender Kraft entwickeln sich nicht nur neue religiöse Varianten, sondern damit geht generell eine Normenpluralität einher.

Jürgen Friedrichs setzt bei dieser Normenpluralität an, die nicht neue Werte und Normen, sondern neue Verteilungen bedeutet und sowohl Motor ökonomischer Entwicklungen ist als auch eine Zunahme abweichenden Verhaltens nach sich zieht. Die Diagnose mündet in ein Paradox auf der Ebene gesellschaftlicher Gruppen (mitsamt ihren Konflikten) und deren Verhältnis zum Staat. Von ihm wird einerseits erwartet, daß er die Pluralität garantieren solle, andererseits wird ihm nicht die zur Konfliktlösung notwendige Loyalität entgegengebracht. Die Prozesse der Delegitimierung von Normen sind deshalb besonders zu beachten. Darauf und auf weitreichende sozioökonomische Veränderungen wird die regionalspezifisch untersuchte Kriminalitätsentwicklung in ihren Ursachen zurückgeführt.

Auch Günter Albrecht widmet sich mit dem Kriminalitätsthema einem klassischen Anomieindikator. Dabei prüft er erstens in einem längsschnittlichen Ansatz, ob bestimmte Phasen in der Geschichte der Bundesrepublik durch gesellschaftliche Anomie geprägt gewesen sein könnten. Damit wird zweitens auf der Ebene von Individualdaten die Frage verbunden, ob bestimmte strukturelle und personelle Gegebenheiten, die der Theorie zufolge Anomie erzeugen müßten, mit erhöhten Delinquenzbelastungen

zusammenhängen. Dabei erweist sich die Geschichte der Bundesrepublik als eine mit fast notorisch ansteigender Kriminalitätshäufigkeit, die nicht gleichmäßig, sondern in Schüben, unterbrochen
von leichten Rückgangs- und Stagnationsphasen, erfolgt. Albrecht
präsentiert ein Gesamtergebnis, in dem sich bei weniger präzisem
Sprachgebrauch allenthalben anomische Tendenzen ermitteln lassen. In seiner genauen Betrachtung werden Widersprüchlichkeiten
dokumentiert und mit Hinweisen auf weitere Theoriearbeiten verbunden.

Während die bisherigen Analysen vorrangig auf die alte Bundesrepublik zielten, beziehen sich die beiden Analysen des 5. Kapitels
auf Ost- und Westdeutschland.

Wolfgang Glatzer und Mathias Bös wählen mit Hilfe der Daten
aus Wohlfahrtssurveys einen längsschnittlichen Zugang und konzentrieren sich auf die subjektive Seite, also auf die Wahrnehmung
von Sinnlosigkeit, Normlosigkeit, sozialer Isolation, Entfremdung
von der Arbeit und Machtlosigkeit, die allesamt als Aspekte negativen Wohlbefindens gelten können und verringerte soziale Integration charakterisieren. Dabei kennzeichnen sie die Situation in
Westdeutschland als überraschend beständig. Diese Stabilität
kommt mit dem Vereinigungsprozeß ins Wanken und wird – fast
erwartungsgemäß – durch höhere Werte in Ostdeutschland unterminiert, die aber auch wieder besonders in ihren differenzierenden
Auswirkungen für die Hauptbetroffenen des rapiden Wandels betrachtet werden müssen.

An die empirisch festgestellten Anomiepotentiale in Ostdeutschland knüpft Wolfgang Kühnel an, indem er zunächst die
strukturellen Bedingungen in ihrer Integrations-Desintegrations-
dynamik charakterisiert. Er verdeutlicht die anomische Tendenzen
begünstigende Strukturkrise am anhaltenden Konflikt zwischen
der exogenen Steuerung des Institutionenaufbaus und den unzureichend vorhandenen endogenen Entwicklungspotentialen. Da
die neuen Institutionen vorerst keine suffiziente Verankerung in
den im Umbruch befindlichen Sozialmilieus und keine genügende
Entsprechung in den kulturellen Werten finden, können sich längerfristig wirksame Disbalancen bilden. Die Regulationskrise zeigt
sich im Zerfall einer normativen Ordnung, die sich insbesondere
bei der jungen Generation in einer starken Zunahme von Kriminalität sowie generell in Kriminalitätsfurcht ausdrückt. Und die Kohäsionskrise resultiert aus dem Druck auf Flexibilisierung sozialer

Beziehungen bei gleichzeitigem Schwinden institutioneller und kollektiver Integrationsmöglichkeiten. Diese kumulativen Bedingungen lassen die schon berichteten Ausprägungen anomischer Tendenzen in den subjektiven Darstellungen plausibel werden.

Die bisherigen Analyseerträge berücksichtigend, greift Wilhelm Heitmeyer ein Grundanliegen des Bandes wieder auf und stellt Anomie in den Zusammenhang mit ethnisch-kulturellen Konflikten, die sich von seiten der Mehrheitsgesellschaft in Form von fremdenfeindlichen Einstellungen, damit legitimierter Gewalt und Rechtsextremismus ausdrücken, während andererseits bei den Minderheiten sowohl das Leben in dieser Gesellschaft als auch die fremdenfeindliche Gewalt dazu führen können, daß sich auch bei ihnen leicht entzündungsträchtige Ideologien entwickeln, die in unerbittliche Konfliktdynamiken einmünden können.

Literatur

Albrecht, G.: *Soziologiegeschichte. Die Zeit der Riesen: Simmel, Durkheim, Weber*. Kurseinheit 2, Hagen 1987.

Beck, U.: *Jenseits von Stand und Klasse? Soziale Ungleichheiten, gesellschaftliche Individualisierungsprozesse und die Entstehung neuer Formationen und Identitäten*, in: Kreckel, R. (Hg.): *Soziale Ungleichheiten* (*Soziale Welt*, Sonderband 2), Göttingen 1983, S. 35-74.

Berger, P. L./Luckmann, Th.: *Modernität, Pluralismus und Sinnkrise*, Gütersloh 1995.

Besnard, P.: *L'Anomie, ses usages et ses fonctions dans la discipline sociologique depuis Durkheim*, Paris 1987.

Böhnisch, L.: *Gespaltene Normalität. Lebensbewältigung und Sozialpädagogik an den Grenzen der Wohlfahrtsgesellschaft*, Weinheim/München 1994.

Dubiel, H.: *Nicht Entwicklung, sondern Ermutigung ist angesagt. Aufklärung und Gemeinsinn: von welchen Ressourcen leben wir?*, in: *Frankfurter Rundschau (Dokumentation)*, 1. 8. 1995, Nr. 176, S. 12.

Durkheim, É.: *Der Selbstmord*, Neuwied/Berlin 1973 (zuerst 1897).

Friedrichs, J.: *Anomietendenzen und soziale Integration – Schleswig-Holstein im Vergleich* (Gutachten), Ms., Universität Köln 1993.

Heitmeyer, W. u. a.: *Gewalt. Schattenseiten der Individualisierungsprozesse bei Jugendlichen aus unterschiedlichen Milieus*, Weinheim/München 1995/²1996.

Hoffmann-Novotny, H.-J.: *Gesamtgesellschaftliche Determinanten des Individualisierungsprozesses*, in: *Zeitschrift für Sozialreform* (1988), S. 659-670.

Hondrich, K. O.: *Moderne Gesellschaften brauchen abweichendes soziales Verhalten. Soziologische Thesen zu Liberalität, Mehrheiten und Minderheiten*, in: *Frankfurter Rundschau (Dokumentation)*, 1995, Nr. 121, S. 20.

Merton, R. K. (Hg.): *Social Theory and Social Structure*, New York 1957.

Pfeiffer, Chr. u. a.: *Steigt die Jugendkriminalität wirklich?* Ms., Kriminologisches Forschungsinstitut Niedersachsen 1996.

I
Theorie

Hans Hartwig Bohle, Wilhelm Heitmeyer, Wolfgang Kühnel, Uwe Sander
Anomie in der modernen Gesellschaft: Bestandsaufnahme und Kritik eines klassischen Ansatzes soziologischer Analyse

1. Einleitung

In der Anordnung soziologischer Nachschlagewerke steht die Anomie vor der Autonomie. So kann im Alphabet durchaus Sinn liegen. Anomie als Verunsicherung kultureller Orientierungsmaßstäbe und als Schwächung sozialer Begrenzungen und Bindungen bringt die Ich-Wir-Balance (Elias) der Gesellschaft ins Ungleichgewicht. Statt Autonomie entsteht dann Entfremdung von sich und den anderen. Schwächen der regulierenden und gemeinschaftsbildenden Kräfte einer Gesellschaft werfen in anomiekritischer Perspektive den einzelnen zu sehr auf sich selbst zurück. Überspitzter Individualismus erzeugt in diesem Fall keine individuelle Autonomie, sondern mit der Wahrscheinlichkeit sozialwissenschaftlich konstatierter Gesetzmäßigkeiten Identitätsstörungen. Aber auch eine zu starke Normierung und kollektive Einbindung des Individuums ziehen Probleme nach sich. Die in der Moderne ausgebildeten Autonomieansprüche des Subjekts würden konterkariert durch einengende kollektive Standards. Anomie würde in Hypernomie umschlagen. Die Klassiker der soziologischen Analyse der modernen Gesellschaft haben es eindringlich betont: Es kommt auf die Balance der Wechselwirkung von Autonomie und Integration an. Das eine ist ohne das andere nicht möglich. In diesem Sinne ist die Integration der Gesellschaft ein schwieriger Balanceakt und ein ambivalenter Prozeß.

2. Eine anomietheoretische Bestandsaufnahme

In diesem Artikel werden die zentralen Abhandlungen über die Anomie in der modernen Gesellschaft bei Durkheim und Merton vorgestellt.

Üblicherweise wird der Begriff Anomie in der Soziologie auf Émile Durkheim (1858-1917) zurückgeführt. Marco Orrù (1987) hat in seiner Studie über die Bedeutung und Geschichte dieses Begriffs allerdings überzeugend dargelegt, daß der Soziologie nicht das Urheberrecht auf diesen Begriff zusteht. Schon in der griechischen Philosophie der Antike taucht er auf, ebenso finden sich Hinweise mit ähnlichem Bedeutungsgehalt in der Bibel. In England wird der Begriff im Kontext der religiösen Dispute des 17. Jahrhunderts wieder angewandt (ebd., S. 9f.). Die wissenssoziologische Studie von Orrù verdeutlicht also, daß Anomie kein neues Thema ist. Es ist jedoch das Verdienst von Durkheim und Merton, auf kulturelle und strukturelle Merkmale der modernen Gesellschaften hingewiesen zu haben, die zu Anomie führen können. Bevor spezifische Eigenschaften unserer Gesellschaft die soziale Integration schwächen oder gefährden, liegt es nahe, zunächst auf die »Traditionen« und »Vorarbeiten« dieser Autoren einzugehen. Danach können auf dieser Grundlage weiterführende Überlegungen angestellt werden.

2.1 Sozialmoralische Bindung und Anomie: Émile Durkheim

Durkheim verdeutlicht sein Verständnis von Anomie in einem relativ kurzen Abschlußkapitel seines Werkes *Über die Teilung der sozialen Arbeit* (vgl. Durkheim 1977), einer Abhandlung, in der es vornehmlich um den Prozeß der Arbeitsteilung mit dem historischen Übergang von »mechanischer« zu »organischer Solidarität« und um das Problem der »sozialen Integration« geht. Das Abschlußkapitel behandelt Symptome »anormaler Formen« von Arbeitsteilung, die sich zeigen, wenn soziale Integration ausbleibt und die Etablierung organischer Solidarität nicht mit der Auflösung mechanischer Solidarität Schritt hält bzw. zusammenbricht. Wohl wegen dieser im nachhinein immer virulenter werdenden Frage nach sozialer Integration (Auflösung traditioneller Ordnung innerhalb moderner Gesellschaften) machte der Begriff der Anomie als Krisenmetapher Karriere. Durkheim zeichnet die Arbeitsteilung nicht direkt für Anomie verantwortlich, sondern führt Anomie auf außergewöhnliche historische Umstände und Belastungen (Krisen) zurück. Prinzipiell wird nämlich von Durkheim die arbeitsteilige Neuordnung der Gesellschaft zu einer Notwendigkeit moralischer Stabilität postuliert und in seinen Frühwerken optimistisch diagnostiziert. Moderne Gesellschaften bedürfen nach ihm geradezu der Arbeitsteilung mit ihrer spezifischen Qualität zwischenmenschlicher Beziehungen:

»Wenn sich keine anderen bilden als jene, die aus der Ähnlichkeit kommen, so wäre das Zurückweichen des segmentären Typs von einem regelmäßigen Niedergang der Moralität begleitet. Der Mensch würde nicht mehr genug zurückgehalten werden. Er würde nicht mehr rund um sich und über sich jenen heilsamen Druck der Gesellschaft spüren, der seinen Egoismus mäßigt und ihn moralisch macht. Das ist der moralische Wert der Arbeitsteilung. Durch sie wird der Mensch seiner Abhängigkeit gegenüber der Gesellschaft bewußt; von ihr kommen die Kräfte, die ihn zurückhalten und begrenzen. Mit anderen Worten: Da die Arbeitsteilung die Hauptquelle der sozialen Solidarität wird, wird sie gleichzeitig die Basis der moralischen Ordnung« (ebd., S. 444 f.).

Die arbeitsteilige Gesellschaft bedarf also Durkheim zufolge sowohl einer »inneren Solidarität« als auch eines determinierenden Regelkanons, beide als Ergebnis von Tradition verstanden, damit das Zusammenspiel der einzelnen »Organe« der Gesellschaft gesichert wird. Anomische Formen der Arbeitsteilung (etwa ökonomische Krisen oder andere Problemlagen) bewirken nun laut Durkheim genau das Gegenteil. Sie stören das Zusammenspiel der »gesellschaftlichen Organe«, und damit werden die traditionalen Regeln und strukturierenden Abhängigkeitsverhältnisse unklar, uneindeutig, unzuverlässig: anomisch. Als Folge einer zu weit getriebenen Arbeitsteilung sieht Durkheim die Gefahr der Zersplitterung und einer mangelnden wechselseitigen Anpassung der unterschiedlichen Arbeitsfunktionen. Anomie als Zustand der Normlosigkeit wird dadurch herbeigeführt, daß die wachsende Arbeitsteilung ausreichend wirksame Kontakte zwischen den Arbeitenden und damit auch befriedigende soziale Beziehungen zunehmend verhindert.

Weiter ausgearbeitet wird das Anomiekonzept dann in *Der Selbstmord* (vgl. Durkheim 1973). Mangelnde Integration und die Störung der kollektiven Ordnung macht Durkheim hier dafür verantwortlich, daß sich die »Krankheit« zerfallender Gesellschaften und die »Krankheit« von Menschen untrennbar verstricken, in letzter Konsequenz bis zum Selbstmord. Dabei versteht Durkheim die Krise moderner Gesellschaften als einen moralischen Bindungsverlust, der darin besteht, »daß die Gesellschaft nicht (...) soviel inneren Zusammenhang aufweist, um alle ihre Mitglieder in Abhängigkeit zu erhalten (…), daß die gestörte und geschwächte Gesellschaft es zulassen muß, daß eine große Zahl ihrer Mitglieder zu weitgehend ihrem Einfluß entgeht« (ebd., S. 294).

Es sind also *gesellschaftliche* Krisen, denen Durkheim die Schuld gibt für den Rückgang der verschiedenen Formen sozialer Integration (religiöse, familiale, politische etc.) und damit für die Gefährdung des isolierten Individuums. Ohne hier näher darauf eingehen zu wollen, unterscheidet Durkheim drei Formen des Suizids. Als eine Form nennt er den egoistischen Selbstmord, bei dem im Zustand des exzessiven Individualismus fehlende Kollektivbindungen zum Tragen kommen.

»Anders ausgedrückt, wenn der Mensch, wie es so oft heißt, ein Doppelwesen ist, dann in der Beziehung, daß zum physischen der soziale Mensch hinzukommt. Nun setzt dieser notwendigerweise eine Gruppe voraus, deren Ausdruck er ist und der er dient. Wenn es aber dann dazu kommt, daß sie sich auflöst, wenn wir sie nicht mehr voll Leben und Tatkraft um uns und über uns fühlen, dann wird sich das, was in uns an Sozialem ist, der objektiven Grundlagen beraubt finden (…). Es folgt daraus, daß der Sinn des Daseins uns fehlt. Denn die einzige Art von Leben, an die wir uns halten können, entspricht nicht mehr der Realität, und die einzige Art von Leben, die in der Wirklichkeit noch möglich ist, erfüllt nicht unsere Wünsche (…). Es gibt dann nichts mehr, für das wir uns einsetzen können, und wir fühlen, daß unser Streben ins Leere geht« (ebd., S. 237).

Beim altruistischen Selbstmord liegt hingegen keine mangelnde, sondern eine zu starke Kohäsion vor. Die Welt der Einzelperson wird in einem solchen Fall, z. B. in primitiven Gesellschaften oder in der Armee, sozial gering erachtet. Wo die Gesellschaft alles und der einzelne nichts gilt, kommen Formen der Unterordnung und Pflichterfüllung auf, die bis zum Selbstmord reichen können.

Interessanter als die beiden eben genannten Formen des Selbstmordes ist in unserem Zusammenhang jedoch die dritte Form, der anomische Selbstmord. Durkheim entwickelt hieran noch einmal seine Vorstellung von Anomie als Diskrepanz zwischen menschlichen Bedürfnissen und realen Möglichkeiten, diese zu verwirklichen. Anomie bezeichnet dabei das Fehlen regulativer Kräfte, die die gesellschaftlich erzeugten Bedürfnisse mit gesellschaftlich vorgegebenen, realen Möglichkeiten in Einklang bringen (nämlich: begrenzen).

Gehen wir der Argumentationslinie genauer nach. Durkheim konnte zwar nachweisen, daß es einen engen Zusammenhang zwischen der Selbstmordrate und der Verschlechterung der wirtschaftlichen Lebensbedingungen der Menschen (Krisen) gibt. Aber auch bei einer schnellen Verbesserung der ökonomischen Verhältnisse ließ sich ein Anstieg der Selbstmordrate belegen. Aus diesem scheinbaren Widerspruch entwickelte Durkheim dann einen Anomiebegriff, der nicht an wirtschaftliche Mangelsituationen, sondern an ein Ungleichgewicht bzw. an eine Auflösung des gesellschaftlichen Regelsystems gekoppelt war.

»Wenn also Wirtschafts- und Finanzkrisen die Selbstmordrate nach oben treiben, dann nicht infolge der wachsenden Armut, Konjunkturen haben die gleiche Wirkung; die Selbstmorde nehmen zu infolge wegen der Krisen, d.h. wegen der Störung der kollektiven Ordnung (…). Jedesmal, wenn es im sozialen Körper tiefgreifende Umstellungen gibt, sei es infolge plötzlichen Wachstums oder nach unerwarteten Erschütterungen, gibt der Mensch der Versuchung zum Selbstmord leichter nach« (Durkheim 1973, S. 278 f.).

Das Anomische sieht Durkheim demnach in einem Bedeutungsverlust kollektiver Orientierungen. Ursächlich führen nicht Verbesserungen bzw. Verschlechterungen objektiver Lebenslagen an sich zur Anomie, sondern vielmehr die Rasanz dieser Veränderungen.

Durkheims Diagnose lautete im Jahre 1893:

»Tiefe Veränderungen sind in sehr kurzer Zeit in der Struktur unserer Gesellschaften eingetreten. Sie haben sich mit einer Geschwindigkeit und in einem Ausmaß vom segmentären Typus befreit, wofür die Geschichte kein anderes Beispiel bietet. Folglich ist die Moral, die diesem Sozialtypus entsprach, zurückgegangen, ohne daß sich die neue genügend rasch entwickelt hat, um den Raum zu füllen, den die andere in unserem Bewußtsein leer gelassen hat« (Durkheim 1977, S. 449).

Sobald innerhalb von rapiden Krisenphasen das soziale Regularium nicht mehr Schritt halten kann, stehen die Bedürfnisse nicht mehr mit den zur Verfügung stehenden Mitteln im Einklang. Die kollektive Ordnung ist nicht mehr im Gleichgewicht. Deutlich läßt sich aus den betreffenden Passagen im *Selbstmord* herauslesen, wie eng verwandt Durkheim Anomie und »Disziplinlosigkeit« sieht. Soziale Integration oder moralische Regeln dürfen bei ihm nicht interpretiert werden als individuell verfügbare und manipulierbare Eigenschaften, die auf sympathetischen Motivlagen einzelner ruhen. Vielmehr gelten sie, d.h. die Qualitäten der Solidarität, als gesellschaftliche Vorgaben, die durchaus Zwangs-, jedenfalls Beschränkungscharakter besitzen. Dies zeigt sich auch an seinem Verständnis von Religion, die als Kernzone des Kollektivbewußtseins von außen einwirkt und befiehlt. Das Individuum wird durch das »soziale Band« domestiziert und diszipliniert. Nur durch den heilsamen Einfluß der Gesellschaft erlangt der einzelne moralischen Halt, und nur durch sie ist ihm die für den sozialen Zusammenhalt notwendige Disziplin vorgegeben.

Durkheims Anomiebegriff markiert folglich einen gesellschaftlichen Defekt – und bedeutet nicht etwa eine Störung individuell erzeugter, emotional eingefärbter Solidaritätsgefühle. Dieses Charakteristikum läßt sich gut an der Durkheimschen Version der »organischen Solidarität« erläutern (Tyrell 1985, S. 210 f.). Darin finden sich in keiner Weise Reminiszenzen einer romantischen Sehnsucht nach vertrauter Gemeinschaftlichkeit. Diese Form der Solidarität, basierend auf dem Moment von Gleichheit segmentär aufgeteilter Gesellschaften, wird von Durkheim als »mechanische Solidarität« im Prozeß der Moderne ad acta gelegt, ähnlich wie Tönnies »Gemeinschaft« als Vorform von »Gesellschaft« in die Vergangenheit gesellschaftlicher Evolution verlegt (vgl. Tönnies 1979). »Organische Solidarität« korrespondiert nicht mit einem willentlichen Wertekonsens oder andersgearteten Gleichheitsbedingungen, die von individuell verfügbaren Motivlagen abhängen, sondern bezieht sich ausdrücklich auf eine arbeitsteilige, modern ausgedrückt: funktional ausdifferenzierte Gesellschaft. Durkheim geht davon aus, daß soziale Gesellschaften ab einer bestimmten Größe und einer bestimmten Komplexität ihren Bestand nur über Arbeitsteilung und über Absonderung funktional spezifizierter Teilbereiche sichern können; das ältere segmentäre Prinzip der Gleichheit (»mechanische Solidarität«) würde hier versagen. Die Gesellschaft wird demnach heteronomer, verschiedene Menschengruppen mit unterschiedlichen Lebensformen und ungleich verteiltem Wohlstand müssen auf engstem Raum zusammenleben, ohne daß es zu Konflikten kommt. In dieser Situation kommt der »organischen Solidarität« eine Befriedungs- und Disziplinierungsfunktion zu. Sie verhindert den Kampf um Lebenschancen und Ressourcen und garantiert ein möglichst reibungsloses Nebeneinander. Mit unverkennbaren Analogien zur Biologie entwirft Durkheim ein Gesellschaftsbild verschiedener Organe, die miteinander in einer geregelten Austauschbeziehung stehen. Anomie beschreibt dann den gestörten Austausch der unterschiedlichen gesellschaftlichen Bereiche; der Begriff markiert eine Regellosigkeit gesellschaftlicher Ordnung, die abweichendes individuelles Verhalten provoziert. Organische Solidarität reagiert somit auf Problemlagen großer, heterogener Gesellschaften, die nicht mehr durch Gleichheitsprinzipien zusammengehalten werden können. In diesem Sinne versteht Durkheim diese Qualität der Solidarität durchaus als Problemlöser, als Garant gegen Anomie.

»Und in der Tat: in Durkheims Theorie des evolutionären Wandels fungiert die Arbeitsteilung geradezu als ein konfliktlösender ›deus ex machina‹, der den verschärften Kampf ums Dasein innerhalb der gewachsenen und verdichteten Population überleitet in eine Phase der friedlichen Koexistenz und reduzierten Konkurrenz zwischen den nunmehr in die Spezialisierung gezwungenen Individuen: diese können so unter dem Dach derselben Gesellschaft zusammenbleiben; wer sich spezialisiert, der kann überleben und koexistieren, er braucht das Zusammenleben nicht zu quittieren, nicht auszuwandern oder Selbstmord zu begehen« (Tyrell 1985, S. 211).

Allerdings muß heute Durkheims optimistische Interpretation der Arbeitsteilung skeptisch beurteilt werden. Das, was Durkheim als Problemlösung angeboten hat, ist noch immer das Problem. Anomie stellt nicht den pathologischen Sonderfall einer arbeitsteilig ausdifferenzierten Gesellschaft dar, sondern ist sogar »zum Dauerzustand und sozusagen normal geworden« (Durkheim 1973, S. 292).

Die wachsende Arbeitsteilung bildet für Durkheim eine Voraussetzung für die ansteigende Autonomie des einzelnen. Die spezialisierten Tätigkeiten können nicht mehr durch das Kollektivbewußtsein vollständig geregelt werden, sie erfordern individuelle Ausgestaltung. Das Verhältnis zwischen Kollektiv- und Individualbewußtsein entwickelt sich derart, »daß sich in jedem Bewußtsein die persönliche Sphäre viel stärker vergrößert hat als die andere« (Durkheim 1977, S. 194).

Ebenfalls werden mit fortschreitender Entwicklung der Arbeitsteilung die Bande, die den einzelnen an die Familie, an die Heimat und Traditionen binden, lockerer. Bei einem schwächer werdenden Kollektivbewußtsein »bleibt wenigstens immer jener Kult der Person, der individuellen Würde, (…) der heute das einzige Bindeglied so vieler Geister ist« (ebd., S. 441). Das moderne Persönlichkeitsideal ist nicht nur selbst Produkt der sozialen Differenzierung, sondern trägt als Element des modernen Kollektivbewußtseins auch zur Kohärenz differenzierter Gesellschaften bei. René König hebt deshalb zu Recht hervor, daß nicht jeder Individualismus ein Krisenphänomen ist, sondern nur derjenige, der die Solidarität der vergesellschafteten Menschen aufhebt (König 1975, S. 237).

Durkheim führt allerdings sein Konzept der organischen Solidarität nicht dahingehend aus, welche Bedingungen der Abstimmung und Koordination notwendig wären, um die Konfliktpotentiale moderner Gesellschaften tatsächlich zu begrenzen.

Kehren wir nach dem Hinweis auf die gesellschaftliche Strukturabhängigkeit vs. einer etwa individuellen Motivabhängigkeit von Anomie und Solidarität zum anomischen Selbstmord zurück. Beim anomischen Selbstmord fehlt laut Durkheim die gesellschaftliche Ordnungsebene von Regeln, die individuelle Wünsche »zügelt« (Durkheim 1973, S. 296). Daraus folgt, daß die Kategorie Anomie soziale Ursachen beschreibt, aufgrund derer individuelles Verhalten resultiert. In Gesellschaften mit einem ungezügelten kapitalistischen Wirtschaftsleben sieht Durkheim anomische Tendenzen nun nicht nur auf Krisenzeiten begrenzt. Die optimistischen Interpretationen der Arbeitsteilung (vgl. Durkheim 1977) weichen im *Selbstmord* zunehmend einer pessimistischeren Sicht. Den Zustand der Anomie bezeichnet er jetzt als latenten Dauerzustand, in dem zunehmend die traditionellen Ressourcen gesellschaftlicher Regulierung aufgelöst werden. Moralische Beschränkungen verlieren an Bedeutung, und damit steigern sich die Bedürfnisse und Wünsche der einzelnen und kollidieren immer stärker mit den Möglichkeiten ihrer Realisierung.

»Daher die fieberhafte Betriebsamkeit in diesem Sektor der Gesellschaft [der Wirtschaft, d. V.], die sich auf alle übrigen ausgedehnt hat. Daher ist Krise und Anomie zum Dauerzustand und sozusagen normal geworden. Von oben bis unten in der Stufenleiter ist die Begehrlichkeit entfacht, ohne daß man weiß, wo sie zur Ruhe kommt« (Durkheim 1973, S. 292 f.).

In *Der Selbstmord* wird das Konzept der Anomie damit noch stärker in den Vordergrund gerückt. Der Zustand der gestörten Ordnung oder Anomie bedeutet hier einen Zustand mangelnder Regelung menschlicher Bedürfnisse. Weil diese Regelung dazu dient, die Leidenschaft des einzelnen im Zaum zu halten, muß sie von einer Macht ausgehen, die über ihn herrscht. Mit dieser Macht ist die regulative Macht der Gesellschaft gemeint.

»Nur die Gesellschaft ist in der Lage, eine mäßigende Rolle zu spielen, sei es direkt und als Ganzheit oder vermittels eines ihrer Organe. Denn sie ist die einzige dem einzelnen übergeordnete moralische Kraft, deren Überordnung er auch anerkennt. Sie hat als einzige die nötige Autorität, Recht zu sprechen und den Begierden Schranken zu setzen, über die hinauszugehen nicht erlaubt ist« (ebd., S. 283).

Die entfallende Reglementierung der Gewerbe, das sich ausbreitende Dogma des wirtschaftlichen Materialismus und die fast unendliche Ausdehnung des Absatzmarktes führen zu grenzenlosen Perspektiven und zu einer Entfesselung von Begierden im Bereich des Handels und der Industrie, die sich nur schwer zügeln lassen (ebd., S. 290f.). Autoritäts- und Funktionsverlust der Religion und Strukturveränderungen der Familie, die sie ihrer früheren Schutzwirkung berauben, führen zu einer Schwächung des sozialen Bandes und der sozialen Reglementierung individueller Bedürfnisse. Eine dergestalt geschwächte Gesellschaft muß es zulassen, daß eine zu große Zahl ihrer Mitglieder zu weitgehend ihrem Einfluß entgeht. Über die Einbindung in intermediäre Assoziationen wie die Berufsgruppen muß erreicht werden, »daß der einzelne sich wieder solidarischer mit dem Kollektivwesen fühlt, das ihm in der Zeit vorausgegangen ist, das ihn überdauern wird und das ihn ganz überflutet« (ebd., S. 443).

Aus der Selbstmordstudie wird nicht nur ein praktisches reformorientiertes Anliegen Durkheims deutlich, der gesellschaftlichen Anomie entgegenzuwirken, sondern auch ein methodologisches Programm, theoretische Überlegungen dem Ernstfall der empirischen Überprüfung und Belegung auszusetzen. Auch wenn methodische Kritik (vgl. Pope 1976) an seiner Vorgehensweise angemeldet wurde, so wird jedoch in der Soziologie sein Bemühen um die Integration von Theorie und Empirie einhellig als vorbildlich eingestuft. Seine Arbeiten haben die soziologische Forschung in erheblichem Maße stimuliert. Gleichwohl wäre der Ertrag der empirischen Forschung erheblich größer, »wenn das Werk Durkheims nicht wie ein ungeordneter Steinbruch oder wie eine idyllische Landschaft genutzt würde« (Albrecht 1981, S. 327).

2.2 Anomie bei Robert K. Merton

Stärker noch als Émile Durkheim hat Robert K. Merton mit seiner Anomietheorie sozialwissenschaftliche Theoriebildung und empirische Untersuchung beeinflußt. Sein Ansatz bestimmte (v. a. in den fünfziger und sechziger Jahren) die Kriminalsoziologie und markierte die Interpretationen des Zusammenhangs zwischen Sozialstruktur und abweichendem Verhalten (Kriminalität). Einen zentralen Stellenwert in der Mertonschen Anomietheorie spielt die Schichtdeterminiertheit abweichenden Verhaltens. Werte und Ziele (»Erfolg« und »Wohlstand«) und die legitimen Mittel zur Erreichung dieser Ziele, so das Fazit, können besonders in der Unterschicht schwer in Einklang gebracht werden, so daß für dieses Bevölkerungssegment ein besonderer Druck zur Abweichung und Kriminalität entsteht. Mertons These stieß allerdings in theoretischen Überlegungen wie in empirischen Untersuchungen auf Widerspruch. Bevor jedoch die Kritikpunkte genannt werden, soll Mertons Argumentation vorgestellt werden.

Merton legte seiner Theorie mehrere Prämissen zugrunde, die er der amerikanischen Gesellschaft unterstellt. Die eine Voraussetzung bezieht sich auf eine zeitdiagnostische Analyse zentraler kultureller Orientierungsmuster. Unabhängig von gesellschaftlichen Gruppen charakterisiert Merton die soziale Kultur der USA durch den Zentralwert Erfolg. Das Erfolgsmotiv wird vermittelt durch die Sozialisationsinstanzen Familie, Schule, Arbeitswelt und Massenmedien (vgl. Merton 1968). »Erfolg« und »Wohlstand« stellen damit so etwas wie moralische Orientierungswerte dar, die das Handeln aller bestimmen.

»Die Feststellung, daß das finanzielle Erfolgsmotiv in der amerikanischen Kultur verwurzelt ist, beinhaltet nur, daß die Amerikaner in allen Bereichen mit moralischen Belehrungen konfrontiert werden, die das Recht oder häufig auch die Pflicht bekräftigen, selbst angesichts wiederholter Enttäuschungen an diesem Ziel festzuhalten« (ebd., S. 190f.).

Mertons andere Voraussetzung betrifft die schichtenspezifische Verteilung der Kriminalitätsrate. Damit ist eine entscheidende Erklärungsbedingung von Anomie verbunden, weil Merton trotz einiger Bedenken und Kritik an amtlichen Kriminalstatistiken von einer erhöhten Kriminalitätsrate der Unterschicht ausgeht. Erfolg als Ziel läßt sich für Angehörige der Unterschicht schwerer als für Angehörige anderer Schichten erreichen und erzwingt damit illegitime Mittel, also abweichendes Verhalten oder Kriminalität.

»Aber wie die unterschiedlichen Raten abweichenden Verhaltens in den verschiedenen Schichten auch immer verteilt sein mögen – und wir wissen aus vielen Quellen, daß die offiziellen Kriminalstatistiken, die gleichermaßen höhere Raten in den unteren Schichten aufweisen, weit entfernt davon sind, vollständig und zuverlässig zu sein –, so erscheint es doch auf Grund unserer Analyse, daß der stärkste Druck zur Abweichung auf die unteren Schichten ausgeübt wird« (ebd., S. 198).

Wie konstruiert Merton nun seinen Anomiebegriff? Den Auftakt bildet seine Frage, »wie bestimmte soziale Strukturmerkmale einen deutlichen Druck auf bestimmte Personen in der Gesellschaft ausüben, sich mehr auf nonkonforme als auf konforme Verhaltensweisen einzulassen« (ebd., S. 186). Auch hiermit ist selbstverständlich wieder eine gravierende Vorentscheidung getroffen, weil Konformität als einheitliche Kategorie einer Gesellschaft verstanden wird und somit Verhalten unabhängig von Schicht- bzw. Gruppenkontexten als konform bzw. nonkonform bestimmt werden kann. Nur zur Verdeutlichung der Tragweite dieser Voraussetzung sei auf den konkurrierenden Labelingansatz verwiesen, in dem »Abweichung« auch schichtenspezifisch analysiert wird, jedoch gerade aufgrund einer administrativen, juristischen oder alltagsweltlichen Zuschreibungspraxis, die je nach Schichtzugehörigkeit der Betreffenden die Label »konform« oder »nonkonform« verteilt, sogar bei »objektiv« gleichen Sachverhalten.

Doch zurück zur Zentralthese der Mertonschen Anomietheorie, die zwischen zwei gesellschaftlichen Ebenen, der kulturellen und der sozialen Struktur einer Gesellschaft, differenziert.

Kulturelle Struktur

Die kulturelle Ebene besteht aus »kulturell festgelegten Zielen, Zwecken und Interessen, die allen oder sich in unterschiedlichen Soziallagen befindlichen Mitgliedern der Gesellschaft als legitime Zielsetzungen dargeboten werden« (ebd., S. 186). Weiterhin entscheidet die kulturelle Ebene über die erlaubten Wege zur Erreichung dieser Ziele (ebd., S. 187). Merton nimmt hier analytische Trennungen zwischen Zielen und Mitteln vor und geht von einer tatsächlichen Geltung regulativer Normen für alle Bevölkerungssegmente aus; diese Voraussetzungen sind mehrfach kritisiert worden (vgl. Bohle 1975, S. 9f.), sie machen allerdings seine Theorie erst so stringent: Kulturelle Ziele werden als gegeben angenommen, und institutionalisierte Normen entscheiden darüber, welche institutionalisierten Mittel zur Erreichung der Ziele eingesetzt werden können.

Anomische Gesellschaften weisen Merton zufolge schon anomische Tendenzen auf, wenn die institutionalisierten Normen zwar die Ziele (z. B. Erfolg und Wohlstand) stark betonen, in der Mittelwahl jedoch vage und diffus sind (etwa: »Erlaubt ist, was zum Ziel führt!«). Das Phänomen der Anomie gewinnt allerdings an Schärfe durch die Hinzunahme der Ebene sozialer Struktur.

Soziale Struktur

Der Begriff der Sozialstruktur bleibt bei Merton zunächst unklar (ebd., S. 12), gewinnt aber im Laufe seiner theoretischen Argumentation an Kontur und soll die faktische Ebene sozialer Regelungen beschreiben. Auch hier wird wieder eine analytische Trennung vorgenommen, und zwar zwischen der normativen Ebene der sozialen Kultur und der faktischen Ebene der Sozialstruktur. Die Sozialstruktur bezieht sich auf den geschichteten Gesellschaftsaufbau und betrifft die relationalen Austauschbeziehungen unterschiedlicher Bevölkerungsgruppen.

»Und mit sozialer Struktur ist jenes organisierte Muster sozialer Beziehungen, in das die Mitglieder der Gesellschaft unterschiedlich einbezogen sind, gemeint« (Merton 1968a, S. 216).

Im folgenden erhält nun die Sozialstruktur entscheidende theorietektonische Bedeutung, da durch sie die Schichtendeterminiertheit abweichenden Verhaltens erläutert werden kann. Auf der Ebene der kulturellen Struktur (kulturelle Ziele) war dies noch nicht möglich, da Merton, wie häufig kritisiert, die kulturelle Struktur mit ihren Normen und Zieldefinitionen auf die gesamte Gesellschaft bezieht. Auf dieser Ebene steht Merton noch dicht bei der Argumentation Durkheims, in der Anomie als Zustand der Regellosigkeit verstanden wird, sofern soziale Regularien ihre Aufgabe nicht mehr erfüllen können, die Wünsche und Bedürfnisse von Gesellschaftsmitgliedern zu disziplinieren.

Mit dem Konstrukt der Sozialstruktur erhält nun Anomie eine schichten- bzw. gruppenspezifische Differenzierung.

»Anomie wird somit aufgefaßt als ein Zusammenbruch in der kulturellen Struktur, der besonders dann auftaucht, wenn eine starke Diskrepanz zwischen kulturellen Normen und Zielen und den durch die Sozialstruktur determinierten Möglichkeiten für die Mitglieder der Gruppe, in Übereinstimmung mit den Normen und Zielen zu handeln, besteht« (ebd., S. 216).

An anderer Stelle heißt es:

»Abweichendes Verhalten kann soziologisch als ein Symptom der Dissoziation zwischen kulturell vorgeschriebenen Aspirationen und sozial strukturierten Wegen zur Erreichung dieser Ziele betrachtet werden« (Merton 1968, S. 188).

Da genau bei den »sozial strukturierten Wegen« die schichtenspezifischen Differenzen ansetzen, also die faktische Ebene der Sozialstruktur eingreift, wechselt der Anomiebegriff von der normativen Ebene (moralischer) Regellosigkeit (Zusammenbruch der kulturellen Struktur) über auf die empirische Ebene bevor- bzw. benachteiligender sozialer Strukturen. Anomie wird damit in den Kontext sozialer Ungleichheit gestellt.

Die zentrale These Mertons wird von Bohle (1975) folgendermaßen zusammengefaßt:

»1. Je stärker die kulturellen Ziele im Vergleich zu den institutionellen Normen einer Gesellschaft betont werden, je höher also der Grad an Anomie in einer Gesellschaft ist,

2. je stärker ein kulturelles Wertsystem ein gemeinsames kulturelles Ziel für alle Mitglieder einer Gesellschaft ungeachtet ihrer strukturellen Möglichkeiten betont,

3. je stärker die Mitglieder der Gesellschaft das kulturelle Ziel akzeptieren,

4. je begrenzter aber die legitimen Mittel zur Erreichung des Ziels sind, desto größer ist die Wahrscheinlichkeit, daß illegitime Mittel zur Erreichung des Ziels gewählt werden, daß also abweichendes Verhalten auftritt.« (ebd., S. 22)

Bohle weist im folgenden noch darauf hin, daß die erste Variable, also die Anomieversion, als allgemeine moralische Vagheit der Mittelerreichung, wie sie Merton von Durkheim übernommen hat, in dem Modell nur noch eine untergeordnete Rolle spielt. Wichtiger als allgemeine normative Regellosigkeit erscheint bei Merton die Diskrepanz zwischen kultureller Struktur und Sozialstruktur. Anomie erwächst nicht mehr aus einer normativen Diskrepanz zwischen Ziel- und Erfolgsmotivationen (hoher Grad normativer Regelung) und der Mittelauswahl (niedriger Grad normativer Regelung), so daß auch die Differenz zwischen der kulturellen (normativen) Definition von Zielen und Mitteln fallengelassen werden kann. Im Fokus stehen nun die sozialstrukturell ungleich verteilten Chancen zur Erreichung allgemeiner Ziele.

Als Reaktion auf die anomische Spannung sind unterschiedliche Anpassungsformen abweichenden Verhaltens möglich: Konformität, Innovation, Ritualismus, Rückzug und Rebellion.

Die Konstruktionsprinzipien entsprechender Typen der Anpassung richten sich nach der jeweiligen (akzeptierenden, ablehnenden oder substituierenden) Einstellung zu den kulturellen Zielen einerseits und den institutionalisierten Mitteln andererseits. Unter dieser Voraussetzung gelangt Merton zu einer Typologie mit insgesamt fünf Einstellungsmustern:

Konformität:	sowohl vorgegebene Ziele als auch vorgegebene Mittel werden bejaht
Innovation:	Betonung kultureller Ziele bei gleichzeitiger Ablehnung institutionalisierter Mittel
Ritualismus:	kulturelle Ziele werden aufgegeben bzw. auf ein realisierbares Maß heruntergeschraubt und dabei gleichzeitig an institutionalisierten Normen festgehalten
Sozialer Rückzug:	Distanzierung sowohl von kulturellen Zielen als auch von institutionalisierten Mitteln
Rebellion:	generelle Entfremdung von den herrschenden Zielen und Mitteln einer Gesellschaft, jedoch bei gleichzeitiger oppositioneller Substitution

Die vorliegende Typologie bietet zweifellos einen interessanten Versuch zur Klassifikation unterschiedlicher Handlungs- und Bewältigungsmuster. Einschränkend muß man allerdings hinzufügen, daß es sich dabei um ein rein deskriptives Schema handelt, das keine Erklärungen über die Entstehungsbedingungen entsprechender Handlungen bietet. Unter Berücksichtigung der Differenz zwischen tatsächlichem Verhalten und den Werten des Handelnden hat Dubin (1973) eine Erweiterung des Mertonschen Ansatzes vorgenommen. Er geht von zwölf Handlungstypen aus, kann aber damit auch keine eingehendere Erläuterung über die Gründe entsprechender Verhaltensmuster geben. Nicht anders verhält es sich mit der von Harary (1966) vorgelegten Taxonomie, die zu einer nochmaligen Erweiterung von Handlungsmöglichkeiten verhelfen soll. Opp (1974, S. 133) bemängelt an den anomietheoretischen Überlegungen Mertons, daß nicht dargelegt wird, unter welchen Bedingungen die unabhängigen Variablen welche Werte haben. Andererseits könne die Anomietheorie viel spezifischere Arten abweichenden Verhaltens erklären als diejenigen, auf die sich Mertons

Anpassungstypen beziehen (ebd., S. 155). Ihm geht es um die empirische Überprüfung der Entstehungsbedingungen aller spezifischen Arten abweichenden Verhaltens (ebd., S. 156).

Die Anomietheorie Mertons in ihrer ursprünglichen Version liefert allerdings nur bruchstückhafte Hinweise darauf, unter welchen Bedingungen die eine oder andere Form der Anpassung auftritt. Bei aller Detailkritik (vgl. Bohle 1975) bleibt die Akzentuierung der Prämisse, daß die empirisch festgestellten Raten abweichenden Verhaltens eng mit der Stellung der abweichend Handelnden innerhalb der Sozialstruktur der untersuchten Gesellschaft zusammenhängen, Mertons bleibendes Verdienst.

Hohe Aspirationen und ein Mangel an legitimen Mitteln bedingen die Auslösung einer anomischen Spannung. Als Form der Anpassung an die anomische Situation tritt abweichendes Verhalten auf. Nun ist aber auch denkbar, daß der anomische Konflikt durch eine Senkung des Aspirationsniveaus gelöst werden kann. Der Geltungsbereich eines in allen Schichten wirksamen Wertsystems wird »gestreckt« (vgl. Rodman 1963). Ohne die allgemeinen Werte aufzugeben, kann der Unterprivilegierte eine alternative Interpretation der zentralen gesellschaftlichen Werte entwickeln. So dehnt er im Falle der Erfolgswerte die Werte in der Form aus, daß geringere Ausmaße von Erfolg als wünschenswert angesehen werden. Wenn einmal dieser Mechanismus der Wertdehnung entwickelt worden ist, ist das Individuum aufgrund der größeren Reichweite der Werte, innerhalb deren es handeln kann, eher in der Lage, sich an die jeweiligen Umstände der Deprivation anzupassen. In einem wichtigen und vielbeachteten Beitrag zur Ergänzung der Anomietheorie führen Cloward und Ohlin (1960) eine weitere Variable ein: nämlich die unterschiedliche Verfügbarkeit über illegitime Mittel. Ebenso wie die legitimen Mittel jedem nur in unterschiedlichem Maße verfügbar sind, steht auch der Zugang zu den illegitimen Mitteln nicht jedem offen. Illegitime Gelegenheiten schließen die Bedingungen, die das Ausüben einer abweichenden Rolle ermöglichen, genauso ein wie die Bedingungen, die das Erlernen einer solchen Rolle begünstigen.

Auch wenn Merton zunächst einmal nur individuelles Rollenhandeln als Anpassung an anomische Spannungen im Blick hatte, ist es naheliegend, beide Formen der Anpassung, nämlich individuelle und kollektive Bewältigungsmuster, in Betracht zu ziehen. Klassische Beispiele für kollektive Formen wären etwa Teilkulturbildungen, soziale Bewegungen oder organisierte Formen abweichenden Verhaltens.

Im Hinblick auf die empirischen Grundannahmen Mertons stellt sich zunächst die Frage, ob in modernen differenzierten Gesellschaften alle sozialen Gruppen die von ihm angenommenen zentralen Werte und Ziele wirklich teilen.

Aufgrund mehrerer Studien, die sich allerdings auf die amerikanische Situation beziehen, läßt sich nämlich kein Nachweis über eine schichtunabhängige Verbreitung von Zielen und Motiven (»Erfolg« und »Wohlstand« bei Merton) feststellen. Vielmehr sprechen die Untersuchungen dafür, schon die Zielsetzungen schichtenspezifisch zu sehen (vgl. Bohle 1975, S. 124). Die Diskussionen einer kategorialen Umorientierung der Konzepte sozialer Ungleichheit weg vom Schichtbegriff und hin zu Begriffen wie Milieu, Lebensstil, Kultur, soziale Bewegung etc. (vgl. Kreckel 1983) untermauern noch einmal die Skepsis an gesamtgesellschaftlichen Zentralzielen. Vieles deutet darauf hin und wird in empirischen Studien belegt, daß es zu einer immer stärkeren Diffundierung von Zielsetzungen kommt, die auch so allgemeine Ziele wie Wohlstandssicherheit etc. teilgesellschaftlich und individuell brechen. Mit diesem Faktum wird eine wichtige Voraussetzung der Anomietheorie Mertons in Frage gestellt. Wenn kulturelle Ziele eben nicht allgemein gelten, dann muß ihre normative Existenz gruppenabhängig vorausgesetzt werden, und die bei Merton noch relativ direkte Widerspruchsbeziehung normativer Zentralwerte und ihrer tatsächlichen Erreichbarkeitsbedingungen kann in dieser Unmittelbarkeit nicht unterstellt werden. Allerdings muß das Konstrukt divergierender Ziele und Möglichkeiten nicht gänzlich fallengelassen werden, es stellt sich vielmehr komplexer und vermittelter dar. Hinweise darauf geben Studien, in denen nachgewiesen werden konnte, »daß die unteren Schichten über kulturelle Mechanismen verfügen, die es ihnen ermöglichen, sich an die gesellschaftliche Realität – sprich Benachteiligung – anzupassen« (Bohle 1975, S. 124); und zwar in einem Zusammenspiel von gegebenen schichtenspezifischen Realitäten und schon darauf abgestellter Aspirationsniveaus. Außerdem scheint es im Hinblick auf die sozialpsychologische Forschung über Aspirationen und Zufriedenheiten (vgl. Ginsberg 1980) fruchtbar zu sein, zwischen Aspirationen und Erwartungen zu unterscheiden, um entsprechend differenzierende Aussagen machen zu können (Albrecht 1993, S. 508).

Erhebliche Zweifel erwachsen auch aus der zweiten Grundannahme Mertons, nämlich einer höheren Kriminalitätsbelastung der Unterschicht. Diese Tatsache hat in machtpolitischen Überlegungen eine lange Tradition und wird z. B. in den Widerständen gegen die Schulreform des 19. und 20. Jahrhunderts reflektiert, wenn nämlich Bildung unterstellt wird, die geringen Aspirationen benachteiligter Klassen zu steigern. Amtliche Daten sind zur Einschätzung der schichtspezifischen Verteilung von Kriminalität als prekär einzuschätzen, weil schichtspezifische Selektionseffekte der Kontrollinstanzen nicht auszuschließen sind. Außerdem dominieren in diesen Statistiken Gewaltdelikte, Diebstahl etc.; Steuervergehen, Wirtschaftskriminalität, Korruption etc., also die klassischen Kriminalitätsformen der höheren Sozialgruppen, finden in viel geringerem Maße Eingang in das öffentliche Bild des Zusammenhangs von sozialer Stellung und Kriminalität.

Ähnlich uneindeutig präsentiert sich die Beziehung zwischen Schichtung, Anomie und Kriminalität, wenn man statt offizieller Daten (Polizeistatistiken etc.) subjektive Daten heranzieht. Die verschiedenen Studien weisen verschiedene Zusammenhänge auf, allerdings läßt sich keine eindeutige Tendenz feststellen. So gibt es Untersuchungen, in denen zwischen Schicht und Delinquenz gar keine Beziehungen ermittelt werden konnten. Andere Studien belegen lose Verflechtungen, wobei aber auch manchmal höhere Delinquenzraten bei den höheren Schichten vorzufinden waren (Bohle 1975, S. 198 f.).

Auch in der Bundesrepublik zeigen sich auf der Grundlage von Self-Report-Daten (vgl. Albrecht und Howe 1992) nur für ganz spezifische Straftaten und soziale Untergruppen entsprechende, meist inhaltlich sehr schwache Zusammenhänge.

Insgesamt läßt sich hier festhalten, daß Mertons Unterstellung, wonach nicht eindeutig als gegeben vorausgesetzt werden kann, (Unter-)Schicht und Anomie in einem festen Verhältnis stehen.

Ohne daß hier dezidiert auf einzelne Analysen eingegangen worden ist, ist doch die Behauptung zulässig, daß eine empirische Verifizierung der Mertonschen Anomietheorie noch aussteht – vieles spricht jedoch dafür, daß diese nicht gelingen wird. Hierfür lassen sich vielerlei Gründe anführen. So weisen sicherlich die meisten Operationalisierungsversuche von Anomie Mängel auf. Andererseits hat das Anomiemodell von Merton aber auch Schwierigkeiten, mit der zunehmenden kulturellen, sozialen und funktionalen

Komplexität moderner Gesellschaften mitzuhalten. Hier wären Modifizierungen im Modell angebracht, mit denen der konstruktive Ansatz Robert K. Mertons aktualisiert werden könnte.

Eine Modifikation müßte z. B. darin bestehen, die bei Merton noch dominant an Schichten gebundene Struktur sozialer Ungleichheit (Merton: schichtenspezifische Anomie) den neueren Debatten über soziale Ungleichheit anzupassen (vgl. Berger 1987; Hradil 1983, 1987). Da die traditionellen Klassen- bzw. Schichtmodelle heute kaum mehr in der Lage sind, die interne Segmentierung sozialer Ungleichheit angemessen zu repräsentieren, werden zunehmend neue Dimensionen in theoretischen wie auch empirischen Arbeiten verwendet. Diese Dimensionen beschreiben Ungleichheits- und Deprivationslinien, die sich »quer« zu den klassischen Schichtdifferenzen gelegt haben. Es handelt sich dabei um Phänomene sekundärer sozialer Ungleichheit, die sich durch neue Risikolagen, durch Strukturbrüche und neue soziokulturelle Reproduktionsmuster ergeben haben. Der Begriff »Milieu« faßt diese Erscheinungen neu zusammen und verweist auf die Notwendigkeit einer Sensibilität, soziale Ungleichheiten vor dem Hintergrund ausdifferenzierter, neuer Sozialformationen und Lebensstile zu betrachten. Andererseits führt das Zusammenspiel von industriegesellschaftlicher Arbeitsmarktdynamik, Ausdehnung von Mobilitätserfahrungen und Bildungsexpansion zu einer zunehmenden Herauslösung der Individuen aus sozial homogenen Milieus und kollektiven Bindungen und Wertbezügen.

In dieser zunehmenden Individualisierung und einer fortschreitenden Rationalisierung, die zu einer Begünstigung von zweckrational abwägenden und utilitaristischen Haltungen führt, sieht Blinkert (1988, S. 403) wesentliche Voraussetzungen für das deutliche Wachstum der Kriminalität der letzten zwanzig Jahre in der (alten) Bundesrepublik. Die Ausbreitung der marktwirtschaftlichen Rationalität untergräbt gewissermaßen ihre gesellschaftlichen Voraussetzungen, da Konformität oder Abweichung in zunehmendem Maße von dem Ergebnis eines Risiko-Nutzen-Kalküls abhängig gemacht wird. Eine hedonistische Orientierung an den individuellen Bedürfnissen wird vorrangig, und die »externen« Kosten des eigenen Handelns im Sinne negativer Auswirkungen auf die soziale Umwelt werden ausgeblendet. Kriminalität wird dann eher als moralneutrales Betriebsrisiko betrachtet. Blinkert argumentiert, daß gerade die Auflösung traditioneller Muster sozialer Ungleichheit zu einem Anstieg der Kriminalitätsrate unter dem Kalkül des »rational choice« führt.

3.1 Die Mängel sozialer Regulation

In der Selbstmordstudie beklagt Durkheim die verhängnisvollen Auswirkungen einer mangelnden Zügelung individueller Wünsche. Damit das Individuum nicht ruhelosem Streben und ständiger Unzufriedenheit ausgesetzt ist und zu einem Teil der Gesellschaft wird, müssen zum einen seine Leidenschaften gezähmt werden, und zum anderen muß es zu sozialen Werten und Zielen geleitet werden (Hynes 1975, S. 89). Von einem solchen Menschenbild des »Homo duplex« ausgehend, hält Durkheim zwei Voraussetzungen in bezug auf die gesellschaftlichen Regeln für unabdingbar: Die Regeln erfordern Achtung und positive Ausstrahlung, aber gleichzeitig haben sie auch den Charakter einer Pflicht und sind im Falle des Abweichens durch Sanktionen zu stützen. Es reicht also nicht aus, die Menschen zu disziplinieren, vielmehr müssen moralische Werte auch eine motivierende Kraft haben. Mögliche positive Anreize sozialer Orientierungsmuster können aber – wie Merton im Fall der Dominanz des Wertmusters »finanzieller Erfolg« darlegt – ebenso durch eine zu starke kulturelle Fixierung auf einen Wert einen übermäßigen Motivationsdruck erzeugen, der die Abweichung von gesellschaftlichen Regeln in Kauf nimmt. Allgemein liegt die Vermutung nahe, daß einseitige Betonungen und soziokulturelle Prämierungen nur einzelner Wertmuster die gesellschaftliche Regulierung der menschlichen Antriebskräfte unterminieren. Durkheim läßt keinen Zweifel – und darin folgen ihm Merton und Dahrendorf – daran, wo er die Quelle für die Mängel der Regulation sieht: Es ist die Welt des Handels und der Industrie. Die »fieberhafte Betriebsamkeit« und »Entfesselung der Begierden« in diesem Bereich hat sich auf alle anderen Bereiche ausgedehnt (Durkheim 1973, S. 292).

Neben diesem Aspekt mangelnder Disziplinierung gewinnt aber noch ein weiteres Defizit gesellschaftlicher Regulation an Bedeutung, nämlich wenn die Gesellschaft die Einhaltung ihrer eigenen Normen nicht mehr durchsetzt. Durch eine solche Unterlassung nimmt in letzter Konsequenz das Vertrauen der Gesellschaft in ihre Regeln ab und produziert das Risiko der Anomie (vgl. Dahrendorf 1992). Gleichzeitig ist jedoch der kulturelle Pluralismus mit seinen freiheitsverheißenden Möglichkeiten wiederum ein strukturelles Hindernis bei der Durchsetzung von allgemeinen Regeln, weil deren »Normalitätsstandard« sich gruppenspezifisch vervielfältigt.

Aus heutiger Sicht und in einer Moderne, in der ein rasanter sozialer Wandel zum Normalzustand geworden ist, können jedoch nicht mehr die klassischen Vorstellungen einer starren normativen Einbettung sozialer Ordnung umstandslos übernommen werden. Das Bild des Leviathan, der nur »gezähmt« und »gezügelt« beherrschbar ist, widerspricht der faktischen Regulation moderner Gesellschaften. In ihnen gelten die Disposition, Reflexion und Modifikation von Normen nicht nur als Ideal, sondern lassen sich empirisch ständig vorfinden. Anomie als soziale Regulationskrise kann demnach nicht die Abweichung von starren und »ewigen« Normen des Zusammenlebens bedeuten, sondern muß als ein Zustand gesehen werden, in dem es an sozialen Regulationsmodi mangelt, um wesentliche gesellschaftliche Probleme hinreichend angehen und für alle Beteiligten erwartbar und hinnehmbar gestalten zu können. In diesem neuen Anomiekonzept wird berücksichtigt, daß im Vorgang sozialer Regulation sich die Modi der Regulation durchaus verändern können, ohne daß Anomie entsteht. Anomie tritt erst dann ein, wenn der *Vorgang* sozialer Regulation zusammenbricht bzw. zu Ergebnissen führt, die von Teilen der Beteiligten auf Dauer nicht hingenommen werden können.

3.2 Die nachlassende soziale Kohäsion

Die Schwächung der sozialen Kohäsion bedeutet in der klassischen Anomieperspektive für die Gesellschaft, »daß eine zu große Zahl ihrer Mitglieder zu weitgehend ihrem Einfluß entgeht« (Durkheim 1973, S. 442). Eine solche Auflockerung der gemeinschaftsbildenden Kräfte unterhöhlt nach Durkheim letztlich auch die Verbindlichkeit von Werten und Normen, denn erst über soziale Einbindungen und Interaktionen werden sie bekräftigt und in ihrer Orientierungsfunktion wirksam. Zwar stehen Interaktionsdichte und Moral in einem wechselseitigen Verhältnis, jedoch ist es geboten, beide Ebenen auseinanderzuhalten: die Bindung an moralische Werte und die Bindung im Sinne der sozialen Netze und Institutionen. Mit dem Begriff der Ligatur (vgl. Dahrendorf) wird eine solche Unterscheidung unterschlagen. Dahrendorf (1979) ver-

weist jedoch auf einen wichtigen Punkt: Es kommt auf die »Haft-
tiefe« der Bindungen an. Nur grundlegende Bindungen bieten Halt
in einer sich dynamisch verändernden Gesellschaft. Natürlich
können auch umfangreiche und vielfältige Kontaktnetze mit weniger ausgeprägtem Identifikationsgrad den gesellschaftlichen Zusammenhalt fördern. Die Netzwerkforschung hat auf die »Stärke
schwacher Bindungen« (vgl. Granovetter 1973) hingewiesen. Generell sind jedoch Zweifel anzumelden, ob ein Element allein, z. B.
nur Werte und Normen oder nur soziale Kontakte, als kohäsives
Fundament einer Gesellschaft tragfähig genug ist – zumal in Krisensituationen. Claus Offe (1989) hat mit dem Begriff der »Assoziationsverhältnisse« darauf hingewiesen, daß in modernen Gesellschaften die Tragkraft universaler moralischer Standards nicht
allein der Sphäre der Moral selbst überlassen werden kann. Es bedarf vielmehr institutionalisierter, gefestigter assoziierender Bedingungen, d. h., es bedarf intermediärer, konkreter: sozialstruktureller Verhältnisse, die die praktische Umsetzung von Werten und
Normen sichern. Solche Bedingungen und unterstützende Instanzen auf der gesellschaftlichen Ebene können aus Organisationen,
Institutionen oder aus sozialen Formationen (Milieus, feste Gruppenbeziehungen) etc. bestehen. Ihre kohäsive Funktion erfüllen
sie, indem sie die Entfaltung und Realisierung von normativen
Standards (Solidarität, Berücksichtigung von Interessen anderer,
Befolgung rechtsstaatlicher Übereinkünfte etc.) sichern und einigermaßen absehbar machen.
    Berücksichtigt man die Notwendigkeit dieser assoziativen Ver-
hältnisse bzw. intermediären Instanzen im Kontext von Anomie,
dann wird deutlich, daß Anomie und die Stabilität sozialer Bindungen (Kohäsion) in einem Abhängigkeitsverhältnis zueinander
stehen. Soziale Bindungen stützen die Absehbarkeit kollektiver
sozialer Standards und stellen zudem ein interpersonales Forum
dar, in dem neue kollektive Standards ausgehandelt werden können
und eine Verankerung in konkreten sozialen Verhältnissen erhalten. Nachlassende soziale Kohäsion, so die These, diffundiert nicht
nur die Absehbarkeit sozialer Handlungsstandards (Normen) und
führt darüber zu wahrscheinlichen Regelverstößen; nachlassende
soziale Kohäsion erschwert auch in sich wandelnden modernen
Gesellschaften den *Aushandlungsprozeß* über neue geteilte Normen des sozialen Verkehrs.

Der strukturelle Ansatz Mertons geht u. a. davon aus, daß »soziale Strukturen unterschiedliche Häufigkeiten abweichenden Verhaltens hervorrufen, die von strukturell differenzierbaren Mitgliedern der Gesellschaft in unterschiedlicher Weise als solche definiert werden« (Merton 1978, S. 37).

Anomie in seinem Sinne ist weder als eine Eigenschaft von Personen noch als eine Bedingung vorzugsweise normativen Regelungsbedarfs aufzufassen. Eine Disbalance zwischen kultureller und sozialer Struktur erzeugt einen Druck, abweichendes Verhalten als Anpassung an Mangelsituationen zu »wählen«. Aber nicht nur die über die Sozialstruktur verteilten legitimen Mittel sind begrenzt, ungleiche Verteilungszugänge gibt es auch für den Bereich illegitimer Mittel. Ergänzend zu Merton wird dieser Aspekt von Cloward (1968) hervorgehoben. Sowohl legitime als auch illegitime Gelegenheiten »schaffen« strukturelle Arrangements, Alltagsroutinen und Lebensstile, die das Zusammentreffen von Akteuren und Chancen zur Abweichung erleichtern (vgl. Cohen/Felson 1979).

Strukturaspekte sind auch in der Artikulation kollektiver Unzufriedenheit und Protestverhalten enthalten. Nach Ted Gurr (1969) liegt die entscheidende Ursache für Protest in der relativen Deprivation sozialer Gruppen, die in der Diskrepanz zwischen sozioökonomischen Zielsetzungen und Erwartungen und den tatsächlichen Realisierungschancen aufbricht. Deprivationserfahrungen können ebenso durch Vergleiche mit entsprechenden anderen Bezugsgruppen entstehen, wenn sich damit Wert- und Realisierungserwartungen verändern (Willems 1992, S. 9).

Während bei Merton die Komponente der Sozialstruktur sich auf die Konzentration und Streuung von Herrschaft, Macht, Einfluß und Prestige und die Akkumulation von Vorteilen und Nachteilen bezieht (Merton 1978, S. 36), ohne daß er aber diese Bestandteile in seiner Abhandlung *Sozialstruktur und Anomie* näher klärt, hat Durkheim in seinem Werk über die Arbeitsteilung einen anderen Aspekt der strukturellen Problematik der gesellschaftlichen Integration im Blick. Es geht dort um die Frage der Interdependenz und Interaktionsdichte zwischen den Organen und Funktionen des sozialen Organismus (weiter dazu: Tyrell 1985, S. 224). Die moderne Differenzierungstheorie greift diese

Problematik wieder auf und thematisiert sie als Koordinations- und Abstimmungskonflikt zwischen den funktional spezifischen Teilsystemen der Gesellschaft. Ein Beispiel für eine Inkompatibilität zwischen zwei gesellschaftlichen Teilsystemen wäre etwa die strukturelle Rücksichtslosigkeit des Wirtschaftsbereiches gegenüber der Familie, die zu ernsthaften Folgen für den »Balance-Akt Familie« (vgl. Rerrich 1989) führen kann.

Die bisher dargestellten Mängel gesellschaftlicher Integration schlagen sich jeweils in bestimmten Problemsignalen nieder. Bedeutsame Schwächen der sozialen Kohäsion führen zu Isolation und Suizid (vgl. Durkheim), zumindest aber zu Identitätsstörungen und Entfremdung (vgl. Dahrendorf). Mängel sozionormativer Regulation führen im Falle überschüssiger Aspirationen zu Unzufriedenheiten und im Falle nachlassender Verbindlichkeiten von Werten und Normen zu Orientierungsverlust und Unsicherheit. Strukturelle Disparitäten und Ungleichgewichte haben nach der klassischen Logik der Mertonschen Anpassungstypen Konformität, Innovation, Ritualismus, Rückzug und Rebellion zur Folge. Diese Formen abweichenden Verhaltens bzw. sozialer Probleme sind aber nicht nur gesellschaftliche Tatsachen schlechthin. Sie unterliegen einem komplexen Interpretationsvorgang, bei dem unterschiedliche gesellschaftliche Gruppen und Instanzen sozialer Kontrolle auf z. T. recht widersprüchliche Weise mit ihren Interessen beteiligt sind. Das Verständnis darüber, welche Verhaltensmuster, Gruppen oder Personenkategorien als problematisch, abweichend oder ausgegrenzt gelten, unterliegt in gewisser Weise der selektiven Definitionsmacht von Institutionen, es bildet sich aber auch im alltäglichen Zusammenwirken sozialer Typisierungs- und Ausgrenzungsprozesse heraus.

Auch wenn die drei Komponenten sozialer Anomie mit ihrer ganzen Bandbreite von Symptomen auf mögliche Gefährdungen der gesellschaftlichen Integration verweisen, so gehört zu einer Destabilisierung der Gesellschaft doch eine gewisse Intensität und Häufigkeit der einzelnen Phänomene. Gesellschaften sind Formen des Zusammenlebens, die immer auch Regelabweichungen, Distanzierungen, Unsicherheiten, Widersprüche und Ungleichgewichte mit sich bringen. Durkheim selbst verweist auf die Normalität abweichenden Verhaltens und hält diese aufs engste mit den Gesamtbedingungen eines jeden Kollektivlebens verknüpft. Allerdings erachtet er die Zunahme der Selbstmordzahlen im 19. Jahrhundert, die sich je nach Land verdreifacht, vervierfacht oder verfünffacht haben, für eine solch enorme Steigerung, daß er sie als Signal für eine Krise und Störung einstufte. Während also zum einen ein überproportionaler Anstieg von Abweichungen als problematisch angesehen werden muß, ist zum anderen – wie er am Beispiel des Verbrechens darlegt – auch ein allzu starker Abfall von Abweichungsraten als anormal zu betrachten, da vermutet werden muß, »daß dieser vermeintliche Fortschritt zugleich mit irgendeiner sozialen Störung auftritt und mit ihr zusammenhängt« (Durkheim 1973, S. 161).

Aber auch wenn ein solches Absinken in der gegenwärtigen Situation nicht von Bedeutung ist, stellt sich die Frage nach den kritischen Schwellenwerten, nach denen die Diagnose der Krisenhaftigkeit gestellt werden kann. Hier helfen nur Vergleiche mit Gesellschaften unterschiedlichen und gleichen Entwicklungsniveaus und mit unterschiedlichen Perioden derselben Gesellschaft ein wenig weiter. Wenn in einzelnen Symptombereichen ein bedeutsamer Anstieg der Zahlen zu verzeichnen ist, so führt dies noch nicht zwangsläufig zu einer Krise der gesamtgesellschaftlichen Integration. Den krisenprovozierenden Kräften stehen ja auch gegenläufige Entwicklungen entgegen. Betrachtet man die verschiedenen Teilsysteme der Gesellschaft, liegt die Frage nahe, ob nicht auch hier gegenläufige Entwicklungen möglich sind, durch die eine Neutralisierung desintegrativer Tendenzen erfolgen könnte. Auch durch Entwicklungen in anderen Teilsystemen kann die Entfaltung von Anomie aufgehalten werden. Zu einer solchen Analyse dringt Durkheim aber noch nicht systematisch vor. Ebensowenig wird die Möglichkeit unterschiedlicher Wirkungen auf der Makro- und der Mikroebene der Gesellschaft bedacht. So können Krisen, die die Gesellschaft als Ganzes betreffen, also auf der Makroebene, eine Störung der Integration darstellen, auf der Mikroebene eine erhöhte Integration zur Folge haben. Umgekehrt ist auch der Fall denkbar, daß Defizite auf der Mikroebene die Makrostabilität in keiner Weise gefährden.

Bei der Untersuchung von Anomietendenzen stellt sich gleichzeitig immer die Frage, welche Mechanismen der Gesellschaft zu ihrer Bearbeitung beitragen. Durkheim empfahl in seiner Selbstmordstudie die Einbindung in intermediäre Gruppen und Strukturen. Es ist jedoch äußerst strittig, ob angesichts von Individualisierungsprozessen heute noch Integration über die Stabilisierung durch Peer-groups, Assoziationen und Vereine erreicht werden kann, zumal die Systeme sozialer Sicherung immer weniger in der Lage zu sein scheinen, die grundlegenden Integrationsbedingungen zu erfüllen. Damit nehmen die Probleme anomieträchtiger Spannungen zwischen kulturellen Zielen sowie dem damit verbundenen sozialen Druck und strukturellen Realisierungsbedingungen zu, die auch für größer werdende Bevölkerungsgruppen nicht mehr durch Umdeutungen von Werten oder durch ein Herunterschrauben von (Status-)Aspirationen subjektiv befriedigend reguliert werden (können).

Eine angemessene Analyse von Anomietendenzen in der modernen Gesellschaft ergibt sich also aus der gleichzeitigen und wechselseitigen Berücksichtigung aller drei Dimensionen von Regulation, Kohäsion und strukturellen Disbalancen.

Ergänzend ist nun die Betrachtung in differenzierungstheoretischer Hinsicht fortzuführen.

4. Anomieentwicklungen in der funktional differenzierten Gesellschaft

Unter Modernisierung ist die Entwicklung »von einfachen und armen Agrargesellschaften zu komplexen, differenzierten und reichen Industriegesellschaften gemeint, die nach innen und außen ein bestimmtes Maß an Selbststeuerungsfähigkeit besitzen« (Zapf 1993, S. 182). Ein zentrales Merkmal der modernen Gesellschaft ist die Differenzierung in gesellschaftliche Teilsysteme (vgl. Luhmann 1984). Ursprünglich miteinander integrierte Funktionen lösen sich aus ihren traditionellen Einbettungen und spezialisieren sich zunehmend im Zuge dieses Auseinandertretens zu relativ autonomen gesellschaftlichen Teilsystemen, die sich tendenziell durch exklusive Zuständigkeiten auszeichnen und zwischen sich Schwellen der legitimen Indifferenz legen (Tyrell 1979, S. 183).

Die Differenzierung in gesellschaftliche Teilsysteme wird deutlich an der Trennung von Familienleben und ökonomischer Produktion im Zusammenhang mit der Industrialisierung; an der Trennung von politischer Lenkung und ökonomischer Kapitalbildung im Zusammenhang mit der Demokratisierung des politischen Systems, der Trennung von Religionspflege und Erziehung im Zusammenhang mit dem Aufbau staatlicher Schulsysteme sowie an dem Verzicht auf religiöse Legitimation politischer Systeme beim Übergang auf eine demokratische Selbstlegitimation (vgl. Luhmann 1987).

Diese Differenzierung regt zu einer Erweiterung der Mertonschen Perspektive von der anomischen Ziel-Mittel-Diskrepanz an. Anomie impliziert dann auch eine Disbalance eingespielter Verhältnisse zwischen den relativen Aspirationsniveaus gesellschaftlicher Teilgruppen und den darauf eingepaßten Zugangsregeln verschiedener gesellschaftlicher Funktionsbereiche. Soziales Verhalten wird dann als »abweichendes Verhalten« disqualifiziert, wenn gruppenspezifisch genutzte und definierte Mittel zur Zielerreichung mit legalen Mitteln kollidieren bzw. vom jeweiligen Funktionssystem, auf das sich die Ziele und Mittel richten, nicht akzeptiert werden. Außerdem ist denkbar, daß mögliche Disbalancen und Spannungen, die ihre Ursachen in einem spezifischen Teilsystem haben, sich in ganz anderen Teilbereichen »entladen« können. Solche Konflikt- und Problembewältigungsformen werden mit den klassischen Konzepten der Kompensation und Problemverschiebung angemessen und treffsicher charakterisiert.

Unterstellt man einen begrenzten und teilsystemgebundenen Geltungsanspruch von gesellschaftlichen Normen, dann kann die anomische Disbalance dieser Normen wiederum nur teilgesellschaftliche bzw. teilgesellschaftlich spezifische Folgen haben.

In dieser Perspektive zeichnen sich moderne Gesellschaften weiter dadurch aus, daß es neben der Kontextualität und Interdependenz verschiedener (teil)gesellschaftlicher Vorgänge immer stärker zu *Interdependenzunterbrechungen* kommt. Das heißt allgemein: Die sich ausbreitende Eigenlogik und relative Autonomie gesellschaftlicher Teilbereiche führen dazu, daß sich Vorgänge des einen Teilbereiches nur vermittelt und bedingt auf andere Teilbereiche auswirken. Und das kann z. B. konkret heißen: Anomische Tendenzen in Funktionsbereichen wie Schule, Arbeitsmarkt oder Politik oder anomische Spannungen bestimmter Bevölkerungsgruppen (Arbeitslose, neue Arme etc.) werden durch unterbrochene Interdependenzverhältnisse »eingeklammert« und greifen *nicht* mehr zwangsläufig gesamtgesellschaftlich um sich.

Die Metapher der Zwei-Drittel-Gesellschaft kennzeichnet eine solche Interdependenzunterbrechung. Während der Großteil der Mitglieder einer solchen Gesellschaft über einen geregelten Zugang zu Ausbildung, Arbeit, Wohnung und Vermögen verfügt, wird eine

Minderheit (das eine Drittel) auf Dauer und ohne Chancen der Reintegration von diesen Ressourcen ferngehalten, *ohne* daß es zu einem anomischen Kollaps der Gesamtgesellschaft kommen muß. Gerade am Beispiel der Zwei-Drittel-Gesellschaft läßt sich exemplarisch zeigen, wie moderne Gesellschaften mit (anomischen) Krisen umgehen. Sie richten sogar für die Betroffenen eigene Teilsysteme (Arbeitslosenhilfe, Sozialhilfe, Sozialpädagogik, Umschulungen etc.) ein, in denen die Auswirkungen anomischer Tendenzen abgefedert, aber nicht beseitigt werden.

Gesellschaftliche Krisen (wie z. B. Massenarbeitslosigkeit) werden nicht in dem Sinne gelöst, daß diese Krisen selbst und ihre Ursachen verschwinden. Vielmehr arrangieren sich moderne Gesellschaften mit ihren Krisen, indem sie Modi entwickeln, auch *mit* ihnen weiterhin zu existieren. Nimmt man als weiteres Beispiel die verbreitete Kleinkriminalität (z. B. Ladendiebstahl), so wird dieser Mechanismus deutlich. Der teilgesellschaftliche Bereich des Konsumsektors kann zwar mit Hilfe von Detektiven und Sicherungsanlagen den Ladendiebstahl in Grenzen halten, das Kernphänomen wird dadurch jedoch nicht verhindert. Das so entstandene Defizit taucht wieder in den Betriebsrechnungen der Warenhauskonzerne auf, d. h., es wird in der Logik des Systems kaufmännisch behandelt und über die Preise an den Konsumenten weitergegeben. Dem Rechtssystem fehlen solche Anpassungsmodi; es definiert (bislang) Ladendiebstahl als strafwürdigen Verstoß gegen geltendes Recht. Aber auch in der Jurisprudenz sind Versuche erkennbar, sich mit dieser Form von Anomie durch eine »begrenzte Normalisierung« zu arrangieren. Die derzeitigen Diskussionen über eine rechtliche Neudefinition von Ladendiebstahl dokumentieren das.

Zur Anpassung des Anomiekonzeptes auf moderne, ausdifferenzierte Gesellschaften haben wir eine ausdrückliche Berücksichtigung *erstens* gesellschaftlicher Funktionsbereiche (Wirtschaft/ Beruf, Schule/Ausbildung, Freizeit/Konsum, Recht, Familie etc.) und *zweitens* gesellschaftlicher Gruppen (in unterschiedlicher Differenzierungslogik: Kinder/Jugendliche/Erwachsene, Männer/ Frauen, Einkommens-/Berufsgruppen, Milieus, Lebensstilgruppen etc.) vorgesehen. Damit sollen anomische Tendenzen stärker kontextgebunden in bestimmten Gesellschaftsbereichen analysiert werden, und des weiteren wird die klassische, jedoch kaum empirisch haltbare Grundannahme einer gesellschaftsweiten Normgeltung und Motivlage von Zielen und Zentralwerten modifiziert.

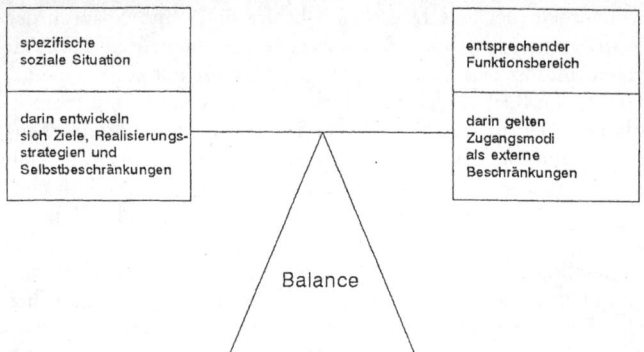

Wir halten es für sinnvoll, in dem Anomiekonzept die gesellschaftsstrukturelle Differenzierung nicht erst auf der Ebene der konkreten Realisationsvoraussetzungen von Wünschen und Bedürfnissen zu berücksichtigen, sondern auch schon die Konstitution von Bedürfnislagen und Zielen sowie deren kulturelle Normierung als Spezifika verschiedener gesellschaftlicher Funktionsbereiche bzw. Bevölkerungsgruppen zu verstehen.

Im obigen Schaubild wird der von uns gewählte Zugang zum Anomieproblem veranschaulicht.

»Anomie« bedeutet jetzt, eingeschränkt zum Mertonschen Modell, die Diskrepanz zwischen den spezifischen Zielsetzungen von Personen/Bevölkerungsgruppen und den spezifischen Begrenzungen des Funktionssystems, auf das sich die Ziele richten.

Die Folgen dieses Anomie*drucks* beziehen sich nicht mehr nur auf die Verletzung von (rechtlichen) Normen im Sinne abweichenden Verhaltens, sondern müssen die gesamte Bandbreite möglicher Reaktionen einschließen, die im Zusammenhang vorenthaltener Partizipationschancen stehen: z. B. rigides Karriereverhalten, Fremdenfeindlichkeit, psychosomatische Krankheiten, Gewalt etc. Auch die in der Modifikation des Anomiekonzeptes berücksichtigten, gesellschaftlich vorgegebenen »Ziele« werden erweitert. Damit sind nicht mehr nur, wie noch bei Merton, materielle Wünsche gemeint, sondern allgemein Erwartungen und Bestrebungen in bezug auf das persönliche Leben, in bezug auf soziale, politische, ökonomische Verhältnisse sowie auf die Verfassung der natürlichen Umwelt.

Anomie bedeutet nach unserem Verständnis eine Disbalance *eingespielter Verhältnisse* zwischen den *relativen Aspirationsniveaus* gesellschaftlicher Teilgruppen und den darauf *eingepaßten Zugangsregelungen* und Realisierungsmöglichkeiten verschiedener gesellschaftlicher Funktionsbereiche. Wie dies gemeint ist, wird am folgenden Beispiel verdeutlicht.

Güterbesitz und Konsum kommt in modernen Gesellschaften (trotz Wertewandels) eine hohe Bedeutung zu. Man kann also davon ausgehen, daß das Aspirationsniveau in diesen Bereichen im allgemeinen relativ hoch angesiedelt ist. Nun demonstrieren die modernen Besitz- und Konsumgesellschaften schon seit langem die zwar bekannte, aber dennoch erstaunliche Tatsache, daß der größte Teil des Verbrauchs relativ nomisch verläuft. Die »Zugangsmodi« sind klar definiert: Konsum wird über Geld geregelt. Unabhängig vom Ansehen der Person, ohne Berücksichtigung spezieller Eigenschaften werden Wünsche über das Medium Geld verwirklicht. Konsumwünsche existieren in allen gesellschaftlichen Gruppen, jedoch gilt auch hier (im »Normalfall«) dasselbe Prinzip der Realisierung: Geld. Eine angespannte Finanzlage begrenzt »im Normalfall« die Realisierung von Wünschen schon von vornherein. Anomische Situationen können in diesem Beispiel verschiedene Ursachen haben: relative Armut; »Aufheizung« des Aspirationsniveaus durch Strategien des Konsumsektors (z. B. Werbung); Diffundierung gesellschaftlicher Unterschiede, in denen kollektive Regeln der Selbstbeschränkung definiert werden; Zerstörung der funktionsspezifischen Zugangsregeln durch den Funktionsbereich Konsum selbst: Gewährung unredlicher Kredite, Suggestion von Konsummöglichkeiten ohne Geldbesitz; Anomietendenzen in anderen gesellschaftlichen Funktionsbereichen (»Selbstbedienung« von Politikern, Steuerskandale der Industrie, tendenziöse Rechtsprechung etc.), worüber die normative Zugangsbedingung zu Konsum (Geld) an Geltung verliert.

Als Fazit läßt sich unser Vorschlag einer Erweiterung des klassischen Anomiekonzepts (Mertonscher Prägung) darauf fokussieren, daß gesellschaftsstrukturelle Einflüsse auf der Ebene gesellschaftlicher Funktionsbereiche und der Ebene spezifischer Personengruppen (Bevölkerungssegmente) berücksichtigt werden.

Nach der Erweiterung des klassischen Anomiekonzeptes soll abschließend das Grundmuster der Analyse verdeutlicht werden.

Dazu lassen sich *vier Analyseschichten* unterscheiden und in ihren Verbindungen charakterisieren.

Zu I:

Ausgangspunkt der Analyse sind weitreichende Wandlungs- und Modernisierungsprozesse. Der hier angesprochene Modernisierungsprozeß ist aus soziologischer Sicht ein bestimmter Typus sozialen Wandels, der als relativ umfassend und tiefgreifend und als von besonderer Dynamik zu kennzeichnen ist, so daß von einer unumkehrbaren und langfristigen Transformation der Gesellschaftsstruktur in ihren charakteristischen Merkmalen ausgegangen werden muß. Auch wenn dieser Prozeß als ein nicht geradliniger, in den gesellschaftlichen Teilbereichen nicht synchron und als ein mit sozialen Spannungen verlaufender Prozeß beschrieben wird, so dominierte bisher die Vorstellung von einer gerichteten Entwicklung, im Sinne von »Kapazitätserweiterung und Autonomie« (vgl. Zapf 1975).

Diese Vorstellung ist inzwischen nicht nur durch Systemzusammenbrüche und soziale wie ökologische Krisen in Bedrängnis geraten. Darüber hinaus muß die »alte« Annahme von Durkheim, nach der die sich durchsetzende Modernisierung eine eingebaute Tendenz zur Anomie habe, weil *tiefreichende* Veränderungen in der Struktur hochindustrieller Gesellschaften mit *großer Schnelligkeit* ablaufen und sich in sehr *kurzen Zeiträumen* verdichten, ergänzt werden durch die Sichtweise, daß die Modernisierungsprozesse heute weitgehend *ungerichtet* ablaufen.

Insofern stellt sich die Frage nach Sozial- und Systemintegration neu. Lockwood (1979) hat die Vorstellung entwickelt, daß sich aus dem Konflikt von sozialer Integration (als »geordnete und konfliktgeladene Beziehungen der Handelnden eines Systems«) und der Systemintegration (als »geordnete oder konfliktgeladene Beziehungen zwischen Teilen des Systems«) gesellschaftliche Veränderungen ergeben können. Diese müssen nicht unbedingt dazu führen, daß das System zusammenbricht oder in ein anderes übergeht. Die Grundüberlegung von Lockwood ist, daß es infolge einer Spannung zwischen der herrschenden institutionellen Ordnung und ihrer materiellen Basis zu Konflikten und schließlich zu sozialem Wandel kommen kann.

Modernisierungsprozesse in gesellschaftlichen Teilbereichen (u.a. in Form schneller, ungerichteter, ungleichzeitiger, widersprüchlicher Entwicklungen) (Probleme von Sozial- und Systemintegration)

Entwicklungen in Teilbereichen (Teilsystemen)				
II Integrationsmodi und Krisenbereiche		Auswirkungen auf	Aspirationen — Bindungen	Werte/Normen
	Sozialstrukturen			Kultur
	Struktur	Disbalance (Spannungen)		Schwächung der Wirksamkeit von Normen (z.B. Normenpluralisierung) — Auflösung oder Schwächung von Bindungen
	Strukturbrüche (u.a. Zunahme von Ungleichheit) Exklusionen, Statusbedrohungen	Fehlanpassungen von Aspirationen an faktische Gegebenheiten		
	<u>Strukturkrise</u>	<u>Regulationskrise</u>	<u>Kohäsionskrise</u>	
III kollektives/institutionelles Agieren	- + - +	- + - +	- + - +	
	Verstärkung (+) oder Gegensteuerung (-) auf den intermediären Ebenen			
IV Individuelles Verhalten	Individuelle Verarbeitungsformen auf der Einstellungs- und Handlungsebene (Anomia)			
	z.B. Innovationen Ritualisierung Rückzug Protest Gewalt/Kriminalität	z.B. Orientierungsverlust Plausibilitätsverlust Verunsicherung	z.B. Entfremdung Identitätsstörungen Isolation Suizid	

»Wenn Notlagen zu einer Verstärkung des funktionalen Widerspruchs des Systems führen und wenn Kompensationsmaßnahmen der konservativen Interessengruppen (...) zu einer weiteren Aktualisierung potentieller Gegenorganisationen führen, wird ein Circulus vitiosus von Desintegration und Wandel der institutionellen Ordnung in Gang gesetzt. Wenn andererseits Kompensationsmaßnahmen erfolgreich sind, so wird die institutionelle Ordnung unversehrt bleiben, der Brennpunkt der Spannung aber solange sichtbar sein, wie der funktionale Widerspruch im System weiterbesteht« (ebd., S. 131).

Lockwood verbindet die Analyse des Strukturkonflikts zwischen unterschiedlichen Aggregaten des gesellschaftlichen Systems mit der Vorstellung einer Regelung von Interessenkonflikten, die das institutionelle System in Bedrängnis bringen können.

In Anbetracht der Entwicklung zu einer funktional differenzierten Gesellschaft erscheint es sinnvoll, bei der Analyse von Anomietendenzen zunächst einmal von dem Blickwinkel eines gesellschaftlichen Teilsystems oder Funktionsbereichs auszugehen.

Zu II:

Ein zweiter Analysebereich betrifft demzufolge die Auswirkungen auf die Integrationsmodi.

Es wird zu untersuchen sein, wie bestimmte Entwicklungen der Modernisierung wie Strukturveränderungen oder Strukturbrüche sich für das jeweilige Teilsystem auswirken im Hinblick auf den Bereich der *Sozialstruktur* (Statusbedrohungen, Spannungen), auf den Bereich der *Werte*, *Normen* und *Aspirationen* (Wandel von Werten, Veränderungen von Aspirationen, Labilisierung normativer Verbindlichkeiten) und schließlich im Hinblick auf den Bereich der *sozialen Bindungen* (Schwächung und Auflösung von Bindungen, Interaktions- und Kontaktnetzen). Damit eng verknüpft ist die Frage, welche Bevölkerungsgruppen von diesen Tendenzen in besonderer Weise betroffen sind. Gibt es für spezifische Soziallagen kumulative Benachteiligungen, die das Anomiepotential verstärken?

Auch wenn das hauptsächliche Augenmerk der folgenden Untersuchungen auf der Herausarbeitung von Anomietendenzen liegt, stellt sich gleichzeitig jedoch immer auch die Frage, welche Mechanismen zur Integration der Gesellschaft beitragen, weil im Mittelpunkt anomietheoretischer Überlegungen die *Disbalance* von Struktur und Kultur lagert. Diese Kernstelle verdient besondere Beachtung, da nach Merton die moderne Gesellschaft eine anomische Disposition in sich trägt, die zu Disbalancen und Spannungen führt. In dem Begriff der »Spannung« sieht Merton einen Schlüsselbegriff, der die Kluft zwischen Statik und Dynamik in der Gesellschaft überbrückt. Eine Spannung oder Disbalance zwischen Elementen der sozialen und kulturellen Struktur bildet ein Potential gesellschaftlichen Wandels, wenn man das Anpassungsmuster Innovation im Blick hat, aber ebenso eine Gefahr einer Desintegration spezifischer Gruppen und Individuen, wenn man an Rückzugsverhalten denkt. Ritualismus bedeutet eher eine scheinbare Integration, Rebellion eine Verweigerung, sich zu integrieren, in der Form des Konflikts.

Angesichts von ungerichteten Prozessen und des Umstandes, daß moderne Gesellschaften auch Gefahr laufen, ihre eigenen Normen nicht mehr ernst zu nehmen (Dahrendorf), liegen hier Quellen für Problemfolgen der Integrationsqualität, zumal die Ungerichtetheit der Prozesse auch die Frage der Steuerungskapazitäten in Staat und Gesellschaft virulent werden läßt und gleichzeitig nicht zum großen öffentlich-politischen Thema werden darf, um die Problemfolgen begrenzt zu halten, die sich zu Krisen auswachsen können. Unterschieden werden dazu erstens *Regulationskrisen*, um die Aufmerksamkeit auf die Schwächung der regulativen Kraft sozialer Normen bzw. ihrer gesellschaftlichen Durchsetzung zu lenken. Zweitens *Kohäsionskrisen*, um die Folgen der Schwächung von sozialen Bindungen und Bezügen zu berücksichtigen. Dazu ist Durkheim zufolge das Wechselverhältnis der Regulationskrise zu beachten, da abnehmende Interaktionen und soziale Kontakte wie auch damit implizierte soziale Kontrollen die Verbindlichkeit von Werten und Normen absenken. Drittens gilt die Aufmerksamkeit den anomieträchtigen Auswirkungen von *Strukturkrisen*, wenn sich die Ungleichheitsphänomene mit den kulturellen Zielsetzungen in Spannungen befinden und zudem von Regulations- und Kohäsionskrisen begleitet sind.

Mängel in den drei Anomievarianten werden unter ganz besonders gravierenden und ungünstigen Bedingungen und bei wechselseitiger Verstärkung zu einer gesellschaftlichen Situation führen, die die Diagnose einer Integrationskrise in einem engeren Verständnis des Etiketts »Krise« als Bestandsgefährdung des gesellschaftlichen Systems rechtfertigen würde. Aber gleichwohl können auch weniger schwerwiegende Integrationsmängel für Teile der Gesellschaft und spezifische Gruppen von Betroffenen zu einer erheblichen Beeinträchtigung der Lebenschancen führen.

Zu III:

Da die Entwicklung von Anomietendenzen in einer Gesellschaft in der Regel weder generell in allen Teilbereichen virulent wird noch in eine Richtung weist, bedarf es der Analyse jener Entwicklungen auf der Ebene *intermediärer Instanzen*, auf deren Wirkung v. a. auch Durkheim seine Hoffnungen setzte.

Die Fragen richten sich hier insbesondere darauf, inwieweit soziale Integrationsprobleme durch Peer-groups, Vereine, Parteien etc. noch aufgefangen werden können, wenn sich zunehmend institutionelle Zugangsprobleme zum Arbeitsmarkt etc. verschärfen. Offen ist auch die Frage nach der Tragfähigkeit von lockeren Netzwerkstrukturen, wenn die Leistungen der Systeme sozialer Sicherung die Benachteiligungen verstärken und andererseits der individualisierende Druck einer kulturellen Options-»Entgrenzung«, daß man doch nur zuzugreifen brauche, anhält bzw. über die Medienvervielfältigung ansteigt, mithin verstärkend wirkt. Dies gilt umso mehr, wenn die Prognosen von Wertwandelstudien (vgl. Yankelovich 1994) eintreten sollten, die eine massive Rückkehr materialistischer Wertvorstellungen signalisieren, so daß sich selbst Mertons vielfach kritisierte homogene Wertstruktur – zumindest verdeckt – doch noch durchsetzt und damit auch den regulierenden Effekten der Wert-Dehnung oder dem Herabschrauben von Aspirationen ihre Wirkung nimmt.

Zu IV:

Die vorgestellten Versionen von Anomietheorien sehen ihren Schwerpunkt in den gesellschaftlichen Problemzonen. Ihre individuellen Folgen werden mit dem Begriff der Anomia umrissen und kommen in Orientierungsunsicherheiten, Motivationsstörungen wie Apathie und Ritualismus und in Identitätsproblemen zum Ausdruck (Dreitzel 1968, S. 376 ff.).

Diese Verarbeitungsformen enthalten einerseits je nach Krisenbereich spezielle Variationen, die sich einerseits durch die intermediären Instanzen »brechen«, aber verstärkt oder abgeschwächt werden können. Andererseits können sich auch zwischen diesen Variationen entsprechende Verstärkungs- oder Abschwächungsprozesse entwickeln und in individuellen wie kollektiven Aktionsformen niederschlagen, die meist individuell oder sozial zerstörerische Auswirkungen haben.

5. Fazit

Gesellschaftliche Modernisierungsprozesse werfen immer wieder neu die Frage nach der Integrationsfähigkeit moderner Gesellschaften auf. Damit werden auch die Problematik der Anomie und ihr ambivalenter Kern zu einem Dauerthema, das sich aufgrund des Zusammenwirkens verschiedener Entwicklungen wie u. a. Zunahme der Rasanz, Abnahme der Steuerungsfähigkeit, Ausbreitung von Ratlosigkeit über die Entwicklungsrichtung zu radikalisieren scheint, während die Chancen bisher wirksamer gegensteuernder intermediärer Instanzen knapper zu werden scheinen, weil diese selbst zur Debatte stehen.

In dem Maße aber, und dies soll in den folgenden Beiträgen genauer verfolgt werden, wie solche gesellschaftlichen Integrationsvorgänge in Zerreißproben hineingeraten, wird u. E. auch der Boden dafür vorbereitet, daß eine neue Praxis der »*Integration durch Ausschluß*« um sich greift, politisch zugespitzt, z. B. gegen Fremde gerichtet wird und damit in ethnisch-kulturellen Formen ihre unerbittliche Gestalt annehmen (kann).

Literatur

Albrecht, G.: *Zwerge auf den Schultern eines Riesen? Neuere Beiträge der Theorien abweichenden Verhaltens und sozialer Kontrolle in der Tradition Émile Durkheims*, in: Alemann, H. von/Thurn, H. P. (Hg.): *Soziologie in weltbürgerlicher Absicht. Festschrift für René König zum 75. Geburtstag*, Opladen 1981, S. 323-358.

Albrecht, G./Howe, C. W.: *Soziale Schicht und Delinquenz. Verwischte Spuren oder falsche Fährte*, in: *Kölner Zeitschrift für Soziologie und Sozialpsychologie* 44 (1992), S. 697-730.

Albrecht, G.: *Jugend, Recht und Kriminalität*, in: Krüger, H.H. (Hg.): *Handbuch der Jugendforschung*, Opladen ²1993, S. 495-525.

Berger, P.A.: *Klassen und Klassifikationen. Zur neuen Unübersichtlichkeit in der soziologischen Ungleichheitsdiskussion*, in: *Kölner Zeitschrift für Soziologie und Sozialpsychologie* 39 (1987), S. 40-58.

Blinkert, B.: *Kriminalität als Modernisierungsrisiko?*, in: *Soziale Welt* 1988, S. 397-412.

Bohle, H.H.: *Soziale Abweichung und Erfolgschancen. Die Anomietheorie in der Diskussion*, Neuwied/Darmstadt 1975.

Cloward, R.A./Ohlin, L.: *Delinquency and Opportunity. A Theory of Delinquent Gangs*, New York 1960.

Cohen, L.E./Felson, M.: *Social Change and Crime Rate Trends – A Routine Activity Approach*, in: *American Sociological Review* 44 (1979), S. 588-608.

Dahrendorf, R.: *Lebenschancen*, Frankfurt/M. 1979.

Dahrendorf, R.: *Der moderne soziale Konflikt*, Stuttgart 1992.

Dreitzel, H.-P.: *Die gesellschaftlichen Leiden und das Leiden an der Gesellschaft*, Stuttgart 1968.

Dubin, R.: *Abweichendes Verhalten und Sozialstruktur*, in: Hartmann, H. (Hg.): *Moderne amerikanische Soziologie*, Stuttgart 1973, S. 283-305.

Durkheim, É.: *Die Regeln der soziologischen Methode*, Neuwied 1961/1970.

Durkheim, É.: *Der Selbstmord*, Darmstadt 1973 (orig. 1897).

Durkheim, É.: *Über die Teilung der sozialen Arbeit*, Frankfurt/M. 1977 (orig. 1893).

Ginsberg, R.B.: *Anomie and Aspirations. A Reinterpretation of Durkheim's Theory*, New York 1980.

Granovetter, M.S.: *The Strength of Weak Ties*, in: *American Sociological Review* 78 (1973), S. 1360-1380.

Gurr, T.R.: *A Comparative Study of Civil Strife*, in: Graham, H.D./Gurr, T.R. (Eds.): *Violence in America: Historical and Comparative Perspectives*, Bd. 1, Washington, D.C. 1969.

Hradil, S.: *Die Ungleichheit der »Sozialen Lage«*, in: Kreckel, R. (Hg.): *Soziale Ungleichheiten*, Soziale Welt, Sonderband 2, Göttingen 1983, S. 101-120.

Hradil, S.: *Sozialstrukturanalyse in einer fortgeschrittenen Gesellschaft. Von Klassen und Schichten zu Lagen und Milieus*, Opladen 1987.

Hynes, E.: *Suicide and Homo Duplex: an Interpretation of Durkheim's Typology of Suicide*, in: *The Sociological Quarterly* 16 (1975), S. 87-104.

König, R.: *Kritik der historisch-existentialistischen Soziologie. Ein Beitrag zur Begründung einer objektiven Soziologie*, München 1975.

Kreckel, R. (Hg.): *Soziale Ungleichheiten* (*Soziale Welt*, Sonderband 2), Göttingen 1983.

Lockwood, D.: *Soziale Integration und Systemintegration*, in: Zapf,

W. (Hg.): *Theorien des sozialen Wandels*, Königstein/Ts. 1979, S. 124-137.

Luhmann, N.: *Soziale Systeme*, Frankfurt/M. 1984.

Luhmann, N.: *Die gesellschaftliche Differenzierung und das Individuum*, in: Olk, Th./Otto, H.-U. (Hg.): *Soziale Dienste im Wandel*, Bd. 1: *Helfen im Sozialstaat*, Neuwied 1987, S. 121-137.

Merton, R. K.: *Social Structure and Anomie*, in: ders.: *Social Theory and Social Structure*, New York 1968, S. 185-214.

Merton, R. K.: *Continuities in the Theory of Social Structure and Anomie*, in: ders.: *Social Theory und Social Structure*, New York 1968 a.

Merton, R. K.: *Strukturelle Analyse in der Soziologie*, in: Blau, P. M. (Hg.): *Theorien sozialer Strukturen. Ansätze und Probleme*, Opladen 1978, S. 27-55.

Offe, C.: *Fessel und Bremse. Moralische und institutionelle Aspekte »intellektueller Selbstbeschränkung«*, in: Honneth, A.: *Zwischenbetrachtungen: Im Prozeß der Aufklärung*, Frankfurt/M. 1989, S. 739-774.

Opp, K. D.: *Abweichendes Verhalten und Gesellschaftstruktur*, Neuwied/Darmstadt 1974.

Orrù, M.: *Anomie: History and Meanings*, London 1987.

Pope, W.: *Durkheim's Suicide: A Classic Analyzed*, Chicago 1976.

Rerrich, M. S.: *Balance-Akt Familie*, Freiburg 1989.

Rodman, H.: *The Lower-Class Value Stretch*, in: *Social Forces* 42 (1963/64), S. 203-215.

Tönnies, F.: *Gemeinschaft und Gesellschaft*, Darmstadt 1979.

Tyrell, H.: *Familie und gesellschaftliche Differenzierung*, in: Pross, H. (Hg.): *Familie – wohin? Leistungen, Leistungsdefizite und Leistungswandlungen der Familien in hochindustrialisierten Gesellschaften*, Reinbek 1979, S. 13-77.

Tyrell, H.: *Émile Durkheim – Das Dilemma der organischen Solidarität*, in: Luhmann, N. (Hg.): *Soziale Differenzierung. Zur Geschichte einer Idee*, Opladen 1985, S. 181-250.

Willems, H.: *Fremdenfeindliche Gewalt. Entwicklung, Strukturen, Eskalationsprozesse*, in: *Gruppendynamik* 4 (1992), S. 1-19.

Yankelovich, D.: *Wohlstand und Wertewandel: Das Ende der fetten Jahre*, in: *Psychologie heute* 3 (1994), S. 28-37.

Zapf, W.: *Die soziologische Theorie der Modernisierung*, in: *Soziale Welt* (1975), S. 212-226.

Zapf, W.: *Entwicklung und Struktur moderner Gesellschaften*, in: Korte, H./Schäfers, B. (Hg.): *Einführung in Hauptbegriffe der Soziologie*, Opladen ²1993, S. 181-193.

II

Anomiepotentiale in gesellschaftlichen Teilbereichen

Klaus Dörre
Modernisierung der Ökonomie – Ethnisierung der Arbeit: Ein Versuch über Arbeitsteilung, Anomie und deren Bedeutung für interkulturelle Konflikte

1. Kapital global, Arbeiter nationalistisch?

Fragt man nach politischen Verarbeitungsformen ökonomischer Umbruchserfahrungen, stößt man in einer Reihe westeuropäischer Länder (Italien, Frankreich, Deutschland) auf ein eigentümliches Phänomen. Fortschreitende Globalisierung der Ökonomie und transnationaler Wettbewerb werden – nicht nur, aber in überdurchschnittlichem Ausmaß – von Teilen der Arbeiterbevölkerung mit »nationalisierenden« Deutungen und Sympathien für rechtspopulistische, fremdenfeindliche Organisationen beantwortet (vgl. Baethge 1994, Dörre 1994, Vester u. a. 1993). Im folgenden soll überprüft werden, ob das Anomiekonzept einen geeigneten Zugang zum Verständnis von Krisen und Konflikten bietet, die durch das soziale System Wirtschaft erzeugt werden, dessen Organisationen und Akteure erfassen und – möglicherweise – eine Tendenz zur »Ethnisierung des Sozialen« forcieren.

Der Anomiebegriff bietet sich als theoretischer Bezugsrahmen nicht zuletzt deshalb an, weil er einlinig-deterministische Erklärungen sozialen Verhaltens zu vermeiden sucht. Die Schwierigkeiten, das Anomiekonzept für eine Analyse von Gegenwartsproblemen fruchtbar zu machen, wurzeln in der Vielschichtigkeit des Theorems (Dreitzel 1972, S. 37 ff.; vgl. Bohle u. a. in diesem Band), der Mehrdeutigkeit des Begriffs, aber auch in der eingeschränkten Übertragbarkeit »klassischer« Anomietheorien auf Krisen- und Konfliktpotentiale der Gegenwart. Schon aus diesem Grund empfiehlt es sich, zunächst den theoretischen Bezugsrahmen der Analyse zu diskutieren. Im Anschluß geht es dann um das anomische Potential akuter, empirisch realer Umbruchprozesse. Dabei besteht nicht der Ehrgeiz, einen vollständigen Überblick über ökonomische Modernisierung und dadurch verursachte Verwerfungen zu liefern. Die Argumentation konzentriert sich auf die Frage nach etwaigen Zusammenhängen zwischen dem »Internationalismus der Manager« und den »nationalistischen Reaktionen« v. a. jüngerer Industriearbeiter. Die Basisthesen der nachfolgenden Ausführungen lassen sich wie folgt zusammenfassen:

1. Mit der anhaltenden Globalisierung der Ökonomie verändert sich die Stellung tragender Industriezweige im System internationaler Arbeitsteilung. Dieser Prozeß wird von Teilen der Industriearbeiterschaft als »sozialer Abstieg« oder zumindest als Bedrohung des Erreichten erlebt und verarbeitet. Zu anomischen Effekten kommt es, weil es bislang kaum Möglichkeiten zu einer kollektiven Bearbeitung dieser Problematik gibt.

2. Neue Produktions- und Reorganisationskonzepte, die im Unterschied zum klassischen Taylorismus auf eine Mobilisierung von Produktionsintelligenz setzen, kehren die relative »Entwertung« der »Blaumann-Berufe« nicht grundsätzlich um. Bleiben die anthropozentrischen Versprechen solcher Konzepte hinter den realen Arbeitserfahrungen zurück, kann das anomische Tendenzen geradezu radikalisieren.

3. Ethnisierende Deutungen solcher Anomien sind möglich, weil ökonomische Modernisierung und betriebliche Reorganisation mit einer neuen Einwanderungssituation zusammenfallen. An die Stelle gezielter Rekrutierung gewanderter Arbeitskraft tritt nun ein am Arbeitskräftebedarf gemessen »dysfunktionaler« Migrationstyp. Während so neuartige Integrationsprobleme entstehen, die ethnisierende »Bewältigungen« fördern, schwinden zugleich jene Ressourcen, mittels derer sich daraus erwachsende Konflikte abmildern ließen.

2. Arbeitsteilung und Anomie – gesellschaftstheoretische Bezüge

Die Analyse ökonomisch erzeugter Anomien stößt auf eine Reihe methodischer und insbesondere begrifflich-theoretischer Schwierigkeiten.

Als Ausgangspunkt für kategoriale Überlegungen eignet sich Durkheims Argumentation zu anomischen Formen der Arbeitsteilung. Diese geht von der inzwischen vielfach kritisierten Prämisse aus, daß fortschreitende Arbeitsteilung in nicht-segmentären, modernen Gesellschaften eine neue Form des sozialen Zusammenhalts, die »organische Solidarität« hervorbringt. Dem komplexen Zusammenwirken von Körperorganen vergleichbar, bedingt fortschreitende Spezialisierung aus sich heraus intersubjektive Abhängigkeit, den Zwang zu Kooperation und Koordination. Kurz: Arbeitsteilung erzeugt »normalerweise die soziale Solidarität« (Durkheim 1893/1992, S. 421), jenes Ansprüche und Verhaltensweisen regulierende »soziale Band«, das ausdifferenzierte Gesellschaften in ihrem »Innersten« zusammenhält. Anomie ist zumindest in Durkheims Schrift *Über soziale Arbeitsteilung* eine Abweichung vom Normalfall, eine vorübergehende Störung des Gesellschaftskörpers, die durch eine adäquate Transformation des regulierenden »sozialen Bandes« beigelegt werden kann.

2.1 Weltmarkt, Krise, Anomie – Ethnisierung der Arbeiterschaft

Obwohl Durkheim seine ursprünglich evolutionistisch-optimistische Interpretation der Arbeitsteilung selbst revidierte und Anomie eher als ständige Begleiterscheinung arbeitsteilig organisierter Gesellschaften definierte (Durkheim 1993, S. 292), sind die Beispiele interessant, anhand derer er Formen anomischer Teilung der Arbeit illustriert. Als ersten Fall nennt er »industrielle und kommerzielle Krisen«; Konkurse seien »Teilzusammenbrüche« der organischen Solidarität (Durkheim 1992, S. 422f.). Einen weiteren Fall sieht er in der »Feindschaft zwischen Kapital und Arbeit«, die er als »Eigentümlichkeit ausschließlich der industriellen Welt« bezeichnet. Zwar biete die kleine Industrie, in der die Arbeit weniger geteilt sei, das »Schauspiel einer relativen Harmonie zwischen dem Arbeitgeber und den Arbeitnehmern«, hingegen habe sich in der großen Industrie die »Zerrissenheit zugespitzt« (ebd., S. 424).

Aufschlußreich ist, wie Durkheim die Ursachen für ökonomische Krisen und Klassenkampf definiert. Während Arbeitsteilung im Normalfall Regeln erzeuge, die den Zustand gegenseitiger Abhängigkeit auf greifbare Weise ausdrückten, existiere in Fällen anomischer Arbeitsteilung eine entsprechende Regulierung »entweder gar nicht«, oder sie stehe »nicht im Einklang mit dem Entwicklungsgrad der Arbeitsteilung« (ebd., S. 435). Es gebe keine Regeln mehr, welche die Zahl der Wirtschaftsunternehmen fixierten, und in keinem Wirtschaftszweig sei die Produktion derart organisiert, »daß sie genau der Höhe des Verbrauchs entspräche«. Jener »Mangel an Regulierung« lasse Harmonie nicht zu; die Beziehungen zwischen Kapital und Arbeit verharrten in einem Zustand »rechtlicher Unbestimmtheit« (ebd., S. 435 f.).

Durkheim bringt diesen anomischen Zustand in Verbindung »mit der Verschmelzung der Märkte zu einem einzigen, der fast die gesamte Gesellschaft umfaßt«:

> »Er [der Markt, KD] dehnt sich sogar über diese [nationalstaatlichen Grenzen, KD] hinaus und tendiert dazu, universell zu werden; denn die Grenzen, die die Völker trennen, zerbrechen zugleich mit den Grenzen, die ihre jeweiligen Segmente voneinander getrennt hatten« (ebd., S. 439).

Eine Produktion für Konsumenten, die »über das ganze Land, über die ganze Welt verstreut« seien, verunmögliche Nähe zu den Erzeugern. Der Markt sei nicht einmal mehr gedanklich zu erfassen. Damit fehle »der Produktion jeder Zügel und jede Regel«, sie taste nunmehr »blind umher«; das sei die Ursache für Wirtschaftskrisen. In dem Maße, in welchem sich der Markt ausdehne, erscheine die große Industrie, mit der sich die Beziehungen zwischen Fabrikanten und Arbeitern veränderten. Letztere würden »kaserniert« und »ihren Familien entzogen« (ebd., S. 439 f.). Es fehle an geeigneten Organisationen für die Bedingungen der Industriewelt; die konfligierenden Interessen hätten »noch keine Zeit gefunden, sich auszugleichen« (ebd.). Daher die ständige Feindschaft gegenüber dem Kapital, die in der industriellen Welt »mittlerweile allen Arbeitern ohne Ausnahme« eigen sei (ebd., S. 424).

Durkheim stellt Anomie bereits in einen Zusammenhang mit internationaler Arbeitsteilung, Weltmarkt, ökonomischen Krisen und sich daraus speisenden sozialen Konflikten im Inneren der Gesellschaft. Damit ist ein *erster wichtiger Bezugspunkt* der Analyse anomischer Tendenzen benannt. Die von Durkheim angedeutete Globalität eines über den Weltmarkt gesteuerten Wirtschaftssystems ist mit Blick auf ökonomische Modernisierungen der Gegenwart als Analyserahmen kaum mehr hintergehbar. Allerdings läßt sich die Vorstellung einer linearen Evolution, die über fortschreitende Arbeitsteilung und Spezialisierung quasi im Selbstlauf angemessene Regulationsformen ausbildet, nicht aufrechterhalten. Während Durkheim »Krise« und »Klassenkampf« als temporäre Phänomene, nur zeitweilige Störungen organischer Solidarität definiert, die durch Veränderungen des gesellschaftlichen Regulationsmodus überwunden werden können, spricht vieles dafür, daß Anomien, die sich in interkulturellen Konflikten, Rassismen oder Nationalismen äußern, ein strukturelles Merkmal von Modernisierungsprozessen in der Weltwirtschaft sind.

Für eine erste Annäherung an die zeitgenössische Problematik bieten sich Arbeiten von Autoren an, die sich, zum Teil auch kritisch, im Umfeld des sogenannten Weltsystem-Ansatzes bewegen. Grundgedanke entsprechender Theoreme ist, daß die Analyse einzelner Staaten für sich genommen nur sinnvoll ist, »wenn wir deren sogenanntes Innenleben in den Kontext weltweiter Arbeitsteilung, also ihren Ort in der kapitalistischen Weltökonomie bezeichnen« (Amin u. a. 1986, S. 3). In dieser Prämisse klingt bereits an, daß entsprechende Theoriebildungen von der Existenz einer sich von ihren Anfängen im Europa des 16. Jahrhunderts allmählich über den gesamten Globus ausbreitenden kapitalistischen Weltwirtschaft ausgehen (ebd., S. 2; vgl. auch Braudel 1985/1986), die sich in immer neuen Expansions- und Internationalisierungsschüben über die »Landnahme« nichtkapitalistischer Milieus verallgemeinert.[1]

Ökonomische Modernisierung läßt sich in diesem theoretischen Kontext als Entfaltung eines »systemischen« Widerspruchs begreifen. Die schon seit ihrer Entstehung als Weltwirtschaft funktionierende kapitalistische Ökonomie ist strukturell auf »partikularistische« Regulationsformen, auf den Nationalstaat angewiesen. Unter Weltökonomie wird eine »stabile Struktur« verstanden, »eine Form gesellschaftlicher Arbeitsteilung, deren Grenzen umfassender sind als die irgend einer politischen Einheit«. Nicht die Nationalstaaten enthalten Ökonomien, sondern die Weltökonomie »enthält politische Strukturen oder Staaten« (Wallerstein 1986, S. 6). Das genetisch auf grenzüberschreitender Arbeitsteilung beruhende ökonomische System erzwingt, zunächst als Selbstschutz der Akkumulateure und zwecks Sicherung von Aneignungs- und Umverteilungsmacht, nationalstaatliche Regulierung. Eine »Vielzahl von Staaten muß eine einzige Ökonomie bilden, innerhalb derer die Akkumulateure agieren« (ebd.). Die Herausbildung von Nationen und Territorialstaaten läßt sich so vor dem Hintergrund der ökono-

---

1 Der Terminus »Landnahme« gehört nicht unbedingt in den theoretischen Kontext von Weltsystem-Ansätzen. B. Lutz gebraucht ihn in Anknüpfung an R. Luxemburg, um die expansive Dynamik des fordistischen Kapitalismus zu beschreiben (Lutz 1984, S. 58 ff.).

mischen Imperative und Regulationserfordernisse einer modernen kapitalistischen Weltwirtschaft begreifen. Nicht ethnische oder kulturelle Gemeinschaften bringen Nationalstaaten hervor, sondern Staaten gehen häufig den Nationen voraus.[2]

Für die kapitalistische Weltökonomie ist somit eine spannungsvolle Synthese zwischen Universalismus und Partikularismus konstitutiv. Das globale ökonomische System existiert innerhalb eines Netzes staatlicher wie zwischenstaatlicher (Macht-)Beziehungen und Institutionen. Hegemonialmächte, zwischenstaatliche Bündnisse, Koalitionen und interstaatliche Konkurrenzen teilen das Weltsystem in Zentren, Peripherien und Semiperipherien; die internationale Arbeitsteilung erhält auf diese Weise eine nicht allein auf geographische Faktoren rückführbare hierarchische Gestalt (Arrighi 1986, S. 36 ff., sowie kritisch zu Weltsystem-Ansätzen und mit unterschiedlichen Akzentsetzungen z. B.: Fröbel u. a. 1986, Hirsch/Roth 1986, Altvater 1987). Ein prägendes Merkmal dieser »vom Zwang zur schrankenlosen Akkumulation« beherrschten Weltökonomie ist, daß sie – so jedenfalls eine weitere Basisprämisse – neben der direkten Aneignung von Mehrwert wesentlich auf dem Prinzip des »ungleichen Tauschs«, auf »dem Transfer von Mehrwert aus den Peripherien in die Zentren« beruht (Amin u. a. 1986, S. 2). Das System zwischenstaatlicher Macht- und Hegemonialbeziehungen reproduziert und konserviert solche Ungleichgewichte. Es fördert die Aufspaltung, Nationalisierung und Hierarchisierung der Arbeitsmärkte und damit zugleich die innere Differenzierung der internationalen Arbeiterschaft. Die Lohnabhängigen innerhalb der Zentren können – vermittelt über Verhandlungsmacht und soziale Kämpfe – an der herausgehobenen Stellung ihrer Staaten im System internationaler Arbeitsteilung partizipieren. Dies ermöglicht innerhalb der Nationalstaaten eine »Politik mit den Grenzen«, ein flexibles Einschließen und Ausgrenzen ganzer Bevölkerungsgruppen. Durch die für die expansive Phase des fordistischen Kapitalismus[3] charakteristische »Inkorpo-

---

2 Nationen sind nach Hobsbawm »Doppelphänomene, im wesentlichen zwar von oben konstruiert, doch nicht richtig zu verstehen, wenn sie nicht auch von unten analysiert werden, d. h. vor dem Hintergrund der Annahmen, Hoffnungen, Bedürfnisse, Sehnsüchte und Interessen der kleinen Leute« (Hobsbawm 1991, S. 21).

3 »Fordismus« ist in der Regulationstheorie die Bezeichnung für eine »kapitalistische Formation«, die sich durch spezifische Kombinationen von Akkumulations-

ration« relevanter Lohnabhängigen-Fraktionen in den das Akkumulationsmodell tragenden »hegemonialen Block« wurden überhaupt erst die Voraussetzungen für ein Bewußtsein geschaffen, das Staat und Wohlfahrtsansprüche zusammenzieht. Unübersehbar verdanken sich wichtige Erfolge der westeuropäischen Arbeiterbewegung wesentlich einer Politik der Einflußnahme auf den Nationalstaat (vgl. Buci-Glucksmann/Therborn 1982, Deppe/Dörre 1991). Das mag erklären, weshalb der »Schutz der nationalen Arbeit« innerhalb der organisierten Arbeiterbewegung allen internationalistischen Beteuerungen zum Trotz eine lange Tradititon besitzt (Parnreiter 1994, S. 42 f.) Die »Politik mit den Grenzen« richtet sich allerdings nicht allein auf die Abwehr »äußerer« Konkurrenten; vielmehr findet die nationalstaatliche Teilung und Regulierung der Arbeitsmärkte im Inneren der Staaten eine Fortsetzung. Die den Staatsgründungen historisch zumeist nachfolgenden Nationenbildungen produzierten erst den Status des Ausländers – und dies nicht nur im räumlichen oder kulturellen, sondern v. a. im juristischen Sinne.

Damit ist ein *zweiter wichtiger Bezugspunkt* der Analyse anomischer Tendenzen berührt – das *Phänomen der Migration* und seine Bedeutung im System internationaler Arbeitsteilung. Migration ist für am Weltsystem-Ansatz orientierte Autoren ein »Zwilling« der Akkumulation, sie ist »fast gleichbedeutend mit Geschichte« (ebd., S. 13). Als »Bindeglied« zwischen dem Weltmarkt für Produktionsstandorte und dem Weltmarkt für Arbeitskräfte sind »mobilisierte« Wanderungsbewegungen Antworten auf ein spezifisches Dilemma der kapitalistischen Ökonomie: Einerseits verlangt fortschreitende Akkumulation nicht nur räumliche Ausdehnung, sondern auch Expansion hinsichtlich des Arbeitskräftepotentials. Andererseits erfüllen Migranten den Bedarf der Akkumulateure an »kostengünstiger Arbeitskraft« in den Metropolen nur dann, wenn sich ihr auf sozialer Entwurzelung und relativer Entrechtung gegründeter Sonderstatus dauerhaft erhalten läßt. Vergleichsweise anspruchslos und vorzugsweise auf die B-Segmente der Arbeitsmärkte orientiert, sind Migranten für unattraktive, wenig qualifizierte, stark belastende Tätigkeiten mobilisierbar.

Soziale und kulturelle Freisetzung in der Peripherie, die Zerstörung von Subsistenzwirtschaften und tradierten Bindungen sind

regimes und Regulationsweisen auszeichnet (vgl. dazu: Hirsch/Roth 1986, S. 46 ff.; kritisch z. B.: Mahnkopf 1988, Esser u. a. 1994).

eine unerläßliche Voraussetzung für die Enstehung eines solchen frei verfügbaren Arbeitskräftepotentials. Mit der Wanderung aus der Peripherie oder Semiperipherie in industrielle Zentren bewegen sich Immigranten in einem Zustand *partieller Desintegration*. Der Gastarbeiterstatus, die Übernahme einer »Rolle auf Zeit« oder auch die Konstruktion des »Dazuverdienens« sind Ausdruck dieser Situation. Gerade die Suggestion der Vorläufigkeit, des Vorübergehenden, erzeugt bei Migranten eine *eigentümliche Spaltung von Arbeitstätigkeit und sozialer Identität*. Während man die Arbeit in erster Linie als Mittel zum Gelderwerb betrachtet, bleibt die soziale Identität auf die Heimat gerichtet; daher sind Migranten bereit, Arbeiten zu übernehmen und Arbeitsbedingungen zu akzeptieren, die sie unter anderen Voraussetzungen ablehnen würden (Piore 1983, S. 347 ff.). Was inländischen Arbeitern über den »Soziallohn« ermöglicht wird, übernehmen bei Arbeitsmigranten zu einem Gutteil die Familien. Die Allokation in den B-Segmenten des Arbeitsmarktes korrespondiert in solchen Fällen mit darauf zugeschnittenen subjektiven Arbeitsorientierungen und sozialen Identitäten. Lohnarbeit ist dann in erster Linie Mittel zum Zweck, Instrument des Gelderwerbs für Ziele, die außerhalb dieser Tätigkeit liegen und auf eine andere Lebensform bezogen sind.

In dem Maße jedoch, wie Einwanderer sozial, kulturell und politisch neue Wurzeln schlagen, wird die Spaltung von Arbeitstätigkeit und sozialer Identität in Frage gestellt. Um den Sonderstatus »gewanderter Arbeitskraft« zu sichern, bedarf es daher eines außerökonomischen Gewalt- oder Dominanzverhältnisses. Der »systemischen« Tendenz zur Vereinheitlichung und Durchsetzung der Warenform, des Warencharakters der Arbeitskraft, werden politische und juristische Grenzen gesetzt; ja, sie wird für ausländische Beschäftigtengruppen regelrecht umgekehrt. Die Anwesenheit von Migranten steht in Anbetracht vorenthaltener Rechte unter politischem Vorbehalt. Wanderarbeiter sind aus dieser Perspektive »Objekte einer doppelten Manipulation«, sie sind »Produkt der Internationalisierung der Wirtschaft und zugleich Opfer der Nationalisierung von Rechten« (Parnreiter 1994, S. 37). Die in zwischenstaatlichen Beziehungen reproduzierte Zentrum-Peripherie-Rangordnung findet im nationalstaatlich regulierten Arbeitsmarkt ein Pendant. Während sich Inländer am Arbeitsmarkt vergleichsweise frei bewegen können, ist mit den Arbeitsmigranten »unfreie Arbeit in großem Ausmaß in die Zentren zurückgekehrt« (ebd., S. 38). Infolge der Verknüpfung von Staatsangehörigkeit und relativer Arbeitsmarktfreiheit kann erstere zu einem Mittel werden, um sich gegen andere, unerwünschte Bevölkerungsgruppen abzugrenzen. Innerhalb des Arbeitsmarktes existieren »halbfreie« oder »unfreie« Arbeitsverhältnisse. Dabei sind das Ausmaß und die Durchsetzung von Sondergesetzen gegenüber Ausländern durchaus umstritten; der Modus von Integration und Ausschließung ist nicht ein für allemal fixiert, sondern definierbar und mithin von politischen Kräfteverhältnissen und Definitionskämpfen zu beeinflussen.

Zur Aufrechterhaltung außerökonomischer Dominanzverhältnisse wird auf besondere Legitimationsressourcen zurückgegriffen. Dem universalistischen Liberalismus korrespondieren beständig sexistische, rassistische oder nationalistische Ideologeme. In dem Maße, wie »freie«, kapitalistisch verwertbare Arbeitskraft entsteht, werden »Nationalismus und Rassismus zu Mitteln, die globale und nationale Segmentierung« der Arbeitsmärkte durchzusetzen (Parnreiter 1994, S. 42; Balibar 1993, S. 148). Während der Nationalismus historisch seinen Ursprung in der Konkurrenz der Zentren besitzt, sind Rassismus und Sexismus jene Ideologien, die die globale Arbeitsteilung strukturieren. Rassismus, verstanden als ein sich historisch wandelndes Bedeutungssystem, das einerseits die Kontinuität zwischen Vergangenheit und Gegenwart sichert, sich andererseits aber durch »gegenwartsbezogene Flexibilität« auszeichnet, wenn »es um die Definition der exakten Grenzen jener verdinglichten Wesenheiten geht, die wir Rassen oder ethnische, nationale, religiöse Gruppierungen nennen«, erfüllt in seiner modernen Form die Funktion einer »Ethnisierung« der Arbeiterschaft (Wallerstein 1990, S. 44). Rassismus ist demnach ein relativ konstantes, in seinen jeweiligen Ausformungen jedoch wandlungs- und anpassungsfähiges ideologisches Phänomen, das gerade in seinem Anti-Universalismus systemerhaltend wirkt:

»Zum einen erlaubt es [das rassistische Phänomen, KD], zu jeder Zeit und an jedem Ort entsprechend den aktuellen Bedürfnissen die Anzahl der Menschen, welche die niedrigsten Löhne erhalten und die anspruchslosesten Arbeiten verrichten, zu vergrößern oder zu verringern. Zum zweiten führt es zur Entstehung und kontinuierlichen Reproduktion von Gemeinschaften, deren Sozialisationsformen Kinder auf die Übernahme entsprechender Rollen vorbereiten (wobei die Sozialisation allerdings auch widerständige Haltungen hervorruft). Zum dritten schafft das System eine nicht auf Verdienst und Leistung beruhende Grundlage, um Strukturen der Ungleichheit zu rechtfertigen« (ebd., S. 45 f.).[4]

Die kapitalistische Weltwirtschaft korrespondiert demnach mit zwei ideologischen Grundmustern, die »in offenem Widerspruch zueinander stehen« (ebd., S. 47). Ihre Legitimationsfunktion für internationale Arbeitsteilung und daraus erwachsende Ungleichheiten erfordert, beide Muster zu kombinieren und gegeneinander auszubalancieren. Besonders die partikularisierenden Ideologeme unterliegen permanent der Gefahr einer extremistischen Überspitzung, das erzeugt Widerstand seitens der Opfer, aber auch »von wirtschaftlichen Machtstrukturen, die gegen den Rassismus an sich nichts einzuwenden haben, aber Wert darauf legen, daß sein hauptsächliches Ziel – eine ethnisierte und zugleich produktive Arbeiterschaft – nicht in Vergessenheit gerät« (ebd., S. 47).[5]

Auch abgelöst von ihren problematischen theoretischen Prämissen[6] besitzen zentrale Argumentationsfiguren des Weltsystem-Ansatzes heuristischen Wert. Halten wir fest: Es ist sinnvoll, die Analyse anomischer Tendenzen auf die Weltwirtschaft, auf das System internationaler Arbeitsteilung zu beziehen. Ökonomische Modernisierung, verstanden als Intensivierung und Ausdehnung internationaler Arbeitsteilung, ist kein linearer Prozeß, in dessen Verlauf nationale, ethnisch-kulturelle oder religiöse Gemeinschaften sukzessive verschwinden oder an Bedeutung verlieren. Vielmehr entfaltet jeder neue Modernisierungsschub, jede qualitative Vertiefung internationaler Arbeitsteilung auf je spezifische Weise

4 Die dritte Funktion bedeutet, daß »die Vergütungen für einen Großteil der Arbeiterschaft viel geringer ausfallen, als es auf der Basis von Verdienst und Leistung zu rechtfertigen wäre«. Mit dem Sexismus ist der Rassismus unauflösbar verknüpft, weil das die ideologische Entsprechung zu primär von Frauen, Alten und Jungen verrichteten, zu einem geringen Anteil bezahlten Reproduktionstätigkeiten ist, die wiederum Voraussetzung für niedrige Löhne sind (ebd., S. 46).

5 Gegen diese hier lediglich umrißartig skizzierte Argumentation lassen sich eine Reihe theoretischer wie empirischer Einwände geltend machen. Einmal davon abgesehen, daß schon die Basisprämisse des Ansatzes, die Existenz eines einheitlichen kapitalistischen Weltsystems, umstritten ist, muß die behauptete Zentralität des »ungleichen Tauschs« problematisiert werden.

6 Eigentlich erklärungsbedürftig ist, wie rassistische oder nationalistische Ideensysteme durch Anrufung und Synthetisierung von Alltagsbewußtsein zu einem mobilisierungsfähigen ideologischen System werden. Zu dieser Problematik und um eine genauere Begriffsbestimmung von »Rassismus« und »Nationalismus« bemüht: Hall 1989, S. 150 ff.; Balibar 1993, S. 62 ff.; Miles 1991; Taguieff 1991; zusammenfassend: Demirovic 1992, S. 21 ff.; kritisch, den Gegenstand der Kritik aber nicht immer treffend: Claussen 1994.

den Widerspruch zwischen Internationalisierung ökonomischer Prozesse und dahinter zurückbleibenden Regulationsformen. Auch die ideologischen Legitimationsmuster pendeln zwischen universalistischem Liberalismus und partikularistischen Ideologemen. Das Auseinanderfallen kulturell legitimierter Ziele und operativer Praktiken oder auch Diskrepanzen von Aspirationsniveaus und sozialstruktureller Ressourcenbegrenzung sind ein Strukturmerkmal des auf Expansion ausgerichteten ökonomischen Systems. Anomische Tendenzen sind daher keine exklusive Begleiterscheinung konjunktureller Krisen. Sie können z. B. entstehen, wenn Veränderungen im System internationaler Arbeitsteilung mit Positions- und Statusverlusten sozialer Gruppen verbunden sind. Eine Ethnisierung daraus erwachsender sozialer Konflikte wird dann erleichtert, wenn mit dem Wandel beruflich-gesellschaftlicher Hierarchien zugleich die Balancen zwischen »heimischen« Bevölkerungsgruppen und Migranten in Frage gestellt werden. In solchen Fällen bietet sich der politisch-juristisch hergestellte Sonderstatus »gewanderter Arbeitskraft« als Angriffspunkt nationalistisch oder rassistisch verbrämter »Exklusion« geradezu an.

2.2 Interesse, Moral, Solidarität, Vertrag

Nationalistische oder rassistische Ideologeme sind freilich keine »Spielmasse«, die seitens politischer oder ökonomischer Eliten beliebig zur Regulierung des Arbeitskräftebedarfs einsetzbar wäre. Das Umschlagen anomischer Tendenzen in ethnisierende Ausgrenzung bedarf einer genaueren Vorstellung über das Integrationspotential multinationaler und multiethnischer Gesellschaften.

An dieser Stelle bietet sich ein weiterer Rückgriff auf Durkheims Überlegungen an. Für Durkheim ist klar, daß reine Tauschakte aus sich heraus noch keinen sozialen Zusammenhalt erzeugen. Vielmehr bedarf der Austausch von Äquivalenten eines »Netzes«, das »aus organischer Solidarität etwas Dauerhaftes macht« (ebd., S. 435). Aber worin genau besteht nun die regulierende Kraft dieses Netzes? Nach Durkheim sind es spontan entstehende Verhaltensregeln, die als Folge arbeitsteilig organisierter Praktiken routinisiert und habitualisiert werden. Beziehungen, die sich zwischen unterschiedlichen Funktionen bilden, erlangen Regelmäßigkeit und werden zu Gewohnheiten; Gewohnheiten »verwandeln sich, je stärker sie werden, sodann in Verhaltensregeln«, wobei die Regeln den Zustand gegenseitiger Abhängigkeit nicht erzeugen, sondern ihn »nur auf greifbare und bestimmte Weise in bezug auf eine gegebene Situation« ausdrücken (ebd., S. 435). Organische Solidarität wäre somit ein Netz von sich in gültigen Normen und Werten manifestierenden moralischen Bindungen, das über die Definition legitimer Ziel-Mittel-Relationen soziales Verhalten reguliert. Umgekehrt drückt Anomie dann »das Versagen oder Fehlen eines Systems von kollektiv verantworteten moralischen Überzeugungen« aus, die »tief in die Persönlichkeit des einzelnen eingebettet sind« (Dreitzel 1972, S. 37).

Allerdings wäre es problematisch, Durkheims Vorstellung sozialer Regulierung auf die moralische Dimension zu reduzieren. Sich von einem naiven Evolutionismus abgrenzend, weist der Autor explizit darauf hin, daß »Gleichgewichte« zwischen verschiedenen gesellschaftlichen Funktionen oder »Organen« nur mit Hilfe tastender Versuche gefunden werden, »in deren Verlauf jede Partei die andere zum mindesten ebenso als Gegner wie als Helfer behandelt« (ebd., S. 434). In diesem Kontext führt Durkheim die Vertragssolidarität ein. Er begründet deren Begrenztheit damit, daß nicht alle sozialen Beziehungen vertraglich fixiert werden können. Zudem, so sein Argument, genüge ein Vertrag nicht sich selbst, sondern er setze Regeln voraus.[7]

Durkheim wendet sich mit seinem Begriff der organischen Solidarität gegen utilitaristische Handlungsmodelle. In seinen Hinweisen auf die Grenzen der Vertragssolidarität erkennt er jedoch deren Stellenwert für die Regulierung sozialer Beziehungen ausdrücklich an. Arbeitsteilung bewirke nur dann Solidarität, wenn sie »gleichzeitig Moral und Recht« erzeuge (ebd., S. 17). Vertragliche Übereinkünfte wiederum definiert Durkheim nicht nur als – letztlich im moralischen Bewußtsein verankerte – Regelungen. Er begreift sie auch als stets vorläufige Fixierungen und Normierungen des Resultats sozialer Kämpfe.

Auf die Migrationsproblematik übertragen bedeutet dies, daß

7 Und weiter: »Außerdem sind derart gestiftete Bande immer nur von kurzer Dauer. Der Vertrag ist nur ein reichlich zerbrechlicher Waffenstillstand; er hebt die Feindseligkeiten nur für eine bestimmte Zeit auf. Ohne Zweifel läßt jede Reglementierung, sei sie auch noch so genau, einen Freiraum für alle möglichen Reibungen. Aber es ist weder nötig noch auch nur möglich, daß das soziale Leben ohne Kämpfe verläuft. Die Rolle der Solidarität besteht nicht darin, die Konkurrenz zu unterdrücken, sondern diese zu mäßigen« (ebd.).

die Positionierung »gewanderter Arbeitskraft« in der Erwerbs- und Sozialstruktur nicht ausschließlich »ideologisch« zu regeln ist. Die Bestandsfähigkeit arbeitsteilig organisierter Gesellschaften läßt sich nur sichern, wenn die jeweiligen Positionierungen auf – teilweise vertraglich geregelten – Interessenkompromissen beruhen, die von den relevanten sozialen Gruppen als halbwegs gerecht empfunden werden. Das gilt auch für die Beziehung zwischen einheimischen und ausländischen Beschäftigten.

So bildete für die umfangreiche Integration ausländischer Arbeitskräfte in den Produktionsapparat, wie sie in der Bundesrepublik während der sechziger Jahre erfolgte, eine Art »heimlicher Gesellschaftsvertrag« (vgl. Freyberg 1994) zwischen deutschen und ausländischen Arbeitern die Grundlage. Wohl war die Mobilisierung von Gastarbeitern bevorzugt für die B-Segmente des Arbeitsmarktes, für gering qualifizierte, stark belastende, schlecht entlohnte, ungesicherte Beschäftigungsverhältnisse mit vergleichsweise niedrigem sozialen Ansehen erfolgt. Aber unter den Bedingungen von wirtschaftlicher Prosperität und Arbeitskräfteknappheit konnte sich eine relativ stabile Balance zwischen deutschen Beschäftigten und ethnischen Minderheiten herausbilden. Für Deutsche ermöglichte der Zustrom ausländischer Arbeitskräfte den Aufstieg in die Positionen von Facharbeitern, unteren und mittleren Vorgesetzten. Umgekehrt arrangierten sich die auf eine Rückkehr in ihre Heimat orientierten Gastarbeiter mit Tätigkeiten in den B-Segmenten des Arbeitsmarktes, weil die dort erzielten Löhne im Vergleich zum Einkommensniveau des Herkunftslandes überdurchschnittlich waren und ein »besseres Leben« in der Zukunft versprachen. Zweifellos beruhte der »unausgesprochene Friedensvertrag« zwischen deutschen und ausländischen Lohnabhängigen in den Betrieben (ebd., S. 155) auf einer prekären Balance von Integration und Diskriminierung. Aber es handelte sich doch um ein Arrangement, aus dem beide Seiten Vorteile ziehen konnten; die Grundlage war ein – wenngleich asymmetrischer – Interessenkompromiß. Die den Zugang zu A- und B-Segmenten regulierenden Selektionskriterien stellten das Leistungsprinzip nicht per se in Frage. Soweit die Zuordnungen auf Bildungs- und Qualifikationsunterschieden beruhten, konnten sie – ungleiche Voraussetzungen beiseite gelassen – seitens der Beteiligten als einigermaßen »gerecht« definiert werden. Über Formen der Institutionalisierung und Verrechtlichung erhielt Ungleichbehandlung einen technokra-

tischen, nicht auf die Mobilisierung fremdenfeindlicher, rassistischer Ressentiments angewiesenen Zuschnitt. Zudem kamen (und
kommen) bestimmte Seiten der Vertragssolidarität, etwa tarifver-
traglich garantierte Rechte und Leistungen, auch den ethnischen
Minderheiten zugute. Insofern waren Grenzziehungen zwischen
deutschen und ausländischen Lohnabhängigen nichts Statisches.
Auch damals latent vorhandene oder offen artikulierte Fremdenfeindlichkeit ließ sich vor dem Hintergrund des offenkundigen
wirtschaftlichen Nutzens der Gastarbeiter politisch entschärfen.[8]

Das Beispiel läßt sich in gewissem Sinne verallgemeinern: Nach
Durkheim setzt soziale Bindung an Funktionen in arbeitsteilig organisierten Gesellschaften voraus, daß über den »Austausch sozialer Werte«, über Vertragssolidarität als »bedeutendster Spielart
organischer Solidarität« (Durkheim 1992, S. 450) die Verteilung
sozialer Chancen an moralisch verankerte Gerechtigkeitsprinzi-
pien rückgebunden wird. Das gilt gerade auch für das Verhältnis
einheimischer Bevölkerungsgruppen gegenüber ethnischen Minderheiten. Die prekäre Balance zwischen Integration und Diskriminierung wird subjektiv erst dann zum Problem, wenn sie von
einer der am Arrangement beteiligten Gruppen als ungerecht oder
bedrohlich empfunden wird.

Daher ist wahrscheinlich, daß sich anomische Tendenzen, wenn
sie die Beziehungen zwischen ethnischen Gruppen betreffen, zunächst in Gestalt von Mißachtungsgefühlen, sozialer Scham oder
verletztem Gerechtigkeitsempfinden bemerkbar machen[9], in Emotionen und Empfindungen, die, von ihrer eigentlichen Ursache
abgelöst, auf anderes, Fremdes projiziert werden. Auseinandersetzungen um die Relationen von Integration und Diskrimierung,
die – sofern sie in einem demokratischen Rahmen ausgetragen werden – eher integrierend wirken, können dann die Gestalt von »Ent-
weder-Oder-Konflikten« (vgl. Hirschman 1994) annehmen. Das
ist die Stunde rassistischer oder nationalistischer Mobilisierungen,
die auf Ausgrenzung, im Extremfall auch auf Ausmerzung des
Fremden zielen.

---

8 Es gehörte zum gesellschaftlichen Basiskonsens der Bundesrepublik, daß latent
  vorhandener Rassismus öffentlich kaum thematisiert wurde. Obwohl demosko-
  pisch nachweisbar, blieben entsprechende Bewußtseinsformen politisch vergleichsweise unwirksam (Demirovic 1992, S. 45).
9 Zur Problematik von Anerkennung, sozialer Mißachtung und verletztem Gerechtigkeitsempfinden: Honneth 1992, S. 212 ff.

In diesem Zusammenhang ist ein weiterer Gesichtspunkt zu berücksichtigen. Die Aufteilung und Hierarchisierung von Arbeitsmärkten in den Zentren ist, ebenso wie der Bedarf an Arbeitskraft, von den dominierenden Formen betrieblicher Arbeitsteilung abhängig. So besteht eine enge Verbindung zwischen der erwähnten Gastarbeiter-Mobilisierung für die Bundesrepublik und der Durchsetzung tayloristischer Rationalisierungsprinzipien. Schon deshalb sind die *Rationalisierung von industrieller Produktion und Arbeit* sowie das daraus erwachsende Verhältnis der Lohnabhängigen zu ihrer Tätigkeit ein *weiterer wichtiger Bezugspunkt* der Analyse von Anomien und interkulturellen Konflikten.

Bei Durkheim finden sich einige allgemeine Hinweise zu »anormalen Formen« der Arbeitsteilung in Wirtschaftsorganisationen. Danach ist die Zerlegung von Arbeitsprozessen in spezialisierte Tätigkeiten keineswegs identisch mit Entfremdung; im Gegenteil: Es genügt, wenn der Arbeitende den sozialen Horizont seiner Tätigkeit »hinreichend überblickt, um zu begreifen, daß seine Handlungen ein Ziel haben, das nicht in ihnen selber liegt« (Durkheim 1992, S. 442). Und daran anschließend:

»Wie speziell und wie einförmig diese Tätigkeit auch sein mag, sie ist immer noch die Tätigkeit eines intelligenten Wesens, denn sie hat einen Sinn, und er [der Arbeitende, KD] weiß um diesen« (Durkheim 1992, S. 442).

Zu Störungen organischer Solidarität komme es nur, wenn Arbeitsteilung nicht spontan erfolge, sondern – wie etwa bei Klassen- und Kastenzugehörigkeit – durch »äußere« soziale Ungleichheit erzwungen werde. Die Persönlichkeit sei jedoch noch »weit davon entfernt«, durch Fortschritte der Spezialisierung beeinträchtigt zu werden (ebd., S. 474). Immerhin spricht Durkheim eine »weitere anormale Form« der Arbeitsteilung in »kaufmännischen und anderen Unternehmen« an, deren Wirkung darin bestehe, »daß sie dem Individuum nicht genügend Raum zum Handeln« biete. »Kräfteverlust« erzeugende Verschwendung und Fehlkoordination in Organisationen erläutert er am Beispiel des österreichischen Hofs, wo trotz oder wegen großer Spezialisierung »Anarchie« geherrscht habe (ebd., S. 459 ff.). All dies ändert für Durkheim jedoch nichts daran, Persönlichkeitsentwicklung geradezu als Resultat von Arbeitsteilung und daraus hervorgehenden Kooperationserfordernissen zu begreifen.[10]

Durkheim formulierte seine Interpretation der Arbeitsteilung in Wirtschaftsorganisationen zu einem Zeitpunkt, als der Siegeszug von Taylors »wissenschaftlicher Betriebsführung« noch bevorstand. Schon am Ende des 19. Jahrhunderts problematisch, hat der historische Verlauf der Rationalisierung von Produktion und industrieller Arbeit Durkheims Deutung in mancherlei Hinsicht überholt. Taylors wissenschaftliche Betriebsführung wurde zum leitenden Rationalisierungsparadigma einer ganzen Epoche.

Schon der Übergang zu tayloristisch-fordistischen Formen der Arbeits- und Betriebsorganisation läßt sich bis zu einem gewissen Grad anomietheoretisch, d. h. als Diskrepanz zwischen der Modernisierung industrieller Produktion und inkompatiblen gesellschaftlichen Regulationsformen begreifen: Industrielle Massenproduktion war ohne einen dafür tauglichen Arbeitertypus nicht zu realisieren. Die Figur des Industriehandwerkers mit umfassender Qualifikation und »ganzheitlichen« Aufgabenzuschnitten erwies sich für ein solches Produktionssystem als dysfunktional (vgl. Braverman 1980).[11] Aufgrund der im Taylorismus angelegten Aufspaltung von Tätigkeiten etablierte sich ein zunehmend polarisierter Gesamtarbeiter, gekennzeichnet durch das Anwachsen von qualifizierten Spezial-, Ingenieurs- und Angestelltentätigkeiten sowie eine Ausdifferenzierung des Managements auf der einen, die Etablierung des »fordistischen Massenarbeiters« – eines Arbeitertyps, zugerichtet und diszipliniert für zerlegte, bandgetaktete Arbeitsprozesse – auf der anderen Seite. Historisch erfolgte die Herausbildung eines solchen Arbeitertyps in einem langwierigen, widersprüchlichen Prozeß. Sie war verbunden mit sozialer Entwurzelung und Dequalifizierung, aber auch mit der Durchsetzung

---

10 »Warum«, so Durkheim, »soll eine ausgedehntere, aber stärker zersplitterte Tätigkeit höherwertig sein als eine konzentriertere und umgrenztere Tätigkeit? Warum soll es würdiger sein, vollständig und mittelmäßig zu sein, als ein spezialisiertes, aber intensiveres Leben zu führen, besonders wenn es möglich ist, das, was wir auf diese Art verlieren, durch unsere Verbindung mit anderen Wesen wiederzufinden, die das besitzen, was uns fehlt, und uns vervollständigen?«

11 Der Taylorismus war allerdings nie das einzig verbindliche Rationalisierungsleitbild. In wichtigen Industriezweigen und v. a. in Dienstleistungsbranchen kann von einer Anwendung tayloristischer Prinzipien allenfalls bedingt die Rede sein. Zur Bedeutung von auf craft production beruhenden Industrien vgl. z. B. Piore/Sabel 1985.

und Verankerung neuer hegemonialer Werte und Normen. So erforderten taylorisierte Arbeitsprozesse eine Arbeitsmotivation, die sich wesentlich aus »jenseits« der Produktionssphäre verankerten Zielen speisen mußte. Ohne Massenkonsum und zahlungskräftige Nachfrage wäre die expansive Dynamik der Massenproduktion nicht denkbar gewesen. Deshalb lief die vielgestaltige Realisierung fordistisch-tayloristischer Rationalisierungsprinzipien in der Fabrik zugleich auf eine »passive Revolution« (Gramsci), auf einen qualitativen, keineswegs vorgeplanten, sich als »Prozeß ohne strategisches Subjekt« vollziehenden Wandel des Vergesellschaftungsmodus innerhalb der bestehenden sozialen Ordnung hinaus. Verstetigung und Ausbreitung der neuen Arbeitsformen brachten nicht nur darauf zugeschnittene, bürokratisch-zweckrationale Organisationsformen hervor, sie induzierten zugleich eine Umwälzung der gesamten Lebensweise, neue Kombinationen von Produktions- und Konsumnormen, gravierende Veränderungen überkommener Lebensformen, die bis hin zur Disziplinierung der Sexualität reichten.[12] Taylorismus und Fordismus verkörperten (und verkörpern) Rationalitätsprinzipien, welche – auf die Beherrschung von Arbeitsprozessen, von »äußerer« und »innerer« Natur gerichtet – sukzessive sämtliche gesellschaftlichen Sphären und Lebensbereiche zu durchdringen begannen.

In der Bundesrepublik vollzog sich die Ausbreitung dieser Prinzipien unter den Bedingungen einer außergewöhnlich langen Nachkriegsprosperität (Bechtle/Lutz 1989, S. 35 ff.). Das Konfliktpotential tayloristischer Rationalisierung konnte durch Beschäftigungswachstum, Aufstiegschancen für Facharbeiter und -angestellte sowie steigende Löhne entschärft werden. Mehr noch: Zwischen der Mikrostruktur betrieblicher Arbeitsprozesse und der ökonomisch-sozialen Makrostruktur der Gesellschaft bildete sich ein Mechanismus »positiver Rückkoppelung« heraus. Die umfassende, den primären Sektor einbeziehende Mobilisierung von Arbeitskraftreserven korrespondierte mit kontinuierlich wachsenden Masseneinkommen, größerer Nachfrage der Haushalte nach industriellen Produkten und den Vorteilen der sich darüber durchsetzenden neuen Lebensweise (ebd., S. 47 f.; vgl. auch Hirsch/Roth 1986).

Für die Analyse anomischer Tendenzen ist diese Entwicklung

---

12 Dies reflektierend: Gramsci 1967, S. 395.

namentlich als *historischer Ausgangspunkt* bedeutsam. Denn längst sind die expansiven Kräfte dieser »tayloristisch-fordistischen Syndromatik« (vgl. Bechtle/Lutz 1989) erlahmt. Die konsequente Durchsetzung des tayloristischen Paradigmas hat Widersprüche erzeugt, die nun eine – wenngleich erst in Ansätzen entfaltete und immer wieder vom Scheitern bedrohte – arbeitspolitische Kehrtwende relevanter Managementfraktionen provozieren. Das Rationalisierungspotential des Taylorismus scheint jedenfalls erschöpft (vgl. Kern/Schumann 1984, Schumann u. a. 1994). Gerade die angestrebte optimale technisch-organisatorische Beherrschung und perfekte Kontrolle der Arbeitsprozesse hat in großem Maßstab soziales Verhalten ausgelöst, das dieser Zielsetzung faktisch entgegenwirkt (vgl. Wolf 1994). Qualitätsprobleme, Absentismus, Leistungszurückhaltung und heimliche Sabotage sind nur einige bekannte Nebenfolgen des angewandten Taylorismus. Mindestens ebenso bedeutsam ist, daß die Schwerfälligkeit konventioneller Massenproduktion im Widerspruch zu den Flexibilitätsanforderungen globaler, ausdifferenzierter und damit auch unsicherer gewordener Märkte steht (vgl. Piore/Sabel 1985). Rigide Trennungen von ausführenden und planenden Tätigkeiten, von Produktions- und Gewährleistungsarbeit haben besonders in größeren Unternehmen Querschnittsabteilungen aufgebläht und Overhead-Kosten anwachsen lassen. Zudem blockieren »bürokratische Wasserköpfe« mit ihren langen Kommunikationswegen rasche Entscheidungen. Die Ausdifferenzierung der Hierarchie verleitet zu Abteilungsdenken und zur Verselbständigung von Gruppenegoismen (vgl. Deutschmann 1989a). All das untergräbt – im Zusammenspiel mit moderner Technologie und der daraus resultierenden Aufwertung von »menschlichen Schnittstellen« im Produktionsprozeß – die Effizienz des klassischen Taylorismus. Hinzu kommt, daß die »kulturellen Widersprüche« (vgl. Bell 1979) des sozialstaatlich regulierten Kapitalismus, die systemimmanenten Konflikte zwischen dem »asketischen Arbeiter« und dem »genußfähigen Konsumenten«, ihren Tribut fordern. Ansprüche der – im Durchschnitt besser gebildeten – Konsumenten wandern in Büros und Betriebe zurück und schlagen sich in den subjektiven Arbeitsorientierungen, in einer Aufwertung der inhaltlichen und sozialkommunikativen Dimension von Erwerbsarbeit nieder (vgl. Baethge 1990).

Solche Entwicklungen werden seitens der »Managementwissenschaften« seit geraumer Zeit reflektiert. »Neue Produktionskonzepte«, die auf eine Requalifizierung von Industriearbeit zielen (vgl. Schumann u. a. 1994), und »systemische«, die Gesamtheit von inner- und zwischenbetrieblichen Prozessen einbeziehende Rationalisierung (vgl. Altmann u. a. 1986, für Dienstleistungen: Baethge/ Oberbeck 1986) bezeichnen erste Anworten auf die Krise des tayloristischen Paradigmas. Das hat Konsequenzen für die Analyse anomischer Tendenzen, soweit sie mit betrieblicher Arbeitsteilung zusammenhängen. Grob lassen sich *zwei Ursachenbündel* unterscheiden. Der erste Komplex bezeichnet Anomien, die ihren Ursprung wesentlich in der *Beharrungskraft taylorisierter Strukturen* besitzen. Das trifft z. B. auf Gruppen zu, deren Reproduktionsstrategien den Erwerb von »Bildungskapital« (vgl. Bourdieu) nahelegen, das in der real ausgeübten Erwerbstätigkeit systematisch entwertet wird. In solchen Fällen kann mit dequalifizierenden, monotonen, Austauschbarkeit suggerierenden Tätigkeiten verbundener Leidensdruck zum Auslöser für »ethnisierende« Problemverschiebungen und rassistische Klassifikationen werden. Der zweite Ursachenkomplex hingegen zentriert sich gerade um die zeitgenössischen Versuche einer wenigstens *partiellen Revision vertikaler und horizontaler Arbeitsteilung*. Übergänge zu »ethnisierenden« Deutungsmustern erklären sich in solchen Fällen gerade nicht aus der einfachen Übertragung prekärer Arbeitserfahrungen auf gesellschaftliche Outgroups. Eher handelt es sich um die Verteidigung eines spezifischen, durch neue Managementkonzepte eher noch intensivierten »Produktivismus« – eine Haltung, die nahtlos in Stigmatisierung und Exklusion »unproduktiver« sozialer Gruppen übergehen kann.

3. Das anomische Potential ökonomischer Modernisierung

Durkheims Anomie-These reflektiert im Grunde den das späte 19. und frühe 20. Jahrhundert prägenden Prozeß der Herausbildung einer selbstregulierten Marktwirtschaft, die über eine Einbeziehung der »fiktiven Waren« Arbeit, Boden und Geld (Polanyi 1944/1995, S. 102 ff.) in Marktverhältnisse zunehmend gesellschaftliche Schutzmechanismen gegen die zerstörerischen Folgen einer verselbständigten Ökonomie aufzehrt (ebd., S. 112, S. 270 ff.). Der »fordistische Kapitalismus« war jene aus Katastrophen und Kämpfen geborene »Erfindung«, die das regulierende

»soziale Band« der Marktwirtschaft erneuerte. Seit den siebziger Jahren dieses Jahrhunderts vollzieht sich wiederum eine Gegenbewegung. Mit der Krise der industriellen Basis des Fordismus ist zugleich dessen Regulierungssystem in die Krise geraten. In den neunziger Jahren sind v. a. drei Prozesse anomietheoretisch bedeutungsvoll: fortschreitende ökonomische Globalisierung, die damit verbundene Krise des hierarchisch strukturierten Großunternehmens fordistischen Typs sowie eine »neue Einwanderung«, die letztlich eine Neubestimmung des Verhältnisses von einheimischen und ausländischen Bevölkerungsgruppen erfordert.

3.1 Globalisierung, Desintegration und »doppelte Entwertung« des Arbeiterstatus

Faßt man den Tenor einschlägiger Analysen zusammen, so befindet sich die Weltwirtschaft in einer Phase fortschreitender Globalisierung. Zur Beschreibung von Prozessen innerhalb einer Nationalstaaten »umfassenden« Ökonomie mag Globalisierung als ungeeignete Kategorie erscheinen. Nicht zu bezweifeln ist jedoch, daß sowohl der Weltmarkt für Produktionsstandorte als auch der monetäre Weltmarkt »heute quantitativ größer als (je) zuvor in der Geschichte des Kapitalismus« sind (Hübner 1993, S. 35; vgl. Maddison 1989, 1991). Durch die Implosion des osteuropäischen Staatssozialismus forciert und modifiziert, haben sich in der Konkurrenz von drei ökonomischen Zentren – Japan, Westeuropa und Nordamerika – Konturen einer neuen internationalen Arbeitsteilung herausgebildet. Globalisierung steht in diesem Kontext für einen Prozeß, der durch die Gleichzeitigkeit von Entwicklung und Nichtentwicklung geprägt ist. Die internationale Verflechtung der Handels-, Waren- und Finanzströme vollzieht sich primär innerhalb und zwischen den Zentren der Weltwirtschaft. Zwar existieren auch in peripheren Ländern »Weltmarktproduktionszonen«, die ansonsten kaum mit den Wirtschaftsräumen dieser Staaten verflochten sind (vgl. Fröbel u. a. 1986); zwar finden sogenannte Schwellenländer Anschluß an die weltmarktgesteuerte Ökonomie; zugleich laufen jedoch ganze Regionen oder Staatengruppen, etwa Teile Afrikas und Lateinamerikas, Gefahr, dauerhaft aus diesem »Triaden-Kapitalismus« ausgegrenzt zu werden.[13]

13 Dementsprechend stößt die Globalisierungsthese auf Kritik. Manche Autoren bezweifeln einen qualitativ neuen Globalisierungsschub und gehen statt dessen

In den Publikationen von Managementstrategen und professionellen Politikberatern hat der neuerliche Internationalisierungsschub ein widersprüchliches Echo ausgelöst. Manche Interpreten wie Kenichi Ohmae, ehemaliger Managing Director bei McKinsey in Japan, sprechen im Zusammenhang mit den neuen Konturen internationaler Arbeitsteilung bereits von der Herausbildung einer »Interlinked Economy«, einer verflochtenen Wirtschaft, in die sich neben den Triaden-Staaten zunehmend auch die Schwellenländer Südostasiens integrieren. Ohmae sieht gar eine neue »wirtschaftliche Einheit« entstehen, die »die Mehrheit der Verbraucher und Unternehmen umfaßt, nationalstaatliche Grenzen weitgehend überwindet und Bürokratie, Politik und Militär zu sterbenden Zünften werden läßt« (Ohmae 1992, S. 13); eine Ökonomie, in der es »keine absoluten Gewinner und Verlierer« mehr gibt (ebd., S. 15), bestimmt von zunehmender »Kundenmacht« und einer wachsenden Gruppe von Unternehmen, die »globale Märkte bedienen« und für die »›Nationalität‹ bedeutungslos« geworden ist (ebd., S. 21, S. 29). In diesem Szenario haben Manager großer Unternehmen keine andere Wahl, als sich »globalem Denken« zu öffnen.[14]

Transportiert diese »internationalistische Vision« mit ihrem antiprotektionistischen, marktliberalen Plädoyer für den »Sieg des aufgeklärten Verbrauchers über den Regulator« (ebd., S. 17) nicht zuletzt die Perspektive von Wirtschaftseliten einer expandierenden Exportwirtschaft, so haben Betrachtungen, die die Problematik möglicher »Verlierer« reflektieren, einen gänzlich anderen Tenor. Edward N. Luttwak, Direktor des Zentrums für Internationale und Strategische Studien in Washington, geht – trotz zahlreicher Territorialkämpfe, die noch immer »nach altem Muster ausgetragen« werden – ebenfalls davon aus, daß auf dem »Hauptschauplatz des Weltgeschehens« Faktoren wie »militärische Stärke und Diplomatie im klassischen Sinne ihre traditionelle Bedeutung« verloren haben (Luttwak 1994, S. 36f.). Für ihn bleibt die Weltpolitik aber eine Domäne von Staaten oder Staatengemeinschaften, deren »eigentliches Wesen« noch immer auf Gegnerschaft beruht. Bewußt oder unbewußt zielten alle staatlichen Maßnahmen darauf ab, »na-

von einer regionalen Blockbildung aus (Huffschmid 1994, S. 1008 ff., unter Berufung auf Glyn/Sutcliff 1994).

14 »Wie immer Manager es anfangen, wie immer sie zum Ziel kommen: Die Eintrittskarte zur grenzenlosen Weltwirtschaft ist der Aufbau eines Wertesystems, das globale Sicht und globales Denken in den Vordergrund stellt« (ebd., S. 38).

tionale Interessen‹ zu vertreten und dabei unterschwellig nationale Gefühle zu bestärken oder zu fördern und auszunutzen« (ebd., S. 37f.). Den Triaden-Staaten stünden jedoch zur Austragung ihrer Interessenkonflikte »weitgehend nur wirtschaftliche Mittel zu Gebote«. Die moderne Version der alten Rivalitäten heiße Geo-Ökonomie.[15] Vom alten Merkantilismus unterscheide sich Geo-Ökonomie in Zielen und Mitteln. Ihr »Endzweck« sei, »möglichst viele hochqualifizierte Arbeitsplätze in High-Tech-Industrien und anspruchsvollen Dienstleistungsbranchen zu schaffen«. Dazu strebe man zunächst einmal »technologische Überlegenheit und die Führungsposition am Markt an«; dies jedoch v. a. mit dem Ziel einer Verbesserung der Beschäftigungslage und nicht unbedingt um den Preis eines »völligen Ruins« des Nachbarn. Geo-Ökonomie sei ein Wettstreit, in den nur solche Länder treten könnten, die »den Krieg untereinander ausgeschlossen« hätten.

»Interlinked Economy« mit Weltbürgerstatus auf der einen, »Weltwirtschaftskrieg« um Anteile an globalen Märkten und Spitzenpositionen bei Schlüsseltechnologien auf der anderen Seite, vehementer Antiprotektionismus hier (Ohmae 1992, S. 31f.), engagiertes Plädoyer für neue Formen des Staatsinterventionismus dort (Luttwak 1994, S. 410ff.) – so klingt die neue Strophe im Lied vom andauernden Zwiespalt zwischen »universalistischem« (Wirtschafts-)Liberalismus und »partikularer«, weil auf den Nationalstaat angewiesener Regulierung. Ohmae und Luttwak sind dabei lediglich zwei Stimmen in einem dissonanten Chor (vgl. z. B. Reich 1993, Narr/Schubert 1994, Krugmann 1994, Thurow 1992, Gore 1992). Die schöne neue Welt der »Interlinked Economy« entpuppt sich bei genauerem Hinsehen freilich als Fiktion. Luttwaks militärische Diktion vermittelt einen realitätsnäheren Eindruck vom internationalen, zwischen Unternehmen, Staaten und Staatenblöcken ausgetragenen Kampf um »ökonomische Durchsetzungsfähigkeit« – einem Kampf, der eher »organisierte Unverantwortlichkeit« (Beck 1988) für soziale und ökologische Risiken statt »Wohlfahrt für alle« erzeugt (Esser 1993, S. 421).

15 »Darin bedeutet das Investitionskapital, das der Staat verteilt oder für bestimmte Industrien bereitstellt, soviel wie Feuerkraft; staatlich subventionierte Produktentwicklung ist das Pendant zu waffentechnischen Neuerungen; und der Vorstoß in neue Märkte mit Hilfe staatlicher Zuschüsse ersetzt Militärstützpunkte und Garnisonen auf fremdem Territorium sowie die sanftere Form der Machtausübung, den ›diplomatischen Einfluß‹« (ebd., S. 38).

Wenngleich eine selektive, überregionale Verflechtungen und Blockbildungen führende Entwicklung beschreibend[16], bleibt ein harter Kern der Globalisierungsthese: Etwa 30 000 private transnationale Unternehmen mit ca. 100 000 Tochtergesellschaften haben in den zurückliegenden beiden Dekaden eine »Internationalisierung der Produktion und des Handels vorangetrieben«, die es angemessen erscheinen läßt, von einer »neuen Qualität der Marktintegration« auf diesem Globus zu reden (ebd., S. 412). Dabei sind es nicht allein Größe, Kapitalvolumen und Umsatz dieser Unternehmen, sondern Formen der »Quasi-Internationalisierung« wie der Intra-Unternehmenshandel, integrierte Zulieferstrukturen, »Technologie-Globalismus« und v. a. die Internationalisierung des Finanzsektors, die eine staatlich-politisch bislang kaum zu kontrollierende globale Markt- und Produktionsintegration vorantreiben (ebd., S. 413 ff.). Zusammen mit der weltweiten Verbreitung von Massenfertigungsverfahren, neben dem Abbau von Handelshemmnissen, durchschnittlich sinkenden Transportkosten pro hochwertigem Produkt sowie der Ausdehnung und Beschleunigung weltweiter Kommunikation eine wichtige Triebkraft der Globalisierung, ist das die Voraussetzung für eine Verwandlung weltmarktbezogener Konkurrenz in einen *»Wettbewerb der Standorte«*. Sich am Weltmarkt zu behaupten bedeutet in wichtigen Branchen, als Triaden-Unternehmen, als »global player«, mindestens aber als »european champion« zu agieren. Bei ihren Investitionsentscheidungen und Rentabilitätserwartungen orientieren sich diese Unternehmen – zumal wenn Kostensenkung zu einem Hauptelement ihrer Wettbewerbsstrategie wird – an den Verwertungsbedingungen, die nationalstaatlich regulierte Wirtschaftsräume bieten. Nach dieser Logik sind es primär die »Standorte« und erst in zweiter Linie die Firmen, die sich im Kostensen-

---

16 Diese Ungleichzeitigkeit wird auch durch die Herausbildung regionaler Wirtschaftsverbünde nicht abgemildert. Im Gegenteil: (West-)Europäische Integration bedeutet zunächst Realisierung eines einheitlichen Wirtschaftsraums (Binnenmarkt) bei fehlenden intermediären und zwischenstaatlichen Regulierungsinstanzen. Bei sich angleichenden monetären Rahmenbedingungen bedeutet dies, daß Lohnkosten wieder zu entscheidenden strategischen Variablen mikroökonomischer Entscheidungen geworden sind. Löhnen und Lohnnebenkosten wird die Funktion von »Schleusen« bei der Angleichung von Wettbewerbsbedingungen zugewiesen. Die (noch immer) im Rahmen von Nationalstaaten agierenden Gewerkschaften sollen die Rolle des »Schleusenwärters« übernehmen (Altvater/Mahnkopf 1993, S. 246; zur »neuen Weltordnung« vgl. auch Deppe 1991).

kungswettbewerb zu bewähren haben (zu »nationalen Wettbewerbsvorteilen« vgl. Porter 1993). Für die Gewinnerwartungen besitzen Kostenvorteile, die durch Standortwahl, Zinserträge aus Finanzoperationen, die Fähigkeit zu rascher Produkterneuerung oder mittels Rationalisierung erzielt werden, zentrale Bedeutung. Dabei richtet sich die Standortwahl nicht mehr allein nach dem Preis der »Produktionsfaktoren« Arbeit, Kapital und Boden, sondern mehr und mehr auch nach gesetzlichen, finanz-, steuer- und wirtschaftspolitischen Rahmenbedingungen, welche die Chancen zur »Externalisierung von Sozial- und Umweltkosten erleichtern oder erschweren« (Schöni 1994, S. 70). In dem Maße, wie transnationale Unternehmen in der Lage sind, Kostenunterschiede zwischen Standorten kommerziell auszunutzen, geraten nationalstaatliche, regionale und branchenbezogene Regulationssysteme unter Druck. Für »global players« sind Beschäftigung, Qualifikationen und Nachfrage am Standort solange sekundär, wie es attraktive Ausweichmöglichkeiten und -märkte gibt. Obgleich die Mehrzahl der Unternehmen noch immer an lokale Kredite und Märkte, »einheimische« Produkte und Mitarbeiter gebunden ist (Ohmae 1992, S. 29), handelt es sich beim »Standortwettbewerb« nicht um eine bloße ideologische Fiktion. Vielmehr reproduziert sich der Gegensatz zwischen Internationalisierung des ökonomischen Systems und dahinter zurückbleibenden Regulationsweisen auf neuem Niveau. Das Zentrum der Weltwirtschaft, der Wirtschaftsraum der Triade, ist *»immer mehr ökonomisch integriert und politisch desintegriert«* (Esser 1993, S. 411). An die Stelle der Konkurrenz zwischen Einzelkapitalen in staatlich regulierten Räumen tritt zum Teil ein Wettbewerb von Nationalstaaten um die Gunst transnational agierender Unternehmen. Der Nationalstaat wird zum »Standortstaat« (Hirsch 1994), der seine Aktivitäten darauf konzentriert, »systemische Wettbewerbsfähigkeit« herzustellen (Altvater 1994, S. 188). Gerade weil der Internationalisierungsprozeß, etwa im Zuge regionaler Verflechtungen, nationalstaatliche Regulierungskompetenz untergräbt, schafft er das Terrain für politische Operationen, die in einem neuen Nationalismus den geeigneten »ideologischen Kitt« zur Bewältigung problematischer Modernisierungsfolgen sehen.

Veränderte Wettbewerbsbedingungen sind der Resonanzboden für einen wirtschaftspolitischen Diskurs, der eine tiefe Strukturkrise des »Industriestandorts Deutschland« (Kern/Sabel 1994,

S. 605) thematisiert. Läßt man vordergründig-zweckorientierte Begründungen außer acht, die – als Wiederkehr des immergleichen Arguments – Standortnachteile hauptsächlich in zu hohen Löhnen, Lohnnebenkosten und Abgabenbelastungen der Unternehmen sehen wollen oder sich in der Abwehr solcher Thesen erschöpfen, so ist doch unverkennbar, daß der Glanz des »deutschen Modells« einer produktionspolitisch vorherrschenden »diversifizierten Qualitätsproduktion« (Jürgens/Naschold 1994, S. 241; Boyer 1992, S. 92 ff.) zunehmend verblaßt (vgl. auch: Zukunftskommission 1993; Glotz/Thomas 1994, S. 61). Die wirtschaftliche Stärke der exportorientierten deutschen Wirtschaft basierte auf dem Erfolg der Industrien des »entwickelten Fordismus«. Inzwischen müssen wichtige Branchen wie die Automobil- und Zulieferindustrie, Teile des Maschinenbaus sowie die Elektro- und Elektronikindustrie um ihre internationale Wettbewerbfähigkeit bangen. Die Unternehmen reagieren mit rigiden Kostensenkungs- und Personaleinsparungsmaßnahmen. Konrad Seitz schätzt, daß in den »klassischen« Industrien ca. 30% der vorhandenen Arbeitsplätze verlorengehen werden (Seitz 1994, S. 99). Hinzu kommt – mindestens ebenso bedeutsam – ein Entwicklungsrückstand in strategischen Schlüsselsektoren wie der Informationstechnik.

Seit der Wiedervereinigung werden die strukturellen Krisensymptome des alten bundesdeutschen Produktionsmodells zusätzlich von den Problemen einer gespaltenen Ökonomie und der Existenz »zweier Gesellschaften in einem Staat« überlagert. Nach dem Zusammenbruch des staatssozialistischen Regimes in einer Art Schocktherapie über Nacht Weltmarktbedingungen ausgesetzt, gingen im Wirtschaftsraum der ehemaligen DDR von 1989 bis 1993 ca. 70% der Arbeitsplätze in der Industrie verloren (Andretta u.a. 1994, S. 1). Selbst bei vergleichsweise hohen Wachstumsraten läßt sich dieser Deindustrialisierungsprozeß mittelfristig kaum kompensieren, geschweige denn umkehren. Über einen längeren Zeitraum bleiben die neuen Länder auf Transferleistungen aus der alten Republik angewiesen. Im Tausch für den »Institutionentransfer« und die politische Dominanz im Transformationsprozeß handelte sich der Westen der Republik die Bewältigung der direkt anfallenden Transformationskosten ein (Hübner 1994, S. 24). In ihrer Gesamtheit sind diese Entwicklungen Auslöser eines Verteilungskonflikts, welcher angesichts knapper finanzieller Ressourcen manches an der alten sozialen Frage reaktualisiert, der in seiner Mehrdimensionalität jedoch den Horizont tradierter Vorstellungen von Verteilungsgerechtigkeit überschreitet.

Ganz gleich, ob man die Diskrepanzen zwischen transnationaler Marktintegration und politischer Steuerungs- und Regulationsfähigkeit als irreversiblen »Sachzwang« begreift (vgl. z. B. Scharpf 1991) oder aber Spielräume für alternative Entwicklungspfade betont (vgl. z. B. Lipietz 1989) – Globalisierung und Standortwettbewerb wirken auf die Sozialstruktur und die sozialen Selbstverortungen in den Metropolenstaaten zurück. Nicht exklusiv betroffen, aber anomietheoretisch bedeutungsvoll, ändern sich mit der neuen internationalen Arbeitsteilung *auch der kollektive Status und die gesellschaftliche Positionierung von Arbeitern* aus weltmarktorientierten Industrien und Unternehmen. Mit Blick auf die übergreifende ökonomische Konstellation läßt sich von einer *»doppelten Entwertung« des Arbeiterstatus und der »Blaumann-Berufe«* sprechen.

Globalisierung und Standortwettbewerb bedeuten, daß jene Arbeitergruppen, die ihren kollektiven sozialen Aufstieg nicht zuletzt der wirtschaftlichen Prosperität ihrer Industriezweige verdankten, sich nun auf verschiedenen »Bühnen« prekären Vergleichen ausgesetzt sehen. Eigene Leistungen, Qualifikationen, Einkommen und Arbeitsbedingungen werden im Zuge des »world wide sourcing« als »Standortfaktoren« zu entsprechenden Indikatoren von Beschäftigten anderer Betriebe, Unternehmen, Regionen und Staaten in Beziehung gesetzt (vgl. Fröbel u. a. 1986, Dörre/Neubert 1995). Betroffen sind nicht ausschließlich die un- oder angelernten »Massenarbeiter«, sondern ebenso, subjektiv vielleicht besonders schmerzlich, Gruppen qualifizierter Facharbeiter. Die Beruflichkeit der Arbeit, über einen langen Zeitraum Quelle von Selbstbewußtsein und Garantie von zumindest bescheidenem Wohlstand und relativer sozialer Sicherheit, büßt für wichtige Arbeitergruppen mehr und mehr ihre Schutzfunktion ein. Als eine Art Minimalvoraussetzung zur Ausübung halbwegs anspruchsvoller Tätigkeiten in der Industrie verstärkt nachgefragt (vgl. Schumann u. a. 1994), ändert die Beruflichkeit der Arbeit nichts daran, daß die *gesellschaftliche* Anerkennung zumindest des traditionellen Facharbeiter-Status offenbar abnimmt. Schon die Tatsache, im internationalen Wettbewerb das »Produzierendürfen« legitimieren zu müssen, drückt einen Positionsverlust von Industriezweigen und Unternehmen aus, die immerhin für Jahrzehnte das Herzstück einer florierenden Produktion bildeten.

Die veränderte Stellung tragender Industriezweige im Gefüge internationaler Arbeitsteilung kann nicht ohne Folgen für die Selbstdefinitionen der Beschäftigten bleiben. Unwahrscheinlich ist, daß der im Internationalisierungsprozeß angelegte Abstieg als kollektiver Bruch erlebt wird. Die veränderten Konkurrenzbedingungen setzen sich eher allmählich, branchen- und unternehmensspezifisch sowie nach »Gewinner-« und »Verlierergruppen« differenziert durch. Teilweise handfeste materielle Einbußen nicht nur bei den Reallöhnen, sondern auch bei außertariflichen Leistungen sowie die Furcht vor Verlust der Beschäftigung oder doch zumindest des angestammten, vielleicht auch gewünschten Arbeitsplatzes verstärken das Gefühl sinkender Anerkennung und Wertschätzung. Die Rückkehr sozialer Unsicherheit in Stammbelegschaften und Facharbeiterränge muß besonders von Gruppen als schmerzlicher Einschnitt empfunden werden, deren Erwartungen auf eine mehr oder minder kontinuierliche Steigerung des Lebensstandards und die schrittweise Minimierung von Lohnarbeiterrisiken fixiert sind.

Wenn die kollektive Repositionierung im System internationaler Arbeitsteilung mit Einschränkung beruflicher Chancen verbunden ist, so kollidiert dies bei den subjektiven Arbeitsorientierungen insbesondere jüngerer Lohnabhängiger mit einer *gegenläufigen, die inhaltlichen und sozialkommunikativen Dimensionen der Erwerbstätigkeit betonenden Anspruchsdynamik.* Besonders bei jüngeren Lohnabhängigen und Arbeiterkindern mit im Vergleich zur Elterngeneration hohem »Bildungskapital« werden die »eingespielte Dialektik von Aspiration und Chancen« und die daraus resultierende doxische Übereinstimmung mit dem »sozialen Schicksal« aufgebrochen (Bourdieu 1988, S. 195 ff., S. 242). Für die nachwachsenden Arbeiter- und Angestelltengenerationen steht mehr auf dem Spiel als »nur« die Arbeitsstelle oder die berufliche Position; es geht um soziale Identitäten, um Selbstbilder, deren Realisierung gesellschaftlich blockiert scheint.

Es sind, so läßt sich bilanzieren, insbesondere jüngere, in männerdominierten »Blaumann-Berufen« tätige Arbeiter aus Ost und West, bei denen sich das anomische Potential ökonomischer Modernisierung sammelt. Für diese Gruppen drücken soziale Risiken wie drohender Arbeitsplatzverlust oder finanzielle Einbußen eine *veränderte Gesamtsituation* aus. Anomische Spannungen sind hier keineswegs ein Resultat sozialer Verelendung. Das verbreitete Gefühl, die eigene Leistung finde in der Gesellschaft nicht genügend Anerkennung, besitzt viele, nicht unbedingt als materielle Knappheit zu identifizierende Ursachen. Häufig genügt bereits der Eindruck, trotz durchschnittlich größerer Bildungsanstrengungen nicht mehr das Lebensniveau der Eltern erreichen zu können. Oder man spürt, daß der Abstand zu jenen Mittelschicht-Fraktionen und -Milieus größer wird, an denen man die eigenen Entwürfe vom »guten Leben« orientiert. Sicherlich finden sich anomische Spannungen, die aus der Kluft zwischen Aspirationen und beruflichen Chancen erwachsen, auch in anderen sozialen Gruppen.[17] Aber kaum eine gesellschaftliche Großgruppe sieht sich derart unmittelbar mit den Folgen ökonomischer Globalisierung konfrontiert. Die Internationalisierung der Konkurrenz wird mehr oder minder direkt an den »shop floor« weitergegeben. Keineswegs zwangsläufig, aber vielfach doch als dominierende Tendenz, schränkt sie die Spielräume für Handlungsstrategien ein, die auf eine Verbesserung der individuellen und/oder kollektiven Positionierung zielen. Das aus der Internationalisierung des Wirtschaftshandelns erwachsende Regulationsdefizit beinhaltet gerade für Industriearbeiter unmittelbar praktische Konsequenzen. Vorerst gibt es zum erreichten Niveau der Marktintegration kein regulatives, auf »organische Solidarität« gegründetes Äquivalent. Wahrscheinlicher ist, daß der neuerliche Internationalisierungsschub das Netz intermediärer Regelungen (Tarifverträge) und Organisationen (Kapitalverbände, Gewerkschaften) unterminiert, die Tendenz zur »Verbetrieblichung« der Aushandlungsprozesse forciert und so die Möglichkeiten einer Bündelung, Organisierung und Durchsetzung kollektiver Interessen schwächt (vgl. Altvater/Mahnkopf 1993). Vor diesem Hintergrund – und durch die kulturelle Entwertung der Blaumann-Berufe zusätzlich verstärkt – ist es wenig verwunderlich, wenn der »Internationalismus der Manager« in Teilen der Arbeiterschaft eher als Bedrohung denn als Verheißung

---

17 Bei jungen Einzelhandelsangestellten z. B. schlägt sich die Kluft zwischen Aspirationen und real ausgeübten Tätigkeiten in dem Gefühl nieder, der gesamten Berufsgruppe bleibe eine leistungsgerechte gesellschaftliche Anerkennung versagt. Im Falle junger Finanzdienstleister ist die Kluft zwischen Wünschen nach persönlicher Entwicklung im Beruf und begrenzter Chancenstruktur ein Problem v. a. weiblicher Angestellter (vgl. dazu Dörre u. a. 1994, S. 214 ff.).

empfunden wird. Nicht als einzig mögliche Verarbeitungsform, aber als eine denkbare Option unter anderen kann das (nicht nur) Arbeiter für einen reformulierten »Wirtschaftsnationalismus« empfänglich machen. Im »sensiblen Geflecht einer interdependenten Weltwirtschaft, die keine nationalen Grenzen kennt«, wäre damit, wie Habermas es angesichts des Verlaufs der deutschen Einigung prognostizierte, »die Marktmacht selbst zum nationalen Erwecker« geworden (Habermas 1990, S. 210). Allerdings geht es den für nationale Botschaften empfänglichen Arbeitern nicht allein um die Erhöhung ihres Selbstwertgefühls durch ideelle Partizipation an einem überhöhten, zum Eckpfeiler nationaler Identität verklärten Wirtschaftsstolz. Der zeitgenössische »Arbeiternationalismus« besitzt – im Unterschied zu den Ideologien des klassischen Imperialismus – einen eher defensiven Charakter. Schwächungen der sozialen Stellung von Arbeitern reflektierend oder antizipierend, will er v. a. die Bewahrung des Erreichten. Er ist auf Selbstbehauptung ausgerichtet, sucht den Abstand zu den Unterschichten zu bewahren und benutzt dazu das Mittel ethnisierender Ausgrenzung. Über den Appell an die zuständige Regulationsinstanz, den Staat, will er sein Anliegen durchsetzen; den Parteien der extremen Rechten kann dabei der Part des Anwalts verletzter Gruppeninteressen zufallen.[18]

3.2 Die Organisationsperspektive: Das anomische Potential neuer Managementkonzepte

Aber ist die Hypothese einer »doppelten Entwertung« des Arbeiterstatus nicht zu pessimistisch? Empirisch belegbar bilden sich besonders in High-Tech-Bereichen neue Facharbeitertypen heraus (vgl. Schumann u. a. 1994, Voskamp/Wittke 1992), die ihre Ansprüche und Qualifikationen selbstbewußt einklagen. Und auch die Aufwertung von »Produktionsintelligenz« in modernen Managementkonzepten spricht für Gegentendenzen.

Stichhaltig wären solche Einwände aber nur, wenn die – ohnehin vielfach erst im Anfangsstadium befindliche – Überwindung des

---

18 Wirtschaftsnationalismus »von oben« und Wirtschaftsnationalismus »von unten« sind nur begrenzt kompatibel. Der Appell an den Wirtschaftsbürger dient nicht zuletzt der Legitimation von Verzicht zugunsten übergeordneter »nationaler Interessen«. Dagegen ist der Wirtschaftsnationalismus von Arbeitern eher Chiffre für soziale Ungleichheit und verletztes Gerechtigkeitsempfinden.

Taylorismus über eine Kumulation positiver Effekte gleichsam automatisch die betriebliche Sozialintegration stärken und etwaige Negativfolgen minimieren würde. Am Beispiel des jüngsten, an Paradigmen wie »lean production« (vgl. Womack u. a. 1991, Ohno 1993) orientierten Reorganisationsschubs läßt sich zeigen, daß dies so nicht zutrifft.[19] Tatsächlich sind empirisch rekonstruierbare Reorganisationsprojekte – die Dezentralisierung der Unternehmensorganisation, Bildung von Cost- oder Profit-Centers, »Abflachung« der Hierarchien, Einführung von Gruppen oder Teamarbeit und Implementation personalisierender Führungsstile – zu einem gut Teil Reaktionen auf die skizzierten Strukturveränderungen der Weltwirtschaft, auf technologische Umbrüche, Individualisierungs- und Wertewandeltendenzen bei relevanten Beschäftigtengruppen (vgl. Faust u. a. 1993). Unter den Bedingungen einer interdependenten Weltwirtschaft mit ausdifferenzierten, sich rasch verändernden Marktclustern machen bürokratische, auf strikte Weisungsbefugnis der jeweiligen »Weltzentrale« ausgelegte Unternehmensstrukuren wenig Sinn, weil sie rasches, flexibles Reagieren auf Veränderungen der Nachfrage behindern. Pyramidenförmige Organisationsstrukturen sollen daher, so jedenfalls die Zielstellung von Reorganisationsprojekten in multinationalen Unternehmen, »amöbenhaften«, netzwerkartigen Strukturen mit größerer Verantwortung für die jeweiligen »Module« weichen. Allerdings produzieren entsprechende Dezentralisierungsmaßnahmen neuartige Steuerungsprobleme. Es müssen Wege gefunden werden, die Aktivitäten von in operative Einheiten zerlegten Unternehmen im Sinne gemeinsamer Ziele koordinieren zu können. Aus diesem Grund werden die Modi betrieblicher Sozialintegration, also jene Elemente der Arbeitsverfassung, auf deren Marginalisierung der klassische Taylorismus zielte, als Steuerungsressourcen wiederentdeckt. In dem Maße, wie sich Zentrale-Funktionen stärker auf Koordination und Moderierung von Entscheidungsprozessen konzentrieren, sollen Integrations- und Steuerungsfunktionen an die Unternehmenskultur, an das firmen-

---

19 Die nachfolgenden Ausführungen basieren zumeist auf Befunden eines Forschungsprojekts zu »neuen Managementkonzepten und ihren Auswirkungen auf die industriellen Beziehungen im Betrieb«. In die Untersuchung sind bislang 21 Betriebe (Automobil- und Zulieferindustrie, Maschinenbau, Elektro- und Verpackungsindustrie sowie qualifizierte unternehmensbezogene Dienstleistungen) einbezogen, von denen neun im Rahmen von alle Hierarchieebenen erfassenden Intensivfallstudien untersucht wurden (vgl. Dörre/Neubert 1995).

spezifische Wertesystem der Organisationsmitglieder übergehen (Ohmae 1991, S. 113 f.).

Entsprechende Reorganisationskonzepte versuchen, die Kluft zwischen globaler Marktintegration und dahinter zurückbleibender nationalstaatlich-gesellschaftlicher Regulationsfähigkeit auf Unternehmens- und Betriebsebene »einzuholen«. Den Unwägbarkeiten, die aus einer Anpassung der Organisationsformen an rasch wechselnde Marktanforderungen resultieren, soll durch *Gemeinschaftsbildung in den Unternehmen* begegnet werden. Dabei fällt dem Management der »Humanressourcen« und hier hauptsächlich der Personalrekrutierung, Karriereplanung, den Qualifizierungs- und Weiterbildungsprogrammen die Funktion zu, Organisationsmitglieder im Sinne der »corporate identity« zu sozialisieren, um so eine Ausrichtung der Aktivitäten auf verbindliche Unternehmensziele zu gewährleisten. Die angestrebte Verlagerung von Steuerungskompetenzen bedeutet, daß die Dimension normativer, symbolisch-kultureller Integration gegenüber administrativem Machthandeln aufgewertet wird. Erfolgreich im Sinne der Unternehmen ist ein solches Vorhaben jedoch nur, wenn es gelingt, Persönlichkeitsstrukturen »von innen« zu prägen, die Organisationsmitglieder über internalisierte Wertorientierungen an übergreifende »Firmenphilosophien« und Produktivitätsziele zu binden. Der Zugriff auf Mechanismen betrieblicher Sozialintegration erfolgt daher selektiv; es geht um die Nutzung sozialer und kultureller Ressourcen zum Zweck der Optimierung des Wirtschaftshandelns. Ein Leitbild entsprechender Reorganisationskonzepte ist die »Clanstruktur« (vgl. Deutschmann 1989a/b) vornehmlich japanischer Unternehmen, das Organisationsmodell des »Toyotismus«. Deutschmann und an ihn anknüpfend Honneth deuten die Mobilisierung lebensweltlicher Praktiken mit dem Ziel einer Optimierung von Prozessen in Wirtschaftsorganisationen als Beispiel für eine »kulturell regressive Modernisierung«[20] (Honneth 1994, S. 54). Wenn jedoch, wie in der Bundesrepublik, die Versuche organisatorischer »Entdifferenzierung« innerhalb bestehender Strukturen realisiert werden müssen und zudem auf ein durch »antagonistische Kooperation« bestimmtes Aushandlungs- und Interessenvertretungssystem treffen, kann bezweifelt werden, daß einem noch so perfekt inszenierten »kulturellen Im-

---

20 Honneth weist auf die Problematik dieses Begriffs hin, weil er implizit auf ein »entwicklungslogisches Normalvorbild Bezug nimmt« (Honneth 1994, S. 54).

perialismus des Managements« (Deutschmann) durchschlagende Erfolge beschieden sein werden. Reorganisationsversuche erfolgen vielmehr auf einem ungesicherten Terrain, das unterschiedlichen Modernisierungspfaden Spielräume gewährt und auch arbeitspolitischen Interventionen im Interesse der Beschäftigten (Qualifizierung, direkte Partizipation, Ausweitung von Mitbestimmung) Chancen eröffnet.

Dessenungeachtet laufen die Reorganisationsbemühungen auf eine Transformation tragender Strukturen und Rationalisierung komplexer Wirtschaftsorganisationen hinaus. Das Ziel »ökonomischer Effizienzsteigerung« muß dabei immer wieder in latenten oder auch offenen Gegensatz zu den anvisierten, nicht zuletzt auf kulturellen »Ressourcen«, auf sozialer Kooperation und kommunikativem Austausch beruhenden Mitteln geraten. Die Balance zwischen Zielen und operativen Praktiken, Erfolgskriterien der Organisation und den Bestrebungen ihrer Mitglieder soll durch adäquate Kompromißbildung gesichert werden. Die in der Regel im Management angesiedelten Initiatoren der Reorganisationsprojekte versprechen im Tausch gegen eine intensivere Nutzung des Arbeitsvermögens, insbesondere der Fähigkeit zu Selbststeuerung und -koordination, letztendlich einen Zugewinn an kollektiver und/oder individueller Autonomie im Arbeitsprozeß (Transparenz von und Beteiligung an Entscheidungsprozessen; interessantere, abwechslungsreichere, qualifiziertere Arbeitstätigkeiten; mehr persönliche Anerkennung; Beteiligung am Produktivitätszuwachs). In dem Maße jedoch, wie die Reorganisationsbemühungen aus Gründen des ökonomischen Erfolgs dazu tendieren, den Eigensinn sozialer, auf kommunikativen Austausch angewiesener Kooperationsformen zu mißachten, können sie, durchaus im Widerspruch zu den Intentionen ihrer Betreiber, anomische Tendenzen und Desintegrationspotentiale nicht nur erzeugen, sondern geradezu radikalisieren.

Paradoxerweise erzeugen Versuche einer Rücknahme konventioneller betrieblicher Arbeitsteilung eine geradezu klassische anomische Situation: Das Funktionieren dezentraler, partizipativer Organisationsformen erfordert Verhaltensweisen und Regularien, die bislang allenfalls als Keime existieren und die nur in einem langwierigen, konfliktreichen Prozeß entwickelt und stabilisiert werden können.

Das anomische Potential der Reorganisationsprojekte erschöpft sich jedoch nicht in einem temporären Regulationsdefizit. Vielmehr ist die Spannung zwischen dem Ziel ökonomisch-technischer Effizienzsteigerung und den auf sozialer Kooperation beruhenden operativen Praktiken ein *strukturelles Problem partizipativen Managements.* Der latent stets vorhandene Gegensatz von Marktkoordination und organisierter Kooperation erfährt in dezentralisierten Betrieben eine neuartige Ausprägung. Auf der einen Seite sollen mit der Bildung von Cost- oder Profit-Centers Marktbeziehungen innerhalb der Unternehmensorganisation etabliert werden – dies mit dem Ziel, rascher auf Veränderungen der Nachfrage reagieren zu können und zugleich kostenbezogene Verantwortung bei den Organisationsmitgliedern zu stärken. Auf der anderen Seite werden aber Produktivitätssteigerungen mit Organisationsformen (Gruppen, Teams) angestrebt, deren Funktionsfähigkeit an solidarische Praktiken – gegenseitiges Unterstützen, kollektives Lernen, gemeinsame Zieldefinitionen usw. – gebunden ist. Beide Vergesellschaftungsmodi – Marktkoordination und ökonomischer Äquivalententausch hier; Kooperation, solidarische Bindungen und Austausch sozialer Werte dort – müssen auf neue Weise gegeneinander ausbalanciert werden. Reibungen und Konflikte sind dabei nahezu unvermeidlich. In Rezessionsphasen, aber auch in Perioden »überhitzter« Konjunktur (Mehrarbeit, hohe Beanspruchung, Streß) kann das dazu führen, daß *Unternehmensziele und operative Praktiken sich gegeneinander verselbständigen.* Eine dynamische Entwicklung von Ansprüchen auf Autonomiegewinn und Selbstorganisation bei den Beschäftigten konfligiert dann mit eingeschränkten betrieblichen Realisierungsmöglichkeiten. Das »anthropozentrische Versprechen« der neuen Managementkonzepte gerät in Gegensatz zu deren Praxis. Daraus erwachsende anomische Spannungen finden sich nicht nur bei Arbeitern, sondern *in allen betrieblichen Statusgruppen.* Es läßt sich belegen, daß Reorganisationskonflikte über ethnisierende oder naturalisierende Klassifikationen verarbeitet werden.

Dabei handelt es sich um »normale«, durch die Verhältnisse selbst nahegelegte Denkformen, mittels derer Zugehörigkeiten definiert, Ansprüche angemeldet, aber auch Abgrenzungen vorgenommen werden. Obwohl die Träger solcher Bewußtseinsformen – durchaus glaubhaft – jede Nähe zur extremen Rechten bestreiten würden, bedarf es oft nur einer Verdichtung und Zuspitzung solcher Gedanken, um sie als »Brücke« für nationalistische oder rassistische Anrufungen zu nutzen.

Interessant ist in diesem Zusammenhang das Verhältnis von Arbeitserfahrungen und (vor)politischen Orientierungen. Heitmeyer u. a. (1992, S. 470 ff.) haben gezeigt, wie sich durch Übertragung oder Umformung eines »instrumentellen« Arbeitsbewußtseins eine Nähe zum politischen Rechtsextremismus herstellen kann. Die oben skizzierten Konflikte fügen sich nicht recht in ein solches Interpretationsraster.[21] Statt dessen stößt man bei neuen Managementkonzepten auf ein Phänomen, das als »Selbstinstrumentalisierung« bezeichnet werden könnte. Gemeint ist damit eine Arbeitsorientierung, die sich gerade *nicht* durch ein Verhältnis zur Erwerbsarbeit auszeichnet, das nur noch von außerhalb der Tätigkeit liegenden Zwecken bestimmt wird. Dezentrale, auf direkter Partizipation und Eigenverantwortlichkeit beruhende Organisationsformen nutzen bevorzugt *qualitative Arbeitsansprüche* der Beschäftigten. Ja, subjektzentrierte Arbeitsorientierungen sind im Grund eine *Voraussetzung*, um in solchen Organisationsformen agieren zu können. Doch je intensiver man sich auf die Berufstätigkeit einläßt, desto größer ist die Gefahr, daß das Alltagsleben der Arbeit geopfert wird. Eine solche *Selbstinstrumentalisierung* erfolgt nicht durch unmittelbaren Druck, aber sie geschieht auch nicht völlig freiwillig. Zum Teil reizen die Arbeitsaufgaben; es gibt aber auch »Sachzwänge«. Man muß Termine einhalten, will das Team nicht im Stich lassen und möchte sich mit Blick auf das berufliche Fortkommen keine Blöße geben. Selbstinstrumentalisierung heißt nicht unbedingt schrankenlose Ausdehnung des Arbeitstags; theoretisch könnte man eine großzügige Gleitzeitregelung in Anspruch nehmen; als »kleine Freiheit« wird das auch genutzt; ansonsten bestimmt die Arbeitsaufgabe den Rhythmus und die Zeitbudgets. Das »Geschäft« beherrscht den Kopf auch während der freien

---

21 Auf die verzweigte industriesoziologische Debatte um die Instrumentalismus-These kann an dieser Stelle nicht eingegangen werden. Es sei jedoch darauf hingewiesen, daß selbst bei Arbeitern, gerade auch Frauen mit stark belastenden Tätigkeiten, einiges für einen »doppelten Bezug auf Arbeit« spricht. Danach kann eine Arbeitssituation von der gleichen Person sowohl aus der Arbeitskraftperspektive als auch aus der Subjektperspektive betrachtet werden. Polarisierende Typisierungen »inhaltlicher« und »instrumenteller« Arbeitsorientierungen sind daher stets problematisch (Schumann u. a. 1982, S. 399 ff.).

Zeit, da man volle Ergebnisverantwortung besitzt und Termine einhalten muß. Deshalb wird die Ausbalancierung der verschiedenen Lebensbereiche mehr und mehr zur *persönlichen Koordinationsleistung* – eine Veränderung, die viele Betroffene, insbesondere Führungskräfte und Meister, aber auch Arbeiter und Angestellte in Teams oder Gruppen, häufig mit der Formel »mehr Streß« umschreiben. Auch eine mehr oder minder »freiwillige« Unterwerfung des Alltagslebens unter die Reize und »Sachzwänge« der Berufstätigkeit kann – zumal wenn die Fähigkeit zu souveräner Selbstbegrenzung fehlt – Leidensdruck erzeugen. Weil in solchen Fällen der Privatmensch immer häufiger den Geboten von Leistung und Produktivität gehorchen muß, sind Aggressionen gegen leistungsunwillige, unproduktive, vermeintlich »parasitäre« Gruppen naheliegend. Selbstinstrumentalisierung wird dann durch »Selbstethnisierung« oder »Selbstnationalisierung« (vgl. Held u. a. 1993) ergänzt. Man ordnet sich also selbst einer nationalen oder ethnischen Gemeinschaft zu, um diese Zugehörigkeit gezielt im Kampf um Ressourcen gegen andere, Fremde einzusetzen.

3.4 Die neue Einwanderung

Die beschriebenen Veränderungen – neue internationale Arbeitsteilung und »doppelte Entwertung« des Arbeiterstatus in der Dimension von ökonomischem System und gesellschaftlicher Sozialstruktur; konfliktreicher Übergang zu dezentralen Arbeits- und Betriebsformen auf der Ebene von Wirtschaftsorganisation und betrieblicher Hierarchie – können Ursache von Anomien sein; sie können ausgrenzende Denkweisen und Praktiken nahelegen; eine Tendenz zur »Ethnisierung des Sozialen« belegen sie für sich genommen nicht. Entsprechende Phänomene werden erst verständlich, wenn eine zusätzliche Erklärungsvariable berücksichtigt wird – die *neue Einwanderungssituation* und der damit verbundene *Wandel des Verhältnisses von Mehrheitsgesellschaft und Minderheiten*.

Von einer neuen Situation kann gesprochen werden, weil Zentrumsstaaten wie die Bundesrepublik aufgrund von Migrationsprozessen, die nicht mehr dem Muster einer gezielten Anwerbung von Arbeitskraft folgen, zu *Einwanderungsgesellschaften* geworden sind, ohne daß bislang adäquate politische, soziale und moralische Regulationsformen institutionalisiert wären. Es handelt sich um eine Form der Migration, die durch eine relative Verselbständigung der »Pull-Faktoren« gegenüber dem Arbeitskräftebedarf in den Zentren verursacht wird (Parnreiter 1994, S. 19, S. 72; vgl. Bade 1992). Als Kehrseite »selektiver« ökonomischer Globalisierung, aufgrund von Kriegen, wirtschaftlicher Misere, Hunger und politischer Verfolgung, aber auch wegen der massenmedial verstärkten Ausstrahlung »westlicher Lebensweise«, entstehen weltweit Wanderungsbewegungen, deren Spitzen nun die Zentrumsstaaten erreichen. Konnte der alte Kontinent, Europa, über Jahrhunderte seine inneren Spannungen und Konflikte exportieren, so beginnt sich dieser Transfer inzwischen umzukehren (vgl. Balibar 1991, Bieling 1993). Die Anfang der neunziger Jahre in Deutschland rasch wachsende Zahl von Asylsuchenden und Bleiberecht genießenden De-facto-Flüchtlingen aus Osteuropa und den Entwicklungsländern ist Ausdruck dieses Prozesses.[22]

Entscheidend ist in diesem Zusammenhang gar nicht so sehr die absolute Zahl der Einwanderer. Das Szenario einer »Flüchtlingslawine« aus der dritten Welt – während der Asyl-Debatte aus politischem Kalkül immer wieder lanciert – drückt eher eine »kollektive Psychose« (Tränhardt 1994, S. 60) aus, als daß es zur Beschreibung sozialer Realität tauglich wäre. Ebensowenig kann von einem unmittelbaren Zusammenhang zwischen Zuwanderung und gesteigerter Fremdenfeindlichkeit ausgegangen werden.

Für die Tendenz zur »Ethnisierung des Sozialen« ist etwas anderes ausschlaggebend. In Deutschland wie auch in anderen Staaten Westeuropas stand bislang die Bewältigung der Wanderungsbewegungen oder des externen »Migrationsdrucks« im Zentrum der Zuwanderungspolitik, nicht jedoch »die gezielte Gestaltung einer politisch gewollten Einwanderung mit der Absicht einer dauerhaften Niederlassung« (Heinelt 1994, S. 9). Das staatliche Regulationssystem ist dementsprechend auf einen »transitorischen Status« von Ausländern, auf deren vorübergehenden Aufenthalt ausgerichtet. Das gilt nicht nur für die rechtlich fixierten Normen, sondern auch für die moralisch verankerten Wertorientierungen und Überzeugungen, die das Zusammenleben von Deutschen und

---

22 In den EU-Staaten wurden 1991 rund 430 000 Asylanträge gestellt; 1992 waren es 560 000; ca. 78% von ihnen wurden in der Bundesrepublik aufgenommen (Schoenemann 1994, S. 65). Inzwischen sind die Zahlen aufgrund der staatlichen »Abwehrmaßnahmen« wieder zurückgegangen.

Nichtdeutschen regulieren. Individuelle Freiheits-, politische Beteiligungs- und soziale Bürgerrechte sind nach wie vor eng mit Nationalität und Staatsbürgerschaft verflochten; sie werden als exklusive Rechte ethnisch und national Zugehöriger deklariert (ebd., S. 20). In dem Maße jedoch, wie wirtschaftliche Internationalisierungsprozesse die Steuerungsfähigkeit von Nationalstaaten einschränken und zugleich neue Einwanderungsländer entstehen, werden jene Formen der Vertragssolidarität, die bislang das Verhältnis von Mehrheitsgesellschaft und (ethnischen) Minderheiten bestimmten, ausgehöhlt. Es entsteht ein politisch-rechtliches und moralisches *Regulationsdefizit*. In Deutschland existiert keine in Selbstbildern und sozialen Identitäten verankerte positive Einwanderungstradition. Das gilt nachgerade für die Bevölkerung der ehemaligen DDR, wo die staatssozialistische Ausnutzung des Sonderstatus gewanderter Arbeitskraft mit krassen Formen sozialer und kultureller Separierung zusammenfiel. Faktisch ein Einwanderungs*land*, ist die Bundesrepublik – noch – keine Einwanderungs*gesellschaft* (vgl. Tränhardt 1994, S. 33 ff.).

Die Diskrepanz zwischen neuer Einwanderungssituation und einer auf Nichtseßhaftwerdung oder gar Abwehr gerichteten Regulationsform ist der Hintergrund für soziale Auseinandersetzungen, in denen das Verhältnis von Mehrheitsgesellschaft und ethnischen Minderheiten thematisiert wird. Es handelt sich dabei um politische Verdichtungen unterschiedlicher Konfliktlinien: *Erstens* werden Ungerechtigkeitsempfindungen, die ihre Ursache u.a. in ökonomischen Modernisierungsprozessen besitzen, mangels Alternative an den Nationalstaat verwiesen. *Zweitens* sind die Beziehungen zwischen Mehrheit und Minderheiten staatlich vermittelte; Migration wird über »nationale Zuwanderungsregimes« (Heinelt 1994, S. 23 ff.) geregelt. Und *drittens* basiert der dominante Typ von Sozialstaatlichkeit auf mehr oder minder geschlossenen Versicherungssystemen, die Leistungen zur Abmilderung von Marktabhängigkeit nur »Mitgliedern« zugestehen und deshalb auf Grenzziehungen – was impliziert: Ab- und Ausgrenzungen – angewiesen sind (ebd., S. 21).

In dieser Konstellation kann die Konstruktion »ethnischer Kollektive« zu einem wichtigen Mittel im Kampf um Ressourcen werden. Die neue Einwanderungssituation liefert dafür das »Spielmaterial«. Gerade *weil* es immer schwieriger wird, nach ethnischen Kriterien zu differenzieren; *weil* die Grenzen zwischen Deutschen und Nichtdeutschen zu verschwimmen beginnen, wird der Kampf um die Festlegung, kulturelle Verankerung und rechtliche Normierung von Unterschieden und Zugehörigkeiten um so härter geführt.

Das ist der Nährboden für eine ideologische Konfiguration, die man als »Rassismus ohne Rassen« bezeichnen könnte. Ihr inneres Zentrum ist der schon beschriebene »Wirtschaftsnationalismus«: die Identifikation mit wirtschaftlicher Leistungskraft; das Bewußtsein, Bürger einer »Wohlstandsinsel« zu sein und über exklusive Teilhaberechte zu verfügen, die es gegen unberechtigte Ansprüche zu verteidigen gilt. Dieser »Wirtschaftsnationalismus« muß nichts anderes verlangen als die Einhaltung der alten Vertragsbedingungen, die den transitorischen Status der Einwanderung festlegen. Er kann sogar bestimmten Gruppen von Ausländern dauerhaftes Aufenthaltsrecht gewähren, andere Gruppen jedoch um so vehementer abweisen. Zur Begründung für Inklusion oder Exklusion greift er auf ethnische oder kulturelle Kriterien, auf zugeschriebene Merkmale und Ressentiments zurück, die auch zu Bestandteilen institutioneller Praktiken werden können. Dabei gebärdet sich diese ideologische Konfiguration keineswegs generell ausländer- oder fremdenfeindlich. Man weiß in der Regel zwischen »nützlichen«, produktiven, gezielt mobilisierten, anpassungsfähigen und »unnützen«, unproduktiven, ungebetenen, nicht integrierbaren Ausländern zu unterscheiden. Operative Begriffe sind nicht »Rasse« und »Hautfarbe«, sondern »Asylant« und »andere Mentalität« oder »andere Kultur«. Wenngleich die »differentielle Reproduktion von Arbeitskraft« (Wallerstein) legitimierend wirkt, ist der differentielle Rassismus kein exklusives Herrschaftsmittel ökonomischer oder politischer Eliten. »Ethnisierung« meint vielmehr einen Vorgang, der sich wesentlich »zwischen den Beherrschten selbst« (Balibar 1993, S. 148) abspielt. Ethnische oder kulturelle Differenzierungen werden in Strategien der Konkurrenz eingebunden, aus relationalen, historisch-sozialen in absolute, naturwüchsige Unterschiede verwandelt und mehr oder minder gezielt zur Aufrechterhaltung sozialer Unterschiede und Ungleichheiten eingesetzt. Erst auf dem Weg der Konstruktion, der wechselseitigen Zuschreibung von Merkmalen, der Verallgemeinerung von Einzelerfahrungen und Ressentiments sowie aufgrund der daraus hervorgehenden Gruppenidentitäten entsteht, was man als »Ethnisierung des Sozialen« bezeichnen kann. Einwanderer z. B. sind keine ethnisch homogene Gruppe. Vielmehr führen rechtliche, institutionelle Differenzierung – etwa zwischen deutschstämmigen Übersiedlern, EU-Ausländern, Asylbewerbern usw. – und alltagskulturelle Abgrenzungen zu einer Ethnisierung der Migration.[23]

Ethnisierung bezeichnet somit zugleich *Reales* und *Imaginäres*. Obwohl die Definitionsmacht primär bei der Mehrheitsgesellschaft liegt, werden Zuschreibungen wechselseitig vorgenommen. Auf Ausgrenzung und Stigmatisierung können betroffene Gruppen mit »Selbstethnisierung« antworten. Sozialpsychologisch erfüllt die beschriebene ideologische Konfiguration für ihre Trägergruppen in der Mehrheitsgesellschaft eine dreifache Funktion: Im »Wirtschaftsnationalismus« manifestiert sich das Bewußtsein, einer Elite (Bürgern der »Wohlstandsinsel«) anzugehören und zugleich Teil der Mehrheit (innerhalb der »Wohlstandsinsel«) zu sein; differentieller Rassismus wird mobilisiert, um eigenen Ansprüchen auf Wohlfahrt durch Grenzziehung gegenüber anderen, »ethnisch fremden« Gruppen Nachdruck zu verleihen.

Aus der Gesellschaft wirken Selbst- und Fremdethnisierung – über Arbeitserfahrungen vermittelt – auf die Wirtschaftsorganisationen zurück. Am Beispiel der Frankfurter Abfallwirtschaft hat v. Freyberg gezeigt, wie eingespielte Arrangements zwischen deutschen und ausländischen Beschäftigten ihre Geschäftsgrundlage verlieren können. Qualifizierte Ausländer der zweiten und dritten Generation geben sich nicht mehr mit den B-Segmenten des betrieblichen Arbeitsmarktes zufrieden. Dies wird, zwecks Aufrechterhaltung der Rangabstände, von einem Teil der Deutschen

23 Ethnische Zuschreibungen besitzen allerdings eine reale Grundlage. Mangels anderer Integrationsmöglichkeiten formieren sich Einwanderergruppen nach nationalen, kulturellen und sprachlichen Zugehörigkeiten. Diverse Nischen einer expandierenden informellen Ökonomie werden z. B. von ethnisch identifizierbaren Gruppen beherrscht. Ulrich Menzel beschreibt das am Beispiel des multikulturellen Frankfurt: »Das Kürschnereihandwerk ist in den Händen von Griechen (aus Kastoria), die Änderungsschneider sind Türken, den Straßenverkauf von Zeitungen betreiben Pakistani, den Rosenverkauf in den Kneipen Inder, der Putzfrauenmarkt wird von Polinnen bedient, das Hütchen-Spiel von Kosovo-Albanern kontrolliert, und die Kleindealer mit Drogen sind Ghanaer – nicht zu sprechen von den diversen Jugo- oder Chinesen-Gangs, die in der Schutzgelderpressung engagiert sind oder den wohlfeilen transkontinentalen personellen Nachschub für die China-Restaurants organisieren. Tribe-Verhalten also nicht nur als Erfolgsrezept in der globalen Ökonomie, sondern auch im Dickicht der Städte (…)« (Menzel 1994, S. 12).

mit der Mobilisierung von Ressentiments und ethnisierenden Ausgrenzungen beantwortet.[24]

Mit Blick auf neue Managementkonzepte in der Industrie ist eine andere Problematik bedeutsam. In dem Maße, wie betriebliche Personalpolitiken subjektzentrierte Arbeitsorientierungen normieren, wirken sie für Ausländergruppen mit vergleichsweise geringer Qualifikation, Sprachproblemen und eher »instrumentellen« Arbeitseinstellungen selektiv. In Werken mit entwickelter Gruppen- oder Teamorganisation gibt es zwar ausländische Beschäftigte; aber vornehmlich solche, die keine Sprach- und Kommunikationsprobleme haben.[25] Hinzu kommt jedoch etwas anderes. Gerade weil neue Managementkonzepte umfassend auf die Person und deren Arbeitsvermögen zugreifen, legen sie ein produktivistisches Leistungsethos nahe, das Leidensdruck auf Fremdes außerhalb der betrieblichen »Gemeinschaft« projiziert. Ethnische Zuschreibungen lassen sich in solchen Fällen benutzen, um Distanz zu Gruppen jenseits des »produktiven Kerns« der Gesellschaft zu symbolisieren. Spannungen in betrieblichen Sozialbeziehungen werden subjektiv externalisiert, um sich dann aber – etwa in Konfrontation mit einer neu entstehenden multinationalen »underclass« (Julius Wilson) – in anderen Lebensbereichen um so nachhaltiger zurückzumelden.

Möglicherweise liegt in einem solchen »Modell« der eigentliche Zündstoff künftiger Entwicklungen. Je erfolgreicher produktivistische Bündnisse und Blockbildungen in den Betrieben sind, desto härter werden die sozialen Abgrenzungen gegenüber einer ethnisch unterschichteten »zweiten Ökonomie« ausfallen. In dem Maße, wie geschützte, qualifizierte Arbeitstätigkeiten in der Industrie zum knappen Gut avancieren, vergrößert sich die Gefahr, daß das Konfliktpotential *innerhalb der Wirtschaftsorganisationen*

---

24 Auch wenn es sich bei der vermehrten Bildungsbeteiligung von Ausländern der zweiten und dritten Generation um eine durchgängige Tendenz handelt (Schäfer 1994, S. 145), läßt sich eine generelle Aufstiegsmobilität von Migranten bislang nicht einmal innerhalb der Industriearbeiterschaft feststellen; der Sprung in die A-Segmente der Arbeitsmärkte gelingt allenfalls kleinen Gruppen, und auch das *relative* Bildungsgefälle zwischen Deutschen und Ausländern ist nahezu konstant geblieben (vgl. Seifert 1991, Schultze 1992).

25 Vgl. auch Stahlmann 1994, S. 245 ff. Der Autor betont, daß die Ausgrenzung von Ausländern keine zwangsläufige Folge von Reorganisationsprojekten sein muß, wenn letztere mit adäquaten Qualifizierungsprogrammen und wirksamen Formen einer shop-floor-nahen Interessenvertretung verbunden sind.

stillgestellt und nach außen gelenkt wird. Selbstanpassung im Betrieb und Selbstinstrumentalisierung in der Arbeit könnten sich dann mit aggressiver Abgrenzung gegen den »unproduktiven«, »unnützen« Rand der Gesellschaft verbinden. Durch ökonomische Modernisierung erzeugte anomische Spannungen würden sich bei einer solchen Entwicklung mit großer Wahrscheinlichkeit nicht unmittelbar in den Betrieben, sondern bevorzugt über Ventile *außerhalb* der Arbeitswelt entladen.

4. Resümee: Desintegration, Desorganisation, Desorientierung

»Tiefgreifende Veränderungen haben sich innerhalb sehr kurzer Zeit in der Struktur unserer Gesellschaft vollzogen (…). Unser Glaube ist erschüttert; die Tradition hat ihre Herrschaft eingebüßt; das individuelle Urteil hat sich vom Kollektivurteil gelöst. Andererseits aber haben die Funktionen, die sich im Verlauf des Umschwungs voneinander getrennt haben, noch keine Zeit gehabt, sich einander anzupassen; das neue Leben, das sich plötzlich entfaltet hat, hat sich noch nicht vollständig organisieren können, und es hat sich v. a. nicht so organisiert, daß es das Bedürfnis nach Gerechtigkeit zu befriedigen vermöchte (…)« (Durkheim 1992, S. 479).

In diesen Worten faßt Durkheim den anomischen Zustand der Gesellschaft seiner Zeit zusammen, inspiriert von der Hoffnung, »daß diese Anomie endet«, indem man »jene äußeren Ungleichheiten mehr und mehr vermindert, die die Quelle des Übels sind« (ebd., S. 480). Gut ein Jahrhundert später drängen sich Parallelen zu Durkheims Diagnose auf. An dem unbefriedigten Bedürfnis nach Gerechtigkeit hat sich wenig geändert, und die »äußeren Ungleichheiten« haben, im globalen Maßstab betrachtet, Dimensionen angenommen, welche das Ausmaß sozialer Polarisierung am Ende des 19. Jahrhunderts noch übertreffen dürften. In diesem Kontext besitzt ein Gedankengang Durkheims brennende Aktualität.

Ökonomische Modernisierung läßt sich nicht zureichend als Selbstbewegung eines autonomen, jenseits sozialer Beziehungen und lebensweltlicher Zusammenhänge agierenden, geldgesteuerten, ausschließlich dem eigenen Code gehorchenden (Teil-)Systems begreifen. Ebensowenig erschöpft sich dieser Prozeß in linear gedachter funktionaler Differenzierung. Vielmehr bleiben ökonomisches Handeln allgemein und Marktvergesellschaftung im besonderen an soziale, kulturelle und »äußere«, naturförmige Beziehungen rückgebunden. Verselbständigte ökonomische Modernisierung neigt dazu, ihre eigenen gesellschaftlichen Voraussetzungen zu untergraben (vgl. zu diesem alten Gedanken neuerlich Beck 1993, S. 75 ff.). Märkte sind voraussetzungsvolle soziale Gebilde, die ohne kompatible gesellschaftliche Regulationsformen Ungleichheit erzeugen und reproduzieren – Phänomene, die unter Umständen die Funktionsfähigkeit von Marktbeziehungen destruieren können. Im allgemeinsten Sinne lassen sich ökonomisch erzeugte Anomien daher als Situationen begreifen, in denen die Abhängigkeit ökonomischen Handelns von sozialen und kulturellen Integrationsmechanismen sich auf negative Weise, krisenhaft, bemerkbar macht; Situationen, die immer auch dazu genutzt werden können, dem Verdrängten eine öffentliche Stimme zu verleihen. Der latent stets vorhandene Gegensatz zwischen relativ verselbständigter ökonomischer Modernisierung und ihren gesellschaftlichen Voraussetzungen erfährt in der gegenwärtigen Umbruchperiode spezifische Ausprägungen. Strukturelle Krisenerscheinungen des »fordistischen« Kapitalismus und der Niedergang des osteuropäischen »Staatssozialismus« haben dem Ideal einer sich selbst regulierenden Marktwirtschaft neue Dynamik verliehen. Schon jetzt erzeugt das mit dem neuerlichen Schub transnationaler Marktvergesellschaftung verbundene Regulationsdefizit jedoch Anomien, die früher oder später auf die Wirtschaft zurückschlagen werden.

4.1 Desintegration

Auf der *Systemebene* überfordert ökonomische Globalisierung die auf den Nationalstaat zugeschnittenen Regulierungssysteme. *Sozialstrukturell* wirkt sich dieses Regulationsdefizit, die Konkurrenz der Standortstaaten, auf die Beschäftigten weltmarktorientierter Unternehmen und Branchen aus. In dem Maße, wie es transnationalen Unternehmen gelingt, sich von »nationalen« Volkswirtschaften abzukoppeln, droht eine Spaltung der Beschäftigten in eine Schicht von primär mit Problemlösungs-, -identifizierungs- und strategischen Vermittlungstätigkeiten befaßten »Globalisierungsgewinnern« (Reich bezeichnet diese Gruppe als »Symbolanalytiker«, Reich 1993, S. 198) auf der einen und der Masse von im transnationalen Wettbewerb »abgehängten Routinearbeitern« und »kundenbezogenen Dienstleistern« auf der anderen Seite (ebd., S. 195 ff.). In den *Unternehmen* zielen Dezentralisierung, Gruppenorganisation und direkte Partizipation – auch – darauf, die desintegrierende Wirkung ökonomischer Modernisierung zu überwinden und gesellschaftliche Regulierungsdefizite auf dem Weg betrieblicher Vergemeinschaftung einzuholen. Sofern jedoch die »menschenzentrierten« Legitimationen solcher Projekte in Widerspruch zu den anvisierten Rationalisierungszielen geraten, kann das zur Radikalisierung anomischer Tendenzen führen – und dies auf allen Stufen betrieblicher Hierarchien. Daß aus ökonomischer Modernisierung erwachsende Spannungen in eine Ethnisierung des Sozialen umschlagen können, hat einen zusätzlichen Grund. Ebenfalls als Folge ökonomischer Globalisierung entstehen neue Wanderungsbewegungen, deren Spitze nun die industriellen Zentren erreicht. Bleibt die bewußte Transformation der betroffenen Staaten in Einwanderungsgesellschaften mit entsprechenden Regularien aus, wächst die Gefahr einer Ethnisierung sozialer Konflikte. Formell integrierte soziale Gruppen übersetzen eigenen Leidensdruck dann in Ab- oder Ausgrenzung von Fremden; kulturelle und ethnische Differenzen werden zu absoluten Unterschieden überhöht und für Ressourcenkämpfe instrumentalisiert.

4.2 Desorganisation

Zugleich gibt es Anhaltspunkte dafür, daß globale Marktintegration mit einer *Schwächung der Bindekraft des intermediären Organisationssystems* der Gesellschaft (Gewerkschaften, Kapitalverbände, Parteien) zusammenfällt. Aus der Perspektive von Beschäftigten kann das Ohnmachtsgefühle und Entsolidarisierungstendenzen stärken. Brisant ist dies auch, weil es bislang kaum Institutionen in Betrieb und Gesellschaft gibt, die es ermöglichen würden, aus ethnischer oder kultureller Verschiedenheit erwachsende Konflikte auf demokratische Weise auszutragen. Eine ausschließliche Bindung individueller Freiheits-, politischer Partizipations- und sozialer Bürgerrechte an die Staatsbürgerschaft oder die Nationenzugehörigkeit erlaubt, solche Rechte als Privilegien und damit zur Exklusion »Nicht-Anspruchsberechtigter« zu nutzen.

Im Unterschied zu Durkheims Hoffnung schützt auch die individuelle Bindung an die Berufsrolle nicht vor anomischen Spannungen. Vielmehr kann sie Formen der »Selbstinstrumentalisierung« hervorbringen, die ihrerseits zur Quelle von Aggression gegen andere, Fremde werden können. Ein genereller Wertezerfall ist bei den hier besonders interessierenden jungen Arbeitern so nicht feststellbar. Es sind eher vorbehaltlose Identifikationen mit gesellschaftlich akzeptierten Normen und Werten – Leistungsorientierung, kontinuierliche Wohlstandsmehrung, expansiver Konsum, Vertrauen in technische Rationalität, Wunsch nach Stabilität und Sicherheit – sowie die Schwierigkeiten, damit verbundene Ziele für sich selbst einzulösen, die anomische Spannungen erzeugen. Wichtig ist in diesem Kontext allerdings, daß die an gesellschaftlicher Verteilungsgerechtigkeit zweifelnden jüngeren und mittleren Arbeitnehmergenerationen »sich von allen politischen Ideologien« (klassenkämpferischen, sozialpartnerschaftlichen, staatssozialistischen und postmodernen) »gleichermaßen desillusioniert« zeigen (Vester u. a., S. 37). Dieses ideologische Vakuum, das Fehlen regulativer politischer Ideen, mit denen sich disparate Interessen bündeln ließen, ist ein wichtiger Grund dafür, daß Solidarität in der Gesellschaft zu einer »knappen Ressource« zu werden beginnt.

Dabei müssen die skizzierten Anomien nicht zwangsläufig in eine Wiederholung der gesellschaftlichen Katastrophen des 20. Jahrhunderts einmünden. Wenn selbst »konzeptive Ideologen« des Managements wie Tom Peters »soziale Anpassung« einklagen und die Frage aufwerfen, was gegen die »sich öffnende Einkommensschere zwischen Arm und Reich« unternommen werden könnte (Peters 1995, S. 66), deuten sich Gegentendenzen an. Es geht im Grunde um die Erneuerung des regulierenden »sozialen Bandes«, um einen »neuen Gesellschaftsvertrag« (vgl. z. B. Lutz 1984, Dahrendorf 1992, Lipietz 1993, Deppe 1994), der den zerstörerischen Folgen einer verselbständigten Ökonomie wirksam begegnet. Einlösung des Versprechens von Autonomiegewinn in der Erwerbsarbeit; Ansätze einer neuen, kulturelle und ethnische Differenzen respektierenden Solidarität; Ausweitung von Bürgerrechten sowie international agierende Assoziationen, Netzwerke und Interessenvertretungen, die der sozialen Regulation transnationaler Märkte dienen können, sind nur einige Stichworte, die signalisieren, auf welche Weise zeitgenössischen Anomien zu begegnen wäre.

Literatur

Altmann, N. u. a.: *Ein »neuer Rationalisierungstyp« – neue Anforderungen an die Industriesoziologie*, in: *Soziale Welt* 2/3 (1986), S. 189-208.

Altvater, E.: *Sachzwang Weltmarkt. Verschuldungskrise, blockierte Industrialisierung, ökologische Gefährdung – der Fall Brasilien*, Hamburg 1987.

Altvater, E.: *Die Ordnung rationaler Weltbeherrschung oder: Ein Wettbewerb von Zauberlehrlingen*, in: *Prokla 95*, Nr. 2. Münster (1994), S. 186-226.

Altvater, E./Mahnkopf, B.: *Gewerkschaften vor der europäischen Herausforderung. Tarifpolitik nach Mauer und Maastricht*, Münster 1993.

Amin, S./Arrighi, G./Frank, A. G./Wallerstein, I.: *Dynamik der globalen Krise*, Opladen 1986.

Andretta, G./Baethge, M./Dittmer, St.: *Übergang wohin? Schwierigkeiten ostdeutscher Industriearbeiter bei ihrer betrieblichen Neuorientierung*, in: *SOFI-Mitteilungen* 21 (1994), S. 1-25.

Arrighi, G.: *Eine Krise der Hegemonie*, in: Amin u. a., a. a. O., Opladen 1986, S. 36-75.

Baethge, M.: *Arbeit, Vergesellschaftung, Identität – Zur zunehmenden normativen Subjektivierung der Arbeit*, in: *SOFI-Mitteilungen* 18 (1990), S. 1-11.

Baethge, M./Oberbeck, H.: *Die Zukunft der Angestellten. Neue Technologien und berufliche Perspektiven in Büro und Verwaltung*, Frankfurt/M. 1986.

Balibar, E.: *Rassismus, Nationalismus und Staat*, in: ders., a. a. O., S. 62-76.

Balibar, E.: *»Es gibt keinen Staat in Europa«. Rassismus und Politik im heutigen Europa*, in: ders., Hamburg 1993, S. 137-156.

Balibar, E.: *Die Grenzen der Demokratie*, Hamburg 1993.

Balibar, E./Wallerstein, I.: *Rasse, Klasse, Nation. Ambivalente Identitäten*, Hamburg 1990.

Bechtle, G./Lutz, B.: *Die Unbestimmtheit posttayloristischer Rationalisierungsstrategien und die ungewisse Zukunft industrieller Arbeit*, in: Düll/Lutz, a. a. O., Frankfurt/M. 1989, S. 11 ff.

Beck, U.: *Die organisierte Unverantwortlichkeit*, Frankfurt/M. 1988.

Beck, U.: *Die Erfindung des Politischen. Zur Theorie reflexiver Modernisierung*, Frankfurt/M. 1988.

Bell, D.: *The Cultural Contradictions of Capitalism*, London 1979.

Bieling, H.J.: *Nationalstaat und Migration im »Postfordismus« – Gewerkschaften vor der Zerreißprobe*, in: *FEG-Studie* 2 (1993).

Bourdieu, P.: *Die feinen Unterschiede. Kritik der gesellschaftlichen Urteilskraft*, Frankfurt/M. [2]1988.

Boyer, R.: *Neue Richtungen von Managementpraktiken und Arbeitsorganisation. Allgemeine Prinzipien und nationale Entwicklungspfade*, in: Demirovic, A./Krebs, H.-P./Sablowski, Th. (Hg.): *Hegemonie und Staat. Kapitalistische Regulation als Projekt und Prozeß*, Münster 1992, S. 55-103.

Braverman, H.: *Die Arbeit im modernen Produktionsprozeß*, Frankfurt/M. 1980.

Buci-Glucksmann, Ch./Therborn, G.: *Der sozialdemokratische Staat*, Hamburg 1982.

Deppe, F./Dörre, K.: *Klassenbildung und Massenkultur im 20. Jahrhundert*, in: Tenfelde, K. (Hg.): *Arbeiter im 20. Jahrhundert*, Stuttgart 1991, S. 726-771.

Deppe, F.: *Ein neuer Gesellschaftsvertrag*, in: *FEG-Studie* 4 (1994), S. 173-195.

Deutschmann, Ch.: *Reflexive Verwissenschaftlichung und kultureller »Imperialismus« des Managements*, in: *Soziale Welt* (1989a), S. 374-396.

Deutschmann, Ch.: *Der Clan als Unternehmensmodell der Zukunft*, in: *Leviathan* 1 (1989b), S. 85-107.

Dörre, K.: *Sehnsucht nach der alten Republik?*, in: Heitmeyer, W.: *Das Gewaltdilemma*, Frankfurt/M. 1994a.

Dörre, K./Neubert, J.: *Neue Managementkonzepte und industrielle Beziehungen: Aushandlungsbedarf statt ›Sachzwang Reorganisation‹*, in: *Managementforschung 5. Empirische Studien*, hg. von G. Schreyögg und J. Sydow, Berlin 1996, S. 167-214.

Dörre, K./Neubert, J./Wolf, H.: *»New Deal« im Betrieb?*, in: *SOFI-Mitteilungen* 20 (1993), S. 15-36.

Dreitzel, H.P.: *Die gesellschaftlichen Leiden und das Leiden an der Gesellschaft. Vorstudien zu einer Pathologie des Rollenverhaltens*, Stuttgart 1972.

Durkheim, É.: *Über soziale Arbeitsteilung. Studie über die Organisation höherer Gesellschaften*, Frankfurt/M. 1893/1992.

Durkheim, É.: *Der Selbstmord*, Frankfurt/M. [4]1993.

Esser, J.: *Die Suche nach dem Primat der Politik. Anmerkungen zu einer Pseudodebatte über der Parteien Machtversessen- und Machtvergessenheit*, in: Unseld, S. (Hg.): *Politik ohne Projekt?*, Frankfurt/M. 1993, S. 409-430.

Faust, M./Jauch, P./Brünnecke, K./Deutschmann, Ch.: *Dezentralisierung von Unternehmen. Bürokratie- und Hierarchieabbau und die Rolle betrieblicher Arbeitspolitik*, Tübingen 1993.

Freyberg, Th. v.: *Ausländerfeindlichkeit am Arbeitsplatz*, in: *Institut für Sozialforschung*, a. a. O., 1992, S. 129-166.

Fröbel, F./Heinrichs, J./Kreye, O.: *Umbruch in der Weltwirtschaft*, Reinbek 1986.

Glotz, P./Thomas, U.: *Das dritte Wirtschaftswunder. Aufbruch in eine neue Gründerzeit*, Düsseldorf 1994.

Gore, A.: *Wege zum Gleichgewicht. Ein Marshallplan für die Erde*, Hamburg 1992.

Habermas, J.: *Nochmals: Zur Identität der Deutschen. Ein einig Volk von aufgebrachten Wirtschaftsbürgern?*, in: Ders.: *Die nachholende Revolution*, Frankfurt/M. 1990, S. 205-224.

Heinelt, H.: *Zuwanderungspolitik in Europa*, in: Heinelt (Hg.), a. a. O., 1994, S. 7-32.

Heinelt, H.: *Zuwanderungspolitik in Europa. Nationale Politiken. Gemeinsamkeiten und Unterschiede*, Opladen 1994.

Heitmeyer, W./Buhse, H./Liebe-Freund, J./Möller, K./Müller, J./Riz, H./Siller, G./Vossen, J.: *Die Bielefelder Rechtsextremismus-Studie. Erste Langzeituntersuchung zur politischen Sozialisation männlicher Jugendlicher*, Weinheim 1992.

Held, J./Horn, W./Marvakis, A.: *Politische Orientierungen junger Arbeitnehmer/-innen (Zwischenbericht)*, o. O. 1993.

Hirsch, J.: *Vom fordistischen Sicherheitsstaat zum nationalen Wettbewerbsstaat – Internationale Regulation, Demokratie und »radikaler Reformismus«*, in: *Das Argument* 203 (1994), S. 7-22.

Hirsch, J./Roth, R.: *Das neue Gesicht des Kapitalismus. Vom Fordismus zum Postfordismus*, Hamburg 1994.

Hirschman, A. O.: *Wieviel Gemeinsinn braucht die liberale Gesellschaft?*, in: *Leviathan* 2 (1994), S. 293-305.

Honneth, A.: *Desintegration. Bruchstücke einer soziologischen Zeitdiagnose*, Hamburg 1994.

Hübner, K.: *Strukturveränderungen des Kapitalismus und Internationalisierung des Kapitals*, in: *links* 7,8 (1993) S. 26-34.

Hübner, K.: *Zur politischen Ökonomie des doppelten Deutschland*, in: *Prokla* 94, Nr. 1 (1994), S. 7-26.

Kern, H./Sabel, Ch.: *Verblaßte Tugenden. Zur Krise des deutschen Produktionsmodells*, in: *Umbrüche gesellschaftlicher Arbeit. Soziale Welt*, Sonderband 9 (1994), S. 605-624.

Krugman, P.: *Peddling Prosperity: Economic Sense and Nonsense in the Age of Diminished Expectations*, Norton 1994.

Lipietz, A.: *Towards a New Economic Order. Postfordism, Ecology and Democracy*, Cambridge 1989/1993.

Luttwak, E. N.: *Weltwirtschaftskrieg. Export als Waffe – aus Partnern werden Gegner*, Reinbek 1994.

Lutz, B.: *Der kurze Traum immerwährender Prosperität*, Frankfurt/M. 1984.

Narr, W.D./Schubert, M.: *Weltökonomie. Die Misere der Politik*, Frankfurt/M. 1994.

Naschold, F./Jürgens, U.: *Arbeits- und industriepolitische Entwicklungsengpässe der deutschen Industrie in den neunziger Jahren*, in: Zapf, W./Dierkes, M. (Hg.): *Institutionenvergleich und Institutionendynamik*, Berlin 1994, S. 239-270.

Ohmae, K.: *Die neue Logik der Weltwirtschaft. Zukunftsstrategien der internationalen Konzerne*, Hamburg 1992.

Ohno, T.: *Das Toyota-Produktionssystem*, Frankfurt/M. 1993.

Parnreiter, Ch.: *Migration und Arbeitsteilung. AusländerInnenbeschäftigung in der Weltwirtschaftskrise*, Wien 1994.

Peters, T.: *Eine Prise Wahnsinn*, in: Wirtschaftswoche 9, 23. 02. 1995, S. 65-67.

Piore, M.J.: *Internationale Arbeitskräfteemigration und dualer Arbeitsmarkt*, in: Kreckel, R. (Hg.): *Soziale Ungleichheiten. Soziale Welt*, Sonderband 2 (1983), S. 347-367.

Piore, M.J./Sabel, Ch.: *Das Ende der Massenproduktion. Studie über die Requalifizierung der Arbeit und die Rückkehr der Ökonomie in die Gesellschaft*, Berlin 1985.

Polanyi, K.: *The Great Transformation. Politische und ökonomische Ursprünge von Gesellschaften und Wirtschaftssystemen*, Frankfurt/M. 1944/³1995.

Porter, M.: *Nationale Wettbewerbsvorteile. Erfolgreich konkurrieren auf dem Weltmarkt*, Wien 1993.

Reich, R.: *Die neue Weltwirtschaft. Das Ende der nationalen Ökonomie*, Frankfurt/M. 1993.

Scharpf, F.W.: *Die Handlungsfähigkeit des Staates am Ende des zwanzigsten Jahrhunderts*, in: *PVS* 4 (1991).

Schöni, W.: *Standortwettbewerb versus Sozialpartnerschaft. Zur Krise der wirtschafts- und sozialpolitischen Regulierung*, in: Widerspruch 27 (1994), S. 67-78.

Schumann, M./Baethge-Kinsky,V./Kuhlmann, M./Kurz, C./Neumann, U.: *Trendreport Rationalisierung. Automobilindustrie. Werkzeugmaschinenbau. Chemische Industrie*, Berlin 1994.

Thurow, L.: *Head to Head: The Coming Economic Battle Among Japan, Europe and America*, New York 1992.

Tränhardt, D.: *Entwicklungslinien der Zuwanderungspolitik in EG-Mitgliedsländern*, in: Heinelt (Hg.), a. a. O., 1994, S. 33-63.

Vester, M./Oertzen P. v./Geiling, H./Hermann, Th./Müller D.: *Soziale Milieus im gesellschaftlichen Strukturwandel. Zwischen Integration und Ausgrenzung*, Köln o. J.

Voskamp, U./Wittke, V.: *Junge Facharbeiter in der Produktion – eine Herausforderung für betriebliche Arbeitspolitik*, in: *SOFI-Mitteilungen* 19 (1992).

Wallerstein, I.: *Krise als Übergang*, in: Amin u. a., a. a. O., S. 4-35.

Wallerstein, I.: *Die Konstruktion von Völkern: Rassismus, Nationalismus, Ethnizität*, in: Balibar, E./Wallerstein, I., a. a. O., S. 87-106.

Wallerstein, I.: *Ideologische Spannungsverhältnisse im Kapitalismus: Universalismus vs. Sexismus und Rassismus*, in: Balibar, E./Wallerstein, I., a. a. O., S. 39-49.

Wolf, H.: *Rationalisierung und Partizipation*, in: *Leviathan* 2 (1994), S. 243-259.

Womack, J. P./Jones, D. T./Roos, D.: *Die zweite Revolution in der Autoindustrie*, Frankfurt/M. [2] 1991.

Hans Hartwig Bohle
Armut trotz Wohlstand

1. Einleitung: Armut aus den Sichtweisen Durkheims und Mertons

Will man Armut soziologisch angemessen einordnen, bedarf es zunächst einmal des richtigen Maßstabes. Armut ist keine randständige Erscheinung, sondern betrifft in erstaunlicher Übereinstimmung aller Schätzungen etwa ein Drittel der Weltbevölkerung. Dabei werden als »obere« Armutsgrenze Ausgaben von 370 US-Dollar pro Kopf und Jahr und als »untere« Grenze ein jährlicher Pro-Kopf-Verbrauch von 275 US-Dollar festgelegt (Meyns 1993, S. 200). Einer von drei Menschen auf der Welt ist außerstande, sein Leben würdevoll und frei von Not zu leben (Harrison 1982, S. 338).

Insbesondere die Länder der sogenannten dritten Welt versinken nicht nur immer tiefer in Armut, sondern auch in den »Morast« von Krankheit, Krieg und Tyrannei. Angesichts dieser Situation spricht Ralf Dahrendorf (1992, S. 338) von einer »Anomie im Weltmaßstab«. Es läßt sich nicht mehr übersehen, daß Armut nicht nur ein individuell erlebtes, ein gesellschaftlich und staatlich geformtes, sondern auch ein international und global bestimmtes »Gesicht« hat (Hirtz/Köhler/Schulte 1992, S. 324).

In radikaler Ausprägung bedeutet Armut Hunger und Obdachlosigkeit, Entbehrung und Schutzlosigkeit, Not und Ohnmacht. Diesen Sachverhalt körperlichen und seelischen Leidens nennt man absolute Armut. Ein minimaler Lebensstandard hinsichtlich Ernährung, Kleidung und Wohnung ist nicht gewährleistet. Von absoluter Armut sind 630 Mio. Menschen betroffen (Meyns 1993, S. 200; Nissen 1993, S. 214). Absolute Armut setzt den Betroffenen außerstande, wirklich Mensch zu sein, und gefährdet ihn im Kern seiner Existenz. In das Gesicht einer solchen extremen Armut schauen wir oft nur vermittelt über die Medien. Es gibt aber noch genügend Menschen in unserer eigenen Gesellschaft, die direkt und unvermittelt in der Not von Kriegs- und Nachkriegszeit oder in der Wirtschaftskrise des Jahres 1929 von krasser Armut betroffen waren. Wenn wir historisch noch weiter zurückblicken, so ist für den Vorabend der Industrialisierung zu vermelden, »daß bitterste Armut nicht nur am Webstuhl und Spinnrad, sondern fernab von jeder Industrie selbst noch im Aktenstaub königlicher Behörden gefunden wurde« (Abel 1977, S. 16). Deprimierende Befunde der Kümmerexistenz von Massenarmut wurden für die 1840er Jahre berichtet. Aber auch das danach entstehende städtische Industrieproletariat führte ein Leben an der Grenze zur Armut und war ständig bedroht von einem Absinken in extreme Not (Tennstedt 1981, S. 126).

Mit den bedrückenden Begleiterscheinungen einer sich im Umbruch zur Industrialisierung befindenden Gesellschaft dürfte Durkheim bestens vertraut gewesen sein. Angesichts der teilweise alarmierenden Krisensymptome, die als Folge der strukturellen Veränderungen im 19. Jahrhundert eingetreten sind, hielt er es für eine unabdingbare Aufgabe der am weitesten fortgeschrittenen Gesellschaften, »immer mehr Gerechtigkeit in unsere sozialen Beziehungen zu bringen, um allen sozial nützlichen Kräften die freie Entfaltung zu sichern« (Durkheim 1977, S. 429).

Gerade da Durkheim mit dem Verweis auf Reiche und Arme explizit auch eine Verbesserung der sozialen Bedingungen fordert (ebd., S. 69), überrascht seine Einschätzung von Armut und Elend um so mehr. In seinen Ausführungen über den anomischen Selbstmord behauptet er nämlich, »das Elend sei ein Schutzwall« (Durkheim 1973, S. 278) gegen Selbstmordanfälligkeit. Die Folge der Armut ist nach seiner Beurteilung, »daß, je weniger man hat, umso weniger versucht ist, den Bogen seiner Wünsche zu überspannen. Wir gewöhnen uns an die Ohnmacht, während sie uns zur gleichen Zeit zur Mäßigung zwingt (…)« (ebd., S. 290). Er bezeichnet die Armut als »die beste Schule, dem Menschen die Bescheidung beizubringen. Sie bringt uns dazu, uns folgsam der kollektiven Ordnung zu fügen, indem sie uns zu einer ständigen Selbstkontrolle zwingt (…)« (ebd., S. 290). Ein wenig später wird dann allerdings beschwichtigend hinzugefügt, man solle deswegen natürlich die Menschen nicht daran hindern, ihre materielle Lage zu verbessern. Gleichwohl scheint die Armut in diesen Passagen vorwiegend unter dem Gesichtspunkt der Mäßigung und Begrenzung menschlicher Bedürfnisse betrachtet zu werden, der Aspekt von unmäßigem Mangel und Ausgrenzung aber ausgeklammert zu werden! Wenn Bescheidung als »wohltätige« Wirkung der Armut angeführt wird, so werden dabei Krankheit, Verzweiflung und Lethargie als weniger wohltätige Auswirkungen ausgeblendet. Durkheims eigenartiger Standpunkt ist nur vor dem Hintergrund der von ihm herauszuarbeitenden Zuspitzung seines theoretischen Arguments »erklärbar«, daß die mäßigende Wirkung einer regulativen Kraft auf die menschlichen Bedürfnisse und Bestrebungen für unabdingbar gehalten wird. Er ist möglicherweise ein wenig besser nachzuvollziehen, wenn er als Kontrast zu seiner pessimistischen Einschätzung des Wohlstandes und des »Dogmas vom wirtschaftlichen Materialismus« (ebd., S. 292) gesehen wird.

Der Reichtum vermittelt uns aufgrund der mit ihm verbundenen Möglichkeiten »die Illusion, daß letztlich alles doch erreichbar ist, indem sie den Widerstand, den die Dinge uns entgegensetzen, verringert« (ebd., S. 290). Durch das angestrebte Hauptziel der industriellen Prosperität entfiel letztlich jede Autorität, »die die neuen Begierden hätte im Zaum halten können. Diese werden durch die Vergötzung des Wohlstandes sozusagen sanktioniert und über jedes Menschengesetz gestellt« (ebd., S. 292). Durch steigenden Wohlstand werden die Bedürfnisse »angestachelt durch die reichere Beute, die ihnen vorgehalten wird, und die althergebrachten Regeln verlieren ihre Autorität, weil man ihrer überdrüssig ist« (ebd., S. 289). Allein schon in der Höhe der Ansprüche liegt nach Durkheim die Unmöglichkeit ihrer Befriedigung. Es stellt sich für ihn die Frage nach dem Maß, »das dem Menschen berechtigterweise an Wohlstand, Komfort oder Luxus zusteht« (ebd., S. 280). Durch ein plötzliches Anwachsen von Reichtum weiß man nämlich nicht mehr, »welche Ansprüche und Erwartungen erlaubt sind und welche über das Maß hinausgehen. Es gibt dann nichts mehr, worauf man nicht Anspruch erhebt« (ebd., S. 288). Jede Regelung ist dann mangelhaft.

Für Durkheim ist es keine Frage, daß nicht die Armut destabilisierende Auswirkungen für die Gesellschaft hat, sondern Reichtum und v. a. plötzlich zunehmender Wohlstand. Durch steigenden Wohlstand entsteht ein Zustand gestörter Ordnung. Er läßt nämlich dem Menschen die Zügel schießen und läuft dabei Gefahr, »immer jenen Geist der Rebellion wachzurufen, der der eigentliche Nährboden der Immoralität ist« (ebd., S. 290).

Als Gegenmittel hält er allerdings die Wiedereinführung irgendwelcher Luxuseinschränkungen weder für wünschenswert noch für möglich (ebd., S. 284, Fn. 8). Auch ist er sich dessen bewußt, daß ein Wohlstandsniveau, das nur bestimmten Schichten als Ausnahme zugebilligt und als übermäßig hoch eingestuft wurde, zu einem späteren Zeitpunkt »als absolut lebensnotwendig und durchaus angemessen betrachtet wird« (ebd., S. 284). Andererseits betont er aber »die Gefahr, die ein jeder steigender Wohlstand mit sich bringt« (ebd., S. 290), und immer wieder die Notwendigkeit bestimmter Grenzen, Beschränkungen und Mäßigungen (ebd., S. 284, 285, 299). In den Bereichen von Handel und Industrie sieht er Tendenzen zur Regellosigkeit und mangelnden Mäßigung und Zügelung menschlicher Wünsche und Leidenschaften. Man strebt, der Eigendynamik der Sucht folgend, nach immer mehr und hat immer weniger davon. Anfällig für die »fieberhafte Ungeduld«, in der man sein Leben verbringt, sind für ihn die wohlhabenden Schichten. Demgegenüber wird der Horizont der unteren Schichten »durch diejenigen begrenzt, die ihnen übergeordnet sind; und dadurch sind ihre Bedürfnisse eher abzusehen. Aber diejenigen, die über sich nur die Leere haben, verlieren sich fast mit Notwendigkeit darin, wenn keine Macht sie zurückhält« (ebd., S. 295).

Seine Ausführungen zu der mangelnden Mäßigung menschlicher Wünsche und Leidenschaften machen überaus deutlich, daß Durkheim die höheren Schichten stärker der Gefahr der Anomie ausgesetzt sieht. Demgegenüber unterliegen für Robert K. Merton die unteren Schichten einem stärkeren Druck zur Anomie. Während Durkheim die Unbegrenztheit von Zielen und Aspirationen problematisiert, betont Merton mehr das Problem der Begrenztheit der Mittel zur Erreichung der allgemein vorgegebenen Ziele (Besnard 1987, S. 269). Die Ziele kennen nach Merton (1968, S. 298) angeblich keine Schichtgrenzen. Die tatsächliche soziale Struktur jedoch bewirkt schichtspezifische Unterschiede im Zugang zu den allgemein verbreiteten gesellschaftlichen Zielen. Bei der Analyse der Anomie bringt Merton die soziale Struktur ins Blickfeld, während bei Durkheim ja die strukturelle Problematik der gesellschaftlichen Integration in den Hintergrund tritt. Die Frage der gesellschaftlichen Integration hat er nur noch auf kulturelle und Wertintegration hin behandelt (Tyrell 1985, S. 225). Aber auch Merton läßt nicht ganz von Durkheimschen Überlegungen zur kulturellen Dimension von Integration und Anomie ab. Anomiefördernd ist eine kulturelle Situation, in der eine außerordentlich starke Betonung auf einzelnen Wertmustern und Zielen liegt, während den institutionell vorgeschriebenen Mitteln zu ihrer Erreichung vergleichsweise wenig Bedeutung zugemessen wird. Einem solchen Kulturtyp kommt die moderne westliche Gesellschaft offensichtlich sehr nahe, da Ziele wie Erfolg, der namentlich durch Reichtum symbolisiert wird, im Vergleich zu den institutionellen Mitteln sehr stark betont werden. Wenn das kulturell dominierende Erfolgsziel dann noch auf strukturelle Einschränkungen zu ihrer Erreichung trifft, wenn also Kultur und Sozialstruktur sich in einer bedeutsamen Diskrepanz befinden, dann liegt eine sozialstrukturell erzeugte Anomie vor. Nach Merton (1968, S. 299) sehen die Opfer dieses Gegensatzes zwischen der kulturellen Betonung finanziellen Erfolgs und den sozialen Schranken, die die Chancengleichheit einengen, selten den strukturellen Ursprung ihres vergeblichen Strebens. Die gesellschaftliche Integration solcher benachteiligter Gruppen wird mit anderen Worten strukturell erschwert oder behindert. Aus einer solchen Perspektive ist Armut dann »keine isolierte Variable, die in jeder Situation in gleicher Weise wirkt« (ebd., S. 298).

Es kommt Merton zufolge darauf an, die gesamte Konstellation zu betrachten – »nämlich Armut, Begrenzung der Chancen und die Bedeutung kultureller Ziele« (ebd., S. 299). Wenn er hier zum Schluß auch ausdrücklich die kulturelle Dimension anspricht, so hebt Merton jedoch den strukturellen Aspekt der Verteilung sozialer Chancen in seiner Analyse deutlich hervor. Eine bedeutsame Diskrepanz von kulturellen Werten und Zielen einerseits und den sozialstrukturell unterschiedlich verteilten Möglichkeiten zu ihrer Realisierung andererseits bedeutet Anomie. Es waren wohl die unübersehbaren Mißstände und Benachteiligungen in den Armen- und Ghettovierteln der amerikanischen Großstädte, die Merton in seiner ursprünglichen Analyse von 1938, *Sozialstruktur und Anomie*, den Anstoß gaben, die strukturelle Dimension bei der Definition von Anomie miteinzubeziehen.

2. Der gesellschaftliche Rahmen der Problementwicklung: Armut im Wohlstand

Obwohl Merton Armut explizit in Bezug zur Sozialstruktur setzt, geht Heinz Strang in seiner Kieler Studie über die *Erscheinungsformen der Sozialhilfebedürftigkeit* (1969), die zu Recht in der jüngeren Armutsforschung einen wichtigen Stellenwert für sich beanspruchen kann, in der Verwendung des Anomiebegriffs da-

von aus, daß das beherrschende Merkmal der Armut nicht strukturell, sondern eher individuell als »potentielle Anomie in jeder Form
des Sozialverhaltens« (Strang 1969, S. 57) begründet ist. Sie beruht
nach seiner Einschätzung auf einer Vielzahl individueller, wenn
teilweise auch gesellschaftlich vermittelter Schicksale und erreicht,
da sie »auf eine exzentrische und periphere Ausnahmesituation am
Rande der Gesellschaft reduziert« (ebd., S. 55) ist, den Grenzwert,
wo sie in erster Linie als Anomie begriffen werden muß (ebd.,
S. 57). Anomie wird von Strang hier verstanden als Anpassungs-
versagen durch unzureichende Normverinnerlichung und abweichendes Verhalten. Die von Merton hervorgehobenen strukturellen Bedingungen von Anomie werden später von ihm explizit erwähnt. Der Arme ist in der Betrachtung Mertons – so
Strang – derjenige, »dem die Mittel zur Erreichung der gesellschaftlichen Ziele und Belohnungen für konformes Verhalten nicht
ausreichend zugänglich waren« (ebd., S. 97, Fn. 1). Der hier erwähnte Hinweis auf die Mittelknappheit hätte Strang dazu verlei-
ten können, Mertons Ausführungen zur sozialstrukturellen Bedingtheit abweichenden Verhaltens auf die Armen in den sechziger
Jahren zu übertragen und der Wirkung ihrer Schichtposition bzw.
sozialstrukturellen Lage eine besondere Bedeutung zuzuerken-
nen.

Einen spezifischen Verursachungszusammenhang von sozialstruktureller Lage und Armut vermag er jedoch nicht festzustellen.
Der dominante Typus des Armen ist in den sechziger Jahren längst
nicht mehr unter den Lohnarbeitern zu finden. Man könnte hinzufügen, eine ähnlich krasse Situation von Armut wie in den Ghettovierteln der amerikanischen Großstädte, die den 1964 zum offiziellen gesellschaftspolitischen Programm erhobenen »Krieg gegen die
Armut« (vgl. Knapp/Polk 1971) auslöste, war ebenfalls nicht annähernd vorhanden. Beinah nur noch berufliche Marginal- und In-
suffizienzlagen – so die Diagnose von Strang (1969, S. 56) – waren
der Armut ausgesetzt. Eine gemeinsame Mentalität ließ sich einer
solchen »Schicht« von Betroffenen nicht zuschreiben.

Im Vergleich zu den ersten Jahren der Not nach dem Zweiten
Weltkrieg, als Armut gleichbedeutend mit dem Fehlen von Nah-
rung, Kleidung und Wohnraum war, galt Ende der sechziger Jahre
krasse Armut als überwunden. Aufgrund des wirtschaftlichen
Aufschwungs, des Anstiegs der Reallöhne, der Vollbeschäftigung
und aufgrund des Ausbaus des Sozialleistungssystems geriet abso-

lute und relative Einkommensarmut immer mehr aus dem Blickfeld. In den siebziger Jahren wurde Armut im Zusammenhang mit der Problematik sozialer Randgruppen wiederentdeckt. Die unterprivilegierte Lage der Randgruppen war nicht nur auf Einkommensdefizite zurückzuführen, sondern umfaßte »vielfältige Deprivationserscheinungen in den Bereichen Wohnung, Gesundheit, Bildung sowie soziale Isolation und Stigmatisierung« (Buhr u. a. 1991, S. 516).

Vor dem Hintergrund steigender Arbeitslosenzahlen wurde Armut zum herausragenden Thema und sozialpolitischen Problem der achtziger Jahre. Immer mehr Arbeitslose waren aus der Auffangposition der Arbeitslosenversicherung herausgefallen und erhielten Arbeitslosenhilfe und Sozialhilfe. Zu den auffallenden Veränderungen der Sozialhilfe-Klientel gehörte neben den längerfristigen Arbeitslosen v. a. die gestiegene Zahl der Alleinerziehenden mit Kindern. Besonders hervorzuheben ist für diese Phase, »daß eine seit Jahren anhaltende Arbeitslosigkeit mit einer rechnerisch gegebenen Hochkonjunktur einhergehen kann und daß 1987 der Anteil der Empfänger laufender Hilfen zum Lebensunterhalt als eine Form der Sozialhilfe bereits 4,4% der Bevölkerung erreichte und damit das Niveau von 1950 überschritten hatte« (Schäfers 1992, S. 120).

Das Armutsproblem neuen Typs hat sich mit der deutschen Wiedervereinigung quantitativ und qualitativ erweitert. In den neuen Bundesländern überlagern sich überkommene Unterversorgungsstrukturen aus DDR-Zeiten mit den Folgen des neuen ökonomischen und sozialen Umbruchs. Die »diffuse Versorgungsarmut« der früheren DDR wird 1989 – so Leibfried und Voges (1992, S. 19) – in eine »massive Transformationsarmut« umgeformt. Zudem vermischt sich die Transformationsarmut, die wesentlich durch Ausgliederung aus dem Erwerbsleben entsteht, im Falle der Westmigration mit der westlichen Armut neuen Typs. Die Wiedervereinigung schafft somit eine gesamtdeutsche Armutslandschaft, die außerdem v. a. durch Wanderungsströme von außen noch verstärkt wird.

Bei der hier kurz geschilderten Entwicklung in der Verbreitung von Armut sollte man allerdings berücksichtigen, daß das durchschnittliche Lebensstandardniveau bei uns im historischen Vergleich recht hoch einzustufen ist, nämlich etwa dreimal so hoch wie in den zwanziger Jahren (Bolte 1990, S. 44). Die schnelle Ausbreitung von Massenwohlstand und Massenkonsum, die erst zu Beginn der achtziger Jahre auf hohem Niveau zum Stillstand kam, stellt eine dramatische Aufwärtsentwicklung dar. Zwischen 1950 und 1980 wuchs das Volkseinkommen etwa 15mal mehr als in den fünfzig Jahren vorher und erheblich stärker als in den vorangehenden eineinhalb Jahrhunderten (Geißler 1992, S. 39). Letzten Endes hatte dies zur Folge, daß aus der Knappheitsungleichheit der Nachkriegsphase eine Reichtumsungleichheit geworden ist (Berger/Hradil 1990, S. 16). Die gegenwärtige Armut hat mit dem Massenelend früherer Zeiten kaum etwas gemeinsam und bewegt sich in der Regel deutlich oberhalb eines physischen Existenzminimums. Es handelt sich um Armut im Wohlstand. Das Wohlstandsniveau der alten Bundesrepublik ist nicht nur historisch einmalig, sondern auch im Vergleich zu anderen Gesellschaften beachtlich (Platz 11 der Weltrangliste). Die Bundesrepublik gehört zu den reichsten Gesellschaften der Erde (Geißler 1992, S. 44).

Die Wohlstandssteigerung hat aber offensichtlich nicht verhindern können, daß wir einen Anstieg an Armut feststellen müssen. So hat sich die Zahl der Empfänger von Sozialhilfe zwischen 1970 und 1991 mehr als verdoppelt (Datenreport 1994, S. 217). Nach der quasi-offiziellen Armutsgrenze des Bundessozialhilfegesetzes wurden 1991 insgesamt 4,2 Mio. Personen (3,7 im früheren Bundesgebiet und 489 000 in den neuen Ländern und Berlin-Ost) dauernd oder zeitweise durch die Sozialhilfe unterstützt (ebd., S. 214). 1992 waren es insgesamt 4,7 Mio. Personen (4,03 Mio. im früheren Gebiet und 685 047 in den neuen Ländern; Olk/Rentzsch 1994, S. 258).

Die Zahlen der Sozialhilfestatistik beziehen sich dabei nur auf die bekämpfte Armut. Die bekämpfte Armut impliziert immer auch eine Dunkelziffer an »Personen, die zwar sozialhilfeberechtigt sind, diesen Anspruch aber nicht verwirklichen« (Hauser/Neumann 1992, S. 247). Man spricht auch von verdeckter Armut. Auf zwei Sozialhilfeempfänger dürften nach informierten Schätzungen nochmals ein bis zwei Verdeckt-Arme entfallen (Hauser/Hübinger 1993, S. 402).

Eine andere Möglichkeit, Armut als Mangel an Ressourcen zur Erlangung eines soziokulturellen Existenzminimums zu erfassen, bezieht sich auf die Erhebung der relativen Einkommenssituation. Unter relativer Einkommensarmut wird »ein bestimmtes Maß des Unterschreitens eines gewichteten Durchschnitteinkommens innerhalb der Gesellschaft verstanden« (Hauser/Neumann 1992, S. 248). So kennzeichnen 60% des durchschnittlichen, pro Kopf gewichteten Haushaltsnettoeinkommens eine armutsnahe Einkommenssituation, 50% ein mittleres Armutsniveau und 40% eine strenge Einkommensarmut. Auch die relative Einkommensarmut ist bis Mitte der achtziger Jahre angestiegen und liegt seitdem etwa mit maximal 50% des Durchschnittseinkommens bei 10 bis 11% (Geißler 1992, S. 170).

Die empirischen Befunde weisen also insgesamt in die Richtung, daß steigender Wohlstand seit zwei Jahrzehnten mit einer Ausbreitung der Armut einhergeht. Gleichzeitig ist auch die Schere zwischen Armutsgrenze und Durchschnittseinkommen größer geworden. Für die überdurchschnittlich von Einkommensmangel und zusätzlichen Benachteiligungen Betroffenen – so konnte Schott-Winterer (1990) in ihrer Studie auf der Datengrundlage der Wohlfahrtssurveys der Jahre 1978 bis 1988 nachweisen – hat sich die Situation in zahlreichen Lebensbereichen, relativ gesehen, noch weiter verschlechtert. Obwohl für die Mehrheit der Bevölkerung im Jahre 1988 ein verhältnismäßig hohes Wohlstandsniveau festzustellen ist, haben sich in diesem Zeitraum von zehn Jahren die sozialen Gegensätze verschärft (Schott-Winterer 1990, S. 77). Mit anderen Worten: der Rückstand der Armen zum Lebensstandard des Bevölkerungsdurchschnitts nimmt zu (ebd., S. 72).

Parallel zu dieser Entwicklung hat die Zahl der Haushalte mit hohen und höchsten Einkommen erheblich zugenommen (Geißler 1992, S. 51). Eine wichtige Vergleichsmethode zur Beschreibung von Einkommensverteilungen ist die Einteilung der Haushalte nach der Einkommenshöhe und ihre Zusammenfassung in Gruppen von jeweils 20% (Quintile). Durch eine solche Quintildarstellung kann gezeigt werden, wieviel Prozent des Einkommens aller Haushalte den jeweils 20% »Ärmsten« bis zu den 20% »Reichsten« zur Verfügung stehen. Es zeigte sich, daß es erhebliche Unterschiede zwischen den Gruppen gibt und die ungleiche Verteilung bis 1988 erstaunlich stabil geblieben ist. Gegenüber 1988 hat sich der Abstand zwischen den extremen Quintilspolen vergrößert. Daraus kann auf eine zunehmende Ungleichheit in der Verteilung zwischen der einkommensstärksten und der einkommensschwächsten Gruppe geschlossen werden (Datenreport 1994, S. 454). Eine Verschärfung von Einkommensungleichheiten vermeldet auch Sopp (1994), der einen Vergleich nach Einkommenssextilen vornahm. In den Jahren 1987 bis 1990 scheint sich – so Sopp (1994, S. 59) – die Kluft zwischen den unteren beiden und dem obersten Sechstel noch zu erweitern. Eine solche Ungleichheit war in der ehemaligen DDR nicht gegeben. Als Bilanz ihrer Untersuchung können Hauser, Müller, Wagner und Frick vermelden, »daß in der DDR sowohl Armut als auch Reichtum weniger verbreitet waren« (Hauser u. a. 1992, S. 96). In den neuen Bundesländern besteht zwar mittlerweile 1993 ein deutlicher Unterschied zwischen der untersten und der obersten Einkommenkategorie, dieser fällt aber sehr viel geringer aus als in den alten Bundesländern (Datenreport 1994, S. 454).

Bei der Einschätzung der Ungleichheitsgefälle ist generell zu bedenken, daß in der Bundesrepublik stets zwischen einem Viertel und einem Drittel aller privat verfügbaren Einkünfte auf Einkommen aus Eigentum beruhte (Kreckel 1992, S. 117). In bezug auf die Vermögenskonzentration konnte Schlomann (1993, S. 74) auf der Datengrundlage der Einkommens- und Verbrauchsstichprobe von 1983 (!) feststellen, daß 10% der reichsten Haushalte 50% des erfaßten Vermögens besitzen, die ärmere Hälfte der Haushalte hingegen nur 2,5%. Auch zu der Vermögensausstattung des »Durchschnittshaushalts« weisen die armen Haushaltsgruppen große Unterschiede auf (Schlomann 1990, S. 155). Vorübergehende Einkommensausfälle können diese nur mit Mühe überbrücken. Das Vermögen ist aufgrund der höheren Sparquote einkommensstärkerer Haushalte generell unverhältnismäßiger verteilt als das Einkommen.

Hinsichtlich des privaten Produktivvermögens schätzten Bolte und Hradil (1984, S. 133), daß sich 45-70% auf nur 1-2% der Privathaushalte konzentrieren. Das selbst bei groben Schätzungen deutlich werdende krasse Ungleichheitsgefälle zwischen den Extremkategorien von Einkommen und Vermögen würde ein größeres Spannungsungleichgewicht erzeugen, wenn es denn in vollem Umfang sichtbar wäre. Armut und Reichtum sind aber in Deutschland eher latent geworden (Schulze 1993, S. 195). Reichtum wird in der Regel nicht direkt und öffentlich vorgeführt, sondern vermittelt über Statussymbole und Stilelemente der verschiedenen Lebensbereiche mit diskretem Charme angedeutet. Auf der anderen Seite versuchen viele Bedürftige ihre Armut zu verbergen. Neben dieser defensiven Verschleierungstaktik durch die Betroffenen selbst gibt es auch die offensive Strategie durch private und öffentliche Kontrollinstanzen, Armut erst gar nicht ins Blickfeld geraten zu lassen. Für eine reiche Gesellschaft ist sichtbare Armut ein peinlicher Störfall, den es aus dem Blickfeld der Öffentlichkeit in die Randzonen zu entfernen gilt. In den meisten Fällen ist dies jedoch nicht notwendig, denn sowohl Reiche als auch Arme lieben in gleicher Weise die Diskretion, schützen sich durch relative soziale Distanz und vermeiden die allzu offene Zurschaustellung ihres Status.

Zwischen beiden Randgruppen der Gesellschaft gibt es aber im Hinblick auf ihr Anomiepotential einen wichtigen Unterschied. Die Armen haben ein Problem der Mittel (Merton), die Reichen ein Problem der Ziele (Durkheim). Die einen leiden unter der Beschneidung von Optionen, die anderen verfügen über wesentlich mehr Optionen, als sie »verarbeiten« können. Die Armen müssen mit geringen Mitteln überleben können, die Reichen müssen bei einem Übermaß an Mitteln Zielkriterien entwickeln. Ihre Zielproblematik schlägt sich oft nieder in einer tiefen Unsicherheit darüber, was eigentlich erstrebenswert ist.

»Wie ein Süchtiger greift man nach immer mehr und hat immer weniger davon. Es kommt zu jener Unruhe, Langeweile und Launenhaftigkeit, die seit jeher zur Aura des Reichtums gehört« (Schulze 1993, S. 200).

Hinzu kommt, daß es in einer reichen Gesellschaft immer schwieriger wird, besonderen Reichtum zu zeigen und einen entsprechenden Symbolisierungsaufwand zu betreiben. Ein Statussymbol nach dem anderen fällt der Popularisierung anheim. Der Vorrat an Symbolen ist erschöpft. Bald haben sehr viele das »Besondere« erworben, so daß es gewöhnlich wird und keine Distinktionswirkung mehr hat.

»Der Zeichenvorrat ist nahezu erschöpft, neue Zeichen werden zwar ständig von der Luxusgüterindustrie erfunden, aber schnell von den Konsumenten ihrer Signifikanz beraubt« (ebd., S. 196).

Außerdem wollen die etwas weniger Reichen – bis hin sogar zu den mittleren Schichten – die Reicheren zumindest über ihre Statussymbolik einholen. Trotz des gängigen Charmes der Diskretion und der abnehmenden Symbolisierbarkeit von Reichtum innerhalb der Wohlstandszonen dieser Gesellschaft läßt sich eines jedoch nicht verhindern: Die von der allgemeinen Wohlstandsentwicklung abgekoppelten Armen werden mit einer Situation allgemeinen Wohlstandes konfrontiert, die ihnen über Vergleiche, denen sie sich in ihrem Alltag kaum entziehen können, ein Bewußtsein ihrer Randseitigkeit und Benachteiligung vermittelt. Durkheim sah die Gefahr der Entgrenzung von Aspirationen mit den entsprechenden negativen Folgen für die eigene Zufriedenheit und das psychische Wohlbefinden insbesondere bei den wohlhabenden Schichten. Aber auch bei den mittleren Schichten liegt das Aspirationsniveau in einer Wohlstandsgesellschaft noch relativ hoch. Selbst wenn man davon ausgehen kann, daß sich die Ansprüche in den unteren Soziallagen an ihre jeweiligen Lebensbedingungen per »Dehnung nach unten« (Rodman) anpassen, kann auch in diesen Schichten über Prozesse des Vergleichens ein »Überschuß« an Aspirationen gegenüber den faktischen Lebensbedingungen entstehen, der »anfällig« für Unzufriedenheit macht. Schließlich liefern nicht nur Medien, Geschäftsauslagen und Werbung, sondern auch Mitglieder angrenzender Schichten die entsprechenden Vergleichsmuster. Wenn über soziale Vergleiche gestiegene Aspirationen auf schlechte oder verschlechterte objektive Situationen treffen, kann es zu Verstärkungen der Deprivationen kommen. Die Auswirkungen solcher Vergleiche mit faktischen und potentiellen Bezugsgruppen wurden von Runciman (1972) empirisch untersucht und im Falle einer negativen Diskrepanz zwischen Eigen- und Vergleichsgruppe mit der Diagnose der relativen Deprivation versehen. Runciman (ebd., S. 32) geht davon aus, daß in Kulturen, die finanziellen Erfolg zum Leitmotiv erheben und von der Ideologie der Chancengleichheit ausgehen, für die benachteiligten Soziallagen ein Anreiz zu sozialen Vergleichen geschaffen wird, der zu »überschüssigen« Aspirationen und »deviantem« Ehrgeiz führen kann.

Armut als eklatanter Mangel an Mitteln zur Teilnahme am »normalen« gesellschaftlichen Leben wird daher als besonders stark und deprivierend empfunden. Die Disbalance von Kultur und Sozialstruktur, indem die Kultur etwas besonders stark betont und fordert, das die Sozialstruktur für die Unterprivilegierten be- bzw. verhindert, erzeugt für die von Armut Betroffenen eine besonders starke Drucksituation, die auch über »realistische« Anpassungen durch »Wertdehnung nach unten« und über selektive und milieuspezifische Bezugsgruppenwahl nicht annähernd kompensiert werden kann. Selbst wenn in den unteren Soziallagen statt finanziellem Erfolg »nur« soziale und ökonomische Sicherheit als Folge gesellschaftlichen Wohlstands angestrebt wird, erscheint im Fall der Armut die Verwirklichung dieses Zieles auch nicht mehr möglich. Die Armutsentwicklung im Kontrast zum Reichtum wird konkret auch in Städten erkennbar, in denen auf der einen Seite die ärmeren Stadtteile oft zahlreicher und noch ärmer und auf der anderen Seite die reichen Stadtteile noch reicher geworden sind (Dangschat 1995, S. 60). Armut und Reichtum entwickeln sich aber nicht nur zwischen Stadtteilen auseinander, sondern auch zwischen Regionen. Dem Süd-Nord-Gefälle gesellt sich ein West-Ost-Gefälle hinzu (Friedrichs 1993, S. 10 f.).

Die wachsende Kluft von zunehmender Armut auf der einen und wachsendem Reichtum auf der anderen Seite stellt nicht nur eine strukturelle Schieflage dar, die nach Durkheimschen Überlegungen die Frage nach der sozialen Gerechtigkeit dringlich werden läßt, sondern auch ein Ungleichheitsgefüge, das, vermittelt über Prozesse des Vergleichens, zwangsläufig für die Betroffenen ein Gefühl relativer Deprivation nach sich zieht. Die Wahrnehmung von Armut durch die Bevölkerung gibt einen ersten Hinweis für ein gestiegenes Problembewußtsein.

Nach Bös und Glatzer (1992, S. 207) wird als Grund für Verarmung häufig die »Ungerechtigkeit in unserer Gesellschaft« angeführt; selten hingegen eher persönlich-individuelle Gründe wie »Unglück, Faulheit und mangelnde Willenskraft«. Die Ausweitung der allgemeinen Bevölkerungsumfrage der Sozialwissenschaft vom Sommer 1991 ergab, daß zwei Drittel aller Westdeutschen meinen, ihren gerechten Anteil bzw. sogar mehr an den knappen und begehrten Gütern der Volkswirtschaft zu erhalten. Demgegenüber sind mehr als drei Viertel aller Ostdeutschen mit ihrem Anteil unzufrieden (Noll/Schuster 1992, S. 220). Die generelle Wahrnehmung einer ungerechten Verteilung des Volkseinkommens deutet – wie Noll und Schuster (ebd., S. 228) zu Recht meinen – ein Potential sozialer Spannungen an, das den Prozeß der Integration und Verwirklichung der gesellschaftlichen und politischen Einheit sehr belasten kann.

In einem schnellen Anstieg der Anspruchsniveaus sehen auch Hauser u. a. (1992) die Ursache für das in ihrer Studie festgestellte Sinken der Einkommenszufriedenheit in der ehemaligen DDR.

»Offenbar müssen sich Anspruchsniveaus und Realeinkommen gruppenspezifisch unterschiedlich entwickelt haben, und zwar zu Lasten einer unteren Schicht« (ebd., S. 128).

Auch in der alten Bundesrepublik (1989) war die subjektive Zufriedenheit mit dem Haushaltseinkommen in den unteren Einkommensquintilen relativ niedrig (ebd., S. 123).

Nach diesen Befunden verwundert es nicht, daß auch im Jahr 1993 die Unzufriedenheit mit dem Einkommen in den unteren Einkommenskategorien größer war als in den oberen (Datenreport 1994, S. 461), wobei allerdings Ostdeutsche in allen Einkommenslagen sich deutlich verstimmter als Westdeutsche äußerten. Auf die prekäre Situation der unteren Einkommensgruppen weisen auch die Forschungsergebnisse hin, die Bös und Glatzer über den Zusammenhang zwischen Einkommensniveau und subjektiver Anomie berichten (vgl. ihren Beitrag in diesem Band). Gefühle der Sinnlosigkeit, Einsamkeit, Normlosigkeit, Machtlosigkeit und Entfremdung sind in der untersten Einkommensschicht weit häufiger verbreitet als in der obersten. Es scheint also, daß die relative Deprivation, die Armut im Wohlstand erzeugt, zu typischen Symptomen subjektiver Anomie führt.

3. Die neuen Konturen von Armut und ihr sozialstruktureller Kontext

3.1 Armut in der Disbalance von Kultur und Sozialstruktur

Die bisher dargelegten Forschungsbefunde zeigen, daß bei steigendem Wohlstand der Gesellschaft Einkommensungleichheit, Armut und die mit ihr verbundenen relativen Deprivationen zugenommen haben. Im Vergleich zu den meisten anderen Gesellschaften – v. a. in der dritten Welt – ist die Armut in der Bundesrepublik als Armut im Wohlstand zu kennzeichnen.

Nach der Mertonschen Anomietheorie ist es nicht der sozialstrukturelle Rahmen allein, der das Armutsphänomen in seinen sozialen Dimensionen umreißt, sondern auch die Kultur, die den finanziell verwertbaren Erfolg zum erstrebenswerten Leitmotiv erhebt. Die Werteforschung hat auch für die amerikanische Gesellschaft die Bedeutung materieller Erfolgsziele wie Wohlstand und Karriere trotz relativierender Abstriche mit Blickrichtung auf das Ende der fetten Jahre nachgewiesen. Dabei ist aber eine Vermischung neuer Akzente wie höhere Ansprüche an die Arbeit und Lebensqualität mit den alten Mustern materieller Orientierungen festzustellen (Yankelovich 1994, S. 37). Für die Gesellschaft der Bundesrepublik gilt ebenfalls, daß die Kern-Milieus immer noch allgemeine Lebensziele wie Erfolg und Wohlstand, zumindest aber sozioökonomische Sicherheit verfolgen, wenn sie auch je unterschiedliche Akzentuierungen und Stilumsetzungen erfahren (Hradil 1987, S. 169; 1990, S. 140; Vester u. a. 1993, S. 22 f.). Die Folgen der gegenwärtigen Umbruchsituation in den neuen Bundesländern auf die Wertsphäre lassen sich noch nicht absehen. Zwischen den Extremen einer Einfädelung in die vorherrschende Wertedynamik und eines Wiederauflebens der Werte der Nischengesellschaft sind vielfältige Formen möglich (Klages/Gensicke 1992, S. 314); aber sicherlich wird man sich dem Streben nach materiellen Werten und einer entsprechenden Aspirationsdynamik nicht ganz entziehen können.

Obwohl Merton der Sozialstruktur einen wichtigen Stellenwert in der Analyse der gesellschaftlichen Integration zuerkennt, hat er hierzu kein elaboriertes Konzept vorgelegt. Es scheint in seiner Abhandlung zur Anomie eine diffuse Vorstellung von »oben« und »unten« vorzuliegen, auf nähere Klärungen sozialer Differenzierung in vertikaler und horizontaler Form und ungleicher Lebenschancen, Machtpotentiale und Lebensgewohnheiten und -stile der gesellschaftlichen Teilgruppen wird verzichtet (Bohle 1975, S. 12).

Indessen ist man seit der Rezeption der Mertonschen Überlegungen in den späten sechziger Jahren hierzulande zu einer immer differenzierteren Analyse der Sozialstruktur vorgedrungen. Das intensive Bemühen um die theoretische und empirische Erhellung der Sozialstruktur (Hradil 1987, S. 86 ff.; Müller 1992, S. 19 f.) hat gewiß zu einer komplexeren Sichtweise sozialer Ungleichheit geführt, aber auch die sozialen Ungleichheitsformationen selbst haben sich zwischenzeitlich gewandelt und sind vielschichtiger geworden. Einem Lagerungsbild von sozialer Struktur, das von einer relativ stabilen Ungleichverteilung von gesellschaftlichen Ressourcen wie Geld, Macht und Prestige sowie der darauf beruhenden Bildung von Statusgruppen und ihrer Rangordnung ausgeht, hat sich die Auffassung von der Verzeitlichung von Ungleichheit (vgl. Berger 1990) gegenübergestellt, die die zeitliche Dimension der Ungleichheits- und Sozialstruktur stärker in Betracht zieht und die Verwandlung von Ungleichheitslagen in Ungleichheitsphasen untersucht. Den konventionellen Homogenitäts- bzw. Kontinuitätsannahmen, die die traditionellen Schicht- und Klassenbegriffe implizit enthalten, wurden Begriffe wie Statusinkonsistenz, Differenzierung und Pluralisierung entgegengehalten. Zu den alten Ungleichheiten wie ungleiche Verteilung von Geld und Vermögen, Bildung und Prestige gesellten sich neue Disparitäten hinzu wie Ungleichheiten zwischen Geschlechtern, Kohorten, Regionen oder wie unterschiedliche Teilhabechancen am Arbeitsmarkt oder Versorgungsunterschiede im Bereich der sozialen Sicherung. Das traditionelle Modell vertikaler Ungleichheit erweiterte sich auf horizontale Verteilungsmuster. Man führte zahlreiche Ungleichheitsdimensionen in die Analyse der Sozialstruktur ein und bekam vielfältige Differenzierungserscheinungen in den Blick.

Auch gegenüber den soziokulturellen Aspekten der Ungleichheit entfaltete man eine höhere Sensibilität und konnte Pluralisierungstendenzen in den Werthaltungen und Lebensstilen genauer in den Blick bekommen. Da die traditionellen Groß-Milieus nach dem Muster von Ständen, Klassen und Schichten durch die Beschleunigung von Modernisierungsprozessen brüchiger wurden, mußte einer »groben« Makroperspektive eine feinsinnige Mikroanalyse von Mentalitäten und Milieus folgen. Statt großer, homogener Klassen- und Schichtkulturen sind typische Zwischengruppen und Mischungsformen sozialer Ungleichheit mit vielfältigen, einander überschneidenden Subgruppierungen festzustellen (Hradil 1990, S. 142). Generell versuchte man den neuen Entwicklungen in der Sozialstruktur durch Konzepte wie »Lebenslage«, »Lebensstile« und »Lebensphasen« in der Forschung besser gerecht zu werden (vgl. Berger/Hradil 1990).

So begrüßenswert aber eine Erweiterung und Verfeinerung der Analyse der sozialen Struktur auch ist, sie darf nicht dazu führen, daß das zentrale »Kräftefeld« der distributiven und relationalen Ungleichheiten (Kreckel 1992, S. 149 f.) aus dem Blick verlorengeht. Mayer und Blossfeld (1990) konnten in ihrer Lebensverlaufsstudie, in der sie sich hauptsächlich auf Bildungsverläufe, Berufskarrieren, Arbeitsmarktprozesse und Prozesse der Familienbildung und intergenerationellen Mobilität konzentrierten, empirisch überzeugend belegen, daß von einer Abschwächung von Schichtungstendenzen keine Rede sein kann (Mayer/Blossfeld 1990, S. 311). Auch Vester u. a. (1993, S. 45) diagnostizieren noch eine Konstanz der relativen Rangabstände sozialer Lagen und sehen traditionelle Spannungslinien sozialer Ungleichheit weiter wirken. Der vertikalen Privilegienschere alter Ungleichheit gesellen sich neue Spannungsfelder hinzu, die auf einer horizontalen Differenzierung sozialer Lagen beruhen. Das Gesamtbild der Sozialstruktur bildet sich für seine Forschungsgruppe wie folgt ab:

»Der Öffnung des sozialen Raums in der sicheren Mitte und der privilegierten Spitze steht die Schließung für jene gegenüber, die in dieser Mitte ihre Sicherheiten verlieren oder gar in prekäre Lebensverhältnisse absteigen müssen« (ebd., S. 47).

Armut zählt zu den extremen Formen der prekären Lebensverhältnisse. Es ist das Verdienst von Mertons Analyse des Zusammenhangs von Sozialstruktur und Anomie, auf die strukturellen Hintergründe und Ursachen sozialer Probleme hinzuweisen. Dies sollte davor bewahren, in einseitiger Weise den Schlüssel zur Erklärung der wichtigen sozialen Probleme der modernen Gesellschaft hauptsächlich in der nachlassenden Wirksamkeit von Wert- und Normorientierungen und in den Defiziten der Gemeinschaftsorientierung und sozialen Bindungen zu sehen. Bereits vor Merton hatte Georg Simmel (1858-1918) die strukturelle Komponente sozialer Probleme erkannt. Nach seiner scharfsinnigen Diagnose von 1908 beruht Armut auf der Wirkung der sozialen Differenzierung und Struktur der Gesellschaft.

Selbst die Armenpflege, die ja zur Lösung des Armutsproblems beitragen soll, will – so Simmel – nicht einmal der Tendenz nach die Differenzierung der Gesellschaft aufheben.

»Ihr Sinn ist gerade, gewisse extreme Erscheinungen der sozialen Differenziertheit so weit abzumildern, daß jene Struktur weiter auf dieser ruhen kann« (Simmel 1968, S. 349).

Natürlich unterscheidet sich sowohl die Armut, die Merton in den Ghettos amerikanischer Großstädte der späten dreißiger Jahre vor Augen hatte, als auch die von Simmel analysierte Armut des 19. Jahrhunderts von der Armut in unserer Gesellschaft. Im folgenden wird daher die gegenwärtige Armut einer sozialstrukturellen Analyse und Einordnung unterzogen.

3.2 Armut im Gefüge der Sozialstruktur

3.2.1 Armut vom individuellen Randschicksal zum substantiellen Risiko

Bei einer sozialstrukturellen Analyse stellt sich zunächst die Frage, ob die quantitative Verbreitung dieses sozialen Problems es überhaupt rechtfertigt, eine sozialstrukturelle Bedeutung desselben zu vermuten. Strang (1969, S. 55) hatte für die Jahre des Wirtschaftswunders und der Vollbeschäftigung bekanntlich keine sozialstrukturelle Relevanz des Problems entdecken können und Armut als Phänomen vereinzelter Außenseiter (ebd., S. 104) eingeordnet. Wenn näher geprüft werden soll, inwieweit Armut gegenwärtig verbreitet ist, sollte man überdies bedenken, daß Armut nie ein rein objektiver Tatbestand ist, »sondern immer auch ein gesellschaftlich definierter Status, in dessen Definition zumindest implizit Werturteile eingehen« (Piachaud 1992, S. 84). So beinhaltet die Festlegung von Armut immer auch ein Werturteil darüber, was ein angemessener Mindeststandard in einer bestimmten Gesellschaft ist. Aufgrund der Notwendigkeit, Werturteile einfließen zu lassen, kann es keinen universell geltenden und »wahren« Maßstab für die Armutsmessung geben.

Nach Piachaud (ebd., S. 85) ist jedes Armutsmaß in unterschiedlicher Hinsicht valide, abhängig von den eingegangenen forschungsleitenden Interessen und Entscheidungen. Seiner Meinung nach haben die unterschiedlichen Ansätze zur Ermittlung von Armut alle einen spezifischen Nutzen, aber kein Ansatz löst alle Probleme auf einmal. Nach dem Ressourcenansatz wird unter Armut ein Mangel an Ressourcen (wie z. B. Einkommen, Vermögen, staatliche Transferleistungen, Arbeitskapazität) verstanden, die zur Erlangung eines soziokulturellen Existenzminimums notwendig sind. Der umfassendere Lebenslagenansatz geht über die materiellen Dimensionen hinaus und bezeichnet Armut als Unterschreiten der Schwellenwerte einer oder mehrerer Dimensionen der Lebenslage (z. B. Ernährung, Kleidung, Wohnung, Gesundheit, Bildung, Beteiligung im kulturellen und politischen Bereich [Hauser/Neumann 1992, S. 247]). Nach diesem Verständnis wird Armut aufgefaßt als ein »Komplex multipler sozialer Deprivationen«. In der empirischen Forschung werden – so Hauser und Neumann (ebd.) – hauptsächlich zwei relative Armutskonzepte, die auf der Ressourcendefinition basieren, zur Bestimmung von Armut herangezogen: die Sozialhilfeschwelle und die relative Einkommensarmut. Auf beide Kriterien wollen wir uns stützen, um die Frage nach der aktuellen quantitativen Verbreitung der Armut zu beantworten.

Zunächst ist auf die Verbreitung der Sozialhilfebedürftigkeit einzugehen. Für das Jahr 1992 lag die Sozialhilfedichte in den alten Bundesländern bei 6,2% und in den neuen bei 4,4% (Olk/Rentzsch 1994, S. 258 f.). Bei diesen Daten wurden als Hilfearten sowohl die Hilfe zum Lebensunterhalt, die die Grundbedürfnisse des täglichen Lebens abdecken soll, als auch die Hilfe in besonderen Lebenslagen, die der Behebung von spezifischen Notständen dienen soll, berücksichtigt. Werden diese Daten in eine anschauliche Dimension »übersetzt«, kann als grober Schätzwert davon ausgegangen werden, daß mehr oder weniger jeder zwanzigste Sozialhilfe bezog – mit leicht ansteigender Tendenz. Wenn man die Dunkelziffer noch mitberücksichtigt, die im Verhältnis zwischen Verdeckt-Armen und Sozialhilfebeziehern schätzungsweise zwischen 1:2 und 1:1 liegt (Hauser/Hübinger 1993, S. 53), dann haben noch wesentlich mehr Personen ein so geringes Einkommen, daß ihnen Sozialhilfe zustehen würde. Der Anstieg der Sozialhilfeempfänger seit den siebziger Jahren um das Zweieinhalb- bis Dreifache muß um so ernster genommen werden, als dieser Zuwachs u. a. durch den sprunghaften Anstieg der Bezieher von laufenden Hilfen zum Lebensunterhalt, deren Anteil sich mittlerweile auf drei Viertel aller Sozialhilfeempfänger vergrößert hat, begründet ist. Vor fünfundzwanzig Jahren betrug der Anteil noch 50% und lag ähnlich hoch wie der Anteil der Bezieher von Hilfe in besonderen Lebenslagen (Sengling/Schulte 1992, S. 31).

Dabei besteht das Risiko, sozialhilfebedürftig zu werden, nicht nur für die extrem unterprivilegierten Randlagen der Gesellschaft, sondern reicht – wie in der Studie von Hauser und Hübinger (1993) anhand einer repräsentativen Stichprobe aller Klienten der Caritas in den alten Bundesländern festgestellt wurde – bis in die Mittelschichten. Die Klienten der Caritas machten nach vorsichtiger Schätzung etwa 23,2% aller Sozialhilfeempfänger aus. Die Erhebung fand von Mitte April bis Mitte Mai 1991 statt. Nach Einschätzung der Befragten selbst befand sich ein knappes Drittel der Sozialhilfeempfänger vorher in einer sehr guten oder guten ökonomischen Situation, und ein weiteres Drittel gab eine mittelmäßige wirtschaftliche Lage an (Hauser/Hübinger 1993, S. 408).

Bei der Ermittlung der Einkommensarmut wurde versucht, ein von der quasi-offiziellen Armutsgrenze der Sozialhilfe unabhängiges Niedrigeinkommen zur Bestimmung des Armutsniveaus zu entwickeln (Hauser/Cremer-Schäfer/Nouvertné 1981, S. 111 ff.). Bei der relativen Einkommensarmut wird ein bestimmter Prozentsatz (seien es 40%, 50% oder 60%) des Unterschreitens eines gewichteten Durchschnittseinkommens als Bestimmungsgrenze verwandt. Obwohl die Form der Armutsbestimmung auf vereinfachenden Annahmen beruht, verlieren mögliche Meßfehler im Zeitvergleich doch stark an Bedeutung (Hauser 1995, S. 10).

Für Westdeutschland kann man bei einer 50%-Armutsgrenze von einem relativ gut gesicherten Anteil von 10 bis 11,5% an Einkommensarmen ausgehen. Für Ostdeutschland ist seit der Vereinigung eine Verdopplung auf 7,3% festzustellen (ebd., S. 11). Die Dynamik dieser Entwicklung spricht dafür, daß sich dieser Anstieg noch fortsetzen wird (Olk/Rentzsch 1994, S. 262).

Die hier festgestellte Größenordnung der Armutsbetroffenheit wurde auch nach einem anderen Verfahren durch die Forschungsarbeit von Andreß u. a. (1995, S. 36) bestätigt, bei der Armut als Ausschluß von mehr oder minder großen Teilen eines allgemein akzeptierten Lebensstandards, den die Befragten selbst für notwendig erachteten, definiert wurde. Ein solcher Ausschluß läßt sich durch den empirischen Schwellenwert des Fehlens von drei oder mehr von insgesamt fünfzehn notwendigen Elementen des Lebensstandards indizieren, was einem Deprivationsausmaß von 20% entspricht. Unter diesem Schwellenwert der Armut liegen in Westdeutschland 11% und 8% in Ostdeutschland (ebd., S. 47 f.).

Eine gravierende Beeinträchtigung der Chancen zeigt sich auch in der Unterversorgung in zentralen Lebensbereichen (Ressourcenansatz). Im Jahre 1992 wies nach der Studie von Hanesch u. a. (1995, S. 45) ein gutes Drittel der Bevölkerung (36,4%) in mindestens einer der Dimensionen Einkommen, Arbeit, Wohnraum und berufliche Bildung eine oder mehrere Unterversorgungen auf, wobei sich aber die Werte in Ost (40,3%) und West (35,5%) deutlich unterschieden. Wenn Armut definiert wird als Kumulation von mindestens zwei Unterversorgungslagen, waren 1992 im Westen 7,3% und im Osten 10,3% von Armut betroffen (ebd.; Hanesch u. a. 1994, S. 177). Insbesondere Einkommensarmut zieht das Risiko nach sich, von einer oder mehreren Unterversorgungslagen betroffen zu werden (Hanesch u. a. 1995, S. 46). Nach wie vor ist

sie die Schlüsselkategorie der Armut. Hierzu wurde bereits dargelegt, daß bei einem Anteil von 10 bis 11,5% für Westdeutschland
(Hauser 1995, S. 11) Armut weitaus mehr verbreitet ist, als allgemein angenommen wurde. Nach der Studie von Habich, Headey
und Krause (1991) war zwischen 1984 bis 1989 ein Viertel der Gesamtbevölkerung zumindest einmal von Armut betroffen. 8,3%
der (West-)Deutschen, die im Jahre 1984 ein durchschnittliches
Einkommen bezogen, lebten zwischen 1985 und 1989 mindestens
einmal unterhalb der Armutsschwelle von 50% (Habich/Headey/
Krause 1991, S. 501). Die Fortschreibung der Daten bis 1992 bestätigt diese Tendenz. Insgesamt besteht ein beträchtliches Risiko,
unter die Armutsgrenze zu fallen, sowohl für den unteren Ein-
kommensbereich wie für mittlere Einkommenslagen (Datenreport
1994, S. 603). Die neueren Befunde des sozioökonomischen Panels
belegen eine weitere Ausdehnung dieser Risiko-Zone auf 12,3%
bei der 50%-Grenze und 25,4% bei der 75%-Grenze (vgl. Wil-
leke/Fink 1996, S. 9). Resümierend kann also zunächst festgehalten werden, daß Armut keineswegs mehr ein zu vernachlässigendes
Randschicksal ist, sondern mittlerweile ein substantielles Risiko
darstellt, das auch in mittlere Schichten hineinreicht.

3.2.2 Problemgruppen

Nach Prüfung der quantitativen Verbreitung der Armut besteht ein
zweiter Schritt einer sozialstrukturellen Analyse darin, der Frage
nachzugehen, ob es spezifische und typische Bevölkerungsgruppen gibt, die von Armut in erhöhtem Maße betroffen sind.

Hier sind vorderhand die Ausländer zu nennen, deren Armuts-
quote im Jahre 1993 bei einer Armutsschwelle von 50% über 27%
lag (Datenreport 1994, S. 600). Wenn man neben der Einkommensarmut noch andere Unterversorgungsbereiche wie Wohnraum,
allgemeine und berufliche Bildung und Arbeit berücksichtigt, wird
ebenfalls deutlich, daß Ausländer eine ausgesprochene Risikogruppe der Armut darstellen (Hanesch u. a. 1994, S. 173).

Überdurchschnittlich von Einkommensmangel und weiterer
Unterversorgung über mehrere Lebensbereiche sind auch Angehörige der Arbeiterschicht betroffen (ebd., S. 174; Schott-Winterer
1990, S. 71). Offensichtlich haben sie an der allgemeinen Anhebung des Wohlfahrtsniveaus in der Bundesrepublik nur wenig
oder gar nicht teilhaben können.

Dieser Befund verweist auf den Zusammenhang, der zwischen niedriger Bildung und der Betroffenheit von Armut festgestellt wurde (Hauser/Hübinger 1993, S. 156; Hanesch u. a. 1994, S. 155 ff.). Bildung eröffnet Arbeitsmarktchancen und hat somit indirekt Einfluß auf die Einkommens- und Versorgungssituation. In den neuen Bundesländern ist das Verhältnis von Ausbildung und Arbeitsmarktchancen aufgrund der Umbruchssituation weniger stringent als im Westen (Hanesch u. a. 1994, S. 156). Mit dem Hinweis auf die Arbeitsmarktchancen ist gleichzeitig auch ein zentrales Armutsrisiko angesprochen. Arbeitslose leiden weitaus häufiger als Erwerbstätige unter Einkommensarmut (Datenreport 1994, S. 604). Arbeitslosigkeit ist ebenfalls eine erstrangige Ursache für den Einstieg in die Sozialhilfe, trifft aber für die Klientel in Westdeutschland weit seltener zu als in den neuen Bundesländern (Olk/Rentzsch 1994, S. 263). Angesichts bestehender Lücken in der sozialen Absicherung über Arbeitslosengeld oder -hilfe (Hauser/Hübinger 1993, S. 340; Hanesch u. a. 1994, S. 40), worüber zudem nicht in allen Fällen ein soziokulturelles Existenzminimum gesichert werden kann, geraten viele Arbeitslose und ihre Familien in Armut. Insbesondere für die Langzeitarbeitslosen wird sogar von einer »Armutsrutsche« gesprochen, die von Arbeitslosengeld über die Arbeitslosenhilfe in die Sozialhilfe führt (Sengling/Schulte 1992, S. 36). Im Jahr 1993 lag die Arbeitslosenquote von 15,8% in den neuen Bundesländern deutlich über der Durchschnittsquote von 8,2% für die alten Bundesländer (Datenreport 1994, S. 93/94). Im September 1993 war gut jeder vierte ein Jahr oder länger ohne Beschäftigung (ebd., S. 99). Als Problemgruppen des Arbeitsmarktes gelten insbesondere Personen, die gesundheitliche Einschränkungen haben oder älter als 55 Jahre sind oder über keine abgeschlossene Berufsausbildung verfügen (Adamy/Hanesch 1990, S. 171).

Aber auch Alleinerziehende sind in Zeiten steigender Arbeitslosigkeit mit einem besonderen Ausgrenzungsdruck konfrontiert (Hanesch u. a. 1994, S. 152). Diese Gruppe besteht zu fast neun Zehnteln aus Frauen (Hauser 1995, S. 11). Obwohl sich die Armutsquoten von Männern und Frauen allmählich annähern (Leisering/Zwick 1990, S. 728), zeigt das hohe Armutsrisiko für Alleinerziehende (bei ca. 30% und mehr), daß überwiegend Frauen die negativen Folgen der »Krise des Normalarbeitsverhältnisses« und der »Krise der Normalehe« (Pfaff 1995, S. 42) ertragen müssen.

Eine nähere Untersuchung der Situation der Alleinerziehenden in den aktuellen Armutsberichten (Hauser/Hübinger 1993, S. 186 ff.; Hanesch u. a. 1994, S. 89 f.) weist eindringlich darauf hin, »daß eine wachsende Bevölkerungsgruppe durch eine schwache ökonomische Basis und teilweise ungenügende soziale Absicherung gefährdet ist« (Hauser/Hübinger 1993, S. 178 f.). Die materielle Deprivation zwingt den Alleinerziehenden einen engen Lebensspielraum auf. Napp-Peters fand in ihrer Untersuchung von 400 Ein-Eltern-Familien heraus, »daß es neben dem Verlust sozialen Ansehens u. a. der Abbau sozialer Kontakte ist und die Unfähigkeit, neue Kontakte einzugehen, welche die wirtschaftliche Deprivation von Ein-Elternteil-Familien auch zu einer sozialen Deprivation werden lassen« (Napp-Peters 1995, S. 117).

Die Armut der Alleinerziehenden strahlt zwangsläufig auch auf deren Kinder aus. Dies gilt im gleichen Maß auch für Kinder aus großen Familien. Das Verarmungsrisiko für Kinder wiegt im Osten jedoch stärker als im Westen in Richtung Alleinerziehende und große Familien (Hanesch u. a. 1994, S. 38). Auch die Gefahr dauerhafter Armutsperioden und Unterversorgung hat sich bei Alleinerziehenden und besonders bei kinderreichen Familien spürbar erhöht (Walper 1995, S. 192). Während im Westen jedes achte bis neunte Kind einkommensarm ist, gilt dies für jedes fünfte Kind im Osten (Hanesch u. a. 1995, S. 39). Waren in den sechziger Jahren besonders die Alten von Armut betroffen, sind es heute v. a. die Kinder und Jugendlichen, und dies trotz des Rückgangs in der Gesamtzahl von Kindern und Jugendlichen seit den siebziger Jahren. Man kann hier von einer Verjüngung der Armut (Leisering/Zwick 1990, S. 727; Pfaff 1995, S. 39) oder sogar einer Infantilisierung der Armut (Hauser/Hübinger 1994, S. 37) sprechen. Diesbezüglich dürfte es nicht überraschen, daß neuere Auswertungen der Kriminalitätsentwicklung in verschiedenen Regionen einen Zusammenhang zwischen Jugend, Armut und Kriminalität erkennen lassen (Pfeiffer 1995, S. 96 ff.).

Immer mehr Kinder sind materiell und auch emotional unterversorgt (Brinkmann 1994, S. 23), was ihre Entwicklungschancen erheblich beeinträchtigt (vgl. Sünker 1991). Sabine Walper hat die internationalen Forschungsbefunde über die Auswirkungen der Armut auf Kinder sorgfältig ausgewertet. Das Spektrum reicht von Mängeln der Sprach- und Intelligenzentwicklung, gesundheitlichen Belastungen über Leistungsstörungen in der Schule bis hin zu emotionalen Beeinträchtigungen wie Ängstlichkeit, Minderwertigkeitsgefühle und Aggressivität (Walper 1995, S. 195). Kinder sind als schwächste Gruppe in unserer Gesellschaft ohnmächtig solchen Armuts- und Mangelsituationen ausgeliefert.

Die stärkste und krasseste Form von Anomie zeigt sich in der Obdachlosigkeit. Sie bedeutet Schutzlosigkeit, fehlende Privatheit, gesundheitliche Gefährdung, Verlust an sozialen Beziehungen und Ausgrenzung. Schätzungen zufolge gab es im Jahr 1992 in den alten Bundesländern 610 000 bis 740 000 Obdachlose, darunter 260 000 bis 320 000 Aussiedler, in den neuen Ländern wenigstens 150 000 (Sautter/Schuler-Wallner 1995, S. 326 f.). Beziehen wir die der Obdachlosigkeit vorgelagerte Wohnungsnot als Form deutlicher Unterversorgung ein, dann erhöht sich die Zahl auf wenigstens vier Millionen Menschen im vereinten Deutschland (ebd., S. 326 f.). Wohnungsnot bedeutet nicht nur beengte Wohnverhältnisse und unzumutbare Ausstattung, sondern auch eine übermäßig hohe Mietbelastung. Die Armen müssen fast ein Drittel ihres Einkommens für die Miete aufbringen. Abgesehen davon, daß die bisher genannten Risikogruppen stärker als alle anderen auch von Wohnungsnot betroffen sind (Mutschler 1995, S. 246 ff.), kann eine Problemanalyse nicht an den Fehlern der staatlichen Wohnungsbaupolitik vorbeisehen (Schmals 1994, S. 40 f.), die zu Engpässen auf dem Wohnungsmarkt bei einer steigenden Nachfrage nach preiswertem Wohnraum geführt haben.

Noch radikaler als die Obdachlosen sind die Stadtstreicher und Nichtseßhaften von Wohnungsnot und Elend betroffen. Ihre Zahl wird auf 150 000 mit steigender Tendenz geschätzt. Hinzu kommen andere Gruppen von Verelendeten wie spezifische Drogenabhängige und in der Illegalität lebende Migranten. Bei diesen Gruppen wird »das Furchtbare an dieser Armut« – um eine Einschätzung von Georg Simmel aufzugreifen – überaus deutlich, nämlich »daß es Menschen gibt, die ihrer sozialen Stellung nach nur arm sind und weiter nichts« (Simmel 1968, S. 373 f.).

Bisher wurde auf die Problemgruppen aufmerksam gemacht, die in erster Linie unter Armut leiden. Riskiert man einen Blick in die Zukunft, wird man für diese Betroffenen kaum einen Trendumbruch erwarten dürfen. Angesichts der Lage am Arbeitsmarkt, des prognostizierten sozialstrukturellen Wandels in den nächsten Jahren, der weiteren Zunahme von Alleinerziehenden wie der ausländischen Bevölkerung und angesichts des Umbruchs in den neuen

Ländern kann mit hoher Wahrscheinlichkeit davon ausgegangen werden, daß die hier aufgeführten Verarmungsrisiken und in ihrer Folge auch weitere soziale Probleme zunehmen werden (vgl. auch Hauser/Hübinger 1993, S. 415).

Die hier vorgelegte Darstellung des Armutsrisikos unterschiedlicher Gruppen, die in bezug auf ihre sozialstrukturellen Merkmale differenziert wurden, verweist auf die reale Armutsbetroffenheit der jeweiligen Gruppe. Jedoch stößt eine kausale Interpretation in der Form, daß eine ursächliche Beziehung zwischen dem die Gruppe definierenden Merkmal und der Zunahme bzw. Abnahme der Armut unterstellt wird, auf methodische Vorbehalte. Da sich die Gruppen faktisch oft überschneiden, weisen Leisering und Zwick zu Recht darauf hin, »daß nur eine Analyse desaggregierter Mikrodaten eine zuverlässige Entwirrung der jeweiligen kausalen Faktoren und ihrer Interaktion ermöglichen« würde (Leisering/Zwick 1990, S. 726).

Ohne in alle Verästelungen eines vielschichtigen Ursachenkomplexes vorzudringen, geben die sozialstrukturell bedeutsamen Merkmale der Risikogruppen indessen deutliche Hinweise darauf, welche Bedingungen zur erheblichen Ausdehnung der Armut in den letzten beiden Jahrzehnten geführt haben. Neben der Umbruchsituation in den neuen Ländern (vgl. den Beitrag von Kühnel in diesem Band) sind drei weitere wichtige Strukturmomente zu nennen (Geißler 1992, S. 173):

1. Die lang anhaltende Massenarbeitslosigkeit.
2. Die Krisenerscheinungen der modernen Familie.
3. Die Lücken im System der sozialen Sicherung, das dem Sozialhilfesystem vorgelagert ist.

Auf die Folgen dieser Lücken wurde bereits zu Anfang der achtziger Jahre von sozialpolitisch orientierten Armutsforschern aufmerksam gemacht. Beispielsweise wies im Jahr 1981 die Forschergruppe R. Hauser, H. Cremer-Schäfer und U. Nouverté auf die prekäre Lage konkreter Risiko- und Problemgruppen hin und entwickelte auf solider empirischer Basis recht spezifische Verbesserungsvorschläge, um Versorgungs- und Sicherungslücken für diese Gruppen zu vermeiden (Hauser/Cremer-Schäfer/Nouverté 1981, S. 285 ff.). Auf die Weitsicht dieser Forscherdiagnosen wurde mit einer erstaunlichen Kurzsichtigkeit seitens der Politik reagiert, da sich die Lage dieser Gruppen seitdem verschlechtert hat und ihr jeweiliges Verarmungsrisiko zugenommen hat.

Bisher wurde bei den sozialstrukturellen Merkmalsgruppen die Frage nach der Dauer der jeweiligen Armutsbetroffenheit ausgeklammert. Dieser Fragestellung ist die neuere dynamische Armutsforschung nachgegangen, die herausgefunden hat, daß Armutslagen beweglicher sind, als in den bisherigen Querschnittsanalysen, die von relativ stabilen Problemlagen ausgingen, unterstellt wurde. Vielmehr muß bei den Betroffenen zwischen kurzfristigen und langfristigen Phasen unterschieden werden. In der Bremer Studie, der eine 10%-Stichprobe von Sozialhilfeakten der Zugangskohorte 1983 (586 Aktenfälle) zugrunde lag, zeigte sich, daß die meisten Sozialhilfeempfänger nur kurze Zeit Hilfe erhalten müssen. Bei 57% lag eine Bezugsdauer von einem Jahr und nur für 11% eine Dauer von sechs und mehr Jahren vor (Leibfried/Leisering u. a. 1995, S. 80). Bei der Analyse der zeitlichen Differenzen innerhalb der sozialstrukturellen Typen stellte Petra Buhr fest, »daß Zeittypen und sozialstrukturelle Typen einander nur beschränkt entsprechen. Zeittypen liegen vielmehr häufig quer zu sozialstrukturellen Gruppen« (Buhr 1995, S. 159). Offensichtlich liegen innerhalb der sozialstrukturellen Problemgruppen große Unterschiede in der Dauer und Art der Armut vor. Auch die Bielefelder Studie ermittelt einen nicht unerheblichen Teil von Fällen mit nur vorübergehender Sozialhilfeabhängigkeit. Zwar haben sich die Bewegungen in die Sozialhilfe und aus ihr heraus beschleunigt, aber immer mehr haben in dem Untersuchungszeitraum von 1977 bis 1990 Sozialhilfe bezogen (Andreß 1994, S. 102).

Andreß unterscheidet zwischen Zugangsrisiken und Verbleibrisiken. Unverkennbar hatten sich die Zugangsrisiken auch für die Personen erhöht, die üblicherweise nicht der typischen Sozialhilfeklientel zuzurechnen sind. Einen Trend mit einem Anstieg einer kurzzeitigen und mit einem Absinken einer langzeitigen Betroffenheit von Armut, wie ihn die Studien zum Sozialhilfebezug ausmachen konnten, zeigt sich auch bei den Einkommensarmen. Im Zeitraum von 1984 bis 1992 waren 18% aller Haushalte in Westdeutschland kurzfristig arm, und 13% waren langfristig arm bzw. häufiger als zweimal unter der Armutsgrenze. Mit zunehmender Armutsdauer nimmt der betroffene Bevölkerungsanteil immer weiter ab. Ein harter Kern von etwa 4% verbleibt für die Dauer von sieben und mehr Jahren in Armut (Datenreport 1994, S. 602 f.).

Es ist das Verdienst der dynamischen Armutsforschung, die soziologischen Perspektiven in Frage zu stellen, »die mit Armut recht undifferenziert und einseitig dauerhafte und sich verfestigende Abstiegsprozesse verbinden« (Zwick 1994a, S. 18). Gleichzeitig verweisen aber die Ergebnisse dieser Forschung darauf, daß auch kürzere Armutsperioden schwerwiegende und schmerzhafte Einschnitte in einer Biographie darstellen können.

»Reale Problemlagen von Klienten bestimmen sich nicht nach objektiven Zeitkriterien, sondern nach Maßstäben subjektiver und biographischer Zeit sowie nach anderen Kriterien wie etwa kumulativer Deprivation in mehreren Lebensbereichen« (Leisering 1995b, S. 99).

Zudem weisen die einmal von Armut betroffenen Personen Risiken zu vermehrten und dauerhaften Armutsperioden auf. Armut wird allerdings erst dann zu einem Master-Status (Goffman), der die gesellschaftliche Identität eindeutig bestimmt, wenn die soziale und ökonomische Deprivation nicht mehr vorübergehend, sondern überwiegend und ausschließlich die Lebenssituation bestimmt (Coser 1992, S. 37).

Die Betrachtung der Armutsentwicklung mit Hilfe von Längsschnittdaten ist für die Unterscheidung von dauerhafter oder nur befristeter Armut und die Herstellung eines realistischen und differenzierten Bildes von Armut notwendig. Gleichzeitig sollte aber bedacht werden, daß solche Längsschnittdaten soziale Wirklichkeit mit einer gewissen Zeitverzögerung abbilden und somit meist nur einen beschränkten Aussagewert über die aktuellen Verhältnisse haben. Im übrigen muß ohnehin die Entwicklung in den neuen Ländern mitbedacht werden (Zwick 1994b, S. 183). Nach der Einschätzung von Peter A. Berger kann es im ungünstigsten Fall wieder zu einer wachsenden Langzeitarmut und zu einer Verhärtung von Mängellagen kommen, insbesondere dann, wenn solche wohlfahrtsstaatlichen Leistungen beschnitten werden, die den Beginn einer Armutsperiode verhindern sollen, wie z. B. durch Kürzung von Arbeitslosengeld bzw. -hilfe, und auch Hilfsangebote eingeschränkt werden, die ein schnelles Ende von Problemsituationen erzielen sollen, wie z. B. Arbeitsbeschaffungsmaßnahmen oder Umschulungen (Berger 1994, S. 39).

Die von der dynamischen Armutsforschung aufgewiesene Fluktuation bei den Betroffenen und das Überwiegen kurzfristiger Armut bedeuten keineswegs, daß sozialstrukturelle Bedingungen keine Auswirkungen auf das Ausmaß und den Verlauf der Armut haben. Den wirtschaftlichen Strukturwandel, die Verhältnisse am Wohnungsmarkt und in der Wohnungspolitik und den Wandel familialer Lebensformen halten die Forscher für wesentliche gesellschaftliche Bedingungen der Armutsentstehung (Ludwig/Leisering/Buhr 1995, S. 31). Im Hinblick auf die Sozialstruktur attestieren sie der Armut, »als Puffer gesellschaftlicher Umbrüche und Umstellungen in einer schnellebigen Zeit zu fungieren« (ebd., S. 33). Dabei schlägt sich der beschleunigte soziale Wandel »nicht nur in dauerhafter Ausgrenzung als ›unbrauchbar‹ geltender Gesellschaftsmitglieder nieder, sondern auch und gleichzeitig in einer fluktuierenden ›Unterschichtung‹ der Gesellschaft« (ebd.).

Angesichts der Komplexität und Dynamik der sozialen Ungleichheitsstrukturen hält Leisering ein Konzept gesellschaftlicher Klassen oder Quasi-Klassen für nicht ergiebig, sondern präferiert eine Diagnose, die von strukturellen Spaltungen in der Gesellschaft z. B. am Arbeitsmarkt und Wohnungsmarkt ausgeht. Nach Leisering (1995a, S. 75) sind größere Teile der Schichtungsstruktur vom Arbeitslosigkeits- und Armutsrisiko durchwirkt. Mit den strukturellen Spaltungen geht eine soziale Entgrenzung der Armut einher. Armut ist nicht mehr beschränkt auf die traditionellen Randschichten der Gesellschaft. Auch mittlere Schichten, die bisher nicht als von Armut bedroht eingestuft wurden, können zumindest vorübergehend unter die Armutsgrenze fallen. Die Armut ist breiter gestreut, da sich die Heterogenität der Sozialstruktur auch in den Bereich der Armut auswirkt. Auf der Grundlage der aktuellen empirischen Forschung stellt Leisering für die alte Bundesrepublik fest: Wir leben zwar nicht in einer »Zwei-Drittel-Gesellschaft«, aber in einer Gesellschaft mit 70% Nie-Armen, 20% gelegentlich und 10% häufiger Armen (ebd., S. 71).

3.4 Die Folgen heterogener und fluktuierender Armutslagen

Wenn wir die von der Forschung gegenwärtig dargelegte empirische Verteilung interpretieren, können wir einstweilen von 70% Nie-Armen ausgehen, die sich aufteilen in eine privilegierte Spitze und eine sichere Mitte. Unbestreitbar ist, daß der allgemeine Wohlstandszuwachs in breite Kreise dieser Gesellschaft Eingang gefunden hat. Wenn man das Überschreiten des doppelten durchschnittlich gewichteten Haushaltseinkommens als Reichtumsgrenze markiert, dürfte es sogar 1 Mio. Haushalte (!) geben, die als reich eingestuft werden können (Huster 1993, S. 12). Dem gesicherten Gesellschaftsteil von 70% steht ein Anteil von 10% häufiger Armen als harter Problemkern und ein zusätzlicher Anteil von 20% gelegentlich Armen gegenüber. Insgesamt leben also 30% der Bevölkerung entweder in dauernder Armut oder in ökonomischer Unsicherheit und in prekären Lebensverhältnissen. Die Ablehnung der These von der Abspaltung eines Drittels der Gesellschaft seitens der dynamischen Armutsforschung beruft sich im wesentlichen auf das Argument, daß keine Konstanz und Stabilität in den meisten Armutslagen festzustellen sei und kurzfristige Armutsbetroffenheit eindeutig überwiege. Dies ändert zunächst nichts an der Tatsache, daß 30% der Bevölkerung sich in einer schwierigen wirtschaftlichen und sozialen Situation befinden. Neuere Forschungsbefunde, die eine Ausdehnung dieser Risikozone signalisieren, lassen erwarten, daß immer weniger Leute künftig gesicherte ökonomische Verhältnisse erreichen werden (vgl. Willeke/Fink 1996, S. 9). Hinzu kommt, daß die Kurzfristigkeit der Armut von den Forschern retrospektiv festgestellt wird, von den Betroffenen aber nicht mit Sicherheit und hoher Wahrscheinlichkeit als vorübergehend in die Zukunft extrapoliert werden kann.

Ohnehin bedeutet eine temporäre Armutserfahrung nicht, daß subjektive Belastungen und Deprivationsempfindungen gar nicht eintreten würden. Arbeitslosigkeit und Armut haben eine starke Streßbelastung zur Folge, selbst die Antizipation von Arbeitslosigkeit und sozialem Abstieg kann schon zu einer erheblichen psychosozialen Beunruhigung führen (Bonß/Keupp/Koenen 1984, S. 153 ff.). Das Argument der fluktuierenden »Unterschichtung« bedarf noch einer weiteren Kommentierung. Schon Beck (1986) unterschied zwischen der Stammzone der Arbeitslosigkeit und Armut auf der einen Seite und der Armutszone, die sich durch ein Kommen und Gehen kennzeichnen läßt, auf der anderen Seite. Er verglich diese Situation des Kommens und Gehens mit der Situation in der U-Bahn:

»Es steigen immer wieder neue Personen zu und andere aus. In diesem allgemeinen Hin und Her lassen sich zwar aus einem äußeren Beobachtungsstandpunkt – sagen wir aus der Vogelperspektive eines mitfliegenden Hubschraubers – einige Merkmale ausmachen und entsprechende Gruppenhäufungen. Für die Beteiligten in der unmittelbaren Wahrnehmung handelt es sich um eine zusammengewürfelte Menge flüchtig nebeneinandersitzender, auf ihren Ausstieg wartender Einzelfälle« (Beck 1986, S. 147).

Ulrich Beck bringt diese seltsame Widersprüchlichkeit von Massenhaftigkeit und Vereinzelung von Arbeitslosigkeit und Armut eindrucksvoll auf den Punkt:

»Zahlen von schwindelnder Höhe und Konstanz, die sich doch irgendwie verkrümeln, ein zerkleinertes, nach innen gewendetes Massenschicksal, das in seiner ungebrochenen Schärfe dem einzelnen mit der Stimme des persönlichen Versagens seine Millionenhöhe verheimlicht und individuell ins Gewissen brennt« (ebd., S. 147).

Nicht auszuschließen ist dabei, daß die Armut zwar kommt und geht, aber sich irgendwann einmal niederläßt und verfestigt. Für die anderen 20% gilt, daß immer wieder andere und neue Fahrgäste in den Zug in Richtung Armut einsteigen und ihn wieder verlassen. Für diese fluktuierende Population ist die ökonomische und soziale Sicherheit gefährdet. Die Mehrheit der 70% Nie-Armen fängt an,

»Grenzen zu ziehen, die einige draußen in der Kälte lassen. Wie früher herrschende Klassen vor ihnen haben sie alle möglichen Gründe für solche Grenzziehungen; auch sind sie bereit, diejenigen hereinzulassen, die ihre Werte akzeptieren und praktizieren. Überdies argumentieren sie im Brustton der Überzeugung, wenn auch nicht sehr überzeugend, daß es Klassenschranken nicht mehr geben sollte. Sie wollen sie beseitigt sehen; aber sie sind nicht bereit zu tun, was nötig ist, um sie zu beseitigen. Die fehlende Phantasie einer Klasse, die in der Angebotswelt lebt und daher die Anrechtsforderungen anderer nicht erkennt, verbindet sich mit dem Interesse an der Sicherung der eigenen Position« (Dahrendorf 1992, S. 228).

Nun kann man darüber streiten, ob man bei der Mehrheit von Klasse reden sollte, aber die von Dahrendorf gekennzeichneten Strategien zur Sicherung der eigenen Position lassen sich nicht übersehen.

Armut, Arbeitslosigkeit und Wohnungsprobleme mögen in mittlere Schichten hineinreichen, aber Armutsrisiken reichen nicht in die Oberschicht und in den mittleren Kernbereich der Gesellschaft mit den sicheren Arbeitsplätzen und Existenzbedingungen. Die steigende Armutsdynamik in Teile der Mittelschichten hinein bewirkt allerdings, »daß Armutserfahrungen und das Erleben gravierender Mängelsituationen tendenziell verallgemeinert werden, diese wegen der großen Vielfalt von Armutskarrieren aber gleichzeitig als Einzelfälle und -schicksale erscheinen« (Berger 1994, S. 41).

Durch die Heterogenität und Fluktuation innerhalb der Armutspopulation fehlen auch die strukturellen Voraussetzungen für das Entstehen kollektiver Bewältigungsstrategien einer »Kultur der Armut«. Eine solche »Kultur der Armut« kann kulturelle Ressourcen und »eingespielte« Handlungsmuster zur Verfügung stellen, die die Betroffenengruppen als Bewältigungsformen für ungünstige Lebensbedingungen und »kreative« Anpassungsmuster an die Bedingungen der Deprivation entwickelt haben (Goetze 1992, S. 93; Albrecht 1969, S. 449). Armut in einer Gesellschaft mit einem ausgeprägten Zug zur Individualisierung bedeutet immer auch der Tendenz nach Armut ohne Rückhalt solidarischer Milieus und Gruppen. In einer solchen Konstellation geht mit der Armut nicht nur oft Vereinzelung und Isolierung einher, sondern es nimmt auch die Neigung zu, diese Armut den einzelnen Betroffenen unmittelbar zuzurechnen (Berger 1994, S. 27).

Halten wir fest, daß Fluktuation innerhalb der Armutszonen keine gruppensolidarischen Bewältigungsformen aufkommen läßt und – so man kann hinzufügen – keinen direkten kollektiven Protest der Betroffenen mit einer starken politischen Durchschlagskraft. Fluktuation in dem 30%-Bereich prekärer Lebensverhältnisse läßt die gegenwärtige Ungleichheitsstruktur mit einer privilegierten Spitze, einer stabilen Mitte und dem in Unsicherheit und unter Druck lebenden Bevölkerungsanteil unangetastet und ermöglicht es, die ganze Last der Mangel- und Deprivationserfahrungen auf den einzelnen abzuschieben. Die Armutsdynamik erzeugt bei dieser fast ultrastabilen Rahmenkonstellation eine Situation, die das Individuum unter starken subjektiven Anomiedruck setzt. Im Falle der neuen Armut und der mit ihr einhergehenden fluktuierenden Unterschichtung schlägt sich die mehrfach beschriebene Disbalance von kulturellen Zielvorgaben und den zur Verfügung stehenden sozialstrukturellen Realisierungsmöglichkeiten in individueller Anomie nieder.

4. Schluß

Armut ist in unserer Gesellschaft mittlerweile wieder zu einem substantiellen Risiko geworden, das auch die mittleren Schichten betrifft. Dabei ist sie als Armut im Wohlstand zu kennzeichnen, die starke Deprivationserfahrungen für die Betroffenen nach sich zieht. Im Gegensatz zu einer Vielfalt von Optionen hinterläßt eine Einschränkung von Optionen, die durch den Rückstand der Armen zum durchschnittlichen Lebensstandard der Bevölkerung bewirkt wird, besonders nachhaltige Gefühle des Ausgeschlossenseins und der Benachteiligung. Da durch Armut und Arbeitslosigkeit ein großer Teil der Bevölkerung von der Realisierung kulturell geteilter Ziele wie Wohlstand bzw. ökonomische Sicherheit ausgeschlossen ist, verzeichnen wir eine anomische Spannung, die durch Individualisierungstendenzen in unserer Gesellschaft noch verstärkt wird. Die Last der sozialen und wirtschaftlichen Strukturprobleme schlägt sich folglich vorwiegend in individueller Anomie (Anomia) nieder. Da z.B. Arbeitslosigkeit zwangsläufig zu einer Destabilisierung arbeitsbezogener Werte und Normen führt, wird auch die soziale Regulation beeinträchtigt. Sowohl die Aspirationsdynamik von Luxus und Reichtum als auch die Exklusionsdynamik der Arbeitslosigkeit schwächen gesellschaftliche Normen, die auf der Leistungs- und Arbeitsethik unserer Kultur beruhen. In einer Kultur, die soziale Anerkennung stark an finanzielle Belohnungen koppelt, bewirkt Armut sicherlich einen hohen Grad an Demoralisierung, die sich auf das Selbstwertgefühl der Betroffenen negativ auswirkt. Armut im Wohlstand wirft aber auch Fragen nach der sozialen Gerechtigkeit auf, die die Legitimität der gesellschaftlichen Chancenstruktur in Frage stellen können. Im Hinblick auf die soziale Kohäsion bedeutet Armut den Verlust von Kontaktchancen und Ausgrenzung aus den normalen Verkehrs- und Geselligkeitsformen. Dies gilt um so mehr, als Solidarität zu einem knappen Gut geworden ist.

Zusammenfassend kann also festgehalten werden, daß die hier dargelegte sozialstrukturelle Analyse der »neuen« Armutstendenzen keinen Zweifel an der Diagnose aufkommen läßt, daß diese Armutstendenzen sich in gesellschaftlicher Anomie mit ihren drei zentralen Aspekten – der strukturellen Krise, den Defiziten im Bereich der sozialen Regulation und der Schwächung der sozialen Kohäsion – niederschlagen. Mit anderen Worten: die Integration unserer Gesellschaft durch diese Armuts- und Anomiedynamik wird prekär! Nicht nur deshalb stellt eine moderne und reiche Gesellschaft, die die Armutsproblematik nicht zu lösen imstande ist, sich selbst ein Armutszeugnis aus.

Literatur

Abel, W.: *Massenarmut und Hunger. Krisen im vorindustriellen Deutschland*, Göttingen ²1977.

Adamy, W./Hanesch, W.: *Erwerbsarbeit und soziale Ungleichheit. Benachteiligung und Ausgrenzung am Arbeitsmarkt*, in: Döring, D./Hanesch, W./Huster, E. U. (Hg.): *Armut im Wohlstand*, Frankfurt/M. 1990, S. 161-184.

Albrecht, G.: *Die »Subkultur der Armut« und die Entwicklungsprobleme*, in: König, R. (Hg.): *Aspekte der Entwicklungssoziologie*, Sonderheft 13 der *Kölner Zeitschrift für Soziologie und Sozialpsychologie* (1969), S. 430-472.

Andreß, H.J.: *Steigende Sozialhilfezahlen. Wer bleibt, wer geht und wie sollte die Sozialverwaltung darauf reagieren?*, in: Zwick, M.M. (Hg.): *Einmal arm, immer arm? Neue Befunde zur Armut in Deutschland*, Frankfurt/New York 1994, S. 75-105.

Andreß, H. J./Lipsmeier, G.: *Was gehört zum notwendigen Lebensstandard und wer kann ihn sich leisten? Ein neues Konzept zur Armutsmessung*, in: *Aus Politik und Zeitgeschichte*, B 31-32 (1995), S. 35-49.

Beck, U.: *Risikogesellschaft. Auf dem Weg in eine andere Moderne*, Frankfurt/M. 1986.

Berger, P.A.: *Ungleichheitsphasen. Stabilität und Instabilität als Aspekte ungleicher Lebenslagen*, in: Berger, P. A./Hradil, St. (Hg.): *Lebenslagen, Lebensläufe, Lebensstile*; Sonderband 7 der *Sozialen Welt* (1990), S. 319-350.

Berger, P.A.: *Individualisierung und Armut*, in: Zwick, M.M. (Hg.), a. a.O., S. 21-46.

Berger, P.A./Hradil, St.: *Die Modernisierung sozialer Ungleichheit – und die neuen Konturen ihrer Erforschung*, in: Berger, P.A./Hradil, St. (Hg.), a.a.O., S. 3-24.

Besnard, Ph.: *L'Anomie. Ses Usages et ses Fonctions dans la Discipline sociologique depuis Durkheim*, Paris 1987.

Bös, M./Glatzer, W.: *Trends subjektiven Wohlbefindens*, in: Hradil, St. (Hg.), *Zwischen Bewußtsein und Sein. Die Vermittlung ›objektiver‹ Lebensbedingungen und ›subjektiver‹ Lebensweisen*, Opladen 1992, S. 197-221.

Bohle, H. H.: *Soziale Abweichung und Erfolgschancen. Die Anomietheorie in der Diskussion*, Neuwied 1975.

Bolte, K. M.: *Strukturtypen sozialer Ungleichheit. Soziale Ungleichheit in der Bundesrepublik Deutschland im historischen Vergleich*, in: Berger, P.A./Hradil, St. (Hg.), a.a.O., S. 27-50.

Bolte, K. M./Hradil, St.: *Soziale Ungleichheit in der Bundesrepublik*, Opladen ⁵1984.

Bonß, W./Keupp, H./Koenen, E.: *Das Ende des Belastungsdiskurses? Zur subjektiven und gesellschaftlichen Bedeutung von Arbeitslosigkeit*, in: Bonß, W./Heinze, R. G. (Hg.): *Arbeitslosigkeit in der Arbeitsgesellschaft*, Frankfurt/M. 1984, S. 143-188.

Brinkmann, W.: *Reiches Land und arme Kinder. Zur Armutsproblematik und ihren Folgen für die Kinder in Deutschland*, in: Kürner, P./Nafroth, R. (Hg.): *Die vergessenen Kinder. Vernachlässigung und Armut in Deutschland*, Köln 1994, S. 21-30.

Buhr, P./Leisering, L./Ludwig, M./Zwick, M.: *Armutspolitik und Sozialhilfe in vier Jahrzehnten*, in: Blanke, B./Wollmann, H. (Hg.): *Die alte Bundesrepublik – Kontinuität und Wandel, Leviathan*, Sonderheft 12 (1991), S. 502-546.

Buhr, P.: *Dynamik von Armut. Dauer und biographische Bedeutung von Sozialhilfebezug*, Opladen 1995.

Coser, L.: *Soziologie der Armut: Georg Simmel zum Gedächtnis*, in: Leibfried, St./Voges, W. (Hg.): *Armut im modernen Wohlfahrtsstaat*, Sonderheft 32 der *Kölner Zeitschrift für Soziologie und Sozialpsychologie* (1992), S. 34-47.

Dahrendorf, R.: *Der moderne soziale Konflikt*, Stuttgart 1992.

Dangschat, J.: *»Stadt« als Ort und als Ursache von Armut und soziale Ausgrenzung*, in: *Aus Politik und Zeitgeschichte*, B 31-32 (1995), S. 50-62.

Durkheim, É.: *Der Selbstmord*, Neuwied 1973 (original 1897).

Durkheim, É.: *Über die Teilung der Sozialen Arbeit*, Frankfurt/M. 1977 (original 1893).

Friedrichs, J.: *Vom Süd-Nord-Gefälle zum Ost-West-Gefälle?*, in: *Diskurs* 1 (1993), S. 8-14.

Geißler, R.: *Die Sozialstruktur Deutschlands. Ein Studienbuch zur Entwicklung im geteilten und vereinten Deutschland*, Opladen 1992.

Goetze, D.: *»Culture of Poverty« – Eine Spurensuche.*, in: Leibfried, St./ Voges, W. (Hg.), a. a. O., S. 88-103.

Habich, R./Headey, B./Krause, P.: *Armut im Reichtum – Ist die Bundesrepublik Deutschland eine Zwei-Drittel-Gesellschaft?*, in: Rendtel, U./ Wagner, G. (Hg.): *Lebenslagen im Wandel: Zur Einkommensdynamik in Deutschland seit 1984*, Frankfurt/New York 1991, S. 488-509.

Hanesch, W. u. a.: *Armut in Deutschland. Der Armutsbericht des DGB und des Paritätischen Wohlfahrtsverbandes*, Reinbek 1994.

Hanesch, W./Martens, R./Schneider, U./Wißkirchen, M.: *»Armut im Umbruch« im vereinten Deutschland*, in: Hanesch, W. (Hg.): *Sozialpolitische Strategien gegen Armut*, Opladen 1995, S. 29-64.

Harrison, P.: *Hunger und Armut. »Inside the Third World«*, Reinbek 1982.

Hauser, R.: *Das empirische Bild der Armut in der Bundesrepublik Deutschland – ein Überblick*, in: *Aus Politik und Zeitgeschichte*, B 31-32 (1995), S. 3-13.

Hauser, R./Cremer-Schäfer, H./Nouvertné, U.: *Armut, Niedrigeinkommen*

und Unterversorgung in der Bundesrepublik Deutschland. Bestandsaufnahme und sozialpolitische Perspektiven, Frankfurt/New York 1981.

Hauser, R./Neumann, U.: Armut in der Bundesrepublik Deutschland. Die
sozialwissenschaftliche Thematisierung nach dem Zweiten Weltkrieg, in:
Leibfried, St./Voges, W. (Hg.), a.a.O., S. 237-271.

Hauser, R./Müller, K./Wagner, G./Frick, J.: Einkommensverteilung und
Einkommenszufriedenheit in den neuen und alten Bundesländern, in:
Glatzer, W./Noll, H.H. (Hg.): Lebensverhältnisse in Deutschland: Un-
gleichheit und Angleichung. Soziale Indikatoren XVI, Frankfurt/New
York 1992, S. 91-137.

Hauser, R./Hübinger, W.: Arme unter uns. Teil 1: Ergebnisse und Konsequenzen der Caritas-Armutsuntersuchung, Freiburg ² 1993.

Hauser, R./Hübinger, W.: Armut in den alten Bundesländern. Ihre Ent-
wicklungstendenzen im Überblick, in: Kürner, P./Nafroth, R. (Hg.): Die
vergessenen Kinder. Vernachlässigung und Armut in Deutschland, Köln
1994, S. 31-40.

Hirtz, F./Köhler, P.A./Schulte, B.: Die »drei Gesichter« der Armut. Sozialpolitik jenseits des Nationalstaats, in: Leibfried, St./Voges, W. (Hg.),
a.a.O., S. 324-344.

Hradil, St.: Sozialstrukturanalyse in einer fortgeschrittenen Gesellschaft,
Opladen 1987.

Hradil, St.: Postmoderne Sozialstruktur. Zur empirischen Relevanz einer
»modernen« Theorie sozialen Wandels, in: Berger, P.A./Hradil, St. (Hg.),
a.a.O., S. 125-150.

Huster, E.U.: Reichtum in einer reichen Gesellschaft, in: Huster, E.U.
(Hg.): Reichtum in Deutschland. Der diskrete Charme der sozialen Distanz, Frankfurt/New York 1993, S. 7-21.

Klages, H./Gensicke, Th.: Wertewandel in den neuen Bundesländern. Fakten und Deutungsmodelle, in: Glatzer, W./Noll, H.H. (Hg.), a.a.O.,
S. 301-326.

Knapp, D./Polk, K.: Scouting the War on Poverty. Social Reform Politics in
the Kennedy Administration, Toronto/London 1971.

Kreckel, R.: Politische Soziologie der sozialen Ungleichheit. Frankfurt/
New York 1992.

Kronauer, M./Vogel, B./Gerlach, F.: Im Schatten der Arbeitsgesellschaft.
Arbeitslose und die Dynamik sozialer Ausgrenzung, Frankfurt/New
York 1993.

Leibfried, St./Voges, W.: Vom Ende einer Ausgrenzung? Armut und Soziologie, in: Leibfried, St./Voges, W. (Hg.): Armut im modernen Wohlfahrtsstaat, Sonderheft 32 der Kölner Zeitschrift für Soziologie und Sozialpsychologie (1992), S. 9-33.

Leibfried, St./Leisering, L. u.a.: Zeit der Armut. Lebensläufe im Sozialstaat, Frankfurt/M. 1995.

Leisering, L./Zwick, M.M.: Heterogenisierung der Armut? Alte und neue

Perspektiven zum Strukturwandel der Sozialhilfeklientel in der Bundesrepublik Deutschland, in: Zeitschrift für Sozialreform, Jg. 36 (1990), S. 715-745.

Leisering, L.: *Zweidrittelgesellschaft oder Risikogesellschaft?*, in: Bieback, K.J./Milz, H. (Hg.): *Neue Armut*, Frankfurt/M. 1995a, S. 58-92.

Leisering, L.: *Armutspolitik und Lebenslauf. Zur politisch-administrativen Relevanz der lebenslauftheoretischen Armutsforschung*, in: Hanesch, W. (Hg.), a. a. O., S. 65-111.

Ludwig, M./Leisering, L./Buhr, P.: *Armut verstehen. Betrachtungen vor dem Hintergrund der Bremer Langzeitstudie*, in: *Aus Politik und Zeitgeschichte*, B 31-32 (1995), S. 24-33.

Mayer, K. U./Blossfeld, H. P.: *Die gesellschaftliche Konstruktion sozialer Ungleichheit im Lebensverlauf*, in: Berger, P. A./Hradil, St. (Hg.), a. a. O:, S. 297-318.

Merton, R. K.: *Sozialstruktur und Anomie*, in: Sack, F./König, R. (Hg.): *Kriminalsoziologie*, Frankfurt/M. 1968, S. 283-313.

Meyns, P.: *Hunger und Ernährung*, in: Nohlen, D./Nuscheler, F. (Hg.): *Handbuch der Dritten Welt. Grundprobleme, Theorien, Strategien*, Bonn 1993, S. 197-212.

Müller, H. P.: *Sozialstruktur und Lebensstile. Der neuere theoretische Diskurs über soziale Ungleichheit*, Frankfurt/M. 1992.

Mutschler, R.: *Wohnungsnot und Armut*, in: Bieback, K. J./Milz, H. (Hg.): *Neue Armut*, Frankfurt/New York 1995, S. 235-259.

Napp-Peters, A.: *Armut von Alleinerziehenden*, in: Bieback, K. J./Milz, H. (Hg.), a. a. O., S. 107-121.

Nissen, H. P.: *Einkommensverteilung und Armut*, in: Nohlen, D./Nuscheler, F. (Hg.), a. a. O., S. 213-230.

Noll, H. H./Schuster, F.: *Soziale Schichtung und Wahrnehmung sozialer Ungleichheit im Ost-West-Vergleich*, in: Glatzer, W./Noll, H. H. (Hg.), a. a. O., S. 209-230.

Olk, Th./Rentzsch, D.: *Zur Transformation von Armut in den neuen Bundesländern*, in: Riedmüller, B./Olk, Th. (Hg.): *Grenzen des Sozialversicherungsstaates*, Opladen 1994, S. 248-274.

Pfaff, A.: *Was ist das Neue an der neuen Armut?*, in: Bieback, K. J./Milz, H. (Hg.), a. a. O., S. 28-57.

Pfeiffer, Ch.: *Kriminalität junger Menschen im vereinigten Deutschland. Eine Analyse auf Basis der Polizeilichen Kriminalstatistik 1984-1994*, Hannover 1995.

Piachaud, D.: *Wie mißt man Armut?*, in: Leibfried, St./Voges, W. (Hg.), a. a. O., S. 63-87.

Rodman, H.: *The Lower-Class Value Stretch*, in: *Social Forces* 42 (1963/64), S. 203-215.

Runciman, W. G.: *Relative Deprivation and Social Justice*, Harmondsworth 1972 (zuerst London 1966).

Sautter, H./Schuler-Wallner, G.: *Wohnungsnot und Obdachlosigkeit: Handlungsmöglichkeiten auf nationaler und kommunaler Ebene*, in: Hanesch, W. (Hg.), a. a. O., S. 326-353.

Schäfers, B.: *Zum öffentlichen Stellenwert von Armut im sozialen Wandel der Bundesrepublik Deutschland*, in: Leibfried, St./Voges, W. (Hg.), a. a. O., S. 104-123.

Schlomann, H.: *Vermögen und Schulden der Armen*, in: Döring, D./Hanesch, W./Huster, E. U. (Hg.), a. a. O, S. 142-158.

Schlomann, H.: *Die Entwicklung der Vermögensverteilung in Westdeutschland*, in: Huster, E. U. (Hg.), a. a. O, S. 54-83.

Schmals, K. M.: *Wohnungsnot und Armut. Stadtpolitik in der Modernisierungsfalle*, in: Breckner, I./Kerscher, K. (Hg.): *Armut und Wohnungsnot*, Münster 1994, S. 27-47.

Schott-Winterer, A.: *Wohlfahrtsdefizite und Unterversorgung*, in: Döring, D./Hanesch, W./Huster, E. U. (Hg.), a. a. O., S. 56-78.

Schulze, G.: *Soziologie des Wohlstands*, in: Huster, E. U. (Hg.), a. a. O., S. 182-206.

Sengling, D./Schulte, G.: *Armut in Deutschland*, in: Chassé, K. A. (Hg.): *Randgruppen 2000: Analysen zu Randgruppen und zur Randgruppenarbeit*, Bielefeld 1992, S. 29-42.

Simmel, G.: *Soziologie. Untersuchungen über die Formen der Vergesellschaftung, Kap. VII: Der Arme*, Berlin [5]1968, S. 345-374.

Sopp, P.: *Das Ende der Zwei-Drittel-Gesellschaft? Zur Einkommensmobilität in Westdeutschland*, in: Zwick, M./(Hg.), a. a. O., S. 47-74.

Statistisches Bundesamt (Hg.): *Datenreport 6. Zahlen und Fakten über die Bundesrepublik Deutschland 1993/94*, Bonn 1994.

Strang, H.: *Erscheinungsformen der Sozialhilfebedürftigkeit*, Kiel 1969.

Sünker, H.: *Kinder und Armut*, in: *Neue Praxis* (1991), S. 316-324.

Tennstedt, F.: *Sozialgeschichte der Sozialpolitik in Deutschland vom 18. Jahrhundert bis zum Ersten Weltkrieg*, Göttingen 1981.

Tyrell, H.: *Émile Durkheim. Das Dilemma der organischen Solidarität*, in: Luhmann, N. (Hg.): *Soziale Differenzierung. Zur Geschichte einer Idee*, Opladen 1985, S. 181-250.

Vester, M./v. Oertzen, P./Geiling, H./Hermann, Th./Müller, D.: *Soziale Milieus im gesellschaftlichen Strukturwandel. Zwischen Integration und Ausgrenzung*, Köln 1993.

Walper, S.: *Kinder und Jugendliche in Armut*, in: Bieback, K. J./Milz, H. (Hg.), a. a. O., S. 181-219.

Willeke, St./Fink, A., *Abschied vom Wohlstand*, in: *Die Zeit*, Nr. 23, 31. 5. 1996, S. 9-11.

Yankelovich, D.: *Wohlstand und Wertewandel. Das Ende der fetten Jahre*, in: *Psychologie heute* 3(1994), S. 28-37.

Zwick, M. M.: *Einmal arm, immer arm?* Einleitung, in: Ders. (Hg.): *Einmal arm, immer arm? Neue Befunde zur Armut in Deutschland*, Frankfurt/New York 1994(a), S. 7-20.

Zwick, M. M.: *Verzeitlichte Armutslagen – Resümee und Ausblick*, in: Ders. (Hg.): *Einmal arm, immer arm? Neue Befunde zur Armut in Deutschland*, Frankfurt/New York 1994(b), S. 181-190.

Eike Hennig
Demokratieunzufriedenheit und Systemgefährdung[1]

Der Themenstellung wird folgende Aufmerksamkeitshaltung zuteil: Keine Politik ohne Ökonomie, kein Post-Materialismus ohne Material(ismus). Dieses eherne Politikgesetz bestimmt die für die Bundesrepublik geltende Variante der Demokratieakzeptanz und gilt damit für das Vertrauen als jene »particular kind of emphasis«, die David Easton (1965) zufolge die Unterstützung eines politischen Systems ausmacht.

In der BRD ist die Unterstützung eng mit sozioökonomischen Standards und dem wohlfahrtsstaatlichen Output verknüpft, was besonders zu Krisenzeiten das politische System mit seinem demokratischen Zusammenspiel von Herrschaftsträgern und Volkssouveränität anfällig macht. Eine wirtschaftliche Krise und soziale Wandlungsprozesse wachsen sich schnell zu einer politischen Krise bzw. zu Vertrauens- und Zufriedenheitseinbrüchen aus, wenn die Akzeptanz dieses Systems mit der sozioökonomischen Leistungsfähigkeit, d. h. mit der Konjunktur, einem großen gesellschaftlichen Mehrprodukt und wohlfahrtsstaatlicher Verteilung, verbunden wird. Eine solche »Output«-Orientierung verknüpft recht schnell wirtschaftliche und politische Probleme und neigt zur Absage gegenüber politischen Eliten, Institutionen und Parteien, wenn diese den »Wohlstand« als die mit dem System assoziierte Leistung nicht mehr im gewohnten Umfang gewährleisten.

Wenn in Krisenzeiten Leistungen und Erwartungen auseinanderfallen, dann befinden sich solch ein System und solch eine Mehrheitsmeinung »schnell« im Zustand wechselseitiger Entfremdung. »Die Politiker« erscheinen einerseits »dem Volk« als distanziert und elitär, von den Problemen »der kleinen Leute« hätte das politische Selbstversorgungssystem keine Ahnung; andererseits kommt »das Volk« »den Politikern« unzufrieden und ungerecht oder komsumverliebt vor und daher lenkungs- wie moralbedürftig. Vorwürfe der Cliquenwirtschaft und des Freizeitparks, der

---

1 Es handelt sich um eine überarbeitete und ergänzte Fassung meines Beitrages in: Kowalsky, W./Schroeder, W. (Hg.): *Rechtsextremismus*, Opladen 1994, S. 339ff.

Bonzen und des Pöbels signalisieren, daß das Klima demokratischen Vertrauens gestört ist.

»Krasser sozialer Wandel« (vgl. Clausen 1994) fordert eine politisch-ökonomische Aufmerksamkeitshaltung, und im folgenden wird davon ausgegangen, daß die BRD seit 1990 intern, seit 1988/89 von außen her, im Fadenkreuz eines solchen Wandlungsszenariums steht.[2] Bei allem Respekt vor der Autonomie der Politik und aller Kritik an ökonomistischen Ableitungen fordert dies eine ökonomieorientierte Politikanalyse, deren Ausdifferenzierungen den spezifischen Gehalten von Politik, Wirtschaft, Gesellschaft, Öffentlichkeit und Psyche Rechnung zu tragen haben. Eine krisenhafte Ökonomie ist (nicht nur in den neuen Bundesländern) Wirklichkeit geworden – was sich z. B. in steigender (Sockel-)Arbeitslosigkeit, in Firmenzusammenbrüchen, im teilweisen Wachstum ohne einen grundlegenden Stellenzuwachs und, als Folge, im Rentenproblem ausdrückt –, zugleich aber führt diese Wirklichkeit zu Konstruktionen, zu neuen Weltsichten, wie sie z. B. die Standort-Debatte, die verzweifelten Sicherheitswünsche und insgesamt den Bilderhaushalt der Risikogesellschaft bestimmen. Gerade die Betonung einer engen Beziehung von Ökonomie und Politik führt zu einer Sichtweise, die Realität und Konstruktion eng verzahnt und Bilder und Environments hervorhebt: Was dem einen als Realität gilt, hält der andere für ein Konstrukt – et vice versa. Virtuelle Welten spielen eine immer realere Rolle und schleifen Grenzen.

1. Rapider Wandel und Formen der Verunsicherung

Wenn der Dreifaltigkeit von politischer Ökonomie, politischer Soziologie und politischer Psychologie bzw. von autoritärem Monopolkapitalismus, autoritärem Staat und autoritärer Persönlichkeit – um an den Anspruch der Frankfurter Schule zu erinnern – das Wort geredet wird, dann können »politische Entscheidungen«, z. B. die Wahlerfolge der »Republikaner« 1989 und 1993, nicht nur auf Organisationen und Programme, d. h. auf manifeste Rollen und Strukturen, reduziert werden. Entsprechende politische Ein-

---

2 Diese Annahme über die große Transformation kann sich innenpolitisch auf Studien beziehen (z. B. von U. Feist), die darauf hinweisen, daß sich seit 1990 in »Deutschland« in einem Staat zwei Gesellschaften begegnen. Diese Annahme wird hier jedoch nicht ausgeführt, sondern unterstellt.

stellungen sind nicht dann erst vorhanden, wenn sie eine organisierte Form annehmen, verschwinden aber auch nicht sofort, wenn ihr organisatorischer Ausdruck entfällt. In besonderer Weise trifft dies für rechtsextreme Einstellungen und Verhaltensweisen zu, wenn man dem Begriff Rechtsextremismus ein breites Spektrum an »Rechtsextremismen« von der Mitte bis zu informellen Subkulturen und rechtsterroristischen Kleingruppen zuordnet, wenn der Terminus (anders als im verfassungsrechtlichen Sinn) als eine Skala bzw. als ein Syndrom der Radikalisierung von Einstellungen aufgefaßt wird. Rechtsextremismus – Sammelbezeichnung eines Bündels antidemokratischer, nationalistischer, ethnozentrischer bzw. fremdenfeindlicher Ideologeme und Organisationen – sollte nicht dann erst wahrgenommen werden, wenn er als Gewalt und/oder über wachsende Mitglieder- wie Wählerzahlen konkrete Gestalt angenommen hat. Sein »extremismusträchtiges« Vorfeld, seine Zuspitzung auf einer Skala rechter Meinungssätze (vgl. Falter 1994) und sein Umschlag von Einstellungen zu Verhaltensweisen wären zu beachten. Jürgen Falter (1994, S. 122 ff.) unterstreicht, daß erst die Kombination solcher Merkmale, die im einzelnen zwar als »rechts« gelten, die per se aber nicht »rechtsextrem« übersteigert sein müssen, die Zustimmung zur Wahl einer rechten Partei begünstigt. Erst die »Überlagerung« von Protest, Benachteiligungsgefühlen, Ablehnung von Ausländern, Nationalismus und Rechtseinstufung steigert die Chance, eine Rechtspartei zu wählen. Politische Unzufriedenheit als Quasi-Katalysator, der solche Überlagerungen begünstigt, nutzt also z. B. den »Republikanern« (REP), geht von ihnen aber nicht aus.

Rechtsextremismus ist begrifflich ein Konstrukt, die zusammenfassende Interpretation von Einstellungen, Verhaltensweisen, Legitimationen und Organisationsrollen. Wegen der unterschiedlichen Akzente insbesondere von rechtsextremen Meinungsträgern über organisierte Programmpolitiker bis hin zu subkulturellen oder organisierten Gewaltaktivisten sollte von Rechtsextremismen die Rede sein. Hier steht die Mehrheitsgruppe der Meinungsadepten im Zentrum, wie sie v. a. 1989 den Zuwachs rechtsextremer Wählerparteien begründet haben. 1994 hat sich diese Gruppe zumeist wieder von diesen Parteien, d. h. zumeist von den »Republikanern«, abgewendet. Solange diese Partei Konjunktur hatte, tauchte sie in Umfragen auf. Die entsprechenden Einstellungen werden hier daher über die Sympathisanten der REPs erschlossen; es geht aber nicht um die REPs als Partei, sondern um eine Variante des Rechts-extremismus, um dessen Wählbarkeit, um die Einstellungen von Wahlberechtigten, die auf die Sonntagsfrage hin bekunden, die REPs wählen zu wollen. Nicht zuletzt der Wahlerfolg der REPs am 24. 3. 1996 in Baden-Württemberg deutet darauf hin, daß diese Geisteshaltungen auch dann noch Geltung beanspruchen können, wenn die Partei der »Republikaner« allgemein wieder zur Sekte abgestiegen ist.

Wenn moderne Rechtsextremismen soziologisch – im Gegensatz zum verfassungs- wie strafrechtlichen Begriff – stärker als eine besondere Thematisierung sozioökonomischer (Krisen-)Ängste denn als die Krisenthematik selbst zu analysieren sind, dann spielen solche Untersuchungsansätze eine wichtige Rolle, die auf die diffusen Ursprünge der sich »rechtsextrem« verdichtenden Deutungsmuster hinweisen. Gefordert ist ein Blick auf den (rapiden) Wandel und die damit verknüpften Delegitimationsprozesse des politischen Systems, verbunden mit individuellen Orientierungsproblemen in einem sich ändernden System von Werten und Normen. Wandel wirft die Frage nach der Tauglichkeit politisch-sozialer Institutionen bei der Bewältigung der ins Wanken kommenden Verhältnisse auf; Wandel, Delegitimierung, Entfremdung, Isolation und Anomie sind daher als eine mögliche Verweiskette zu betrachten.

»Rechtsextremismus« stellt sich als eine Verarbeitungsform von Wandlungsprozessen dar, die zu Verunsicherung führen. Unsicherheit und Unzufriedenheit gegenüber der Gegenwart und den Veränderungen führen zu einem Verlust an Vertrauen. Problemlösungen und zufriedenstellende Leistungen werden den Akteuren nicht mehr zugetraut. Die Zukunft erscheint als gefährdet. Eine der möglichen Reaktionsweisen bzw. Protestformen besteht in der Idealisierung der Vergangenheit. Demgegenüber setzen andere Protestformen angesichts der Unsicherheiten auf die Chance einer Demokratisierung, um die Probleme des Wandels und die Unzufriedenheit mit dem politischen System zu überwinden. Die Mehrheitslinie verneint im Unterschied zu den beiden genannten Protestformen des »Autoritarismus« und der »Demokratisierung« die Krisenhaftigkeit und setzt auf eine wesentliche Kontinuität. Diese Position ist derjenigen des »Autoritarismus« insofern ähnlicher als derjenigen der »Demokratisierung«, als wichtige Werte ähnlich betrachtet werden. Für den Mainstream gelten diese Werte

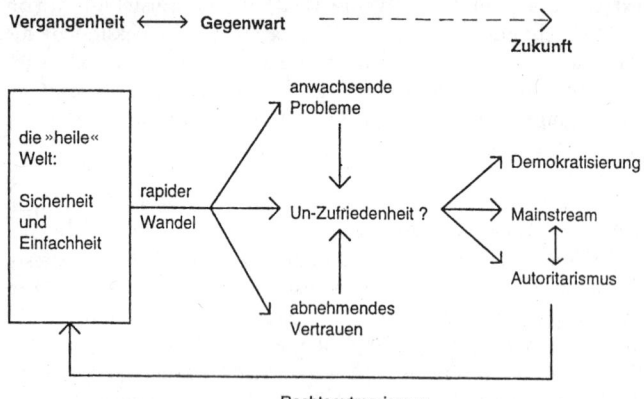

Rechtsextremismus
REX = f (Wandel + Verarbeitung der Un/Zufriedenheit)

im Kern noch und haben auch eine Zukunftschance, während ein »rechtsextrem« ausgestalteter »Autoritarismus« die Wertverwirklichung als nicht mehr gegeben oder zumindest als sehr bedroht ansieht. Die Werte galten in der Vergangenheit und sollen mit Blick auf die Vergangenheit restauriert werden (vgl. Schema 1).

»Rechtsextreme Wendungen« sind nur eine Fluchtrichtung vor der mit Angst und Chaos assoziierten Zukunft, aus der Gegenwart in eine überhöhte Vergangenheit, gegen das Globale, Universelle und gegen die die Grenzen unterwandernden und den ehedem eigenen Raum »überfremdenden« Migrationsprozesse von »Fremden«.

Zumindest vier grob umrissene Großformen der Verarbeitung besagter Schemata sind zu unterscheiden: 1. Privatismus, Entsolidarisierung, Resignation und Individualisierungen stehen 2. autoritären oder 3. demokratisierenden Protestformen gegenüber, während 4. eine (abnehmende) Mehrheit die Folgen der Labilisierung ihrer Lebensentwürfe sowie der Defizite von Institutionen und Organisationen gegenüber ökonomischen Bedrohungen und psychischen Anforderungen (immer noch?) überspielt. Diese Krisenverarbeitungen (vgl. Schema 1) nehmen konkrete Gestalt an, indem sie mit Veränderungen der Wirtschaft und der Wertorientierungen zusammentreffen.

Den Wertewandel bezeichnen die Stichworte »Materialismus« und »Postmaterialismus«, die Umgestaltung der Ökonomie mögen die Kürzel »Fordismus« und »Postfordismus« andeuten. Selbstbestimmung, Umweltbewußtsein und Hedonismus einerseits und andererseits Deindustrialisierung (der Massenproduktion), Reindustrialisierung (von Dienstleistungsindustrien), Flexibilisierung, Verlagerung und Schattenökonomie sind damit die Abbreviaturen, die die Formbestimmung der Krisenansichten vermitteln.

Diese Formen besagen, daß neben allen neuen und neu-alten Formen etc. die alten Sender und konventionellen Politikformen weiterhin benutzt werden; die Mixtur allerdings wird bunter, gefährlich undurchsichtig. Dem neuen, vielschichtigen und mehrdimensionalen Pluralismus steht die demokratische Bewährungsprobe noch bevor. Neben die soziale, die demokratische und die nationale Frage tritt die multiethnische Frage; alle diese Fragen haben ihre Teilberechtigung, so wie ihnen eine einheitliche Bezugs- und Verhandlungsgrundlage, etwa die Rechts- und Geldform, zu fehlen scheint. Das Gesamtproblem ist größer als die Summe seiner Teile. In dieser Lage steht die Lösungs- und Leistungskompetenz des politischen Systems auf dem Prüfstand. Die Frage an das System stellt sich um so schärfer und schroffer, je verunsicherter und anomischer die Fragesteller sind; die zivilgesellschaftliche Reaktion auf die neue pluralistische Vielfalt setzt Ambiguitätstoleranz und einen zureichenden (post)materiellen Stand voraus, die sympathische Forderung nach einer Politik der Differenz und Anerkennung (Ch. Taylor) hat somit ohne zureichende materielle Basis und ohne einen basalen Konsens nur eine begrenzte Reichweite.

1.1 Die REPs
Wählbarer Rechtsextremismus als eine Form von Krisenverarbeitung

Das rechtsextreme Spektrum wird hier nur unter dem Blickwinkel von Unzufriedenheit und der Wahl einer rechten Partei betrachtet. Dabei wird es insbesondere um die Sympatisanten der REPs gehen. Ein Großteil der Unzufriedenen, von denen an dieser Stelle die Rede ist, sammelte sich bis 1993 bei den REPs. Bezüglich der politischen Einordnung wird zwischen der (rechtsextremen) Partei der Funktionäre und den (rechtspopulistischen) Wählern unterschieden und zugleich auf fließende Übergänge in einem »Republi-kaner«-Syndrom (Jaschke 1993) hingewiesen.

Der »Zweiteilung« der REPs in Kader und Wähler entsprechen jene Umfragen, die die Wahlentscheidung hauptsächlich auf einen diffusen »Protest« zurückführen. Lediglich ein Fünftel der Wähler der REPs (aber auch der NPD oder DVU) führen ihre Wahlent-scheidung auf programmatische Überzeugungen zurück, während die überwiegende Mehrzahl ihre Stimmabgabe für eine rechte Par-tei als »Protest« gegen das politische System und speziell gegen die etablierten Parteien betrachtet (ipos92, S. 67 ff.; ipos93, S. 63 f.). Ih-ren Rechtsextremismus gründet ein Großteil dieser Wähler nicht auf Programme und geschlossene Weltbilder, sondern er entwächst den an den Alltag angelehnten autoritären Mustern einer diffusen politischen Unzufriedenheit und funktionalistisch vorgetragenen nationalistischen wie ethnozentrischen Abgrenzungen.

Hieraus resultiert ein besonderer »Protest«. Es wird sich zeigen, daß z. B. zwischen dem »Protest« der Grünen und demjenigen der REPs bedeutende Unterschiede bestehen. Der REP-»Protest« ver-schmilzt nationale, autoritäre und ethnisch eingefärbte Einstellun-gen (Hennig 1992, S. 32 f.). Er wird genährt von einer seit 1989 von SINUS als Angst um den sozialen Status und die national-kultu-relle Orientierung beschriebenen Gesinnung und von einer »out-put«-orientierten Haltung zum demokratischen System. Quelle dieser Angst sind neben der Furcht um Wohlstand und vor »Über-fremdung« die Enttäuschung über mangelnde bzw. mangelhafte Leistungen der Herrschaftsträger. Im Wohlstandschauvinismus fließen diese Elemente zusammen. Mit diesem Begriff bezeichnet SINUS 1989 ein Grundmuster, dem zufolge nur diejenigen An-spruch auf Leistungen des Verteilungsstaates haben sollen, die als Deutsche in der BRD den gesellschaftlichen Reichtum erwirtschaf-ten (Klär 1989, S. 15). Am ehesten noch werden langjährig in der BRD lebende und Steuern zahlende »Gastarbeiter« eingeschlossen (ebd., S. 13).

Die ertragsorientierte Haltung gegenüber der Demokratie bejaht entsprechende Normen und Institutionen nicht als demokrati-schen Selbstwert (z. B. als ein System aus sich heraus akzeptierter Menschenrechte), sondern mißt das politische System an seinen (prodeutschen) Verteilungsleistungen. Grundrechte (i. s. Men-schenrechte in ihrer auf Deutsche begrenzten Reichweite) werden nur dann für richtig befunden, wenn der »Output« stimmt. Insofern sozioökonomische Modernisierung, Flexibilisierung, Pluralisierung und Individualisierung an Bedeutung gewinnen, kulturelle Gewißheiten und soziale Sicherheiten abnehmen, traditionelle Schutzgemeinschaften (wie Familie, Milieus, Kirchen) sich auflösen, die Spaltung in Kern- und Randbelegschaften zunimmt und die Regulationsfähigkeit des Staates schwindet, werden das Leistungsvermögen und der »Output« des Staates immer kritischer beurteilt. Diverse Skandale zerschleißen zusätzlich den Gerechtigkeitsnimbus. Aus der Optik der »Output«-Orientierung speisen sich Bilder eines als ineffizient und amoralisch eingestuften Staates, der den Prozessen ethnischer »Überfremdung« und sozioökonomischen Wandels hilflos gegenübersteht und die soziale wie politische Isolation des einzelnen fördert. In dieser Fassung nimmt die anomische Stimmung eine rechte Ausprägung an und nährt eine Sehnsucht nach autoritärer und nationaler Klarheit gegenüber allen zivilgesellschaftlichen und globalen Unsicherheiten bzw. Verunsicherungen.

Die dichotomen und polarisierenden Gesellschaftsdeutungen derer »hier unten« gegen jene »da oben« greift eine neue rechte Partei auf, indem sie, auf Legalität und Wählbarkeit bedacht, diesen Unmut artikuliert und gegen die etablierten »System-« und »Altparteien« wendet. Die REPs bündelten diejenige Unzufriedenheit, der es nicht um demokratische Positionen als Selbstwert geht, die jedoch – anders als Neonazis – die als ineffizient und korrupt erachtete (Partei-)Demokratie nicht mit Gewalt oder kraft eines geschlossenen rechtsextremen Weltbildes bekämpft. Die REPs organisierten keine Interessen, sie waren – anders als die informell-fremdenfeindlichen Gruppen von Skins und Hooligans – auch nicht Teil einer besonderen Subkultur (von Gewalt), sondern sie gaben einer rebellischen Unzufriedenheit und der rechtspopulistischen Sicht komplexer Themen Ausdruck. Ihre Wahl war schon für einen Großteil ihrer Wähler »Protest« genug.

Die geringe Anbindung der Protesthaltung an die Organisation führte seit 1994 dazu, daß die REPs ihr Publikum wieder verloren haben (ohne daß dieses seine Einstellungen ändern müßte). 1994 mißachtete die Partei bzw. Franz Schönhuber entscheidende Eckpunkte einer auf Reputation, Legalität und Wählbarkeit bedachten Rechtsorientierung – etwa im Streit mit Ignatz Bubis –, so daß sich, nachdem auch ihr Thema, die Asylantenfrage, an Resonanz eingebüßt hatte (gegenüber Arbeitslosigkeit), ihr Einfluß verringerte.

1994 überschritten die REPs verbindliche Parameter der politischen Kultur und Moral der BRD, d. h., sie näherten sich dem Status »offen rechtsextremer« Positionen und Begriffe. Zu großen Teilen wandten sich deshalb ihre »Protest«-Wähler von der Partei ab, verstanden sich diese doch nicht als »rechtsextreme Outsider«. Ohne diese Wählerteile fielen die REPs auf Sektenniveau zurück. Ende 1994 öffnete sich wieder die schon 1979/80 von SINUS festgestellte, für die »alte« BRD bis 1988 charakteristische Schere vergleichsweise größerer rechter Einstellungspotentiale, aber geringer Wählerquoten. So wie die Mehrzahl der REP-Wähler seit 1989 von den Großparteien gekommen ist, hat sich ein großer Teil ihrer Sympathisanten diesen Parteien wieder zugewendet. Dies zeigte die bayerische Landtagswahl vom 25. 9. 1994 und wiederholte sich bei der Bundestagswahl am 16. 10. 1994. Die Landtagswahl vom 24. 3. 1996 in Baden-Württemberg (anders als die zeitgleichen Wahlen in Rheinland-Pfalz und Schleswig-Holstein) offenbarte aber, daß die REPs immer noch Chancen haben. Überdurchschnittlich gewählt von Arbeitern und Arbeitslosen in evangelischen Regionen, sind sie mit 9,1% wieder in den Landtag eingezogen, nachdem die SPD mit einem u. a. gegen die Euro-Währung und Aussiedler gerichteten Wahlkampf der rechten Thematisierung auf die Sprünge geholfen hat. Dies belegt, daß der Aufstieg wählbar werdender Rechtsparteien vorrangig als Interaktion von Kriseninterpretation und Verunsicherung mit dem abnehmenden Vertrauen in das politische System analysiert werden sollte.

Bisher wurde die Angst um den Wohlstand weitgehend gespeist aus der Zahl von Asylbewerbern und »Fremden«, deshalb konnten Ablenkungsstrategien auf diesen Personenkreis direkt erfolgreich sein (mit dem Extremfall der »ausländerfreien« Stadt Hoyerswerda). Heute, im Zeichen von Globalisierung und Standort-Debatte, kann den Ängsten so nicht mehr entsprochen werden. Die Zahl der Feinde wächst, Bedrohungen kommen aus allen Richtungen. Rechte Einstellungen und der Wohlstandschauvinismus erreichen das Niveau der raum- und zeitlosen Risikogesellschaft mit ihren gefährlichen unsichtbaren Bedrohungen. Zwanghaft werden dagegen die »nationale Identität« und der Wohlstand eines verbrämten Status quo ante verteidigt. Die Reaktionen behalten die alten Feindbilder zwar bei, werden aber immer diffuser, ähneln Don Quixotes Kampf gegen die Windmühlenflügel, richten sich mehr gegen das »System«, das einen so im Stich läßt. Deshalb soll gerade letztere Tendenz der Unzufriedenheit mit Institutionen und öffentlichen Einrichtungen hier betrachtet werden.

2. Auf dem Weg zum Untersuchungsmodell: Demokratieakzeptanz und Output-Orientierung

Zwar wird das politische System diffus und spezifisch unterstützt, zwar werden wesentliche verfassungsrechtlich-demokratische Minima mehrheitlich akzeptiert – was für die Bejahung des Anti-Extremismus-Kanons von Grundrechten, Volkssouveränität, Gewaltenteilung und Mehrparteienprinzip gilt –, dennoch wird die Demokratieakzeptanz in der BRD v. a. mit der Leistungsfähigkeit des Systems, mit dem wohlfahrtsstaatlichen Output bzw. einer regulativ umverteilenden Problemabfederung verknüpft. Aus dieser Verbindung ergibt sich mittelbar die Krisenanfälligkeit der Demokratie- und Systemzufriedenheit. Der »input of demands« und der »support« (vgl. Easton 1979) setzen die (Mit-)Regierung der bevorzugten Partei und den Output eher voraus als pluralistischen öffentlichen Streit über Fragen der Wandlungsprozesse. Die erwähnte Schere markiert deshalb für Teile der Gesellschaft den Beginn einer politischen Krise; den Anforderungen, dem Notwendigen, entsprechen die Leistungen, das Mögliche, nicht mehr (vgl. Easton 1990). Staat und Gesellschaft befinden sich im Streß. Ausdruck dessen sind auch die Tendenzen der rechtsautoritären Wende und anomische Impressionen.

Aus politisch-ökonomischer Sicht ist die Kluft von In- und Output bei einer starken Output-Orientierung und einem hohen Anspruchsniveau als Quelle abnehmenden Vertrauens und schwindender Unterstützung hervorzuheben. Die gegenwärtigen Wandlungsprozesse sind nicht nur wirtschaftlich bedingt, erhalten aber durch die Ökonomie ihre Bedeutung. In Verbindung mit längerfristigen Werteumbrüchen betreffen sie v. a. den Arbeitsmarkt und, davon ausgehend, die Planungen des »guten Lebens« sowie der »eigenen Existenz« in einer sicher abgegrenzten »Heimat« oder in der weitläufigen »Globalisierungsfalle«. Seit 1994 gibt es mehr als 3,5 Mio. Arbeitslose. Zwischen 1992 und 1994 nahm die Zahl der Arbeitsplätze um 1,1 Mio. ab. Die jährlich rd. 170 000 neuen Arbeitsplätze gleichen die Bilanz nicht aus, der Arbeitsmarkt ist instabil und dürfte eine Quelle tiefer Verunsicherungen sein (denen die Meinungsforschung viel zu wenig nachspürt). Die Entwicklung des Ganzen wird dabei immer noch schlimmer eingeschätzt als die eigene. Dennoch erwachsen hieraus soziale wie individuelle Streßfaktoren, die mit immer neuen Varianten der Unzufriedenheit und des Mißtrauens angereichert werden bis zu jenen im Herbst 1996, als die Regierung aufgrund ihrer Gesetze zum Bruch von tarifvertraglichen Regelungen (Lohnfortzahlung im Krankheitsfall) durch die Arbeitgeber eingeladen hat. Sie wachsen sich angesichts der Output-Orientierung zu Anomiepotentialen und Krisensignalen für das politische System aus.

Aus dem »allgemeinen Verteidigungszustand«, wie Ulrich Beck (*taz* v. 30. 4. 1994, S. 15) die Bedingungen u. a. einer »Zusammenbruchs-« und »Armuts-Individualisierung« bezeichnet, ergibt sich eine bedeutende Dramatik, weil Wirtschaft und Politik ebenso wie Wertewandel und sozioökonomische Veränderungen nicht mehr entkoppelt werden können. Der Wertewandel des einen ist die Werteunsicherheit des anderen und die Wertsuche eines Dritten[3], wobei es seit 1991 immer weniger zu verteilen gibt (»output failure«), so daß für alle aus den Gedankenspielen um weiche oder harte Politik immer erbarmungslosere Wirklichkeit wird. Unzufriedenheit in verschiedensten Formen nimmt zu. Die Wahlbeteiligung in den neuen Bundesländern bis zur Bundestagswahl 1994 ist deutlich niedriger als in Westdeutschland und geht seit 1990 stark zurück. Die Befürwortung der Demokratie an sich fällt im Osten von 1991 bis 1993 von 52 über 48 auf 41%. Beck meint, eine wachsende Zahl sehe sich von den Verhältnissen überrollt und könne diese mit ihren Fähigkeiten »nicht durchschauen, zähmen oder ignorieren«.

Systemoutput ist gefragt; er erschöpft sich angesichts des schrumpfenden gesellschaftlichen Mehrprodukts (gegenüber teilweise großen privaten Reichtümern[4] und angesichts der dominan-

---

3 Bereits 1989 äußert sich dies als diametraler Gegensatz zwischen Anhängern der Grünen und der REPs, v. a. fallen deren Ansichten zu Fragen der Ausländer/ Asylbewerber und zur Zeitgeschichte auseinander. Dabei sind beide Gruppen mit dem politischen System unzufrieden und bezeichnen die anderen Parteien als entfremdet. Unzufriedenheit führt zu divergierenden Konstrukten, die durchaus polarisieren (vgl. die EMNID-Umfragen im *Spiegel* vom 10. und 17. 4. 1989).

4 Gerade diese Schere von privatem Reichtum und öffentlicher »Verarmung« produziert einige Systemkonflikte wie z. B. das Verkehrsproblem, Teile der Kriminalitätsangst, Unmut über unproduktive öffentliche Ausgaben sowie über wohlfahrtsstaatliche Aufwendungen für Personen, die sich nicht selbständig reproduzieren.

ten Verschlankungs- und Privatisierungsphilosophien im »Standort Deutschland« aber im Ideologieoutput, vom (Verfassungs-) Patriotismus bis zum neokonservativen Votum für die »Schicksalsgemeinschaft« der deutschen Nation (Schäuble). Wenn die Akzeptanz der Demokratie zu erheblichen Teilen an reale Leistungen des politischen Systems geknüpft ist, dann stehen schlechte Zeiten bevor, weil Demokratiezufriedenheit und Wirtschaftslage folgendermaßen korrelieren:

»Die Demokratie erfreut sich einer Wertschätzung – mit ausgestreckter Hand« (Wildenmann 1989, S. 56f.).

Was passiert, wenn dieses Wertklima einer längeren Strukturkrise ausgesetzt wird?

Die Konzentration des Meinungsklimas auf materielle Themen – seit Herbst 1993 wird Arbeitslosigkeit auch im Westen das zentrale Thema – begünstigt relative Deprivation und Anomie und läßt die Zustimmung zu den Großparteien schwinden (vgl. Hennig 1993a). Daneben wird seit der Bundestagswahl 1990 auch das von amerikanischen Theoretikern demokratischer Stabilität, der »stable democracy« (vgl. Eckstein 1966, S. 194) bzw. der »civic culture« (vgl. Almond/Verba 1963), hochgelobte Kapital des Vertrauens in Personen und Organisationen regelrecht verschleudert. Die Tiefwerte des Zutrauens für Regierung wie Opposition deuten hierauf hin.

2.1 Das politische System im Streß: Die Erosion der Gesellschaft

Mehrheitlich wird keiner Großpartei die Kompetenz zur Lösung der wichtigen Probleme wie Arbeitslosigkeit, Preisanstieg, Ausländer, Staatsschulden und Kriminalität zugesprochen. Allgemein wird verneint, daß in den führenden Positionen die richtigen Leute zu finden seien. Dies führt dazu, daß seit Anfang 1992 Regierung und Opposition gleichermaßen an Vertrauen in der Bevölkerung verlieren. Das »give and take« von Regierung und Opposition funktioniert kaum mehr, die wachsende Unzufriedenheit mit der Regierung mündet nicht in Zustimmung zur Opposition ein.[5]

5 Am schlechtesten wird die Regierung im Januar, Februar und März 1993 beurteilt (–1,2 als Skalenmittelwert), was im September sogar noch überboten wird (–1,3). Gleichzeitig werden im März und Mai 1993 aber auch die schlechtesten Beurteilungen einer Oppositionspartei gemessen (– 0,6).

Vielmehr erreichten Regierung und SPD-Opposition Anfang 1993 Negativwerte, die laut Aussage der Forschungsgruppe Wahlen (Politbarometer 1/93 und 3/93) die schlechteste Leistungsbeurteilung seit Einführung des Politbarometers darstellen. Zwar verbesserte sich ab Anfang 1994 die Einschätzung von Regierung und Opposition, Unzufriedenheit aber überwiegt weiterhin. Seit Januar 1996 wird auch nach der Zufriedenheit mit der Opposition der Grünen gefragt, was aber am Gesamtbild nichts ändert: Zwischen Januar und Juni 1996 erhielten die Grünen auf einer Skala von −5 bis +5 die Note −0,1, die SPD wurde mit −0,3 und die Regierung mit −0,4 bewertet.

Das Vertrauen in die Parteien nimmt geradezu dramatisch ab. 1992 bzw. 1993 genießen sie laut dem »Institut für praxisorientierte Sozialforschung« (ipos)[6] das Vertrauen nur noch von 26 bzw. 23 % der westdeutschen Wahlbevölkerung, bei den Nichtwählern sinkt dieser Wert auf 13 bzw. 7 % (Völker 1994, S. 189 ff.) und bei den unzufriedenen Nichtwählern 1993 sogar auf 3 %. Jedoch: Ohne die Mitwirkung von Parteien ist der demokratisch-parlamentarische Rechtsstaat der BRD nicht vorstellbar. Die an sie gerichtete Kritik begünstigt zudem eine anomische Interpretation, so wie die Geringschätzung von Parteien selbst auch ein Zeichen aufkommender Anomie, Entfremdung und Isolation ist. Anomie entwickelt sich um so besser, je isolierter und entfremdeter sich Teile der Bevölkerung fühlen, politische Isolation setzt aber den defizitären Stand der Parteiendemokratie voraus. Das Abwirtschaften und »Herunter-Kritisieren« der Parteien, v. a. der Großparteien als »klassische« Propagandisten des bundesrepublikanischen Systems, findet statt, ohne daß andere Vermittlungswege – beispielsweise kommunitäre und postmodern-pluralistische – zwischen Gesellschaft und Staat bzw. zwischen den Individuen und der Gesellschaft erschlossen würden.

Nicht nur die Parteien verlieren an Einfluß, sondern auch intermediäre Instanzen der politischen Interessenvermittlung wie Parteien, Gewerkschaften, Kirchen, Vereine und Verbände (vgl. Rucht in Niedermayer/Stöss 1993). Es gibt hierfür keinen funktionalen und emotionalen Ersatz, denn zivilgesellschaftliche Vermittlungs-

---

6 Es ist charakteristisch (ipos93, S. 35 ff.), daß das Institut für praxisorientierte Sozialforschung (ipos) diese Befunde nur durch Angabe der Skalenmittelwerte, nicht aber durch Benennung der entsprechenden Teile der Wahlbevölkerung referiert.

wege von den »grassroots« her bilden kein dem Pluralismus der organisierten Interessen vergleichbares Netzwerk, nehmen keine institutionell faßbare Formalisierung an und haben zudem in West wie Ost einen schweren Stand. Der Zerfall intermediärer Vermittlungszusammenhänge erschwert kollektive Interessenfindung und damit das »bargaining« der Konfliktlösungen durch Verhandlungs- und Austausch- bzw. Umverteilungsprozesse und schließlich auch gesellschaftliche Verallgemeinerungen auf dem Weg zu einem pluralistisch ausgehandelten und offenen »common good«. (Diesbezüglich hat die Rezeption von Kommunitarismusbeiträgen ihren Sinn.) Diese Entwicklung eröffnet Raum für Gemeinschaften und Zirkel. Verstärkt wird dies durch den Funktionsschwund der Familie, die mehr und mehr ihre Sozialisationsaufgabe an den Staat (Schule, Jugendarbeit) delegiert. Dem »Staat« stehen so »atomisierte« Individuen, Cliquen, »Stämme«, Machtkartelle und Parteien gegenüber, die kaum mehr soziale Rückkopplungen und Einbindungen über ihren spezifischen Ursprung hinaus aufweisen. Dies gefährdet zwar nicht den Staatsapparat, aber die mangelnde Vermittlung von Staat und Gesellschaft läßt Staat und Politik von »links« wie »rechts« entfremdet erscheinen. Trotz aller Unübersichtlichkeit hat das »Links«-»Rechts«-Schema nicht ausgedient. Es ist geradezu ein Reflex auf die Unübersichtlichkeit, um zumindest eine »imaginierte« Klarheit und Orientierung beizubehalten.

2.2 Das politische System im Streß: Abnehmende Demokratieakzeptanz seit 1990

Eine Sekundäranalyse von Einstellungen zur Innenpolitik, wie sie 1991 bis 1993 von ipos erhoben worden sind, kommt – ausgehend von David Eastons (1989) Überlegungen zur politischen Unterstützung – zu dem Befund, daß 1991/92 für die alten Bundesländer einen Umschlag bedeuten und seit 1990 das Systemvertrauen abnimmt (Völker 1994, S. 169ff.). Diffuse Unterstützung bezogen auf die Akzeptanz der Demokratie an sich und auf stärker parteipolitikferne Institutionen (Gerichte, Polizei, Bundeswehr, Bundesrat) sowie v. a. die spezifische Unterstützung politischer Herrschaftsträger (Bundestag, Landes- und Bundesregierung, Parteien) werden nur noch von der Hälfte der wahlberechtigten Bevölkerung vorgetragen. Lediglich der auf den Nationalstolz bezogene

Tabelle 1: Zur Unterstützung des politischen Systems in den alten Bundesländern (1991-1993)

	1991	1992	1993	Ø
	% der Wahlbevölkerung			
Zufrieden mit der Demokratie an sich	78	65	55	66
Vertrauen in Institutionen	63	57	57	57
Vertrauen zu Herrschaftsträgern	55 (ohne Parteien)	37	34	42 (91 ohne Parteien)

nebulöse Gemeinschaftssinn ist hoch und beflügelt vermutlich nicht nur Schäubles Votum für nationale »Bindekräfte«, sondern auch die rechtsextreme Mitglieder- und Wählerkonjunktur (bis 1993); sehr hoch – bis hin zu den REP-Anhängern –, aber tagespolitisch nichtssagend ist ferner die grundsätzliche Wertschätzung des Grundgesetzes.

Die enttäuschende Bilanz fällt noch negativer aus, wenn der Allgemeinbefund (vgl. Tab. 1) bezüglich kritischer Gruppen ausdifferenziert wird. So bringt die Gruppe der mit der Demokratie an sich unzufriedenen Personen, die sich gleichzeitig als Nichtwähler bekennen, also die »unzufriedenen Nichtwähler«, den politischen Herrschaftsträgern nur noch zu 16% Vertrauen entgegen. Das Vertrauens- und Unterstützungspotential dieser Gruppe liegt allgemein rund ein Viertel unterhalb des Durchschnitts.

1995 setzt sich der Abschwung nicht fort, sondern erreicht mit einem Anteil von 68% im Westen annähernd wieder den Stand von 1992. Im Osten beträgt die Zufriedenheit 53% und steigt gegenüber 1993 (41%) ebenfalls wieder an, erreicht beinahe den Stand von 1991. Von 1991 bis 1995 liegt das allgemeine Vertrauensniveau gegenüber der Demokratie an sich in den neuen Bundesländern um 18% unter dem des Westens. Überhaupt starten die neuen Bundesländer mit einem deutlich geringeren Demokratievertrauen und auch mit schwächeren Zufriedenheitsquoten gegenüber Institutionen und öffentlichen Einrichtungen. Eine hohe »Output«-Orientierung korreliert dort mit einem niedrigen »Input« in den demokratischen Prozeß und einem geringen Vertrauenskredit. Politik wird als externes Versorgungsunternehmen stark materialistisch interpretiert und ob ihres diesbezüglichen Defizites dann schroff abgelehnt. Als eine stark rechts und fremdenfeindlich eingefärbte »Subpolitik« bricht sich das Systemmißtrauen weitgehend informell seine Bahn.

Das allgemeine Demokratievertrauen geht im Westen von maximal 85% im Jahr 1990 bzw. von einem Schnitt bei 73% für 1984 bis 1989 auf 65% (1992), 54% (1993) und 68% (1995) zurück. Parallel dazu wird die Mixtur von politischer wie ökonomischer Krise, Politik-/Parteienverdruß, Ost-West-Differenzen und einer seit Hoyerswerda (17. 9. 1991) angeschwollenen Woge rechtsextremer wie fremdenfeindlicher Gewalttaten als krisenhafter »Absturz« kommuniziert. Eine *Spiegel*-Titelgeschichte (38/92) steht z. B. unter der Überschrift: »Dieses Land wird unregierbar«. Die Vertrauenskrise wird aber nicht nur herbeigeredet. Der Rückgang des allgemeinen Vertrauens um 31% (1990-1993) nötigt sogar ipos, das seine Umfragen zur innenpolitischen Einstellung seit 1984 im Auftrag des Bundesinnenministers durchführt, die Betonung von Vertrauen und Unterstützung aufzugeben, nähern sich doch mit 54 und 46% die mit der Demokratie bzw. dem politischen System zufriedenen oder unzufriedenen Kreise mit einer Relation von 6 zu 5 deutlich an (während zuvor das knappe Drittel der Unzufriedenen systematisch unberücksichtigt blieb, so wie es ebenfalls keine Analyse rechter Postmaterialisten gibt). 1992 kommentiert ipos (1992, S. 30) den Zufriedenheitsschwund, wobei auch der Hinweis auf die Output-Orientierung der bundesdeutschen Demokratieakzeptanz nochmals bekräftigt wird:

»(...) mit 65% [äußern sich] noch immer fast zwei Drittel der Befragten zufrieden mit der Demokratie. Der nunmehr gemessene Wert stellt allerdings die niedrigste Akzeptanz seit Beginn der Zeitreihe 1984 dar. Bislang waren immer mindestens 70% der Befragten mit der Demokratie zufrieden. Gegenüber dem Höchstwert von 1990, als (...) 85% das demokratische System als zufriedenstellend erachteten, ist der Wert in nur zwei Jahren um 20 Prozentpunkte gefallen. Die wachsende Unzufriedenheit mit den Lebensbedingungen wirkt sich also auch auf die Unterstützung für das politische System aus.«

1993 (ipos93, S. 27 f.) wird der nochmalige Rückgang um 11% für Westdeutschland als »eindeutige« Tendenz interpretiert (wobei der kurze Beobachtungszeitraum von 1990 bis 1993 aber zur Vorsicht rät[7]):

»Das bedeutet, daß nur noch eine knappe Mehrheit der Westdeutschen mit dem politischen System insgesamt zufrieden ist, 45% aber sind (...) unzufrieden, jeder zehnte Westdeutsche äußert sich sogar sehr unzufrieden.«

Die Lage spitzt sich zu. 1992 und 1993 (ipos92, S. 33 ff.; ipos93, S. 30 ff.) wird deshalb als neue Untersuchungsdimension die Akzeptanz des Grundgesetzes als längerfristige Identifikation den kurzfristigen und aktuellen Problemen gegenübergestellt. 1995 kann die Frage nach dem Grundgesetz unterbleiben, weil die Demokratiezufriedenheit wieder ansteigt. Ob 1995 tatsächlich einen »Wendepunkt« (ipos) zurück zur mittleren Unzufriedenheit bis 1991 darstellt, kann nur gehofft werden. Die ökonomische Entwicklung ebenso wie die Standort-Debatte sprechen jedoch weniger für einen stabilen Rückgewinn an grundsätzlichem Vertrauen.

3. Unzufriedenheitsdeutungen von »links« und »rechts«

Rapider Wandel mit der Entwertung ehemaliger Sicherheiten einerseits, andererseits Inkompetenz, Alimentierung, Skandale der Parteien und Entfremdung von Parteien, Politikern und teilweise von dem politischen System – das bildet die Bezugsmenge einer anomischen Konstellation. Unzufriedenheit wie Protest werden schillernd, nähren »rechte« ebenso wie »linke« Deutungen. Die politische Polarisierung einer materiell geteilten Gesellschaft nimmt ihren Ursprung von »den« Unzufriedenen im Gegensatz zu den »vested interests« solcher etablierten Personen und Gruppen, die ihre Interessen und Ansprüche im systemischen Regelwerk (noch) repräsentiert sehen. Entsprechend ihrer Einstellung zum demokratischen System unterscheiden sich die Unzufriedenen. Unzufriedenheit wirkt sich keineswegs durchgängig als »demokratisierende« Skepsis aus. Unzufriedenheit – so die neu-alte Entdeckung –, die die Erfahrungen der Weltwirtschaftskrise und Analysen des »working class authoritarianism« auffrischt, kann auch in autoritäre Deutungen und ethnozentrische Klarstellungen

7 Setzt sich der Trend von 1984 oder auch nur von 1990 linear fort (y = 96,6 – 0,1 x), so sänke 1997/98 das Demokratievertrauen auf Null. Die reale Entwicklung entspricht dem nicht.

gegen »Überfremdung« einfließen. Protest und Unzufriedenheit tendieren keineswegs automatisch nach »links«; diese Fehleinschätzung der »alten« BRD und auch des sozialwissenschaftlichen Forschungstenors gilt seit 1989 nicht mehr.

Die komplexe Ausgestaltung von sozialer Segregation und politischer Fragmentierung mündet in unterschiedliche Formen von Protest, Rebellentum, Apathie und Ressentiment ein. Wie Unzufriedenheit ausgestaltet wird, dies ergibt sich aus einer »Mischung« von Sozialstruktur (v. a. dem Bildungsniveau) und Individualisierung, Sozialisierung und Lebensstil. Die Konkretisierung dieser »Mischung« realisiert sich als situativer Kontext im Umfeld von Arbeit, Wohnen und Freizeit. Keineswegs ist es etwa so, daß jeder (junge) Arbeiter mit Hauptschulbildung, der existentiell bedroht ist und in einer Massenwohnsiedlung wohnt, die SPD verläßt, um sich nunmehr einer rechtsextremen Partei zuzuwenden oder »Nichtwähler« zu werden. Konsequenzen aus *der* Unzufriedenheit werden entweder aus einer demokratischen Perspektive als Votum für mehr direkte Beteiligung oder rechtspopulistisch bzw. autoritär als Kritik am Parlament als einer »Schwatzbude« bzw. an handlungsunfähigen Parteien und mediatisierenden Organisationen überhaupt vorgetragen.

Anhänger der Grünen, der REPs und Nichtwähler sind gemäß den ipos-Umfragen von 1992 und 1993 diejenigen Gruppen, die sich am unzufriedensten über Institutionen und die ihnen zugerechneten Chancen, z. B. in den Bereichen von Wirtschaft und Bildung, äußern. Für die Klärung »linker« Ausdrucksformen jenseits der eingespielten und normativ etablierten Formen politischer Partizipation bringt Max Kaase (1976) die hohe Selbsteinschätzung eigener politischer Einflußmöglichkeiten ins Spiel. Unkonventionelle politische Partizipation nährt sich aus der Unzufriedenheit über Repräsentanten und deren Entscheidungen sowie über mangelnde Reflexivität und Transparenz; sie tendiert zwar dazu, bestimmte Werte (besonders im Bereich von Ökologie, Feminismus und Minderheiten) moralisch zu verabsolutieren und in apokalyptische Szenarien einzubinden (letztere legitimieren den Einsatz unkonventioneller Mittel), betreibt mehrheitlich aber Politik in der Absicht, demokratische Verhältnisse zum »Tanzen« zu bringen, um sie zu »demokratisieren«.

Eine vergleichbare Ausgangseinstellung, die politische Unzufriedenheit, kann also sehr unterschiedlich be- oder verarbeitet werden, je nach der Werthaltung, von der aus man unzufrieden wird oder mittels derer man Unzufriedenheit deutet und in Verhalten umsetzt. Um die Verbindung interpretativer und materieller Komponenten zu analysieren, ist eine objektiv (u. a. strukturell, polit-ökonomisch, politisch-institutionell) wie subjektiv (u. a. alltagsästhetisch, politisch-psychologisch) gehaltvolle politische Krisentheorie bzw. eine auf die Analyse politischer Integrationsdefizite zugeschnittene, empirische politische Kulturforschung erforderlich. Anomie und Deprivation liefern eine derartige Perspektive.

4. Anomie: Eine Perspektive zur Untersuchung von Wandel und Unzufriedenheit

Anomie, »Normenlosigkeit«, wird von Durkheim (1897/1973) begrifflich der Soziologie einverleibt und sowohl makro- als auch mikroanalytisch, sowohl strukturell wie personell zur Betrachtung des Zusammentreffens von sozioökonomischen Wandlungswie Krisenprozessen und personalen wie institutionellen (Neu-) Orientierungen verwendet. Anomie ist Ausdruck des Zusammenspiels von Wirtschaft und Gesellschaft, Struktur und Individuum wie auch von Wandel und Statik. Dies läßt die Sichtweise für die Betrachtung von Vertrauen und Unterstützung des politischen Systems in Zeiten rasanter Veränderungen geeignet erscheinen. (Un-) Zufriedenheit wird im folgenden aus Sicht der »Unzufriedenheitstheoreme« Deprivation und Anomie interpretiert. Es gibt jedoch weder ein eindeutiges Anomiekonzept noch auch nur ein paradigmatisch geronnenes Konfliktfeld; die Anomie- und Deprivationsperspektive liefert somit nur eine Aufmerksamkeitshaltung, nicht aber eine methodologisch-methodische Richtschnur.

Deprivation verweist auf ein (empfundenes) Ungleichgewicht zwischen den Entwicklungen in unterschiedlichen Lebensbereichen; Anomie soll den Zustand bezeichnen, wenn rapide Wandlungsprozesse die Geltung des Normensystems unterminieren und es als überholt bzw. funktionslos erscheinen lassen. Eine soziale und politische Realität, die sich den Möglichkeiten des Erkennens und Kommunizierens entzieht, gilt nach Émile Durkheim als anomisch. Rasche Umbruchsphasen, die den Kreis sozialer Wertmaßstäbe sprengen, erzeugen Unsicherheit und Unzufriedenheit, die verschiedene Ausdrucksformen im Spektrum von Demokratisierung annehmen können, bis hin zu autoritärer Demokratiekritik.

4.1 Relative Deprivation und Anomie

Relative Deprivation[8] bezeichnet die Empfindung über die Diskrepanz zwischen ökonomischen und politischen Erwartungen und entsprechenden Befriedigungen. Diese, vielfach psychologisierende, Makrotheorie kennzeichnet ein negativ empfundenes Ungleichgewicht zwischen gesellschaftlichen Sektoren, zwischen (hohen) Werteerwartungen und ebensolchen normativen Bestimmungen sowie (niedrigeren) Werterealisierungschancen und realen Ungleichheiten. Zunächst ist in einem allgemeinen Sinn darauf hinzuweisen, daß Überlegungen zur relativen Deprivation Unzufriedenheit als Voraussetzung für Protest und Gewalt ansprechen. Je mehr Wertebereiche zwischen Werteerwartung und Verwirklichung schwanken, je bedeutender diese Bereiche eingestuft werden, je länger die Belastung andauert, je gravierender eigene Benachteiligungen im Kontrast zu vergleichbaren (oder zum Vergleich herangezogenen) sozialen Gruppen und/oder (segregierten) sozialen Räumen erfahren werden, desto intensiver funktioniert relative Deprivation als Auslöser für politischen Protest. Die Kluft zwischen Ansprüchen und Befriedigungen ändert sich von einer erträglichen zu einer unerträglichen Differenz (Scheerer 1988, S. 91 ff.; Hennig 1989, S. 61 ff.). Anomie schaltet sich als zusätzlicher Faktor in das Aufschaukeln dieser Deutungen ein, insofern der vormalige Wertekonsens als gestört angesehen wird und Neuorientierungen oder Rückbesinnungen der als unbefriedigend bewerteten Gegenwart gegenübergestellt werden.

Unzufriedenheit über die Verteilung ökonomischer Werte und sozialer Chancen ebenso wie über mangelnde oder unzureichende politische Partizipation steht im Zentrum dieser Konzepte. Dabei soll – so Max Kaase (1976) – eine Kombination von geringer Zu-

---

8 Relative Deprivation bezeichnet die Diskrepanz zwischen Werteerwartungen und Wertverwirklichungschancen z.B. zwischen Normen (wie: Gleichberechtigung) und ihrer Realität (wie: Privilegien). Im Gegensatz zur absoluten Deprivation ist nicht das tatsächliche Ausmaß an Disparität und Last (Verelendung) entscheidend, sondern das Maß; die Empfindungen und Deutungen der Diskrepanzen bestimmen im Vergleich einer Gruppe mit anderen oder eines zeitlichen Zustands mit vorherigen die Erwartungen, Ansprüche und Enttäuschungen (Infratest 1978, S. 17 ff., S. 67).

friedenheit mit den Herrschaftsträgern in Verbindung mit einer positiven Bewertung des eigenen politischen Vermögens unkonventionelles (»links-alternatives«) Verhalten hervorbringen. Relative Deprivation, »das prominenteste Mitglied in der Familie der Unzufriedenheitskonzepte« (ebd., S. 182), wird herangezogen, um »linkes« unkonventionelles Politikverhalten bis hin zur aggressiv-gewaltsamen politischen Partizipation zu erklären. Es ist auffällig, daß dieses Konzept von seinen Protagonisten nicht angewendet worden ist, um »rechtes« unkonventionelles Verhalten und Fragen des Protestes durch Wahl einer (öffentlich stigmatisierten) rechten Partei zu untersuchen. In Verbindung mit Aspekten der Anomiekonzepte von Durkheim (Ökonomie) und Merton (Kultur) erscheint dies aber sinnvoll, um Gemeinsamkeiten und Differenzen der politischen Verarbeitung von »Unzufriedenheit« zu erfassen.

Anomiekonzepte gehen davon aus, daß in Zeiten rapiden Wandels, z.B. während einer sozioökonomischen Krise und eines tiefgreifenden Werteumschwungs, Orientierungssysteme ins Wanken geraten. Geltende Normen werden schneller abgewertet, als neue Gültigkeiten erwachsen, und von ihnen bleiben nurmehr nostalgische Bilder einer »heile(re)n Welt« im Gegensatz zur zerstörerischen, »entzaubernden« und verwirrenden Moderne. Bezogen auf das Unzufriedenheitskonzept der relativen Deprivation existieren somit aus der Anomieperspektive Werte vorrangig als rückwärtsgewandte Werteerwartung. Werte bezeichnen ein Postulat, dem das fast schon besiegte »Gute« bzw. die Gegenwart gegenüber einer verbrämten Vergangenheit (von der mit Ängsten überladenen Zukunft ganz zu schweigen) nicht mehr entspricht. Die Gegensätze – einerseits hohe Werteerwartungen und idealisierte Normen wie Institutionen, andererseits die als gering eingeschätzten, wenig ausdifferenzierten, strukturarmen und dichotomen Bewertungen eigener politischer Einflußchancen im demokratischen System – liegen vor, wenn Unzufriedenheit »rechte« Formen annimmt oder eine besondere Art des Nichtwählens begründet. Relative Deprivation wird aus diesen Perspektiven als dramatischer Zerstörungs- wie Gefährdungsprozeß auf der Ebene des Vergleichs von Zeiten und Gruppen empfunden. Gegeneinander abgewägt werden v.a. Tradition und Moderne, Nation und Internationalismus sowie Vertrautheit und Ent-/Überfremdung. Deprivation und Gewaltbereitschaft müssen sich dabei jedoch nicht zwangsläufig bedingen (vgl. Muller/Weede 1993).

Bei geringen Werteverwirklichungschancen, gemäßigtem Glauben an Einflußmöglichkeiten und einem schmalen Repertoire an Verhaltensweisen, bei minimalem Zutrauen in die innovative Fähigkeit des Systems bzw. bei niedriger Systemübereinstimmung führt Unzufriedenheit somit nicht nach »links«, sondern begründet einen rückblickenden, autoritär, ethnisch und gemeinschaftlich eingefärbten »Protest«. Diese Revolte gegen die Moderne richtet sich v. a. gegen die als Antipode angesehene multikulturelle Gesellschaft bzw. gegen eine multi- wie transnationale, polyglotte und universalistische Welt der »global cities« und »global culture«. Relative Deprivation in Verbindung mit einer positiven Einschätzung politischer Änderungschancen soll auf »linke«, relative Deprivation in Verbindung mit einer negativen Beurteilung politischer Einflußmöglichkeiten und einer anomisch-nostalgischen Interpretation des Werteverfalls und Wandels soll auf »rechte« Formen des »Protestes« bzw. der unkonventionellen Politik hinweisen.

4.2 Bemerkungen zum Untersuchungsmodell

Die bisherigen Überlegungen, ausgehend vom ersten Schema, sollen nun zusammengefaßt werden. Dabei wird nur die Entwicklung der Unzufriedenheit betrachtet. Der Mainstream, der nicht erschüttert wird bzw. der auch die Krise über bestehende Institutionen und Organisationen managen will, bleibt aus der folgenden schematischen Modellskizze ausgespart. Betrachtet werden nur solche Pfade, die auf mangelndes Vertrauen zu bestehenden Institutionen und Herrschaftsträgern hinweisen (vgl. Schema 2).

Mittels einer Sekundäranalyse soll für 1992 und 1993[9] die ambivalente Struktur politischer Unzufriedenheit und der entsprechenden Protesthaltungen beleuchtet werden. Dabei wird insbesondere das Antwortverhalten auf Fragen nach der Einstellung zu Institutionen bzw. öffentlichen Einrichtungen und nach der Zufriedenheit mit gesellschaftlichen Bedingungen untersucht. Vertrauen als diffuse Unterstützung wird auf die Zufriedenheit mit politischen

---

9 Es handelt sich für die Jahre 1992 und 1993 um folgende Untersuchung: ipos, Manfred Berger, Matthias Jung, Dieter Roth (Mannheim): Einstellungen zu aktuellen Fragen der Innenpolitik in Deutschland. Ergebnisse jeweils einer repräsentativen Bevölkerungsumfrage in den alten und neuen Bundesländern. – Die Untersuchung wird seit 1984 jährlich im Auftrag des Bundesministers des Innern durchgeführt.

Schema 2

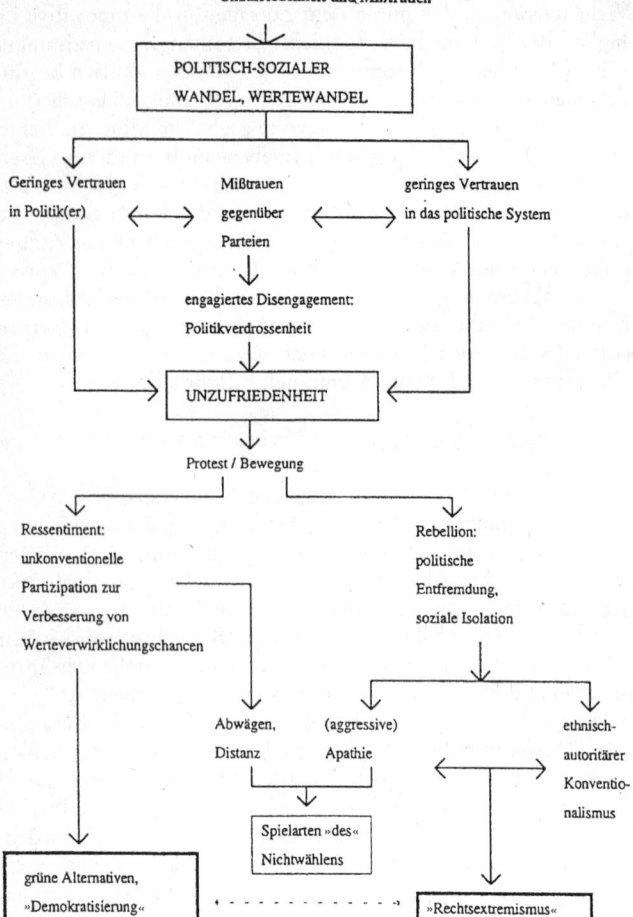

Unzufriedenheit und Mißtrauen

POLITISCH-SOZIALER
WANDEL, WERTEWANDEL

Geringes Vertrauen
in Politik(er)

Mißtrauen
gegenüber
Parteien

geringes Vertrauen
in das politische System

engagiertes Disengagement:
Politikverdrossenheit

UNZUFRIEDENHEIT

Protest / Bewegung

Ressentiment:
unkonventionelle
Partizipation zur
Verbesserung von
Werteverwirklichungschancen

Rebellion:
politische
Entfremdung,
soziale Isolation

Abwägen,
Distanz

(aggressive)
Apathie

ethnisch-
autoritärer
Konventio-
nalismus

Spielarten »des«
Nichtwählens

grüne Alternativen,
»Demokratisierung«

»Rechtsextremismus«

Institutionen und Einrichtungen des öffentlichen Lebens (Bundesverfassungsgericht [BVerfG], Gerichte, Bundesrat, Bundesregierung, Landesregierung, Bundestag, Bundeswehr, Polizei, Fernsehen, Presse, Kirchen, Gewerkschaften, Parteien) bezogen und am Beispiel der alten Bundesländer untersucht.[10]

5. Die Sekundäranalyse: Politische Unzufriedenheit als Ursache für demokratisierende und autoritäre Protestformen

Während ipos bevorzugt über Zufriedenheiten berichtet, werden hier die Perspektiven der Unzufriedenheit bzw. Demokratieunzufriedenheit und des abnehmenden Vertrauens ausgewählt. Im Zentrum der folgenden Analyse stehen diejenigen Personen, deren Antwort auf die Frage:

»Was würden Sie allgemein zu der Demokratie in Deutschland, d. h. zu unserem ganzen politischen System, sagen? Sind Sie damit sehr zufrieden, eher zufrieden, eher unzufrieden oder sehr unzufrieden?«

10 Die von ipos verwendete Frage lautet: »Wir haben hier einige Einrichtungen aus dem Bereich des öffentlichen Lebens aufgeschrieben und möchten gerne wissen, ob Sie diesen Einrichtungen vertrauen oder nicht vertrauen. (...) Wie ist das mit (...)?« Die Antwort erfolgt auf einer Skala von +5 (volles Vertrauen) bis −5 (überhaupt kein Vertrauen). Berücksichtigt wird ferner die allgemeine Demokratiezufriedenheit als Antwort auf die Frage: »Was würden Sie allgemein zu der Demokratie in Deutschland, d. h. zu unserem ganzen politischen System, sagen? Sind Sie damit sehr zufrieden, eher zufrieden, eher unzufrieden oder sehr unzufrieden?« Flankierend wird die Zufriedenheit mit den gesellschaftlichen Bedingungen in den Bereichen Bildung, Aufstieg, Gleichberechtigung, Gerechtigkeit, soziale Sicherheit, Kriminalität, wirtschaftliche Lage und Arbeitsplatz herangezogen. Die entsprechende Frage lautet: »Bitte sagen Sie uns, wie zufrieden oder unzufrieden Sie mit folgenden gesellschaftlichen Bedingungen sind. Sind Sie mit (...) sehr zufrieden, eher zufrieden, eher unzufrieden oder sehr unzufrieden?«
Um – ohne zu sehr zu dichotomisieren – zentrale Tendenzen der Unzufriedenheit und des Mißtrauens zu unterstreichen, werden die Antwortmöglichkeiten zusammengefaßt und rekodiert. Ipos selbst faßt die Gruppe der sehr und eher zufriedenen Antworten zusammen; analog werden im folgenden die eher und sehr unzufriedenen Antworten zur Gruppe derjenigen, die mit der Demokratie überhaupt bzw. mit bestimmten gesellschaftlichen Bedingungen unzufrieden sind, zusammengezogen. Ferner wird, stärker dichotomisch, die von ipos verwendete Vertrauensskala auf die Gruppe derjenigen reduziert, die den Institutionen bzw. Einrichtungen des öffentlichen Lebens mehr (rekodiert von +1 bis +5) oder weniger (rekodiert von −1 bis −5) vertrauensvoll gegenüberstehen. Auf diese Weise wird die Kategorie des geringen Vertrauens zu Bildung, Aufstieg,

»eher« und »sehr unzufrieden« lautet. Ferner wird denjenigen Interviewten besondere Aufmerksamkeit gewidmet, die sich auf die Sonntagsfrage hin als Anhänger der Grünen und der REPs oder als Nichtwähler zu erkennen geben.

1995 führt ipos die REP-Anhänger nicht mehr auf, so daß auf die Daten von 1992 und 1993 zurückgegriffen wird. Nochmals sei betont, daß es um Muster der »demokratisierenden« oder »autoritären« Reaktion auf Krisentendenzen und Unzufriedenheit geht. Insofern sollten diese Befunde weder als veraltet aufgefaßt noch an die Partei der »Republikaner« geknüpft werden. Es geht um das Meinungsbild eines »Extremismus der Mitte«, der sich einer Rechtspartei anschließen *kann*, wenn diese aus Gründen des Meinungsklimas und der Präsentation des Parteiensystems Konjunktur hat und über den engen Zirkel rechter Programmatiker und Aktivisten hinaus allgemeiner wählbar geworden ist. Diese Konstellation bestimmt 1989 den nahezu ohne Vorlauf erfolgenden Aufstieg der »Republikaner«, lokal (Frankfurt a. M.) sogar den der offen rechtsextrem eingestuften NPD. Ohne Rekurs auf das in Umrissen hier beleuchtete Meinungsklima und dessen Bezug zu Defiziten des politischen Systems bleibt ein derart eruptiver Wähleranstieg unverständlich.

Politische Unzufriedenheit wird daraufhin untersucht, inwiefern ein ähnlich hoher Unzufriedenheitspegel bei Sympathisanten der Grünen oder der REPs unterschiedliche Ausdrucksformen findet.[11] Grüne und REPs divergieren nicht nur hinsichtlich ihrer sozialräumlichen Wählerschwerpunkte, v. a. in Städten, sondern auch bezüglich ihrer Lebensstile und Einstellungen (z. B. gegenüber expressiven Orientierungsmodi) und markieren die Extrempunkte der Verarbeitung gegenwärtiger Krisen-, Wandlungs- und Orientierungsprozesse. Unzufrieden sind sie alle, die Anhänger der Grünen, der REPs ebenso wie größere Teile »der« Nichtwähler; recht unterschiedlich sind sie aber auch. Entlang der Unzufriedenheit gestaltet sich ein gut Teil der für die aktuelle BRD typischen politischen Polarisierung. Für die politische Kultur der Bundesre-

Gleichberechtigung, wirtschaftlicher Lage und dem Schutz vor Kriminalität für die Sekundärbetrachtung konstruiert.

11 Die Anhänger der REPs vergleichen sich mit den Grünen. So wie diese den Verfassungsbogen »links« von der SPD ausweiten, beanspruchen die REPs ein Mandat, dieses nach »rechts« hin, jenseits von CSU/CDU, »nationalkonservativ« tun zu können (Klär 1989, S. 13, 19f.).

publik, also für die Vor-Einstellungen vor den politischen Institutionen und Verhaltensweisen, ist es also besonders wichtig, wie kultiviert, differenziert und komplex oder reduziert, rigid und ethnisiert Protest und Unzufriedenheit ausgestaltet werden.[12]

Insgesamt sind entsprechend der ipos92-Umfrage 34,5% der Befragten[13] mit dem demokratischen System der Bundesrepublik unzufrieden. Zwischen den Gruppen der Zufriedenen und Unzufriedenen lassen sich keine grundsätzlichen Differenzen hinsichtlich der Bildung nachweisen. Wenn die Einstellung der Unzufriedenheit mit der Neigung zum Nichtwählen oder mit der Sympathie für REPs oder Grüne zusammenfällt, so grenzt dies diejenigen Gruppen ein, die die maximale Unzufriedenheit mit gesellschaftlichen Bedingungen und das geringste Vertrauen zu öffentlichen Einrichtungen aufweisen.

12 Die Gruppe der Nichtwähler wird hinsichtlich ihrer Demokratiezufriedenheit in die Teilgruppen der »zufriedenen« bzw. »unzufriedenen Nichtwähler« weiter untergliedert. In jedem Fall finden Fallzahlen unter 30 keine Berücksichtigung, wenngleich einschränkend anzumerken ist, daß das Gütekriterium der repräsentativen Zufallsauswahl für die konstruierten Untergruppen nicht mehr zutrifft. Hochrechnungen auf die Grundgesamtheit der Wahlberechtigten in den alten Bundesländern erscheinen deshalb im strikten Sinn nicht möglich; die Prozentangaben sollten, unabhängig von den Fehlertoleranzen bzw. Konfidenzintervallen, lediglich als »Größenordnungen« gelesen werden.

Die ipos92-Umfrage erfaßt von insgesamt 1 546 Befragten in den alten Bundesländern 80 Anhänger der REPs (5,2%), 115 der Grünen (7,4%) und 178 Personen (11,5%), die erklären, sie würden nicht wählen (wenn am nächsten Sonntag Bundestagswahl wäre). Die Nichtwähler und REP-Sympathisanten besitzen zumeist einen Hauptschulabschluß (68 bzw. 75%), während die Anhänger der Grünen über ein ausgeglicheneres Bildungsspektrum verfügen, wobei die Hochschulreife (45,2%) an der Spitze steht. Unter den REP-Anhängern bzw. Nichtwählern haben hingegen nur 3,8 bzw. 9,6% die Hochschulreife erlangt. Die Gruppe der Nichtwähler läßt sich hinsichtlich ihrer grundsätzlichen Einstellung zur Demokratie in zwei Gruppen von 78 zufriedenen und 100 unzufriedenen Interviewten unterteilen.

Die ipos93-Umfrage verzeichnet von insgesamt 1 514 Befragten in den alten Bundesländern 147 Personen, die die Grünen (9,7%), und 75 Personen, die die REPs (5%) wählen würden (Sonntagsfrage). Die 226 Nichtwähler (14,9%) untergliedern sich in 133 Unzufriedene (8,8%) und 92 Zufriedene (6,1%). Die Strukturmerkmale der Gruppen entsprechen sich in beiden Jahren. Die Nichtwähler 1993 lassen sich v.a. durch ihren formal niedrigeren Bildungsabschluß charakterisieren; jüngere und allein lebende Personen, Frauen, Arbeiter, einfache Beamte oder Angestellte zeichnen sich ebenfalls dadurch aus, daß diese Merkmale mit höherer Wahlenthaltung korrelieren. Insgesamt handelt es sich um sozialstatistisch wenig auffällige Gruppen, die im folgenden als die Gruppen der Unzufriedenen beschrieben werden.

13 In der Untersuchung sind dies 533 Personen.

Allgemein genießen 1992 bzw. 1993 folgende Institutionen bzw. Einrichtungen des öffentlichen Lebens ein geringes (> 30%) Vertrauen (ipos92, S. 40f.; ipos93, S. 35f.): Gewerkschaften, Bundesregierung und insbesondere Parteien.

Dem v. a. diesen Einrichtungen entgegengebrachten Mißtrauen unterliegen drei Faktoren: 1. Vergleichsweise hohes Vertrauen genießen die Einrichtungen der Judikative und Exekutive (Polizei); 2. höheres Mißtrauen bestimmen Presse und Gewerkschaften; 3. noch weniger Vertrauen wird der Partei-Politik, d. h. den Parteien selbst und der Bundesregierung, entgegengebracht. Aus diesem latenten Einstellungskomplex folgert: Je höher den Institutionen ein parteipolitischer Einfluß, je weniger ihnen »politikfreie« Funktionalität zugesprochen wird, desto niedriger fällt das Vertrauen aus.

In den neuen Bundesländern erfreuen sich Gewerkschaften 1993 des höchsten Vertrauens. Offenkundig soll diese Organisation materielle Interessen wahrnehmen, was ihnen 1993, angesichts der Streiks und Tarifverträge in der Metallindustrie, auch zugesprochen wird. 1995 ist dieser Kredit bereits verspielt. In den alten wie neuen Bundesländern genießen die Gewerkschaften nunmehr ein mittleres Vertrauen. Bedeutet dies eine Angleichung, so schneiden alle anderen Institutionen und Einrichtungen in den materieller orientierten neuen Bundesländern auch 1995 deutlich schwächer ab.

Die Unterscheidung der Personengruppen, die mit der Demokratie an sich zufrieden oder unzufrieden sind, erweist sich als die wichtigste Binnendifferenzierung. Die Bedeutung dieser politischen, auf das System bezogenen Differenzierung der grundlegend mit der Demokratie zufriedenen oder unzufriedenen Personen diskriminiert stärker, als dies die parteipolitischen Zuordnungen tun. Dies deutet darauf hin, daß ein Großteil der REP-Anhänger primär unzufrieden sein dürfte, daß die REPs als Partei in bestimmten situativen Kontexten und mit bestimmten Hinweisreizen lediglich als Ausdrucksmittel und Vehikel des »Protests« tauglich erscheinen. Die allgemeine Demokratiezufriedenheit erweist sich als eine maßgebliche Urteilsvariable, die für die Einschätzung politischer Institutionen eine größere Rolle zu spielen scheint als z. B. die Beurteilung des Arbeitsplatzes. Bezüglich der Gerichte, des Bundestages, der Gewerkschaften, der Presse und der Parteien führt diese Gruppierung zu signifikanten Unterschieden der Bewertung. Demgegenüber fällt auf, daß die Beurteilung des Arbeitsplatzes als sicher oder als gefährdet lediglich hinsichtlich des Bundestages und der Parteien charakteristische Urteilsdifferenzen vermittelt.

Besonders unzufrieden (30% u. m.) ist die Bevölkerung 1992 und 1993 mit folgenden gesellschaftlichen Bedingungen (ipos92, 15 f.; ipos93, 14 ff.): Gleichberechtigung (dieser Wert polarisiert »das Lager« der Unzufriedenen: nach rechts hin gibt es zu viel, nach links hin zu wenig Gleichberechtigung), wirtschaftliche Lage und dem (als viel zu gering eingeschätzten) Schutz vor Kriminalität. Zwei Faktoren umschreiben die immanenten Tendenzen: 1. Einer ideellen Unzufriedenheit (um die Unzufriedenheit mit Bildung, Aufstieg und Gleichberechtigung) steht 2. ein materialistischer Faktor gegenüber, der die Unzufriedenheit über die Wirtschaftslage und die Kriminalität ausdrückt. Der erstgenannte Faktor verweist auf kulturelle, der zweite auch auf ökonomische Anomie.

Auch das unzufriedene Drittel der bundesrepublikanischen Gesellschaft wird von den zuletzt genannten beiden Faktoren bestimmt. Es gibt für diese Gruppen kein besonderes Unzufriedenheitsprofil, sondern eine Steigerung gegenüber der allgemeinen Unzufriedenheit bzw. geringen Zufriedenheit. Wenn der Unzufriedenheitspegel insgesamt ansteigt, ist der Übergang von der Systemzufriedenheit zur Unzufriedenheit mit der Demokratie vermutlich kein qualitativer Schritt.

Varianzanalytisch[14] betrachtet kommt dem Faktor der ökonomischen Anomie, d. h. der Verbindung von Kriminalität und Wirtschaftslage, in der Bevölkerung insgesamt eine geringere Bedeutung zu als dem kulturell definierten immateriellen Faktor, der Unzufriedenheit über Aufstiegschancen und Emanzipation erklärt. Dieses Verhältnis kehrt sich allerdings für die Teilgruppe

14 Varianz ist ein statistisches Streuungsmaß, das die Abweichung der Einzelmessungen vom Mittelwert ausdrückt (Varianz = Summe der quadrierten Abweichungen/Anzahl der Meßwerte). – Faktoren sind konstruierte (im einzelnen nicht zu messende) Zusammenhänge zwischen Variablen (Items) und dem Antwortverhalten. Die einzelnen Faktoren determinieren Anteile der Gesamtvarianz, d. h. der Antwortstreuungen insgesamt. Die jeweils erklärte Varianz zeigt an, welchen Anteil der jeweilige Faktor erklärt bzw. festlegt. Je größer diese Determination ist, desto bedeutender ist die Erklärungsreichweite des Faktors. Solchen statistischen Verfahren kommt hier nur die Bedeutung zu, inhaltliche Aussagen explorativ herauszuarbeiten. Schwankungsbreiten und Kontingenzmaße werden daher nur implizit berücksichtigt.

des unzufriedenen Drittels um. Dies deutet darauf hin, daß die Systemunzufriedenheit dem »output«-orientierten Demokratieverständnis folgen dürfte. Quantitative Steigerungen der Unzufriedenheit mit der Wirtschaftslage und über dem geringer eingestuften Schutz vor Kriminalität führen zum Umschlag, so daß die Demokratiebewertung negativ ausfällt und sich das Gewicht der ökonomischen Anomie erhöht.

Allgemein gilt: Wer mit dem politischen System in der Bundesrepublik weniger zufrieden ist, mißtraut den Institutionen des politischen bzw. öffentlichen Lebens stärker. Dieser Befund ist trivial. Er trifft besonders zu für die Beurteilung der Parteien, wobei »Parteiverdruß« deutlich mit dem Bildungsniveau korreliert. Je höher das Bildungsniveau ist, desto mehr Vertrauen wird den Parteien entgegengebracht. Dieses allgemeine Muster zeigt (v. a. wenn es zusätzlich im Zeitverlauf betrachtet wird; vgl. ipos92, S. 41 f.), daß anomische Einstellungen am Aufbau von Unzufriedenheit maßgeblich beteiligt sind. Zeitanalytisch liefert Anomie – insbesondere eine ökonomische Anomie, die auch für Durkheim von zentraler Bedeutung ist – diejenige Dramatik, die die relative Deprivation der Enttäuschung über geringer werdende Aufstiegs-/Bildungsmöglichkeiten in die Dynamik der Unzufriedenheitszirkel einbezieht.

5.1 Politische Unzufriedenheitsprofile von Grünen, REPs und Nichtwählern

Die Sympathisanten der REPs lehnen das Parteiensystem besonders nachdrücklich ab. Ebenfalls sprechen sie sich gegen die Bundesregierung wie gegen die Landesregierungen aus, während die Anhänger der Grünen zwischen den positiver bewerteten Landesregierungen, an denen »ihre« Partei teilweise ja auch als Koalitionspartner beteiligt ist, und der eindeutig mißbilligten Bundesregierung unterscheiden. Die Sympathisanten der Grünen weisen also ein nach politischen Subsystemen ausdifferenziertes Unzufriedenheitsprofil auf, wohingegen sich die der REPs, aber auch die unzufriedenen Nichtwähler eher en bloc jeglichen politischen Institutionen verweigern. Auch Gewerkschaften und Presse werden vom REP-Lager negativ eingeschätzt. Ökonomische Anomie spielt hier gegenüber kulturell begründeten, immateriellen Unzufriedenheiten die dominante Rolle.

Die unzufriedenen Nichtwähler ähneln vom Muster her dem REP-Profil. Die zufriedenen Nichtwähler, der »vorsichtig abwägende« Nichtwählertypus im demokratischen System, weisen dagegen eine positivere Einstellung zum Bundestag und zu den Parteien auf. Letztgenannter Typus ist unzufrieden aus einer Abwägungshaltung heraus, ohne daß er mit dem politischen System insgesamt bricht.

Die Sympathisanten der Grünen beurteilen die Presse weniger ablehnend, ausgeglichen. Parteien werden hingegen negativ bewertet, Gewerkschaften wird jedoch ein geringeres Mißtrauen entgegengebracht. Die Polizei wird von dieser Gruppe kritisch gesehen. Weniger zufrieden ist sie gleichermaßen mit der wirtschaftlichen Lage wie mit der Gleichberechtigung (wobei die Anhänger der Grünen zu wenig Gleichberechtigung beklagen, während diejenigen der REPs und die unzufriedenen Nichtwähler ein Übermaß an Emanzipation monieren).

Die Anhänger der Grünen weisen im Unterschied zu denen der REPs und zu unzufriedenen Nichtwählern sowohl eine differenziertere Unzufriedenheit gegenüber Einrichtungen des öffentlichen Lebens als auch gegenüber materiellen wie immateriellen Unzufriedenheitsfaktoren auf. Im Kontrast dazu nährt sich die politische Unzufriedenheit der REP-Anhänger aus ökonomischer Anomie und aus einer wenig nuancierten, strukturarmen »Totalablehnung« politischer Institutionen, der Öffentlichkeit und intermediärer Instanzen wie Parteien und Gewerkschaften. In erster Linie aber sind die Sympathisanten der Grünen mit den Aufstiegschancen und der wirtschaftlichen Lage etwas zufriedener als die der REPs. Im Sinne Kaases (1976, S. 182) können letztere als politisch enttäuscht gelten, wobei sie v. a. mit dem Staat unzufrieden sind. Dies führt, wie Kaase betont, zu »politischer Deprivation«. Dieser pauschal abweisenden Haltung gegenüber dem politischen System steht das Ressentiment der zufriedenen Nichtwähler und der Anhänger der Grünen gegenüber; die Differenzierungen der skeptisch-distanzierten, aber der politischen Sphäre nicht grundsätzlich abgeneigten Gruppen unterscheiden sich bezüglich der Einstellung zur Demokratie deutlich von den REP-Wählern und unzufriedenen Nichtwählern. Anders als diese vertreten die Grünen und zufriedenen Nichtwähler eine Position der Demokratisierung; ihre Unzufriedenheit gilt eher der Immobilität und der parteipolitischen Bestimmung als den demokratischen Institutionen und Werten an sich. Partiell sehen diese Anhänger sich im politischen System noch vertreten. Demgegenüber ist die konträre Haltung eindeutiger dichotomisch ausgeprägt, um dem politischen System die eigenen Wertanforderungen von außen her gegenüberzustellen.

Untersucht man für das Jahr 1993 faktorenanalytisch[15] die Einstellung zu besagten Institutionen und Einrichtungen des öffentlichen Lebens, so unterscheiden alle Befragten zwischen politischen Institutionen (Bundes-, Landesregierung, Bundestag, Parteien) und Amtsautoritäten (Polizei, BVerfG, Bundeswehr, Gerichte). Presse und Fernsehen werden wie die politischen Einrichtungen negativ eingeschätzt. Die Anhänger der Grünen dagegen bewerten Gewerkschaften, Presse, Parteien und Landesregierungen zusammen positiver und stellen dagegen die politischen Institutionen (Bundestag, Bundesregierung) und die Amtsautoritäten (BVerfG, Gerichte); Bundeswehr und Polizei werden ebenfalls günstig beurteilt. Die Anhänger der REPs mißbilligen vorrangig Bundesregierung, Parteien und Landesregierung, während sie Amtsautoritäten (BVerfG, Polizei, Gerichte) bejahen und sich von der Presse, dem »Geschwätz«, abgrenzen; die Gewerkschaften werden von den REP-Sympathisanten fast in dem gleichen Maße zurückgewiesen wie der Bundestag. Unzufriedene Nichtwähler ähneln in ihrem Profil den Parteigängern der REPs, während die zufriedenen Nichtwähler v. a. Presse, Fernsehen und Gewerkschaften, aber auch die politischen Institutionen vorteilhafter beurteilen.

Definiert man den Grenzwert von > 60% als ein Maß, um eklatantes Mißtrauen gegenüber Institutionen zu messen, so weisen die Anhänger der REPs derartig niedrige Vertrauenswerte auf. Mit dieser Einstellung begegnen sie dem Bundestag, den Gewerkschaften, Landesregierungen und Parteien (lediglich die unzufriedenen Nichtwähler denken über Parteien ähnlich negativ). Bezüglich der Gerichte, des Bundestages, der Polizei, des BVerfG, der Bundesregierung und der Parteien fällt die Einschätzung der REP-Sympa-

15 Verwendet werden die SPSS-Voreinstellungen für die Hauptkomponenten-Extraktion und Varimax-Rotation. – Die Anhänger der Grünen können ebenfalls in Teilgruppen, die mit der Demokratie an sich zufrieden oder unzufrieden sind, unterschieden werden. Vgl. dazu Eike Hennig: *Versagt die Opposition? Über brachliegenden Protest und geschwätzige Alternativen*, in: Jäger, T./Hoffmann, D. (Hg.): *Demokratie in der Krise?*, Opladen 1995, S. 109-114, hier bes. S. 122-133.

thisanten und der unzufriedenen Nichtwähler ebenfalls ähnlich aus. Dabei werden die Polizei und das BVerfG recht positiv betrachtet; hierin stimmen die Anhänger der Grünen mit diesen Gruppen überein. Diese Nähe gilt auch für die negative Beurteilung der Bundesregierung. Am wenigsten gleichen sich die Mißtrauensäußerungen einerseits der Grünen und andererseits der REPs und der unzufriedenen Nichtwähler im Hinblick auf den Bundestag, die Gewerkschaften, die Landesregierungen und die Bundeswehr. Abgesehen von der Bundeswehr – hier weisen die Grünen das geringste Vertrauen auf – werden all diese Einrichtungen von den Grünen deutlich positiver eingeschätzt.

Die Wertschätzung von Polizei und Bundeswehr im Urteil der Grünen-Sympathisanten mag überraschen. Untersucht man die Teilgruppe der mit der Demokratie an sich unzufriedenen Anhänger der Grünen, so fällt auf, daß diese mit der wirtschaftlichen Lage und dem Schutz vor Kriminalität auffällig unzufrieden ist. Diese Einstellungen wirken sich auf den Durchschnitt aus und führen zur positiven Bewertung der als neutrale Ordnungshüter empfundenen Institutionen. Die Angst vor Kriminalität verbindet sich also mit einer positiven Bewertung der Polizei. Die Anhänger der Grünen erweisen sich demnach als »normaler«, als sie oft publizistisch dargestellt werden. Es stellt sich daher die Frage, wie lange noch materielle Probleme eines größeren Teils der Grünen-Anhängerschaft partizipativ kompensiert werden können. Denkbar ist es, daß die Grünen alternative Projekte nicht nur symbolisch und personell repräsentieren, sondern lokal durchaus materiell unterstützt haben. Die Möglichkeiten der Zuwendung werden angesichts der Finanzkrise der Kommunen mehr und mehr entfallen, so daß die Statusinkonsistenzen dieser Anhänger offen zutage treten werden. Betrachtet man die Szenerie der Unzufriedenheitsprofile, so spielt die integrierende Funktion den Grünen eine wichtige Rolle zu.

Hinsichtlich der Rangkorrelation, d. h. des Ausmaßes der Übereinstimmung zwischen den Gruppen bei der Bewertungsreihenfolge der Institutionen und öffentlichen Einrichtungen, ähneln sich v. a. unzufriedene Nichtwähler und REP-Anhänger. Auch gleichen sich die unzufriedenen und zufriedenen Nichtwähler, weil sich die Unzufriedenheitsprofile der stärker ökonomisch oder stärker kulturell bedingten Anomie nicht diametral, sondern lediglich gradual voneinander unterscheiden. Für die Anhänger der REPs bedeutet dies, daß sie sich von allgemeineren Ansichten über

Unzufriedenheit nicht so weit entfernt haben. Weitere Analysen hätten demzufolge den Fragen der Übergangsmöglichkeiten von den Unzufriedenheitsprofilen der Nichtwähler zu demjenigen der REPs nachzugehen. Falters Studie (1994) gibt zu verstehen, daß besondere Einstellungsbündelungen – wenn z. B. zum Nationalismus noch mangelndes Selbstwertgefühl und Abneigung gegen Ausländer hinzukommen – vorrangig zu untersuchen wären. Die Entwicklung des Unzufriedenheitniveaus seit 1990/91 legt den Schluß nahe, daß eine derartige Kumulation in einem allgemein apathisch-unzufriedenen, weniger demokratisierend-unzufriedenen Meinungsklima »leichter« wird. Inwieweit Änderungen des allgemeinen Meinungsklimas z. B. durch Positionen des »Historikerstreits« (Normalisierung, Schlußstrich) und/oder durch stärkere Betonung der kollektiven, nationalen Identität zu berücksichtigen sind, wenn über die Erleichterung des Schritts vom autoritär liebäugelnden Protest zur Wahl einer rechten Partei vom Typ der REPs nachgedacht wird, entzieht sich bislang einer empirischen Beurteilung. Die Niederlagen der REPs als Partei 1994 geben zu erkennen, daß Unzufriedenheit, »normal vote« und rebellierender Protest keine prinzipiell unterschiedenen Einstellungen und Verhaltensweisen darstellen. Unzufriedenheit dürfte als gemeinsamer Nenner fungieren, so daß der Rückgang der REP-Wähler vom Zustand und von der Präsentation der »Republikaner«-Partei, nicht aber vom Meinungshaushalt dieser nach rechts tendierenden Wähler bzw. Anhänger bestimmt wird.

Die Änderung eines Meinungshaushalts ist ein langer Prozeß, und schon seitens der Arbeitsmarktentwicklung stehen die Zeichen für eine »Re-Demokratisierung« im Osten, aber auch im Westen nicht gut. Die output-orientierte Distanz zum System bleibt bestehen, wird allerdings amorpher, fehlt doch eine für »alle« wählbare Protestpartei (wie dies die »Republikaner« waren und die PDS dies im Osten noch ist), und drückt sich z. B. in niedrigen Wahlbeteiligungen aus. Bei der Bundestagswahl 1994 gaben 79% der Wahlberechtigten ihre Stimme ab, wobei die Beteiligung im Westen (80,6%) im Vergleich zum Osten (72,9%) deutlich höher liegt. Mit durchschnittlich 68,2% fällt die Beteiligung bei den sieben Landtagswahlen 1995/96 in den alten Bundesländern ebenfalls niedrig aus und schwankt zwischen 64,1% (in Nordrhein-Westfalen am 14. 5. 1995) und 71,8% (in Schleswig-Holstein am 24. 3. 1996).

Sicher, nicht jeder Nichtwähler ist demokratieverdrossen, aber Nichtwählertypen wie der »isolierte Randständige«, der »desinteressierte Passive« und die »enttäuschte Arbeiterschaft« weisen Anteile an Entfremdung auf, die der hier analysierten, rechts eingefärbten Unzufriedenheit ähneln. Kleinhenz (1995, S. 206 ff., 210 f., 213 ff.) beziffert den Anteil dieser Typen an der gesamten Nichtwählerschaft der alten Bundesländer auf 47 %, macht zugleich aber auch klar, daß diese Addition auf ein heterogenes Größenpotential verweist, das schwer zu vereinheitlichen und noch schwerer längerfristig z. B. an eine rechte Protestwählerpartei zu binden ist. Dies haben die REPs seit 1993 praktisch erfahren. Dennoch basiert die mangelnde Organisierbarkeit dieser Nichtwähler nicht auf der Akzeptanz des demokratischen Systems – diese ist gering, Entfremdung und Apathie dominieren – , sondern auf den Unterschieden ihrer Apathieformen. Eilfort (1994) betont, anders als Kleinhenz, den Typ des »wählenden Nichtwählers« und stellt, abgesehen vom Politikverdruß, dessen Normalität heraus. Auch er deutet aber auf eine Nähe von Teilen der Nichtwähler zu rechten Protestparteien hin. Es klingt zynisch, wenn Eilfort (1994, S. 290) aus der Sicht »der output-orientierten Demokratietheorie« und der Großparteien sogar für das Nichtwählen plädiert. Denn: »Wahlenthaltung anstelle von Protestwahl als Ventil für ›Politikverdrossenheit‹ mag fast angenehm erscheinen.«

Eine derart externalisierte Demokratie ist kaum geeignet, Entscheidungen (z. B. Änderungen der sozialstaatlichen Daseinsfürsorge) zu legitimieren, wie sie angesichts der Globalisierung bzw. Standort-Debatte im Zeichen eines »Killer«- bzw. »Turbo-Kapitalismus« (von dem *Stern* und *Spiegel* reden) ins Haus stehen. Mangelnde Akzeptanz setzt die Entscheidungsfähigkeit eines demokratischen Systems herab, nährt einen populistischen, auf Allgemeinverträglichkeit schielenden Politikstil des »Hindurchwurschtelns« und gefährdet damit die demokratische Anpassung des Systems gerade in krisenhaften Zeiten und angesichts solcher Prozesse wie der Globalisierung.

5.2 Rebellion, Ressentiment und das politische System

Zusammenfassend wird auf Mertons (1968, S. 310 ff.) Unterscheidung von Ressentiment und Rebellion zurückgegriffen – eine Unterscheidung, die in Verbindung mit den (von Durkheim unterstrichenen) materiellen bzw. mit den (von Merton angesprochenen) kulturell-immateriellen Wurzeln von Unzufriedenheit mit dem Bildungsstand korreliert:

Höhere Bildung und eine stärker immateriell eingefärbte Unzufriedenheit begründen ein Ressentiment, das mit dem Votum für eine partizipative direktere Demokratie verknüpft werden kann. Diese Position wird v. a. von Anhängern der Grünen eingenommen.

Geringere Bildung und materielle Unzufriedenheit führen im Fall der Anhänger der REPs und der unzufriedenen Nichtwähler zu einer stärkeren Totalablehnung bzw. zu einem allgemein geringeren Vertrauenskredit gegenüber Einrichtungen des öffentlichen Lebens. Diese Negativhaltung betrifft v. a. solche Institutionen und Einrichtungen, die aktive Partizipation oder Kritik bzw. Urteilsbildung verlangen, während Judikative, Polizei und Bundeswehr besser abschneiden.

Die Unzufriedenheit mit der wirtschaftlichen Lage charakterisiert mehrere Gruppen, die sich bezüglich ihrer Einstellung zur Demokratie bzw. bezüglich der Unzufriedenheitsprofile mit politischen Einrichtungen unterscheiden. Ebenso wie zwischen materiellen und immateriellen Aspekten differenziert werden muß, so führt eine geringe Zufriedenheit mit den ökonomischen Bedingungen nicht linear zur Demokratieunzufriedenheit und zur Ablehnung des politischen Systems. Selbst die mit der Demokratie hadernden Anhänger der Grünen verbinden ihre Unzufriedenheit mit der Demokratisierung des politischen Systems. REPs und unzufriedene Nichtwähler »kultivieren« ihre eher materiell empfundene Benachteiligung zu einer prinzipiellen, rebellischen Haltung, weil sie für eigene Initiativen in der Öffentlichkeit und dem politischen System kaum Anknüpfungspunkte sehen. Diese Gruppen stehen – anders als die Grünen und deren Teilgruppen – dem politischen System quasi extern gegenüber. Immanente Reformvorschläge gegen die »politischen Kartelle« durch »mehr Beteiligung des Volkes«, etwa durch Änderung des Wahlalters, innerparteilich-demokratische Öffnungen, Volksbegehren und Volksentscheid sowie durch die Direktwahl von Bürgermeistern, entsprechen dem Mißtrauensprofil der REP-Sympathisanten und der unzufriedenen Nichtwähler nicht. Derartige Reformen setzen eine nur partiell ausgeprägte Unzufriedenheit voraus, wie sie die Haltung der Grünen und der zufriedenen Nichtwähler charakterisiert.

Ob die Anpassung der Institutionen und intermediären Instanzen wie der Parteien und Gewerkschaften an Konkurrenz und Flexibilisierung im Kontext von Globalisierung als Folge einer grünen Reformorientierung gelingen kann, sei hier dahingestellt. Allerdings schält sich als entscheidende Frage heraus: Wieviel Nebeneinander, wieviel »muddling through«, wieviel Separatismus, Individualisierung und Isolation erträgt der gesellschaftlich-politische Austausch angesichts schwindenden Vertrauens, abnehmendem gesellschaftlichen Mehrprodukts und wachsender Komplexität im Kontext von Globalisierung und Lokalisierung?

Wichtig ist die Nähe der Unzufriedenheit von Teilen der Nichtwähler und der »Mitte-rechts« eingestellten Bürger. Die partizipative Interpretation von Unzufriedenheit als Auftrag zur Intervention, zur Verbesserung von Politik und Institutionen, ist zahlenmäßig geringer, entbehrt zudem, wie die Anhänger der Grünen zeigen, ebenfalls nicht erheblicher materieller Einschlüsse. Gleichgültigkeit, Isolation und aggressiver Autoritarismus überwiegen, wenn sich die ökonomisch eingefärbte Anomie darstellt. Wenn die Integrationsleistung des Sozialstaats nachläßt, was zu befürchten ist, wird das auf sich gestellte politische System folglich über zu wenig »Vertrauenskitt« (H. Lübbe) verfügen, um die hier gezeigten divergierenden Verarbeitungen von Unzufriedenheit auszugleichen. Dies führt vermutlich nicht zur »Rebellion«, aber zum Zusammenspiel von Populismus und Eigennutz, von Polarisierung und einer Apathie, deren aggressiver Ton subkulturell und informell Gewalt beinhaltet. Amerikanische und französische Beispiele deuten darauf hin, daß potentiell gewaltträchtige Aufbegehren (»riots«) die Protestform der »Unterklassen« sind. Demgegenüber erscheinen selbst die Parteigänger der REPs noch als zu formalisiert.

Bei den Anhängern der REPs und denen der Grünen ebenso wie bei Nichtwählern und den Sympathisanten der Großparteien ist das Vertrauen in die Leistungsfähigkeit der Demokratie bei der Lösung z. B. der hohen Arbeitslosigkeit geschwunden. Das Problem wird täglich größer, die Kompetenz zur Lösung oder auch nur zur Minderung wird weder der Regierung noch den Oppositionsparteien zugesprochen. In dieser Situation wächst das Gefühl der Gefährdung mangels schwindender sozialer Absicherungen, das eigene Schicksal wird vom düsteren Zukunftstrend abgekoppelt; weil der Gesellschafts- und Sozialstaatsvertrag abdanken, muß man die Absicherung in die eigene Hand nehmen.

Im einzelnen liefern Umfragen wie die hier herangezogenen ipos-Studien oder auch das monatliche Politbarometer der Forschungsgruppe Wahlen wenig Informationen über die Verzahnung von Vertrauensverlust, Unzufriedenheit, Wirtschaftslage und Globalisierung. Solche Repräsentativerhebungen messen der ökonomischen Herkunft politischer Meinungen wenig Gehalt bei. Auch werden die Auswirkungen der mit öffentlichen Einrichtungen unzufriedeneren Menschen in den neuen Bundesländern auf das Meinungsklima der Bundesrepublik insgesamt unzureichend hinterfragt. Der Tatbestand von zwei politischen Kulturen in einem Staat existiert (U. Feist), wird aber bezüglich seiner Rückwirkungen auf das Ganze ebensowenig untersucht wie die Auswirkungen der Globalisierung auf das Meinungsklima der Standort-Debatte.

Trotz dieser weißen Flecken zeichnet sich ein Bild schwindenden Systemvertrauens ab. Die Neigung zur partizipativen Verbesserung bzw. Intervention ist gering. Veränderungschancen werden niedrig eingeschätzt. Mangelnde Zuversicht und eine mehrheitlich distanzierte Anomie sprechen dem politischen System die Fähigkeit zur positiven Zukunftsgestaltung ab und tendieren stillschweigend zum Bruch der Kooperation (was sich in der abnehmenden Wahlbeteiligung, die in den neuen Bundesländern besonders niedrig liegt, andeuten mag). Tendenziell sprechen die hier vorgestellten Befunde dafür, daß ein wohlstandschauvinistischer Isolationismus Chancen hat, den Mehrheitstenor zu bestimmen. Diese Haltung überläßt das politische System den (Berufs-)Politikern, schwört den Leitbildern des Gesellschaftsvertrags und Allgemeinwohls ab, fühlt sich angesichts der schlimmen Weltlage und des Versagens der Politik legitimiert, das Schicksal in die eigenen Hände zu nehmen. Mit Blick auf die USA ist zu befürchten, daß diese Suspendierung der Politik bei gleichzeitiger Entdeckung des Politischen (U. Beck) weitere Zentrifugaltendenzen befördert. Es wird ein Kreislauf in Gang gesetzt, der die Unzufriedenheiten ständig nährt. Dem legitimations- und leistungsschwachen System stehen wachsende Eigeninteressen gegenüber, die von vornherein an einer Lösung für das Ganze, für das Glück einer größtmöglichen Zahl zweifeln. Wenn Politik, Staat und Gesellschaft kein Vertrauen mehr genießen, als teure, unfähige, antiquierte und »fremde« Apparate erscheinen (quasi wie eine Besatzungsmacht über den Eigeninitiativen), dann bleiben neben funktional interpretierten »Ordnungshütern« wie den Gerichten und der Polizei nurmehr die Individualisierung, der Eigennutz und Tribalismus. In dieser Einstellung trifft sich eine breite Koalition gesellschaftlicher Kräfte, quer durch soziale Strata. Bei allen unterschiedlichen Akzenten der Gruppen- und Individualaktivitäten schält sich ein gemeinsames Unzufriedenheitsmuster heraus. Kommunitären Konzepten haftet daher ebenso die Rührseligkeit und Verzweiflung eines letzten Aufrufs wie schlechter Normativismus an. Tatsächlich kooperiert man bestenfalls mit seinesgleichen, um z. B. ein Wohnviertel, einen Schulbezirk, einen Betrieb gegen Eindringlinge, Fremde und »Underdogs« abzuschotten, um so seinen Status und sein Wirkungsfeld zu schützen.

Anomie und Unzufriedenheit können angesichts einer als bedrohlich empfundenen Lage und des politischen Vertrauensentzugs zu Einstellungen und Handlungen führen, die die Zerrissenheit fördern. Ausmaß und Charakter der politischen Unzufriedenheit, wie sie hier vorgestellt worden sind, lassen es fraglich erscheinen, ob das politische System noch so viel kooperatives Vertrauen und sozialen Rück- wie Einbezug genießt, daß es der Erosion von Gesellschaft, der »Balkanisierung« – wie dieser Rückzug auf Eigennutz in den USA bezeichnet wird –, gegensteuern kann. In diesem Sinne wird eine Partei wie die der »Republikaner« gar nicht benötigt, um den aufgezeigten anomischen Tendenzen Ausdruck und Bedeutung zu verleihen.

Institutionen und intermediäre Instanzen müßten (wie und von wem?) den grundlegend Unzufriedenen, die die Haltung des Ressentiments überschreiten, zuerst wieder nahegebracht werden. Ein wesentliches Charakteristikum rebellischer Unzufriedenheit ist die Entstrukturierung des politischen Lebens und die Ablehnung einer komplexen gesellschaftlichen Modernisierung.

Die Dilemmata politischer Unzufriedenheit, abnehmender politischer Regulationsfähigkeit und zunehmender Ungleichheit hinsichtlich der voranschreitenden sozioökonomischen Entwicklung müssen stärker berücksichtigt werden. Demokratietheoretisch-systembezogene Analysen müssen energischer als bisher den Überschneidungen rechter und allgemeiner Unzufriedenheitsprofile nachspüren. Die ökonomische Spielart von Anomie stellt jedenfalls für das politische System ein Unzufriedenheitspotential dar, das die Entwicklung eines »Extremismus der Mitte« jenseits offener Rechtsparteien nicht unvorstellbar erscheinen läßt. Deprivation allein ist aber nicht das ausschlaggebende Motiv, sich nach rechts hin zu orientieren: Zum Gefühl sozialer Benachteiligung müssen die Stimmungswerte der Anomie und Isolation sowie die Einschätzung der Entfremdung hinzutreten. Diesbezüglich stimmt diese Studie mit den Befunden Falters (1994, S. 155 f.) überein; die Relevanz, die Falter einem »geschlossenen rechtsextremen Weltbild« zuschreibt, wird allerdings eingeschränkt, indem hier die Bedeutung massiver Unzufriedenheit und ein entdifferenzierendes Politikbild explizit betont werden.

Diese Untersuchung hat gezeigt, daß das rechte Spektrum einem modernen, komplexen und in seiner Handlungskompetenz begrenzten politischen System äußerst skeptisch begegnet, seine Bedenken jedoch keineswegs in demokratisierende Kritik umsetzt. Letzteres charakterisiert die Anhänger der Grünen, die sich damit von den unzufriedenen Nichtwählern und den Anhängern der REPs absetzen, sich aber auch vom Tenor der Großparteien unterscheiden. Die Unzufriedenheitshaltungen zeichnen also eine politisch-soziale Bruchlinie, die das politische System um so mehr herausfordert, je mehr im Kontext von Globalisierung mit ökonomischen Krisen-/Umstellungsfolgen und auch mit Migration gerechnet werden muß. Die Stillstellung rebellischer und aggressiv-apathischer Einstellungen gegenüber einer »auseinanderdriftenden Gesellschaft« durch »Wohlstand« und Verteilungspolitik entfällt, das auf sich gestellte politische System weist aber nur eine geringe Kohärenz auf.

Literatur

Almond, G. A./Verba, S.: *The Civic Culture*, Newbury Park u. a. 1989 (1. Aufl. 1963).

Clausen, L.: *Krasser sozialer Wandel*, Opladen 1994.

Durkheim, É.: *Der Selbstmord*, Neuwied/Berlin 1973 (1. Aufl. 1897).

Easton, D.: *A Systems Analysis of Political Life*, Chicago 1989 (1. Aufl. 1965).

Easton, D.: *The Analysis of Political Structure*, London/New York 1990.

Eckstein, H.: *A Theory of Stable Democracy. Appendix B*, in: ders.: *Division and Cohesion in Democracy*, Princeton 1966, S. 225–288.

Eilfort, M.: *Die Nichtwähler*, Paderborn/München/Wien/Zürich 1994.

Falter, J.: *Wer wählt rechts?*, München 1994.

Hennig, E.: *Was leistet das Konzept der »strukturellen Gewalt«?*, in: Heitmeyer, W. u. a. (Hg.): *Jugend – Staat – Gewalt*, Weinheim/München 1989, S. 57-79.

Hennig, E.: *Rechter Extremismus. Ein Protest vom Rand der Mitte*, in: *Vorgänge*, Dez. 1992, S. 31-39.

Hennig, E.: *Die Rückwirkung der REPs*, in: *links*, Okt. 1993, S. 30-32.

Hennig, E.: *Versagt die Opposition? Über brachliegenden Protest und geschwätzige Alternativen*, in: Jäger, T./Hoffmann, D. (Hg.): *Demokratie in der Krise?*, Opladen 1995.

Infratest: *Politischer Protest in der sozialwissenschaftlichen Literatur*, Stuttgart u. a. 1987.

ipos: *Einstellungen zu aktuellen Fragen der Innenpolitik 1991* [oder *1992* bzw. *1993*] in Deutschland, Mannheim.

Jaschke, H.-G.: *Die »Republikaner«*, Bonn 1993.

Kaase, M.: *Bedingungen unkonventionellen politischen Verhaltens in der Bundesrepublik*, in: Kielmansegg, P. G. (Hg.): *Legitimationsprobleme politischer Systeme* = *Politische Vierteljahresschrift* (*PVS*), Sonderheft 7 (1976), Opladen, S. 179-216.

Klär, K.-H. u. a.: *Die Wähler der extremen Rechten III*, Bonn 1989.

Kleinhenz, T.: *Die Nichtwähler*, Opladen 1995.

Merton, R. K.: *Sozialstruktur und Anomie*, in: Sack, F./König, R. (Hg.): *Kriminalsoziologie*, Frankfurt/M. 1968, S. 283-313.

Muller, E. N./Weede, E.: *Ungleichheit, Deprivation und Gewalt*, in: *Kölner Zeitschrift für Soziologie und Sozialpsychologie* (1993), S. 41-55.

Niedermayer, O./Stöss, R. (Hg.): *Stand und Perspektiven der Parteienforschung in Deutschland*, Opladen 1993.

Scheerer, S.: *Ein theoretisches Modell zur Erklärung sozialrevolutionärer Gewalt*, in: *Angriff auf das Herz des Staates*, Bd. 1, Frankfurt/M. 1988, S. 75-189.

Völker, M. u. B.: *Wahlenthaltung – Normalisierung oder Krisensymptom?* MA-Arbeit, Gesamthochschule Kassel-FB 05, 1994.

Wildenmann, R.: *Volksparteien: Ratlose Riesen?*, Baden-Baden 1989.

Uwe Sander, Dorothee M. Meister
Medien und Anomie
Zum relationalen Charakter von Medien in modernen Gesellschaften

Anomische Tendenzen der bundesrepublikanischen Gesellschaft, die in Beziehung zum Bereich der Massenmedien stehen, werden im folgenden analytisch auf den drei Ebenen der *Struktur-, Regulations-* und *Kohäsionskrise* erfaßt. Diese kategoriale Einteilung berücksichtigt die Auswirkungen von Medien und Medieninhalten auf unterschiedlichen Strukturebenen der Gesellschaft. Weiterhin deutet die analytische Trennung verschiedener anomischer Krisenebenen im Kontext von Medien die Tatsache an, daß medienbezogene Anomie in modernen, ausdifferenzierten Gesellschaften einen *relationalen* Charakter besitzt. Das heißt zum einen, daß erst aus der Perspektive eines speziellen Teilbereiches der Gesellschaft oder aus der Perspektive des jeweiligen Beobachters mediale Phänomene anomisch oder nicht erscheinen, und das heißt zum anderen, daß die *Auswirkungen* von Medien nicht aus sich heraus anomisch sind, sondern stark von den Rezeptionskontexten abhängen. Umstrukturierungen öffentlicher Kommunikation bzw. mediale Einflüsse auf das Denken einzelner können auf verschiedenen gesellschaftlichen Strukturebenen unterschiedliche Folgen – die dann z. B. anomisch genannt werden können – evozieren. Zudem kann man nicht von gleichartigen Medieneinflüssen auf unterschiedliche gesellschaftliche Bereiche oder unterschiedliche Personen ausgehen, so daß Anomie sowohl auf der Gesellschafts- als auch auf der Individualebene keine allgemeine, rein medienabhängige, sondern allenfalls eine kontextspezifische (Sekundär-)Folge der heutigen Mediatisierung bedeuten kann.

So wird etwa im Falle von *gewalthaltigen oder aggressiven Medieninhalten* beobachtet, daß Rezipienten sich trotz dieser normverletzenden Botschaften in ihrem Handeln gegenüber anderen Personen und in ihren Einstellungen gegenüber der Gesellschaft weiterhin »normgerecht«, d. h. sozial angepaßt und unauffällig verhalten. Gewalt als eine Form der medialen Darstellung von Normbrüchen würde in diesem Fall aus der Perspektive regulativer

Normakzeptanz nicht anomisch wirken, da Betroffene weiterhin den gesellschaftlichen Normen und Wertmustern folgen und in dieser Beziehung nicht als sozial oder rechtlich »abweichend« eingestuft werden können. Auf der normativen Handlungs- und Einstellungsebene können, darauf weisen alle einschlägigen Medienuntersuchungen hin, stabile soziale Bindungen, z. B. innerhalb der Familie, potentielle anomische Tendenzen der Medien kompensieren. Die regulative Kraft sozialer Regeln kann zwar durch differente mediale Norm- und Handlungsmuster gefährdet werden, wird letztlich jedoch aufrechterhalten durch Einbindungen in andere soziale Kontexte, die normstützend und -kontrollierend wirken.

Fehlen diese kompensatorischen Normstützungen, d. h. liegen schon anomiefördernde Bedingungen im gesellschaftlichen Umfeld vor, läßt sich Anomie nicht mehr ursächlich auf Medieneinflüsse rückführen. Medienwirkungen, darin besteht mittlerweile Konsens in der Medienforschung, lassen sich nicht unabhängig von sozialen Kontexten bestimmen.

1. Medien und sozialkulturelle Differenzierung

Laufend verfeinerte Kommunikationstechnologien, die weltweite Verbreitung von Massenmedien und ein wachsendes (inter)nationales Verkehrsaufkommen haben sie in mancher Hinsicht tatsächlich entstehen lassen: die »Weltgesellschaft« (vgl. Luhmann 1975a). Mit diesem Schlagwort sollen hier die Entwicklungen und Folgen transkultureller Kommunikation und ihre globale Verbreitung gefaßt werden, die, wenn sie übernommen, entlehnt oder teilweise auch erzwungen importiert werden, zu international vereinheitlichten Interaktionsmustern, Werten, Ausdrucks- und Selbstdarstellungsformen oder Bedürfnissen beitragen (Reimann 1992, S. 23). Eine mögliche Konsequenz, die sich im Zusammenhang einer »Weltgesellschaft« ergeben kann, ließe sich als *Entdifferenzierungsphänomen* (vgl. Schmidt 1994) beschreiben, das in kulturkritischer Betrachtungsweise eher durch Schlagworte wie »Vermassung«, »Amerikanisierung« oder auch »Kommerzialisierung« negativ konnotiert ist. Mit Entdifferenzierung ist hier gemeint, daß Massenmedien, und hier insbesondere das Fernsehen, zu weltweiten Standardisierungen führen, da durch die vermittelten Lebensmuster überall ähnliche Bedürfnisse, Erwartungen und Forderungen geschaffen werden. Dies geschieht etwa beim Fernsehen über die Entwicklung visualisierter Stereotypisierungen, speziell über Formen nonverbaler Kommunikation. Auch die Tendenz, Themen nach personalisierten Aspekten, nach Aktualität und Dramaturgie zu behandeln und Diskursivität auszublenden, führt zu Stereotypisierungen. Schmidt (1994) vertritt die These, daß die vom Fernsehen geschaffenen visuellen Topoi und Symbole quer zu sozialen Schichtungen, nationalen und sprachlichen Trennungen erzeugt werden und sich auf kollektive Selbstbilder auswirken. Medien gewinnen über die Herstellung einer gemeinsamen Realität zunehmend Einfluß auf die Konstruktion sozialer Wirklichkeit, und zwar vornehmlich in allen nicht von persönlicher Erfahrung abgedeckten Bereichen. Ihr Einfluß ist aber auch dort gegenwärtig, wo sie kognitive Mentalitäten verändern und über Mediensozialisation auch scheinbar unvermittelte Erfahrungen beeinflussen, bspw. indem das Medienequipment schon in den Kinderzimmern immer reichhaltiger und selbstverständlicher wird.

Entdifferenzierungsprozesse lassen sich auch bei der medialen Aufhebung ehemals abgetrennter sozialkultureller Sphären beobachten. Weil Kindern über das Fernsehen die Geheimnisse der Erwachsenenwelt enthüllt werden und Frauen die Geheimnisse der Männerwelt (und umgekehrt) erfahren, ist es für Meyrowitz (1987) kein Zufall, daß traditionelle Rollenmuster in Frage gestellt werden und sich wandeln. Auch wenn nicht übersehen werden darf, daß von solchen Veränderungen ein großer Teil unserer sozialen Ordnung unberührt bleibt, Stereotype sich vielmehr verstärken können und die wesentlichen Erfahrungen immer noch über personale Interaktionen gemacht werden, bleibt doch festzuhalten, daß Medien dadurch, daß sie die Grenzen von Situationen verändern, nach denen wir unsere Handlungen bewerten, gerade die Entwicklung von Wertesystemen beeinflussen. Schmidt (1994, S. 301) schließt daraus, daß Rezipienten von Medienangeboten, die ständig und weltweit mit den Schwierigkeiten anderer Personen konfrontiert werden, einerseits ein früher undenkbares Wissen über eine Vielzahl von Problemen anhäufen. Da aufgrund der gefühlsbetonten Darstellung alle Probleme gleich dringlich scheinen und vom einzelnen ohnehin nicht zu lösen sind, verstärkt sich andererseits ein Trend zum Individualismus und Egoismus bzw. der Trend zu emotionaler und normativer Indifferenz. Günther Anders (1956) verweist in seiner technologie- und modernekritischen Abhandlung über die verlassene, »antiquierte« Stellung des Menschen inmitten seiner technischen und rationalen Errungenschaften philosophisch auf dieses Dilemma. So ermöglicht laut Anders etwa der (waffen)technische Fortschritt die gleichzeitige Tötung fast beliebiger Menschenmengen, während die moralisch-anthropologische Ausstattung des einzelnen hinter dieser technischen Möglichkeit weit zurückbleibt und lediglich Trauer für eine begrenzte Anzahl von Toten und Lebenden zuläßt, die mit den Trauernden in Beziehung gestanden haben. Tägliche massenmediale Dauerkonfrontationen mit Leid, Tod, Katastrophen, Kriegen etc. können somit kaum noch wirkliche Anteilnahme hervorrufen. Das Publikum reagiert mit verständlicher Abgestumpftheit oder »Freikauf« durch Spenden, Buttons oder Autoaufkleber, und die Medien reagieren mit immer eindrücklicheren Szenen, um doch noch die steigenden Gewöhnungseffekte zu durchbrechen.

Die mit der weltweiten Medienentwicklung einhergehenden Prozesse sind mit den Nivellierungsaspekten jedoch nur halb beschrieben, denn parallel zu den Entdifferenzierungsprozessen sind gleichzeitig unübersehbare *Differenzierungsprozesse* in Gang gesetzt worden (vgl. Schmidt 1994). So ermöglichen die technologischen Kommunikationssysteme in modernen Gesellschaften nicht nur neue Wahlmöglichkeiten, sondern eröffnen größere Handlungsspielräume und tragen damit zu einer »Pluralisierung von Sinn- und Sozialwelten« (Winter/Eckert 1990, S. 15) bei. Getragen von den Medien, differenzieren sich zunehmend die Sinnangebote und Sinnproduktionen aus, und es entstehen neue »Sinnmärkte«. Gleichzeitig differenzieren sich Sozialwelten in »Subwelten«, in denen Interessen spezialisiert und Sonderkommunikationen entwickelt werden.

Medien und Differenzierung markieren hier zwei Tendenzen. Die erste Tendenz betrifft die Ausdifferenzierung der Gesellschaft in verschiedene Funktionsbereiche (vgl. Luhmann 1984), aber auch in *verschiedene sozialkulturelle Segmente*. In der Logik des Mediensystems definieren diese unterschiedlichen sozialkulturellen Segmente unterschiedliche Publika. Die zweite Tendenz bezieht sich auf das Mediensystem und beschreibt die Ausdifferenzierung dieses Systems in verschiedene Medienteilsysteme mit einem spezifischen Publikumsbezug. Beide Tendenzen sind somit in einem Parallelprozeß miteinander verschränkt und desavouieren gemeinsam als empirische Tatsachen die Homologieunterstellungen sozialkultureller Verkehrsformen, Normen, Werte, Lebensmuster, Ideologien etc. Die Tendenzen sind Ausdruck einer Ausdifferenzierung normativer Orientierungen, und zwar einer Ausdifferenzierung, in der Moral als normative Größe in vielen Teilsystemen der Gesellschaft von anderen Steuerungsmedien abgelöst wird und zudem noch selbst einem Pluralisierungsprozeß unterliegt. In der Konsequenz haben wir es also mit einem auf der gesellschaftsstrukturellen Ebene angesiedelten Prozeß der Auflösung einer umfassenden, kollektiv geteilten oder über religiöse, anthropologische bzw. »natürliche« Fundierungen konstruierten Moral zu tun. Diesen Prozeß als »anomisch« zu bezeichnen führt in unaufhebbare Widersprüche. Anomie würde in diesem Verständnis nämlich die Gesellschaftsstruktur insgesamt bezeichnen. Somit wäre das Normale »anomal«, und die im Anomiekonzept unterstellten Normalitätskonstruktionen müßten als »abweichend«, also anomisch gelten. Die Medien, die selbst am Prozeß der Normdifferenzierung beteiligt sind, publizieren allerdings (zusammen mit anderen gesellschaftlichen Systemen) eine Semantik, die diesen Widerspruch kommunikabel macht. Labels wie »Postmoderne« oder »Posthistoire« repräsentieren diese Semantik und formieren hinter sich positive Interpretationen dieses Wirbels der Moderne oder transportieren kulturkritische Metaphern des Untergangs oder Zerfalls. Somit differenziert sich Anomie selbst aus zu einer variablen Gemütsstimmung, die emotional, medial oder auch wissenschaftlich ausformuliert werden kann.

2. Medien und Gewalt

In einem Artikel zum Thema »Medien und Gewaltdarstellungen in den Massenmedien« wird auf eine bemerkenswerte »Erosion der gewaltrelevanten Normvorstellungen« (vgl. Kepplinger 1994) seit dem Beginn der achtziger Jahre hingewiesen. Dieser Hinweis stützt sich auf kriminalstatistische Daten und wird durch eine resümierende Einschätzung der Ursachendarstellung in empirischen Studien ergänzt.

»Das Ausmaß der vorhandenen Gewalt bzw. ihre Zunahme wird v. a. auf soziodemographische Ursachen wie die Veränderung der Sozialstruktur (Verstädterung, Arbeitslosigkeit, Wohnverhältnisse, Ausländeranteil usw.)

zurückgeführt. Daneben wird eine Reihe von psychologischen Ursachen genannt (Entfremdung, Normverlust, Isolation, Überreizung, Leistungsversagen usw.). Der Gewaltdarstellung in den Massenmedien wird in den soziologischen und kriminologischen Studien keine oder nahezu keine Bedeutung zugemessen. Sie wird in den meisten Studien nicht einmal erwähnt« (ebd., S. 572 f.).

Dieser Verweis auf einen fehlenden Medienbezug kann als Kritik interpretiert werden, aber auch als Konsequenz einer gewissen Indifferenz, mit der die Medien- und Gewalt-Debatte geführt wird. Anders als in soziologischen oder kriminologischen Studien wird in zahlreichen Untersuchungen und Artikeln versucht, die mediale Darstellung von Gewalt mit realer Gewalt in Beziehung zu setzen (z. B. bei Theunert 1987). Titeln wie *Im Zeichen des Blutes. Gesellschaftliche Gewalt und Medien* (vgl. Seeßlen 1995) oder *Programmiert zum Kriegsspielen* (vgl. Fritz 1988) folgen dann allerdings Ausführungen, die keineswegs eine so eindeutige Stellung beziehen, wie die Überschriften suggerieren (vgl. Meister/Sander 1994).

Wenn es heißt, daß die »Kritik des Gewaltbildes (...) nur eine Kritik der Gesellschaft sein (kann), die es hervorbringt« (Seeßlen 1995, S. 30; ähnlich Kunczik 1987), wird zwar eine differenzierte Aussage gemacht, die sich nicht der scheinbaren Plausibilität eines eindimensionalen Kausalnexus zwischen medialer und realer Gewalt hingibt (wie etwa bei Glogauer 1991). Dennoch bleibt eher Ratlosigkeit zurück, und überdies ist die Frage nach dem medialen Einfluß auf reale Gewalt weiterhin ungeklärt. Diese reflexive Ratlosigkeit und (scheinbar) indifferente Haltung zu den »harten Gewaltfragen« (etwa bei Lukesch 1988) sind jedoch redlicher als eindeutige Kausalzuschreibungen mancher Kritiker, in denen lediglich populistische Medienschelte auf pseudoempirische Füße gestellt wird. Die Frage, ob Medien anomieevozierend sind, ob sie Gewalt bzw. Gewaltbereitschaft auf der Einstellungs- und Handlungsebene fördern, wird zwar seit langem diskutiert und in vielen empirischen Studien untersucht. Allerdings taucht die Kategorie der Anomie in der Medien-und-Gewalt-Debatte bisher nur vermittelt auf; eine weitere Antwort steht also noch aus. Damit ist nicht gesagt, daß Medien *nicht* dazu beitragen, Gewalt als Handlungsmuster im Alltag zu etablieren. Allerdings greifen soziale Kontextbedingungen derart vielfältig und komplex in die Entstehung von Gewalt ein, daß der Anteil der Medien weder quantitativ noch qualitativ eindeutig zu bestimmen ist. Die Frage von Klaus Schönbach (1993): *Ist »BILD« schuld an Mölln?* muß demnach eher rhetorisch verstanden werden und kann als normativ aufgeladene Ursachensuche so nicht beantwortet werden.

2.1 Gewalt in (audio)visuellen Medien

Betrachtet man die Entwicklungen in den Medien innerhalb der letzten Jahre bzw. die Debatten darüber, so scheint Gewalt als »geheime Botschaft« (vgl. Hacker 1988) der Massenmedien zu einer anomischen Dominanz zu avancieren. Sie läßt sich teilweise durch die eindeutige Zunahme von Gewaltdarstellungen erklären, ausgelöst nicht zuletzt durch die Verbreitung von (Horror-)Videos und Computerspielen und die kommerzielle Erweiterung der Programmvielfalt des Fernsehens. Gewalt wird von den Privatsendern häufiger gezeigt als von den öffentlich-rechtlichen Sendestationen, wie eine Untersuchung des deutschen Fernsehens 1991 ergeben hat (Kunczik 1993, S. 98). Die reine Quantität von Gewaltakten in den Medien sagt allerdings noch nichts über zu erwartende Wirkungen aus. Die Folgen einer bestimmten Sendung hängen nicht nur von den Persönlichkeitsmerkmalen des Rezipienten sowie der Situation, in der die Sendung wahrgenommen wird, ab, sondern auch von der Art und Weise der Darstellung des Gewaltaktes. Um möglichst quantitative und qualitative Unterschiede in der Gewaltdarstellung zu erfassen, wurde in der ARD/ZDF-Gewaltanalyse eine allgemeine Definition gewählt. Danach meint Gewalt »die absichtliche Herbeiführung sowie das nicht beabsichtigte Eintreten von physischem, psychischem, materiellem, sozialem, ökologischem Schaden« (Krüger 1994, S. 73). Dieser Begriff versucht, über eine Erweiterung von bislang üblichen Definitionen seine Reichweite zu erhöhen, indem nun eine Differenzierung von Gewalt nach ihren Strukturelementen und Darstellungsformen möglich wird. Um zu qualitativen Unterscheidungen gelangen zu können, muß in dem hier interessierenden Falle zumindest nach Informations- und Fictionangeboten unterschieden werden.

Betrachtet man die Gewaltdarstellungen im fiktionalen Bereich, weisen gerade europäische und amerikanische Unterhaltungssendungen einige typische Merkmale auf:

– Meist handelt es sich bei den Gewalttätern um unverheiratete, dynamisch-aggressive Männer im Alter zwischen 30 und 45 Jahren, die meist von jüngeren, verführerischen Frauen umgeben sind. Aggressionen sind eher mit der männlichen, nicht der weiblichen Rolle verbunden (Klassisches Beispiel: James Bond-Filme).

- Bei den Gewaltdarstellungen handelt es sich in ihrer Mehrzahl um erfolgreiche Anwendungen von Gewalt, welche als effizientes Mittel zur Zielerreichung dargestellt wird (Beispiel: Western).
- Gewalt tritt vorzugsweise zwischen einander unbekannten Personen auf, die zudem oft Angehörige verschiedener Schichten sind, womit es sich in bezug auf den »Realitätsgehalt« des tatsächlichen Täterverhaltens laut Kriminalstatistiken um eher unrealistische Darstellungen handelt (Beispiel: Serienkrimis).
- Die dargestellten Gewaltakte weisen nur einen geringen Bezug zum Alltag der Rezipienten auf: Die Aktionen der Filmhelden berühren die Wirklichkeit des Publikums nur selten, und auch die Konsequenzen von Aggressionen wie Schmerz, Verwundung, Leid usw. werden wenig realistisch dargestellt (Beispiel: Action-Filme).
- Gewalt wird nicht nur von anomieverdächtigen, »kriminellen« Personen ausgeübt, sondern auch von Repräsentanten der staatlichen Ordnung wie Polizisten und Detektiven. Ihr aggressives Verhalten legitimiert sich aus einem moralischen Recht, da die einzig mögliche Strategie der Bekämpfung von Unrecht Gegengewalt zu sein scheint. Negative Konsequenzen für die sich im »Recht« glaubenden Ordnungshüter werden selten gezeigt bzw. moralisch angeprangert. »Illegitime« Anomie wird demnach mit »legitimer« Anomie beantwortet (Beispiel: Serien- und Politkrimis).

Insgesamt gesehen wird aggressives oder gewalttätiges Gebaren in den Unterhaltungssendungen des Fernsehens als eine normale, alltägliche Verhaltensstrategie – vorwiegend von Männern – dargeboten, auf die auch moralisch integrierte Personen zurückgreifen. Es werden Handlungsmodelle geliefert, die demonstrieren, daß mit Hilfe illegitimer Mittel (anomisches Verhalten) wie Aggression und Gewalt gesellschaftlich anerkannte und legitime Ziele wie Wohlstand, Macht, Prestige erreicht werden können (Kunczik 1987, S. 28). Zudem neigen gewalthaltige Mediendarstellungen im fiktionalen Bereich dazu, gesellschaftliche Strukturkonflikte (Armut, Drogen, Kriege etc.) zu personalisieren (»Kampf« zwischen

Polizist und Drogenhändler) und somit die Lösung anomischer Probleme als einen Interaktionszirkel von Gewalt und Gegengewalt darzustellen. Der Kinofilm *Taxidriver* von Martin Scorsese mit dem waffenstarrenden Robert De Niro und die Filmreihe von Don Siegel mit Clint Eastwood als *Dirty Harry* repräsentieren dieses Muster in klassischer Manier.

Die Wahrnehmung der dargestellten Gewalt wird von den Zuschauern je nach Handlungskontext allerdings unterschiedlich eingeschätzt. Generell gilt: je realistischer ein Film oder eine Fernsehsendung beurteilt wird, als desto gewalthaltiger werden sie auch empfunden. Bei Zeichentrickfilmen oder Komödien kann Gewalt daher als durchaus amüsant rezipiert werden, während Schießereien und Schlägereien in Western als »normal« gelten. Daraus wäre zu folgern, daß bei solchen Sendungen, in denen Gewaltakte humoresk eingearbeitet werden, aggressive Handlungen nicht als anomisch wahrgenommen werden (vgl. Kunczik 1994). Bei Filmen mit einem historisch realen Hintergrund, wie etwa dem Kambodscha-Krieg (*The Killing Fields*), werden Gewaltakte von den Zuschauern hingegen häufig als anomisch und grausam empfunden, da sie emotional in ein Geschehen mit hoher Glaubwürdigkeit eingebunden sind.

Gewaltdarstellungen im Non-Fiction-Bereich unterscheiden sich grundlegend vom Fiction-Bereich. Während Gewalthandlungen v. a. nach dramaturgischen Regeln in Unterhaltungssendungen eingesetzt werden, unterscheiden sich die Programmangebote in Informationssendungen und teilweise auch im Reality-TV sowohl in ihren Entstehungsbedingungen als auch in ihren Funktionen, denn die von den Journalisten ausgewählten und im Fernsehen wiedergegebenen Gewaltformen werden weitgehend von Akteuren in real-authentischen Konfliktbereichen der sozialen Wirklichkeit (Unfälle und Katastrophen) bestimmt.

Laut ARD/ZDF-Gewaltanalyse gibt es qualitative und quantitative Unterschiede bei Gewaltdarstellungen zwischen öffentlich-rechtlichen und privaten Fernsehprogrammen. Die ersteren zeigen bei größerem Informationsangebot anteilig weniger Gewalt als private Sender. In der Rangfolge der Gewaltraten steht RTL 1993 an erster Stelle, gefolgt von SAT.1, ARD und ZDF. »Hard-violence« erscheint bei den öffentlich-rechtlichen Programmen überwiegend in politischen Informations- und Nachrichtensendungen, in denen reale Rassen- und Minoritätenkonflikte, Kriege, Verbrechen, politische Auseinandersetzungen oder Terroranschläge thematisiert werden, mit Tätern, deren Motivationsstruktur im ideologisch-politischen Bereich verankert ist. Die Darstellungsweise ist hier eher real-authentisch mit aufklärerischer Absicht. »Hard-violence« trifft man bei den Privaten dagegen eher in nicht-politischen Sendungen und im Reality-TV an, die vermehrt Kriminalität, Unfälle und Katastrophen thematisieren. Hier wird mit inszenierten und gefühlsbetonten Darstellungen gearbeitet und weniger auf Aufklärung denn auf emotionale Erregung und Aufmerksamkeit gezielt (vgl. Krüger 1994). Eine Besonderheit, die gerade in letzter Zeit wieder häufiger die Agenda aktueller Berichterstattung bestimmt, bildet die politisch motivierte Gewalt, die oft Konflikte wie Demonstrationen oder Attentate umfaßt. In den Medien wird diesen anomischen Darstellungen überwiegend auf zwei Ebenen Beachtung geschenkt: Die eine Ebene betrifft direkte physische Interaktionen zwischen Kontrahentengruppen, v. a. Demonstranten und Polizisten. Demonstranten greifen bei den gewaltsamen Ausschreitungen meist Absperrungen oder Gebäude an, die von Polizisten verteidigt werden, während die Ordnungshüter häufiger Gewalt gegen Personen ausüben (vgl. Kepplinger 1979). In der Regel wird das Ziel von gewaltsamen Demonstrationen in der Beeinflussung der Öffentlichkeit und politischer Entscheidungsträger liegen (vgl. Kepplinger/Giesselmann 1993), wobei die neueren Erfahrungen von rechtsgerichteten und/oder ausländerfeindlichen Ausschreitungen auch durchaus Gewalt gegen Personen beinhalten. Generell gilt jedoch:

»Die Demonstranten handeln, wenn sie Gewalt anwenden, per definitionem illegal, die Polizisten handeln dagegen, sofern sie Gewalt im Rahmen der Gesetze anwenden, legal. Gewaltsame Demonstrationen sind deshalb asymmetrische Konflikte, deren Struktur die Berichterstattung der Massenmedien beeinflußt« (ebd., S. 163).

Über die Gewaltausschreitungen gegen »Fremde« wird seit Anfang der neunziger Jahre in Nachrichten-, Informations- und Reality-Sendungen berichtet. Für das Reality-Fernsehen scheint sich dieses Thema besonders zu eignen, da hier exemplarisch gezeigt werden kann, wie Gewalt in das Privatleben einzelner Personen massiv eingreift (Kepplinger 1994, S. 573). Den Medien ist wegen ihrer Berichterstattung über die rechtsextremistische Kriminalität immer wieder der Vorwurf gemacht worden, sie würden quasi Propaganda für eine politisch eher bewußtlose und gewaltbereite jugendliche Protestkultur machen. Diesen Vorwurf konnte Scharf (1993) auf der formalen Ebene aufgrund einer qualitativen Inhaltsanalyse für die »seriösen« Printmedien entkräften, da ihnen das Nachkommen ihrer »Chronistenpflicht« bescheinigt werden konnte. Allerdings darf nicht unterschätzt werden, daß sich auch diese Massenmedien nach gewissen Strukturzwängen richten, da sie immer aktuell und schnell über die neuesten Ereignisse informieren müssen (vgl. Sander 1994). Der »Nachrichtenwert« ergibt sich neben der Aktualität auch aus dem »Aufmerksamkeitswert« des Ereignisses, welcher sich über eine Differenz zum Alltäglichen bestimmt, meist in Form eines überraschenden Effektes, mit der Konsequenz, daß der »Aufmerksamkeitswert« gleichzeitig einen Unterhaltungswert aufweisen muß. Dabei wird häufig nach dem alten Motto »only bad news are good news« verfahren (vgl. Ruhrmann 1991). Indem die Massenmedien in wachsendem Umfang über Gewalttaten berichten, befriedigen sie damit auch ein Sensationsbedürfnis in der Bevölkerung, das sich über die Einschaltquoten bemerkbar macht. Aufgrund des Aktualitätsdrucks und des Zwangs, Neues und Außergewöhnliches zu präsentieren, können auch verzerrte Effekte entstehen, indem etwa ein Thema herausgegriffen und diesem besondere Aufmerksamkeit gewidmet wird. Die gezeigten Gewalttaten vermitteln dann den Eindruck, hier würden Ereignisse geballt auftreten, während es sich in Wirklichkeit um eine Häufung handelt, die statistisch gesehen kaum als außergewöhnlich gelten kann. Gerade im Gefolge von spektakulären Schlüsselereignissen wie bei der Berichterstattung über Ausländer und Asylbewerber wurde zu bestimmten Zeiten immer wieder über ähnliche Gewalttaten informiert, auch wenn sich die Anzahl derartiger Taten kaum erhöht hat oder sogar zurückgegangen ist, wodurch der irreführende Eindruck von Gewaltwellen entstanden ist (vgl. Brosius/Eps 1993, Meister 1995). Hier wird medial konstruierte Anomie durch Konzentration und kumulierende Darstellung von spezifischen, singulären Gewalttaten erzeugt. Diese Häufung tritt insbesondere dann auf, wenn es einen Sachverhalt betrifft, bei dem sich die Journalisten an dem Interesse orientieren können, das die Berichterstattung vergangener ähnlicher Ereignisse hervorgerufen hat, und bei dem sie auf stereotype Darstellungsweisen zurückgreifen können.

Inwiefern sich durch Gewaltdarstellungen in den Medien Einstellungen und Verhaltensweisen von Personen verändern, ob sich aus medial vermitteltem anomischem Verhalten anomische Tendenzen der Gesellschaft ableiten lassen, kann auch nach bald 100jähriger Medienforschung noch nicht eindeutig beurteilt werden. Der Schweizer Publizistikwissenschaftler Heinz Bonfadelli (1993, S. 48) etwa resümiert den gegenwärtigen Forschungsstand folgendermaßen:

»Die wissenschaftliche Beschäftigung mit ›Bad News‹ beziehungsweise dokumentarischer Gewalt, speziell was die Erforschung ihrer Effekte anbelangt, ist bis jetzt weitgehend ausgeblieben. Zu finden sind allenfalls Vermutungen und ungeprüfte Spekulationen.«

Immer wieder scheint es Hinweise auf »starke« Wirkungen der Medien zu geben: Der unbestreitbare Einfluß auf die Relevanzstrukturen der Zuschauerinnen und Zuschauer hat sich zumindest im Rahmen des Themas Asyl und Ausländerfeindlichkeit bestätigt. In der Folge von Hoyerswerda und den nachfolgenden zahlreichen Ausschreitungen gegen Asylbewerberheime stieg die Bedeutung des Themas in der Öffentlichkeit beträchtlich an. Auf die Frage »Welche drei Themen, über die in den Zeitungen, im Radio oder Fernsehen berichtet wurde, interessieren Sie besonders?« antworteten Anfang September 1991 nur 2 %, daß das Thema Gewalt gegen Ausländer sie besonders interessiere, während sich Mitte Oktober über 50 % für das Thema besonders interessierten (Bertelsmann Briefe 1992, S. 57). Die Aufmerksamkeitswerte, die dieses Thema beim Publikum eingenommen hat, bestätigen jedoch lediglich die Thematisierungs-Funktion der Medien und lassen keine Aussagen über inhaltliche Zu- oder Ablehnung zu.

Auch die Nachahmungsfunktion oder die Annahme einer medialen Suggestion wird häufig als Beleg für eine »starke« Wirkung der Medien zitiert. So können die Gewaltausschreitungen Jugendlicher gegen Ausländer oder Asylbewerberheime als Nachahmung von rechtsradikalem Verhalten angesehen werden, die ihre Anregungen aus der medialen Berichterstattung über andere jugendliche Gewalttäter nimmt (vgl. z. B. Gerhard 1992). Spektakuläre »Nachahmungsfälle« belegen allerdings trotz ihrer scheinbar erdrücken-

Resonanz zum Thema Asylanten in den neuen und alten Bundesländern
»Interessiert mich besonders« (in %)
(Bundesbürger ab 14 Jahren [ABL: N = 2000, NBL: N = 500], September
1991–Februar 1992)

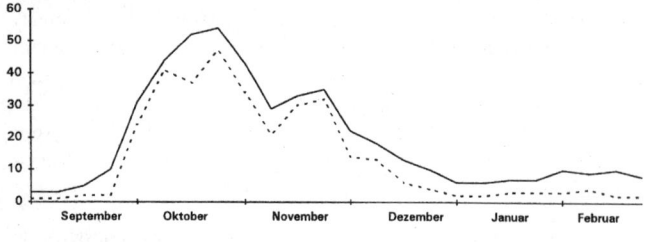

(Quelle: Bertelsmann Briefe 4/1992, S. 57)

den Beweiskraft nur sehr zweifelhaft die These, Mediengewalt
(bzw. Medienanomie) könne unter »günstigen« Umständen Nachahmungseffekte realer Gewalt »erzeugen«. Bezeichnenderweise
werden solche Kausalbehauptungen auch kaum in den Medienwis-
senschaften aufgestellt, sondern finden sich eher als spektakuläre
Themen in den Medien, die auf der Suche nach Außergewöhn-
lichem und Anklagenswürdigem auch nicht vor Selbstbezichti-
gungen zurückschrecken. Weischenberg (1990, S. 47) z. B. zitiert
eine *Spiegel*-Ausgabe vom 3. 10. 1988, in der das Nachrichtenma-
gazin über eine angebliche Selbstmordwelle in der Bundesrepublik
Deutschland als Nachahmungsphänomen des Barschel-Selbstmordes berichtet. Der *Spiegel* belegt den Zusammenhang zwischen
der Veröffentlichungskampagne des Barschel-Selbstmordes, v. a.
das Badewannen-Foto des ehemaligen Ministerpräsidenten ist hier
gemeint, und der nachfolgenden Selbstmordwelle mit einer ganzen
Reihe anderer angeblicher Imitations-Selbstmordwellen, die bis zu
Goethes *Leiden des jungen Werther* zurückreichen.
   Eine spektakuläre Nachahmungstat aus dem fiktionalen Bereich
war die Ermordung des kleinen James Bulger durch zwei zehnjäh-
rige Jungen in Liverpool. Der *Kölner Stadt-Anzeiger* meldete am
26. 11. 1993 *Der Kindermord lief wie in einem Horrorvideo ab*,
hatte doch der Vater eines der Jungen kurz vor der Tat ein Horror-
Video ausgeliehen. Dieses wies Parallelen zwischen Tatablauf und

Filmhandlung auf und veranlaßte den Richter zu der Vermutung, die Jungen wären durch Videos »zur Nachahmung für ihre beispiellose Barbarei« angeregt worden.

Aufgrund der Ergebnisse aus der empirischen Medienforschung müssen diese über Imitation medialer Vorbilder initiierten Gewaltakte jedoch eher als »Ausnahmefälle« gewertet werden, da Millionen anderer Zuschauer dieselben Medien nutzen und eben nicht gewalttätig werden (Kunczik 1994, S. 36). Was bei gewaltdisponierten Minderheiten »starke Wirkungen« hervorruft, zeigt bei Mehrheiten nur »schwache Wirkungen« (Kepplinger 1994, S. 577).

Wie aus inhaltsanalytischen Medienstudien hervorgeht, repräsentieren die meisten Gewaltdarstellungen in den Medien eine außergewöhnliche Sphäre der Wirklichkeit, die den meisten Zuschauern in ihren Alltagsbezügen eher fremd sein dürfte. Diese Darbietungen tragen also den Charakter von Anomie (Normabweichung), da die gezeigten Gewaltphänomene den gängigen Normen zumeist diametral widersprechen. Allerdings kann man nicht von einer direkten Transformation medial dargestellter Anomie in das Alltagshandeln der Rezipienten ausgehen. In der Medienforschung besteht deshalb heute im wesentlichen Konsens darüber, daß von einer »Allmacht« der Medien (vgl. Teichert/Renckstorf 1974) und ihrer Botschaften keine Rede sein kann, sondern eher »schwache« Wirkungen in Form von subtilen und indirekten Wirkungen zu vermuten sind (vgl. zusammenfassend Kunczik 1993/1994).

Durch einen erhöhten Konsum von Gewaltdarstellungen werden Habitualisierungseffekte vermutet; es findet also eine sukzessive Desensibilisierung statt, so daß schließlich Gewalt als normales Alltagsverhalten bzw. mit Indifferenz betrachtet wird. Im Zusammenhang der »Kultivierungsthese« wird eher davon ausgegangen, daß das Fernsehen ein bestimmtes Welt- und Selbstbild bei den Zuschauern prägt. Diese Annahme beruht im wesentlichen auf sozial-kognitiven Lerntheorien, wonach das Publikum anhand von Gewaltdarstellungen Verhaltensmodelle erlernt, die es in entsprechenden Situationen reproduziert. Bandura (1976) nannte dies »Lernen am Modell«, wobei der »Lerneffekt« dann besonders groß ist, wenn die geschilderte Gewalt erfolgreich ist und auf positive Resonanz stößt. Gerbner (1986) und seine Kollegen sprechen von Kultivierungseffekten, da das Fernsehen die meisten Menschen sozialisiert und ihnen standardisierte Rollen und Verhaltensweisen vermittelt. Durch die Rezeption von Gewalt werden Vorstellungen über die Gefährdung der Gesellschaft geprägt, die bei den potentiell Betroffenen die Angst erhöhen, selbst Opfer eines Verbrechens zu werden. Diese These klingt plausibel und klärt in mancher Hinsicht die Art der Transformation medialer Gewalt: Anomiedarstellungen in den Massenmedien erzeugen über »schwache Wirkungen« beim Publikum diffuse Vorstellungen von faktischer Anomie und v. a. eine diffuse Furcht davor. Hat sich dieser Schritt von der medialen Anomie in faktische Anomieunterstellungen bei den Rezipienten vollzogen, können sich hieran wiederum vielfältige Reaktionen anschließen: Aggressivität, Angst, Isolation, Forderungen nach einem »starken Staat« usw. Die Varianzbreite der Reaktionen erfaßt sogar die Selbststilisierung als Opfer. Menschen mit einem pathologischen Selbstdarstellungsbedürfnis oder anderen Motivstrukturen nutzen z. B. medial vermittelte »Anomiewellen« (etwa rechtsradikale Gewalt, Rassenhaß), um sich selbst medienwirksam als Opfer zu stilisieren. Das angebliche Hallenser Skin-Opfer mit den in die Haut eingeritzten Hakenkreuzen ist dafür ein Beispiel, das dann wieder von rechten Publikationsorganen propagandistisch für die These instrumentalisiert wurde, »rechte Gewalt« sei insgesamt ein inszeniertes Medienprodukt.

Bei einer Minderheit unter den Zuschauern kann sich aber auch die Prädisposition für reale Gewalt erhöhen. So gehen die »Erregungstheorien« von der Annahme aus, medial initiierte Erregungszustände würden die Gewaltbereitschaft steigern. Hierzu zählt auch die Stimulationsthese, die besagt, daß mediale Gewalt Dispositionen realer Gewalt erzeugt und verstärkt. In diesem Kontext wird zum einen die »Frustrations-Aggressions-Theorie« vertreten (vgl. Berkowitz 1969), nach der Frustrationen ein Handlungspotential dergestalt schaffen, daß Gewaltszenen um so mehr Auslösereize bewirken können, je eher die im Film dargestellte Situation derjenigen des Betrachters ähnelt. Davon unterscheidet sich zum anderen die »Excitation-Transfer-Theorie« (vgl. Zillmann 1979), die von unspezifischen Erregungszuständen spricht, ausgelöst durch humorvolle, erotische oder gewalthaltige Filme, die je nach Situationsfaktoren aggressive, erotisierende oder heitere Reaktionen auslösen, gleichgültig welcher emotiven Tendenz der Film ist. Während die letzte These eher für kurzfristig auftretende Phänomene (Gewalt in der Familie) steht, kann die Frustrations-Aggressions-These einiges zur Erklärung »jugendlicher Gewalt« beitragen.

Auch wenn man davon ausgehen kann, daß aggressives Verhalten normalerweise Hemmungen unterworfen ist und soziale Normen oder Furcht vor Bestrafung reale Gewaltakte verhindern, scheint doch bei bestimmten Personen ein sich selbst verstärkender Prozeß anomischer Handlungsweisen vorzuliegen: Der Konsum gewalthaltiger Medieninhalte kann bei ihnen die Wahrscheinlichkeit aggressiven Gebarens, aggressiver Einstellungen und aggressiver Phantasien erhöhen, womit gleichzeitig die Wahrscheinlichkeit zunimmt, daß solcherart Medienangebote als attraktiv angesehen werden und in der Folge auch vermehrt wahrgenommen werden. Mangelndes Selbstbewußtsein und soziale Isolation zählen hier zu den Faktoren, die einen derartigen Prozeß begünstigen (Kunczik 1993, S. 103 f.). Doch auch für diese Personengruppe trifft zunächst zu, was generell für das Erlernen von Aggression gilt, nämlich daß die unmittelbare familiale Umwelt und das Milieu die wesentlichen Auslöser für anomische Tendenzen sind, und erst an dritter Stelle können die massenmedial angebotenen symbolischen aggressiven Modelle dazugezählt werden. Ausgelöst durch die Diskussion um »Video-nasties« (Gewalt- und Horrorvideos), untersuchten in den achtziger Jahren einige britische Wissenschaftler auf empirischer Basis die Auswirkungen von Gewaltfilmen auf Kinder und Jugendliche. Sie entwickelten dabei die Idee, Kinder- und Jugendpsychiater zu befragen (vgl. Sims/Melville-Thomas 1985), da diese in besonderer Weise dazu befähigt schienen, den emotionalen Zustand und die Einstellung ihrer Patienten zu erläutern. Ausgewählt wurden gerade diese Experten, da sie mit einem Personenkreis konfrontiert sind, der gefühlsmäßige Beeinträchtigungen oder Verhaltensstörungen aufweist und für Medienwirkungen als besonders empfänglich angesehen werden kann. Auch Kunczik/ Bleh/Maritzen (1993) gingen in ihrer Untersuchung davon aus, daß jugendliche Patienten von Psychologen und Psychiatern möglicherweise besondere Merkmale aufweisen, die sie für Wirkungen von Gewaltdarstellungen disponieren.

Ihre Expertenbefragung ergab (Kunczik/Bleh/Maritzen 1993), daß die Psychologen und Psychiater einen Zusammenhang zwischen medialer Gewalt und insbesondere aggressivem Verhalten, Schlafstörungen und Übererregbarkeit sahen. Etwa zwei Drittel der Befragten gaben an, daß Kinder und Jugendliche ihr aggressives

Verhalten durch Vorbilder aus Gewaltfilmen rechtfertigen oder aber selbst der Meinung sind, das Fernsehen habe Einfluß auf ihre Handlungsweisen. Beeinflußt von den Gewaltdarstellungen werden insbesondere Jungen im Alter zwischen acht und zwölf Jahren, die man als Einzelgänger oder Außenseiter bezeichnen könnte. Keiner der Befragten sah Mädchen als eher gefährdet an, da die Auswirkungen von Gewalt anscheinend stereotyp nach geschlechtsspezifischen Rollenmustern erfolgen: Jungen werden eher als aggressiv und gewaltsames Verhalten nachahmend beschrieben, während Mädchen eher als ängstlich charakterisiert werden. Rund ein Fünftel der Psychologen machte die Gewaltfilme selbst für diese Stereotype verantwortlich. Die Experten sehen einen deutlichen Zusammenhang zwischen der häuslichen Situation und dem Gewaltfilmkonsum der Kinder. Die Eltern geben ihrem Nachwuchs ein besonders schlechtes Vorbild ab, wenn sie einen vernachlässigenden, aggressiven Erziehungsstil pflegen und viele Fernseh- und Videofilme sehen.

Gewaltstreifen können also nicht als alleinige Auslöser für anomisches Verhalten gelten, sondern müssen als Indikator für fehlgeschlagene Erziehungsbemühungen in einem problematischen Umfeld gesehen werden, in dem der Medienkonsum Aggressivität mitverursachen, das Rollenverhalten prägen und negativen Einfluß auf die Schulleistungen nehmen kann.

2.3 Fördern Medien Fremdenfeindlichkeit?

In den Medien wird nicht nur häufig über Gewalt *gegen* »Fremde« berichtet, sondern mindestens ebensooft, zumeist negativ konnotiert und mit Stereotypen behaftet, über Gewalt *von* Fremden. Fast täglich liest, hört und sieht man Nachrichten über (kriminelle) Immigranten, ethnische Konflikte zwischen der Mehrheit und kulturellen und/oder religiösen Minderheiten. Leuninger vertritt im Rekurs auf die inhaltsanalytische Studie über *Die Gastarbeiter in der Presse* von Delgado sowie aufgrund eigener Analysen die These, daß die Türkenfeindlichkeit der Deutschen durch die negative Form der Berichterstattung, v. a. der Sensationspresse während der wirtschaftlichen Rezessionsphase der siebziger Jahre, konstituiert wurde (Leuninger 1984, S. 103). Bei der Legitimierung ethnischer Macht und der Reproduktion von Rassismus in den westlichen Gesellschaften scheint den Medien eine entscheidende

Rolle zuzukommen. Van Dijk (1991) geht davon aus, daß ethnische Vorurteile oder Ideologien wesentlich vorbestimmt und vorstrukturiert werden durch verschiedene Diskurstypen und Kommunikationsformen. Medien bilden für ihn das ideologische Rahmengebäude für die Interpretation ethnischer Ereignisse und dienen insofern der Rechtfertigung von Vorurteilen und Diskriminierung. Der empirische Verweis bei vielen Gesprächen über Fremde – »man liest es ja jeden Tag in der Zeitung« – wird selbst zum normativen Argument gegen Fremde. Insofern sind die Medien zwar nicht für die Stigmatisierung von Randgruppen verantwortlich, allerdings »stricken« sie »mit an der Hervorbringung innergesellschaftlicher Feindbilder und tragen dazu bei, diese aufrechtzuerhalten« (Jaschke 1992, S. 56).

Bei der Berichterstattung über Ausländer fällt immer wieder auf, daß Stereotype, im Sinne von »Weltbildern« in unseren Köpfen, nicht nur in ihrer denkökonomischen und orientierenden Funktion verwandt werden, sondern auch in ihrer Funktion als »Verteidigungswaffen unserer gesellschaftlichen Stellung« (Lippmann 1964, S. 71). Dies hat weitreichende Konsequenzen auf Einstellungen und Überzeugungen. So sind im Zuge einer lang anhaltenden Thematisierung von Zuzugszahlen und »Ausländeranteilen« in den Medien auch nicht-intentionale gesellschaftliche Nebeneffekte aufgetreten: Medien in ihrer Eigenschaft als Seismograph und »Wirklichkeitserzeuger« haben Positionen veralltäglicht wie, es sei durchaus »normal«, auch gegen Einwanderung zu sein und vor drakonischen Maßnahmen nicht zurückzuschrecken (vgl. Jaschke 1992, Schönbach 1993). Den Berichten über »Asylrechtsmißbrauch« oder den Zweifeln an der deutschen Herkunft bei Aussiedlern entsprachen die zunehmend offener geführten Debatten um Veränderungen und Einschränkung der »Auswüchse«. In diesem Zusammenhang sind dann auch die politischen Diskussionen um Zuzugsbeschränkungen und Abschottungsnotwendigkeiten zu sehen. So standen etwa die ganzen Auseinandersetzungen um die Asylrechtsänderung unter dem Diktum der »großen Zahlen«.

Bei ethnisch motivierter Gewalt von Jugendlichen haben wir es mit einer Form von Aggression zu tun, mit der sich die meisten Zuschauerinnen und Zuschauer aller Wahrscheinlichkeit nicht identifizieren werden. Im Kontext dieser Gewalt werden jedoch Themen angesprochen, die bei vielen mit Vorurteilen und Klischees behaftet sind. Zum Einfluß medialer Gewalt auf ethnisch motivierte Angriffe gibt es bislang keine empirischen Untersuchungen, die tatsächliche Zusammenhänge belegen könnten. Allerdings scheinen die experimentellen Ergebnisse und Überlegungen zur politisch motivierten Gewalt (vgl. Kepplinger 1981, Kepplinger/Giesselmann 1993) auf den Sachverhalt durchaus übertragbar zu sein. Auch bei ethnisch-nationalistischen Gewaltdarstellungen läßt sich das Publikum hinsichtlich seiner Distanz zum Geschehen unterscheiden, die die Wirkung des Gesehenen filtert: Ein verschwindend kleiner Teil der Rezipienten gehört zu den Akteuren selbst oder zu den potentiellen Akteuren, ein etwas größerer Teil gehört zum engeren sozialen Umfeld der Täter, und die Mehrheit besteht aus Zuschauern, die sich meist noch aufspalten lassen in Anhänger der einen oder anderen Seite. In Anbetracht der zahlreichen Meinungen, die dem Publikum angesichts der vielfältigen medial dargestellten Konflikte abverlangt werden, dürfte ein wachsender Anteil von Zuschauern dem Geschehen tendenziell gleichgültig gegenüberstehen und erst bei dem Gefühl der persönlichen Betroffenheit zu einem Urteil gelangen.

3. Interdependenzen zwischen Medienkommunikation und politischer Kommunikation

Die folgende Untersuchung der Interdependenzen zwischen dem Mediensystem und der politischen Kommunikation greift unter dem Vorzeichen von *Anomie* Ausnahmeerscheinungen auf. Wie weiter unten gezeigt wird, läßt sich zwar eine strukturelle Umbruchphase zwischen den beiden gesellschaftlichen Teilsystemen Medien und Politik nachweisen. Diese Umbrüche tragen jedoch nicht durchweg das Signum von Anomie, sondern sind Elemente eines allgemeinen strukturellen Wandels ausdifferenzierter, moderner Gesellschaften, in denen sich unterschiedliche Teilbereiche ausbilden, eine interne Logik entwickeln und miteinander in Beziehung treten. Innerhalb der anomietheoretischen Einteilung von Regulations-, Kohäsions- und Strukturkrisen müssen die Konsequenzen dieses Strukturwandels im Verhältnis von Medien und Politik vornehmlich auf den beiden Ebenen der Kohäsions- und Strukturkrise untersucht werden. Das betrifft die beiden Fragen: Inwieweit wirkt sich der Strukturwandel des Verhältnisses von

Medien- und Politiksystem auf die politische Integration bzw. Partizipation von Bürgerinnen und Bürgern aus? Manövriert sich das politische System durch eine starke Medienabhängigkeit in Strukturzwänge, die es nicht mehr kontrollieren kann? Und: Entsteht durch die Mediatisierung der Politik eine Schere zwischen den medial vermittelten Möglichkeiten und Leistungen der Politik und den faktischen politischen Handlungsmöglichkeiten (Strukturkrise)? Der letzte Punkt tangiert indirekt auch Aspekte einer möglichen Regulationskrise, da aus der Diskrepanz zwischen medial suggerierten und faktischen politischen Einflußmöglichkeiten Massenphänomene politischer Resignation bzw. Abstinenz innerhalb der normativ-politischen Orientierungen in der Bevölkerung entstehen können, die zu einer Schwächung politischer Orientierungsmuster (politische Kultur) führen können.

3.1 Politikrelevante Wandlungen des Mediensystems

Innerhalb der letzten 10 bis 15 Jahre hat sich innerhalb der Bundesrepublik Deutschland ein rasanter Strukturwandel des Mediensystems ergeben. Der Anteil der Haushalte, die elektronische Medien (Video, Computer, CD-Player, Datentechnik etc.) nutzen, ist sprunghaft gestiegen und bewegt sich heute auf einem hohen Niveau.

Hier hat ein technischer Wandlungsprozeß im Alltag und in der Berufswelt der Menschen eingesetzt, der noch immer in vollem Gange ist und tief in die Organisation der Arbeit und in die Freizeitaktivitäten aller Alters- und Bevölkerungsgruppen eingreift. Im Bereich der elektronischen Massenmedien Hörfunk und Fernsehen hat zudem die Einführung des dualen Systems (öffentlich-rechtliche und private Sender) das Mediensystem insgesamt nachhaltig verändert (vgl. Frank/Klingler 1987, Jarren 1994). Die Kommerzialisierung des Rundfunks hat zu einem verringerten Einfluß gesellschaftlicher Gruppierungen auf Programmstrukturen und -inhalte geführt. Die Beteiligungen gesellschaftlich und politisch relevanter Gruppierungen in den Aufsichtsgremien der öffentlichen Anstalten haben bei den Privaten keine Entsprechung gefunden. Zudem finanzieren sich diese Sender ausschließlich selbst (über Werbung) und stehen untereinander in harter Konkurrenz. Diese marktorientierte Wettbewerbssituation führte zu einer starken (Einschalt-)Quotenorientierung, die Medieninhalte, auch

Nachrichten (vgl. Zimmer 1993), bekommen starken Warencharakter, und die privaten Rundfunkveranstalter müssen sich wie andere Unternehmen auch am Markt behaupten. Im Gegensatz zu Printmedien (Zeitungen, Magazine), die in der Bundesrepublik seit jeher privat organisiert waren, konnte sich im Bereich der privaten Funkmedien (Radio, Fernsehen) keine ausdrücklich auf politische Öffentlichkeit strukturierte journalistische Kultur unabhängig vom Medienunternehmen entwickeln, wie sie in vielen Redaktionen von Zeitungen, Zeitschriften und Magazinen seit langem existiert. Vielmehr stellen die privaten Funkanbieter Unterhaltung in den Vordergrund ihres Programms (Krüger 1993). Qualitativ läßt sich diese Art der Informationsvermittlung unter anomietheoretischen Gesichtspunkten als unterhaltungsorientierte Darstellung von Normabweichung interpretieren. Anomie wird selbst zum Thema, das im Stile eines Boulevardjournalismus voyeuristisch zur Schau gestellt wird. Krüger (1993, S. 266) resümiert die Programmstrategien der Privaten folgendermaßen:

»Charakteristisch für die Neuerungen in den privaten Programmen ist die Inszenierung von Normabweichung als Information und die Präsentation von Sensation als Unterhaltung. In Teilbereichen der privaten Programme, und zwar deutlicher bei RTL als bei SAT.1, zeichnet sich damit eine neue Strategie der qualitativen Programmoptimierung nach emotionalen Wirkungsfaktoren ab, die sich psychologische Regeln der Aufmerksamkeitserregung zunutze macht. Soweit diese Strategie nach dem Rezept verfährt, das beispielsweise für die Konzeption von Reality-TV maßgeblich ist, wird der Erfolg weniger an der Sozialverträglichkeit oder am Dienst für das Gemeinwohl gemessen als an der Optimierung eines bis zur Abnutzung einsetzbaren Programmprodukts mit Rating-Vorgabe pro Sendeplatz. Eine solche Optimierungsstrategie ist in verschiedenen Programmkategorien möglich und setzt strukturelle Heterogenität des Gesamtangebots voraus. So ist in der strukturellen Veränderung der privaten Programme primär ein Schritt zu einer neuen qualitativen Differenzierung zu sehen.«

Auch politische Sendeinhalte werden in dieser markt- und unterhaltungsorientierten Logik zunehmend nicht mehr dem Primat von Information und Aufklärung unterworfen und unterscheiden sich im Prinzip nicht von anderen auf Vermarktung ausgerichteten Sendeinhalten. Das muß nicht unbedingt in eine Totalität des medialen Amüsements (vgl. Postman 1985) führen, strukturiert jedoch das Mediensystem mit seinen gesellschaftlichen Kommunikationsstrukturen radikal um (vgl. Jarren 1994) und führt letztendlich zu gravierenden Veränderungen, wenn nicht zu »Problemen« der politischen Kultur (vgl. Becker 1994). So müssen etwa Bestrebungen des politischen Systems oder politisch relevanter Gruppierungen, über die Medienöffentlichkeit an die gesellschaftliche Öffentlichkeit zu treten, im Sektor der privaten Anbieter viel stärker an die internen Regeln eines marktorientierten Mediensystems angepaßt werden, als das bei ARD und ZDF der Fall ist. In den öffentlich-rechtlichen Programmen haben sich historisch öffentliche Foren entwickelt, in denen sich die politischen Parteien und Organisationen nach ihren Regeln präsentieren können. Das meint kein Staatsfernsehen, sondern eine Programmstruktur, in der die politische Öffentlichkeit ihren Platz gefunden hat. Die privaten Sender haben weitgehend auf solche (nüchternen) Programmangebote verzichtet. Dies hat zur Folge, daß politische Öffentlichkeit und politische Themen in mediale Öffentlichkeit und mediale Themen *transformiert* werden müssen, damit sie von den marktorientierten Medienanbietern aufgegriffen werden.

»Organisationen wie Parteien, Kirchen oder Gewerkschaften müssen sich also auf die neuen Bedingungen der Mediengesellschaft einstellen, um ihr – sehr ›störrisch‹ und ›wählerisch‹ gewordenes – Publikum kommunikativ zu erreichen. Unter dem zunehmenden Medieneinfluß verändern sich die Handlungsbedingungen von Organisationen, denn sie haben beim Publikum an Thematisierungskompetenz und Bedeutung verloren. So nehmen die Medien stärker als einzelne gesellschaftliche Organisationen Einfluß auf die Festlegung der gesellschaftlichen Tagesordnung, die Definition von politischen Problemen und den Verlauf von gesellschaftspolitischen Diskussionsprozessen. Die gesellschaftlichen Organisationen haben ihre zentrale Stellung im intermediären System eingebüßt« (Jarren 1994b).

Diese Entwicklung greift über neue Kommunikationstechnologien auch in das journalistische Rollenverständnis ein. Schon seit längerer Zeit wird diskutiert, inwieweit sich über die Integration neuer Informations- und Kommunikationstechnologien in den Massenmedien die journalistische Professionalität wandelt (vgl. Prott u. a. 1983). Mit der zunehmenden Kommerzialisierung deuten sich in diesem Bereich strukturelle Wandlungen der internen Arbeitsweise des Mediensystems an.

»Obwohl auch in einem gewandelten Mediensystem die Informationsfunktion ihren hohen Stellenwert für die Medien behält, erfährt die Unterhaltungsfunktion der Medien – wegen des wachsenden Wettbewerbs (insbesondere im Rundfunksystem) und der damit einhergehenden Kommerzialisierung der Programme – einen enormen Bedeutungsgewinn. Die normativ als besonders wichtig zu erachtenden Funktionen Bildung, Kritik und Kontrolle können dagegen an Relevanz verlieren. Diese Funktionsverlagerungen führen zu einem ganz erheblichen Wandel des Rollenselbstverständnisses von Journalisten und auch anderen journalistischen Selektionsmaßstäben« (Weischenberg/Löffelholz/Scholl 1993, S. 31).

Aber auch die öffentlich-rechtlichen Rundfunksender werden durch private Anbieter in eine Wettbewerbssituation gezwungen, die die Realisierung eines traditionellen publizistischen Selbstverständnisses immer schwieriger gestaltet. Publizistische Ziele spielen bei den Unternehmensstrategien der privaten Rundfunkanstalten kaum eine Rolle, vielmehr kommt es darauf an, »ökonomisches Gut« (vgl. Kiefer 1994) zu produzieren und zu vertreiben. Erkennbar wird die für den öffentlich-rechtlichen Hörfunk drückende Wettbewerbssituation an der Entwicklung der Werbedaten und -anteile. Von 1991 auf 1992 reduzierte sich für ARD und ZDF die Umsatzentwicklung der Rundfunkwerbung um insgesamt 12,3%, während sich im selben Zeitraum die Rundfunkwerbung der Privaten um 50% steigern konnte (vgl. Stork 1993).

Marie-Luise Kiefer charakterisiert diese Situation folgendermaßen:

Öffentlich-rechtliche Anstalten und private Anbieter treten in Konkurrenz auf dem Zuschauermarkt, allerdings »(können) nach ökonomischen Definitionen (...) öffentlich-rechtlicher und privater Rundfunk nicht im Wettbewerb stehen. (...) Insbesondere für den öffentlich-rechtlichen Rundfunk mit seiner Verpflichtung zur vollen Erfüllung des Programmauftrags ist das Konzept des Wettbewerbs, in seiner ökonomischen wie der äußerst vagen publizistischen Variante, nicht kompatibel. Verstanden als ergebnisoffener Prozeß, kann Wettbewerb nicht eine Institution zur Erreichung eines zwingend vorgegebenen gesellschaftlichen Zwecks sein; verstanden als Mechanismus einer Berücksichtigung von Konsumentenpräferenzen, behindert er die vom öffentlichen Rundfunk erwarteten meritorischen Leistungen. Der Konflikt zwischen Zielen und Mitteln ist offenkundig, von welchen wettbewerbstheoretischen Annahmen man auch ausgeht. Insgesamt bleibt festzuhalten, daß Wettbewerb zwischen öffentlichem und privatem Rundfunk im dualen System als Handlungssituation zu qualifizieren ist, die nicht nur mit Blick auf die politisch deklarierten Ziele wissenschaftliche Rationalität nicht beanspruchen kann. Wettbewerb findet auf dem zentralen Markt des Publikums darüber hinaus auch nicht in einer Form statt, die mit den wettbewerbstheoretischen Konzepten der Ökonomie beschreibbar ist und eine auch nur potentielle Funktionalität beanspruchen könnte« (Kiefer 1994, S. 433 f.).

Konsequenz der Kommerzialisierung und Privatisierung weiter Bereiche der Massenmedien und der damit auch virulent oktroyierten Wettbewerbslage für das öffentlich-rechtliche Rundfunksystem ist die zunehmende Spezialisierung von Programmangeboten bzw. ganzer Sender oder Massenmedien auf Publikumssegmente. Eine Ausdifferenzierung von soziokulturellen Lebensstilen findet hier im Mediensystem ihre Entsprechung. Otfried Jarren (1994b, S. 6) hat diese Ausdifferenzierung des Mediensystems prägnant mit der historischen Wandlung von ehemals staatsfixierten »Klassenmedien« zu gesamtgesellschaftlich orientierten »Massenmedien« beschrieben, wobei sich die klassischen Massenmedien heute zunehmend in spezielle »Zielgruppenmedien« verwandeln. In einem Rekurs auf Schulz (1993) beschreibt Jarren die Folgen für eine politische Öffentlichkeit, die auf Medienkommunikation angewiesen ist und sich von ihrem Anspruch her eben nicht segmentiert, sondern gesamtgesellschaftlich versteht.

»Winfried Schulz unterscheidet zwischen den primären und sekundären Folgen dieser Medienentwicklung: Expansion und Diversifikation wirken sich seiner Auffassung nach nicht günstig auf die Struktur der öffentlichen Kommunikation aus (Stichwort: Gefährdung der gesellschaftlichen Kohäsion), und die Entwicklung führt zu einer Ausweitung der Sphäre von Öffentlichkeit und zu weiteren binnengesellschaftlichen Differenzierungen mit höchst unterschiedlichen Wertvorstellungen (Stichwort: Gefährdung der gesellschaftlichen Verständigung)« (Jarren 1994b, S. 6).

3.2 Verschränkungen des Medien- und des Politiksystems und anomische Konsequenzen

Im folgenden werden Verschränkungen des Medien- und Politiksystems anomiebezogen behandelt.

Auf mögliche Zusammenhänge zwischen medialer Politikpräsentation – und zwar als Selbstdarstellung der Politik in den Medien und als ihre Darstellung durch die Medien – und politischer Entfremdung (politische Abstinenz, politische Apathie, Ablehnung der offiziellen Parteienpolitik, politische Radikalisierung) ist oben schon hingewiesen worden. Es existieren jedoch kaum empirische Daten, die diesen Zusammenhang, also Tendenzen einer anomischen Kohäsionskrise, tatsächlich manifestieren würden. Plausibel erscheint, daß die ständigen politischen Skandalberichte des investigativen Journalismus im Funk und in der Presse das Politiksystem in der Öffentlichkeit auf Dauer diskreditieren und politische Entfremdung in der Bevölkerung fördern – hervorgerufen selbstverständlich durch die Skandale des Politiksystems. Unklar bleibt jedoch, ob jenseits der publizierten Skandale publizistische Stile bzw. politische Informationssendungen generell politische Entfremdung in der Bevölkerung begünstigen oder hemmen können. Daten, die im Juni und Juli 1994 in Hessen erhoben worden sind, verweisen jedenfalls auf Zusammenhänge zwischen politischer Entfremdung und der Nutzung politischer Informationssendungen. Nicht allein die Machart der journalistischen Publikationen, sondern auch die medialen Konsumgewohnheiten der Rezipienten beeinflussen also politische Entfremdung. In der hessischen Untersuchung wurde analysiert, ob politische Entfremdung zum einen die Bewertung von Wahlwerbespots und zum anderen die Nutzung politischer Sendungen beeinflußt. Die Ergebnisse in puncto Wahlwerbung lauten:

»Insgesamt läßt sich also schlußfolgern, daß die Politikvorstellungen der Befragten und das vorhandene Ausmaß an politischer Entfremdung praktisch keine Beurteilungsbasis für die Spots liefern. Unabhängig davon, wie nah oder fern man dem politischen System steht und wie die eigenen Einflußmöglichkeiten eingeschätzt werden, verbleiben die Spots gleichsam außerhalb des Gesichtskreises. Weder werden sie von den politisch Entfremdeten besonders vermieden oder geschätzt, noch ist bei den politisch integrierten Personen eine dezidierte Haltung zu erkennen« (Kliment 1994, S. 424).

Anders sieht es bei politischen Informationssendungen aus:

»Die Zusammenhänge zwischen den Politikvorstellungen und der Nutzung von politischen Sendungen in Hörfunk und Fernsehen sind sehr viel stärker. Die negativen Vorzeichen indizieren, daß politische Entfremdung zur Vermeidung von politischen Informationssendungen führt. Sie werden demnach nicht als Ausgleich für ein Defizit an Informationen wahrgenommen. Umgekehrt läßt sich sagen, daß ihre intensive Nutzung das Gefühl der politischen Kompetenz und die Einflußüberzeugungen stärkt« (ebd., S. 424 f.).

Die Daten legen den Schluß nahe, daß der Wandel des Mediensystems, besonders im privaten Bereich, mit seinen geringen politischen Informationsanteilen in einer Art »schwacher Wirkung« politische Entfremdung eher unterstützt und sich somit langfristig negativ auf die politische Kultur und die politische Integration auswirkt. Hierbei ist zu bemerken, daß politische Entfremdung anscheinend nicht so sehr von der Rezeption bestimmter Informationssendungen abhängt, sondern allgemein mit politischer Informationsabstinenz korreliert. Jarren (1994b) weist auf die mögliche Problematik hin, die sich aus der Differenzierung der Massenmedien hin zu pluralen Zielgruppenmedien ergeben könnte. Zu Recht fragt er, ob die sich neu herausbildenden Medien noch die Funktion eines »ständigen Verbindungs- und Kontrollorgans« wahrnehmen und, wie es in einer Verlautbarung des Bundesverfassungsgerichts heißt, eine »orientierende Kraft in der öffentlichen Auseinandersetzung« darstellen (ebd., S. 7). Dieser Punkt berührt die abnehmende Bindung von bestimmten Bevölkerungsteilen an Parteien, Gewerkschaften etc.

»Die Schere zwischen politischem Interesse und politischer Bindungsbereitschaft gegenüber den traditionellen politischen Organisationen wird größer, auch weil das Politikverständnis immer breiter und vielfältiger wird« (ebd.).

Noch gravierender wirkt sich indes das wachsende politische Desinteresse der Bevölkerung aus, die damit eine auf Partizipation angelegte politische Kultur im Kern trifft.

Ohne Frage haben diese Formen politischer Entfremdung in den neunziger Jahren quantitativ und qualitativ eine bedrohliche Form angenommen. Die Parteien, aber auch andere politische Organisationen und Interessenvertretungen klagen über Mitgliederschwund und über eine nachlassende Bereitschaft der verbliebenen Mitglieder, sich aktiv einzusetzen. Organisationsmüdigkeit, Institutionenskepsis und konsumtive Einstellungen, die z.B. bei Gewerkschaftsmitgliedschaften ehemaliges Kollektiv-Engagement in eine individualisierte Versicherungsmentalität transferieren, sind deutliche Anzeichen des Rückgangs traditioneller Formen gesellschaftlicher Bindung. Ob sich daraus tatsächlich eine Kohäsionskrise entwickelt, bleibt abzuwarten und hängt auch sicherlich vom Standpunkt der Interpretation ab. Was aus der Sicht von Parteien, Gewerkschaften usw. eine »Krise« bedeutet, muß nicht unbedingt auch für das politische System oder die politische Öffentlichkeit insgesamt eine Krise sein. Zudem darf nicht außer acht gelassen werden, daß eigentlich alle (westlichen und demokratischen) Politiksysteme immer repräsentative, elitenorientierte, parteienstrukturierte und bürokratisch-expertokratische Teilsysteme der Gesellschaft waren, die seit jeher nur eine beschränkte Integration bzw. Partizipation durch die Bevölkerung erfahren haben – und wohl auch erfahren wollten.

Der nächste Punkt bezieht sich auf die möglichen anomischen Konsequenzen für das politische System, die sich aus der engen Verquickung und gegenseitigen Instrumentalisierung mit dem Mediensystem ergeben können. Gemeint ist das »Verhältnis von Politik und Medien bei der Entstehung der politischen Agenda« (vgl. Pfetsch 1994).

Das gesellschaftliche Teilsystem Politik präsentiert sich nach außen als kommunikatives Element der politischen Öffentlichkeit, der öffentlichen Meinung. Politische Sachverhalte werden hier kommuniziert als »Themen« (vgl. Luhmann 1975b, 1979), und als »Thematisierung« wird der Vorgang bezeichnet, mit dem ein Sachverhalt, ein Ereignis oder irgend etwas Beliebiges Aufmerksamkeit erregt und darüber zu einem »Thema« der öffentlichen Meinung wird. Allerdings schaffen in den Gesellschaften mit einer themenüberfrachteten öffentlichen Meinung nur wenige Themen den Sprung auf die Tagesordnung der politischen Öffentlichkeit (die politische Agenda). Hier findet, intendiert und gesteuert oder auch nicht, eine Auswahl statt, und die Art und Weise, wie dieses geschieht, beschäftigt seit langer Zeit eine ganze Forschungsrichtung, die Agenda-Setting-Forschung (vgl. z. B. Brettschneider 1994), die die politisch-mediale Verbindung bei der Entstehung von Thematisierungen, Tendenzen der öffentlichen Meinung oder dem »news making« aufdecken will (vgl. z. B. Lippmann 1922, Tuchman 1978, Roshco 1975, Lang/Lang 1983, Noelle-Neumann 1974, 1980, Katz/Gurevitch/Haas 1973, Gurevitch/Blumler 1977). In dem hier diskutierten Zusammenhang erhält die Tatsache besonderes Gewicht, daß eine politische Strategie, die in der Öffentlichkeit erfolgreich sein – oder wirken – soll, als erstes die Hürde der Thematisierung überwinden muß. Erlangt eine politische Angelegenheit nicht den Status eines »Themas«, so existiert diese praktisch nicht. Allerdings macht sich die Politik auch diese Eigenschaft zunutze, indem etwa bestimmte thematisierungswürdige Themen ausdrücklich nicht thematisiert werden (vgl. Czerwick 1991). Im »Kampf um Öffentlichkeit« hängt die Thematisierungschance nicht nur vom Thema selbst ab, sondern von einer Vielzahl von Bedingungen, wobei häufig die internen Regeln der Massenmedien diese vorgeben. Massenmedien haben mittlerweile eine geradezu exklusive Stellung bei derartigen Thematisierungen errungen. Den Untersuchungen

der Agenda-Setting-Forschung zufolge können die Medien maßgeblich bestimmen, *was* auf die Agenda gesetzt wird, wenn sie auch
nur bedingten Einfluß darauf nehmen, *wie* die Themen dann im
weiteren diskutiert werden.

Lange Zeit wurde innerhalb der Agenda-Setting-Forschung der
reine Thematisierungsaspekt der Massenmedien stark gemacht.
Die inhaltliche Einflußnahme trat hinter der Themensetzungs-
funktion zurück. In den letzten Jahren wird jedoch auch wieder
stärker die massenmediale inhaltliche Beeinflussung wichtiger politischer Themen betont.

»Die Thematisierung prägt (...) inhaltliche Vorstellungen über das Problem, dessen Bedeutung für den einzelnen und die Gesellschaft, und insbesondere die Maßstäbe, nach denen Politiker beurteilt werden. Der themati-
sche Fokus der Medien bildet also die Grundlage dafür, wie wir Politiker,
deren Amtsführung und auch Charakter bewerten. Angesichts ihrer Funktion als Wahrnehmungsfilter von Öffentlichkeit für die Rangordnung von
Themen und die Einschätzung von Politikern gewinnen die Massenmedien
entscheidende Bedeutung für die politischen Akteure. Mit dem Ziel, politische Unterstützung beim Bürger zu finden, verbindet sich dann das Interesse, für politisch relevante Themen Resonanz in den Massenmedien zu
finden« (Pfetsch 1994, S. 13).

Diese gemeinsame Relevanz der politischen Agenda für die Existenzbedingungen des Medien- und des Politiksystems sowie die
Verquickungen beider Systeme bei der Thematisierung von Elementen der öffentlichen Meinung haben sich prozeßhaft entwik-
kelt und mittlerweile eine symbiotische Abhängigkeit der Politik
von den Massenmedien und umgekehrt erzeugt. Die Schnittmenge
gemeinsamer Relevanzen wird mittlerweile von beiden Seiten
hochprofessionell organisiert. Das Mediensystem hat seine festen
Verbindungen zum Politiksystem aufgebaut, und das Politiksystem nutzt dieselben Verbindungen und fertigt medial verwertbare
Informationen und Stellungnahmen an. So versucht das Politiksystem auf die inhaltliche Thematisierung der öffentlichen Meinung
Einfluß zu nehmen bzw. diese gezielt zu steuern. Medien- und
Presseabteilungen sowie persönliche Medienberater von Regie-
rungen, Politikern und Parteien sind heute nicht nur in den USA
zu zentralen Schaltstellen politischer Macht avanciert.

Diese professionelle Strategie, mit der das Politiksystem die mediale Einflußnahme auf die öffentliche Meinung gezielt lanciert,
wird von Ulrich Sarcinelli mit dem Titel »symbolische Politik«

(vgl. Sarcinelli 1987) belegt. »Symbolische Politik« bezeichnet nicht die »faktischen« politischen Ereignisse, sondern deren Präsentation durch Medien und Politiker, wobei der Begriff der symbolischen Politik für die symbolische Präsentation in den Medien eine eigene Realitätsebene unterstellt. Das Mediensystem mit seinen Möglichkeiten erlaubt es dem Politiksystem, Politik als »Thema« in der Öffentlichkeit fast gänzlich frei zu gestalten.

»Insofern ist die vermittelte politische Realität nicht ein verkleinertes Abbild einer vorfindlichen politischen Wirklichkeit, sondern eine mediale Wirklichkeitskonstruktion auf der Basis eines symbiotischen Verhältnisses von Politik und Journalismus« (ebd., S. 243).

Verschiedene empiristische Beispiele, etwa die Fernsehberichterstattung über den Golfkrieg, zeigen, wie symbolische Politik funktioniert. Sarcinelli hat seine These der symbolischen Politik am Beispiel des politischen Wahlkampfes entwickelt und darauf hingewiesen, »daß die politische Wirklichkeit durch den kommunikativen Schleier politischer Symbolik und symbolischer Politik bisweilen mehr verhüllt als erhellt wird« (ebd., S. 244). Die Inszenierung symbolischer Politik in den Medien macht demnach die Differenz zwischen Verhüllung und Erhellung grundsätzlich schwierig. Da Politiker an der Inszenierung symbolischer Politik im Vorfeld beteiligt sind und ihre zukünftigen Strategien faktischer wie auch symbolischer Politik an dem Verlauf ausrichten, den inszenierte Themen im Diskurs der öffentlichen Meinung nehmen, läßt sich für Außenstehende kaum mehr entscheiden, was vorgetäuscht und was faktisch ist. Zudem müßte sich eine solche Überprüfung auf alternative Informationen stützen, die nicht in irgendeiner Weise politisch-medial thematisiert sind. Solche Informationen stehen in unserer durchorganisierten Mediengesellschaft jedoch fast niemandem zur Verfügung.

In dieser Verbindung zwischen Medien- und Politiksystem, die einerseits bewußt eingegangen wird, sich andererseits jedoch auch nicht intendiert entwickelt hat, sind einige strukturelle Fangstricke für das Politiksystem eingebaut. So lassen sich vom Politikbereich initiierte Thematisierungsprozesse in der medialen und sozialen Öffentlichkeit nach einiger Zeit nur noch bedingt kontrollieren. Die Eigenlogik des medialen Systems bzw. zufällige Einflüsse erfassen Themen, die auf der Agenda der politischen Öffentlichkeit stehen, und können ursprünglich geplante Thematisierungsverläufe leicht ins Gegenteil verkehren. Intendierte symbolische Politik ist immer so erfolgreich, wie ihr tatsächlich gezieltes und kontrolliertes »news management« gelingt.

»Darunter wird (…) die Inszenierung von sogenannten Pseudoereignissen gezählt, d. h. von Aktionen und Anlässen, die nicht stattfinden würden, wenn es keine Massenmedien gäbe. Timing, Lokalisierung, Präsentationsformen und logistische Vorkehrungen, die den Journalisten die Arbeit erleichtern, können dabei flexibel festgelegt werden. Die meisten Politiker – so zeigt eine Fallstudie aus der Landespolitik – setzen auf gut vorbereitete Pressekonferenzen, Streitgespräche, öffentliche Auftritte oder Demonstrationen, wenn sie ein Thema plazieren wollen. (…) Einen zweiten Typ von Pseudoereignissen bilden spektakuläre, dabei jedoch weniger durchgeplante Inszenierungen, wie z. B. Massenkundgebungen, die besonders aufgrund ihrer Neuigkeit und Außergewöhnlichkeit, ihres Konfliktgehaltes oder ihres visuellen Schaueffektes Nachrichtenwert besitzen. Die Inszenierung von Pseudoereignissen verleiht Themen eine hohe Erfolgschance: Im Herbst 1990 ging etwa die Hälfte der innenpolitischen Berichterstattung in den wichtigsten Nachrichtenmedien auf Informationsangebote zurück, die man als Pseudoereignisse bezeichnen kann« (Pfetsch 1994, S. 18 f.).

Das Mediensystem gibt von den Pseudoereignissen v. a. den spektakulären, außergewöhnlichen Nachrichten aus dem Politiksystem den Vorzug, man könnte auch sagen: Die Medien präferieren *Anomie* als *Thema* (im Boulevardjournalismus als »Skandal«, in der seriösen Presse als »Kritik«), weil mit dem Abweichenden, Normverletzenden und Außergewöhnlichen die erfolgreichsten Thematisierungsstrategien verbunden werden. In Gesellschaften mit pluralen und konkurrierenden politischen Gruppierungen und Parteien treffen diese Interessen auf strukturgleiche Interessen des Politiksystems. In der Konkurrenz um öffentliche Aufmerksamkeit und Anerkennung neigen Politiker dazu, entweder ihre Person durch außergewöhnliche Aktionen (Fallschirmabsprünge, Durchschwimmen des Rheins etc.) in das Thematisierungskarussell der politischen Agenda zu lancieren, oder aber der politische Gegner wird in der Öffentlichkeit mit Hilfe der Medien angegriffen und in seinen angeblichen Machenschaften »enttarnt«. Plurale Politiksysteme sind extrem an Negativ-Themen der jeweiligen Gegner interessiert – im Wahlkampf zeigt sich diese Eigenschaft wie in einem »Brennglas« (Weischenberg 1990, S. 41). Aber auch zwischen den Wahlen werden, anscheinend absichtsvoll, immer mehr politische »Skandale« oder »Affären« plaziert (vgl. Pfetsch 1994, Beule/Hondrich 1990, Kepplinger 1993). Es ist schwierig zu überprüfen, ob politische Skandale in der letzten Zeit tatsächlich qualitativ oder quantitativ zugenommen haben. Ihre sicher nicht zufällige mediale Existenz steigt jedoch ständig (vgl. zu »Watergate«: Lang/Lang 1983; zu »Barschel«: Bölsche 1987, Pötzl 1988, Weischenberg 1988; zu »Gladbeck«: Weischenberg 1988b; zu »Stolpe und Späth«: Kepplinger 1993). Das System der Politik macht sich in dieser Beziehung selbst zu einem Pseudoereignis mit fragwürdigem Nutzen für diejenigen politischen Kräfte, die an der »Aufdeckung« von Skandalen mithelfen. In der politischen Arena wimmelt es mittlerweile von medial aufgebauten Skandalen und Schurken, so daß einerseits der strategische Nutzen, dem politischen Gegner zu schaden, durch eine globale Diskreditierung (»globaler Anomieverdacht«) des Politikbereichs aufgehoben wird und andererseits die Skandalisierung leicht beide oder alle beteiligten politischen Lager mitreißt. Die moralisch hoch aufgeladenen Angriffe in den Medien mit der dadurch ausgelösten Welle der Entrüstung in der Bevölkerung sind schwer zu kontrollieren und beziehen sich nur scheinbar auf klare Fronten. Die unendliche Barschel-Affäre ist dafür ein Paradebeispiel, aus dem kaum ein Betroffener ungeschoren herausgekommen ist, die Medien eingeschlossen. Allgemeiner formuliert und auf die strukturelle Verankerung von Anomie im Beziehungsgeflecht von Politik- und Mediensystem bezogen läßt sich sagen: Auf die politische Öffentlichkeit wird in pluralen, medienunterstützten Politiksystemen fast automatisch durch symbolische Politik Einfluß genommen. Hier spielen lancierte Skandale als »moralische Inszenierung« eine herausragende Stellung, und das, obgleich die beiden Bereiche Medien- und Politiksystem intern wahrscheinlich wie kaum ein anderer gesellschaftlicher Teilbereich auf die Steuerungsinstanz Moral verzichten.

Historisch betrachtet haben sich die politischen Systeme (jedenfalls in den modernen Staaten) im Prozeß der gesellschaftlichen Ausdifferenzierung Schritt für Schritt von moralischen Steuerungsmedien getrennt. Machtverhältnisse, ökonomische Rationalitäten, rechtliche und administrative Logiken bestimmen zunehmend die internen Regeln der nationalen und internationalen Politik – moralisch-ideologische Positionen oder religiöser Fundamentalismus müssen in diesem Punkt als Prozeß der Gegenmodernisierung verstanden werden. In Verbindung mit dem Mediensystem präsentieren sich die pluralen politischen Gruppierungen allerdings völlig anders. Eine normativ aufgeladene symbolische Politik stellt Moral und Werte in den Vordergrund und reproduziert in der Öffentlichkeit politische Differenzen als normative Differenzen. So werden politische Spannungen, wiederum aus »moralfreien« Strategieüberlegungen, in der Öffentlichkeit als moralische Spannungen ausgefochten. Hieraus entsteht eine paradoxe Konsequenz. Die Umstellung der Politik auf eine nüchterne Verfahrenslogik trüge potentiell die Möglichkeit in sich, ihre Arbeit ohne die Unwägbarkeiten normativer, d. h. ideologischer Begleitdebatten, also »verwaltungstechnisch«, anzugehen. Diese Möglichkeit desavouiert das Politiksystem jedoch systematisch durch eine selbstverschuldete Anomieaktualisierung symbolischer Politik.

4. Zusammenfassung

Eindeutige Aussagen über das Verhältnis von Medien und Anomie lassen sich kaum treffen. Vielmehr herrscht ein ambivalentes Verhältnis, das mit der folgenden, kommentierenden These so ausgedrückt werden könnte: *Medien wirken über die Pluralisierung und Diffundierung gesellschaftlicher Normen strukturell anomisch, normalisieren jedoch auch wieder potentiell anomische Zustände.* Ehescheidungen, unvollständige Familien und familiale Spannungen etc. werden gemeinhin als Anzeichen für Anomie, hier Anomie als Kohäsionskrise der Institution Familie, gewertet. Medien können mit einiger Plausibilität mitverantwortlich für solche anomischen Prozesse traditioneller sozialer Integrationsmuster gemacht werden (vgl. Meyrowitz 1987). So führt etwa Ulrich Beck (1983) die Auflösung traditioneller Milieus und damit auch traditioneller lebensweltlicher Realitätskonstruktionen ab den fünfziger Jahren u. a. auch auf massenmediale Einflüsse zurück. Wissenssoziologisch gewendet lautet der von dieser These unterstellte Argumentationsduktus: Die in den betreffenden Sozialmilieus relativ abgeschottete (Re-)Produktion gesellschaftlicher Realität, d. h. des kollektiv konstruierten »Wissens« über die soziale Welt, bleibt solange homogen, wie immobile Milieustrukturen die kollektiven Wissensbestände vor alternativen »Realitäts-Konkurrenzen« schützen. Die Verbreitung der Massenmedien (v. a. des Fernsehens) öffnet jedoch in jedem noch so abgeschotteten Milieu ein »Fenster in die Welt« und relativiert ehemals hochstandardisierte Lebensmuster (z. B. Familienkonstellationen). Man kann die bekannte Medieninterpretation von Popitz (1968) aus dem juristischen Kontext in einen lebensweltlichen übertragen: Medien heben systematisch die »präventive Wirkung des Nichtwissens« auf; sie wirken – betrachtet man diesen Sachverhalt skeptisch-bewahrtheoretisch – strukturell wertverunsichernd und desorientierend, kurzum anomisch. Menschen, die glauben, daß die Dinge so sind, wie sie sie kennen, und sich keine Gedanken darüber machen, ob die Dinge wirklich so sein müssen, weil sie nicht wissen, daß sie auch anders sein könnten, werden z. B. durch Medien darüber belehrt, daß die Dinge tatsächlich woanders anders sind und daß es Menschen gibt, die anders sind und trotzdem normal sein können. Dieses Dilemma umreißt das klassische Feld der Identität, die als Bewußtseinshaltung nicht nötig ist, solange Menschen identisch leben, sondern erst dann auftaucht, wenn Menschen *nicht* identisch, d. h. mit ihrem derzeitigen Sein oder Schicksal unzufrieden sind und am liebsten *anders* sein wollen, jedoch nicht wissen, *wie* (vgl. Luhmann 1990). Massenmedien provozieren solche Fragen der Identität bzw. der Unsicherheit oder Unzufriedenheit permanent. Sie führen in vielerlei Varianten vor, wie man anders sein, was man alles haben oder was man anderes tun und erleben könnte (z. B. in der Werbung). Gleichzeitig bleibt für das Publikum relativ klar, daß sich seine Situation kaum verändern wird. Die anomischen Implikationen der Massenmedien evozieren allerdings nicht direkt eine Regulationskrise durch eine ungezügelte Aspirationseskalation, sondern fließen vermittelt mit ein in den Prozeß der langsamen Erosion traditionsverhafteter Aspirationslimitierungen.

Andererseits wirken dieselben Medien aus einer anderen Perspektive betrachtet integrierend, auch wieder am Beispiel der Familie verdeutlicht.

»Dies geschieht über gemeinsame Sehsituationen und gemeinsame inhaltliche Interessen an bestimmten Sendungsarten« (Hurrelmann 1991, S. 81).

Bettina Hurrelmann u. a. kommen in einer Untersuchung über *Familie und erweitertes Medienangebot* (Hurrelmann u. a. 1988) zu einer ambivalenten Einschätzung der familialen Fernsehnutzung. Einerseits existieren gemeinsame und generationsübergreifende Programminteressen, die die Familienmitglieder beim Fernsehschauen verbinden und somit sozial integrieren. Andererseits lassen sich differierende Programmvorlieben nachweisen, die sich allerdings nur auf die *inhaltliche* Rezeption unterschiedlicher Sendungen beziehen. Die familiale Rollen*struktur* bleibt von solchen Differenzen jedoch fast unberührt. Die Forschungsergebnisse von Hurrelmann u. a. zeigen nämlich, daß bei der Entscheidung über die Programmauswahl bei unterschiedlichen Wünschen das traditionale familiale Rollengefüge eher gestärkt wird. Das Fernsehen stützt demnach unerwartet und sicherlich nicht im pädagogischen Sinne die regulative Binnenstruktur von Familien, wirkt demnach anomiehemmend.

»Starre familiale Rollen und Beziehungsregeln scheinen eine hohe Fernsehdauer zu begünstigen, denn in Familien mit inflexiblen Interaktionsstrukturen verbringen Erwachsene und Kinder überdurchschnittlich viel Zeit mit dem Fernsehen. Hier übernimmt das Fernsehen offenbar eine wichtige Stabilisierungsfunktion für die Familienbeziehungen« (Hurrelmann 1991, S. 83).

Abschließend sollen noch einmal die Interdependenzen des Mediensystems mit den drei Ebenen *Struktur-*, *Regulations-* und *Kohäsionskrise* aufgegriffen werden. Allgemein kann gesagt werden, daß die interne Vielfältigkeit des Mediensystems, die Unterschiedlichkeit seiner Verbindungen mit anderen gesellschaftlichen Teilbereichen und die Abhängigkeit der Medienwirkung auf einzelne Menschen von der Rezeptionssituation sowie von vorhandenen psychosozialen Dispositionen keine generellen Aussagen über anomische Wirkungen des Mediensystems zulassen. Falsch wäre es auch, einzelne Aspekte des Mediensystems eindeutig als anomisch zu charakterisieren, da Anomie als relationales Phänomen von der Perspektive des Betrachters abhängt. Ein anomischer Aspekt des Mediensystems kann nach einem Perspektivenwechsel durchaus integrative Funktion erhalten.

Strukturkrise

Auf einer strukturellen Ebene ist das Mediensystem zweifellos in anomische gesellschaftliche Tendenzen verwickelt. Die Verbindung mit dem politischen System im Bereich der »symbolischen Politik« ist hierfür ein Beispiel. Weiter neigt das Mediensystem mit seiner Bevorzugung spektakulärer Themen dazu, Gesellschaft »anomisch« darzustellen, und zwar nicht nur im fiktionalen Bereich. Auch der hohe Stellenwert faktischer Anomie auf der Skala des Nachrichtenwertes färbt viele mediale Informationen anomisch ein. Die mediale Vorliebe für Kriminalität, Devianz, Skandale etc. schafft ein bestimmtes Bild der Gesellschaft, das dann wiederum über die öffentliche Meinung, im Denken und Handeln der einzelnen, in der Politik, aber auch in der Wissenschaft relevant wird. Strukturkrisen wie Ausländerfeindlichkeit entfalten sich z. B. in diesem Kreislauf medialer Berichterstattung, öffentlicher Meinung und faktischen Handelns. Aber auch andere Strukturkrisen werden in der heutigen Gesellschaft wesentlich durch die öffentliche, und das heißt: mediale Kommunikation bestimmt (vgl. z. B. die »ökologische Kommunikation«, Luhmann 1986). Somit liefern Medien die zentralen semantischen Folien oder die symbolischen Muster, mit denen gesellschaftliche Anomie überhaupt erfahrbar und kommunizierbar wird. In diese semantischen Folien ist allerdings auch eine »Lösungsmöglichkeit« struktureller Krisen mit eingebaut. Der erste – und häufig dann auch einzige – Lösungsversuch gesellschaftsstruktureller Krisen besteht in der Etablierung »korrekter Sprachcodes« (vgl. zum Thema »Ausländer«: Sander 1994). Paradoxerweise »integriert« das Mediensystem darüber auch wieder. Es liefert über die verschiedenen semantischen Folien und Sprachcodes Alternativen und Auswahlmöglichkeiten für »sinnvolle Deutungen« irritierender Einzelphänomene. So kann Arbeitslosigkeit dem »Kapitalismus«, der »Unfähigkeit der Politiker« etc. zugeordnet werden; die abgestorbene Fichte im eigenen Garten wird zu einem Symbol des »Waldsterbens«; und für das Schulversagen des eigenen Kindes liefert die Pädagogik die Metapher des »Leistungsdrucks« aufgrund überzogener elterlicher Anforderungen. Medien integrieren also nicht, indem sie bei der tatsächlichen Lösung gesellschaftlicher Probleme Hilfestellung leisten, sondern sie integrieren über eine Kollektivierung von Problemdeutungen.

Regulationskrise und Kohäsionskrise

Die Regulationskrise als eine Strukturebene anomischer Effekte bezieht sich auf Phänomene von Wertverunsicherung, Orientierungslosigkeit, Aspirationseskalation, Unzufriedenheit etc. Und mit der Kategorie der Kohäsionskrise sollen anomische Bindungs- und Beziehungsverluste bezeichnet werden. Beide Krisenebenen werden im folgenden zusammen behandelt und mit dem Begriff der »intermediären Instanzen« verkoppelt. Intermediäre Instanzen liegen per definitionem »zwischen« Gesellschaft und Individuum und unterstützen das »Praktischwerden« von Regeln bzw. Normen (Offe 1989). Da der aktuelle soziale Wandel jedoch gerade die Polarisierung von Individuum und Gesellschaft vorantreibt (»Individualisierung«), verlieren intermediäre Instanzen klassischer Art zunehmend an Bedeutung. Es ist die Frage, ob Medien hier eine kompensatorische Funktion einnehmen können.

Weiter muß berücksichtigt werden, daß der Maßstab normativer Geltung in modernen, ausdifferenzierten Gesellschaften nicht universal verstanden werden kann. Eine universale normative Bezugsgröße stellt etwa das formale Recht (Vorschriften, Gesetze etc.) dar, dessen Verletzungen, falls ent- und aufgedeckt, in kanonischer Weise durch betreffende Instanzen ohne Ansehen der Person juristisch bearbeitet und geahndet werden – oder jedenfalls werden sollten. Anomie auf der Regulationsebene kann in diesem Fall mit dem Begriff der Kriminalität gefaßt werden. Allerdings ordnet das formale Recht nur einen beschränkten Teil des gesellschaftlichen Verkehrs. Ein großer, kaum zu quantifizierender Bereich sozialer Handlungen wird nicht formal-rechtlich, sondern informell geregelt. Sogar der formal-rechtlich abgedeckte Bereich wird lebenspraktisch eher informell organisiert, und die formalen Normen werden höchstens im Streitfall als Überinstanz zur Konfliktlösung genutzt. Über das formale Kriterium des Rechts hinaus ergibt sich also die normative Geltung von sozialen Regeln zumeist aus den Wertmaßstäben situativer, partikularer, teils kollektiv geteilter, teils individualisierter Muster, die auf der Strukturebene sozialer Interaktionen aktualisiert werden. Diese Muster normativer Maßstäbe von Recht/Unrecht besitzen zwar einen überindividuellen Status, bleiben jedoch prinzipiell partikularistisch und abhängig von der Situation/Aktion, in der sie Geltung erlangen. Ihre Existenz bleibt grundsätzlich kontext- und situationsabhängig. In dieser Perspektive, die zumindest für moderne, ausdifferenzierte Gesellschaften eine eigenständige gesellschaftsübergreifende und universelle Normebene jenseits rechtlich kodifizierter Regeln negiert, wenn auch gewisse Regeln übergreifende Geltung erlangen, kann Anomie auf der Regulationsebene nicht einfach als Abweichung von allgemeinen Normen interpretiert werden. In unterschiedlichen sozialen Kontexten, Milieus oder Situationen können unterschiedliche soziale Normen und Wertmuster existieren, die dieselben menschlichen Wünsche, Aspirationen bzw. Interaktionsbeziehungen regeln. Als allgemeines anomierelevantes Kriterium kann dann lediglich gelten, daß eine Handlung von den in der *Situation* geltenden Normen und Regeln negativ sanktioniert wird – oder würde, falls sie bekannt würde. Gilt etwa das Verbrennen von Laub im Herbst sowohl informell als auch rechtlich als übliche Praxis, so verstößt ein Feuer im Garten gegen keine Normen. Etablieren sich jedoch im Zuge eines ökologischen Diskurses sowohl auf rechtlicher als auch auf informeller Ebene starke Sensibilitäten gegen Luftverschmutzungen, so würde für dasselbe Feuer das Konstrukt der Anomie zutreffen, besonders dann, wenn die betreffende Person ihr Feuer in dem Bewußtsein entzündet, daß das von anderen Menschen als Eingriff in ihr Leben und ihre Gesundheit interpretiert wird. In vielen Fällen existieren soziale Normen jedoch eher diffus und different und werden erst in der tatsächlichen Situation konkretisiert und aufeinander abgestimmt, so daß sich Anomie eher auf diesen normativen Abstimmungsprozeß als auf die Abweichung von feststehenden Handlungsregeln bezieht.

Zusammengefaßt bezieht sich die Regulationskrise also auf eine *Abschwächung der situativen Konstruktion kollektiv geltender Normen und Regeln*, womit auch eine Diffundierung dieser Normen und Regeln erfaßt wird. Mit Diffundierung ist der Fall gemeint, wenn in einer konkreten Handlungssituation unterschiedliche, gleichberechtigte Normen miteinander kollidieren. Im Prinzip stellt die Kollision sich widersprechender Normen in vielen sozialen Situationen eher die Regel als die Ausnahme dar und deutet noch nicht auf eine gravierende Regulationskrise hin. So überschreiten beispielsweise täglich viele Autofahrer festgelegte Höchstgeschwindigkeiten und glauben sich (lebenspraktisch) im Recht, weil sie es z. B. eilig haben. Käme es allerdings zu einem Konflikt zwischen der rechtlichen und der informellen Norm, würde etwa die Polizei den zu schnell Fahrenden stoppen, so würde in den meisten Fällen die rechtliche Norm akzeptiert – wenn auch nicht freudig. Ähnlich stellt sich die Situation bei Ladendiebstahl, Steuerhinterziehung u. ä. dar. Auch bei informellen Normen existieren solche Widersprüche, die im Konfliktfall z. B. durch eine kollektiv geteilte Hierarchisierung gelöst werden. Kinder, die ihren Küchendienst vernachlässigen, weil ihnen (aus ihrer Sicht) ihre Freizeit wichtiger ist, verstoßen zwar gegen eingeschliffene oder oktroyierte Familienregeln, fügen sich ihnen jedoch meistens im Konfliktfall nicht nur unter Zwang, sondern auch aus Akzeptanz. Normverstöße bedeuten demnach nicht selbstverständlich eine Regulationskrise. Diese entwickeln dann noch keine Brisanz, auch wenn sie von den Akteuren als Normverstoß interpretiert werden. In diesem Falle kann noch ein situativer Konsens der Normgeltung unterstellt werden. Prekär wird die Situation, wenn Normverstöße aus der einen Perspektive (z. B. der der Akteure) als reguläres Handeln und aus der anderen Perspektive (z. B. der der Beobachter) als irreguläres Handeln verstanden werden, ohne daß es im Konfliktfall zu einem irgendwie gearteten Lösungsmodus käme. In diesem Fall geraten Normen bzw. die soziale Regulation von differenten Normen in eine tatsächliche *Krise*, nicht weil die Befolgung von Normen in Frage gestellt wird, sondern weil kein *gemeinsamer Prozeß der normativen Koordination* gefunden wird. Diese Fälle betreffen seltener rechtliche Normen als informelle soziale Normen. Das formale Recht definiert traditionell eine hierarchische Überinstanz, deren Geltung (wie z. B. bei den Regeln im Straßenverkehr) häufig in der normativen Kraft des Faktischen besteht und auch im Falle der Nichtbeachtung nicht generell in Frage gestellt wird. Der regulativen Kraft sozialer, informeller Normen, die allerdings für viele Bereiche des täglichen Lebens unabdingbare Voraussetzung ist, fehlt meistens eine solche hierarchische Überinstanz.

In dem Falle, in dem unterschiedliche Normen und Wertmuster prinzipiell gleichberechtigter Menschen aufeinandertreffen, werden pragmatische Lösungen schwieriger. Bei solchen Konflikten, die aus den verschiedenen Perspektiven der konkurrierenden Normen jeweils anomischen Charakter aufweisen, kommt es darauf an, daß *intermediäre Instanzen* bei der Auflösung anomischer Spannungen helfen. Intermediäre Instanzen wären hier konkrete Kontextbedingungen, die eine Einigung bei normativen Widersprüchen unterstützen und im Idealfall wieder zu einer stabilen Regulation durch kollektiv geteilte Normen und Wertmuster führen. Intermediäre Instanzen können somit das Praktischwerden von Moral unterstützen, ohne selbst moralisch operieren zu müssen. Ein Beispiel soll verdeutlichen, wie intermediäre Instanzen konkret aussehen können: In einer Familieninteraktion kommt es zu harten Auseinandersetzungen zwischen den jugendlichen Kindern und ihren Eltern. Der Grund der Auseinandersetzung bezieht sich nicht auf eingrenzbare praktische Probleme, sondern ist prinzipieller Natur. Die Kinder klagen mehr Eigenständigkeiten und Freiheiten ein und verletzen demonstrativ die bislang in der Familie geltenden Handlungsnormen. Die Eltern beharren um so stärker auf der Befolgung ihrer Normvorgaben. Beide Parteien, Eltern und Kinder, glauben sich im Recht. Die Eltern legitimieren ihre »rigiden« Normvorstellungen mit ihrer elterlichen Verantwortung; die Kinder legitimieren ihre »liberalen« Normvorstellungen mit ihrem Recht auf ihr Leben. In dieser Situation droht eine anomische Spannung, die sich sowohl im Bereich der Eltern (z. B. Schläge oder Mißhandlungen) als auch im Bereich der Kinder (z. B. Ausreißen, Schuleschwänzen) in gravierenden Anomiephänomenen entladen kann. Intermediäre Instanzen, die diese Spannungen mindern und teilweise auflösen, können vielfältiger Natur sein. Denkbar wären z. B. Beziehungen zu Großeltern oder Freunden, die in diesem Konflikt vermitteln. Ebensogut kann eine feste soziale Integration der Familie in Bekanntschafts- oder Nachbarschaftsbeziehungen dazu führen, daß für Eltern und Kinder eine pragmatische Lösung wichtiger erscheint als ein sozial »auffälliger« moralisierender Diskurs. Einen ähnlichen Effekt bei Familienkonflikten kann der Beginn eines spannenden Spielfilms im Fernsehen haben. Drohende Kontroversen werden abrupt unterbrochen und vertagt – und damit häufig auch ad acta gelegt.

Gemeinsam ist den unterschiedlichen intermediären Instanzen die *Vermittlung* kollidierender Normen. Der Diskurs wäre die »reinste Form« der Vermittlung, da in ihm nur die Rationalität und Überzeugungskraft des Arguments gelten. Die tatsächlichen sozialen, intermediären Instanzen der Vermittlung operieren jedoch meistens pragmatischer. Sie motivieren partikulare und zeitlich befristete Normkompromisse durch Mechanismen, die mit dem Konflikt direkt nichts zu tun haben. Das wäre z. B. der Fall, wenn feste soziale Bindungen im Lebensumfeld zu einem Maße sozialer Kontrolle führen, das sowohl die Befolgung sozialer Normen als auch im Konfliktfall die Rekonstituierung gemeinsamer sozialer Normen unterstützt, weil man sonst »auffällt«.

Intermediäre Instanzen erlangen im Kontext einer anomischen Regulationskrise besondere Bedeutung, weil die Stabilität moderner Gesellschaften *nicht* von der *dauerhaften Geltung* kollektiv geteilter sozialer Normen abhängt. Die theoretische Vorstellung einer übergeordneten stabilen normativen Gesamtordnung (wie etwa in der normativen Gesellschaftstheorie Parsons') als Voraussetzung gesellschaftlicher Stabilität und Integration gerät heute zunehmend ins Wanken. Plurale und ausdifferenzierte Gesellschaften können solche stabilen normativen Strukturen nicht mehr ausbilden. Vielmehr kommt es darauf an, daß für konkurrierende normative Perspektiven und für Abweichungen von zeitlich begrenzten Normen geregelte Modi des Prozessierens (unterstützt durch intermediäre Instanzen) existieren. Von einer Regulationskrise ist dann zu sprechen, wenn diese Modi fehlen und die (unvermeidlichen) normativen Widersprüche und Abweichungen nicht mehr in konkreten Handlungssituationen wenigstens eine Zeitlang überwunden werden.

In dieser Beziehung sind die Medien von großer Bedeutung, sie vermitteln über Wissen und können auch als intermediäre Instanzen gelten. Gemeint ist nicht die Konterkarierung sozialer Normen (Medien »zerstören« normative Orientierungen durch Pluralisierung und Beliebigkeit), sondern die mediale Konstruktion einer kollektiven sozialen Realität. Selbstverständlich gibt es auch andere gesellschaftliche Konstruktionsbereiche sozialer Realität, wie z. B. die Wissenschaft. Diese ist in puncto Realitätskonstruktion viel »fleißiger«, »detaillierter« und »reflexiver« als das Mediensystem, schließt sich jedoch durch unterschiedliche Mechanismen gegen außen ab. Die uneingeschränkte »Supermacht« der Öffentlichkeit ist das Mediensystem. Es »konstituiert« und verbreitet Semantiken, die soziale Ereignisse, an denen unterschiedliche Personen beteiligt sind, kollektiv bewältigen helfen. Ohne Medien wären viele Bereiche des Lebens nur sehr mühsam interaktiv abzustimmen. Durch Medien und ihre massenhafte Verbreitung sind allerdings Interpretations- und Handlungsfolien für viele Situationen vorgeformt. Die medialen Angebote müssen von den Betreffenden nicht unbedingt als exakte Vorgabe genutzt werden, sie geben jedoch eine Ausgangsbasis in Handlungssituationen vor, auf der weitere Aushandlungsprozesse aufruhen können. Die Tragweite dieser intermediären Verkopplung wird besonders in Extremfällen deutlich. Es gibt nur wenige Bundesbürger, die tatsächlich als Täter oder Beteiligte einen Banküberfall miterlebt haben. Es gibt aber keinen (vollsozialisierten) Bundesbürger, der nicht über die Medien weiß, was ein Banküberfall ist, wie er »normalerweise« abläuft und was die einzelnen Beteiligten zu tun bzw. zu erwarten haben. Aber nicht nur für solche außergewöhnlichen Situationen geben die Medien »Regulative« vor; es gibt kaum einen sozialen Bereich, für den Medien keine regulativen Realitätsangebote bereitstellen (für das Thema »Liebe« z. B. literarisch beschrieben von Stendhal, *Rot und Schwarz*, und soziologisch von Niklas Luhmann, *Liebe als Passion*).

Um den oben angeführten Familienkonflikt noch einmal aufzugreifen: Das Deutungsmuster, Konflikte seien prinzipiell und bei geeigneten Maßnahmen lösbar, wird in TV-Familienserien immer wieder reproduziert. Diese sind von ihrer Dramaturgie her so aufgebaut, daß anomische Spannungen in eine harmonische Familiensituation »einbrechen« und dann über verschiedene Episoden hinweg bewältigt werden. Die Auseinandersetzungen mit einem Drogenhändler in der TV-Serie *Lindenstraße* lehrten die Nation über Monate hinweg, unter welchen Bedingungen solche Probleme bearbeitet und gelöst werden können – oder nicht. Bei realen Familienkonflikten präfigurieren diese visuellen Topoi mögliche Handlungsmodelle. Allgemein gesagt: Es werden heute von den Medien für vielfältige soziale Situationen Normen und Handlungsmuster vorgegeben; Kino- und Fernsehfilme, Romane und Zeitungsereignisse etc. liefern für die soziale Realität, für das tatsächliche Handeln, »Zitatvorgaben«, die positiv oder negativ, ernst oder spielerisch eingesetzt werden können. Medien »regulieren« in diesem Sinne das soziale Miteinander, sie fördern über die Kollektivierung von Deutungs- und Handlungsangeboten die Kohärenz der Gesellschaft. Auch die Metapher der »zerrissenen Gesellschaft« stellt ein solches Deutungsangebot dar, und die daran gebundene Kulturkritik schafft Kohärenz. Ob diese Regulationen allerdings als »gut« oder »schlecht« eingeschätzt werden, kommt auf die jeweilige Perspektive an. Der anomische Charakter der Medien hängt demnach nicht davon ab, *ob* Medien regulieren – das ist unstrittig –, sondern *wie* sie regulieren. Damit bleibt die Anomiefrage des Mediensystems allerdings letztendlich *relational*. Sie kann nur beantwortet werden, wenn die Grundsätze von »gerecht« oder »ungerecht«, »nomisch« oder »anomisch« *im voraus* gesetzt werden.

Literatur

Anders, G.: *Die Antiquiertheit des Menschen. Über die Seele im Zeitalter der zweiten industriellen Revolution*, München 1956.

Bandura, A.: *Aggression. Eine sozial-lerntheoretische Analyse*, Stuttgart 1976.

Beck, U.: *Jenseits von Stand und Klasse? Soziale Ungleichheiten, gesellschaftliche Individualisierungsprozesse und die Entstehung neuer sozialer Formationen und Identitäten*, in: Kreckel, R. (Hg.): *Soziale Ungleichheiten*, Sonderband 2 der *Sozialen Welt* (1983), S. 35-74.

Becker, J.: *Die Einfalt in der Vielfalt. Standardisierte Massenkommunikation als Problem der politischen Kultur*, in: *Aus Politik und Zeitgeschichte*, B39 (1994), S. 21-28.

Berkowitz, L.: *The Frustation-Aggression Hypothesis Revisited*, in: Berkowitz, L. (Hg.): *Roots of Aggression. A Re-Examination of the Frustration-Aggression Hypothesis*, New York 1969.

Bertelsmann-Briefe: *Vereintes Deutschland, geteilte Medienkultur*, H. 127, 4 (1992).

Beule, J./Hondrich, K.O.: *Skandale als Kristallisationspunkte politischen Streits*, in: Sarcinelli, U. (Hg.): *Demokratische Streitkultur*, Bonn 1991.

Bölsche, J. (Hg.): *Die Kieler Affäre – oder: Wie viele Skandale verträgt die Demokratie*, Göttingen 1987.

Bonfadelli, H.: *Bad News. Zur Wirkung von Mord und Totschlag in Nachrichten und Reportagen*, in: Gangloff, T./Abarbanell, S. (Hg.): *Liebe, Tod und Lottozahlen. Fernsehen in Deutschland*, Frankfurt/M. 1994, S. 47-55.

Brettschneider, F.: *Agenda-Setting. Forschungsstand und politische Konsequenzen*, in: Jäckel, M./Winterhoff-Spurk, P. (Hg.): *Politik und Medien*, Berlin 1994.

Brosius, H.-B./Eps, P.: *Verändern Schlüsselereignisse journalistische Selektionskriterien? Framing am Beispiel der Berichterstattung über Ausländer und Asylanten*, in: *Rundfunk und Fernsehen* 41 (1993), S. 512-530.

Brosius, H.-B./Kepplinger, H.M.: *Linear and Non-Linear Models of Agenda-Setting in Television*, in: *Journal of Broadcasting and Electronic Media* 36 (1992), S. 5-23.

Czerwick, E.: *Zur Nicht-Thematisierung streitwürdiger Themen*, in: Sarcinelli, U. (Hg.), a.a.O.

Dijk, T. van: *Racism in the Press*, London/New York 1991.

Frank, B./Klingler, W.: *Die veränderte Fernsehlandschaft. Zwei Jahre ARD/ZDF-Begleitforschung zu den Kabelpilotprojekten*, Baden-Baden 1987.

Fritz, J. (Hg.): *Programmiert zum Kriegspielen. Weltbilder und Bilderwelten im Videospiel*, Frankfurt/New York 1988.

Gerbner, G. u.a.: *Living with Television: The Dynamics of the Cultivation*

Process, in: Bryant, J./Zillmann, D. (Hg.): *Perspectives on Media Effects*, Hillsdale (N.Y.)/London 1986, S. 17-40.

Gerhard, U.: *Politik und Pogrome. Versuche einer diskursiven Spurensuche*, in: *Widersprüche* 45 (1992), S. 9-16.

Gleich, U./Groebel, J.: *Agenda setting – die Thematisierungsfunktion der Medien neu betrachtet (ARD-Forschungsdienst)*, in: *Media Perspektiven* 10 (1994), S. 517-522.

Glogauer, W.: *Kriminalisierung von Kindern und Jugendlichen durch Medien. Wirkungen gewalttätiger, sexueller, pornographischer und satanischer Darstellungen*, Baden-Baden 1991.

Groebel, J./Gleich, U.: *Gewaltprofil des deutschen Fernsehprogramms. Eine Analyse des Angebots privater und öffentlich-rechtlicher Sender*, Opladen 1993.

Gurevitch, M./Blumler, J.G.: *Linkages between the Mass Media and Politics. A Modell for the Analysis of Political Communications Systems*, in: Curran, J.u.a. (Hg.): *Mass Communication and Society*, London 1977.

Hacker, F.: *Gewalt in der Welt*, in: Eisenhauer, H.R./Hübner, H.W. (Hg.): *Gewalt in der Welt – Gewalt im Fernsehen. Dokumentation der 19. Mainzer Tage der Fernseh-Kritik*, Mainz 1988.

Hurrelmann, B.: *Sozialisation vor dem Bildschirm. Kinder und Medien*, in: Deutsches Institut für Fernstudien (Hg.): *Medien und Kommunikation. Konstruktionen von Wirklichkeit*, Studieneinheit Nr. 25, Weinheim/Basel 1991.

Hurrelmann, B.u.a.: *Familie und erweitertes Medienangebot*, Düsseldorf 1988.

Jarren, O. (Hg.): *Medienwandel – Gesellschaftswandel? Zehn Jahre dualer Rundfunk in Deutschland. Eine Bilanz*, Berlin 1994.

Jarren, O.: *Politik und politische Kommunikation in der modernen Gesellschaft*, in: *Aus Politik und Zeitgeschichte*, B39 (1994b), S. 3-10.

Jaschke, H.-G.: *Fremdenfeindlichkeit, Rechtsextremismus und das Fernsehen. Eine medienkritische Betrachtung*, in: Institut für Sozialforschung (Hg.): *Aspekte der Fremdenfeindlichkeit: Beiträge zur aktuellen Diskussion*, Frankfurt/M. 1992, S. 55-70.

Katz, E./Gurevitch, M./Haas, H.: *On the Uses of Mass Media for Important Things*, in: *American Sociological Review* 38 (1973), S. 164-191.

Kepplinger, H.M.: *Der Einfluß der Konfliktstruktur auf die Wahrnehmung politischer Gewalt. Zwei empirische Untersuchungen*, in: *Publizistik* 24 (1979), S. 317-336.

Kepplinger, H.M.: *Gesellschaftliche Bedingungen kollektiver Gewalt*, in: *KZfSS* 33 (1981), S. 469-503.

Kepplinger, H.M.: *Am Pranger: Der Fall Späth und der Fall Stolpe*, in: Donsbach, W.u.a. (Hg.): *Beziehungsspiele – Medien und Politik in der öffentlichen Diskussion*, Gütersloh 1993, S. 159-220.

Kepplinger, H.M.: *Wirkungen von Gewaltdarstellungen in den Massenme-*

dien, in: Noelle-Neumann, E./Schulz, W./Wilke, J. (Hg.): *Das Fischer Lexikon. Publizistik, Massenkommunikation*, Frankfurt/M. 1994, S. 571-583.

Kepplinger, H. M./Giesselmann, T.: *Die Wirkung von Gewaltdarstellungen in der aktuellen Fernsehberichterstattung. Eine konflikttheoretische Analyse*, in: *Medienpsychologie* 5 (1993), S. 160-189.

Kiefer, M. L.: *Wettbewerb im dualen Rundfunksystem? Betrachtungen aus wirtschaftswissenschaftlicher Sicht*, in: *Media Perspektiven* 9 (1994), S. 430-438.

Kliment, T.: *Orientierung im Wahlkampf oder nur Propaganda?*, in: *Media Perspektiven* 8 (1994), S. 419-427.

Krüger, U. M.: *Kontinuität und Wandel im Programmangebot. Programmstrukturelle Trends bei ARD, ZDF, SAT.1 und RTL 1986 bis 1992*, in: *Media Perspektiven* 6 (1993), S. 246-266.

Krüger, U. M.: *Gewalt in Informationssendungen und Reality TV*, in: *Media Perspektiven* 2 (1994), S. 72-85.

Kunczik, M.: *Gewalt und Medien*, Köln/Wien 1987.

Kunczik, M.: *Gewalt im Fernsehen. Stand der Wirkungsforschung und neue Befunde*, in: *Media Perspektiven* 3 (1993), S. 98-107.

Kunczik, M.: *Dann eben mit Gewalt. Zur Wirkung von Mord und Totschlag in Filmen und Serien*, in: Gangloff, T./Abarbanell, S. (Hg.), a. a. O.

Kunczik, M./Bleh, W./Maritzen, S.: *Audiovisuelle Gewalt und ihre Auswirkungen auf Kinder und Jugendliche. Eine schriftliche Befragung klinischer Psychologen und Psychiater*, in: *Medienpsychologie* 5 (1993), S. 3-19.

Lang, G. E./Lang, K.: *The Battle for Public Opinion*, New York 1983.

Leuninger, H.: *Medien und Ausländer*, in: Griese, H. M. (Hg.): *Der gläserne Fremde*, Opladen 1984, S. 103-114.

Lippmann, W.: *Public Opinion*, New York 1922 (*Die öffentliche Meinung*, Den Haag 1964).

Luhmann, N.: *Die Weltgesellschaft*, in: Luhmann, N.: *Soziologische Aufklärung 2*, Opladen 1975a, S. 51-71.

Luhmann, N.: *Öffentliche Meinung*, in: Luhmann, N.: *Politische Planung*, Opladen 1975b.

Luhmann, N.: *Öffentliche Meinung*, in: Langenbucher, W. (Hg.): *Politik und Kommunikation. Über die öffentliche Meinungsbildung*, München/Zürich 1979.

Luhmann, N.: *Soziale Systeme*, Frankfurt/M. 1984.

Luhmann, N.: *Ökologische Kommunikation. Kann die moderne Gesellschaft sich auf ökologische Gefährdungen einstellen?*, Opladen 1986.

Luhmann, N.: *Identität – was oder wie?*, in: Luhmann, N.: *Soziologische Aufklärung 5*, Opladen 1990.

Lukesch, H.: *Kinder und Jugendliche als Videokonsumenten – eine Synopse aus der Sicht der empirischen Medienforschung*, in: Hell, P. (Hg.): *Gefährdung durch Video*, München 1988, S. 29-37.

Meister, D.M.: *Gewaltdarstellungen im Fernsehen – Phänomen und Einflüsse auf (jugendliche) Rezipienten*, in: *Wi(e)der die Gewalt. Möglichkeiten und Grenzen schulischer Sozialprävention* (Hg.: Kultusministerium des Landes Sachsen-Anhalt), Bonn 1995, S. 85-95.

Meister, D.M./Sander, U.: *Begrenzte Effekte. Wie wirken Medien auf Kinder und Jugendliche?* in: *agenda* 14 (1994), S. 42-44.

Meyrowitz, J.: *Die Fernseh-Gesellschaft. Wirklichkeit und Identität im Medienzeitalter*, Weinheim/Basel 1987.

Noelle-Neumann, E.: *Die Schweigespirale. Über die Entstehung der öffentlichen Meinung*, in: Forsthoff, E./Hörstel, R. (Hg.): *Standort im Zeitstrom. Festschrift für Arnold Gehlen*, Frankfurt/M. 1974, S. 299-330.

Noelle-Neumann, E.: *Die Schweigespirale. Öffentliche Meinung – unsere soziale Haut*, München 1980.

Noelle-Neumann, E.: *Wirkung der Massenmedien auf die Meinungsbildung*, in: Noelle-Neumann, E./Schulz, W./Wilke, J. (Hg.), a.a.O., S. 518-571.

Offe, C.: *Fessel und Bremse. Moralische und institutionelle Aspekte »intelligenter Selbstbeschränkung«*, in: Honneth, A./McCarthy, Th./Offe, C./Wellmer, A. (Hg.): *Zwischenbetrachtungen. Im Prozeß der Aufklärung. Jürgen Habermas zum 60. Geburtstag*, Frankfurt/M. 1989, S. 739-774.

Pfetsch, B.: *Themenkarrieren und politische Kommunikation. Zum Verhältnis von Politik und Medien bei der Entstehung der politischen Agenda*, in: *Aus Politik und Zeitgeschichte*, B39 (1994), S. 11-20.

Popitz, H.: *Über die Präventivwirkung des Nichtwissens. Dunkelziffer, Norm und Strafe*, Tübingen 1968.

Postman, N.: *Wir amüsieren uns zu Tode*, Frankfurt/M. 1985.

Pötzl, N.F.: *Der Fall Barschel. Anatomie einer deutschen Karriere*, Reinbek 1988.

Prott, J.u.a.: *Berufsbilder der Journalisten im Wandel? Zeitungsredakteure unter den Bedingungen der Bildschirmarbeit*, Frankfurt/M. 1983.

Reimann, H.: *Transkulturelle Kommunikation und Weltgesellschaft*, in: Reimann, H. (Hg.): *Transkulturelle Kommunikation und Weltgesellschaft. Zur Theorie und Pragmatik globaler Interaktion*, Opladen 1992, S. 13-29.

Roshco, B.: *Newsmaking*, Chicago 1975.

Ruhrmann, G.: *Zeitgeschehen à la carte. Ereignis, Nachricht, Rezipient*, in: Deutsches Institut für Fernstudien (Hg.): *Medien und Kommunikation. Konstruktionen von Wirklichkeit*, Studieneinheit Nr. 14, Weinheim/Basel 1991.

Sander, U.: *Beschleunigen Massenmedien durch Gewaltdarstellungen einen gesellschaftlichen Zivilisationsverlust?*, in: Heitmeyer, W. (Hg.): *Das Gewalt-Dilemma*, Frankfurt/M. 1994, S. 273-293.

Sarcinelli, U.: *Symbolische Politik. Zur Bedeutung symbolischen Handelns in der Wahlkampfkommunikation der Bundesrepublik Deutschland*, Opladen 1987.

Scharf, W.: *Zur Berichterstattung über Rechtsextremismus in der deutschen Presse*, in: *Communications* 18, 3 (1993), S. 255-290.

Schmidt, S. S.: *Kognitive Autonomie und soziale Orientierung*, Frankfurt/M. 1994.

Schönbach, K.: *Ist »Bild« schuld an Mölln?. Öffentliche Meinung, Gewaltbereitschaft und Massenmedien*, in: *agenda* 8 (1993), S. 52-56.

Schulz, W.: *Medienwirklichkeit und Medienwirkung*, in: *Aus Politik und Zeitgeschichte*, B40 (1993).

Seeßlen, G.: *Im Zeichen des Blutes*, in: *DIE* 1 (1995), S. 27-30.

Sims, A./Melville-Thomas, G.: *Psychiatrist's Survey*, in: Barlow, G./Hill, A. (Eds.): *Video Violence and Children*, o. O. 1985, S. 91 ff.

Stork, M.: *Verschiebung der intermedialen Gewichte. Der Werbemarkt 1992*, in: *Media Perspektiven* 5 (1993), S. 198-210.

taz-Journal: *Rostock-Mölln-Solingen. Nachbarn und Mörder*, 1 (1993).

Teichert, W./Renckstorf, K.: *Zur Zukunft von Massenkommunikation und Massenmedien: aus sozialwissenschaftlicher Perspektive*, in: *Publizistik* 19 (1974), S. 133-147.

Theunert, H.: *Gewalt in den Medien, Gewalt in der Realität*, München 1987.

Tuchman, G.: *Making News. A Study in the Construction of Reality*, New York 1978.

Weischenberg, S.: *Der Preis der Wahrheit, die Gesetze des Marktes. Jede Gesellschaft hat die Presse, die sie sich leistet*, in: *Die Zeit*, 15. 1. 1988, S. 16.

Weischenberg, S.: *Distanz-Verlust. Zwischen Information und Sensation*, in: *Journalist* 10 (1988b), S. 8-10.

Weischenberg, S.: *Der Kampf um die Köpfe. Affären und die Spielregeln der »Mediengesellschaft«*, in: *Funkkolleg Medien und Kommunikation*, Studienbrief 1 (1990), S. 11-49.

Weischenberg, S./Löffelholz, M./Scholl, A.: *Journalismus in Deutschland*, in: *Media Perspektiven* 1 (1993), S. 21-33.

Winter, R./Eckert, R.: *Mediengeschichte und kulturelle Differenzierung*, Opladen 1990.

Zillmann, D.: *Hostility and Aggression*, Hillsdale/New York 1979.

Zimmer, J.: *Ware Nachricht. Fernsehnachrichtenkanäle und Veränderungen im Nachrichtenmarkt*, in: *Media Perspektiven* 6 (1993), S. 278-289.

III

Sozialisationsbereiche und Lebensräume

Karl-Dieter Keim
Vom Zerfall des Urbanen

Inwiefern erzeugen gesellschaftliche Modernisierung und strukturelle Umbrüche im räumlichen Kontext der Urbanisierung anomische Tendenzen?

Es ist seit Jahrzehnten eine anerkannte Grundposition der Stadtsoziologie, daß die städtischen Strukturen eine der wesentlichen Ausformungen der gesellschaftlichen Prozesse und Strukturen darstellen. Die städtischen Strukturen bilden kein ausdifferenziertes gesellschaftliches Teilsystem, das sich von den gesellschaftlichen Prozessen abgekoppelt hat. Die entscheidenden Antriebskräfte und Entwicklungsverläufe der Gesellschaft schlagen sich entsprechend in den Städten nieder und schaffen sich dort auch die erforderlichen räumlichen Bedingungen. Das gilt auch für die Phasen plötzlicher und tiefgreifender Umbrüche, wie sie derzeit in der Bundesrepublik – aber keineswegs nur hier – stattfinden. Die Annahme ist falsch, die baulichen Strukturen könnten sich den Modernisierungsschüben entgegenstemmen und auf diese Weise eine Dauerhaftigkeit bzw. Verlangsamung sozialer Wandlungen bewirken. Aber auch die anderen Elemente der städtischen Strukturen – die wirtschaftlichen, politischen und soziokulturellen Vorgänge – drücken die Tendenzen und Widersprüche der gesamtgesellschaftlichen Prozesse aus.

Das analytische Teilsystem Urbanisierung/Wohnen bringt daher keine eigenständigen Anomietendenzen hervor, sondern übernimmt ergänzend eine verstärkende bzw. abschwächende Funktion im Sinne von intervenierenden Variablen. Auf diese Weise vermögen die städtischen Strukturen allerdings eine begrenzt verselbständigte Bedeutung zu erlangen; diese spezifischen städtischen Wirkungen werden im folgenden dargestellt.

Es trifft dabei die Realität besser, wenn wir uns vorstellen, daß die gesellschaftliche Modernisierung und die strukturellen Umbrüche wie in einem Fokus an den städtischen Situationen ablesbar sind. Vier Fragen werden näher geprüft:
a) Wie sind wichtige gesellschaftliche Funktionsbereiche mit ihren

spezifischen Zugangs- und Ressourcenbegrenzungen im städtischen Kontext organisiert? (Abschnitte I und II)

b) Welche kontextgebundenen Aspirationsniveaus bzw. Vorstellungen und welche Bindungen bzw. Bezüge werden durch gesellschaftliche Anomietendenzen im städtischen Lebenszusammenhang aufgelöst oder geschwächt? (Abschnitt III)

c) Inwieweit werden anomische Spannungen durch konflikthafte Migrationsprozesse hervorgerufen? (Abschnitt IV)

d) Welche Verarbeitungsformen gegenüber anomischen Spannungen in städtischen Situationen sind erkennbar? (Abschnitt V)

Städte verkörpern gesellschaftliche Beziehungen in verdichteter Form. Sie bergen daher auch anomische Tendenzen in sich. Meine These ist, daß Städte aufbrechende anomische Verhältnisse dadurch, daß sie in ihnen gebündelt werden, *zuspitzen* (und so gesellschaftliche Aufmerksamkeit wecken können) und daß sie sie *beschleunigen*, weil Beschleunigung selbst konstitutives Merkmal der städtischen Prozesse ist. Alle wesentlichen wissenschaftlich-technologischen Entwicklungen haben in der Organisation der Urbanisierungsprozesse ihren Niederschlag gefunden. Zusammen mit dem Druck, der für die meisten städtischen Bewohner daraus entsteht, daß sie in immer kompliziertere Verflechtungen eingebunden sind, resultiert aus diesen permanenten Umwandlungen und technologischen Neuerungen eine Beschleunigung aller Lebensbereiche. Die Mechanismen der städtischen Organisation tendieren offenbar dazu, nicht nur die Beschleunigungen aufzunehmen, sondern gleichzeitig sozialräumliche Segmentierungen hervorzubringen, so daß sich die größeren Städte als politische und soziale Institution mehr und mehr auflösen. Die überwiegende Anzahl der in Städten lebenden Menschen kann mit ihren Erwartungen und Orientierungen weder den jähen Umbrüchen noch den Beschleunigungen in der städtischen Alltagsorganisation standhalten.

In Deutschland sind durch den Einigungsprozeß seit 1990 zusätzliche Bedingungen entstanden. Die Urbanisierungsprozesse und die Wohnungsfrage in den neuen Bundesländern befinden sich in einem anderen Stadium der Entwicklung. Die gesellschaftliche Situation ist in den zuvor genannten Punkten von der westdeutschen Erfahrung deutlich zu unterscheiden. Es ist offensichtlich (und wurde von einigen Intellektuellen, u. a. Jürgen Habermas, kritisiert), daß der deutsche Einigungsprozeß mit einem normativen Defizit vonstatten ging und geht. Damit ist nicht nur die Forderung an die Staatsbürger gemeint, sich selbst für dieses mühsame Projekt zu engagieren, sondern es fehlt auch an klaren Orientierungen, die es den Menschen in den neuen Bundesländern ermöglichen würden, ihre außerordentlich schwierige Umbruchsituation zu meistern. Insofern läßt sich der Standpunkt einnehmen, daß die allenthalben vermuteten anomischen Tendenzen in der Bundesrepublik auch durch die Besonderheiten des Einigungsprozesses verursacht werden. Die Bewohner von Ost-Berlin oder Halle wurden den typischen Mechanismen der westlichen Moderne nahezu ohne Übergang ausgeliefert. Ihre kollektive Identität ist zerbrochen, neue Zugehörigkeiten konnten noch nicht aufgebaut werden.

In dieser Situation stellt sich die Frage besonders dringlich, wie das Leben und Wohnen in den ostdeutschen Städten derzeit zu charakterisieren ist. Es ist offensichtlich, daß mehr und mehr Abwehrhaltungen gegen die westlichen Einflüsse entstehen, daß nach den Möglichkeiten der eigenen kulturellen Identität und der Verlangsamung gesellschaftlicher Änderungen gefragt wird. Leider ist der Stand der empirischen Sozialforschung noch nicht so weit, daß sich zum gegenwärtigen Zeitpunkt bereits hinreichend abgesicherte Aussagen formulieren lassen. Es wäre jedoch falsch, von vornherein diese Aspekte außer acht zu lassen. Ich folge hier dem Plädoyer von Giesen/Leggewie (1990), besonders die Spannungen zwischen System und Lebenswelt, d. h. zwischen Institutionen und Alltagshandeln zu thematisieren. Giesen/Leggewie konstatieren einen raschen institutionellen Anpassungsprozeß, während das Alltagshandeln sich nur langsam umstellen kann.

Inwieweit können angesichts der Umbrüche und institutionellen Neuordnungen Sicherheit und situationsübergreifendes Vertrauen erzeugt werden? Diese Frage gewinnt v. a. für Angehörige einer ehemaligen Gesellschaftsform an Gewicht, die durch starre Ordnungsmuster und Berechenbarkeit geprägt war. Die Transformationsprozesse erzeugen insgesamt eine radikale Dynamisierung, erfordern die Anerkennung von Differenzen sowie von fragmentarischen Lösungen. Die Eingebundenheit in die Urbanisierungs- und Wohnprozesse soll unter diesen Gesichtspunkten, so gut es der derzeitige Wissensstand zuläßt, überprüft werden.

Neben der Stadtsoziologie bieten verschiedene Ansätze der Theorien sozialer Probleme einen Zugang zu unserer Fragestellung. Theoriegeschichtlich interessant ist die Tatsache, daß die Beschäftigung mit sozialen Problemen von den Strukturmerkmalen der Industrialisierung und der Verstädterung ausging. In einem frühen Reader zu diesem Thema wurde ausdrücklich die Urbanisierung als der entscheidende Trend und als Auswahlkriterium für die Entstehung sozialer Probleme gewählt (Johnson 1973). Mit einem implizit sozialökologischen Ansatz wird von der Annahme ausgegangen, »die städtischen psychologischen und soziologischen Bedingungen (würden) einen Bestand sozialer Probleme produzieren zusätzlich zu jenen, die aus den direkten Effekten der Überbevölkerung erwachsen« (ebd., S. 67). In erster Linie geht es dem Autor dabei um Probleme wie Armut, Rassenkonflikte, Kriminalität und Umweltverschmutzung – Sachverhalte also, die sehr wohl als wichtige Indikatoren anomischer Verhältnisse aufgefaßt werden können. Mit dem Bezug auf Urbanisierungsprozesse wird dabei über den räumlich verstandenen Bereich von Stadt hinausgegriffen; einhergehende Merkmale wie Großmaßstäblichkeit, Bürokratisierung oder Bedeutungsverlust des Lokalen gelten in dieser Sicht als konstitutiv für Problementwicklungen. In einem anderen Beitrag wird die örtliche Spezialisierung nach Nutzungen und Aktivitäten, die zu Interdependenzen ohne Gemeinsamkeit führen, betont (Coleman 1976). Die daraus entstehenden Konflikte und Untätigkeiten sind nach Meinung des Autors die Grundlage sozialer Desorganisation. Antagonistische Interessen und Aktivitäten münden mit hoher Wahrscheinlichkeit auf Community-Ebene in Feindseligkeiten und organisierte Spaltungen zwischen Bewohnergruppen. Die Funktionen eines Gemeinwesens scheinen sich in Dienstleistungsangebote zu verwandeln oder völlig entbehrlich zu werden. Gesellschaftlich problematisierte Reaktionsformen werden, so gesehen, zum Symptom für eine lokal nicht mehr integrierbare Interessenformulierung.

I. Der öffentliche Stadtraum

Die erste und wichtigste anomische Tendenz innerhalb der Urbanisierungsprozesse besteht im *Verlust des Städtischen*. Das Städtische ist die Summe der Vorstellungen, die Stadtbewohner mit der urbanen Lebensweise verbinden. Das ist, neben den rein wirtschaftlichen und politischen Nutzengesichtspunkten, eine Vielzahl sozialer und kultureller Bedeutungen. Es geht, anders formuliert, um den Subjektanteil an den städtischen Strukturen; die Stadt ist Orientierungsgröße und zusammenführender Raum für soziales Verhalten, ist mithin auch Ort partieller Integration.

a) Die Organisation des städtischen Raumes eröffnet bzw. behindert zum einen die Orientierungs- und Kommunikationschancen. So können wir die Bedeutung der baulich-räumlichen Umwelt für soziales Verhalten unterscheiden nach a) den Besonderheiten als Handlungsort und b) den Besonderheiten als Orientierungsort (Herlyn 1990). Räumliche Arrangements schaffen – durchaus selektiv – soziale Gelegenheiten, es gilt insoweit »Raum als die Möglichkeit des Beisammenseins« (Simmel). Ferner kann die gebaute Umwelt zum Symbol der gesellschaftlichen Ordnung werden und insofern eine Orientierungsfunktion für das soziale Verhalten übernehmen. Die Verluste bzw. Orientierungsprobleme, die bei massiven Eingriffen in die materielle Umwelt auftreten, liegen auf der Hand. Prägnant hat Hans-Paul Bahrdt schon vor 20 Jahren formuliert:

»Räumliche und soziale Umwelt sind nur unter einem begrenzten analytischen Aspekt zweierlei. (…) Eine konkrete Umwelt (…) besteht immer auch aus räumlichen Elementen mit sozialer Bedeutung und mit sozialen Elementen, die sich auch räumlich strukturieren« (Bahrdt 1974, S. 20).

Zusätzlich ist evident – und folgt bereits aus der Selbstbeobachtung des sozialwissenschaftlich kundigen Stadtbewohners –, daß sich seit längerem eine großstadtspezifische Anästhetik ausgebildet hat, d. h., Menschen reagieren auf Unwirtlichkeit, Gestaltlosigkeit, Mißachtung und Überreizung nicht mehr durch Kritik oder soziale Kontrolle, sondern durch Ausblenden, durch bewußtes Ignorieren. Wir müssen daher insgesamt von sozialstrukturierenden Wirkungen und von individualisierenden Rückzugswirkungen des öffentlichen Stadtraums sprechen.

b) Eine zweite wesentliche Bedeutung der Organisation des städtischen Raumes besteht in der Symbolisierung von gesellschaftlichen Prozessen durch das materielle Substrat, die physischen Strukturen. Das materielle Substrat vermag eine Einheit von Subjekt und Objekt durch anerkannte Symbolisierungen zu leisten; einzelne Gebäude oder andere bauliche Anlagen stehen für eine Idee oder für eine wesentliche Funktion. Darüber hinaus vermögen die Außenarchitektur und die Vielzahl der einzelnen Einrichtungsgegenstände auf Straßen und Plätzen ein komplexes Gefüge von Zeichen, ja vielfach – zusammen mit den Substraten der Werbung – von ganzen Zeichenwelten auszudrücken (Bertels 1990).

c) Der städtische Raum ist, drittens, auch Ort und Bestandteil des sozialen Wandels, denn der Raum ist politisch-strategisch und ideologisch besetzt. Er wird zur Ware, die den verschiedenen sozialen Gruppen in ungleicher Weise zugänglich ist und deren (Nicht-)Verfügbarkeit mit zu den Disparitäten der städtischen Lebensformen beiträgt (Lefèbvre 1977). Es erscheint daher zwingend, die theoretischen und empirischen Aussagen zur Bedeutung des städtischen Raumes mit der Dynamik der sozialen und individuellen Raumaneignung zu verbinden. Das gilt sowohl hinsichtlich der umfassenden Transformationsprozesse im Ost-West-Verhältnis, soweit sie sich in den Städten auswirken, als auch für die Ausdifferenzierung der Lebensstile und der sozialen Milieus. Dabei vermag der Forschungsertrag der letzten 20 Jahre aus der Stadtsoziologie raumspezifische Akzente zu setzen (zum Felde/Alisch 1992). Insbesondere sollten die Aussagen zur Pluralisierung der Lebensstile räumlich eingegrenzt und dabei die kleinräumigen Disparitäten berücksichtigt werden. Sowohl die Bindung an die räumlichen Verhältnisse als auch die Zugänglichkeit zu dem öffentlichen Stadtraum insgesamt sind ungleich verteilt und können – als Ressource begriffen – auch nur ungleich genutzt werden.

Die hier weiter zu belegende These besagt nun, daß sich der öffentliche Stadtraum im Zuge der Modernisierungprozesse seit etwa 30 Jahren (bezogen auf die alte Bundesrepublik) in eine Richtung entwickelt hat, die bei einzelnen Bewohnergruppen oder bezüglich der städtischen Lebensweise insgesamt zu erheblichen *Orientierungsverlusten* führt. Interessanterweise kann diese Argumentation mit großem Gewinn an die anomietheoretischen Überlegungen von Durkheim anknüpfen. Die in der Selbstmordstudie als Erklärungsmuster herangezogene Störung der kollektiven Ordnung wird insbesondere auf eine allzu beschleunigte Prosperität zurückgeführt. In diesen Zeiten ist die Gesellschaft – zumindest gelegentlich oder hinsichtlich einzelner Aufgabenbereiche – unfähig, Orientierung zu bieten und Ordnung zu setzen. Den einzelnen Menschen fehlen die Kanalisierung und Begrenzung ihrer Bedürfnisse und Perspektiven. Wenn nun derartige Störungen der gesellschaftlichen Ordnung auftreten, so können die Individuen ihr Handeln nicht mehr an verbindlichen Normen ausrichten, weil ihren Bestrebungen keine Schranken mehr gesetzt sind. Bis zum

Zeitpunkt, zu welchem die Gesellschaft ihre ordnende und orientierende Funktion wieder übernehmen kann, herrscht Anomie im Sinne einer kollektiven Regellosigkeit.

»Die Hierarchie ist in Unordnung geraten, andererseits kann man eine neue nicht improvisieren. Es braucht Zeit, für Menschen und Dinge nach den geltenden Begriffen eine andere Rangordnung zu schaffen. Solange die so freigesetzten sozialen Kräfte nicht ihr Gleichgewicht gefunden haben, bleibt ihr jeweiliger Wert unbestimmt, und für eine Zeit lang ist dann jede Regelung mangelhaft. Man weiß nicht mehr, was möglich ist und was nicht, was noch und was nicht mehr angemessen erscheint, welche Ansprüche und Erwartungen erlaubt sind und welche über das Maß hinaus gehen. Es gibt dann nichts mehr, worauf man nicht Anspruch erhebt« (Durkheim 1973, S. 288).

Dieser Zugang zur Frage städtischer Anomietendenzen stellt den Grad der Verbindlichkeit der gesellschaftlichen Ordnung in den Mittelpunkt, wobei in Zeiten rapiden Wandels (nicht nur der Prosperität sondern auch der Kontraktion) von einer schrittweisen Auflösung dieser Verbindlichkeit ausgegangen wird. Diese Auflösungsprozesse spiegeln sich im Individuum wider. Orientierungslosigkeit, Passivität und Verhaltensunsicherheit auch im öffentlichem Raum sind die Folge. Unter diesem Blickwinkel bietet es sich an, nicht nur die Umwandlungen des öffentlichen Stadtraums in den alten Bundesländern zu überprüfen, sondern auch die derzeitigen Umbruchprozesse in den neuen Bundesländern mit denselben Begrifflichkeiten und Grundaussagen zu interpretieren.

Im folgenden sollen die markanten stadtsoziologischen Aussagen zur Charakterisierung des (sich wandelnden) öffentlichen Stadtraums zusammengefaßt werden. Am Ende steht der Versuch, diese tendenziell anomischen Verhältnisse entweder als latent und schleichend, als »anomische Phase«, zu kennzeichnen oder aber als jähen »anomischen Bruch«, der die Menschen kurzfristig in die Orientierungslosigkeit entläßt.

a) Soziologisch gesehen wird im öffentlichen Stadtraum permanent eine Spaltung mitvollzogen, die gesellschaftliche Ursachen hat und sich wesentlich in der nicht ausreichenden Verfügung über die Materialität des Gebauten, von Räumlichkeit und verdichteter Ausdehnung ausdrückt (Hoffmann-Axthelm 1993). Die Stadt zerfällt in Segmente, in Themen; die Verfügung über Grund und Boden bildet ein entscheidendes Antriebsmoment. Im 19. und 20. Jahrhundert bewirkten die Modernisierungsprozesse, daß sich die als

Gestalt faßbare Stadt auflöste. Die Stadtsoziologie spricht nicht mehr von der Stadtgestalt als einem einheitlichen Begriff. Was die dynamisierte Stadt zurückläßt, nach der Destruktion der Stadtgestalt, ist die Fläche und sind sektorale sozialräumliche Milieus. Eine längst stattfindende Fraktionierung der Stadt gibt die entscheidenden Konfliktlinien vor: Innenstadt und Peripherie, Mittelschichtviertel und ethnische Gettos, Segmentierung städtischer Flächen je nach Nutzung, Wohnraum im Konflikt mit Grünflächen usw. Sowohl für soziale Gelegenheiten als auch für orientierende Zeichensysteme ist der öffentliche Stadtraum zerfallen. Die entscheidende Trennlinie zwischen öffentlichen und privaten Flächen markiert die Überlegenheit der Verfügungsansprüche privater Eigentümer, die letztlich über Zugangsmöglichkeiten und Aufenthaltsrechte zu großen Teilen der städtischen Gesamtflächen entscheiden. Die öffentliche Restfläche ist ihrerseits zahlreichen Umformungen ausgesetzt, die im Ergebnis zu einem Verlust an sozialen Aneignungsmöglichkeiten führen. Dazu gehört auch der Verlust von Grenzen. Ohne Begrenzungen ist die Institution Stadt nicht herstellbar. Die soziale Verwandlung der Flächen ohne Begrenzung besiegelt den Verlust des Städtischen und der Stadtgestalt und überführt die Institution Stadt in den banalen Agglomerationsraum. Dazu steht nur in scheinbarem Widerspruch, daß die wirtschaftlichen Mechanismen durch das Medium Geld nahezu grenzenlos Flächen und kulturelle Objekte verfügbar machen können. Die soziale Polarisierung, wie sie seit langem für die westeuropäischen Großstädte diagnostiziert wird, zeigt sich besonders daran, daß auf diese Weise vom Wohnbauland über die Wohnungseinrichtung, über Arbeitsstätten, Örtlichkeiten für Sport, Kultur und Tourismus bis zu den abgeschirmten Gebieten der kleinen Sozialsysteme privilegierte Situationen geschaffen werden können – um den Preis der Ausgrenzung der jeweils schwächeren Gruppierungen, die sich mit körperlicher Arbeit, Armutsproblemen und Straßengewalt auseinanderzusetzen haben. Stadtzerfall ist, so gesehen, nicht insgesamt gleichzusetzen mit Anomie. Er bildet jedoch auf einzelne Bewohner- bzw. Benutzergruppen bezogen Verluste an Orientierung und Aneignung aus, denen sich gerade diejenigen, die weniger gutsituiert in den Städten leben, nicht entziehen können.

Diese Aussage ist seit längerem empirisch gut belegt durch zahlreiche kriminalökologische Untersuchungen über sogenannte Delinquenzgebiete. Sie sind gekennzeichnet durch stadtstrukturelle, nach Nutzungsarten heterogene Transitionsprozesse, mit einer wirtschaftlich schwachen, fluktuierenden Bevölkerung, sozialer Desorganisation, baulichen Umbruchsituationen sowie einer gewissen Attraktivität für auswärtige Besucher, die sich kurzfristig in Lokalen oder Vergnügungsstätten aufhalten. Die Studien rechnen Teile der City sowie v. a. die angrenzenden älteren Innenstadtquartiere dazu, in denen überdurchschnittlich hohe Häufigkeiten sozialer Probleme, Kriminalitäts- und Selbstmordversuchsraten auftreten (Frehsee 1978, Schwind u. a. 1978). Eine genauere Analyse erhellt jedoch, daß es keineswegs ganze Quartiere sind, die durch solche Merkmale charakterisiert werden können. Tatsächlich ergeben sich – neben den typischen »Altstadt«-Situationen – Problemindikatoren insbesondere dort, wo eine große Bewohneranzahl segmentiert in großen, öffentlich geförderten Wohngebäuden oder andererseits in einfachen Altbauwohnungen lebt und wo gleichzeitig sozial desorganisierte Haushaltssituationen vorliegen (Häfner 1978, Welz 1982). Neben den älteren Übergangsgebieten müssen daher auch solche Konzentrationen in neueren Wohngebieten des sozialen Wohnungsbaus, soweit diese als relativ abgesondert wahrgenommen und sozial ignoriert werden, zu den Merkmalen des Zerfalls des städtischen Zusammenhangs gerechnet werden (Keim 1981, Keim 1982, Welz 1982).

b) Im Zusammenhang mit den Lebenslaufanalysen (Bertels/Herlyn 1990) ist die Bedeutung einer kontinuierlichen räumlichen Umwelt in den Städten überprüft worden. Die Autoren, die den Forschungsstand und eigene durchgeführte empirische Untersuchungen auswerten, vertreten die Auffassung, daß eine konstante räumliche Umwelt auch unter modernisierten Lebensbedingungen eine typisch stabilisierende Funktion wahrnehmen kann. Maurice Halbwachs formulierte, die materiellen Gegenstände in unseren Städten kämen einer schweigsamen und unbeweglichen Gesellschaft gleich, die uns den Eindruck von Ruhe und Ordnung vermittelt. Daß diese Bedeutung auch empirisch erfaßbar ist, zeigen zahlreiche Befragungen, die mit Bewohnern seit Mitte der sechziger Jahre durchgeführt worden sind, die aus ihren ehemaligen älteren Stadtquartieren im Zuge der Modernisierungs- und Sanierungsmaßnahmen vertrieben wurden (z. B. Fried 1971). Die stabilisierende Funktion bezieht sich nicht nur auf einzelne Gebäude oder Straßenabschnitte, sondern auch auf die ehemals erlebte gleichbleibende Stadtgestalt insgesamt. Kontinuierlich stattfindende Begegnungen mit einer nur allmählich sich ändernden gebauten Umwelt sind offensichtlich eine wichtige Voraussetzung dafür, daß Identifikationsleistungen erbracht werden können, die sich aufschichtend zu dem ausprägen können, was als »Identität« gelten könnte: das Verstehen der symbolischen Bedeutung von Gegenständen, die Verläßlichkeit und Vertrautheit hervorrufen und garantieren (Bertels/Herlyn 1990, S. 27). Auch Ulrich Beck verweist darauf, daß die von ihm diagnostizierten Individualisierungsprozesse insbesondere abgebremst werden durch »die ungebrochene Wirksamkeit der an die Geschichte von Landschaften und Ortschaften gebundenen regionalen Kulturidentitäten« (Beck 1983, S. 60).

Wieder sind es vorwiegend die als sogenannte Delinquenzgebiete bezeichneten »zones of transition«, die Geschäfts- und Dienstleistungsviertel, die angrenzenden älteren Quartiere, in die wirtschaftliche Nutzungen eindringen, an denen die in raschem Rhythmus wechselnden Nutzungen abgelesen werden können.

Die ansteigende Beschleunigung in der Umformung bzw. Beseitigung räumlicher städtischer Strukturen muß dieses Bedürfnis nach einer kontinuierlich erlebbaren städtischen Umwelt enttäuschen. Dabei erlaubt der Forschungsstand allerdings keine Aussage darüber, ob dieses Orientierungs- und Dazugehörigkeitsbedürfnis durchgängig für alle Bewohner- bzw. Benutzergruppen in den Städten gilt. Es könnte sehr wohl sein, daß Teilgruppen der städtischen Bevölkerung, die sich durch hohe Mobilitätsbereitschaft und räumliche Außenorientierung charakterisieren lassen, die gesamte städtische Umwelt lediglich als Kulisse bzw. als Ressource für ihre eigenen, technisch definierten Aktivitäten verstehen. Es kann jedoch als gesichert gelten, daß dies für den größeren Teil der städtischen Wohnbevölkerung nicht zutrifft. Somit läßt sich die These folgern, daß in Zeiten rasanter Modernisierungs- und Umbruchsprozesse eine fehlende Orientierung an stabiler städtischer Umwelt die anomischen Tendenzen verschärft.

c) Ein äußerst wichtiger Indikator für die anomieverschärfende Bedeutung des öffentlichen Stadtraums sind die Erfahrungen und Empfindungen von Frauen (Reich 1989, Schreyögg 1989, Siemonsen/Zauke 1991). Es wird in den durchgeführten Analysen aufgezeigt, daß Frauen im öffentlichen und halböffentlichen Raum belastende Erfahrungen machen, insbesondere in sogenannten

Angst-Räumen: U-Bahn-Schächten, Tiefgaragen, abgelegenen Haltestellen, einsamen Gewerbegebieten, Grünanlagen, unbelebten Straßen in reinen Wohngebieten. Es werden Umfrageergebnisse zitiert, um das Ausmaß der Angst- und Bedrohtheitsgefühle bei Frauen, v. a. wenn sie bei Dunkelheit unterwegs sind, zu ermitteln. Und die Auswertungen der kriminalpolizeilichen Statistik zeigen, daß es bestimmte öffentliche Teilräume der Stadt sind, in denen sich Straftaten überdurchschnittlich häufen (wenig bewohnte Innenstadtgebiete, Straßenabschnitte ohne Bebauung, Grünanlagen, Spielplätze, Industriegebiete, Waldflächen).

Auch wenn gegenüber Einzelergebnissen gewisse Relativierungen vorgenommen werden müssen (nach Validitäts- und Zuverlässigkeitskriterien), so ist dennoch offensichtlich, daß Frauen in ganz überwiegender Anzahl ihre Teilnahme am öffentlichen Leben der Stadt einschränken. Es besteht demnach eine klare Diskrepanz zwischen dem Bedürfnis, die betreffenden städtischen Teilräume selbstverständlich mitbenutzen zu können, und den tatsächlich praktizierbaren Zugangsmöglichkeiten. Es ist allerdings die Frage, ob diese Diskrepanz als anomisch (im Sinne der strukturellen Merkmale) bezeichnet werden kann. Liegen hier wirklich Regel- oder Orientierungslosigkeiten vor? An dieser Stelle ist zunächst festzuhalten, daß Frauen von bestimmten Benutzungs- und Aneignungschancen ausgeschlossen sind. Dieser Aspekt soll in Abschnitt II unter dem Gesichtspunkt der Informalisierung zusätzlich überprüft werden.

d) Eine weitere strukturelle Diskrepanz wird in den ansteigenden Umwelt- und Verkehrsbelastungen gesehen (Keim 1985, Glasauer 1991). Hier geht es argumentativ nicht um die Zurechenbarkeit schädlicher Folgen gegenüber einzelnen Individuen oder Gruppen. Im Mittelpunkt steht vielmehr die Frage, wie die Inanspruchnahme städtischer öffentlicher Räume im Dienste wirtschaftlicher und politischer Machtansprüche zu einer Entwertung führt, so daß gravierende Deprivationen und Unsicherheiten in der Lebensführung daraus resultieren. Die genannten Belastungen sind zwar nicht direkt geplant, aber auch nicht zufällig. Offenbar können Wirtschaft und Politik nicht ohne die Produktion von »Umweltproblemen« ihre Ziele realisieren. Diese losgelöst von den schädigenden Wirkungen für Bewohner zu benennen und zu diskutieren bezeugt eindeutig ideologischen Charakter; wie auch die Haltung, Verkehrsunfälle und Verkehrslärm lediglich als Summe des (teilweise fehlerhaften) Verhaltens der Verkehrsteilnehmer auszugeben. Die objektive Funktion städtischer Umweltschädigungen besteht in einem Beitrag zur vermeintlichen Garantie des wirtschaftsfördernden, zentralstaatlichen Politikvollzugs. Sie ist insoweit Resultat von – wenn auch vermittelten – Planungs- und Steuerungsprozessen.

Ein weiterer Aspekt kommt hinzu. Das gestiegene Verkehrsaufkommen steht im Zusammenhang mit der Trennung von Arbeiten und Wohnen und den daraus entstandenen stadtstrukturellen Veränderungen. Die Standortentscheidungen für Wohnungen, Infrastruktureinrichtungen und Betriebe sind aber nicht zufällig, sondern ebenfalls geplant. Gewandelte Machtstrategien, die sich in einem Struktur- und Funktionswandel der Kommunen niederschlagen, enthalten somit teilweise Mechanismen ungeplanter, dennoch aus Teilplanungen resultierender Prozesse.

Interessant ist allerdings das Ergebnis, daß sich keine verkehrsabhängigen Fluktuations- bzw. Mobilitätsunterschiede feststellen lassen (Glasauer 1991). Die Annahme trifft anscheinend nicht zu, daß mit wachsendem Verkehrsaufkommen, also mit zunehmenden Umweltbelastungen, die Mobilität bessergestellter Haushalte entlang stark befahrener Straßen zunimmt und so eine soziale Entmischung begünstigt wird. Die Entscheidung eines Haushalts, die Wohnung zu wechseln, hängt offenbar zum größeren Teil von anderen Faktoren ab.

Gemeinsam ist den Aspekten a) bis d), daß innerhalb des städtischen Realitätsfelds für die Bewohner bzw. Benutzer Widersprüche bei der räumlichen Aneignung entstehen, die sich im Zuge rasanter Modernisierungsprozesse mehr und mehr verschärft haben. Es muß zunächst soziale Energie aufgewendet werden, um trotz dieser Hindernisse bzw. Exklusionen eine Aneignung der städtischen Teilräume zu bewerkstelligen, die den eigenen Ansprüchen, insbesondere aber den Notwendigkeiten der Lebensführung, entspricht. Anomische Verhältnisse treten auf jeden Fall dann ein, wenn die Hindernisse so stark sind, daß einzelne Teilgruppen der städtischen Bevölkerung die Objektbeziehungen nicht mehr umsetzen können.

Bezogen auf die Entwicklung in den alten Bundesländern können wir insoweit die zugespitzten Situationen im öffentlichen Stadtraum als »*anomische Phase*« kennzeichnen. Die ursprüngliche Annahme, die städtische Umwelt könne und solle einen stabilisierenden Beitrag für die Lebensführung leisten, ist mehr und mehr abgedrängt und durch den neuen Mythos ersetzt worden, der städtische Raum habe in völlig dominanter Weise den wirtschaftlichen Zwecken, verbunden mit hoher innerstädtischer Mobilität, oder der bloßen Demonstration privater Verfügungsrechte zu dienen. In den Stadtbewohnern erzeugt diese Erfahrung ständig Gefühle der Frustration, der Verdrängung und der Bedrohtheit. Allgemeiner formuliert: die immer rascher stattfindenden technologischen Umwälzungen führen zu einer Beschleunigung der Entwertung von Aneignungsmöglichkeiten und von Erfahrungen mit der städtischen Umwelt, so daß auf diese Weise eine recht langlebige anomische Phase etabliert wird. Hier zeigt sich besonders deutlich, daß von anomischen Verhältnissen nur im Sinne von Prozessen und dynamischen Entwicklungen gesprochen werden kann.

Nehmen wir die derzeitige Umbruchsituation in den neuen Bundesländern hinzu, so wird die anomische Phase hinsichtlich des öffentlichen Stadtraums punktuell noch verschärft durch einzelne kurzfristige Veränderungen, die in ihrer Neuartigkeit und durchschlagenden Wirkung so etwas wie einen »anomischen Bruch« auslösen. Dazu gehören die explosionsartige Steigerung des privaten Verkehrsaufkommens sowie die (seither unbekannte) privatrechtliche Verfügung über Grund und Boden mit allen Konsequenzen bezüglich des Umgangs mit Sachanlagen sowie hinsichtlich der Verdrängung unerwünschter Benutzer.

Selbst wenn unterstellt werden sollte, daß die Mehrheit der städtischen Bevölkerung bereit ist, diese veränderte Situation hinzunehmen, so muß doch festgehalten werden, daß Teilgruppen unter diesen anomischen Verhältnissen leiden. Es sind diejenigen, die keine Alternative besitzen, sondern auf einen Umgang mit dem städtischen Raum aufgrund der beschränkten Reichweite ihres Alltagslebens angewiesen sind. An dieser Stelle wird die Bedeutung der derzeitigen Diskussion über neue Lebensstile und über eine Differenzierung der sozialen Milieus nochmals deutlich (vgl. Abschnitt III).

II. Informalisierung

Grundlage der folgenden Überlegungen ist Cas Wouters' Beitrag *Informalisierung und der Prozeß der Zivilisation*, der in Auseinandersetzung mit Elias' Theorie über Zivilisationsprozesse entstanden ist (Wouters 1979). Mit »Informalisierung« werden Veränderungen der Verhaltensstandards bezeichnet, die zu einer Erweiterung der Toleranzgrenzen bei Normen bzw. zu deren Auflockerung führen. Die von Wouters entwickelte Argumentation soll hier unter dem Gesichtspunkt überprüft werden, ob sich Informalisierungsprozesse als ein Typ anomischer Prozesse verstehen lassen.

In einer ersten Stufe referiert Wouters Beispiele aus den Verhaltensstandards der Menschen, vornehmlich der Mittelschichtangehörigen, die als Beleg dafür dienen können, daß in breitem Umfang Normen sich gelockert haben und die Selbststeuerung der Individuen nachgelassen hat. Es werden also Beispiele aufgezeigt, die die wachsenden Freiheitsgrade der Individualität verdeutlichen und damit für den öffentlichen Bereich eine Schwächung der Regulierungsdichte, d. h. eine strukturelle »Permissivität«, bedeuten. Als Hauptquelle wird auf die gewandelte Auffassung vieler Menschen hingewiesen, den eigenen Bedürfnissen Ausdruck zu verleihen und sich selbst zu »verwirklichen«. Neben diesen eher individuellen Motiven verweist Wouters jedoch auch auf die weitverbreiteten Gefühle der Ruhelosigkeit und Unzufriedenheit, die er besonders bei der jungen Generation in den fortgeschrittenen Industriestaaten zu erkennen meint. Aus den vielfältigen Zwängen und Abhängigkeiten der Moderne entstünden so unterschiedliche Formen eines neuartigen Prozesses. Diese Mischung aus der Lockerung von Verhaltensstandards und gleichzeitig auftretenden Protestformen wird von einer ganzen Reihe anderer Autoren als bedrohlich für den erreichten Stand des Zivilisationsprozesses angesehen.

Wouters geht jedoch zwei Schritte weiter und zeigt auf, daß die Aufweichung von Verhaltensstandards in vielen Fällen begleitet wird von einer weiteren Verfestigung von Zwängen, allerdings anderer Art als bisher. Seiner These zufolge weisen zwar bestimmte Kategorien von Verhaltensweisen, insbesondere in der städtischen Öffentlichkeit, solche Zeichen der Lockerung und der Schwächung auf, werden jedoch aus der Sicht des Individuums durch neue Zwangsmuster ergänzt. Diese kommen hauptsächlich aus dem steigenden Bedürfnis der jungen Menschen, ihren Wunsch nach Individualität und Selbsterfüllung nicht allein, sondern in Gruppen oder in gesellschaftlichen Bewegungen zu suchen (vgl. mit ähnlichen Ergebnissen Schulze 1993). Damit wird aber in der Tendenz eine Verlagerung der Verhaltensregulierung von anerkannten Standards der Öffentlichkeit hin zu den intimen Normen einzelner Gruppen bewirkt. Doch damit nicht genug: die größere Informalität, d. h. das größere Ausmaß der Selbstbestimmung über das eigene Verhalten, ist gleichzeitig Ausdruck eines Abbaus von Machtdifferentialen zwischen gesellschaftlichen Gruppen bzw. Generationen. Insofern entstehen für die seither stärker abhängigen Gruppen größere Freiräume an Verhaltensdispositionen, die jedoch keineswegs regelfrei praktiziert werden können, vielmehr neue, zusätzliche Formen der Selbstzwänge erfordern. Es findet also eine Verstärkung der auf diese Weise zu erlernenden Selbstkontrollen statt, allerdings auf einer anderen Ebene als zum Zeitpunkt, da die Informalisierungsprozesse eingesetzt haben.

Der hier skizzierte theoretische Ansatz zeigt, daß die Frage nach anomischen Tendenzen im Prozeß der Urbanisierung partiell unter dem Gesichtspunkt der Informalisierung beantwortet werden kann. Das schleichende Zurückweichen anerkannter Regeln bei der Benutzung des öffentlichen Stadtraums oder allgemein bei den Verrichtungen des öffentlichen Alltagslebens bedeutet eine Eigendynamik in der Umdefinition sozialer Normen und Verhaltensstandards aufgrund eines stattfindenden Wertewandels. Und dieser Wertewandel speist sich nicht allein aus veränderten Vorstellungen von Individuum und Persönlichkeit, sondern auch aus anderen Auffassungen über die Besonderheiten des öffentlichen Raumes.

Darauf hat eindringlich Richard Sennett hingewiesen (Sennett 1983). Er geht von der Annahme aus, die Organisation des Raumes in den Großstädten wecke bei ihren Bewohnern den Eindruck, daß die öffentliche Sphäre bedeutungslos sei. Straßen und Plätze würden angelegt (und entsprechend eingeschränkt genutzt), als wären sie »leerer Raum«; der lebendige öffentliche Raum werde zerstört. Dahinter steht die, vielleicht unbewußt erzeugte, Gewohnheit, den öffentlichen Raum für die Fortbewegung zu instrumentalisieren, ihn jedoch nicht mehr mit den erforderlichen Qualitäten für Aufenthalt, Aneignung und Kommunikation auszustatten. Sennett vergleicht die Vorstellung vom Raum als einer Funktion der Bewegung mit der Funktionsweise des Autos. Man gebrauche den Wagen nicht, um die Stadt kennenzulernen, sondern das Auto schaffe weiträumige Bewegungsfreiheit. Damit gewinne die Stadtstraße eine merkwürdig einseitige Bestimmung, nämlich diejenige, Fortbewegung zu ermöglichen; werde diese durch Ampeln, Einbahnstraßen und ähnliche Einrichtungen zu sehr gehemmt, würden die Autofahrer nervös und zornig. Für den öffentlichen Raum hat diese Einstellung zur Folge, daß er für die Benutzer irrelevant oder gar störend wird, falls er sich nicht der freien Bewegung unterordnen läßt. Auf diese Weise verliert aber der öffentliche Raum seine unabhängige Erfahrungsqualität.

Das »Absterben des öffentlichen Raumes«, argumentiert Sennett, sei dafür verantwortlich, daß die Menschen im Bereich der Intimität, d. h. der engen Sozialbeziehungen ohne öffentliche Sphäre, das suchen, was ihnen in der Unwirtlichkeit des öffentlichen Bereichs versagt bleibe. Insgesamt entwickelt Sennett daraus die These, ein aus dem Gleichgewicht geratenes Privatleben und ein öffentliches Leben, das leer ist, bildeten das schlüssige Ende eines langen Modernisierungsprozesses.

Dahinter steht ein Bedeutungswandel im Verständnis der »öffentlichen Sphäre«. Unter den verschiedenen, höchst komplexen historischen Entstehungsverläufen soll hier speziell auf den Stellenwert der absichtsvollen *Kontrolle der öffentlichen Ordnung* hingewiesen werden. Es läßt sich zeigen, daß der soziale und politische Wille, die öffentliche Ordnung zu kontrollieren und zu formen, nach und nach in Verfall geriet und die Menschen sich daher zunehmend vor ihr zu schützen suchten. Eine Möglichkeit des Schutzes lag in der Familie. Sie wurde zum Gegenbild, an dem die Nachteile des öffentlichen Lebens in den Städten gemessen wurden.

»Man nahm die öffentliche Sphäre nicht mehr, wie noch in der Aufklärung, als ein eigentümliches Netz sozialer Beziehungen wahr – vielmehr erschien das öffentliche Leben als moralisch fragwürdig. Privatheit und Stabilität schienen in der Familie vereinigt, und angesichts dieser idealen Ordnung wurde die Legitimität der öffentlichen Ordnung in Zweifel gezogen« (ebd., S. 36 ff.).

Sie, die öffentliche Sphäre, war der Raum, in dem es, so die verbreitete Ansicht, zur Verletzung der Moral kam; in der Öffentlichkeit konnte man die moralischen Regeln brechen.

Hier wird also explizit auf eine historisch eingeleitete Schwächung der Verhaltensstandards im öffentlichen Raum aufmerksam gemacht. Es läßt sich daraus die These folgern, daß das veränderte Verständnis von Öffentlichkeit desto eher als anomischer Prozeß erlebt wird, je deutlicher eine Hinwendung zu den vermeintlich schützenden privaten Sozialbeziehungen erfolgt. Daraus ergibt sich allerdings eine pikante Konsequenz: Die typischen Stadtbewohner, die weiterhin die besondere Bedeutung und Qualität der öffentlichen Sphäre schätzen, fühlen sich demnach weniger diesen spezifischen Verhältnissen anomisch ausgesetzt, ganz im Gegensatz zu den privat orientierten Bewohnern, die eine anomische Strukturveränderung überakzentuieren, freilich in ihrer Lebensweise als eher nicht-städtisch gelten müssen.

Aus ähnlichen Überlegungen führt Sennetts Argumentation schließlich zu seiner stringenten These von der »Ideologie der Intimität«, die auf einer Fehleinschätzung der öffentlichen Sphäre beruht. Diese These kann hier nicht gewürdigt werden – es bleibt jedoch festzuhalten, *daß der Bedeutungsverlust der städtischen Öffentlichkeit einhergeht mit der Tendenz zur Informalisierung,* wobei fälschlicherweise Ansprüche auf individuelle Bedürfnisbefriedigung und Selbstverwirklichung als Gegenargument für eine Regelung des Verhaltens im öffentlichen Raum herangezogen werden.

»Es besteht ein enger Zusammenhang zwischen Zivilisiertheit und Urbanität. Zivilisiertheit bedeutet, mit den anderen so umzugehen, als seien sie Fremde, und über diese Distanz hinweg eine gesellschaftliche Beziehung zu ihnen aufzunehmen. Die Stadt ist eine Siedlungsform, die das Zusammentreffen einander fremder Menschen wahrscheinlich macht« (ebd., S. 336).

Und sie bedarf dafür einer spezifischen Ausgestaltung von verbindlichen Regeln; Informalisierungen führen insoweit zu einer spezifischen Form anomischer Spannungen im Prozeß der Urbanisierung.

Empirische Untersuchungsergebnisse zur Jugenddelinquenz zeigen auf, wie gerade in dieser Altersgruppe ein problematisches, partiell aggressives Verhalten praktiziert wird – etwa in öffentlichen Verkehrsmitteln oder auf öffentlichen Plätzen –, auf das andere Personen nur selten klar und abwehrend zu reagieren vermögen, da die einheitlichen Normen und Standards nicht mehr vorhanden sind. In ähnlicher Weise läßt sich jugenddelinquentes Verhalten mit Gebieten in Verbindung bringen, die durch eine geringe Integration der Wohnbevölkerung charakterisiert werden können (Frehsee 1978).

Die mit Informalisierung bezeichnete anomische Tendenz läßt sich des weiteren am Beispiel von Örtlichkeiten verdeutlichen, in denen eine Schwächung der öffentlichen Verhaltensstandards praktiziert wird. Die zahlreichen kriminalökologischen Untersuchungen, die seit etwa 20 Jahren auch in der Bundesrepublik durchgeführt worden sind, nennen folgende »attracting areas«: Amüsierviertel, große Kaufhäuser, Selbstbedienungsgeschäfte, Elendsquartiere. Sie können unter dem Gesichtspunkt der Informalisierung als Örtlichkeiten definiert werden, die von einer bestimmten Auswahl von Personen mit erkennbaren Mustern abweichenden Verhaltens aufgesucht werden, ohne daß diese Verhaltensweisen entsprechend sanktioniert werden.

Ein weiteres Beispiel bieten die Hausbesetzungen (Schulz-Hageleit 1981). Auch hier sind die Akteure in der Regel an einer vorgestellten Informalisierung bei der Aneignung und Benutzung der Gebäude orientiert. Die konflikthafte Situation entsteht gerade dadurch, daß die Schwächung der üblichen Verhaltensstandards in krassem Widerspruch zu den Belangen der Eigentümer oder auch der Nachbarn steht. Doch zeigt dieses Beispiel auch, in welchem Maße die Identifizierung anomischer Prozesse von der jeweiligen Perspektive abhängt: Während die Nachbarn eine Hausbesetzung höchstwahrscheinlich als Zeichen anomischer Zustände begreifen, dürften die Hausbesetzer selbst ihre Handlung lediglich als die angemessene Reaktionsform auf eine als bereits anomisch definierte Wohnungsmarktsituation rechtfertigen.

III. Auflösung sozialräumlicher Milieus

Ausgehend von der Ausdifferenzierung sozialstruktureller Merkmale, wird in diesem Abschnitt untersucht, inwieweit sich dabei die Bindung an räumliche Verhältnisse verändert hat. Dahinter steht die Annahme, daß eine Auflösung der sozialräumlichen Zusammenhänge, auch unter großstädtischen Lebensbedingungen, tendenziell einen Verlust an Sicherheit und Orientierung bedeutet, so daß diesbezüglich von einer Zunahme anomischer Spannungen gesprochen werden könnte.

Die neuere Sozialstrukturforschung hat seit knapp zehn Jahren herausgearbeitet, daß zuvor wenig beachtete sozialstrukturelle Differenzierungen eingesetzt haben, die zusammenfassend als »soziokulturelle Pluralisierung« bezeichnet werden können (Hradil 1987, 1990; Vester 1993). Derartige Pluralisierungsformen sind v. a. mit den Begriffen »Milieus«, »Subkulturen« und »Lebensstile« belegt worden. Inzwischen ist diese Forschung so weit fortgeschritten, daß eine Zwischenbilanz gezogen werden kann. Dabei ist zu berücksichtigen, daß es hier nicht nur um eine Beschreibung gesellschaftlicher Veränderungen geht, da inzwischen auch die Blickweise der Soziologie selbst differenzierter formuliert worden ist.

Die Pluralisierungsformen lassen sich in drei unterschiedliche Muster aufteilen, die zusammen die sozialstrukturelle Situation in der Bundesrepublik beschreiben:

a) das Weiterbestehen von Klassenmentalitäten der Ober-, Mittel- und Arbeiterschicht (insbesondere bezogen auf Wertpräferenzen der persönlichen Lebensführung),

b) eine begrenzte Entkoppelung des klassengebundenen Alltagsbewußtseins von den objektiven Lebensbedingungen,

c) innerhalb jeder der drei Lagen eine horizontale Pluralisierung der Lebensstile (Vester 1993).

Mit der Herausbildung derartiger Entkoppelungen bzw. Pluralisierungen wird die Vermutung verbunden, daß die zugrundeliegende soziale Ungleichheit nicht mehr in der gleichen Weise sozial gebunden werden könne wie bisher, sondern durch sog. Desintegrationspotentiale zu kennzeichnen sei. Soweit in den seitherigen Formen der sozialen Zugehörigkeit auch die städtischen Strukturen, hier insbesondere die Wohnverhältnisse, eine Rolle gespielt haben, steht deren Wirksamkeit neu zur Disposition.

Das Bindeglied zwischen Sozialstrukturanalyse und den stadtsoziologischen Ergebnissen bildet der Milieubegriff. In den neueren Sozialstrukturanalysen werden unter »Milieus« Kontexte von relativ heterogenen Umweltbedingungen (materiell/immateriell, natürlich/gesellschaftlich, ökonomisch/politisch/soziokulturell) verstanden, die von bestimmten Bevölkerungsgruppen auf bestimmte Weise wahrgenommen und genutzt werden, so daß sich bestimmte Lebensformen herausbilden (Hradil 1990). Interessant dabei ist, daß mit dem reformulierten Milieubegriff auch die aktive Begriffsvariante stärker betont wird. Milieus gelten als Handlungsmittel, d. h., die gemeinsame tätige Nutzung sowie die Veränderung und die Gestaltung von Umwelten (z. B. durch die Bewohner eines Stadtviertels) werden akzentuiert, weniger die prägenden Wirkungen, die von vorgegebenen Milieustrukturen ausgehen. Weiter ist auffällig, daß der Milieubegriff häufiger als früher auf kleinere, überschaubare Sozialgebilde bezogen wird, also nicht für die Beschreibung von Makrostrukturen reserviert werden soll. Um die Vielfalt der damit darstellbaren sozialräumlichen Ausdrucksformen zu verdeutlichen, seien hier einige Beispiele aus einer Untersuchung in Berlin-Schöneberg wiedergegeben: »das gutbürgerliche Schöneberg«, »die Drogenszene«, »die Punks«, »die links-alternative Szene«, »die Alternativszene«, »die homosexuelle Subkultur«, »Söhne und Töchter des exekutiven Kleinbürgertums, die hier Gelegenheit hatten, den Bruch mit ihrem Herkunftsmilieu zu leben und zu zelebrieren«, »das Bewegungsmilieu«, »das proletarische Milieu«, »die jüngeren, an Lebensstilen orientierten Gruppen« usw. (Berking/Neckel, zit. in Bertels/Herlyn 1990). Diese Beschreibungen machen deutlich, daß die vorgefundenen Merkmale von Milieus ziel- und themengerichteter sind, situativer und im Alltag ausschnitthafter. Häufig lassen sie sich erst auf Stadtteilebene ausfindig machen und beschreiben. Dadurch scheint sich aber auch eine weitere Erklärungsebene zu eröffnen: nämlich soziale Ungleichheiten kleineren Zuschnitts zwischen oder innerhalb von Stadtvierteln zu identifizieren.

Diese Hinwendung der Sozialstrukturanalyse zu sozialräumlichen Bedingungen ist aus der stadtsoziologischen Sicht relativ verblüffend. Seit langem hat die Stadt- und Regionalsoziologie sich bemüht, mit ihren Forschungsergebnissen die Aufmerksamkeit der allgemeinen Soziologie zu wecken, um eine stärkere soziale Differenzierung der gesellschaftsanalytischen Untersuchungsansätze zu erreichen. Daß dafür gerade jetzt eine Bereitschaft entstanden ist, zeigt die oft zu beobachtende Phasenverschiebung in der Konzipierung wissenschaftlicher Analysen. Die Stadtsoziologie betont seit einigen Jahren statt dessen die durch die wirtschaftlichen Restrukturierungen ausgelösten Veränderungen sozialräumlicher Zusammenhänge, die eher von Desintegration und Auflösung gekennzeichnet sind. Die Milieustrukturen selbst sind in der stadtsoziologischen Forschung der Bundesrepublik seit den sechziger und siebziger Jahren wohlbekannt (zusammenfassend mit ausführlichen Hinweisen auf den empirischen Forschungsstand: Keim 1979). In Verbindung mit den städtischen Umbau- und Erneuerungsprozessen wurde immer wieder die Frage untersucht, inwieweit Bewohnergruppen eine räumliche Bindung an ihr Wohnquartier entwickelt haben und daher durch die Umbaumaßnahmen in Orientierungs- und Identifizierungskrisen geraten. Nach dem heutigen Forschungsstand ist diese Frage nach wie vor relevant; die Modernisierungsprozesse können keineswegs so interpretiert werden, als hätten sie pauschal zu einer Entkoppelung von den räumlichen Verhältnissen geführt.

Ich werde im folgenden zusammenfassend darstellen, in welchem Umfang gruppenspezifische Bindungen bzw. Bezüge an die sozialräumlichen städtischen Gegebenheiten vorliegen und inwieweit dabei Auflösungstendenzen zu beobachten sind (a) und bei welchen neuen sozialen Milieus neue Ansprüche an die Funktionsbereiche Stadt und Wohnen ausgedrückt werden (b). Einen Sonderfall stellen die Wohnbedingungen ausländischer Bevölkerungsgruppen dar; sie werden in Abschnitt IV behandelt.

a) Von der westdeutschen Bevölkerung leben derzeit etwa 50% aller Sozialhilfeempfänger, 40% aller über 65jährigen und 40% aller Arbeitslosen in Großstädten. Daneben werden die Großstädte, insbesondere die Innenstädte, zunehmend durch »neue Haushaltstypen« geprägt: Singles, unverheiratet zusammenlebende Paare und Wohngemeinschaften; die Lebensform Familie ist nicht mehr großstadttypisch (zusammenfassend Hauff 1988).

Bindungen bestehen insbesondere bei Kindern und bei alten Menschen. Für Kinder ist typisch, daß sie in einer gespaltenen Welt leben. In den Familien und in den Kinderinstitutionen sind sie die Hauptpersonen. Im anderen Teil ihrer Lebenswelt, also auch in der städtischen Umwelt, sind sie bloß Randfiguren des Erwachsenenlebens, geduldete Außenseiter. Das gilt für Treppenhäuser und Höfe, für Parks und Parkplätze, für öffentliche Verkehrsmittel und Kaufhäuser. Die Räume jenseits der kindbezogenen Umwelt sind ohne die Begleitung Erwachsener oft unzugänglich und gefährlich. Die Neigung, *Spezialorte für den Aufenthalt der Kinder* anzulegen, macht die übrigen städtischen Räume kinderleer, so daß sie ihr eigenes Betätigungsfeld nur in eingeschränkter und kanalisierter Form entfalten können (Bertels/Herlyn 1990).

Der Erfahrungsraum von Kindern ist bis zu ihrer Einschulung häufig auf die Wohnungs- und Grundstücksgrenze begrenzt. Die Chance, weitere Örtlichkeiten kennenzulernen, hängt völlig von den Eltern ab. In einem Mittelschichtenquartier läßt sich z. B. folgendes Muster antreffen: Die Eltern organisieren von früh an die Tätigkeiten und Gelegenheitsstrukturen ihrer Kinder. Sie besuchen mit ihnen Spielplätze, schicken sie vormittags in Kindergärten,

Spielgruppen oder in selbst mitgestaltete Kinderläden. Sie treffen Absprachen mit Spielgefährten am Nachmittag und knüpfen Kontakte zu anderen Eltern, um das wechselseitige Sich-Besuchen der Kinder zu arrangieren. Sie organisieren komplizierte Ausflüge, zu denen auch befreundete Kinder mitgenommen werden. Parallel dazu wird die Teilnahme an Schwimmkursen, Ballettunterricht, Mutter-Kind-Turnen oder ähnliches organisiert. Oft werden alle diese Termine nur mit dem Auto erledigt. Das Kind selbst nimmt früh an den organisatorischen Absprachen teil.

Dies führt dazu, daß das Alltagsleben der Kinder nicht in einem als zusammenhängend erfahrbaren Raum stattfindet, sondern auf einer Reihe von »Inseln« in einer unbekannten Ausdehnung (Jacob 1987). Die Ausdehnung wird nur durch technische Hilfsmittel überwunden, sie bildet jedoch keine eigene Raumqualität aus. Erst ab etwa 10 Jahren haben Kinder, die unter solchen Gegebenheiten herangewachsen sind, die Gelegenheit, ihr räumliches Einzugsfeld selbstdefiniert zu erweitern. Vereinzelt wird vorgeschlagen, im Nachbarschaftszusammenhang jeweils gemeinsame Orte zu schaffen, an denen Kinder diese Mängel der weit ausgedehnten Kontakte vermeiden können (Zeiher, in Bertels/Herlyn 1990). Derartige Angebote werden jedoch häufig als Inszenierung erfahren; die Kinder werden mit Unterhaltung bedient, sie brauchen nur hinzugehen, ohne selbst tätig werden zu müssen. Insgesamt zeigt sich ein höchst komplexes Beziehungsgefüge der Kinder im städtischen Raum. Auf der einen Seite sind sie aufgrund ihrer eigenen Entwicklungsphase darauf angewiesen, räumliche Orientierungen aufzubauen und sich in einem überschaubaren Raum bewegen zu können. Auf der anderen Seite ist die Organisation des städtischen Alltagslebens oft so angelegt, daß sie mit Hilfe der Erwachsenen in ihren räumlichen Bewegungen sozialtechnisch versorgt werden, so daß dabei kaum räumliche Bezüge aufgebaut werden können. Ich zögere allerdings, diese Distanzierung von der Wirksamkeit der unmittelbaren Umgebung als anomisch zu kennzeichnen, auch wenn dabei graduelle Orientierungslosigkeiten auftreten können. Tatsächlich ist es wohl so, daß die größere Ausdehnung der sozialen Kontakte in Stadt und Region in einem recht hohen Maße mit Geregeltheit und Organisation einhergeht.

Anders mag die räumliche Bindung bei denjenigen Kindern entwickelt sein, die aufgrund eines geringeren Einkommens der Eltern auf einen Teil der Mobilitätschancen verzichten müssen. Sie sind auch häufig auf sich allein gestellt und entdecken ihre städtische Umwelt recht eigenständig. In solchen Fällen wird sich deutlicher ein sozialräumlicher Bezug im Wohnquartier aufbauen lassen, der nach Auffassung vieler empirischer Forschungsergebnisse zwar eine gewisse Erhöhung der Gefahrenmomente beinhaltet, jedoch insgesamt unter sozialisatorischen Gesichtspunkten zu einer Stabilisierung der kindheitlichen Entwicklung führt. Sog. Straßenkinder sind oft selbständiger und verhaltenssicherer als wohlbehütete Kinder der gehobenen Schichten.

Auch die Situationen der jüngeren Jugendlichen sind hier einzubeziehen. Sie erweitern zwar ihren räumlichen Radius, sind aber in vielfacher Weise auf Treffpunkte, weniger kontrollierte Zonen und »Reviere« angewiesen. Sie brauchen offenbar Bereiche, die sie sich nach eigenen Vorstellungen aneignen können. Die empirischen Untersuchungen zeigen, wie in den »ärmeren« Wohnvierteln, auch unter Anleitung der Erwachsenen, diese territoriale Zugehörigkeit in begrenztem Umfang noch praktiziert werden kann (Frehsee 1978), wie die Jugendlichen aber in den meisten anderen Stadtgebieten mehr und mehr vom öffentlichen Stadtraum abgedrängt und auf spezifische Räumlichkeiten (entsprechend kontrolliert) verwiesen werden (Hennig u. a. 1984).

Zusätzlich muß auf die sozialräumlichen Bezüge in segregierten Lebenssituationen hingewiesen werden. Das Konzept der »Segregation« meint in der stadtsoziologischen Forschung den Prozeß der räumlichen Sortierung und Separierung sozialer Schichten. Die Segregationsforschung hat sich v. a. mit den besonderen Erscheinungsformen in den Wohnverhältnissen der Unterschichten und der ausländischen Bevölkerungsgruppen beschäftigt. Es kann als gesichertes Untersuchungsergebnis gelten, daß das Wohnen in stark segregierten, fast geschlossenen Siedlungen, verbunden mit Belegungspolitik und vielfach entrechtetem Status (»verordnete Ghettoisierung«), zur Verkümmerung von Kommunikation und Solidarität führt, nachfolgend zu Resignation, Apathie und Aggression (Iben 1989, Specht 1990).

Demgegenüber erscheinen die Segregationstendenzen der älteren Wohnbevölkerung als weniger deutlich ausgeprägt, dennoch sind sie nachweisbar. An dieser Stelle mag der Hinweis nützlich sein, daß die Ergebnisse der Segregationsforschung nach überwiegender Auffassung der Forschergruppen weiter Bestand haben werden, auch wenn neuerdings durch die Dynamisierung der Sozialstrukturanalyse die Auffassung von einer milieuspezifischen Ausprägung der Sozialverhältnisse nahegelegt wird (Herlyn 1989). Der Unterschied besteht darin, daß Segregationsprozesse überwiegend als benachteiligend für die Organisation des Alltagslebens und den Abbau der sozialen Ungleichheit angesehen werden.

Altershomogene Wohngebiete entstehen zum einen durch *schichtspezifische Segregation*, deren Zustandekommen durch Wettbewerb um günstige Wohnstandorte zu erklären ist, zum anderen durch *familienzyklische Wanderungsprozesse*, wodurch die älteren Menschen nach Auszug der Kinder in den Wohnquartieren zurückbleiben, die sie zusammen mit ihren Wohnungsnachbarn zur Zeit der Familiengründungsphase gemeinsam bezogen haben (Bertels/Herlyn 1990). Im ersten Fall läßt sich die These vertreten, daß die alten Menschen notgedrungen versuchen, mit den räumlichen Bedingungen ihres Wohnquartiers zurechtzukommen, wobei sie in beträchtlichem Umfang die schlechtere Ausstattungsqualität in Kauf nehmen müssen. Gleichwohl kommt es dabei zu relativ deutlich ausgeprägten Bindungen, da die älteren Menschen in der Regel ihr Alltagsleben an dem erreichbaren Nahbereich ausrichten. Im anderen Fall sind die Bewohner über Jahrzehnte hinweg mit einem Wohngebiet gealtert. Sie haben dort häufig relativ stabile sozialräumliche Beziehungen aufgebaut. Sie haben auch die Verbesserungen der Infrastruktur miterlebt. Die räumliche Ausdehnung der alltäglichen Lebensführung engt sich im Laufe des Älterwerdens ein. Solche langsam gewachsenen Bindungen an die räumliche Wohnumwelt können dann aufgelöst werden, wenn durch gezielte Umbaumaßnahmen oder Belegungspolitik die Zusammensetzung der Wohnbevölkerung geändert werden soll. Dies kommt immer wieder vor, läßt sich jedoch nicht verallgemeinern.

Vom Ablauf des Lebenszyklus her gesehen, haben sich bei den jüngeren, erwerbstätigen Bevölkerungsgruppen die sozialräumlichen Bindungen am deutlichsten aufgelöst. Hohe Mobilität und klarere Außenorientierung führen dazu, daß die räumlichen Bindungen schwächer entwickelt sind. In der stadtsoziologischen Diskussion wird allerdings davor gewarnt, diese »Emanzipation vom Raum« als sozial desintegrierend zu interpretieren. Der beste Indikator, um in dieser Frage zuverlässige Aussagen zu gewinnen, ist der Anteil des Engagements der Menschen für ihre Wohnumgebung. In dem Maße, in dem dort Gruppen und Eigeninitiativen aktiv werden, kann auch von einer starken Bindung oder von einem starken Bindungsinteresse gesprochen werden. In allen anderen Fällen sollte man nicht vorschnell Auflösungstendenzen als krisenhaft, desintegrierend oder anomisch deuten. Häufig wird nämlich die soziale Stabilisierung lediglich auf andere Weise organisiert, ohne daß dadurch Orientierungskrisen auftreten müssen.

b) Schließlich ist zu klären, ob durch die neu sich herausbildenden sozialen Milieus neue Ansprüche an die Wohnumwelt und gegenüber dem städtischen Raum gestellt werden. Im Rückgriff auf Mertons Anomiekonzept müssen wir uns zunächst fragen, ob die neuen Ansprüche eine deutlich erkennbare Differenz zu den vorhandenen Lebensbedingungen in den Städten aufweisen. Wir könnten solche Diskrepanzen dann als anomisch bezeichnen, wenn sie bei den betreffenden Milieugruppen *Integrationskrisen* auslösen.

An erster Stelle steht die Frage nach den Versorgungschancen im Nahbereich. Die steigende Zahl der Ein-Personen-Haushalte erhöht selbstverständlich den quantitativen Wohnungsbedarf. Hinzu kommen qualitative Veränderungen (bessere Standards, Angemessenheit für soziale Situationen, zunehmende Bedeutung des Wohnens als Kulturgut). Die funktionalen Defizite sind unverkennbar. Die neuen Haushaltstypen benötigen vielfach kompensatorisch verbesserte städtetechnische Anlagen im Wohnbereich sowie ergänzende Serviceeinrichtungen. Diese Nachfrage kann aber derzeit nur zu einem kleinen Teil und nur zugunsten der besonders zahlungskräftigen Bewohnergruppen verwirklicht werden (Tessin 1993). Diese Aussage gilt prinzipiell auch für das ganze Spektrum der Infrastruktureinrichtungen, die innerhalb der verschiedenen Wohnquartiere die räumlichen Bedingungen der Wohnungen selbst ergänzen.

Auch Kontakt- und Kooperationschancen werden von den neuen Milieugruppen vermehrt nachgefragt. Die stärker individualisierte Haushaltsführung bedarf offensichtlich einer kompensatorischen Ergänzung durch den Aufbau sozialer Netzwerke, durch die Organisation von Besuchskontaken, durch gemeinsame Unternehmungen innerhalb von Haus- oder Gemeinschaftsgruppen, durch die Einrichtung nachbarschaftlicher Kinderläden, Gruppenräume oder Frauenhäuser. Die empirischen Befunde weisen nach, daß diese sozialen Bedürfnisse sehr behutsam und schrittweise erprobt werden und offenbar eine relative soziale Homogenität innerhalb des Stadtteils zur Bedingung haben. So gesehen, bilden Quartiere mit einer relativ deutlichen räumlichen Segregation eine günstige Voraussetzung, um Integrationskrisen wegen anomischer Diskrepanzen vermeiden zu können. Allerdings ist erneut darauf hinzuweisen, daß gerade die jüngeren, aktiven Gruppen mit neuen Lebensstilen ihre Ausrichtung auf den räumlichen Nahbereich größtenteils aufgegeben und sich in anderer Weise sozial orientiert haben. Die Frage nach den ergänzenden sozialen Organisationsformen muß demnach auf der Ebene der städtischen Lebensformen generell weiter geklärt werden.

Ebenso ist auf Freizeit- und Regenerationsbedürfnisse zu achten. Gerade in diesem Sektor sind vielfältige Ansprüche festzustellen. Hauptsächlich durch Überlastungsphänomene sind jedoch die vorhandenen raumstrukturellen Bedingungen in hohem Maße kontraproduktiv. Je mehr solche Bedürfnisse durch die eigene Lebensführung in den Mittelpunkt gerückt werden, desto intensiver wird der Mangel wahrgenommen. Interessanterweise findet jedoch auch hier ein kompensatorischer Ausgleich statt. Im Sinne einer »urbanen Kultur« werden die Gruppen mit den neuen Lebensstilen in besonderer Weise aktiv, wenn es um die Nutzung von attraktiven, modischen Einrichtungen geht, wie z. B. Boutiquen, Galerien, Restaurants, Straßencafés, die Geselligkeit ohne engere Sozialkontakte ermöglichen (Tessin 1993).

Insgesamt läßt sich feststellen, daß die analysierbaren anomischen Diskrepanzen in relativ hohem Ausmaß durch Ergänzungsangebote der verschiedensten Art kompensiert werden. Integrationskrisen werden demnach erst aufbrechen, wenn die Kompensationsmöglichkeiten ebenfalls eine Schwächung erfahren und die manifesten Formen der Störungen überhandnehmen. Dazu liegen bisher bei den hier im Vordergrund stehenden Gruppen mit neuen Lebensstilen keine empirischen Befunde vor.

Die Frage neu sich strukturierender sozialer Milieus mit ihren Ansprüchen muß auch unter dem Blickwinkel der Wohnbevölkerung in den ostdeutschen Ländern betrachtet werden. Die derzeit stattfindenden sozialstrukturellen Umbrüche bedeuten, daß sich auch in den Wohnsituationen und in der Organisation des städtischen Alltags massive Auflösungserscheinungen ereignen (Knorr-Siedow 1995). Die relativ starr ausgeprägten sozialstrukturellen Verhältnisse zur Zeit der DDR treten nicht reibungslos in andere

Sozialformen über, sondern fallen für einen mehr oder weniger längeren Übergangszeitraum in sozialstrukturelle Turbulenzen, die hinsichtlich ihrer Orientierungs- und Integrationskrisen als anomisch bezeichnet werden können. Die Wohn- und Lebenssituation in den Städten führt offensichtlich partiell zu einer Verschärfung dieser Prozesse. Zum einen ist die selbständige Handlungsfähigkeit durch sinkendes Haushaltseinkommen (Arbeitslosigkeit) geschwächt, und dies in einer Situation, in der bei steigenden Mieten und einer zunehmenden Marktförmigkeit der räumlichen Lebensbedingungen das Ausmaß an relativ selbständiger Handlungsfähigkeit zunehmen müßte. Zum anderen sind die gewohnten institutionellen Organisationsmuster zerbrochen; jetzt treten neue Akteure mit neuen Organisationszielen und Handlungsstrategien auf, die bei Bewohnern Ratlosigkeit und Ängste auslösen. Erste empirische Belege über die konkreten Ausformungen dieser Prozesse liegen vor (Herlyn/Bertels 1994, Herlyn/Hunger 1994).

IV. Konflikte in Migrationsprozessen

Häufig reicht es nicht aus, die krisengenerierenden Diskrepanzen zu diagnostizieren. Vielmehr bedürfen diese Ergebnisse einer weiteren Qualifizierung durch Theorien sozialer Prozesse einschließlich der Verwendung von Mehr-Ebenen-Analysen. Besonders deutlich wird dies am Beispiel der Migrationsprozesse. Daher wird dieser Aspekt des Anomiethemas hier gesondert behandelt.

Die zentrale Frage ist, inwieweit insbesondere durch die Zuwanderungen ausländischer Personen in die Bundesrepublik anomische Spannungen hervorgerufen werden. Die stadtsoziologische Diskussion zu diesem Themenfeld bedarf der Einbettung in die allgemeinen migrationstheoretischen soziologischen Arbeiten. Insbesondere beziehe ich mich auf die Veröffentlichungen von Hoffmann-Nowotny und Heckmann. Hoffmann-Nowotny wählt explizit einen anomietheoretischen Ansatz (Hoffmann-Nowotny 1973). Menschen verlassen ihre Heimatländer, weil sie dort ihre Ansprüche auf sozialen Aufstieg und/oder mehr Einkommen nicht durchsetzen konnten. Sie kommen mit dem Wunsch nach höherem Prestige in das reichere Industrieland. Dort findet aber erneut ein Spannungsaufbau statt, denn das höhere Prestige läßt sich keineswegs zügig in praktische Teilhabeverbesserungen und günstigere Lebensbedingungen umsetzen. Es kommt zu einem komplizierten Prozeß der »Unterschichtung« durch die zuziehenden Ausländer, bei gleichzeitiger latenter Bedrohung des relativ verbesserten Status der einheimischen Bevölkerungsgruppen. Die daraus resultierenden anomischen Spannungen werden insbesondere mit Ohnmachtsgefühlen und Ratlosigkeit umschrieben.

Ergänzend betont Heckmann die sozialstrukturell-historischen Zusammenhänge (Heckmann 1981). Untersucht werden sowohl die Stellung im Arbeitsprozeß als auch die soziokulturellen Verhältnisse (z. B. Wohnsituation). Dabei werden die soziokulturellen Verhältnisse insbesondere unter dem Aspekt der Stabilisierung näher überprüft. Obwohl durch empirische Ergebnisse solche Stabilisierungseffekte nachzuweisen seien, hält Heckmann an der Aussage fest, daß die soziale Lage vieler Migranten durch »situative Entstabilisierungen« gekennzeichnet sei. Es ist plausibel, daß in diesem Zusammenhang auch Resignation und Desorientierung auftreten, also Faktoren anomischer Spannungsverhältnisse. Gleichwohl ist der sozialstrukturell-historische Ansatz imstande, ausländische Minoritäten auch in ihrer aktiven, gestaltenden Rolle zu sehen. Ein solcher Blickwechsel schiebt eher die Arbeitsmigranten als Subjekte, als »Dreh- und Angelpunkt der eigenen Lebensführung« (Beck) in den Vordergrund.

Dieser allgemeine migrationstheoretische Bezugsrahmen kann nun durch einige stadtsoziologische Diskussions- und Untersuchungsergebnisse ausgefüllt werden:
a) Auf der phänomenologischen Ebene halte ich es für wichtig, sich die Situation in typischen Migrations-Großstädten Europas zu vergegenwärtigen. Dazu gehören London, Amsterdam, Paris, Genf – oder auch Marseille. Die südfranzösische Hafenstadt wird in einem aktuellen Beitrag als sehr komplexe Stadtgesellschaft in ständiger Gärung und Erneuerung charakterisiert.

»Reiche und Arme, Arbeiter, Studenten, Rentner und Händler, Juden, Moslems und Christen, Mozarbieten und Karbylen, Senegalesen, Marseiller, Franzosen und Algerier, Junge und Alte knüpfen soziale Bänder, entwickeln ein produktives Netzwerk des beständigen Austauschs, eine ›Raum-Zeit-Welt‹ großer Dimension, die nach Afrika, Asien und Europa geöffnet ist. An solch einem Ort hat der Begriff Immigration seinen Sinn verloren, man sollte besser von einer ständigen Fluktuation zwischen verschiedenen Welten sprechen« (Peraldi 1993, S. 1326).

Wenn zu einem solchen sozialen Gemisch problematische räumliche Lebensbedingungen hinzutreten, etwa in Gestalt von modernen Großsiedlungen, die am Stadtrand im Rahmen des sozialen Wohnungsbaus errichtet wurden, so resultieren daraus höchst problematische Lebensverhältnisse, die sich auch in anomischen Spannungen ausdrücken. So wird z. B. erwähnt, daß bis zu 80% der 20- bis 30jährigen Bewohner in diesen Großsiedlungen niemals oder nur kurzzeitig Zugang zum Arbeitsmarkt gefunden haben.

»Die Jugendlichen stehen erst nachmittags auf, trinken und nehmen Drogen. Diese Jugend versetzt die Stadt in Angst, vor allem in den Vierteln, in denen sich die Einbrüche häufen« (ebd., S. 1327).

Insgesamt lassen sich eindeutige Hinweise für massive anomische Spannungen feststellen (Drogenmißbrauch, Kriminalitätsraten, soziale Unsicherheit u. ä.) – eine Tatsache, die allerdings von seiten der politisch und wirtschaftlich mächtigen Akteure zu einer ständigen Reproduktion eines »Mythos der Bedrohlichkeit« genutzt wird.

b) Die Situationen in den Großstädten der Bundesrepublik sind vergleichsweise harmloser. Die soziologischen Untersuchungen haben sich insbesondere auf die Frage konzentriert, ob die Kon텍texteffekte der Stadtteilsituationen einen Einfluß auf die Chancen zur Assimilation bzw. zur Integration der ausländischen Minoritäten haben (Friedrichs 1990, Hoffmeyer-Zlotnik 1986, Treibel 1990). Friedrichs und fast gleichlautend Hoffmeyer-Zlotnik resümieren, daß Art und Ausmaß der Sozialkontakte sowie Strategien der Lebensführung mehr von sozialstrukturellen Variablen abhängen als von den Verhältnissen der Wohnquartiere. Auch bei Treibel wird eindeutig festgehalten, daß die ethnische Struktur des Wohngebiets keinen nennenswerten Einfluß auf die soziale Assimilation habe. Daraus folgt, daß die Unterbringung ausländischer Minoritäten in konzentrierter bzw. zerstreuter Form nicht mit einer Steigerung bzw. Vermeidung anomischer Spannungen begründet werden kann.

Allerdings erbrachte eine differenzierte empirische Untersuchung auch den Nachweis, daß z. B. türkische Arbeitsmigranten mit ihren traditionellen Verhaltensweisen und kulturellen Erwartungen je nach Stadtteilsituation in unterschiedlicher Weise mit den neuen Lebensumständen zurechtkommen (Eichener 1988). Der Autor weist zu Recht darauf hin, daß die Diskrepanzen, wie sie zwischen Einheimischen und ausländischen Minoritäten in den konkreten Stadtteilen auftreten, häufig darauf zurückzuführen sind, daß die Einheimischen mit ihrer kulturellen Perspektive die Verhaltensweisen und Normen der ausländischen Minderheit interpretieren. Damit wird aber deren selbstdefinierter Stabilisierungsprozeß von vornherein eingeschränkt. Im ungewohnten Verhalten der ausländischen Mitbewohner sehen deutsche Bewohner »nicht nur eine Verletzung der geschriebenen oder ungeschriebenen Regeln des Wohnverhaltens, sondern auch eine Gefährdung des sozialen Status ihres Wohngebiets, die besonders bedrohlich ist, weil sie so offenkundig ist« (ebd., S. 128). Oft sind es gar keine auftretenden Störungen, die solche negativen Reaktionen hervorrufen, sondern allein die bloße *Anwesenheit* der Ausländer. Nimmt diese Definition als Statusbedrohung zu, kommt es teilweise auch zu Wegzügen der einheimischen Bevölkerung. Dadurch wird ein Prozeß in Gang gesetzt, der die seitherige Charakteristik des Stadtteils weiter auflöst und in der Wahrnehmung der städtischen Bevölkerung insgesamt die Vorurteile gegenüber der ausländischen Minderheit verstärkt. Anomische Spannungen können also die Segregationsbildung bis hin zu gettoähnlichen Stadtteilsituationen verstärken; sie werden auf diese Weise abgemildert, freilich um den Preis einer schärferen Ablehnung der nicht-einheimischen Bevölkerungsgruppen.

c) An dieser Stelle sei auf die englische Gemeindestudie hingewiesen, an der sich die komplizierten Verflechtungsbeziehungen zwischen der einheimischen Bevölkerung und den Migranten weiter verdeutlichen lassen (Elias/Scotson 1965). Am Beispiel der Ereignisse in einer englischen Kleinstadt wird gezeigt, wie sich über Macht- und Statusbeziehungen eine Problematik von Außenseitern herausbilden kann. Mit dieser Außenseiterproblematik konnten nicht nur Konflikte und delinquentes Verhalten, sondern auch die Entstehung und Wirksamkeit von Vorstellungsbildern zwischen den Bewohnergruppen erklärt werden. Offenbar gibt es einige Konstitutionsbedingungen, die für ein städtisches Außenseitertum typisch sind. Dazu gehören: das Nicht-Verfügen über Eigentum an Grundstücken oder Gebäuden, das Zuziehen in vorhandene Siedlungen als Neuankömmlinge, die Zugehörigkeit zu einer ethnischen Minorität. Die englische Gemeindestudie konnte belegen, daß im Zuge der Ausdehnung der Kleinstadt heterogene Bewohnergruppen allein durch die Tatsache, künftig am selben

Ort zusammen zu wohnen, neue interdependente Beziehungen herausbildeten. Zu- und Wegzüge sind daher niemals nur räumliche Bewegungen, sondern führen auch jeweils zu einer Neubestimmung von wechselseitigen Abhängigkeiten. Dabei zeigte sich, daß diejenigen Einheimischen, die eine über Generationen entstandene weitverzweigte Kooperation aufweisen oder in Formen traditioneller Herrschaft der alten Familien verhaftet sind, sich einen Status als »Etablierte« erhalten können. Im Gegensatz dazu ließ sich die abhängige Situation der »Außenseiter« gerade durch ein Fehlen von Kontrollchancen kennzeichnen. In der Siedlung, in der sie überwiegend lebten, konnten sich wegen der Heterogenität der Familien und ihrer kurzen Wohndauer nur lose geknüpfte soziale Strukturierungen herausbilden. Hinzu treten zahlreiche Stigmatisierungen. Über Klatsch, aber auch über viele andere Techniken können schwächere Gruppen als kriminell, unmoralisch, schmutzig, gefährlich usw. diskriminiert werden. Je mehr die ausländischen Bevölkerungsgruppen stigmatisiert werden, desto wahrscheinlicher wird die Herausbildung anomischer Spannungen, wobei gleichzeitig auf seiten der Migranten die Instrumente fehlen, um die dadurch ausgelösten Krisen zu meistern.

In der Untersuchung von Eichener (1988) stellte sich nun heraus, daß insbesondere die Zusammensetzung der Nachbarschaft in diesem Prozeß eine kritische Variable darstellt. Sie führt zwar nicht von sich aus zur Herausbildung sozialer Beziehungen, aber sie bildet ein spezifisches Interaktionspotential, das zusammen mit den materiellen Wohnumfeldstrukturen und bestimmten Kristallisationspunkten die Chance bietet, soziale Prozesse zu inszenieren, die die Entstehung anomischer Spannungen vermeiden helfen können. Insbesondere wird auf die Bedeutung einer ausländerspezifischen Infrastruktur (Lebensmittelgeschäfte, Gastronomie, Freizeiteinrichtungen, religiöse Einrichtungen u. ä.) hingewiesen (Eichener 1988, S. 186 ff.). Allerdings darf bezweifelt werden, ob die daraus abgeleitete Interpretation, daß eine stärkere stadtteilspezifische Identitätsbildung letztlich die Integration in die Gesamtgesellschaft erschwere, aufrechterhalten werden kann. Berücksichtigt man die Ergebnisse der übrigen vorliegenden Untersuchungen (siehe b), so halte ich diese Schlußfolgerung von Eichener für ungesichert. Möglicherweise geht es dabei auch um eine unterschiedliche Verwendung des Begriffs »Integration«. Wie der Hinweis auf die Lebensverhältnisse in Marseille gezeigt hat, sollte vielleicht besser von der Notwendigkeit einer *sozialen Inklusion* gesprochen werden, ein Anspruch, der etwas bescheidener ausfällt und daran ausgerichtet sein sollte, rechtliche Diskriminierungen und Ausgrenzungsprozesse zu vermeiden. So gesehen, können anomische Spannungen unter günstigen Bedingungen in Inklusionsprozesse überführt werden, ohne eine kulturelle Integration in die bundesrepublikanische Gesellschaft zu beanspruchen.

V. Verarbeitungsformen

In diesem letzten Abschnitt sollen die erkennbaren Verarbeitungsformen der Menschen innerhalb der stattfindenden Urbanisierungsprozesse in systematisierter Form zusammengefaßt werden. Dabei ist der Hinweis wichtig, daß in der Lebenspraxis eine deutlich erkennbare Aufeinanderfolge zwischen anomischem Erleben und der Entwicklung von Verarbeitungsformen nur in den seltensten Fällen diagnostizierbar ist. In der Regel werden anomische Elemente und dabei erlernte Verarbeitungsformen gemeinsam artikuliert. Dennoch ist es plausibel, eine analytische Trennung vorzunehmen und dabei die »coping forms« gesondert darzustellen.

Ich konzentriere mich im folgenden auf Verarbeitungsformen von anomischen Spannungen, wie sie für die städtischen Lebensverhältnisse kennzeichnend sind: als soziale Beziehungen im quartierlichen Milieu (a), als Mobilisierungsformen im Sinne veränderter Handlungsweisen (b) und als Formen der Aggressionen gegen Sachanlagen und Außenseitergruppen (c).

a) Namentlich in Abschnitt III ist bereits deutlich geworden, in welchem Maße einzelne Gruppen der städtischen Bevölkerung Bindungen bzw. Bezüge zu ihrem sozialräumlichen Milieu herausbilden. Trotz der verschiedentlich feststellbaren Auflösungserscheinungen bedeutet die Hinwendung zur eigenen Wohnumgebung, zum Quartier, zum sozialräumlichen Milieu den ständig zu erneuernden Versuch, auf diese Weise die anomischen Tendenzen des urbanisierten Lebens insgesamt aufzufangen und in einen überschaubaren Zusammenhang einzubinden. Gemeint sind hier solche Beziehungsmuster, die über die reine Privatisierung der Verarbeitungsformen hinausgreifen, also Nachbarschaften, Freundschaftskreise, Unterstützungsgruppen, Selbsthilfegruppen u. ä.

Die *Quartiersstrukturen* sind von zentraler Bedeutung für Gruppen, die in ihrer Lebensführung auf den Nahbereich angewiesen sind. Besonders wurde dies für Kinder und Senioren aufgezeigt. Auch wenn diese Quartiersbeziehungen selektiv sind (und in der Regel sein müssen), so bedeuten sie doch eine stabilisierende Zugehörigkeit über die eigene Haushaltsführung hinaus. Dabei spielen auch Nutzungsgewohnheiten eine wichtige Rolle, die die Funktion einer Wiedergewinnung von formalisierten Handlungsvollzügen übernehmen können.

In einer ausführlichen empirischen Untersuchung in Stadtteilen Hannovers wurde anhand verschiedener Formen der Situationsbewältigung rekonstruiert, daß das sozialräumliche Milieu einer Armutsbevölkerung als spürbare Ressource der Alltagsorganisation und der Lebensgestaltung dienen kann (Herlyn/Lakemann/Lettko 1991).

Bestandteil der Milieubeziehungen sind freilich auch immer Prozesse des *sozialen Ignorierens*. Die Vorstellung wäre falsch, die Bewohner eines Quartiers würden sämtliche anderen Menschen, die in ihrer näheren Umgebung leben, sozial wahrnehmen und akzeptieren. Das Muster der gesellschaftlichen Beziehungen ist statt dessen selektiv. Es kann im selben Stadtraum zu engen Milieubeziehungen bei gleichzeitiger Ignorierung anderer Bewohnergruppen kommen. Auch dies hat eine stabilisierende Wirkung.

b) Das Erleben anomischer Spannungen ist offensichtlich eine notwendige (freilich nicht hinreichende) Bedingung für Mobilisierungen. Die Erfahrungen seit Ende der sechziger Jahre in der alten Bundesrepublik zeigen, daß auf die Auflösungserscheinungen im gewohnten städtischen Lebenszusammenhang immer häufiger mit Formen von Bürgerprotest, Initiativgruppen, Stadtteilbewegungen, Hausbesetzungen und gezielten Kampagnen gegen Grundstücksspekulanten oder lokale Politik geantwortet wurde (Grottian/Nelles 1983, Roth 1990). Es ist nur ein kleiner Teil der städtischen Bevölkerung, der solche eher auffälligen und organisatorisch aufwendigen Handlungsformen wählen kann: Jüngere, mit relativ hohem Bildungsgrad, ohne einengende Bindung durch Vermögen oder berufliche Position.

Zur *Mobilisierung* als Antwort auf anomische Spannungen sind aber auch die eindeutig konformen Mittel zu rechnen. Dazu gehört das ganze Spektrum der lokal gebundenen Formen von Partizipation, die selbstorganisierten Formen der Wohlfahrtsproduktion im informellen Sektor sowie die Formen einer von unten entstehenden Kulturarbeit. Dazu rechne ich auch die Konkretisierungen, wie sie seitens der Frauenbewegung und der Ökologiebewegung bezüglich der städtischen Lebensbedingungen vorgenommen worden sind. All diese Aktivitäten hatten sich in der westlichen Bundesrepublik bis zur Mitte der achtziger Jahre spürbar ausdifferenziert und in ihrer gesamtgesellschaftlichen Wirkung durchaus bemerkbar gemacht – bis dann durch die aufkommende Krise des fordistischen Systems und anschließend die deutsche Vereinigung die Grundlagen derartiger Entwicklungen umfassend in Frage gestellt worden sind.

Nachhaltig richten sich punktuelle Mobilisierungsstrategien gegen Vorhaben aus dem Bereich der technischen Infrastruktur. Insbesondere Entsorgungsvorhaben und größere Projekte der Verkehrsplanung werden auf diese Weise abzuwehren versucht.

Mobilisierungseffekte können schließlich darin gesehen werden, daß Haushalte bestimmte verstädterte Zonen zu meiden bzw. zu verlassen versuchen, in denen sie anomische Diskrepanzen besonders deutlich zu erfahren glauben. Das bedeutet z. B., daß Anstrengungen unternommen werden, problematische Stadtviertel zu verlassen. Dieser Typus von Verarbeitungsformen ist jedoch nicht als wesentlich zu bezeichnen, da sich im allgemeinen die Auswirkungen anomischer Verhältnisse durch partielle Standortverlagerung nicht kompensieren lassen.

c) Eine für städtische Lebensverhältnisse typische Verarbeitungsform besteht in Aggressionen gegenüber städtischen Sachanlagen. Dazu gehören Ausstattungen im öffentlichen Stadtraum (Bänke, Beleuchtungskörper u. ä.), die halböffentlichen Teile größerer Wohngebäude oder gewerblicher Anlagen, die Park- und Grünanlagen sowie öffentliche Verkehrsmittel. Beschädigungen bzw. Zerstörungen solcher Anlagen werden üblicherweise (und vorschnell) mit dem Etikett »Vandalismus« belegt. Anscheinend reagieren v. a. Jugendliche und junge Erwachsene mit solchen Verarbeitungsformen auf anomische Zustände.

In einer umfangreichen empirischen Studie wurde dieses *Aggressionsverhalten* gegenüber städtischen Sachanlagen differenziert untersucht (Hennig/Keim/Schulz zur Wiesch 1984). Dabei ließen sich die ermittelten Befunde insbesondere in dreifacher Hinsicht interpretieren:

1. Gegenständliche Ordnungsverletzungen bedeuten oftmals eine Durchbrechung der erlernten Selbstzwänge. Wenn städtische Lebenssituationen als anomische Phasen zur Orientierungs- oder Integrationskrise junger Menschen beitragen, häufen sich konkrete Ereignisse, in denen die eigenen Selbstzwänge durchbrochen und Aggressionen gegenüber der vorfindlichen räumlichen Umwelt ausgedrückt werden.

2. In den Beschädigungen bzw. Zerstörungen kommt eine Mißachtung der Werte zum Ausdruck, die in solchen Anlagen materialisiert sind. Wer durch desolate Zustände im öffentlichen Stadtraum oder durch eine ständige Zerstörung baulicher Anlagen seitens der Eigentümer mit der Kurzlebigkeit öffentlicher Güter vertraut gemacht wird, neigt eher dazu, bei entsprechenden Gelegenheitsstrukturen eine Art von Wegwerf-Haltung an den Tag zu legen.

3. Beschädigungen bzw. Zerstörungen können in bestimmten Situationen auch als geeignetes Mittel betrachtet werden, um öffentliche Aufmerksamkeit zu erreichen und so gewisse Adressatenkreise zu beeinflussen. Gerade bei Jugendlichen, die sonst keine Partizipationsmöglichkeiten besitzen, bietet sich die Auswahl solcher Strategien geradezu an.

In einer Untersuchung über die angespannte Lebensweise in Neubausiedlungen gab es zusammenfassend folgende Einschätzung:

»Die individualisierende und anonymisierende Wohnumwelt der Neubausiedlungen mit den überwiegend vertikal in Hochhäusern gestapelten Wohnungen ist nun besonders ungeeignet für all die randständigen, ökonomisch wie sozial schwachen Gruppen, die auf die schützende Hülle eines Wohnquartiers angewiesen sind, in dem eine vertraute Solidarität alltäglich erfahren werden kann. Nicht selten äußert sich diese Unangepaßtheit der Wohnumwelt bei den Erwachsenen in resignativer Hinnahme des Unabänderlichen, während bei den Jugendlichen Aggressionen, Zerstörungswut, Vandalismus und Kriminalität häufig registrierte Antworten auf die sozialisationsfeindliche, ihre Möglichkeiten überfordernde räumliche Umwelt darstellen« (Bertels/Herlyn 1990, S. 195).

Aggressionen können sich aber auch gegen Außenseitergruppen richten. Das beginnt gegenwärtig bereits in den Schulen, von denen immer häufiger über Tätlichkeiten zwischen Schülern berichtet wird. Das setzt sich auf Spielplätzen, Discos und Sportanlagen fort. Vor allen Dingen sind aber Stadtteilsituationen zu erwähnen, in denen Bewohnergruppen mit höchst unterschiedlichen Lebensstilen auf engem Raum aufeinandertreffen. Hier reichen zusätzliche belastende situative Bedingungen, um Aggressionen gegen die jeweils anders orientierten Mitbewohner auszulösen. Das kann zwischen einer wohlhabenden kleinbürgerlichen Wohnbevölkerung und benachbarten jüngeren Wohngemeinschaften bzw. Haushalten in problematischen Lebenssituationen geschehen. Dazu gehören auch die Konflikte zwischen der einheimischen Wohnbevölkerung, die sich als etabliert begreift, und den zugezogenen ausländischen Familien, die nicht nur als Außenseiter, sondern auch als Eindringlinge empfunden werden.

Noch sind im europäischen Raum kaum solche Zuspitzungen zu erkennen, wie sie etwa von Detroit/USA berichtet werden (Unger 1995). Schwarze Angehörige bestimmter, als gefährlich eingestufter Stadtteile werden zunehmend pauschal als »Gewalttäter« etikettiert, unabhängig davon, was sie machen und an welchem konkreten Ort sie sich bewegen. Und wenn solche Stadtteile Eigenes (an Verhaltensstilen, an besonderen Räumlichkeiten u. ä.) beanspruchen, also die Differenz, die ohnedies typisch ist für die großstädtische Situation, geltend machen, scheinen sie rasch jede öffentliche Unterstützung zu verlieren.

Das Klima in der Bundesrepublik scheint sich in den letzten Jahren in der Weise verschärft zu haben, daß Aggressionen schneller und häufiger gegen Angehörige anderer ethnischer Herkunft gerichtet werden. Allerdings ist zu betonen, daß – soweit mir bekannt – keine empirischen Ergebnisse darüber vorliegen, inwieweit die Zunahme dieser Aggressionen etwas mit den erlebten anomischen Verhältnissen, die von den besonderen städtischen Lebensbedingungen geprägt sind, zu tun hat.

VI. Diskussion

Anomie bedeutet Auflösung, bedeutet Zerfall von Institutionen und ihrem Normengefüge. Was löst sich wirklich auf, was zerfällt konkret? Die hier zusammengefaßten Forschungsergebnisse zum Bereich Urbanisierung und Wohnen zeigen drei Ebenen anomischer Prozesse auf:

a) Das Bild der Stadt, das wir seit langem in uns tragen, löst sich auf; wir lernen zu begreifen, daß die räumliche Dichte nicht gleichzusetzen ist mit Einheitlichkeit und Gemeinwesen, daß der überschaubare Ort an Bindekraft eingebüßt hat.

b) Das räumliche Substrat, der gestaltete, sinnvoll genutzte öffentliche Raum, löst sich auf; er entgleitet vielen Bewohnern, weil er unwirtlich und belastend wirkt und keine ablesbare Identität mehr besitzt.

c) Die sozialräumlichen Milieus in den Städten lösen sich auf; Individualisierung und Rückzug in die Privatsphäre wachsen an, auch wenn vereinzelt gruppenspezifische oder ethnische Abschirmungen Milieucharakter aufweisen.

Diese Ergebnisse lassen es gerechtfertigt erscheinen, eine Reformulierung des Anomiekonzepts unter den städtischen Lebensbedingungen des ausgehenden Jahrhunderts zu versuchen. Doch ist die Diagnose mit Hilfe des Anomiekonzepts hinreichend? Gewiß müßte sie der Gefahr entgegenwirken, beim Starren auf die Zerfallsprozesse alle anderen, möglicherweise gegenläufigen Tendenzen zu ignorieren. Denn selbstverständlich ereignen sich im städtischen Leben derzeit auch sozialräumliche Restrukturierungen, die vielleicht neue Ansatzpunkte für urbane Institutionalisierungen – auf anderem Niveau, in Zwischenstadien – bilden könnten. Ich möchte jedoch zwei generelle Überlegungen zur Diskussion stellen, die eine Weiterführung des anomietheoretischen Diskurses nahelegen.

In einem grundsätzlichen Beitrag zum Thema »Stadt« betont Alain Touraine neuerdings (Touraine 1996) v. a. das Merkmal der gesellschaftlichen Trennung, der *Entzweiung* in den beiden zentralen menschlichen Erfahrungsbereichen: der Welt des Austauschs (heute globalisiert, warenförmig, individualisiert) und der Welt der Gemeinschaften (heute privatisiert, mit neuer kollektiver Identitätssuche und Historisierung). Durch das Auseinanderdriften dieser beiden Erfahrungsbereiche sei auch der – für uns bisher selbstverständliche – politische, städtische Raum verschwunden. Wir scheinen uns, so Touraine, auf eine Welt zuzubewegen, in der die voneinander abgespaltenen Teile im »städtischen« Territorium nur noch zusammengehalten werden durch unsoziale Austauschmittel (z. B. Autobahnen) oder durch unsoziale Identitätsdemonstration (z. B. Gewalt und Rassismus). Da auf diese Weise städtische Institutionen ausgehöhlt werden – also auch Normen verschwinden –, gebe es nur noch eine Instanz, die wenigstens partiell zu sozialer Integration beitragen kann: das Individuum.

»Man muß ganz klar sagen, daß die Verbindung zwischen der offenen Welt der Wirtschaft und der bruchstückhaften und geschlossenen Welt der kulturellen Identitäten nur auf der Ebene des individuellen Lebens hergestellt werden kann« (ebd., S. 27 f.).

Damit aber verlagert sich – einmal von der Preisgabe des relationalen Charakters der Stadt abgesehen – die Aufgabe, mit polarisierenden, trennenden »Welten« unter gleichzeitig neuen anomischen Tendenzen fertig zu werden, in die einzelne Persönlichkeit; sie führt dort zweifellos zu einer Überforderung.

Solche Aspekte halte ich auch für die Zukunft der ostdeutschen Städte für bedenkenswert, selbst wenn dort zur Zeit noch einheitlichere Bedingungen vorzuherrschen scheinen. Sie sind insgesamt für die künftige Ausrichtung der Stadtplanung, der Architektursymbolik, der Stadtpolitik, des Wohnungswesens von erheblicher Bedeutung. Denn bloße physisch-technische Programme zur vermeintlichen Reintegration der Städte greifen viel zu kurz, sind trotz Glamour und Imagepflege rückwärtsgewandt und führen womöglich zu einer selektiven Absicherung der ohnedies Privilegierten zu Lasten »abgehängter« Bevölkerungsgruppen.

Eine zweite Überlegung möchte ich anschließen. In der philosophischen und soziologischen Diskussion über die sog. Postmoderne ist, läßt man unterschiedliche Akzentuierungen außer Betracht, herausgearbeitet worden, daß die gegenwärtigen hochentwickelten Gesellschaften mehr und mehr durch eine *Pluralität* von Wertvorstellungen, Lebensstilen und Interessenlagen zu kennzeichnen sind; der gemeinsame Bezug auf eine konsensfähige gesellschaftliche Grundidee oder auf breit geteilte Leitbilder ist nicht mehr einlösbar. Folgt man dieser Linie, die ich für berechtigt halte, so können die Prozesse der Urbanisierung insgesamt – hier berührt sich das Argument mit Touraines Betrachtung – als Ausdruck der zerbrochenen Ganzheit (die es womöglich so nie gegeben hat), als Ausformung heterogener Pluralität verstanden werden. Die grundlegende Frage ist offenbar, wie dann solche mit der aktuellen Moderne einhergehenden Umstrukturierungen von den Menschen und von den Institutionen wahrgenommen und in Handeln umgesetzt werden.

Dies führt zu einer Überlegung, die gleichzeitig eine erste Differenzierung zu Touraines These ermöglicht, nur »auf der Ebene der Erfahrungen des individuellen Lebens« lasse sich eine neuartige Integration herstellen. Die Art und Weise, das Vermögen, wie die in urbanisierten Gesellschaften lebenden Menschen dies verkraften, definieren, aufnehmen können, variiert anscheinend beträchtlich. Es gibt die von Luhmann schon vor zwanzig Jahren so etikettierten »versierten Stadtbewohner«, die eine strukturelle Pluralität intellektuell aufgreifen und daraus eine positive Erweiterung ihrer Lebenschancen zu gewinnen vermögen. Es gibt, graduell abgestuft, viele andere Kategorien von Stadtmenschen, denen dies sehr schwer fällt und denen die konstruktive Umdeutung nicht oder nur schwach gelingt.

Vor diesem Hintergrund erhält der Versuch, das Anomiekonzept neu zu aktivieren, eine *ambivalente Bedeutung.* Seine Anwendung auf Urbanisierungsprozesse ist nämlich nicht neutral. Anomische Spannungen, wie sie hier zusammenfassend dargestellt worden sind, signalisieren unterschiedliche gesellschaftliche Zustände, je nachdem, welche gesellschaftstheoretische Perspektive angelegt wird. Zum einen verdeutlichen sie gewiß die vielfältigen Formen des tendenziellen Strukturzerfalls wie der relativen Deprivation, aus denen eine »Anfälligkeit« für anomische Diskrepanzen resultiert; das ergibt sich aus einer wohlfahrtstheoretischen Sicht. Zum anderen verkörpern die hier als tendenziell anomisch charakterisierten Verhältnisse aber auch eine strukturell angelegte Unfähigkeit, auf die – im konstruktiven Sinne – postmodernen Umbrüche angemessen und zukunftsorientiert zu reagieren; das folgt aus der kulturtheoretischen Sicht des Moderne-Postmoderne-Diskurses. Auch diese Perspektive gilt es in ihren sozialtheoretischen Konsequenzen zu bedenken, bevor die versammelten Ergebnisse zu den anomischen Tendenzen in Handlungsvorschläge umgemünzt werden sollen.

Der Blick auf geeignete »Verarbeitungsformen« von Anomie wäre dann keineswegs mehr ausreichend. Im besten Fall wächst wieder die Chance zu einer (neuen) Normgenese, zu (neuen) vertraglichen Ausgestaltungen und zu einer (neuen) Er-Findung von offenen, modernen, gleichwohl sozial strukturierten Gemeinwesen.

Literatur

Atteslander, P.: *Kulturelle Eigenentwicklung*, Frankfurt/New York 1993.

Bahrdt, H.-P.: *Umwelterfahrung*, München 1974.

Beck, U.: *Jenseits von Klasse und Stand?*, in: Kreckel, R. (Hg.): *Soziale Ungleichheiten, Soziale Welt*, Sonderband 2 (1983).

Bertels, L.: *Gemeinschaftsformen in der modernen Stadt*, Opladen 1990.

Bertels, L./Herlyn U. (Hg.): *Lebenslauf und Raumerfahrung*, Opladen 1990.

Coleman, J.: *Community Disorganization and Urban Problems*, in: Merton, R./Nisbet R. (eds.): *Contemporary Social Problems*, New York 1976, S. 559-601.

Durkheim, É.: *Der Selbstmord*, Neuwied/Berlin 1973.

Eichener, V.: *Ausländer im Wohnbereich*, Regensburg 1988.

Elias, N./Scotson, J.: *The Established and the Outsiders*, London 1965.

zum Felde, W./Alisch, M.: *Zur Bedeutung des Raumes für Lebensbedingungen und Lebensstile von Bewohnern innenstadtnaher Nachbarschaften in Hamburg*, in: Hradil, S. (Hg.): *Zwischen Bewußtsein und Sein*, Opladen 1992, S. 173-194.

Frehsee, D.: *Strukturbedingungen urbaner Kriminalität*, Göttingen 1978.

Fried, M.: *Trauer um ein verlorenes Zuhause*, in: *Sanierung für wen?*, Berlin 1971, S. 84-103.

Friedrichs, J.: *Interethnische Beziehungen und städtische Strukturen*, in: Esser, H./Friedrichs, J. (Hg.): *Generation und Identität*, Opladen 1990, S. 305-323.

Giesen, B./Leggewie, C.: *Die deutsche Vereinigung als sozialer Großversuch*, in: *Frankfurter Rundschau*, 9. 10. 1990, S. 13.

Glasauer, H.: *Städtische Verkehrsbelastung und die Betroffenheit der sozialen Schichten*, in: *Internationales Verkehrswesen* 43 (1991), S. 37-42.

Grottian, P./Nelles, W. (Hg.): *Großstadt und neue soziale Bewegungen*, Basel u. a. 1983.

Häfner, H. (Hg.): *Psychiatrische Epidemiologie. Geschichte, Einführung und ausgewählte Forschungsergebnisse*, Berlin/New York 1981.

Hauff, V. (Hg.): *Stadt und Lebensstil*, Weinheim/Basel 1988.

Heckmann, F.: *Die Bundesrepublik: ein Einwanderungsland*, Stuttgart 1981.

Hennig, U./Keim, K.-D./Schulz zur Wiesch, J.: *Spuren der Mißachtung*, Frankfurt/New York 1984.

Herlyn, U.: *Leben in der Stadt*, Opladen 1990.

Herlyn, U./Lakemann, U./Lettko, B.: *Armut und Milieu*, Basel u. a. 1991.

Herlyn, U./Hunger, B. (Hg.): *Ostdeutsche Wohnmilieus im Wandel*, Basel u. a. 1994.

Herlyn, U./Bertels, L. (Hg.): *Stadt im Umbruch*, Opladen 1994.

Hoffmann-Axthelm, D.: *Die dritte Stadt*, Frankfurt/M. 1993.

Hoffmann-Nowotny, H.-J.: *Soziologie des Fremdarbeiterproblems*, Stuttgart 1973.

Hoffmeyer-Zlotnik, J. (Hg.): *Segregation und Integration. Die Situation von Arbeitsmigranten im Aufnahmeland*, Berlin 1986.

Hradil, S.: *Sozialstrukturanalyse in einer fortgeschrittenen Gesellschaft*, Opladen 1987.

Hradil, S.: *Postmoderne Sozialstruktur? Zur empirischen Relevanz einer »modernen« Theorie sozialen Wandels*, in: Berger, P./Hradil, S. (Hg.): *Lebenslagen, Lebensläufe, Lebensstile*, in: *Soziale Welt*, Sonderband 7 (1990), S. 125-150.

Iben, G.: *Zur Definition von Armut*, in: Wohlfahrtswerk für Baden-Württemberg (Hg.): *Armutsbericht des Paritätischen Wohlfahrtsverbandes für die Bundesrepublik Deutschland*, in: *Blätter der Wohlfahrtspflege* 11/12 (1989).

Jacob, J.: *Kinder in der Stadt*, Pfaffenweiler 1987.

Johnson, E.: *Social Problems of Urban Man*, Homewood 1973.

Keim, K.-D.: *Milieu in der Stadt*, Stuttgart u. a. 1979.

Keim, K.-D.: *Stadtstruktur und alltägliche Gewalt*, Fallstudie Wolfsburg-Westhagen, Frankfurt/New York 1981.

Keim, K.-D.: *Stadtstruktur und soziale Probleme. Zur Problematik städtischer Gewalt am Beispiel neuer Wohngebiete*, in: Vaskovics, L. (Hg.): *Raumbezogenheit sozialer Probleme*, Opladen 1982, S. 228-249.

Keim, K.-D.: *Macht, Gewalt und Verstädterung*, München 1985.

Keim, K.-D./Grymer H.: *Herausforderungen der lokalen Politikarena im Jahrzehnt des Umbruchs*, in: Ders. (Hg.): *Aufbruch der Städte*, Berlin 1995, S. 13-56.

Knorr-Siedow, T.: *Ansätze einer sozialen Stadt- und Quartiersentwicklungsplanung*, in: Keim, K.-D. (Hg.): *Aufbruch der Städte*, Berlin 1995, S. 127-156.

Lefèbvre, H.: *Reflections on the Politics of Space*, in: Peet, R. (ed.): *Radical Geography*, Chicago 1977, S. 339-352.

Peraldi, M.: *Mythos Marseille: Kosmopolitische Vielvölkerstadt oder maghrebinische Enklave?*, in: *Stadtbauwelt* 118 (1993), S. 1323-1332.

Reich, D.: *Verbaute Städte – weiblicher Blick auf Wohnen und Planen*, in: Keim, K.-D. (Hg.): *Arbeit an der Stadt*, Bielefeld 1989, S. 116-136.

Roth, R.: *Stadtentwicklung und soziale Bewegungen in der Bundesrepublik*, in: Borst, R. u. a. (Hg.): *Das neue Gesicht der Städte*, Basel u. a. 1990, S. 209-234.

Schreyögg, F.: *Tatorte. Orte der Gewalt im öffentlichen Raum*, in: *Bauwelt* 6 (1989), S. 196-209.

Schulz-Hageleit, P.: *Lieber instandbesetzen als kaputtbesitzen*, Berlin 1981.

Schulze, G.: *Die Erlebnisgesellschaft*, Frankfurt/New York 1993.

Schwind, H. D./Ahlborn, W./Weiss, R.: *Empirische Kriminalgeographie*, Wiesbaden 1978.

Sennett, R.: *Verfall und Ende des öffentlichen Lebens*, Frankfurt/M.
1983.

Siemonsen, K./Zauke, G.: *Sicherheit im öffentlichen Raum*, Zürich 1991.

Specht, Th.: *Spaltung im Wohnungsmarkt – Die unsichtbare Armut des Wohnens*, in: Döring, D. u. a. (Hg.): *Armut im Wohlstand*, Frankfurt/M.
1990.

Tessin, W.: *Stadtentwicklung und sozialer Wandel*, in: *Zukunft Stadt 2000*, Stuttgart 1993.

Touraine, A.: *Die Stadt – Ein überholter Entwurf?*, in: *Demokratische Gemeinde* (Sonderheft), März 1996, S. 18-32.

Treibel, A.: *Migration in modernen Gesellschaften*, Weinheim/München
1990.

Unger, F.: *»Wie Detroit, so das ganze Land«*, in: *Bauwelt* 36 (1995), S. 1986-2003.

Vester, M.: *Das Janusgesicht sozialer Modernisierung*, in: *Aus Politik und Zeitgeschichte*, Juni 1993, S. 3-19.

Welz, R.: *Räumliche Verteilung von Selbstmordversuchen in einer städtischen Region. Forschungsartefakte, Aggregierungseffekte und Clusterbildung*, in: Vaskovics, L. (Hg.): *Raumbezogenheit sozialer Probleme*, Opladen 1982, S. 250-272.

Wouters, C.: *Informalisierung und der Prozeß der Zivilisation*, In: Gleichmann, P./Goudsblom, J./Korte, H. (Hg.): *Materialien zu Norbert Elias' Zivilisationstheorie*, Frankfurt/M. 1979, S. 279-298.

Zapf, K.: *Lebensphasen, Lebensstile und Stadtstrukturen*, in: Wildenmann, R. (Hg.): *Stadt, Kultur, Natur. Chancen zukünftiger Lebensgestaltung*, Baden-Baden 1989, S. 466-475.

Rüdiger Peuckert
Die Destabilisierung der Familie

Der Beitrag befaßt sich mit den im Gefolge gesellschaftlicher Modernisierungsprozesse auftretenden anomischen Tendenzen im Bereich von Ehe, Familie und Partnerschaft in West- und Ostdeutschland. Der erste Abschnitt beschreibt den theoretischen Bezugsrahmen der Studie: den Prozeß der gesellschaftlichen Modernisierung und Individualisierung. Anschließend wird die Pluralisierung der Lebensformen unter dem Aspekt betrachtet, welche Ambivalenzen, Unsicherheiten und Belastungen hiermit verbunden sind. Der dritte Abschnitt analysiert die zunehmende Instabilität moderner Paarbeziehungen, der vierte die Individualisierung des weiblichen Lebenszusammenhangs unter besonderer Berücksichtigung anomischer Aspekte. Abschließend werden die Auswirkungen der familialen Desintegrationsprozesse auf die Sozialisation und Persönlichkeitsentwicklung der Kinder und Jugendlichen untersucht.

1. Gesellschaftliche Modernisierung, Familie und Anomie: der theoretische Bezugsrahmen

Der Prozeß der gesellschaftlichen Modernisierung, der sich in den letzten Jahrzehnten in der Bundesrepublik beschleunigt und eine neue Qualität gewonnen hat, muß als die entscheidende makrostrukturelle Bedingung für die verstärkt auftretenden Erosions- und Anomietendenzen im Bereich der privaten Lebensführung angesehen werden (vgl. z.B. Beck 1986, Beck/Beck-Gernsheim 1993). In der vormodernen Gesellschaft wurde das Leben der Menschen durch eine Vielzahl traditioneller lokaler, familialer, ständischer und religiöser Bindungen bestimmt. Ein zentrales Moment des Übergangs in die Moderne ist, als Folge der Ausbreitung rechtlich freier Lohnarbeit, der Durchsetzung bürgerlicher Grundrechte, der Ausweitung des Bildungssystems und vielem anderen mehr, die Freisetzung der Individuen aus diesen Bindungen.

Spätestens mit Beginn der sechziger Jahre dieses Jahrhunderts hat in der Bundesrepublik eine zweite Stufe gesellschaftlicher Modernisierung und Individualisierung eingesetzt. Vor dem Hintergrund der Herausbildung des modernen Sozialstaats und der Wohlstandsgesellschaft hat sich ein Individualisierungsprozeß von bislang unerkannter Reichweite und Dynamik vollzogen,

»ein historisch spezifischer ›Individualisierungsschub‹, in dessen Verlauf auf dem Hintergrund eines relativ hohen materiellen Lebensstandards und weit vorangetriebener sozialer Sicherheiten durch die Erweiterung von Bildungschancen, durch Mobilitätsprozesse, Ausdehnung von Konkurrenzbeziehungen, Verrechtlichung der Arbeitsbeziehungen, Verkürzung der Erwerbsarbeit (...) die Menschen in einem historischen Kontinuitätsbruch aus traditionellen Bindungen und Versorgungsbezügen herausgelöst und auf sich selbst und ihr individuelles ›(Arbeitsmarkt)Schicksal‹ mit allen Risiken, Chancen und Widersprüchen verwiesen wurden und werden« (Beck 1983, S. 40f.).

Besonders die starken Einkommensverbesserungen und die Ausweitung der schulischen und beruflichen Qualifizierung haben in den sechziger und siebziger Jahren die Tendenz zur Individualisierung der Lebenslagen und Lebenswege beschleunigt. Die Individuen wurden aus traditionellen Werten, Normen und Biographiemustern freigesetzt, wurden verstärkt Handlungszentrum ihrer eigenen individuell gestalteten Lebensführung. *Individualisierung* bezeichnet dabei den Prozeß der Herausbildung von Fähigkeit, Freiheit und Notwendigkeit zur eigenen Entscheidung für alle Subjekte (Burkart/Kohli 1989, S. 407). Dieser Prozeß greift bis in die intimsten Bindungen der Menschen hinein und begünstigt Verunsicherungen, Vereinzelungserfahrungen und Anomie.

Die seit Mitte der sechziger Jahre belegbaren Auflösungstendenzen von Ehe, Familie und Partnerschaft (vgl. Abschnitte 2 bis 4) sind dabei ganz wesentlich dadurch bestimmt, daß der Individualisierungsprozeß auch auf den *weiblichen Lebenslauf* übergegriffen hat. Der Wandel der gesellschaftlichen Rolle der Frau, ihre (zumindest partielle) Herauslösung aus der Einbindung in die Familie – allgemein: die Individualisierung des weiblichen Lebenslaufs –, spielt eine herausragende Rolle für die gegenwärtig zu beobachtende Veränderungsdynamik der familialen Verhältnisse, denn die einstige relative Stabilität von Ehe und Familie beruhte im wesentlichen auf der Abhängigkeit der Frauen von der Erwerbstätigkeit des Mannes und dem Fehlen von Alternativen, die ihnen ein vergleichbares Maß an Sicherheit jenseits der Ehe gewährleistet hätten. Zu den zentralen Elementen, die diesen Individualisierungsschub in den weiblichen Lebenszusammenhang hineingetragen und die Bewußtseins- und Persönlichkeitsstrukturen der modernen Frauengeneration geprägt haben, gehören die verbesserten Planungsmöglichkeiten der Schwangerschaft, eine sich ändernde öffentliche Einstellung zur Sexualität der Frau, der intellektuell-moralische Aufbruch der Studenten- und Frauenbewegung sowie v. a. die revolutionäre Angleichung der Bildungschancen und der stark gestiegene Anteil qualifizierter Berufsarbeit unter jungen Frauen. Die Ursachen für die Veränderungen des weiblichen Lebenslaufs gingen dabei ganz überwiegend von der Wirtschaft und vom Staat und deren Interesse an Frauen als Arbeitskräften aus. Neben den Bedürfnissen des Arbeitsmarktes war es die staatliche Bildungspolitik, die die Qualifizierung und damit die wachsende Selbständigkeit der Frauen vorantrieb.

Für den Bereich von Ehe, Familie und Partnerschaft bedeutet die aufgrund der Ausweitung der Bildungschancen, Arbeitsmöglichkeiten, der wachsenden Mobilität, Medien- und Konsumvielfalt bewirkte *Optionserweiterung*, daß angesichts des Übermaßes an Möglichkeiten jede einzelne Option – also auch das Sich-Festlegen auf Ehe und Elternschaft – vergleichsweise weniger wertvoll ist. Besonders Ehe und Elternschaft als *langfristige biographische Festlegungen* beinhalten einen Verzicht auf mögliche Alternativen. Die Optionserweiterung, die Kaufmann (1990) als das wesentliche Konzept ansieht, um die Zusammenhänge zwischen den gesamtgesellschaftlichen Veränderungen und den Neuerungen, welche die Familie betreffen, auf einen kleinen gemeinsamen Nenner zu bringen, impliziert eben nicht nur einen Zuwachs an Chancen, einen Zugewinn an Freiheit, sondern gleichzeitig auch ein immer unüberschaubareres Angebot, ein Übermaß an Möglichkeiten. Der damit verbundene Zwang zum Auswählen und zur Entscheidungsfindung prägt immer mehr das Bewußtsein der Individuen und führt leicht zu einem Infragestellen von Verbindlichkeiten, die als Restriktion der eigenen Wahlmöglichkeiten erfahren werden.

Die Optionserweiterung bewirkt eine *normative Erosion* von Ehe und Familie. Ehe und Elternschaft gelten nicht mehr als selbstverständliche Lebensperspektiven, sondern avancieren zum Gegenstand freier Wahl und individueller Entscheidung. Die alte Gleichung »wenn Liebe, dann Ehe, dann Elternschaft«, die das bürgerliche Familienmodell kennzeichnet, hat sich entkoppelt. Das früher selbstverständliche Modell einer »Familienkarriere« weicht damit der Möglichkeit sukzessiver Wahlentscheidungen und bewirkt eine Pluralisierung der Lebensformen. Strukturelle und kulturelle Erweiterung der Wahlmöglichkeiten wirken somit zusammen und tragen nachhaltig zur sogenannten Individualisierung der Lebensverhältnisse bei.

Freisetzungsprozesse haben immer ein *Doppelgesicht*, zeichnen sich durch Widersprüche und Ambivalenzen aus. Die Herauslösung aus traditionellen Lebenszusammenhängen erhöht einerseits die Autonomie, Selbstbestimmungsmöglichkeiten, Handlungsspielräume und Wahlmöglichkeiten. Der Lebenslauf wird offener, individuell gestaltbarer. Andererseits führt Freisetzung auch zum Geltungsverlust der Sicherheit und Handlungswissen garantierenden Normen. Der einzelne wird in eine Privatsphäre entlassen, deren institutionelle Ungeregeltheit subjektiv häufig als Leere und Orientierungslosigkeit erlebt wird. Gleichzeitig treten als Folge wachsender Handlungsspielräume die unter dem Begriff der Anomie geläufigen Probleme der Entscheidungsselektion und Identitätsgewinnung auf. Das Subjekt sieht sich mit einer Vielzahl konkurrierender Orientierungsmuster in der biographischen Abfolge konfrontiert, die in einen sinnhaften Lebensentwurf integriert werden müssen (Lau 1988, Weymann 1989). Man kann nicht nur unter mehr Optionen wählen, man muß es auch. Es besteht nicht nur die Chance, sondern auch ein Zwang zu einer stärker individualisierten Lebensführung. Der einzelne ist also zunehmend auf sich selbst verwiesen und muß zugleich *neue Widersprüche, Unfreiheiten und Zwänge* hinnehmen. Im selben Augenblick, da er sich tendenziell als eigenständige Person entwickeln und behaupten muß, wird er in ein neues System von Abhängigkeiten eingebunden. Die freigesetzten Individuen werden arbeitsmarktabhängig und damit bildungsabhängig, konsumabhängig, abhängig von sozialrechtlichen Regelungen und Versorgungen (Beck 1986). Bezogen auf die Privatsphäre bedeutet dies: Während zu Beginn des Modernisierungsprozesses die Individualisierung zu einer standardisierten Normalbiographie führte, findet nun eine Entstandardisierung statt (Kohli 1990). An die Stelle nicht hinterfragter kollektiv verbindlicher Leitbilder und Handlungsmuster treten unverbindliche Lebenskonstruktionen. Mann und Frau können sich gleichermaßen immer weniger an einer um das klassische Familienmodell zentrierten Normalbiographie orientieren. Die Definition der privaten Lebenskarriere wird vielmehr eine Entscheidung bzw. eine Entscheidungszumutung. Wer dem Individualisierungsprozeß ausgesetzt ist, befindet sich in einem subjektiven Dilemma: er bewegt sich zwischen den Polen Autonomie und Anomie.

Die aufgezeigten gesellschaftlichen Veränderungen werden von einem Wandel der *Wertorientierungen* begleitet (Meyer 1992). Dieser läßt sich schon seit den fünfziger Jahren nachweisen, hat aber in den beiden darauffolgenden Jahrzehnten eine schubartige Beschleunigung erfahren (Klages 1984, 1988). Eine tendenzielle Rangverminderung haben die traditionellen Pflicht- und Akzeptanzwerte erfahren; an Bedeutung gewonnen haben Selbstentfaltungswerte wie die Betonung von Unabhängigkeit, Gleichbehandlung und Selbstverwirklichung. Kennzeichnend für die Wertwandlungsprozesse sind ihre Widersprüchlichkeit und die Vermischung von alten und neuen Wertvorstellungen (Herbert 1988), in deren Folge sich ein zunehmend heterogenes und diffuses instabiles System von (teilweise konkurrierenden) Normen und Werten herausbildet (Hoffmann-Nowotny 1995).

Da die das Verhalten steuernden modernen Werte inhaltlich kaum festgelegt sind, müssen sie vom einzelnen jeweils situations- und kontextabhängig interpretiert werden. Mit ihrem inhaltlichen Wandel geht also zwangsläufig eine Individualisierung des Umgangs mit Wertorientierungen einher. Die Gestaltung wird damit immer mehr in den freien Entscheidungsraum des einzelnen gestellt, wobei Reflexions- und Selbststeuerungsprozesse auch aufgrund der Bildungsexpansion an Bedeutung gewonnen haben. Der Wertewandel äußert sich u. a., wie noch gezeigt wird, in dem Anspruch, Sozialbeziehungen stärker nach eigenen Gesichtspunkten zu gestalten, sowie in einer wachsenden Instabilität von Paarbeziehungen.

Anders stellt sich die Situation in den neuen Bundesländern dar. Kennzeichnend für die DDR-Normalität waren soziale Sicherheit und Planbarkeit des Lebens über große Zeiträume hinweg. Erst in den achtziger Jahren haben erste Pluralisierungs- und Individualisierungstendenzen stattgefunden, die mit der Vereinigung eine drastische Beschleunigung erfahren haben. Wo früher der Staat oder andere Institutionen Wege ebneten oder vorschrieben, ist man nun immer mehr auf sich selbst gestellt. Vom einzelnen wird erwartet und verlangt, selbst Initiative zu ergreifen, sich immer wieder neuen Anforderungen zu stellen, z. B. was die Planung des eigenen Berufsweges betrifft (Bertram 1995).

Exkurs: Modernisierung, Anomie und Gewalt in der Familie

Die einzige Studie, in der untersucht wird, wie die gesellschaftliche Modernisierung und der sie begleitende soziale Wertewandel bestimmte Formen von Devianz begünstigen, stammt von Wahl (1990) und befaßt sich mit dem Phänomen »Gewalt in Familien«. Die zentrale These lautet, daß das im Gefolge der Modernisierung propagierte Menschenbild des autonomen, kompetenten und erfolgreichen Individuums immer häufiger zu Enttäuschungen und einem negativen Selbstbild bei denjenigen Personen führt, die diesem Ideal nicht entsprechen können. Die daraus resultierenden Frustrationen entladen sich leicht in Gewalttätigkeit. Charakteristisch für moderne Individuen ist, daß sie die Ansprüche des »Mythos der Moderne« internalisiert haben, ihnen aber aus unterschiedlichen Gründen nicht genügen können. Die auftretende Anomie – interpretiert als Werte-Realisierungs-Diskrepanz – schlägt sich in Form von Mißerfolgserlebnissen und Beschädigungen des Selbstbewußtseins nieder und manifestiert sich in verschiedenen Formen innerfamilialer Gewaltausübung.

Wahl überprüft diese Annahmen anhand einer qualitativen Studie von 23 Personen, von denen etwa die Hälfte wegen Gewalttätigkeiten gegen Kinder aufgefallen war (Klienten/innen des Kinderschutzes). Das zentrale theoretische Konstrukt ist das »Selbstbewußtsein«. Insgesamt haben die Klienten des Kinderschutzes über weite Dimensionen hinweg ein weniger günstiges (bzw. ein beschädigtes) Selbstbewußtsein als die Angehörigen der Kontrollgruppe. Sie sind generell unzufriedener und weniger selbstsicher, halten sich eher für befangen, fühlen sich einsam, weniger anerkannt. Das Leben kommt ihnen sinnloser vor. Die Ursachen für das lädierte Selbstbewußtsein ortet Wahl in dem Modernisierungsprozeß, genauer: in dem Maße, in dem die Hoffnungen der Individuen und deren Realisierung auseinanderklaffen. An der Spitze der modernen Werte standen nach Angaben der Befragten Wünsche, die um die Familie, die Partnerbeziehung und um die Kinder kreisen, gefolgt von Werten, die sich auf materielle Sicherheit und Sinnerfüllung in der Arbeit beziehen, und Werten, die die persönliche Autonomie und Individualität betonen. Insgesamt besteht ein beachtliches Mißverhältnis zwischen den Erwartungen und deren Verwirklichung. Besonders der Bereich familienbezogener Werte-Realisierungs-Diskrepanzen zeitigte unverkennbare Zusammenhänge. Wer wenig Diskrepanzen beklagte, wies häufiger ein positives ich-bezogenes Selbstkonzept auf. Die Klienten des Kinderschutzes zeigten einen höheren Anomiedruck und unterschieden sich in bezug auf ihr Selbstkonzept (sie fühlten sich u. a. weniger akzeptiert) deutlich von den Angehörigen der Kontrollgruppe. Wesentliche Verheißungen des modernen Menschenbildes des selbstbewußten, autonomen, erfolgreichen Individuums sind ihrer Meinung nach nicht eingelöst, wichtige Voraussetzungen für die Entwicklung eines positiven Selbstbewußtseins fehlen. Dabei steht die Ausprägung des Selbstwertgefühls in einer direkten Beziehung zu verschiedenen Formen familialer Gewaltausübung (Gewalt gegen den Partner bzw. die Partnerin und gegen die Kinder). Beschädigtes Selbstbewußtsein äußert sich häufig in Angriffen auf Familienangehörige. Es kann sich aber auch in psychosomatischen Reaktionsbildungen, Depressionen, Aggressionen gegen sich selbst oder gegen Fremde niederschlagen.

2. Pluralisierung und Individualisierung der Lebensformen

Zunächst wird der Stellenwert von Ehe und Familie in der Bundesrepublik und in der ehemaligen DDR bzw. in den neuen Bundesländern beschrieben, also der Frage nachgegangen, ob tatsächlich von einer Krise von Ehe und Familie gesprochen werden kann. Das Fazit dieser Untersuchung lautet, daß sich in der Bundesrepublik neben der modernen Kleinfamilie als einem zunehmend kindorientierten Privatheitssystem zwei neue Systeme – ein individualistisches und ein partnerzentriertes System – herauskristallisiert haben, die jeweils auf zentrale Funktionen hin spezialisiert und für die Betroffenen mit Unsicherheiten und Ambivalenzen behaftet sind. In der ehemaligen DDR setzte der soziale Wandel der Familie hingegen sehr viel später ein. Bis in die achtziger Jahre war die Normalbiographie gekennzeichnet durch die relative Gleichzeitigkeit von Ablösung von der Herkunftsfamilie, Aufnahme einer festen Partnerschaft, frühe Familiengründung und Berufseinmündung (Schneider u. a. 1995).

Die in den sechziger Jahren in der Bundesrepublik einsetzende Krise von Ehe und Normalfamilie (verstanden als kernfamilialer Haushalt eines Ehepaares mit seinen leiblichen Kindern) läßt sich an folgenden Indikatoren ablesen:
– der Entwicklung der demographischen Merkmale (Geburten, Heiraten, Scheidungen),
– der Abnahme der normativen Verbindlichkeit des bürgerlichen Familienmusters,
– der zunehmenden Pluralisierung und Individualisierung der Lebensformen.

Die *Krise der Institution Ehe* zeigt sich an der rückläufigen Zahl der Eheschließungen und der allgemeinen Eheschließungsziffer (= Eheschließungen je 1 000 Einwohner). In der Bundesrepublik ging die Zahl der (Erst-)Heiraten von 531 000 im Jahre 1962 auf 328 000 im Jahre 1978 zurück und liegt 1995 bei 376 000. Entsprechend sank die Eheschließungsziffer von 9,4 (1960) auf 5,7 (1995) (vgl. Tabelle 1). Seit den achtziger Jahren flaut nur noch die Heiratsneigung junger Menschen weiter ab. Im Hinblick auf die künftige Entwicklung ist zu bedenken, daß in Zukunft die schwächer besetzten Geburtenjahrgänge ab Mitte der sechziger Jahre in das heiratsintensive Alter aufrücken, so daß – bei gleichbleibender Heiratsneigung – die Eheschließungszahlen junger Menschen weiter abnehmen werden. Schätzungen nach zu urteilen, wird in den westlichen Industrienationen der Anteil dauerhaft Lediger rund ein Drittel betragen (Peuckert 1996). Auch in der ehemaligen DDR wurde in den letzten Jahrzehnten weniger geheiratet. Die Heiratszahl sank von 168 000 (1960) auf 131 000 (1989). Ein dramatischer Einbruch erfolgte mit der Vereinigung. 1990 wurden 102 000 Ehen geschlossen, 1995 nur noch 54 000. Die allgemeine Eheschließungsziffer für 1995 beträgt nur noch 3,5 gegenüber 5,7 im alten Bundesgebiet.

Gleichzeitig hat die *normative Verbindlichkeit* des bürgerlichen Familienmusters abgenommen (Tyrell 1988). Ehe und Familie gelten immer weniger als die natürliche und alleintaugliche Lebensform. In den frühen sechziger Jahren hielten noch ca. 90% aller Bundesbürger die Ehe für eine unverzichtbare Institution (Köcher 1985), Ende der siebziger Jahre indes nur noch 60% der Bevölkerung. In einer im Frühjahr 1991 durchgeführten Studie stimmten der Aussage »Wenn man auf Dauer zusammenlebt, sollte man heiraten« in Westdeutschland lediglich 62% der Männer und 54% der Frauen (Ostdeutschland: 60% bzw. 57%) zu (Glatzer/Noll 1992). Besonders junge und besser ausgebildete Frauen distanzieren sich deutlich von der Ehe und plädieren für neue Formen der Partnerschaft.

Die *Krise der Institution Elternschaft* (Familie) offenbart sich in erster Linie an der zunehmenden Diskrepanz zwischen dem immer noch vorhandenen Kinderwunsch und dessen erschwerter Realisierung. Die Zahl der *Lebendgeborenen* sank zwischen 1965 und 1978 von über 1 Mio. auf 576 000. Seitdem haben sich die Zahlen – bei relativer Konstanz in den letzten Jahren – allmählich bis auf 681 000 im Jahre 1995 erhöht. Diese Tendenz zeigt sich auch in der Veränderung der allgemeinen Geburtenziffer (= Anzahl der Lebendgeborenen je 1 000 Einwohner) (vgl. Tabelle 1). Die vorübergehende Zunahme der Kinderzahl in den achtziger Jahren ist im wesentlichen auf den Eintritt der geburtenstarken Jahrgänge ins geburtenintensive Alter zurückzuführen und nicht Folge eines veränderten generativen Verhaltens. In der ehemaligen DDR sank die Zahl der Geburten zwischen 1960 und 1989 von 293 000 auf 199 000. Ein drastischer Rückgang erfolgte mit der Vereinigung. 1990 wurden 178 000 Kinder geboren, 1995 nur noch 84 000. Die allgemeine Geburtenziffer lag 1995 mit 5,4 deutlich unter dem Wert von 10,3 in den alten Bundesländern.

Die persönliche *Wertschätzung von Kindern* ist hingegen noch weitgehend ungebrochen. 93% der 16- bis 18jährigen männlichen und 97% der gleichaltrigen weiblichen Jugendlichen wollten 1962 Kinder haben. 1983 galt dies noch für 78% bzw. 86% (Allerbeck/Hoag 1985) und 1992 für 74% der 16- bis 24jährigen (IBM-Jugendstudie 1992). 1992 ist nur noch jeder dritte Westdeutsche und jeder zweite Ostdeutsche davon überzeugt, daß »eine Frau Kinder haben muß, um glücklich zu sein« (Allensbach 1993). Aber eine deutliche Mehrheit der westdeutschen und die überwältigende Mehrheit der ostdeutschen Frauen meint, daß Mütter glücklicher sind als Frauen ohne Kinder (IBM-Studie 1992). Auch nach den neuesten Ergebnissen des Familien-Survey-West des DJI ist die Bereitschaft zur Elternschaft noch hoch, wenn auch der Kinderwunsch seltener realisiert wird (Löhr 1991).

Es wird nicht nur weniger geheiratet, die Ehen sind auch instabiler geworden. Die jährliche *Ehescheidungszahl* ist von ca. 50 000

Tabelle 1: Familienstatistische Angaben (1965-1995)

Jahr	Eheschließungen je 1 000 Einwohner		Lebendgeborene je 1 000 Einwohner		Ehescheidungen je 10 000 bestehende Ehen	
	früheres Bundesgebiet	neue Länder	früheres Bundesgebiet	neue Länder	früheres Bundesgebiet	neue Länder
1965	8,3	7,6	17,7	16,5	39,2	60,9
1970	7,3	7,7	13,4	13,9	50,9	63,9
1980	5,9	8,0	10,1	14,6	61,3	106,6
1989	6,4	7,9	11,0	12,0	84,6	122,8
1990	6,6	6,3	11,5	10,8	81,0	79,0
1991	6,3	3,2	11,3	6,8	82,8	22,6
1992	6,2	3,1	11,1	5,6	80,4	26,4
1993	6,0	3,1	11,0	5,1	88,2	47,6
1994	5,9	3,4	10,5	5,1	91,0	60,1
1995	5,7	3,5	10,3	5,4	–	–

Quelle: Peuckert 1996; Wirtschaft u. Statistik 12/95; 7/96

(1960) auf 143 000 (1994) angestiegen (Peuckert 1996). Die Entwicklung der speziellen Scheidungsziffer (= Ehescheidungen je 10 000 bestehende Ehen) bestätigt diesen Trend (vgl. Tabelle 1). Man kann davon ausgehen, daß etwa jede dritte in den achtziger Jahren geschlossene Ehe geschieden wird. Die Zahl derer, die dafür plädieren, daß eine »Ehescheidung möglichst leicht gemacht werden sollte«, hat sich zwischen 1953 und 1979 mehr als verdoppelt, unter den jüngeren Jahrgängen sogar mehr als verdreifacht (Köcher 1985). In der DDR hat sich die Zahl der geschiedenen Ehen zwischen 1960 und 1989 von 25 000 auf 50 000 verdoppelt. 1991 wurden nur noch 9 000 Ehen geschieden, 1994 hingegen 23 000 (Peuckert 1996).

2.2 Individualisierung der Lebensformen

Die sinkenden Eheschließungs- und Geburtenzahlen und die steigenden Scheidungszahlen werden von einer Pluralisierung und Individualisierung der Lebensformen begleitet. Aus differenzierungstheoretischer Sicht hat sich das einheitliche Teilsystem Familie in mehrere Privatheitstypen ausdifferenziert. Es haben sich mehrere spezialisierte Subsysteme mit jeweils »charakteristischen Eigenrationalitäten« (Meyer 1992) herausgebildet, die mit den Anforderungen der komplexer werdenden Umwelt zwar besser fertig werden als die weniger spezialisierte Normalfamilie, gleichzeitig aber auch charakteristische Belastungen und Instabilitäten aufweisen. Idealtypisch betrachtet sind neben die Normalfamilie als einem zunehmend kindorientierten Privatheitssystem zwei neue Privatheitssysteme getreten: der partnerschaftliche und der individualistische Privatheitstyp.

Strukturprägend für den *partnerschaftsorientierten Privatheitstyp* ist eine funktional auf »Liebe« ausgerichtete Handlungsthematik. Der Prototyp ist hier die *nichteheliche Lebensgemeinschaft*. Die Entkoppelung von Liebe und Ehe bedeutet, daß nicht mehr das Kind, sondern die »affektive, die erotisch-sinnliche und die sexuell-körperliche Dimension zur Grundlage der nichtehelichen Lebensgemeinschaften werden« (Meyer 1993, S. 29).

Nach Schätzungen des Mikrozensus ist im alten Bundesgebiet die Zahl der Haushalte, in denen ausschließlich nicht miteinander verwandte Personen zusammenwohnen und gemeinsam wirtschaften (meist handelt es sich um nichteheliche Lebens-, seltener um Wohngemeinschaften), zwischen 1972 und 1993 von 137000 auf 1,2 Mio. angewachsen. Hinzu kommen ca. 360000 nichteheliche Lebensgemeinschaften in den neuen Bundesländern (Peuckert 1996). Nach Auswertung des (zuverlässigeren) sozioökonomischen Panels ist diese Lebensform mittlerweile in Gesamtdeutschland auf fast 2,5 Mio. angewachsen (Erler 1996).

Es handelt sich bei nichtehelichen Lebensgemeinschaften häufig um instabile Lebensformen, die durch erhebliche *Ambivalenzen* gekennzeichnet sind. Da die Zukunftsperspektive unbestimmt ist, muß die Praxis erweisen, ob die Beziehung tragfähig ist. Die Dauer des Zusammenlebens wird von der Qualität der Partnerschaft abhängig gemacht, v. a. von der Befriedigung der emotional-affektiven Ansprüche. In der Repräsentativstudie des EMNID-Instituts aus dem Jahre 1983 (vgl. BMFJG 1985) hoben 75 % der Befragten die problemlose Trennungsmöglichkeit hervor. Aufgrund der Zukunftsunsicherheit entstehen leicht eine psychische Beunruhigung und ein Zwang zu ständiger Selbstthematisierung. Besonders die Probleme im Zusammenhang mit persönlicher Autonomie und Gemeinsamkeit müssen immer wieder neu ausgehandelt werden, was zu erheblichen seelischen Belastungen und Konflikten führen

kann. Bei einem Vergleich von 1 500 Ehepaaren und 900 nichtehelichen Lebensgemeinschaften in Bayern aus dem Jahre 1989 – es
handelt sich um kinderlose Paare, bei denen die Frau nicht älter als
35 Jahre ist – wiesen die Eheleute eine deutlich höhere Beziehungsqualität und -zufriedenheit auf als die unverheirateten Paare
(BMFuS 1992). Sie waren glücklicher und machten sich seltener
Gedanken über eine eventuelle Trennung vom Partner. Der kleinen
Gruppe von 8% Ehepartnern, die sich schon einmal mit Tren-
nungsgedanken getragen haben, stehen 44% der Unverheirateten
gegenüber, die solche Überlegungen zugeben. Nur jedes dritte unverheiratet zusammenlebende Paar hält übereinstimmend die Beziehung für gut.

Kennzeichnend für den *individualistischen Privatheitstyp* sind
seine Ansprüche auf Selbstverwirklichung, ein ausgeprägtes Interesse an Unabhängigkeit sowie die Betonung des Berufs- und Frei-
zeitbereichs. Nach den qualitativen Erhebungen von Meyer/
Schulze (1989) und Spiegel (1986) stellen allerdings nur *Singles*
(d.h. Personen, die bewußt alleine leben) in dieser extremen Weise
Selbstbestimmungsbedürfnisse ins Zentrum der Handlungsorientierungen. Die Zahl der *Alleinlebenden* hat sich im alten Bundesgebiet zwischen 1961 und 1994 von 4 Mio. auf 10,7 Mio. erhöht.
Jeder dritte Haushalt ist heute ein Einpersonenhaushalt (Peuckert
1996). Hinzu kommen über 2 Mio. Alleinlebende in den neuen
Bundesländern. Die Zunahme findet sich in allen Altersgruppen,
unter Männern wie unter Frauen.

Zur Lebenssituation Alleinlebender liegen nur mehrere kleine,
nichtrepräsentative Studien vor, die sich vorwiegend auf Alleinlebende im *Familienlebensalter* konzentrieren und insgesamt ein
recht konsistentes Bild dieser Personengruppe vermitteln (Schreiber 1978, Weber/Gaedemann 1980, Krüger 1990, Bachmann 1992).
Alleinlebende heben einerseits die Vorteile, insbesondere die besseren Bedingungen für die Realisierung des Wunsches nach persönlicher Unabhängigkeit und Selbstverwirklichung, hervor.
Andererseits klagen sie häufig über Einsamkeit und fehlende Geborgenheit. In der Altersgruppe der 30- bis 60jährigen Alleinwoh-
nenden fühlen sich 40% einsam im Vergleich zu 11% unter den
verheirateten Personen (AG Sozialberichterstattung 1989). Das
Alleinleben wird nur selten von vornherein bewußt angestrebt,
sondern ist eher eine Reaktion auf negative Erfahrungen mit anderen Lebensformen (unvereinbare Rollenauffassungen, unter-

schiedliche Bedürfnisse nach Nähe u. a.). Eine wirkliche freiwillige Partnerlosigkeit favorisieren nur äußerst wenige Alleinlebende (Bachmann 1992). Für die große Mehrheit besitzen Liebe und eine feste Bindung eine ungebrochene Attraktivität, doch sind die Ansprüche an eine Beziehung enorm hoch gesteckt, und die Umsetzung dieses Liebesideals wird von vielen Alleinlebenden sehr skeptisch beurteilt.

»Insbesondere weibliche Singles stehen in der ›inneren Auseinandersetzung‹ zwischen ihren Bindungswünschen und den erfahrenen Bindungswirklichkeiten« (ebd., S. 170).

Autonomie und Anomie liegen hier nahe beieinander.

Für die moderne Kleinfamilie als einem primär *kindorientierten Privatheitstyp* sind erzieherische Handlungsschemata strukturprägend. Die »Normalfamilie« ist seltener geworden und macht 1993 in West- und Ostdeutschland einen Anteil von 29% bzw. 32% an allen Haushalten aus. Die zunehmende Kindzentrierung heutiger Ehen kann man daran ablesen, daß neben »Liebe« immer häufiger der Kinderwunsch als Hauptmotiv für die Eheschließung genannt wird (BMFuS 1992).

Zusammenfassend kann man aus differenzierungstheoretischer Sicht sagen:
– Die quantitativ bedeutsamer werdenden Privatheitssysteme – das individualistische und das partnerorientierte – sind kinderlos und instabil und müssen mit der Spannung zwischen dem Wunsch nach Unabhängigkeit und dem Bedürfnis nach einer festen Paarbeziehung, die für Nähe und Emotionalität sorgt, fertig werden.
– Das zahlenmäßig rückläufige kindorientierte Privatheitssystem schränkt die Entwicklungschancen der Frauen ein und wird als immer weniger befriedigend erlebt.

Die tendenzielle Abnahme der normativen Verbindlichkeit und der Attraktivitätsverlust der Institution Ehe sowie die Pluralisierung und Individualisierung der Lebensformen bedeuten nicht nur ein Anwachsen der Optionen, sondern auch eine Zunahme von Verhaltensunsicherheiten, Entscheidungsproblemen und Konflikten.

3. Die Instabilität moderner Paarbeziehungen

Wie wirken sich die individualisierten Formen des Lebenslaufs auf die Zweierbeziehungen aus? Welche Belastungen und Konflikte treten gehäuft als Folge der gesellschaftlichen Modernisierung auf? Die Krise der heutigen Paarbeziehungen ist wesentlich dadurch bedingt, daß mit dem verstärkten Übergreifen des Individualisierungsprozesses auf den weiblichen Lebenszusammenhang nicht mehr nur jeweils eine Einzelperson (sprich: der Mann) mit immer mehr (und oft widersprüchlichen) Entscheidungszwängen konfrontiert wird, sondern daß zwei Menschen aufeinandertreffen, die »*beide* den Möglichkeiten und Zwängen einer ›selbstentworfenen Biographie‹ unterstehen« (Beck-Gernsheim 1986, S. 223). Die Frage dabei ist, inwieweit in einer Zeit, in der Unabhängigkeit und Selbstverwirklichung von beiden Geschlechtern sehr stark mit dem Beruf verknüpft sind, noch Raum bleibt für eine Partnerin bzw. einen Partner mit eigenen beruflichen Ambitionen. Es müssen neue Arrangements für Familie und Beruf, neue Regelungen und Umgangsformen gefunden werden. Da ein allgemeinverbindliches Muster fehlt, muß jeweils im Einzelfall ausgehandelt werden, wessen Pläne und Vorstellungen Priorität besitzen bzw. welcher Kompromiß tragfähig erscheint. Je komplexer die Entscheidungssituation ist, desto größer ist auch das Konfliktpotential, und desto wahrscheinlicher wird, daß die Partner in Fragen Beruf, soziale Mobilität, Kinder etc. irgendwann zu unterschiedlichen Antworten kommen. Erschwerend kommt hinzu, daß – bedingt durch den sozialen Wertewandel – die persönliche Beziehungsqualität einen immer stärkeren Einfluß auf das Zustandekommen und die Aufrechterhaltung von Partnerschaften ausübt, wie am Beispiel des Scheidungs- und Trennungsverhaltens belegt wird.

3.1 Zur Zunahme des Scheidungs- und Trennungsrisikos in der individualisierten Gesellschaft

Als Folge des mit dem Individualisierungsschub in den sechziger Jahren einhergehenden sozialen Wertewandels haben *individualistische Wertorientierungen* – und damit stark persönlich-emotional orientierte Ansprüche an die Partnerbeziehung – an Bedeutung gewonnen (Schulz 1983). Dem Wunsch nach Liebe und Geborgenheit hat sich das Streben nach Gleichheit, Unabhängigkeit und persönlicher Selbstverwirklichung beigesellt. Hettlage (1992) sieht als Hauptkennzeichen der sich wandelnden Beziehungsformen ein zunehmendes Übergewicht der Subjektivität über die herkömmliche Institutionenorientierung. Die heutigen Beziehungen sind informeller, offener, egalitärer, weniger sozial normiert als noch vor wenigen Jahrzehnten.

Die neuen Gebote von Freiheit und Offenheit, Individualität und Selbstverwirklichung äußern sich erstens darin, daß man sich – trotz wachsender Bedürfnisse nach Nähe und Intimität – immer häufiger von vornherein einer festen Bindung entzieht. Da auch der Fortbestand privater Beziehungen mehr und mehr von deren Qualität abhängig gemacht wird und die gestiegenen (und inhaltlich veränderten) Ansprüche an die Partnerin bzw. an den Partner seltener erfüllt werden – der Anomiedruck im Sinne einer Diskrepanz zwischen Anspruch und Realisierung ist angewachsen –, ist zweitens mit einer sinkenden Beständigkeit der Beziehungen zu rechnen. Denn Emotionen als einzige Grundlage des Zusammenlebens bieten selten dauerhaften Halt. Die Partnerschaft ist zusehends als ständiger Prozeß des Aushandelns und Umdefinierens der Prinzipien des Zusammenlebens zu sehen. Die Krise der Paarbeziehung zeigt sich deutlich an den erhöhten *Ehescheidungszahlen* (vgl. Abschnitt 2). Die Progression läßt sich nicht allein mit der höheren Lebenserwartung erklären, die die Zeitspanne, in der eine Scheidung erfolgen kann, vergrößert hat. Denn die meisten Ehepaare trennen sich nach wenigen Jahren. Die seit den sechziger Jahren sukzessive gestiegene Scheidungsrate beruht auf einem Wandel im Verhalten der Bevölkerung.

Nicht nur die Ehen sind instabiler geworden, auch die *Beziehungen unverheirateter Paare* erodieren. Ein Vergleich ausgewählter Geburtenjahrgänge (zwischen 1935 und 1960) des Familien-Surveys beweist, daß die Anzahl der zwischengeschlechtlichen Partnerschaften, die ein Mensch bis zum Alter von 30 Jahren durchläuft, merklich zugenommen hat (Tölke 1991). Während bei den Männern die Veränderungen kontinuierlich verlaufen, setzte bei den Frauen dieser Trend erst später ein. Die 1960 geborenen Frauen haben die gleichaltrigen Männer aber inzwischen, was ihre Partnerschaftserfahrungen anbelangt, überholt. Mit Abstand an der Spitze stehen Frauen mit Hochschulreife. Von den 1960 geborenen Abiturientinnen hatten bereits 56% mindestens zwei längere

Beziehungen hinter sich. Während bei den 1935 geborenen Frauen mit Abitur der zeitliche Abstand zwischen der Aufnahme einer ersten festen Freundschaft und der Ehe noch durchschnittlich 3 Jahre betrug, erhöhte sich dieser Abstand bei ihren 1960 geborenen Geschlechtsgenossinnen auf 14 Jahre.

Mehr Partnerschaftserfahrungen heißt zugleich, daß sehr viele junge Menschen mehr Trennungen durchlebt haben als frühere Generationen und sich also auch in größerem Maße mit sich selbst und ihren Vorstellungen von Beziehungen und deren Realisierungschancen (und einem möglichen Scheitern) auseinandergesetzt haben müssen. Das Verhaltensspektrum, der Entscheidungsspielraum hat sich im Zuge des Individualisierungsprozesses vergrößert, aber die gewachsene Freiheit wurde erkauft mit einem geringeren Halt durch normative Vorgaben und einer erheblichen Verunsicherung.

3.2 Ursachen steigender Trennungs- und Scheidungszahlen

Entscheidend für die gegenwärtige Instabilität der Paarbeziehungen ist, daß die »idealisierten« Ansprüche der Partner (stärker die der Frauen als die der Männer) an ein selbstbestimmtes Leben gestiegen und parallel hierzu die Pflichtwertorientierungen gesunken sind. Mit den Veränderungen in der *subjektiven Sinnzuschreibung der Ehe* und Partnerbeziehung und dem damit einhergehenden erhöhten Scheidungs- und Trennungsrisiko befassen sich drei neuere empirische Untersuchungen.

Nave-Herz und ihre Mitarbeiterinnen (1990) befragten 400 Geschiedene/Getrenntlebende und 60 Verheiratete unterschiedlicher Heiratskohorten über die Ursachen ihrer Scheidung. Die Befragten machten zumeist interpersonale und affektiv-emotionale Faktoren für das Scheitern ihrer Ehe verantwortlich. Auch zeitgeschichtlich ist eine Verschiebung festzustellen. Während früher eher ein bestimmtes Verhalten des Partners (Suchtprobleme, Gewalt u. a.) zur Trennung führte, werden nun vermehrt *Beziehungsprobleme* genannt. Nach Nave-Herz u. a. lassen sich die vermehrten Ehescheidungen damit erklären, daß in den letzten Jahrzehnten Emotionen und Affekte immer wichtiger geworden sind, so daß Enttäuschungen über den Partner die Auflösung der Ehe begünstigen, da keine wesentlichen anderen Funktionen die auftretenden Deprivationen kompensieren können.

»Gerade weil die Beziehung zum Partner so bedeutsam für den einzelnen geworden ist und (…) gerade weil man die Hoffnung auf Erfüllung einer idealen Partnerschaft nicht aufgibt, löst man die gegebene Beziehung – wenn sie konflikthaft und unharmonisch ist – auf. Der zeitgeschichtliche Anstieg der Ehescheidung verdeutlicht also ihre enorme psychische Bedeutung für den einzelnen heute« (Nave-Herz u. a. 1990, S. 65).

Die Veränderungen in den Ansprüchen an den Partner sind Ausdruck eines allgemeinen *sozialen Wertewandels*. Pflicht-Wertorientierungen (d. h. die Identifizierung mit Tugenden, die auch ein Zurückstellen der eigenen Lebensinteressen im Falle der Nichterfüllung der Erwartungen nahelegen) haben abgenommen. Selbstentfaltungs-Wertorientierungen (d. h. die Betonung von Autonomie, Gleichbehandlung und Selbstverwirklichung) haben an Bedeutung gewonnen. In der Studie von Nave-Herz u. a. stimmten von den Geschiedenen bzw. Getrenntlebenden, die vor 1966 geheiratet hatten, noch 56% dem Satz zu: »Die Ehe ist ein Bund für's Leben, daran sollte man denken, auch wenn man nicht mehr so zufrieden ist«. Von den Geschiedenen/Getrenntlebenden der Heiratskohorte 1966 bis 1975 bejahten noch 33%, von jenen der Kohorte 1976 bis 1988 nur noch 20% diese Aussage. Die Geschiedenen/Getrenntlebenden der jüngeren Kohorten vertraten häufiger Selbstentfaltungswerte, waren z. B. häufiger davon überzeugt, daß »man in der Ehe seine eigenen Bedürfnisse erfüllen können muß, auch wenn der Partner damit einmal nicht einverstanden ist«. Ein erheblicher Teil der Befragten nannte allerdings sowohl Pflicht- als auch Selbstentfaltungswerte, ein Zeichen dafür, daß sich viele Menschen in einem divergenten Wertorientierungskonflikt befinden.

Dabei betrifft der Wertewandel, wie Scheller (1992) anhand von 57 qualitativen Interviews mit Geschiedenen/Getrenntlebenden und Verheirateten ermittelt hat, in stärkerem Maße die *Frauen* als die Männer. Die jüngere Frauengeneration stellt andere Ansprüche an die Ehe als die ältere. Sie bemüht sich verstärkt darum, in der Ehe mehr Gemeinsamkeit, Selbständigkeit und Mitbestimmung durchzusetzen. Während etwa in früheren Zeiten Frauen Sexualität noch als eheliche Pflicht ansahen, beansprucht die jüngere Generation für sich eine befriedigende sexuelle Beziehung. Die Ehe hat einen immer geringeren intrinsischen, verpflichtenden Wert und wird gelöst, wenn die Ansprüche auf emotionale Unterstützung, Anerkennung, Gleichbehandlung, Gemeinsamkeit, auf einen Freiraum und individuelle Selbsterfüllung nicht eingelöst werden und attraktive Alternativen bestehen.

Schellers Diagnose bestätigt den Befund von Nave-Herz u. a. Allerdings führen nicht allein die veränderten Ansprüche der modernen Frauengeneration zur Scheidung, sondern nur die gegensätzlichen Ansprüche beider Partner. Scheller spricht von einer *»Ungleichzeitigkeit der Entwicklung«*: die moderne Frau habe sich im Gefolge des Wertewandels von der traditionellen Rolle mehr oder weniger verabschiedet, während die Männer ihrer Rolle weitgehend verhaftet geblieben seien. Ausschlaggebend für den Anstieg der Ehescheidungszahlen sind also nicht allein die veränderten Ansprüche der Frauen, sondern die diskrepanten Ansprüche beider Partner.

Auch Schneider (1990) setzt sich mit der These auseinander, daß sich Ehe, Familie und Partnerschaft immer mehr aus der Einflußsphäre sozialer Kontrolle entfernt haben und in den Bereich individueller Gestaltungsmöglichkeiten gerückt sind, daß also subjektive Einstellungs- und Bedürfnismuster, persönliche Erwartungen und Zielsetzungen wichtiger geworden sind für die Gestaltung und den Fortbestand der Ehe und Partnerschaft. Im Herbst 1989 wurden 130 geschiedene oder getrenntlebende Personen zwischen 21 und 60 Jahren mit mindestens einjähriger Beziehungsdauer nach den Ursachen ihrer Trennung gefragt. Am bedeutsamsten erwiesen sich auch hier die personalen und emotionalen Partnerprobleme. Die meisten Beziehungen waren vor der Trennung in hohem Maße durch beidseitige Spannungen auf den Ebenen gegenseitiger Wertschätzung, des Kommunikationsverhaltens, der Einstellungen und Interessen, Entfaltungsmöglichkeiten sowie durch eine Monotonie und Routinisierung im Alltagsleben gekennzeichnet. Die »klassischen« Scheidungsgründe (Gewalt, Alkohol- und Drogenprobleme, finanzielle Schwierigkeiten), die bis in die sechziger Jahre für Scheidungen ausschlaggebend waren, spielen heute nur noch eine untergeordnete Rolle. Die Nichterfüllung des individuell definierten »Beziehungsglücks« reicht also durchaus als Begründung für eine Trennung aus. Es zeigten sich auch einige Besonderheiten zwischen den unterschiedlichen *Lebensformen.* Bei Ehepaaren mit Kindern überwiegt die »konflikthafte Scheidung«. Eine Trennung erfolgt erst dann, wenn tiefgreifende Divergenzen bestehen. Bei kinderlosen Ehepaaren und nichtehelichen Lebensgemeinschaften findet sich häufiger die »Nichtigkeitsscheidung« (Scheidung aus geringem Anlaß). Kinderlose Ehepaare nennen oft emotionale Verarmung, eine »innere Leere«, Eintönigkeit der Ehe, Verständigungsschwierigkeiten und fehlende Zukunftsperspektiven als Grund für die Trennung. Besonders unter nichtverheirateten Paaren reicht ein relativ geringes Belastungspotential häufig schon aus, um die Partnerschaft aufzukündigen.

Alle Studien belegen die gestiegene Relevanz individueller Ansprüche an die Paarbeziehung sowie die abnehmende Bereitschaft, notfalls auf die Realisierung dieser Ansprüche zu verzichten. Erschwerend kommt dabei hinzu, daß Männer und Frauen auch *unterschiedliche Erwartungen* an das Leben zu zweit haben. Männer betonen stärker die instrumentelle Seite von Liebe und Ehe, ihre Versorgung im Alltag. Frauen legen mehr Nachdruck auf Gefühle, innere Nähe und gegenseitiges Verstehen (Beck-Gernsheim 1992a). Diese Differenzen sind nicht neu. Neu ist aber die Art des Umgangs mit den jeweiligen Bedürfnissen. Je mehr die Frauen sich nach ihren Wünschen richten und je weniger sie aufgrund eigener Erwerbstätigkeit auf die Versorgung durch einen Partner angewiesen sind, desto unduldsamer werden sie gegenüber diesen Widersprüchen, und desto eher ziehen sie notfalls die Konsequenzen. Frauen, so das Fazit zahlreicher Studien, stellen höhere Erwartungen an ein gutes, emotional ausfüllendes Zusammenleben. Sie sind häufiger als Männer mit ihrer Beziehung unzufrieden und reichen häufiger als diese die Scheidung ein (Beck-Gernsheim 1986; für die DDR: Vaskovics u. a. 1994). Das Spannungspotential wächst, und die traditionellen Techniken der Konfliktreduzierung – Nachgeben, Beziehungsarbeit leisten, Ausgleich schaffen –, die früher den Zusammenhalt garantiert haben, greifen nicht mehr.

»Die Modernisierung hat eine kritische Grenze erreicht, wo ein Weitertreiben der bisherigen Regeln nicht mehr möglich ist – oder nur um den Preis explosiv anwachsender Konflikte im Verhältnis der Geschlechter« (Beck-Gernsheim 1986, S. 231).

4. Individualisierung des weiblichen Lebenszusammenhangs

Mit dem Übergreifen des Modernisierungsprozesses auf den weiblichen Lebenslauf haben die traditionellen Geschlechterrollen an Geltung und Überzeugungskraft eingebüßt. Noch bis in die sechziger Jahre hinein waren die Lebensentwürfe junger Frauen in der Bundesrepublik stark familienorientiert, und es bestand ein breiter gesellschaftlicher Konsens über das weibliche Lebensmuster. Verheiratete Frauen waren in der Regel nur im Notfall, wenn das Geld nicht ausreichte, berufstätig (Pfeil 1968).

Die *Entfamiliarisierung der Frau* läßt sich bereits am Anstieg der *weiblichen Erwerbsquote* ablesen. Diese betrug 1970 für Frauen zwischen 15 und 65 Jahren 46%, 1992 hingegen 59,5% (Schwarz 1993/94). Besonders verheiratete Frauen und Mütter nehmen heute verstärkt am Erwerbsleben teil. Von den verheirateten Frauen übten 1992 55% einen Beruf aus gegenüber 33% im Jahre 1961. In der DDR bestand nicht nur ein Recht auf Arbeit, sondern auch eine Pflicht zur Arbeit. Seit den fünfziger Jahren ist hier die Erwerbsquote der Frauen ständig gestiegen und lag 1990 bei 92%. Die gesellschaftliche Krisensituation führte zu einem Rückgang auf 75% (1994), Arbeitsbeschaffungsmaßnahmen, Aus- und Weiterbildung sowie Umschulungen eingeschlossen (Bertram 1995).

Die Frauen unter 30 im alten Bundesgebiet sind den gleichaltrigen Männern in bezug auf die *schulische Qualifikation* zumindest gleichgestellt (Geißler 1992). Das Defizit an Abiturientinnen ist seit den achtziger Jahren verschwunden, und bei den mittleren Abschlüssen sind Mädchen sogar überrepräsentiert. Der Bildungsrevolution ist indes bisher noch keine Revolution auf dem *Arbeitsmarkt* gefolgt. Hinsichtlich der Berufsbildungsabschlüsse haben Frauen mit den Männern bei weitem noch nicht gleichgezogen. Allerdings ist das Qualifikationsniveau der nachwachsenden Frauengeneration erheblich höher als das der gegenwärtig berufstätigen Frauen. Trotz gestiegener Erwerbstätigenquote und höheren schulischen Bildungsniveaus werden Frauen auf dem Arbeitsmarkt immer noch stark diskriminiert.

Besonders bedeutsam im Hinblick auf die subjektive Verarbeitung dieser Diskriminierungserfahrungen ist, daß mit der Angleichung der Bildungschancen Frauen auch neue, dem überlieferten Frauenbild konträre *Denkformen* eingeübt haben. Die verstärkte Identifizierung mit dem Beruf und die größere finanzielle Unabhängigkeit haben ihre gesamte biographische Selbstinterpretation und Lebensplanung verändert (Erler u. a. 1988, Seidenspinner/ Burger 1982). Verstärkt wurden diese Tendenzen durch die Ende der sechziger Jahre einsetzende »Rhetorik der Gleichheit« (in

Politik, Medien, Öffentlichkeit, Bildungssystem), die Chancengleichheit und Gleichberechtigung postuliert (Beck-Gernsheim 1992). Die Familie spielt zwar weiterhin eine wichtige Rolle, aber gleichzeitig gewinnen Werte wie Unabhängigkeit, Selbstverwirklichung, Gleichheit und Entfaltung im Beruf an Bedeutung. Da die heutige Frauengeneration im großen und ganzen *zugleich berufs- und familienorientiert* ist, fehlen fest verankerte Rollenbilder. Ein Zustand von Anomie im Sinne von Normlosigkeit oder Normverunsicherung breitet sich aus (Beck-Gernsheim 1983).

Die zentrale These, die im folgenden überprüft wird, lautet: Den *Gleichheitserwartungen*, die die Frauen der jüngeren Generation verinnerlicht haben, stehen im privaten und beruflichen Bereich *spürbare Ungleichheitserfahrungen* gegenüber, die zu Frustration, Verunsicherungen, zur Resignation und zu einem erhöhten Konfliktpotential in Zweierbeziehungen führen, was nicht ohne Auswirkung auf die Sozialisation der Kinder bleibt. Besonders hochqualifizierte Frauen geraten in die »Modernisierungsfalle«, worunter die wachsende Kluft zwischen Mythos und Realität der Moderne verstanden wird, zwischen »internalisierten Verheißungen von selbstbewußter Autonomie, Familienglück und persönlichem Fortschritt einerseits und (…) realen Erfahrungen verweigerter Anerkennung, mißachteter Menschenwürde und beschädigten Selbstbewußtseins andererseits« (Wahl 1990, S. 16). Empirisch belegbar ist, daß die Frauen sich ihrer gestiegenen Optionen und Freiheiten sehr wohl bewußt sind. Der Schering-Frauenstudie (1993) vom März 1992 zufolge, die sich u. a. auf 2 644 Interviews mit einem repräsentativen Querschnitt aller westdeutschen Frauen ab 14 Jahren bezieht, sehen Frauen ihr Leben heute geradezu als Gegenentwurf zur Situation und zum Selbstverständnis ihrer Geschlechtsgenossinnen in den fünfziger und beginnenden sechziger Jahren (Allensbach 1993). Die Veränderungen werden fast ausschließlich als Gewinn und Befreiung erlebt, als Befreiung aus der Abhängigkeit von einem Partner, als Befreiung aus Rollenzwängen, als neugewonnene Freiheit in Beruf und Freizeit. Knapp 80% der befragten Frauen meinen, ihre eigenen Interessen besser verwirklichen zu können als ihre Mütter, als diese im selben Alter waren.

Die Ambivalenzen dieser (auf den ersten Blick recht positiven) Einschätzungen geben sich erst zu erkennen, wenn man sie mit anderen Beurteilungen der gleichen Frauen kontrastiert. Nicht

einmal jede dritte Frau hält sich für glücklicher und zufriedener als ihre Mutter. Etwa jede dritte Frau hat sogar das Gefühl, daß der gewonnene Freiheitsspielraum – im Generationenvergleich – mit wesentlich größeren Belastungen erkauft werden mußte. Die zentralen Problemfelder, an denen sich die mit der Individualisierung der Frauen auftretenden Verunsicherungen aufzeigen lassen, sind:
– die mangelnde Gleichberechtigung im privaten Bereich (d. h. primär bei der Verteilung von Hausarbeit und Kinderbetreuung);
– die wachsende (und auch als solche erlebte) Kluft zwischen beruflichen Ansprüchen und der Realität, die weit hinter diesen Ansprüchen zurückbleibt;
– die Doppelorientierung der Frauen auf familiales und partnerschaftliches Leben einerseits und berufliche Tätigkeit andererseits, die erhebliche Koordinationsprobleme und Konflikte aufwirft. Der Versuch, beides miteinander in Einklang zu bringen, muß zu Irritationen und Normambivalenzen führen.

Konfliktbereich 1:
Ungleichheitserfahrungen im häuslichen Bereich

Bis in die sechziger Jahre war die familiale Arbeits- und Aufgabenbenteilung gesellschaftlich vorgegeben und normiert. Die Individualisierung der Frau, ihre zunehmende Berufstätigkeit und Berufsorientierung hatten zur Folge, daß eine einseitige Zuweisung häuslicher Pflichten heute keinesfalls selbstverständlich ist. Über 90% aller Frauen fordern eine (zumindest begrenzte) Aufgabenteilung im Haushalt. Trotz dieses Einstellungswandels, der in zahlreichen Studien dokumentiert ist (Keddi-Seidenspinner 1991, Garhammer 1996), widersteht die faktische Gestaltung des Alltagsbereichs allen Veränderungsbestrebungen. Die tägliche Routine der Haushaltsführung bleibt, auch bei Berufstätigkeit der Frau, in ihrem Zuständigkeits- und Verantwortungsbereich (Allensbach 1993). Das neue Leitbild wird in den seltensten Fällen in die eigene Lebenspraxis umgesetzt.

Gleichzeitig nimmt eine wachsende Zahl von Frauen diese Situation nicht mehr hin. Die häusliche Arbeitsteilung wird immer häufiger zur Quelle von Irritationen, Spannungen und Auseinandersetzungen in der Partnerschaft (Metz-Göckel/Müller 1987). Etwa jede dritte junge Frau ist mit der Beteiligung ihres Partners an der Hausarbeit unzufrieden (Erler u.a. 1988). Insbesondere berufstätige Mütter klagen über das ständige Aushandeln der Arbeitsteilung. Die Kluft zwischen den Erwartungen an den Partner und der Realität ist in dieser Gruppe am größten.

Konfliktbereich 2: Fehlende Chancengleichheit im Beruf

Nur noch eine verschwindende Minderheit von 6% will sich heute lieber ganz auf den Haushalt und die Versorgung der Kinder beschränken. Etwa jede zweite Frau sieht in dem Beruf eine Möglichkeit, die eigenen Ziele und Vorstellungen besser zu verwirklichen (Allensbach 1993). Gleichzeitig sind Frauen mit erheblichen Problemen beim Eintritt in den Beruf und bei der Karriereplanung konfrontiert. Der geschlechtsspezifisch geteilte Arbeitsmarkt beinhaltet für sie ein eingeschränktes Spektrum an beruflichen Möglichkeiten, geringere Bezahlung und schlechtere Arbeits- und Aufstiegsbedingungen als für junge Männer (Geißler 1992). Im Jahre 1960 erzielten Frauen als vollbeschäftigte Angestellte nur 56% und 1988 64% des Bruttoverdienstes ihrer männlichen Kollegen, Industriearbeiterinnen 60% bzw. 70%.

Wie sehr diese geschlechtsspezifischen Benachteiligungen den Betroffenen bewußt sind, zeigen die Ergebnisse einer Ende 1991 durchgeführten Repräsentativbefragung der westdeutschen Bevölkerung (BMFJ 1992). 76% der weiblichen Gesprächspartner sind der Ansicht, daß eine Frau mehr leisten müsse als ein Mann, um in die gleiche berufliche Position zu gelangen. 57% aller Volksschüler ohne Lehre sehen eine prinzipielle Benachteiligung der Frauen im Vergleich zu 75% der Befragten mit Abitur oder Hochschulabschluß. Etwa 80% der Interviewten sind davon überzeugt, daß es für Frauen bei gleicher Ausbildung schwerer sei, in eine besser bezahlte Position zu gelangen, und daß sie für eine gleichwertige Arbeit schlechter bezahlt würden als Männer. Bei allen Fragen nehmen die Frauen die Diskriminierungen noch stärker wahr als die Männer.

Ein höheres Bildungsniveau wirkt sich auch auf die Bewußtseinsprozesse aus. Frauen nehmen heute Ungleichbehandlungen viel eher wahr als früher. Während 1992 nur 17% der Bevölkerung meinten, daß im Beruf nunmehr Chancengleichheit erreicht sei, waren es im Jahre 1967, als die Situation für Frauen noch wesentlich ungünstiger war als heute, 40% (Allensbach 1993). Die wachsende anomische Spannung, so läßt sich festhalten, resultiert aus der Tatsache, daß die Verbesserung der beruflichen Möglichkeiten der Frauen weit hinter deren Erwartungen zurückgeblieben ist und daß die Frauen für die Wahrnehmung dieser Diskrepanz immer stärker sensibilisiert worden sind.

Konfliktbereich 3: Frauen zwischen Familie und Beruf

Die jüngere Frauengeneration steht überdies vor dem Problem, die hohe Berufsmotivation in Einklang zu bringen mit ihrer ebenfalls starken Familienorientiertheit. Knapp 90% aller Frauen zwischen 16 und 24 möchten laut IBM-Jugendstudie '92 Berufstätigkeit mit Familie und Kindern verbinden. Familie und Beruf werden von ihnen dabei als konkurrierende, in bestimmten Lebensphasen nur schwer vereinbare Bereiche angesehen. Es besteht keine als selbstverständlich erachtete Entscheidungsbasis mehr; die Frauen müssen die Vor- und Nachteile der möglichen Alternativen individuell abwägen und ihre Entscheidung treffen.

Der Realisierung des Berufswunsches stehen nicht nur mangelnde Kinderbetreuungsmöglichkeiten entgegen (Dannenbeck/Keiser 1992), sondern auch massive, allgemein verbreitete und auch von den Frauen selbst verinnerlichte stereotype Vorstellungen über die optimalen Entfaltungsbedingungen eines Kindes. 80% der Bevölkerung glauben, daß ein Kleinkind unter der Berufstätigkeit der Mutter zu leiden habe (Allensbach 1993). Zwei Drittel aller Bundesbürger sind davon überzeugt, daß es der Entwicklung von Kleinkindern schade, wenn diese außerhalb der Familie betreut würden (BMFJ 1992). Über die Hälfte der Befragten zweifeln daran, daß eine berufstätige Mutter ihrem Kind genausoviel Wärme und Sicherheit geben könne wie nicht-erwerbstätige Mütter (Allensbach 1993). Entsprechend unsicher sind häufig berufstätige Mütter zwischen 18 und 33 Jahren, ob sie genug für ihr Kind tun (Erler u. a. 1988).

Diese Ungewißheiten und Ambivalenzen lassen sich auch bei kinderlosen Ehen nachweisen, die inzwischen einen Anteil von 18% an allen Ehen betragen (Nave-Herz 1988). Ehefrauen, die ihren Kinderwunsch aufschieben, schwanken zwischen der Einlösung ihres Verlangens nach beruflicher Selbstverwirklichung und Autonomie einerseits und der Realisierung ihres Kinderwunsches andererseits. Da sie zumeist die Ansicht vertreten, daß eine »gute

Mutter« nicht erwerbstätig sein dürfe, kann die (zunächst) zeitlich befristete Kinderlosigkeit als eine Konfliktlösungsstrategie angesehen werden, die Entscheidung zwischen zwei sich widersprechenden Orientierungen vorläufig aufzuschieben, bis es eines Tages zu spät ist oder man sich zu sehr an den kinderlosen Lebensstil gewöhnt hat, um ihn noch aufzugeben (BMFuS 1992). Die von Erler u. a. (1988) befragten 18- bis 33jährigen Hausfrauen und Mütter mit beruflichem Rückkehrwunsch haben besonders hohe Standards für Familie und Beruf. Es ist gleichzeitig die Gruppe mit den größten inneren Widersprüchen und Ambivalenzen.

Die Mehrheit der Bevölkerung – und auch der Frauen – ist davon überzeugt, daß sich berufliche Ambitionen und familiale Aufgaben für eine Frau schlecht vereinbaren ließen und sie sich letztendlich für eines von beiden entscheiden müsse (Allensbach 1993). Dabei nimmt die Verunsicherung und Orientierungslosigkeit in dieser Frage noch zu, denn die früher dominierende Sichtweise, daß im Falle von Konflikten grundsätzlich dem privaten Bereich Vorrang gebühre, verliert an Überzeugungskraft. 1979 war noch jede zweite Frau, 1992 nur noch knapp jede dritte Frau dieser Ansicht. Immer mehr Frauen sind sich in der Frage, welchem Bereich Priorität einzuräumen ist, unsicher.

Welche Diskrepanz zwischen der Einstellung der Frauen zur Erwerbstätigkeit und der realen Situation besteht, verdeutlicht die Studie des DJI (Krombholz 1991). Nur 9% aller vollzeiterwerbstätigen Frauen zwischen 18 und 55 Jahren mit einem Kind unter 3 Jahren sagt der Umfang der Arbeitszeit zu. 21% wären lieber teilzeitbeschäftigt, und 50% wären lieber überhaupt nicht berufstätig. Umgekehrt sind etwa 80% aller »Nur-Hausfrauen-und-Mütter« mit einem Kind unter 3 Jahren mit ihrer Rolle zufrieden; mit zunehmendem Alter des Kindes sinkt diese Rate auf 59%. Frauen – insbesondere die jüngeren und besser ausgebildeten – vertreten häufiger als Männer die Ansicht, daß Mütter berufstätig sein sollten.

Insgesamt befindet sich die junge Frauengeneration in einer paradoxen Situation. Vorstellungen, die eher dem traditionellen Frauenbild entsprechen, bestehen fort und sind teilweise noch normativ verankert. Rund 80% der 18- bis 33jährigen (noch kinderlosen) Frauen gehen davon aus, daß ihr Partner sie finanziell versorgt, wenn sie ein Kind bekommen (Erler u. a. 1988). Gleichzeitig gibt es für Frauen eine Vielzahl neuer Handlungsspielräume, Chancen und Erwartungen. Ein einheitliches Lebensmodell besteht für immer weniger Frauen. Die Ziele und Wünsche sind oft in sich widersprüchlich und lassen sich nicht einfach bruchlos in die Realität umsetzen. Nicht zufällig zeigt die Gruppe der Hausfrauen mit Langzeitperspektive die größte »innere Harmonie« (ebd.). Sie akzeptiert auch – mangels Alternativen? (es handelt sich um die Frauengruppe mit dem geringsten Bildungsniveau) – die klassische Arbeitsteilung. Aufgrund der Klarheit ihrer Option für die Familie und gegen den Beruf entfällt jene Ambivalenz, die berufstätige Mütter und Hausfrauen mit beruflichem Rückkehrwunsch zu schaffen macht.

5. Auswirkungen familialer Desintegrationsprozesse auf die Sozialisation und Persönlichkeitsentwicklung der Kinder

Im folgenden wird gezeigt, welche Konsequenzen die beschriebenen familialen Desintegrationspotentiale und anomischen Tendenzen für die Sozialisation und Persönlichkeitsentwicklung der Heranwachsenden haben. Zunächst wird dargelegt, wie sich im Verlaufe des Modernisierungsprozesses das Eltern-Kind-Verhältnis, die Erziehungseinstellungen und das Erziehungsverhalten grundlegend gewandelt haben und welche familialen Sozialisationserfahrungen die Entstehung von Rechtsextremismus und Gewalt begünstigen. Anschließend wird analysiert, wie sich die zunehmenden Vereinzelungserfahrungen und die Konflikthaftigkeit moderner Paarbeziehungen auf den Entwicklungsprozeß Heranwachsender auswirken.

5.1 Die starke Kindzentrierung moderner Ehen und ihre Bedeutung für den Sozialisationsprozeß

Noch weitgehend ungeklärt ist, wie sich der gesellschaftliche Wandel der Familie auf die Sozialisation und Erziehung der Kinder auswirkt. Wie schon erläutert wurde, hat sich das Teilsystem Familie in drei Privatheitstypen ausdifferenziert. Neben einem partnerschaftlichen und einem individualistischen System hat sich die Normalfamilie zu einem primär kindorientierten Privatheitstyp entwickelt, für den erzieherische Handlungsschemata strukturprägend sind (Meyer 1992). Die *extreme Kindorientierung* moderner Ehen zeigt sich daran, daß dem Nachwuchs ein hoher Wert für die Sinnstiftung und Lebenserfüllung zugeschrieben wird. Je mehr aber die Erziehungsmotive an Bedeutung gewonnen haben, desto mehr hat der Eigenwert der Ehe nachgelassen. Kinder ziehen aus der Partnerbeziehung emotionale Intensität ab, wie sich an der rückläufigen Ehezufriedenheit – besonders ausgeprägt bei den Müttern – ablesen läßt. Das familiale Geschehen konzentriert sich – bei allen notwendigen Differenzierungen, z.B. nach dem Bildungsstatus – immer mehr auf das Kind.

Hiermit verknüpft ist ein weiterer Faktor. In den letzten Jahrzehnten hat sich die gesellschaftliche *Norm von der bestmöglichen Förderung des Kindes* unter Respektierung von dessen Bedürfnissen durchgesetzt (Beck-Gernsheim 1991). Dies zeigt sich – in unterschiedlicher Ausprägung und je nach Bildungsschicht – in einem Wandel der Erziehungsvorstellungen. Die »bürgerlichen Tugenden« der Ordnung, der Sauberkeit, des Gehorsams und Fleißes haben an Bedeutung verloren, die Erziehungswerte Selbständigkeit und Gleichheit hingegen an Bedeutung gewonnen. Gleichzeitig hat eine Veränderung des Erziehungsverhaltens im Sinne eines Rückgangs elterlicher Strafpraktiken zugunsten vernunftbetonter Kommunikationsformen stattgefunden (Fend 1988, Pollmer/Hurrelmann 1992, Reuband 1992, du Bois-Reymond u. a. 1993).

Die Untersuchungen von Schmidtchen (1989) und Wilk/Beham (1990) lassen es allerdings fraglich erscheinen, ob diese mit allgemeinen Einstellungsitems abgefragten Erziehungsziele und -praktiken auch umstandslos in die Realität umgesetzt werden. Schmidtchen (1989) befragte 2 200 Personen, die einen repräsentativen Querschnitt aller 15- bis 30jährigen darstellen. Der aufgrund der Aussagen rekonstruierte Erziehungsstil ihrer Eltern läßt sich anhand von zwei Komponenten beschreiben: der emotionalen Komponente (Geborgenheit) und der normativen Komponente (wie sehr sich die Person »gefordert« fühlt). 14% der Eltern pflegen einen *paradoxen Erziehungsstil*. Es werden Forderungen ohne emotionalen Rückhalt gestellt. 22% praktizieren einen *gleichgültigen* (keine Forderungen, kein emotionaler Rückhalt), 33% einen *naiven* (emotionaler Rückhalt ohne Forderungen; auch »laisserfaire«) und nur 31% einen *reifen Erziehungsstil* (Forderungen mit emotionalem Rückhalt). Auch in der österreichischen Studie von Wilk/Beham (1990) findet sich nur bei einer Minderheit von 17%

der Mütter ein »begründet vertrauensvoller Erziehungsstil«, der sich durch Einfühlung, Unterstützung und Nähe zu den Kindern auszeichnet, ohne diese übermäßig zu kontrollieren. 34% der Mütter praktizieren einen »permissiven«, 33% einen überprotektiven und 16% einen »kühl distanzierten« Stil. Schneewind (1996) spricht aufgrund der Ergebnisse seiner generationenvergleichenden Studie von einem Liberalisierungsschub (im Sinne von Nachgiebigkeit) an familialer Erziehung. Die junge Elterngeneration erachtet Aussagen wie die folgenden deutlich häufiger als für sich zutreffend, als dies ihre Eltern getan haben: »Ich kontrolliere grundsätzlich nicht, ob mein Sohn auch das tut, was ich von ihm verlange« oder »Ich lasse meinen Sohn ruhig gewähren, auch wenn er Dinge tut, die mir mißfallen«.

Wenig ist darüber bekannt, wie die Fixierung auf den Nachwuchs und die unterschiedlichen Erziehungsstile und -werte mit den sozialstrukturellen und familialen Entwicklungen variieren. Mütter befinden sich heute generell in einer zwiespältigen Situation. Einerseits besteht eine große affektive Bindung an das Kind, andererseits wird von ihnen erwartet, daß sie um seiner Entfaltung und seines schulischen Erfolgs willen besonders bestrebt sein müssen, die Selbständigkeit des Sprößlings zu fördern. Die auf der Einstellungsebene geforderte und angestrebte Eigenständigkeit des Kindes wird sowohl durch das gleichzeitige Bestreben, dieses an sich zu binden, als auch durch die Forderung, ständig präsent sein zu müssen und es zu fördern, unterlaufen (Schütze 1988).

Insbesondere der Bildungsstatus und die mütterliche Nicht-/Erwerbstätigkeit dürften sich auf das Erziehungsverhalten auswirken. Eine extreme Kindzentrierung findet sich vermutlich am häufigsten bei »Nur-Hausfrauen und Müttern« (insbesondere aus höheren Sozialschichten). Am stärksten dürfte diese Zentrierung in Familien mit einem Kind sein, die heute über 50% aller Familien ausmachen, während in Familien mit mehreren Kindern ein Kinder-Subsystem entsteht, das Eltern von der Fixierung auf die Kinder zumindest partiell entlastet. Wie sich die starke Kindorientierung, verbunden mit erhöhten Anforderungen an die Erziehung und Selbständigkeit der Kinder, die dauernden Bemühungen, ihnen gerecht zu werden, und die Tatsache, für ihren Erfolg bzw. für ihr Versagen verantwortlich zu sein, in der Mutter-Kind-Interaktion ausdrücken, darüber kann nur spekuliert werden. Phasen der Überbehütung dürften häufig abwechseln mit Phasen starker Leistungsforderungen und instrumentalistischen Umgangsweisen, so daß Konflikte und Inkonsistenzen auftreten und damit die für die Entwicklung des Kindes erforderliche Stabilität und Verläßlichkeit von Sozialbeziehungen leicht untergraben wird.

5.2 Familie, Rechtsextremismus und Gewalt

Nur wenige Studien erörtern die Frage, wie Kinder ihre veränderte Situation im Elternhaus wahrnehmen und verarbeiten, welche sozialen Erfahrungen z. B. das Entstehen von Devianz begünstigen. Nach Ergebnissen von Hoff u. a. (1983) zu den Ursachen von Ausländerfeindlichkeit spielt die Sicherheit in den Beziehungen zu Vater und Mutter eine herausragende Rolle. Ausländerfeindliche Einstellungen korrelieren positiv mit frühen Trennungserlebnissen und häufigem Alleinsein. Auch die in anderen Arbeiten festgestellten Familien- und Erziehungserfahrungen rechtsextremer Jugendlicher wie Aufwachsen in unvollständigen oder gestörten Familien, Spannungen in der Herkunftsfamilie, Konflikte mit den Eltern, eine von Zwang und Tadel bestimmte Erziehung sowie Erfahrungen der Isolation fügen sich in dieses Muster (Heitmeyer u. a. 1992, Hopf 1991). In die gleiche Richtung weisen die Forschungsergebnisse von Wahl (1990) zum Thema »Gewalt in Familien«. Als zentrale Bedingung für das Ausmaß an Gewalt bzw. Gewaltbereitschaft erwies sich das *negative Selbstbild* der Befragten, dessen Ausprägung maßgeblich durch den Sozialisationsprozeß bestimmt war. Charakteristische Merkmale der »Gewalttätigen« im Vergleich zur Kontrollgruppe der »Unauffälligen« waren:

– ein negatives Bild von der Mutter, die als desinteressiert und als unberechenbar bezeichnet wurde;
– häufigere und härtere Strafen (insbesondere körperliche Strafen) und ein inkonsistentes Erziehungsverhalten;
– wenig Zeit im Elternhaus füreinander.

Welche *Erziehungsstile* den Entwicklungsprozeß Jugendlicher beeinträchtigen (hier: Selbstschädigungstendenzen Jugendlicher begünstigen), ist auch das Thema der Studie *Schritte ins Nichts* von Schmidtchen (1989). Unter »Selbstschädigung« versteht Schmidtchen neben Suizid und Selbsttötungsversuchen eine weite Palette von Einstellungen, Verhaltensweisen und Gefühlen (z. B. Gefühlen der Resignation, Ausweglosigkeit), eine negative Selbstbewertung,

Ausstiegs- und Fluchttendenzen und vieles andere mehr. Etwa jeder dritte Jugendliche zwischen 15 und 30 Jahren weist eine allgemeine Tendenz zur Selbstschädigung und eine »Persönlichkeitslabilisierung in Form eines geringen Selbstwertgefühls« auf. Dies deutet nach Schmidtchen auf soziobiographische und familiale Belastungen, unbewältigte Konflikte mit den Eltern, negative Erfahrungen in der Kindheit hin, allgemein ausgedrückt: auf den Interaktions- und Erziehungsstil der Eltern, die die Erfolge oder Mißerfolge ihrer Kinder maßgeblich herausbilden. Dem Erziehungsstil kommt eine überragende Bedeutung für die Entfaltung von Ressourcen und von Strategien der Problembewältigung und damit für die Genese selbstschädigenden Verhaltens zu.

Empirisch nachweisbar üben v. a. der *paradoxe* (Forderungen ohne emotionalen Rückhalt) und der *gleichgültige Erziehungsstil* (keine Forderungen, kein emotionaler Rückhalt) einen starken Einfluß auf die Ausformung des Selbstwertgefühls und auf die Entstehung selbstschädigenden Verhaltens aus. Etwa jeder zweite Jugendliche, der einem paradoxen Erziehungsstil ausgesetzt war, tendiert zu selbstschädigenden Handlungsweisen, und über die Hälfte leidet unter einem negativen Selbstwertgefühl. Der paradoxe Erziehungsstil, der zwar nicht mehr autoritär, aber auch noch nicht emotional-normativ ausbalanciert ist, produziert eine »latent mißtrauisch-feindselige Lebensstimmung« und findet sich gehäuft dort, wo die Eltern Persönlichkeitsprobleme haben, sowie in konfliktbehafteten Partnerschaften. Der paradoxe und der gleichgültige Erziehungsstil sind am häufigsten unter Gebildeten und in großen Ballungsgebieten anzutreffen, da hier die mit dem Prozeß der Moderne einhergehenden sozialen Umbrüche und Desintegrationserfahrungen, die einen Verlust an Sicherheit und Geborgenheit bedeuten, zuerst erfahren werden.

In einer Studie von Heitmeyer u. a. (1995) wird der Befund von Schmidtchen auch für Fremdschädigungstendenzen repliziert. Bei beiden Geschlechtern gehen der paradoxe und der gleichgültige Erziehungsstil mit den höchsten Gewalttätigkeitsraten einher, was Heitmeyer insbesondere mit der Verunsicherung der betroffenen Jugendlichen erklärt. Gewalttätiges Verhalten kann demnach das einzige Mittel sein, mit dem der betreffende Teenager noch klare Reaktionen von seinen Erziehern herausfordern kann, die ihm Halt und Orientierung bieten. Heitmeyers Daten deuten darauf hin, daß zur Prävention von gewaltbefürwortenden Einstellungen und gewalttätigen Handlungsweisen von Jugendlichen ein Erziehungsstil optimal wäre, bei dem die

»Eltern konsistente, klare Forderungen im Hinblick auf Regeleinhaltung stellen und mit Strenge durchsetzen, während sie gleichzeitig die notwendige emotionale Unterstützung für ihre Kinder bieten und ihnen in ihrer Beziehung untereinander ein demokratisches Modell vorleben« (ebd., S. 331).

5.3 Partnerkonflikte, familiale Instabilität und Persönlichkeitsentwicklung der Kinder

Von zentraler Bedeutung für die Persönlichkeitsentwicklung von Kindern ist, daß heutzutage die Sozialkontexte im familialen und außerfamilialen Bereich durch eine hohe Fluktuation relevanter Bezugspersonen gekennzeichnet sind. Die *Instabilität familialer Beziehungszusammenhänge* beeinträchtigt die für die Entfaltung des Kindes erforderliche Kontinuität des Selbsterlebens. Denn entscheidend für den Aufbau eines positiven Selbstbildes ist die Anerkennung durch signifikante andere, insbesondere durch die Eltern, was eine intensive und dauerhafte Beziehung, eine Stetigkeit von Identifikationen voraussetzt (Kaufmann 1990). Mit der Pluralisierung und Individualisierung der Lebensformen und den sie begleitenden Instabilitäten und Rollenveränderungen der Frau sind vielfältige Vereinzelungserfahrungen und Auseinandersetzungen verbunden. Zu den wichtigsten Auswirkungen gehören:
– ein erhöhtes Konfliktniveau in modernen Partnerschaften;
– eine Zunahme von Trennungs- und Scheidungserfahrungen und
  – damit gekoppelt – das Aufwachsen in Ein-Eltern-Familien oder Stieffamilien;
– Desintegrationserfahrungen im familialen Umfeld aufgrund der Erosion traditioneller sozialer Milieus.
Welche Folgen die hohe Konfliktanfälligkeit moderner Paarbeziehungen auf den Werdegang der Kinder hat, zeigen die Ergebnisse einiger empirischer Untersuchungen. Intensive und häufige elterliche Kontroversen gehen mit einer schlechten psychischen Anpassung der Kinder aus »intakten« (vollständigen) wie aus geschiedenen Familien einher (Emery 1982). Hier sind vorwiegend Verhaltensauffälligkeiten wie geringe Impulskontrolle und Aggressivität der Kinder zu nennen. Diese Zusammenhänge treten schon vor einer möglichen Trennung auf und sind bei Jungen stärker aus-

geprägt als bei Mädchen (Block u. a. 1986, Fthenakis 1993). Elterliche Konflikte führen v. a. in Verbindung mit inkonsistentem Erziehungsverhalten zu Verhaltensauffälligkeiten.

In den letzten Jahren wird vermehrt die Frage diskutiert, wie Kinder auf die *Veränderungen im familialen System* reagieren und die daraus resultierende Diskontinuität ihrer Entwicklung bewältigen. Die Zahl der *Alleinerziehenden* hat sich zwischen 1970 und 1993 im alten Bundesgebiet von etwa 660000 auf 1,07 Mio. erhöht, wovon 86% Frauen sind. Hinzu kommen etwa 500000 Ein-Eltern-Familien in den neuen Bundesländern (Peuckert 1996). Alleinerziehende sind gegenüber Normalfamilien deutlich sozioökonomisch depriviert. Jede zweite Alleinerziehende wünscht sich eine neue Partnerschaft und leidet nach eigener Aussage unter sozialer Isolation und Einsamkeit (Napp-Peters 1985). Einer Umfrage aus dem Jahr 1991 zufolge sind Alleinerziehende immer noch großen Vorurteilen ausgesetzt. Nur jeder zweite Westdeutsche ist davon überzeugt, daß »Kinder bei einem alleinerziehenden Elternteil das notwendige Maß an Sicherheit und Geborgenheit finden« (BMFJ 1992). Die meisten Alleinerziehenden teilen diese Einschätzung.

Alleinerziehende haben schwere psychische Belastungen zu ertragen, da die meisten von ihnen durch eine Lebenskrise (ungewollte Schwangerschaft, Scheidung, Verwitwung) in diese Situation gelangt sind. Die ersten beiden Jahre nach der Trennung werden häufig von Gefühlen der Trauer oder Depressionen bestimmt, von Kontrollverlust und einem negativen Selbstwertgefühl (Sander 1993). Die psychische Verunsicherung und Instabilität der Lebenssituation führt häufig zu Unentschiedenheiten im Erziehungsverhalten. Autoritäre Maßnahmen wechseln ab mit übergroßer Nachsicht, so daß insgesamt ein inkonsequenter Erziehungsstil vorherrscht (Weiß 1979). Es bereitet anscheinend große Probleme, eine angemessene Mischung aus Disziplin und empathischem Verständnis herzustellen.

Die wenigen Untersuchungen über die Auswirkungen von Trennungen und Scheidungen auf die *kindliche Persönlichkeitsentwicklung* zeigen, daß es zwar der Mehrzahl der Kinder gelingt, das Scheidungsgeschehen ohne langfristige Beeinträchtigungen zu bewältigen, daß aber ein Drittel aller Kinder mittel- und langfristig einen problematischen Werdegang aufweist. Dieser äußert sich in einer erhöhten Rate von Verhaltensstörungen und Aggressionen,

Beeinträchtigungen der moralischen Entwicklung sowie einem erhöhten Selbstmordrisiko und sozialen Bindungsängsten (Sander 1993, Fthenakis 1993). In ihrer Längsschnittstudie *Familien nach der Scheidung* hat Napp-Peters (1995) 150 Scheidungsfamilien über zwölf Jahre begleitet. Die Scheidung stellte anfangs für alle Kinder eine traumatische Erfahrung dar. In den ersten beiden Jahren wurde bei jedem vierten Kind von anhaltenden Verhaltensstörungen berichtet. Selbst zehn Jahre später haben von diesen Kindern 75% große Probleme, den Alltag zu bewältigen und längerfristige Perspektiven für ihr Leben zu entwickeln.

Viele Kinder aus Ein-Eltern-Familien müssen weitere Veränderungen im familialen System ertragen. Denn nur relativ wenige Kinder wachsen dauerhaft bei einer alleinerziehenden Mutter oder einem alleinerziehenden Vater auf. Die meisten werden in ein *Stiefkindverhältnis* überführt oder leben in nichtehelichen Lebensgemeinschaften. Der Anteil der Stiefkindverhältnisse an allen Kindschaftsverhältnissen beträgt knapp 9% und erhöht sich bis zur Volljährigkeit des Kindes auf knapp 14% (Nauck 1993). Der Familienbildungs- und -lösungsprozeß verläuft meist dergestalt, daß der leibliche Vater fort- und ein Stiefvater zuzieht, während die Haushaltsgemeinschaft der leiblichen Mütter mit ihren Kindern bestehenbleibt.

Eine Wiederheirat oder erneute Partnerschaft bewirkt weitere Diskontinuitäten und Verunsicherungen im familialen Umfeld und verstärkt die Verhaltensprobleme der Kinder (Stich 1993), dies namentlich während des Übergangs von der Ein-Eltern- zur Stieffamilie. Da der leibliche Elternteil oft auf das Kind fixiert ist, konkurrieren die Bemühungen des Stiefelternteils um Intensivierung der Partnerbeziehung mit den Ansprüchen des Kindes. Der Anpassungsprozeß wird noch dadurch erschwert, daß keine eindeutigen Rollendefinitionen für den Stiefelternteil und die Stiefkinder existieren, für viele Kinder eine Wiederverheiratung den Verlust (oder befürchteten Verlust) einer engen Eltern-Kind-Beziehung bedeutet und die Kinder nicht in Loyalitätskonflikte mit dem leiblichen, außerhalb des Haushalts lebenden Elternteil geraten wollen (ebd.).

Beinahe jedes zweite Stiefkind zeigt Verhaltensauffälligkeiten. Walper (1993) gelangt in ihrer Sekundäranalyse zu dem Schluß, daß sich Stiefkinder im Vergleich zu ihren Altersgenossen aus Normalfamilien häufig als aggressiv und ungehorsam erweisen, abhängiger von Gleichaltrigen sind und in ihren Schulleistungen, teils auch in ihrem Selbstwertgefühl und ihrer psychischen Gesundheit, Mängel erkennen lassen. Für ein hohes Belastungspotential von Stieffamilien spricht auch, daß diese sich vielfach wieder auflösen und sich viele Stiefkinder schon früh selbständig machen. Auch sind unter den Kindern, für die die Jugendämter eine Unterbringung in einer Pflegefamilie oder in einem Heim veranlassen oder denen sie therapeutische Hilfe gewähren, Stiefkinder unverkennbar überrepräsentiert (Stich 1993).

Mit den gesamtgesellschaftlichen Modernisierungsprozessen haben sich in den letzten Jahrzehnten nicht nur die familialen Sozialisationskontexte verändert, sondern auch der *weitere Erfahrungsraum der Kinder*. Einige Autoren sprechen von einer *individualisierten Kindheit*. Den Kindern und Jugendlichen wurden demzufolge viele Aufenthalts- und Erfahrungsräume genommen, die ihnen Sicherheit und Selbstvertrauen gaben. Der traditionelle Nahraum, die »gelebte Straßenkindheit«, hat neuen, speziell für Kinder konzipierten Räumen – einer »verhäuslichten« und »institutionalisierten« Kindheit – Platz gemacht. Da diese Räume und Angebote meist an unterschiedlichen Orten liegen, ist hiermit eine »Verinselung« oder Zerstückelung des kindlichen Lebensraums verbunden. Und da Kinder ihren sozialen Umgang täglich neu arrangieren und planen müssen, wird die kindliche Lebenswelt immer mehr von den rationalen Zeitstrukturen der Erwachsenenwelt durchsetzt.

Nach den Ergebnissen zweier neuerer empirischer Studien können diese Thesen aber nur sehr bedingt Geltung beanspruchen (Deutsches Jugendinstitut 1992, Büchner u.a. 1993). Nachbarschaftliche Nähe ist auch heute noch eine wichtige Voraussetzung für das Zustandekommen und die Ausgestaltung von Freundschaften. Auch die These von der Verinselung trifft so nicht zu, denn die meisten Freizeitorte liegen auch heute noch relativ nahe beieinander und können zu Fuß oder per Fahrrad aufgesucht werden. Empirisch nachweisbar ist, daß Kinder ihr soziales Leben immer häufiger selbst organisieren müssen. Dies erfordert eine raumzeitliche Koordination, und das Kind muß sich den vorfindbaren Zeitstrukturen anpassen.

Wie sich diese Zerstückelung der einstmals eher ganzheitlichen Alltagserfahrungen auf die kindliche Persönlichkeitsentwicklung auswirkt, ob die aktive Gestaltungsfähigkeit des Kindes gestärkt wird oder es vielmehr überfordert und verunsichert wird, läßt sich kaum sagen und dürfte auch vom Alter und der familialen Situation abhängen. Einerseits bedeutet die veränderte Lebenswelt eine »*Entsinnlichung des Lebenszusammenhangs*« (Zeiher 1983), da spontanes Handeln erschwert und eine Unverbindlichkeit sozialer Beziehungen begünstigt wird. Andererseits ist – v.a. bei älteren Kindern – mit dem Übergang zu einem selbstbestimmten Freizeitverhalten möglicherweise ein *Zugewinn an Autonomie* verbunden, da die Orientierung an unterschiedlichen Rollenkontexten hohe Anforderungen an die Planungsfähigkeit des Individuums stellt. Jüngere Kinder dürften hingegen erhebliche Probleme bei der Bewältigung eines sehr diffusen und diskontinuierlichen Sozialisationsarrangements haben, so daß die Entwicklung eines positiven Selbstbildes eher erschwert wird. Dies gilt besonders dann, wenn familiale Instabilitäten und Diskontinuitäten erschwerend hinzukommen.

6. Ausblick

Alles deutet darauf hin, daß sich im *alten Bundesgebiet* der Modernisierungsprozeß im Sinne einer stärkeren Durchdringung aller gesellschaftlichen Bereiche nach dem Marktmodell fortsetzen wird. Die Dominanz des Typus der modernen Kleinfamilie dürfte irreversibel verlorengegangen sein, denn seine Wiederherstellung würde die Aufhebung der Modernisierung, letztlich die Verdrängung der Frauen aus dem weiterführenden Bildungssystem, verlangen. Im Widerspruch zwischen den Erfordernissen des Arbeitsmarktes und den Erfordernissen der Familie ist mit einer weiteren *Zunahme individualisierter Existenzführungen* zu rechnen. Dabei werden solche Lebensformen immer attraktiver, die es gestatten, den selbständigen Interessen von Mann und Frau nachzugehen. Insbesondere Elternschaft wird leicht zu einem Hindernis im Individualisierungsprozeß, da sie die subjektiven Entwicklungs- und Partizipationschancen (insbesondere der Frauen) nachhaltig einschränkt. Die Zahl der Eheschließungen wird zugunsten nichtehelicher, leichter revidierbarer Paarbeziehungen und anderer zeitlich nicht festgelegter Beziehungsformen weiter abnehmen. Dabei dürfte sich der Wunsch nach Intimität und emotionaler Absicherung noch erhöhen, denn die Menschen werden »in den ausgedünnten Sozialbeziehungen in die Zweisamkeit, in die Suche nach dem Partnerglück hineingetrieben. Das Bedürfnis nach geteilter Innerlichkeit (...) wächst mit den Verlusten, die die Individualisierung als Kehrseite ihrer Möglichkeiten beschert« (Beck 1990, S. 37).

Die demographischen Einbrüche in den *neuen Bundesländern* seit der Vereinigung können als Ausdruck einer fundamentalen gesellschaftlichen Krisensituation und als Strategien zur *Bewältigung von Übergangsproblemen* gedeutet werden (Zapf/Mau 1993). Mit der Auflösung zentralistischer Strukturen, dem Übergang in eine marktwirtschaftliche Ordnung und dem damit einhergehenden Umbruch der Normen und Werte haben sich einerseits die Spielräume bei der individuellen Lebensgestaltung sprunghaft erweitert, andererseits sind bisher als selbstverständlich erachtete Sicherheiten und Geborgenheiten verlorengegangen, und die Menschen sind mit neuen Entscheidungszwängen und Verunsicherungen konfrontiert (Dorbritz 1993). Laut Wohlfahrtssurvey 1993 sind im Bereich der subjektiven Lebensqualität (Einsamkeit, Unglück, Ängste, Orientierungsprobleme, Anomie) die Belastungssymptome im Osten deutlich höher als im Westen. Jeder dritte Ostdeutsche kann sich nicht zurechtfinden. Zwei Drittel aller befragten Mütter und Väter fühlen sich durch die Krisensituation stark belastet, und es fällt ihnen besonders schwer, mit der ungewissen Zukunft zu leben (Bertram 1995). Lebensentscheidungen, die die Biographie des einzelnen für viele Jahre festlegen (wie die Entscheidung für ein Kind), werden als risikobehaftet eingestuft und möglichst vermieden oder zumindest aufgeschoben.

Mittel- und langfristig ist mit dem gesellschaftlichen Umbruch in Ostdeutschland ein Anwachsen von Wahlmöglichkeiten verbunden. Elternschaft wird dabei zu *einer* biographischen Option unter anderen. Die Vereinbarkeit von Familie und Beruf wird wie im Westen zum zentralen Problem. Insgesamt ist mit einer Annäherung an die Strukturen in Westdeutschland zu rechnen. Die zunehmende *Polarisierung der Bevölkerung* bedeutet, daß einem kleineren, aber wachsenden Teil der Einwohnerschaft, der nicht heiratet, keine oder nur wenige Kinder bekommt und nichteheliche Formen des Zusammenlebens oder ein Alleinleben bevorzugt, ein schrumpfender Bevölkerungsteil gegenübersteht, der sich für Ehe und Kinder entscheidet. Dabei bleiben – wie im Westen – »die besonders belasteten und benachteiligten traditionellen Lebensformen innerhalb des (insgesamt ohnehin benachteiligten) Familiensektors (...) heute vor allem den Angehörigen der unteren Sozialschichten vorbehalten« (Strohmeier 1993, S. 22).

Die Darstellung konzentrierte sich auf die zunehmende Verunsicherung der Sozialbeziehungen in der individualisierten Gesellschaft. Dies schließt nicht aus, daß auch *gesellschaftliche Krisenphänomene*, wie der in den letzten Jahren zu beobachtende Anstieg der *Langzeitarbeitslosigkeit*, den familialen Bereich und damit die Persönlichkeitsentwicklung der Kinder erheblich beeinflussen. 1995 lebte in jedem zehnten Haushalt ein Erwerbsloser, bei den Haushalten mit Kindern war sogar jeder siebte betroffen. Arbeitslosigkeit, so das Fazit einschlägiger Studien, begünstigt Auseinandersetzungen und erhöht die innerfamilialen Spannungen bis hin zur Gewalttätigkeit (Silbereisen/Walper 1989). Die familialen Kontroversen schlagen sich in einem autoritären, willkürlich bestrafenden Verhalten der Eltern nieder (Elder u. a. 1984). Repressive Erziehungsmaßnahmen begünstigen sozial aggressive Verhaltensweisen der Kinder und äußern sich langfristig in Beeinträchtigungen ihres Selbstwertgefühls, in einer erhöhten Rate abweichenden Verhaltens und in Schwierigkeiten beim Aufbau von Handlungskompetenzen. Diese Zusammenhänge gelten allerdings nur in Familien, in denen schon zuvor eine relativ geringe Kohäsion bestand.

Literatur

Allensbach, Institut für Demoskopie (Hg.): *Frauen in Deutschland*, Allensbach 1993.
Allerbeck, K./Hoag, W.: *Jugend ohne Zukunft?*, München 1985.
Arbeitsgruppe Sozialberichterstattung: *Wandel von Lebensformen: Entsolidarisierung durch Individualisierung?*, in: *WZB-Mitteilungen* 6 (1989), S. 15-19.
Bachmann, R.: *Singles*, Frankfurt/M. 1992.
Beck, U.: *Jenseits von Stand und Klasse?*, in: *Soziale Welt*, Sonderband 2 (1983), S. 35-47.
Beck, U.: *Risikogesellschaft*, Frankfurt/M. 1986.
Beck, U.: *Freiheit oder Liebe*, in: Beck, U./Beck-Gernsheim, E. (Hg.): *Das ganz normale Chaos der Liebe*, Frankfurt/M. 1990, S. 20-64.

Beck, U./Beck-Gernsheim, E.: *Nicht Autonomie, sondern Bastelbiographie*, in: *Zeitschrift für Soziologie* 22 (1993), S. 178-187.

Beck-Gernsheim, E.: *Vom »Dasein für andere« zum Anspruch auf ein Stück »eigenes Leben«*, in: *Soziale Welt* 34 (1983), S. 307-340.

Beck-Gernsheim, E.: *Von der Liebe zur Beziehung?*, in: Berger, J. (Hg.): *Die Moderne – Kontinuitäten und Zäsuren*, Göttingen 1986, S. 209-233.

Beck-Gernsheim, E.: *Was Eltern das Leben erschwert: Neue Anforderungen und Konflikte in der Kindererziehung*, in: Teichert, V. (Hg.): *Junge Familien in der Bundesrepublik*, Opladen 1991, S. 55-73.

Beck-Gernsheim, E.: *Anspruch und Wirklichkeit – Zum Wandel der Geschlechtsrollen in der Familie*, in: Schneewind, K. A./von Rosenstiel, L. (Hg.): *Wandel der Familie*, Göttingen u. a. 1992, S. 37-47.

Beck-Gernsheim, E.: *Arbeitsteilung, Selbstbild und Lebensentwurf*, in: *Kölner Zeitschrift für Soziologie und Sozialpsychologie* (1992a), S. 273-291.

Bertram, B.: *Die Wende, die erwerbstätigen Frauen und die Familien in den neuen Bundesländern*, in: Nauck, B. u. a. (Hg.): *Familie und Lebensverlauf im gesellschaftlichen Umbruch*, Stuttgart 1995, S. 268-284.

Block, J. J. u. a.: *The Personality of Children Prior to Divorce: A Prospective Study*, in: *Child Development* 57 (1986), S. 827-840.

BMFJ 1992: *Bundesministerium für Frauen und Jugend: Gleichberechtigung von Frauen und Männern – Wirklichkeit und Einstellungen in der Bevölkerung*. Schriftenreihe des Bundesministers für Frauen und Jugend, Bd. 7. Stuttgart u. a. 1992.

BMFuS 1992: *Bundesministerium für Familie und Senioren: Optionen der Lebensgestaltung junger Ehen und Kinderwunsch*, Schriftenreihe des Bundesministeriums für Familie und Senioren, Bd. 9, Stuttgart u. a. 1992.

BMJFG 1985: *Bundesministerium für Jugend, Familie und Gesundheit: Nichteheliche Lebensgemeinschaften in der Bundesrepublik Deutschland*. Schriftenreihe des Bundesministers für Jugend, Familie und Gesundheit, Bd. 170, Stuttgart u. a. 1985.

Büchner, P./Fuchs, B./Krüger, H.-H.: *Kinderalltag und Kinderfreizeit in Ost- und Westdeutschland*, in: *deutsche jugend* 41 (1993), S. 31-41.

Burkart, G./Kohli, M.: *Ehe und Elternschaft im Individualisierungsprozeß*, in: *Zeitschrift für Bevölkerungswissenschaft* 15 (1989), S. 405-426.

Dannenbeck, C.: *Einstellungen zur Vereinbarkeit von Familie und Beruf*, in: Bertram, H. (Hg.): *Die Familie in den neuen Bundesländern*, Opladen 1992, S. 239-260.

Dannenbeck, C./Keiser, S.: *Lebensbedingungen und Betreuungsmöglichkeiten von Kindern West- und Ostdeutschlands*, in: Glatzer, W./Noll, H.-H. (Hg.): *Lebensverhältnisse in Deutschland*, Frankfurt/New York 1992, S. 179-207.

Deutsches Jugendinstitut (Hg.): *Was tun Kinder am Nachmittag?*, München 1992.

Dorbritz, J.: *Sozialer Systemwandel und die Folgen für die Familienbildung*, in: *Berliner Journal für Soziologie* 3 (1993), S. 355-368.

Du Bois-Reymond, M./Büchner, P./Krüger, H.-H.: *Die moderne Familie als Verhandlungshaushalt*, in: *Neue Praxis* 23 (1993), S. 32-42.

Elder, G. H. u. a.: *Problem Behavior and Family Relationships*, in: Sorensen, A. u. a. (Hg.): *Human Development and the Life Course*, Hillsdale 1984.

Emery, R. E.: *Interparental Conflict and the Children of Discord and Divorce*, in: *Psychological Bulletin* 92 (1982), S. 310-330.

Erler, G. u. a.: *Kind? Beruf? Oder Beides?*, Hamburg 1988.

Erler, M.: *Die Dynamik der modernen Familie*, Weinheim/München 1996.

Fend, H.: *Sozialgeschichte des Aufwachsens*, Frankfurt/M. 1988.

Fthenakis, W. E.: *Kindliche Reaktionen auf Trennung und Scheidung*, in: Markefka, M./Nauck, B. (Hg.): *Handbuch der Kindheitsforschung*, Neuwied u. a. 1993, S. 601-615.

Garhammer, M.: *Auf dem Weg zu egalitären Geschlechterrollen?*, in: Buba, H. P./Schneider, N. F. (Hg.): *Familie*, Opladen 1996, S. 319-336.

Geißler, R.: *Die Sozialstruktur Deutschlands*, Opladen 1992.

Glatzer, W./Noll, H.-H. (Hg.): *Lebensverhältnisse in Deutschland*, Frankfurt/New York 1992.

Heitmeyer, W. u. a.: *Die Bielefelder Rechtsextremismus-Studie*, Weinheim/München 1992.

Heitmeyer, W. u. a.: *Gewalt*, Weinheim/München 1995.

Herbert, W.: *Wertwandel in den 80er Jahren*, in: Luthe, H. O./Meulemann, H. (Hg.): *Wertwandel – Faktum oder Fiktion?*, Frankfurt/New York 1988, S. 140-160.

Hettlage, R.: *Familienreport*, München 1992.

Hoff, E./Lappe,L./Lempert, W.: *Methoden zur Sozialisation junger Facharbeiter,* Teil I und II, Materialien aus der Bildungsforschung Nr. 24. Max-Planck-Institut für Bildungsforschung, Berlin 1983.

Hoffmann-Nowotny, H.-J.: *Die Zukunft der Familie – Die Familie der Zukunft*, in: Gerhardt, U. u. a. (Hg.): *Familie der Zukunft*, Opladen 1995, S. 325-348.

Hopf, W.: *Herkunftsfamilie und Rechtsextremismus von Jugendlichen*, in: *Sowi* 20 (1991), S. 254-259.

IBM-Jugendstudie '92, Institut für Empirische Psychologie (Hg.): *Die selbstbewußte Jugend*, Köln 1992.

Kaufmann, F.-X.: *Zukunft der Familie*, München 1990.

Keddi, B./Seidenspinner, G.: *Arbeitsteilung und Partnerschaft*, in: Bertram, H. (Hg.): *Die Familie in Westdeutschland*, Opladen 1991, S. 113-157.

Klages, H.: *Wertorientierungen im Wandel*, Frankfurt/New York 1984.

Klages, H.: *Wertedynamik*, Zürich 1988.

Köcher, M.: *Einstellungen zu Ehe und Familie im Wandel der Zeit*, Stuttgart 1985.

Kohli, M.: *Institutionalisierung und Individualisierung der Erwerbsbiographie*, in: Brock, D. u. a. (Hg.): *Subjektivität im gesellschaftlichen Wandel*, München 1990, S. 249-278.

Krombholz, H.: *Arbeit und Familie*, in: Bertram, H. (Hg.): *Die Familie in Westdeutschland*, Opladen 1991, S. 193-231.

Krüger, D.: *Alleinleben in einer paarorientierten Gesellschaft*, Pfaffenweiler 1990.

Lau, C.: *Gesellschaftliche Individualisierung und Wertwandel*, in: Luthe, H.O./Meulemann, H. (Hg.): *Wertwandel – Faktum oder Fiktion?*, Frankfurt/New York 1988, S. 217-234.

Löhr, H.: *Kinderwunsch und Kinderzahlen*, in: Bertram, H. (Hg.): *Die Familie in Westdeutschland*, Opladen 1991, S. 461-496.

Metz-Göckel, S./Müller, U.: *Der Mann*, Weinheim/Basel 1986.

Meyer, S./Schulze, E.: *Balancen des Glücks*, München 1989.

Meyer, T.: *Modernisierung der Privatheit*, Opladen 1992.

Meyer, T.: *Der Monopolverlust der Familie*, in: *Kölner Zeitschrift für Soziologie und Sozialpsychologie* 45 (1993), S. 23-40.

Napp-Peters, A.: *Ein-Elternteil-Familien*, Weinheim/München 1985.

Napp-Peters, A.: *Familien nach der Scheidung*, München 1995.

Nauck, B.: *Lebensqualität von Kindern*, in: Deutsches Jugendinstitut (Hg.): *Was für Kinder*, München 1993, S. 222-228.

Nave-Herz, R.: *Kinderlose Ehen*, Weinheim/München 1988.

Nave-Herz, R. u. a.: *Scheidungsursachen im Wandel*, Bielefeld 1990.

Peuckert, R.: *Familienformen im sozialen Wandel*, Opladen [2] 1996.

Pfeil, E.: *Die 23jährigen*, Tübingen 1968.

Pollmer, K./Hurrelmann, K.: *Familientraditionen und Erziehungsstile in Ost- und Westdeutschland im Vergleich*, in: *Kind, Jugend, Gesellschaft* 37 (1992), S. 2-7.

Reuband, K.-H.: *Veränderungen in den familialen Lebensbedingungen Jugendlicher seit der Jahrhundertwende*, in: *Zeitschrift für Sozialisationsforschung und Erziehungssoziologie* 12 (1992), S. 99-113.

Sander, E.: *Kinder alleinerziehender Eltern*, in: Markefka, M./Nauck, B. (Hg.): *Handbuch der Kindheitsforschung*, Neuwied 1993, S. 419-427.

Scheller, G.: *Wertwandel und Anstieg des Ehescheidungsrisikos?*, Pfaffenweiler 1992.

Schering-Frauenstudie '93, Köln 1993.

Schmidtchen, G.: *Schritte ins Nichts*, Opladen 1989.

Schneewind, K. A.: *Gesellschaftliche Veränderungswahrnehmung und Wandel des elterlichen Erziehungsstils im Generationenvergleich*, in: Buba, H. P./Schneider, N. F. (Hg.): *Familie*, Opladen 1996, S. 117-128.

Schneider, N. F.: *Woran scheitern Partnerschaften?*, in: *Zeitschrift für Soziologie* 19 (1990), S. 458-470.

Schneider, N. F. u. a.: *Familie im gesellschaftlichen Umbruch*, in: Nauck, B. u. a. (Hg.): *Familie und Lebensverlauf im gesellschaftlichen Umbruch*, Stuttgart 1995, S. 1-25.

Schreiber, H.: *Singles*, München 1978.

Schütze, Y.: *Zur Veränderung im Eltern-Kind-Verhältnis seit der Nachkriegszeit*, in: Nave-Herz, R. (Hg.): *Wandel und Kontinuität der Familie in der Bundesrepublik Deutschland*, Stuttgart 1988, S. 95-114.

Schulz, W.: *Von der Institution »Familie« zu den Teilbeziehungen zwischen Mann, Frau und Kind*, in: *Soziale Welt* 34 (1983), S. 401-419.

Schwarz, K.: *Frauenerwerbstätigkeit im Lebenslauf gestern und heute*, in: *Zeitschrift für Bevölkerungswissenschaft* 19 (1993/94), S. 541-575.

Seidenspinner, G./Burger, A.: *Mädchen '82*, Hamburg 1982.

Silbereisen, R. K./Walper, S.: *Arbeitslosigkeit und Familie*, in: Nave-Herz, R./Markefka, M. (Hg.): *Handbuch der Familien- und Jugendforschung*, Bd. 1: *Familienforschung*, Neuwied/Frankfurt 1989, S. 525-557.

Spiegel, E.: *Neue Haushaltstypen*, Frankfurt/New York 1986.

Stich, J.: *Kinder in Stieffamilien*, in: Deutsches Jugendinstitut (Hg.): *Was für Kinder*, München 1993, S. 149-157.

Strohmeier, K. P.: *Pluralisierung und Polarisierung der Lebensformen in Deutschland*, in: *Aus Politik und Zeitgeschichte* 17 (1993), S. 11-22.

Tölke, A.: *Partnerschaften und Eheschließung*, in: Bertram, H. (Hg.): *Die Familie in Westdeutschland*, Opladen 1991, S. 113-157.

Tyrell, H.: *Ehe und Familie – Institutionalisierung und Deinstitutionalisierung*, in: Lüscher, K. u. a. (Hg.): *Die »postmoderne« Familie*, Konstanz 1988, S. 145-156.

Vaskovics, L. A. u. a.: *Familien- und Haushaltsstrukturen in der ehemaligen DDR und in der Bundesrepublik Deutschland von 1980 bis 1989 – ein Vergleich*, Wiesbaden 1994.

Wahl, K.: *Studien über Gewalt in Familien*, Weinheim/München 1990.

Walper, S.: *Familiäre Konsequenzen ökonomischer Deprivation*, München 1988.

Walper, S.: *Stiefkinder*, in: Markefka, M./Nauck, B. (Hg.): *Handbuch der Kindheitsforschung*, Neuwied 1993, S. 429-438.

Weber, S./Gaedemann, C.: *Singles*, München 1980.

Weiß, R. S.: *Growing up a little faster*, in: *Journal of Social Issues* 35 (1979), S. 81-111.

Weymann, A. (Hg.): *Untersuchungen zur Individualisierung und Institutionalisierung von Lebensläufen in der Moderne*, Stuttgart 1989.

Wilk, L./Beham, M.: *Familie als kindliche Lebenswelt*, in: Gisser, R. u. a. (Hg.): *Lebenswelt Familie*, Wien 1990, S. 355-409.

Zapf, W./Mau, S.: *Eine demographische Revolution in Ostdeutschland?*, in: *ISI* 10 (1993), S. 1-5.

Zeiher, H.: *Die vielen Räume der Kinder*, in: Preuss-Lausitz, U. u. a. (Hg.): *Kriegskinder, Konsumkinder, Krisenkinder*, Weinheim 1983.

Heinz Günter Holtappels, Sabine Hornberg
Schulische Desorganisation und Devianz

Einleitung

Ziel des folgenden Beitrags ist es, die anomischen Tendenzen im Sozialisationsfeld der Schule herauszuarbeiten, die strukturellen und prozessualen Bedingungskonstellationen zu ermitteln sowie die subjektiven Verarbeitungsmuster von Schülerinnen und Schülern zu betrachten. Im Mittelpunkt stehen Formen der Desorganisation und Prozesse der Desintegration, wobei auch gegenläufige Entwicklungen aufgezeigt werden. Die Expertise wählt im wesentlichen eine theoretische Analyse, die jedoch in den meisten Aspekten empirisch gestützt werden kann. Forschungsdefizite zeigen sich in allen Analyseteilen, insbesondere hinsichtlich interkultureller und interethnischer Konflikte und Verarbeitungsmuster.

Im ersten Teil dieses Beitrags werden anomische Strukturen der Schule offengelegt. Nach einer Diskussion grundlegender institutioneller Normierungen und Defizite, Ambivalenzen und Widersprüche orientiert sich unser weiteres Vorgehen eng an theoretische Konstrukte, die auf *Durkheims* Anomietheorie und *Mertons* Ansatz rekurrieren: auf Tendenzen sozialer Desintegration infolge der Erosion kollektiver Bindungen, auf restriktive Konformitätszwänge und auf Ziel-Mittel-Diskrepanzen. Die letzte Perspektive erhält im Rahmen der Analyse besondere Bedeutung, da hier mit Ansätzen der Sozialisations- und Schultheorie v. a. dem Ansatz von *Merton* gefolgt wird; dabei werden sozialschichtspezifische und ethnische Aspekte der Ziel-Mittel-Problematik hervorgehoben.

Im zweiten Teil dieses Beitrags wird geprüft, ob und inwieweit sich im Zuge gesellschaftlicher Modernisierungsprozesse anomische Tendenzen im Schulsektor verändern bzw. verschärfen können. Der Beitrag schließt mit einem Überblick über subjektive Verarbeitungsmuster auf der Einstellungs- und Verhaltensebene. Hier konzentrieren wir uns angesichts der Fülle von empirischen Befunden zu schulischen Sozialisationseffekten auf ausgewählte Erkenntnisse zu schulstrukturellen Devianzeffekten und Anpassungsmustern sowie auf die Ebene des Schülerhandelns.

1. Anomische Strukturen der institutionellen Organisation der Schule

1.1 Institutionelle Strukturen schulischer Desorganisation und systemimmanente Antinomien

Im folgenden sollen zunächst theoretische Reflexionen über anomische Strukturen aufgrund institutioneller Organisationsmerkmale der Schule angestellt werden.[1]

Dabei kann die sozial- und erziehungswissenschaftliche Institutionenkritik – auf der Grundlage einer Sichtung einschlägiger Fachzeitschriften seit 1975 – wie folgt zusammengefaßt und akzentuiert werden:

– Der Schule wird immer wieder zum Vorwurf gemacht, daß die *Bildungsinhalte* zuwenig auf die gesellschaftlichen lebensweltlichen Erfahrungen der Lernenden bezogen seien, mithin subjektive Relevanz und Wirklichkeitsorientierung vermissen lassen. Schulisches Lernen hat zumeist wenig mit den Fragen und Problemen zu tun, die Kinder und Jugendliche tagtäglich bzw. in bestimmten Entwicklungsphasen beschäftigen. Es läßt sich vielfach weder aus den aktuellen und alltäglichen noch aus den zukünftigen beruflichen und gesellschaftlichen Lebensanforderungen konstituieren (vgl. auch AG Schulforschung 1980). Insbesondere betrifft dies Bereiche des politischen und sozialen Lernens (z. B. Persönlichkeits- und Körperentwicklung, soziale Kommunikation, Kindererziehung, Umgang mit Rechtsvorschriften, Nutzung von Medien und Informationssystemen). Hinzu kommt, daß der Tauschwert von Schulabschlüssen auf dem Ausbildungsstellen- und Arbeitsmarkt sinkt, für viele Schüler also die Sinngrundlage unterrichtlichen Handelns damit immer brüchiger wird. Dies gilt v. a. für Schulabgänger ohne Abschluß und die erheblich an Wert gesunkenen einfachen Schulabschlüsse (z. B. der Hauptschule).

– Im Hinblick auf die *Organisation schulischer Lernprozesse* zeigen sich v. a. fünf Problemfelder: Der unflexible Zeitrhythmus des Unterrichts setzt komplexen Lernprozessen und der Lehrplanung enge Grenzen. Zweitens untersteht schulisches Lernen

---

[1] Der unter 1.1. abgefaßte Text lehnt sich im wesentlichen an Ausführungen des Beitrags von Holtappels, H. G.: *Aggression und Gewalt als Schulproblem – Schulorganisation und abweichendes Verhalten* (1993a) an.

der Monofunktionalität von Schulräumen und einer Begrenztheit von Lernorten: Die Schule ist vornehmlich auf kognitive Lernprozesse ausgerichtet, sie ist weniger Lebensraum, Treffpunkt und Freizeitort; Zeit und Raum für soziale Erfahrungen, für handwerklich-manuelle, musische, kreative und sportliche Betätigung, für bewegende und erholende Aktivitäten sind eng begrenzt. Die Lern- und Erfahrungsmöglichkeiten beschränken sich in der Regel auf das Klassenzimmer unter standardisierten Bedingungen und Materialien. Drittens dominiert die Aufsplitterung komplexer Lebenszusammenhänge und Wissensgebiete in einzelne Unterrichtsfächer statt eines stärkeren Anteils an fächerverbindendem und -übergreifendem Lernen. Gerade angesichts der wachsenden Informatisierung, Technisierung und der Spezialisierung von Wissen wären jedoch Lernprinzipien der Ganzheitlichkeit und Durchschaubarkeit erforderlich. Auch heute reduziert sich schulisches Lernen vielfach noch auf ein Anhäufen abstrakter Wissensbestände. Viertens werden im Gegensatz zu den immer noch vorherrschenden Formen des lehrerzentrierten Frontalunterrichts offene Lernformen und Binnendifferenzierung eher selten realisiert. Doch insbesondere eine heterogene Schülerschaft verlangt nach differenzierten Inhalten, Materialien und Methoden sowie nach Förderungs- und Stützungsmaßnahmen (z. B. zur Vertiefung, Übung oder Wiederholung von Unterrichtsstoff).

– Da schulische Lernprozesse vorwiegend der Zielorientierung auf formelle Leisungsnachweise untergeordnet sind, beherrschen Zensuren und Zeugnisse die Szenerie. Alle Äußerungen und Lernhandlungen der Schüler/innen sind Beurteilungen und Bewertungen unterworfen mit dem Ziel der Vorbereitung und Legitimierung offizieller Leistungszuschreibungen. Leistungsauslese führt insbesondere zu einer sozialschichtspezifischen Chancenungleichheit. Die Erfolgs- bzw. Mißerfolgszuschreibungen sind für Schüler/innen mit Lernproblemen nicht selten mit Degradierungszeremonien und leistungsbezogenen Etikettierungen verbunden. Da Leistungszuschreibungen zugleich faktisch über die Rangordnung innerhalb der Klasse entscheiden, werden Schüler/innen in Konkurrenz zueinander gesetzt. Der Erfolg der einen bestimmt letztlich auch den Mißerfolg der anderen mit und umgekehrt. Dabei korrespondiert der Leistungsstatus in hohem Maße mit dem sozialen Status und dem

Sympathiestatus auf der informellen Ebene der Gruppenbeziehungen und des Lehrer-Schüler-Verhältnisses (vgl. Brusten/Hurrelmann 1973). Überdies verfestigen sich Lernprobleme rasch in beständigem Leistungsversagen, was schließlich in entsprechende Verfahren der Segregation mündet, also Klassenwiederholung und/oder Abstieg in niedrigere Leistungsgruppen (Kursabstufung bzw. Schulwechsel nach unten). Diese Prozesse haben beiläufig identitätsbedrohende psychische Versagenserlebnisse zur Folge.

– Schulleben und Schulklima und die damit korrespondierenden sozialen *Interaktions- und Beziehungsformen* werden durch den Zeit- und Tagesrhythmus, den formellen und leistungsbezogenen Charakter des Unterrichts und durch die hierarchische Rollenstruktur geprägt. Daraus resultiert erstens, daß Mitbestimmungsmöglichkeiten und Interessenvertretung für die Schülerschaft beschränkt sind. Zweitens reduziert sich der Schulalltag auf überwiegend kognitive Unterrichtsprozesse. Eine »Schulkultur« im sozialen und kreativen Bereich ist zumeist entweder nur unterentwickelt vorhanden oder hat untergeordnete Bedeutung. Das Verhältnis zwischen Schüler/innen und Lehrer/innen und den Lernenden untereinander ist daher allzuoft allein durch Leistungs- und Verhaltenserwartungen sowie formalisierte Lern- und Interaktionsprozesse geprägt, ohne daß eine kommunikative Aufarbeitung, Reflexion und Revision der eingefahrenen Umgangs- und Beziehungsformen stattfindet. Drittens erscheint die Schule als eine vom soziokulturellen regionalen Umfeld abgekoppelte Bildungsinstitution, solange sie eine Gestaltung des Schullebens und eine Öffnung zu ihrem Umfeld vernachlässigt.

Die Einübung partizipativen und demokratischen Verhaltens und die Entwicklung politischer Gestaltungskompetenzen werden damit schon im schulischen Kontext erschwert. Politisches, soziales und interkulturelles Lernen und auf die allseitige Persönlichkeitsbildung gerichtete Erfahrungsprozesse kommen hier nicht ausreichend zum Tragen. Demokratische und gewaltfreie Umgangsformen, Gemeinschaftsleben, Kooperation und Solidarität können so kaum entfaltet werden. Insgesamt wird der Schule kaum eine – über den Erwerb bestimmter Wissensbestände, formaler Qualifikationen und Zertifikate hinausgehende – soziale und kulturelle Bedeutung zugeschrieben.

– Der Unterricht vollzieht sich häufig in funktionalen Bauten, die zu Zeiten der Bildungsexpansion aufgrund rasch wachsender Schülerzahlen zumeist ohne hinreichende pädagogische Konzeption errichtet wurden. Eine an arbeitsphysiologischen und lernpsychologischen Erkenntnissen ausgerichtete Schulbauweise trifft man hier eher selten. Wohlbefinden und Identifikation mit der eigenen Lehranstalt dürften sich damit kaum einstellen. Hinzu kommt, daß Kinder und Jugendliche in der Regel mit einer vorgefertigten Lernumwelt konfrontiert werden. Die Normierung der Räume verhindert in der Regel die Umgestaltung, aktive Aneignung und Kreativität. Ähnlich wie bei den durch städtebauliche Monostrukturen geprägten Wohnumfeldern können auch in der Schule Widerstand, aggressive Verhaltensformen, Vandalismus und Leistungsverweigerung die Folgen mangelnder Möglichkeiten produktiver Raumaneignung und somit ausgeprägter Beziehungslosigkeit zur Lernumwelt sein.

Diese Zustandsbeschreibungen gelten jedoch keineswegs für alle Lehranstalten, ganz abgesehen von Unterschieden zwischen den Schulformen. Gerade in neuerer Zeit haben zahlreiche Lehrerkollegien angesichts der vielfältigen Lehr- und Lernprobleme sowie Erziehungsschwierigkeiten bereits begonnen, reformpädagogische oder neue pädagogische Ansätze aufzugreifen oder zu entwickeln.

Bislang zeigt die Schule systemimmanente Widersprüche innerhalb ihrer gesellschaftlichen Funktionen und selbstgesetzten Ansprüche. Im Schulalltag werden so vielfältige institutionelle Antinomien sichtbar, die eine dialektische Aufarbeitung verlangen (vgl. dazu insbes. Schlömerkemper 1987, S. 27 ff.): Der Förderung der individuellen Begabung und Lernfähigkeit stehen über Leistungsabforderungen und -bewertungen ausdifferenzierte Auslesemethoden gegenüber. Soziale Lernziele wie Solidarität und Teamfähigkeit sind im Rahmen des konkurrenzorientierten Prinzips der individuellen Leistungserbringung schwer haltbar. Der Partizipationsgedanke gerät bei den institutionellen Entscheidungsfindungen allzuoft mit der hierarchischen Organisation in Konflikt. Die Entwicklung von Selbstbestimmung, Selbständigkeit und Individualität der Lernenden fällt nicht selten institutionellen Regelwerken und Anpassungsforderungen zugunsten gesellschaftlich geforderter Rollen- und Verhaltensmuster zum Opfer. Die Schule bildet zwar einerseits einen sozialisatorischen Rahmen für eine förderliche Persönlichkeitsentfaltung der Individuen, sorgt aber andererseits über leistungsbezogene und soziale Stigmatisierungen auch für beschädigte Identitäten (vgl. etwa Hargreaves 1979).

1.2 Dimensionen der Störung sozialer Ordnung in der Schule

Welche sozialen Krisen können zur Störung der kollektiven Ordnung und zur Desintegration führen? Wir unterscheiden mit Blick auf die institutionelle Organisation der Schule drei Dimensionen von Desorganisation:

1. Soziale Desintegration
2. Restriktive Konformitätszwänge
3. Ziel-Mittel-Diskrepanzen

Diese Facetten der sozialen Desorganisation sind auf Krisen und Integrationsprobleme in der Schule übertragbar und entsprechen im wesentlichen den bei Durkheim genannten drei Formen (des Suizids). Mertons Anomietheorie betrifft zentral die dritte Dimension, welche im Rahmen unseres Ansatzes auch den breitesten Raum einnimmt. Dabei ist für das Sozialisationsfeld der Schule keineswegs ausgeschlossen, daß die Schulorganisation auf mehr als einer bzw. auf allen drei Dimensionen zugleich anomische Strukturen hervorbringt. Ebenso scheint es naheliegend, daß diese drei Facetten – im Sinne von synergetischen Effekten – kumulativ zusammenwirken und anomische Tendenzen auslösen.

1.2.1 Soziale Desintegration

Eine erste Form der Störung sozialer Ordnung entsteht nach Durkheim über die Desintegration von Individuen durch *fehlende Kollektivbindungen*. Eine solche Bindungslosigkeit kann sich in der Schule vermutlich dann am ehesten entwickeln, wenn über leistungsbezogene und soziale Etikettierungs- und Segregationsprozesse die Integration einzelner Schüler/innen so empfindlich gestört wird, daß kein gemeinsames Ziel und keine gemeinsam geteilten Aktivitäten in der Lerngruppe bestehen. Dies ist dann der Fall, wenn einerseits divergierende Lern- und Leistungsinteressen und eine konkurrenzorientierte Rangordnung vorherrschen, andererseits keine anderen äquivalenten sozialen Stützsysteme etabliert sind, die – z.B. in Form von Freundschaftsbildungen,

nicht-leistungsbezogenen Neigungsbereichen – soziale Anerkennungen vermitteln. Da Zensuren und Zeugnisse nachhaltig über
die gesellschaftlichen Teilnahmechancen entscheiden, sind bei er-
folglosen Schülern ähnliche psychosoziale Folgen wahrscheinlich,
wie sie Durkheim für den Suizid formuliert: Der »Sinn des Daseins« fehlt, die »Art von Leben, die in der Wirklichkeit noch möglich ist, erfüllt nicht« die sozialen und emotionalen Bedürfnisse
und Wünsche, so daß es nichts mehr gibt, für das es sich aus Sicht
der betroffenen Schüler/innen lohnen könnte sich einzusetzen,
und sie fühlen, daß »ihr Streben ins Leere geht« (ebd., S. 237). Die
sozialen Desintegrationswirkungen dürften eine Verstärkung erfahren, wenn auch die sachbezogene Ebene schulischen Lernens
Entfremdungseffekte hervorruft, so daß die schwach ausgeprägte
Seite intrinsischer Motivation keinerlei Kompensation und Gegengewicht herzustellen vermag.

Der sozialen Desintegration ausgesetzt sehen sich zeitweise
Schüler/innen der ethnischen Minoritäten, aber auch Aussiedler-
kinder, die aufgrund fehlender oder mangelnder Deutschkennt-
nisse bei Eintritt in das bundesrepublikanische Schulsystem
ausschließlich die eigens für sie eingerichteten Intensivkurse
»Deutsch«, in den sechziger und siebziger Jahren die sogenannten
»Auffangklassen«, besuchen. Die Teilnahme an diesen Kursen ermöglicht ihnen zwar eine Bindung an das Kollektiv der nicht
deutschsprachigen Schüler/innen, allerdings wird eine auf sozialem Austausch beruhende Integration in die Gruppe aller Schü-
ler/innen durch diese Segregationspraxis erschwert oder auf einen
späteren Zeitpunkt verschoben. Dieses Verfahren scheint insofern
besonders problematisch, da erstens gerade der Sprache als Sym-
bolwelt-Faktor für eine erfolgreiche Einbindung in die Gemeinschaft eine herausragende Bedeutung zukommt und zweitens
bereits bestehende oder aufkeimende Vorurteile und Stereotypisierungen nicht kommunikativ bearbeitet werden können.

1.2.2 Restriktive Konformitätszwänge

Restriktive Konformitätszwänge mit der Folge identitätsbedro-
hender Anpassungsprobleme durch *hohe und undifferenzierte
Kollektiveinbindung* sind die zweite Form, in der nach Durkheim
Krisen bewirkt werden. In diesem Fall hat das Individuum mit
seinen Fähigkeiten und Eigenschaften nur geringe Bedeutung,

während die Gemeinschaft alles gilt; so können Unterordnung und Pflichterfüllung zu Devianz führen. Im Schulsektor sind solche Tendenzen am ehesten in Lehranstalten denkbar, die autoritäre und unterdrückende Züge aufweisen. Exemplarisch hierfür stehen Schulen in diktatorischen Systemen, in denen die Lerngruppe in restriktiver Weise auf starr vordefinierte gesellschaftliche und politische Werte, auf eng festgelegte Bildungsinhalte sowie auch auf stark ritualisierte und disziplinbestimmte Lern- und Sozialformen festgelegt wird. Solche Standardisierungen des Wissenserwerbs bei gleichzeitig hoher Verpflichtung auf Werte, Normen und Aktivitäten, die das Kollektiv betonen und Individualität kaum zulassen, beschränken sich aber keineswegs nur auf Schulen in antidemokratischen Systemen (wie im Nationalsozialismus) oder kommunistischen Regimen (wie der DDR). Autoritär-repressiv geprägte Schulstrukturen mit rigiden Leistungs- und Verhaltenserwartungen und restriktiver Kontrolle waren auch in formal demokratisch strukturierten Gesellschaftsformen, etwa in der Weimarer Republik, zu beobachten. Diese Strukturen haben sich auch in der Bundesrepublik bis weit in die sechziger Jahre erhalten und bestehen sogar teilweise bis heute noch fort.

Jedoch scheint diese erweiternde Auslegung durch den Ansatz von Durkheim nicht abgedeckt, da er auf die hohe, undifferenzierte Kollektiveinbindung, nicht aber auf Strukturen restriktiver Konformitätsforderung und Standardisierung abstellt. Läßt man aber die Erweiterung der Anomiethese durch die zuletzt genannten Merkmale zu, so würde eine starke Orientierung auf das Kollektiv auch solche Schulklimaausprägungen umfassen, die trotz unterschiedlicher Voraussetzungen im Unterricht sämtliche Schüler/innen auf uniforme Leistungsanforderungen und -inhalte verpflichten, gleichartige Lernformen und Lernbedingungen (z.B. Material, Zeit) für die jeweilige Klassengemeinschaft praktizieren und einförmige, am Lernkollektiv orientierte Leistungsbewertungsstandards (z.B. anhand von Normalverteilungskurven) anlegen. In ähnlicher Weise sind Konformitätszwänge aufgrund einheitlich geltender und angewendeter Verhaltensnormen zu betrachten. Damit korrespondiert trotz individualisierter Leistungszuschreibungen nicht selten die Ideologie der Klassengemeinschaft oder des Interesses der gesamten Schule, womit schulspezifische Werte, Normen und Regeln legitimiert werden.

Die einseitige Betonung von Unterordnung und Pflichterfüllung kann in zweifacher Hinsicht die Identitätsbalance stören und Krisen hervorrufen: Einerseits kommen unter repressiven Strukturen weder individuelle Interessen und Bedürfnisse zum Tragen noch der Wunsch nach Darstellung und Bewahrung der Einzigartigkeit der Persönlichkeit; Frustrationserlebnisse und Identitätskrisen können zu devianzförmigen Handlungen führen. Andererseits steigen mit den restriktiven Konformitätsforderungen die Wahrscheinlichkeit von Normübertretungen sowie das Aufkommen psychosozialer Streß- und Spannungssituationen.

Im Schulbereich sehen sich diejenigen Kinder und Jugendlichen im Vorteil, die die soziokulturellen Verhaltensmuster der autochthonen Mittelschichten reproduzieren können. Offen sanktioniert werden von diesem Status quo abweichende milieubedingte Ausdrucksformen in der Regel dann nicht, wenn sie den reibungslosen Ablauf des Schulalltags nicht stören. Dennoch herrscht offenbar ein hoher Konformitätszwang, dem sich insbesondere ethnische Minoritäten im Schulalltag ausgesetzt sehen. Dies ist zum Beispiel dann der Fall, wenn der von Lehrenden und Mitschüler/innen ausgehende soziale Druck zur Anpassung an ihre kulturellen Normen übermächtig ist (vgl. Brumlik 1993).

Ein solcher Konformitätszwang manifestiert sich aber auch in ethnozentrisch konzipierten Unterrichtsthemen und -materialien, etwa in Schulbüchern, Lexika, Filmen (vgl. Cohen 1987, Goepfert 1985, ZDWF 1990) und erschwert Teilen der Schülerschaft die Identifikation mit den Lerninhalten, so daß sie sich im Extremfall einer hohen und undifferenzierten Kollektiveinbindung ausgesetzt sehen. Diese Situation könnte z. B. dann eintreten, wenn es dem einzelnen ungeachtet seines ethnischen und/oder kulturellen Hintergrundes verwehrt wird, seine Sicht historischer Entwicklungen oder gesellschaftlicher Ereignisse in den Unterricht einzubringen bzw. den Lernstoff zu kritisieren und zu korrigieren. Ein weiteres Beispiel ist der von der Institution Schule ausgehende Zwang zur Anpassung an die Sprache der aufnehmenden Gesellschaft bei gänzlicher Ausblendung der Minoritätensprachen bzw. sogar des Verbots, sich ihrer in informellen Gesprächen zu bedienen.

1.2.3 Ziele-Mittel-Diskrepanzen

Die dritte Form devianzfördernder gesellschaftlicher Krisen entsteht nach Durkheim aufgrund anhaltender Störung der kollektiven Ordnung, hervorgerufen durch die *Diskrepanz zwischen den Bedürfnissen der Menschen und ihren realen Möglichkeiten*, diese auch zu realisieren. Anomie gründet sich hier auf das Fehlen einer regulativen Kraft, die die durch gesellschaftlich vorgegebene Zielsetzungen entwickelten Interessen des Individuums wie Wohlstand, Erfolg oder Prestige mit den gesellschaftlich zur Verfügung gestellten Mitteln erreichen zu können. Auf die hier untersuchte Institution übertragen bedeutet dies, daß die schulspezifisch hohen Werte wie gute Noten und Zeugnisse, die ja auch maßgeblich über die späteren gesellschaftlichen Lebenschancen entscheiden, von einem Teil der Lernenden mit den ihnen zugebilligten Mitteln und Wegen nicht erreicht werden können. Diese Ziele-Mittel-Diskrepanz kann in zweierlei Hinsicht anomische Konstellationen begünstigen: Im ersten Fall werden unter entfremdendem Schulklima Diskrepanzerfahrungen durchgängig latent spürbar; die anomischen Zustände betreffen dann eine Vielzahl von Schülern. In dem zweiten, vermutlich in fast jeder Schule anzutreffenden, Fall sind es lediglich Teilgruppen, die den Anforderungen nicht entsprechen können; hier sind Zugangschancen bzw. die Verfügbarkeit der legitimen Mittel ungleich verteilt. Beide Bedingungskonstellationen können zweifellos auch kumulativ zusammenwirken, so daß verstärkte anomische Zustände entstehen. In jedem Fall würde – soweit man Durkheim folgt – die »organische Solidarität« der Schulorganisation empfindlich gestört.

Was bei Durkheim in der Gesellschaft als Basis moralischer Ordnung und als Hauptquelle organisatorischer Solidarität gilt, die gesellschaftliche Arbeitsteilung, könnte sich in der Schule auf die unterschiedlichen Rangpositionen der Lernenden auf der Leistungs- und Verhaltensskala beziehen. Denn die in der Lehranstalt bzw. in einer Unterrichtsklasse gewachsene soziale Ordnung gewährt – zumeist unhinterfragt – Kindern und Jugendlichen mit grundverschiedener Wesensart eine Existenz; Schüler/innen unterscheiden sich einerseits sowohl in der Art (Begabungsprofil) als auch im Niveau (Leistungsstand) ihrer Kenntnisse und Qualifikationen, andererseits hinsichtlich ihres sozialen Verhaltensrepertoires und ihrer interaktionistischen Grundqualifikationen für das

Rollenhandeln. Auch weniger erfolgreiche Schüler/innen werden sich allmählich auf ihre Weise mit der Schule arrangieren. Die soziale Ordnung hier ist dementsprechend auch dadurch gekennzeichnet, daß Schüler/innen mit unterschiedlichem Leistungsstatus und sozialem Ansehen miteinander lernen.

Organische Solidarität hat eine Befriedungsfunktion, sie verhindert über Austauschbeziehungen und Regelsysteme offene Konfliktkämpfe und verhilft zu Problemlösungen; gleichzeitig hat sie aber auch Beschränkungs- und Disziplinierungscharakter und kann der Stabilisierung und Legitimierung von sozialer Ungleichheit dienen. Beispiele für diese ambivalente Funktion sind etwa differenzierte Stellenbeschreibungen und Aufgabenfelder, Lohn- und Gehaltsgruppen sowie Tarif- und Schlichtungsgespräche zwischen Arbeitgeber und Arbeitnehmer als Aushandlungsinstrumente. Im Bereich der Schule wären dies analog die Bewertungsskalen und die hierarchisch angeordneten Schul- und Differenzierungsformen nach Leistungsniveau, aber auch die Wahlpflichtfächer, mit denen vielen Schülern mittels Spezialisierung ein soziales »Überleben« ermöglicht wird; Aushandlungsinstrumente bestehen bestenfalls in Schulgremien oder in Schulberatungsinstanzen.

Die Störung des sozialen Austausches und die Regellosigkeit werden demnach bei Durkheim als Anomie beschrieben. Bei einer zu weit getriebenen Arbeitsteilung besteht die Gefahr, daß im Zuge wachsender Individualisierung und Autonomie der Individuen die wechselseitige Anpassung und der gegenseitige Austausch schwinden, wodurch auch die Solidarität in Form kollektiver Orientierungen und befriedigender Sozialbeziehungen abnimmt. Die Schwächung der gesellschaftlichen Bindungen über verringerte soziale Interaktionen und Kontakte führt auch zur Schwächung der über die kollektiven Orientierungen als verbindlich akzeptierten Werte und Normen, was schließlich die Wirkung sozialer Reglementierung individueller Bedürfnisse senkt. Diese Prozesse greifen in der Schule in mindestens drei Fällen:

1. In einem stark erfolgsorientierten Lernklima führt hohe Leistungsdifferenzierung und Konkurrenzdruck zur Spaltung sozialer Gruppen.

Solidarische Orientierungen und Bindungen nehmen dann entweder ab oder entstehen in anderer Zusammensetzung von Gruppen mit kompatiblen Zielsetzungen in neuer Form. In diesem ersten Fall sind die Mittel für die erheblichen Anforderungen der Institution nicht (bzw. nicht für alle Individuen) verfügbar.

2. Bei hohen Bildungsaspirationen seitens der Schüler/innen (bzw. ihrer Familien) sowie bei großen Erwartungen an die soziale Funktion der Schule (z. B. Kommunikationswünsche und Gruppenerleben, Neigungs- und Freizeitangebote) sind Enttäuschungen vorprogrammiert, so daß hier sowohl Ziel-Mittel-Diskrepanzen zwischen dem Schulziel des Leistungserfolgs und den mit den zugebilligten Mitteln individuell erreichbaren Möglichkeiten auftreten können als auch Diskrepanzen auf der Zielebene selbst, zwischen schulisch vorgegebenen Zielen und andersgearteten individuellen Werten und Bedürfnissen gegenüber dem Schulalltag.

3. Die organische Solidarität wird ebenfalls gestört, wenn weniger erfolgreiche Schüler/innen nicht nur permanent Ziele-Mittel-Diskrepanzen erfahren, sondern auch noch die minimal erforderlichen Lern- und Schullaufbahnziele verfehlen und der Segregation zum Opfer fallen. Diese Existenzbedrohung betrifft dabei sowohl die zukünftige materielle Basis als auch die psychosoziale Ebene der Identitätsbalance.

1.3 Anomische Strukturen durch soziale Disparitäten in den Ziele-Mittel-Diskrepanzen

Eine andere Akzentuierung des Anomiekonzepts findet sich bei Merton (1968): Die Ziel-Mittel-Diskrepanzen werden dezidiert unter der Perspektive sozialer Ungleichheit betrachtet, wobei sich der Ansatz auf sozialschichtspezifische Disparitäten in der Verteilung der gesellschaftlich legitimierten Mittel konzentriert.

Merton zufolge gilt der Erfolg als das höchste Ziel aller Gesellschaftsmitglieder, unabhängig von sozialen Gruppenunterschieden. Dieses Ziel ist jedoch von Angehörigen unterer sozialer Schichten aufgrund des eingeschränkten Zugangs zu legitimen Mitteln schwerer erreichbar als für andere Gruppen; daher sind sie zu illegitimen Mitteln, also zu »abweichendem« Verhalten, gezwungen (Merton 1968, S. 198). Merton stellt demnach nicht die allgemeine Regellosigkeit, sondern Schichtendeterminiertheit abweichenden Verhaltens ins Zentrum. Anomie entsteht im Falle einer starken Diskrepanz zwischen der kulturellen Struktur der Ziele und Normen einerseits und den durch die soziale Struktur determinierten Mitteln zur Erreichung der Ziele und Einhaltung der Normen andererseits (vgl. Merton 1968a).

Auf die Schule übertragen bedeutet dies folgendes: Die kulturelle Struktur besteht in dem zentralen Ziel des Schulerfolgs, der über leistungsabhängige Zertifikate erreicht werden kann, sowie in institutionell geregelten Normen für die Wege der Zielerreichung; die legitimen Mittel umfassen fachbezogene Schulleistungen, die über bestimmte Erbringungs- und Bewertungsformen und mit einer Reihe erlaubter Materialien und Hilfsmittel in spezifischen Organisationsformen vollbracht werden. Dabei bleiben nicht-fachliche bzw. nicht-leistungsbezogene Handlungsweisen und Eigenschaften der Schüler/innen im Sinne sozialer Konformität (regelgerechte Verhaltens- und Einstellungsmuster) keineswegs ohne Einfluß, sondern sind nicht selten ebenfalls Gegenstand der Bewertung.

In der Schule kommt der zentralen Wertorientierung des Erfolgs allerdings noch eine herausgehobene Bedeutung gegenüber allgemeinen gesellschaftlichen Werten des Erfolgs oder des Wohlstands zu: Schulischer Erfolg in Form eines Mindestabschlusses ist notwendige (wenn auch nicht hinreichende) Voraussetzung für die Wahrung beruflicher Optionen; zum Teil bestimmt der Erfolgsstatus von Lernenden bereits während der Schulzeit die soziale Position mit (Beispiel: Statusunterschiede zwischen Hauptschülern und Gymnasiasten). Damit ist die schulspezifische Erreichung des kulturellen Ziels gewissermaßen mitbestimmend für zukünftige Zugänge zu legitimen Mitteln für die Erfüllung kultureller Ziele und Werte im gesellschaftlichen Leben. Die Schule nimmt demnach zumindest indirekt Einfluß auf die spätere Verteilung von Zugangschancen für gesellschaftlich legitime Mittel und auch auf die Entwicklung sozialer Disparitäten. Ihre Sonderstellung als Selektions- bzw. Allokationsinstanz ist für die Entstehung von Anomie insofern bedeutsam, als damit deutlich wird, daß das kulturelle Ziel des Schulerfolgs – und damit Leistungs- und Verhaltenskonformität – ungeachtet der strukturell verteilten Mittel hohe Verbindlichkeit erlangt und somit entsprechend hohen Druck der Zielerreichung auf die Lernenden ausübt.

Was die sozialstrukturelle Verteilung der Mittel anbetrifft, so kann angenommen werden, daß insbesondere solche Gruppen, die weder auf Leistungsorientierung noch auf Verhaltens- und Einstellungskonformität vorbereitet sind, verführt werden können, den schulischen Zielen durch illegitime Mittel nachzukommen. Die von Ziel-Mittel-Diskrepanzen betroffenen bzw. nicht betroffenen Gruppen sind allerdings weder in einer strikt dichotomen Einteilung vorstellbar, noch können hier konstant unterscheidbare Gruppen zugrunde gelegt werden. Eher sind dynamische Veränderungen anzunehmen:

Denn erstens werden in einer pluralen und ausdifferenzierten Gesellschaft die meisten Sozialgruppen zum Teil über normkonforme Mittel verfügen, zum Teil aber auch illegitime anwenden müssen. Abgesehen davon wird Devianz möglicherweise auch trotz der Verfügbarkeit über rechtmäßige Mittel praktiziert, z. B. dann, wenn abweichende Verfahrensweisen als der einfachere oder effektivere Weg erscheinen oder die Regelübertretung selbst bewußt gewollt oder als lustvoll betrachtet wird.

Zweitens können im Einzelfall sowohl die für schulische Lern- und Sozialisationserfolge relevanten außerschulischen Sozialisationsbedingungen im Zeitverlauf variieren als auch die individuellen, als dynamisch zu betrachtenden, Persönlichkeits- und Leistungsentwicklungen eine Veränderung erfahren, so daß auf der Zeitachse bzw. im Verlauf der Schulkarriere durchaus Modifikationen der Ziel-Mittel-Diskrepanzen bei ein und derselben Gruppe denkbar sind. Dies zeigt sich möglicherweise in Auf- und Abstiegen während der gesamten Schullaufbahn; dabei können dieselben Schüler/innen nacheinander unterschiedliche Statuspassagen und Karrieren durchlaufen oder parallel verschiedene Statuspositionen (auf der leistungsbezogenen und psychosozialen Ebene) innehaben (vgl. dazu Cicourel/Kitsuse 1974).

Drittens sind die Anforderungen der Schule – und damit ihre Ziele und Normen – keineswegs einheitlich, sondern divergieren je nach Unterrichtsanstalt, Klasse oder Lehrer und werden sogar situationsspezifisch unterschiedlich ausgelegt, angewendet und ausgehandelt. Überdies können sich schulische Ziele und die zugebilligten Mittel im Laufe der Zeit verändern: Beispielsweise ist es denkbar, daß die Anforderungen in Zeiten zunehmender Aspirationen oder hohen Selektionsdrucks steigen und das Ziele-Mittel-Verhältnis restriktiver gehandhabt wird; in Zeiten des Schülerzahlrückgangs oder des Mangels an hohen Abschlüssen sind dagegen die Anforderungen und Ziele vielleicht weniger hoch gesteckt, und es werden Erleichterungen in den Mitteln (z. B. Förderungsmaßnahmen) gewährt.

In diesem Zusammenhang muß, im Anschluß an Bohle (1975, S. 124), die uneingeschränkte Gültigkeit der Anomietheorie hinsichtlich der auf zentrale schulische Werte bezogenen Annahmen bezweifelt werden. Denn auch in der Schule können die Werte und Ziele gruppenspezifisch unterschiedlich gesetzt und interpretiert werden. Dabei spielt die Bedeutung, die der Bildung, dem Erfolg und den sozialen Konformitätserwartungen insgesamt von den Familien der Lernenden beigemessen wird, eine nicht zu unterschätzende Rolle. Hinzu kommt, daß die Schule nur dann glaubhaft den Sinn von graduellen Leistungsunterschieden (etwa in Form verschiedener Notendurchschnitte) vermitteln kann, wenn diese Unterschiede für Laufbahnzugänge und -zuweisungen sowie für Abschlußzertifikate und damit für Berufsübergänge relevant sind; besonders an den Nahtstellen der Schulstufen des Bildungssystems.

Doch selbst an diesen Nahtstellen ist kein durchgängig hoher Leistungserfolg erforderlich, sondern es gilt, bestimmte Hürden zu nehmen. Zwischen diesen Selektionsfiltern lassen sich seitens der Eltern und der Schüler/innen Erfolgsziele erst recht weitgehend problemlos relativieren, ohne daß damit existentielle Bedrohungen eintreten; denn hier gilt es lediglich, definierte Etappenziele (Versetzung) zu erreichen und möglichst noch alle Erfolgsoptionen offenzuhalten. Vermutlich geht es den meisten Schüler/innen vornehmlich darum, die Etappen-Mindestziele zu sichern und sich darüber hinaus so gut wie möglich einzurichten. Auch bei zeitweiligen Zielverfehlungen ist ein künftiger Schulerfolg nicht ausgeschlossen. Gleichwohl sind die mit Degradierung und Segregation (Klassenwiederholung, Abstufung in niedrigere Schulform/Niveaukurse) verbundenen Folgen erlebten Schulversagens in hohem Maße etikettierend und identitätsbedrohend, ganz abgesehen von den Auswirkungen auf die Leistungsmotivation sowie den psychosozialen Konsequenzen aufgrund des Verlustes sozialer Kontakte und Gruppeneinbindungen.

Zur Minderung von Ziel-Mittel-Diskrepanzen kann das gesellschaftlich bzw. institutionell vorgegebene, aber in seiner Ausprägung unbestimmte Ziel des Schulerfolgs jederzeit – v. a. aber an solchen Stufenübergängen und nach Selektionserfahrungen – von den Beteiligten umdefiniert, also heraufgesetzt oder heruntergeschraubt werden. Anomische Konflikte können aber in diesem Fall über die Senkung des Aspirationsniveaus vermieden oder gelöst werden, ohne daß das Ziel generell aufgegeben werden muß. Auch seitens der Institution Schule können solche »Abkühlungsprozesse« der Anspruchsreduzierung in Gang gesetzt werden (vgl. dazu Clark 1974). Hierzu dienen etwa Schullaufbahnberatungen, Prognosegutachten und Berufsorientierungsgespräche, in denen entsprechende Niveaueinstufungen in beiderseitigem Einvernehmen vollzogen werden sollen. Ein entgegengesetztes Vorgehen zur Minderung von Ziel-Mittel-Diskrepanzen stellt die Anpassung der Mittel an die gesetzten Ziele dar, also Erhöhung (z. B. Nachhilfeunterricht, Lernmaterialien) bzw. Minderung von Anstrengung und Lernaufwand oder Bemühen um soziale Anerkennungen etc.

Wir wollen uns hinsichtlich der sozialstrukturell disparat verteilten Mittel für Schulerfolg im folgenden auf zwei Merkmalsunterschiede konzentrieren, deren wesentliche Ausprägungen allerdings in hohem Maße kumuliert auftreten: 1. auf Sozialschichtunterschiede und 2. auf ethnische Unterschiede.

1.3.1 Sozialschichtspezifische Unterschiede

Die schichtenspezifische Sozialisationsforschung (vgl. insbesondere Bronfenbrenner 1958; Kohn 1959 u. 1963; Bernstein 1959) hat eine Reihe von empirischen Befunden vorgelegt, die deutliche schichtenspezifische Unterschiede in der familiären Sozialisation belegen, wobei zahlreiche der festgestellten Auswirkungen auf ungleiche Voraussetzungen für die Bewältigung schulischer Anforderungen hindeuten. Rolff (1980) stellt fest, daß Familien in unteren und mittleren bzw. gehobeneren sozialen Schichten divergente Sozialcharaktere hervorbringen. Es mangelt zwar durchaus an aktuellen empirischen Erkenntnissen (vgl. Rolff 1980, Tillmann 1989, Hurrelmann 1993), jedoch kann auch heute davon ausgegangen werden, daß die in der Schule zugebilligten legitimen Mittel sozialstrukturell unterschiedlich verteilt sind. Die für schulische Leistungsverläufe und Sozialisationsprozesse relevanten Aspekte lassen sich wie folgt zusammenfassen:

Aufgrund der elterlichen Erfahrungen im Arbeitsprozeß (Aufstieg, Tätigkeitsstruktur, Verantwortung und Selbständigkeit) ergeben sich schichtspezifische Bildungsaspirationen und Erziehungsmethoden, was sich insbesondere im Leistungsstreben und in den Wertorientierungen sowie in der Komplexität sachorientierter und sozialer Erfahrungen der Kinder niederschlägt. Die unterschiedlichen Modi des Sprachgebrauchs korrespondieren mit unterschiedlich differenzierten Interaktions- und Kommunikationsmustern in den Familien, was nicht ohne Einfluß auf die Differenziertheit der Selbst- und Umweltwahrnehmung, der Perzeption von Erwartungen und der individuierten Darstellungsfähigkeit bleibt und somit auch das Erlernen reflexiven und nuancierten Rollenverhaltens in vielfältiger Weise ermöglicht.

In Erwartungsmustern und Lernhaltung, in Motivierungs- und Belohnungsformen, in familiären Verhaltensvorgaben und emotionalen Beziehungen scheinen jedenfalls Mittelschichtskinder Sozialisationserfahrungen aufzuweisen, die den lernbezogenen und gesellschaftlichen Prozessen, den Interaktions- und Kommunikationstechniken in der Schule im wesentlichen durchaus ähnlich sind. Jungen und Mädchen aus den unteren Schichten sind demgegenüber weniger adäquat auf die schulischen Leistungs- und Konformitätsforderungen vorbereitet. Daraus folgt, daß die im schulischen Kontext zugebilligten Mittel bzw. die Zugangschancen zu diesen Mitteln – wie Sprach- und Ausdrucksvermögen, intrinsische Motivation und Anstrengungswille, Selbständigkeit und Selbstkontrolle – sozialschichtspezifisch unterschiedlich verteilt sind. Hinzu kommt, daß bei leistungs- und konformitätsbezogenen Zielverfehlungen das Artikulationsvermögen und die Beschwerdemacht der Erziehungsberechtigten sozialschichtspezifisch ungleich ausfallen, wie auch Hargreaves (1979) für Schülerdevianz und deren Interaktionsfolgen verdeutlicht; danach sind Eltern aus mittleren und gehobeneren gesellschaftlichen Schichten rascher und intensiver bemüht, seitens der Schule erfolgte negative Zuschreibungen und Devianzzuweisungen gegenüber ihrem Kind durch eigene Erziehungsmaßnahmen oder durch Intervention bei der Schule zu neutralisieren.

Die Bildungsforschung hat ergeben, daß hinsichtlich sozialschichtspezifischer Chancengleichheit nur geringfügige Verbesserungen erzielt wurden, wenn die Bildungsbeteiligung an höheren Schulformen im Zeitvergleich herangezogen wird. Es wird deutlich, daß alle Sozialschichtgruppen von der Bildungsexpansion profitiert haben und höhere Beteiligungsquoten aufweisen; am meisten an Prozentpunkten zugelegt haben jedoch die Beamtenkinder (Imhäuser/Rolff 1992, S. 64ff.): 1990 besucht nur ein Achtel (12,9%) aller 13- bis 14jährigen Arbeiterkinder ein Gymnasium

(1972: 6,3%), bei den Beamtenkindern liegt die Quote bei 61,1%
(1972: 45,7%). 1990 geht ein Siebtel (14,1%) aller 17- bis 18jährigen
Arbeiterkinder auf ein Gymnasium oder eine Fachoberschule
(1980: 9,2%), aber 56,5% aller Beamtenkinder (1980: 45,2%). Zu
alltäglichen Schulproblemen referieren Sass/Holzmüller (1982,
S. 185 ff.) empirische Befunde, nach denen sich ein beträchtlicher
Teil der Eltern durch Hausaufgabenhilfe belastet oder überfordert
fühlt (Eingangsklassen Hauptschule: 44%, Gymnasium: 35%);
Arbeitereltern sind hiervon stärker (42%) betroffen als andere Eltern (28%). Dies kann zudem zu Beziehungsproblemen und Konflikten in der Familie führen (vgl. Ulich 1989).

1.3.2 Ethnische Unterschiede

Merton berücksichtigt zwar in dieser Theorie die aufgrund sozialschichtspezifischer Ausgangslagen divergierenden Mittel zur Erreichung des kulturellen Ziels »Erfolg«, klammert jedoch Merkmale wie Geschlecht oder ethnische Zugehörigkeit aus. Im
Hinblick auf die gesellschaftliche Konstruktion »ethnischer Zugehörigkeiten« (vgl. Dittrich/Radtke 1990) mag Mertons Vorgehen
auf die damals weitverbreitete Annahme zurückzuführen sein, daß
sich im Zuge zunehmender gesellschaftlicher Arbeitsteilung ethnische Stratifikationen auflösen würden, denn »die einzig erträgliche
Lösung der enormen Spannung liegt darin, eine einzige gesellschaftliche Gemeinschaft mit der vollen Zugehörigkeit aller zu
konstituieren« (Parsons 1965/66, S. 740). Entgegen dieser optimistischen Einschätzung hat jedoch die Bedeutung der ethnischen
Herkunft oder Zuschreibung eher an Einfluß gewonnen denn verloren. Insbesondere die Hautfarbe ist nach wie vor ein zentrales
Merkmal zur Klassifizierung von Menschen, das einhergeht mit
einem begrenzten Zugang zu legitimen Mitteln des Statuserwerbs
und der Statussicherung (Wallerstein 1990, S. 87 ff.). Auch in der
Bundesrepublik lebende Angehörige ethnischer und/oder kultureller Minoritäten sehen sich einer solchen institutionell reglemen-
tierten Einschränkung ihrer Möglichkeiten ausgesetzt. Unsere im
folgenden zu untermauernde Annahme geht also davon aus, daß
das bundesrepublikanische Bildungswesen nicht »color blind« organisiert ist, sondern einigen Gruppen aufgrund selbstgewählter
oder zugeschriebener ethnischer und/oder kultureller Identitäten
die Inanspruchnahme legitimer Mittel zur Erfolgssicherung er-

schwert: Das Bildungssystem ist einerseits zerlegt in Maßnahmen für besonders förderungsbedürftige Schüler/innen, wobei häufig die ethnische Abweichung von der Norm auch in der Organisationsform eine Entsprechung findet, andererseits negiert es die ethnische und/oder kulturelle Heterogenität der Schülerschaft in Unterrichtsorganisation und Bildungsinhalten, so daß auf unterschiedliche Ausgangslagen zurückzuführende anomische Tendenzen und in der Folge deviante Verhaltensweisen bei allen Schüler/innen entstehen (vgl. Hornberg 1993a).

Allen weiteren Ausführungen soll zunächst die Frage vorangestellt werden, ob in der Bundesrepublik mit der Beschreibung »Ausländer/innen« im Alltagsverständnis und der Kategorie »ethnische und/oder kulturelle Minoritäten«, wie sie in wissenschaftlichen Abhandlungen vorherrscht, nicht fast ausschließlich auf hier lebende Menschen aus den ehemaligen klassischen Anwerbeländern, auf Angehörige der muslimischen Glaubensgemeinde, Nicht-Weiße oder Asylbewerber/innen rekurriert wird: Engländer/innen, Franzosen/Französinnen oder gar Amerikaner/innen sind meist nicht gemeint, außer ihre Hautfarbe ist nicht weiß. Denn wenn dies zutrifft, spiegelt sich diese Herangehensweise im Alltagsdenken von Schüler/innen und Lehrenden wider und wirkt sich, jenseits institutionell vorgegebener Maßnahmen, auch auf ihr Handeln in der Schulpraxis aus.

Auf das Eintreffen der ersten »Gastarbeiterkinder« reagierte die Kultusminister-Konferenz 1964 zunächst mit vornehmlich segregativen Maßnahmen (vgl. KMK 1964). Dabei gelang es ihr nicht, sich auf für alle Bundesländer einheitliche Organisationsformen zu einigen (Bayern z.B. richtete sog. »Nationalklassen« ein). Angestrebt wurde jedoch bundesweit eine möglichst rasche Integration der Kinder der ethnischen Minoritäten in die Regelklassen; gleichzeitig sollte ihre »kulturelle Identität« im Hinblick auf eine spätere Rückkehr in ihr Herkunftsland gewahrt werden. Überall dort, wo genügend Angehörige einer Sprachgemeinschaft lebten, wurden Vorbereitungsklassen eingerichtet, in welchen die Schüler/innen zunächst die deutsche Sprache lernen sollten. Interviews mit Jugendlichen, die solche Auffangklassen besuchten, legen eindrucksvoll Zeugnis davon ab, daß sie ungeachtet ihrer intellektuellen Fähigkeiten oft jahrelang in diesen Klassenverbänden verblieben, ohne tatsächlich die deutsche Sprache zu lernen – zum Zeitpunkt ihres Übergangs in eine Regelklasse waren sie dann häufig im Vergleich zu ihren Mitschüler/innen deutlich älter (Hoffmann 1990, S. 94).

Auch heute noch wird im Bildungsalltag im Hinblick auf Sprachgemeinschaften bzw. das Erlernen der »Zweitsprache Deutsch« segregiert: Ende der achtziger Jahre richtete man angesichts einer steigenden Zahl von Aussiedler- und Asylbewerberkindern, die nicht die deutsche Sprache beherrschten, wiederum Auffangklassen ein, die vom »normalen« Schulalltag weitestgehend isoliert blieben. Eine solche Segregationspraxis hemmt in zweierlei Hinsicht das Erreichen der angestrebten Ziele bzw. stellt nicht die adäquaten Mittel bereit: Der »Schulerfolg«, in diesem Kontext definiert als zweckmäßiger, rascher Spracherwerb, kann häufig nicht errungen werden. Wie aus Interviews mit Jugendlichen der ethnischen Minoritäten hervorgeht, haben viele der ehemaligen Schüler/innen solcher Auffangklassen die deutsche Sprache vornehmlich erst später, bei einem Wechsel in die Regelklassen, und in ihrem soziokulturellen Umfeld gelernt (Hoffmann 1990, S. 131). Wenn im Mertonschen Sinne und übertragen auf die Schulsituation von Sprachminderheiten z.B. statt eines »schichtspezifischen Filters« ein »kultureller Filter« bereits den kulturellen Wert »Erfolg« relativiert, dann bleibt dennoch die Diskrepanz zwischen Ziel und unzulänglichen Mitteln, so daß z.B. ein Rückzug in die innere Immigration oder eine größere Bezugnahme auf die eigene ethnische Gruppe daraus hervorgehen kann (Bohle 1975, S. 124). Versteht man Schulerfolg darüber hinaus in sozialer Hinsicht als »partizipierendes Mitglied der Gemeinschaft aller Schüler/innen«, so bleibt auch dieses Ziel unerreicht.

Die Einrichtung von Auffangklassen erscheint jedoch v.a. aus schulorganisatorischer Perspektive als probates Mittel, denn die Integration von Schüler/innen mit keinen oder geringen Deutschkenntnissen stellt für die Unterrichtenden eine spürbare Mehrbelastung dar, die durch zusätzliche Unterstützungsmaßnahmen aufgefangen werden müßte.

Eine abgeschwächte Form der Auffangklassen sind Intensivkurse. Die nicht deutsch sprechenden Schüler/innen lernen über einen befristeten Zeitraum stundenweise in eigens für sie eingerichteten Klassen, nehmen allerdings auch am Regelunterricht teil. In der Schulpraxis stellt sich das Problem, daß die in dem Intensivkurs verbrachte Zeit häufig überwiegt, so daß eine Integration in die Regelklasse problematisch ist. Das Knüpfen interethnischer

Kontakte oder gar der Aufbau stabiler sozialer Beziehungen wird so erschwert. Auch die deutschen Schüler haben somit selten die Gelegenheit, mit den Angehörigen der ethnischen Minoritäten in Austausch zu treten. Angesichts schulalltäglicher Segregation durch Leistungsauslese erscheint die Minderheit in den Augen der ethnischen Majorität häufig als defizitär.

In der Bundesrepublik haben die Nachkommen der ehemaligen Gastarbeiter/innen gemäß Beschluß der KMK (1979) ein Recht auf Erhalt und Pflege ihrer Muttersprache. Der Unterricht in den Sprachen der sechs Entsendeländer findet in den Nachmittagsstunden statt. Damit wird der dieser Sprache zugestandene Stellenwert im Bildungsbereich und in der Gesellschaft bereits deutlich. Das Potential, über das diese Kinder und Jugendlichen verfügen könnten, wird nicht gefördert, sondern allenfalls geduldet. Angesichts der Leistungsanforderungen, denen alle Schüler/innen im Regelunterricht ausgesetzt sind (und dies belegen z. B. die in außerschulische Nachhilfe investierten Unterstützungsleistungen), wird die freiwillige Teilnahme am Nachmittagsunterricht in einem nicht zeugnisrelevanten Fach in den Bereich des Privaten verwiesen. Ein legitimes Mittel, das maßgeblich zum Schulerfolg der Sprachminoritäten beitragen könnte, wird ihnen somit nicht zugestanden (Ausnahmen von dieser Regel sind z. B. einige Gymnasien oder Gesamtschulen in Nordrhein-Westfalen). Finden die Minoritätensprachen außerdem auch im Regelunterricht keine positive Berücksichtigung, sondern werden im Extremfall sogar als illegitime Mittel gebrandmarkt (z. B. dann, wenn der Austausch von Informationen in einer Minoritätensprache im Unterricht untersagt wird), bilden sich fast zwangsläufig anomische Strukturen. Es leidet darunter aber auch die Kompetenz der Schüler/innen, in ihrer Muttersprache zu fühlen, zu denken und zu kommunizieren, obwohl deren zentrale Rolle bei der Herausbildung und Bewahrung der kulturellen Identität unumstritten ist, auch im Hinblick auf die Vermeidung einer doppelten Halbsprachigkeit (Cummins 1987, S. 310 ff.; vgl. Hymes 1974).

Schulen sehen sich insbesondere in jüngster Zeit mit religiös begründeten Anforderungen konfrontiert, die bei ihnen zunächst häufig Abwehr auslösen (z. B. Kleidungsformen, Teilnahme am Sportunterricht). Muslimische Glaubensüberzeugungen, gleich welcher Provenienz, gelten in der bundesrepublikanischen Öffentlichkeit als rückständig, wenn nicht gar fundamentalistisch.

Muslimischer Religionsunterricht wird trotz Nachfrage häufig nur im Rahmen des Muttersprachenunterrichts erteilt. Damit wird der Tatsache, daß muslimische Glaubensanhänger/innen an vielen Schulen eine große Gruppe darstellen, formal nicht Rechnung getragen und einer Sicht Vorschub geleistet, die im wesentlichen Vorurteile und stereotype Vorstellungen bezüglich dieser Glaubensüberzeugung reproduziert.

Angehörige ethnischer Minoritäten sind in den Lehrerkollegien hiesiger Schulen weitestgehend die Ausnahme. Lernende und Lehrende der ethnischen Minoritäten begegnen sich primär im Rahmen des Muttersprachenunterrichts, also außerhalb der regulären Schulzeit. Deutsche Schüler/innen hingegen erleben diese Lehrenden im Schulalltag in der Regel gar nicht. Die herausragende Bedeutung positiver Identifikationsangebote für eine gelungene Identitätsbildung im Schulalltag ist in der einschlägigen Literatur ausführlich thematisiert worden (vgl. Clark/Clark 1939, Milner 1983). Dabei kommt diesen Lehrenden jenseits ihrer Vorbildfunktion v. a. auch eine wichtige Rolle als Ansprechpartner/innen für die ethnischen Minoritäten zu. Ausgehend von der geteilten Erfahrung der Lebenssituation als Migrant/innen, fällt eine Verständigung über spezifische Probleme leichter und können Unterstützungsstrategien und -leistungen zur Problembewältigung entwickelt werden, die deutschen Lehrer/innen nur eingeschränkt zugänglich sind.

Dies in Kombination mit einer häufig bei den Eltern der ethnischen Minoritäten anzutreffenden Unkenntnis des bundesrepublikanischen Bildungs- und Ausbildungssystems führt bei ihnen nicht selten zu einer gewissen Scheu: sie halten sich bei Elternabenden und -sprechtagen zurück oder bleiben ihnen gänzlich fern. Möglichkeiten der Intervention, der Aktivierung von Einflußmöglichkeiten werden nicht gesehen oder als wenig erfolgversprechend verworfen. Dies führt zu einer Desintegration der Eltern und partiell ihrer Kinder im Schulalltag, die wiederum massiv die Wahrnehmung ethnischer Minoritäten prägt. Lehrende beklagen das geringe Interesse der »ausländischen« Eltern, ihre mangelhafte Kooperationsbereitschaft und oftmals überzogenen Bildungsaspirationen (Hornberg 1993a, S. 84f.).

Der Schulerfolg der ethnischen Minoritäten steht dem ihrer deutschen Mitschüler/innen auch heute noch nach, wenngleich auch auf der Zeitachse Chancengewinne erkennbar werden. So erreichen heute zwar immer mehr dieser Schüler/innen mittlere und hohe Abschlüsse, vollziehen sie die Entwicklung ihrer deutschen Altersgenossen allmählich nach; indessen verlassen nach wie vor überproportional viele das Bildungswesen ohne einen Abschluß (Hornberg 1992, S. 241 f.). Allerdings ist dies neben organisatorisch bedingten Benachteiligungen auch auf sozialschichtspezifische Faktoren zurückzuführen. Böttcher hat dies unter Berücksichtung der Sonderauswertung des Mikrozensus von 1989 mit Zahlen verdeutlicht:

»Insgesamt ist zunächst einmal festzustellen, daß 71% aller 12- bis 15jährigen Ausländerkinder Arbeiterkinder sind (ca. 4% sind Kinder Selbständiger, ca. 9% sind Kinder von Angestellten, und bei fast 17% ist der Familienvorstand ohne Arbeit)«.

Dies erklärt zumindest teilweise, warum 1989 von allen ausländischen Schüler/innen zwischen 12 und 15 Jahren 63,8% die Hauptschule besuchten (Böttcher 1991, S. 160).

1.4 Gegensteuernde Strukturbildungen

In der Schule sind gegensteuernde Strukturbildungen erkennbar, die geeignet scheinen, anomischen Tendenzen vorzubeugen, zu mindern oder zu neutralisieren.

Traditionelle Formen der Gegensteuerung bilden insbesondere die Differenzierungsformen des Schulsystems. Damit werden für weniger leistungsstarke Gruppen die Ziele (des Schulerfolgs) herabgesenkt bzw. an die ihnen zur Verfügung stehenden Mittel (Lern- und Leistungsvermögen) angepaßt; frühzeitige, rigide durchgesetzte und nur geringfügig reversible Selektionen führen jedoch gleichzeitig auch zur Beschränkung und Abkühlung von Lernbedürfnissen und Bildungsaspirationen.

Im Verlauf der achtziger und neunziger Jahre zeigen sich als Konsequenz aus der Schul- und Institutionenkritik und der Schulreformdebatte neuere Entwicklungen in der inneren Reform der Schule, aber auch deutliche Tendenzen der Innovation. Im Unterricht äußern sie sich in der Hinwendung zu einer verstärkten Schülerorientierung, zu einer ganzheitlichen Lernentwicklung und zu einem ausgeprägten Lebensweltbezug sowohl der Bildungsinhalte als auch der Lernformen. Diese curricular-didaktischen Neuerungen finden ihre Entsprechung in einer besseren Förderungsarbeit.

Für beide Innovationen auf der Unterrichtsebene gilt: Hier werden die für Schüler/innen verfügbaren Zugänge zu Mitteln erweitert bzw. die Bedingungen für den Mittelzugang verbessert, um die Erfüllung des zentralen Ziels zu ermöglichen. Dabei können Schulerfolgschancen über die Wahrung von Bildungsgangsoptionen eher offengehalten werden; es werden demnach nicht die Ziele gemindert, sondern allenfalls ausdifferenziert.

Parallel dazu sind Tendenzen zu einer verstärkten Ausgestaltung des Schullebens, also des sozialen Systems der Schule über den Unterricht hinaus, zu beobachten.

2. Gesellschaftliche Modernisierung und Anomietendenzen

Für die Entstehung oder Förderung anomischer Phänomene rekurriert Durkheim auf die Rasanz gravierender gesellschaftlicher Veränderungen (z.B. ökonomische Krisen, Verschlechterung der Lebenslagen, Auflösung sozialer Bindungen) und den daraus resultierenden Verlust an gesellschaftlichen Regularien, die auch nicht rechtzeitig durch neue soziale Integrationsformen und moralische Normen ersetzt werden; kollektive, gesellschaftliche Orientierungen erfahren somit einen Bedeutungsverlust, wodurch die »organische Solidarität«, also das der bisherigen Ordnung im jeweiligen Sozialsystem entsprechende moralische Regelsystem, erodiert.

Hieran anknüpfend ist zu fragen, inwieweit gesellschaftliche Modernisierungsprozesse derart Einfluß auf die soziale Ordnung nehmen, daß Krisen- und Desorganisationssymptome zu mangelnden sozialen Kollektivbindungen bzw. hohen Konformitätszwängen sowie zu Ziel-Mittel-Diskrepanzen führen. Im folgenden sollen solche Entwicklungslinien gesellschaftlichen Wandels kurz skizziert werden (vgl. Tippelt 1990, Klemm u.a. 1985, Holtappels 1994), die Auswirkungen auf die Entstehung oder Förderung anomischer Tendenzen im Sozialisationsfeld Schule haben können. Dabei konzentrieren wir uns auf veränderte außerschulische Sozialisationsbedingungen und gewandelte Qualifikationsanforderungen.

Insbesondere sind für Anomie-Konstellationen und darauf bezogene Verarbeitungsmuster der Schüler/innen vier Aspekte von Bedeutung (ähnliche Aspekte bei Tillmann 1993; vgl. auch Holtappels 1993b), die allesamt auf eine durch den sozialen Wandel verstärkte Störung der sozialen Ordnung und der organischen Solidarität hinweisen.

2.1.1 Destabilisierung grundlegender Existenzsicherung durch labile Zukunftsperspektiven

Die anhaltende ökonomische Krise hat im Zusammenwirken mit der Erosion öffentlicher Haushalte nicht nur im Bewußtsein weiter Bevölkerungskreise Unsicherheit und Besorgnis hervorgerufen, sondern auch einen immer größeren Kreis von Menschen tatsächlich in den materiellen und sozialen Gefährdungsbereich geführt. Hinter den bis zu drei Mio. Fällen von Arbeitslosigkeit verbergen sich allein zwischen 1974 bis 1983 rund 13 Mio. Betroffene; 42% aller 23- bis 24jährigen Erwerbstätigen waren schon einmal arbeitslos, bei solchen ohne Hauptschulabschluß sogar zwei Drittel (Möller 1991, S. 112).

In den betroffenen Familien können die manifeste oder latente Existenzgefährdung und der damit einhergehende Verlust fundamentaler Sicherheiten die Wahrnehmungen und Lebensorientierungen der Kinder und Jugendlichen in psychosozialer und emotionaler Hinsicht erfassen. Die Entwicklung bleibt aber auch den meisten nicht-betroffenen Kindern und Jugendlichen keineswegs verborgen – nicht zuletzt auch wegen der breiten öffentlichen und medialen Thematisierung. Hinzu kommt ein weitgehend gesichertes Wissen über andere Lebensrisiken, etwa die Bedrohung der ökologischen Lebensgrundlagen und des Friedens. Nicht unwichtig ist die Feststellung, daß es sich bei den Bereichen Arbeitsplatz und Lebensunterhalt, Wohnen und Gesundheit, Umwelt- und Friedenserhaltung vorwiegend um solche handelt, auf die der einzelne relativ geringen Einfluß hat, was insbesondere bei Kindern und Jugendlichen Gefühle von Desorientierung, Ohnmacht und Ausweglosigkeit bewirkt. Insgesamt sind in diesem Kontext zwei Aspekte für das Sozialisationsfeld Schule von Bedeutung:

Erstens verbinden sich mit den wahrgenommenen oder selbst erfahrenen Existenzproblemen und Lebensrisiken bei Kindern und Jugendlichen generell Zukunftsängste und Orientierungslosigkeit. Der Verlust sicher geglaubter Zukunftsperspektiven erschüttert die soziale Austauschbeziehung zwischen gegenwartsbezogener Lernmotivation und späteren Lebenschancen; der zentrale Wert des Schulerfolgs wird widersprüchlich und diffus. Da sich der Sinn schulischen Lernens für Schüler/innen ohnehin kaum aus der Verwertbarkeit der Lerninhalte für aktuelle Lebensprobleme konstituiert, sondern Motivation und Leistung vornehmlich aus dem zukünftigen Tauschwert von Zertifikaten abgeleitet werden, geht nun in Krisenzeiten diese Sinngrundlage schulischen Lernens vollends verloren, wird zumindest erheblich brüchiger.

Zweitens sind bei den direkt von Krisenfolgen betroffenen Schüler/innen nicht selten auch materielle Einbußen und Statusverschlechterungen gegenüber Gleichaltrigen verbunden, etwa im Hinblick auf ein eigenes Zimmer, Spiel- und Freizeitmöglichkeiten, Lernmaterial, Konsumwünsche (z. B. Kleidung, Unterhaltungselektronik). Diese materiellen Einschnitte bedeuten durchaus Restriktionen sowohl für die eigene Darstellung der Einzigartigkeit von Identität als auch für die soziale Wertschätzung im Kreis der Mitschüler/innen, so daß auch gesellschaftliche Kontaktchancen und Freundschaftsbildungen in Gefahr geraten. Gleichzeitig können sich für die Betroffenen auch die Ziel-Mittel-Diskrepanzen in der Schule verschärfen, da nicht allein pekuniäre Probleme die einzusetzenden Lernmittel beschneiden, sondern häufig auch die psychosoziale Konstellation der Familien (z. B. wegen Erwerbstätigkeit der Eltern, häuslicher Konflikte) eine ungünstige Basis für die Lernunterstützung abgibt. Da die eigene Situation als unverschuldet und ungerecht wahrgenommen wird, ist – angesichts der gesellschaftlich weiterhin hochgehaltenen Werte von Erfolg und Wohlstand – bei den Modernisierungsverlierern das Aufkommen von Konkurrenz- und Neidgefühlen gegenüber sozial besser gestellten Gruppen wie auch gegenüber ethnischen Minoritäten zumindest nicht verwunderlich. Diese sozialen Spannungen äußern sich damit auch in den Lerngruppen der Gleichaltrigen, im schulischen Sektor der Lebenswelt von Kindern und Jugendlichen.

Die verschärften Konkurrenzbedingungen auf dem Arbeitsmarkt sowie der strukturell-technologische Wandel in nahezu allen Industrie-, Handwerks- und Dienstleistungssektoren haben die Bildungsexpansion spiralförmig weiter vorangetrieben, so daß sich die formalen Qualifikationsanforderungen für Schulabgänger erhöht haben. Der mittlere Schulabschluß ist zur Mindestnorm geworden (vgl. Rolff 1988, Klemm/Rolff 1988), um ausreichende Chancen für den Berufseinstieg zu wahren; für attraktive und zukunftsträchtige und damit einigermaßen sichere Berufsperspektiven sind entsprechende Ausbildungs- und Studienwege sogar nur über die Hochschulreife erreichbar. Diese Entwicklung hat einen kaum aufhaltbaren Trend zu anspruchsvolleren Schullaufbahnen und Abschlüssen bewirkt, was auf dem Ausbildungsstellenmarkt zu entsprechenden Verdrängungseffekten führt (vgl. Imhäuser/Rolff 1992).

Die Schüler/innen der ethnischen Minoritäten sehen sich im Hinblick auf ihre berufliche Zukunft mit einer doppelten Diskriminierung konfrontiert. Die von ihnen nach wie vor vorrangig erworbene schulische Qualifikation, der Hauptschulabschluß, hat seine ehemalige Wertschätzung eingebüßt. Darüber hinaus bevorzugen deutsche Arbeitgeber aber auch deutsche Lehrlinge, außer in solchen Zweigen, in denen die ethnischen Minoritäten aufgrund ihrer Sprachkenntnisse besonders funktional sind, wie z. B. als Arzthelfer/innen (vgl. Boos-Nünning u. a. 1990).

Trotz einer leicht abgeschwächten Selektionswirkung des Schulsystems hat sich damit an der Nahtstelle von Schulabgang und Beruf der Wettbewerb erheblich verschärft (vgl. Hansen/Rolff 1990). Dies bleibt nicht ohne Folgen auf den Leistungsdruck insgesamt sowie auf den Konkurrenzkampf um schulischen Erfolg. Auch vor dem Hintergrund ökonomischer Krisen bedeutet dies für das Lernen in der Schule, daß einerseits zahlreiche Schüler/innen in hohem Maße Orientierungen von Konkurrenzverhalten, »Sichdurchsetzen-Müssen«, Eigenschutz und Wettbewerbsvorsprung ausbilden. Andererseits wird dies bei den Lernschwächeren rasch Gefühle von mangelnder Erfolgszuversicht, Resignation, Ohnmacht und Sinnlosigkeit verstärken. Im Zeitalter der weitgehenden Entwertung von Schulabschlüssen gilt für fast alle Schüler/innen, also auch für jene mit mittlerem und gehobenem Niveau, daß sie selbst bei passablen Leistungen nicht sichergehen können, später in einen Beruf zu gelangen, der ihren Fähigkeiten, Interessen und Erwartungen entspricht. Scharfem Wettbewerb und Konkurrenzorientierung stehen ungesicherte Zukunftsperspektiven gegenüber. Hier können infolge erhöhter Anstrengungen Leistungsstreß oder aufgrund von Abkühlungseffekten hinsichtlich der Aspirationen Motivations- und Frustrationsprobleme auftreten.

Verschärfter Wettbewerb kann erstens Kollektivbindungen stören und solidarische Umgangsformen verdrängen. Es können zweitens konforme Anpassungszwänge überhandnehmen und individuelle Bedürfnisse und Interessen sowie subjektive Identitätsanteile ausgegrenzt werden; dies betrifft den Großteil der Schülerschaft, weil nun auch für Mittelschichtsfamilien der Druck, soziale Abstiege und Statusverluste abzuwenden, steigt. Es werden drittens Ziel-Mittel-Diskrepanzen verstärkt, weil das Schulerfolgsziel hochgesetzt wurde, gleichzeitig aber die Zugangschancen zu legitimen Mitteln gleichbleiben oder sogar – aufgrund belastenderer Sozialisationsbedingungen und psychoemotionaler Streß-, Angst- und Unsicherheitsfaktoren – absinken. Letzteres dürfte in erhöhtem Maße untere soziale Schichten und ethnische Minoritäten treffen, da sie sowohl von der ökonomischen Krise ungleich stärker betroffen sind als auch im schulischen Wettbewerb unterliegen; zählen sie doch überwiegend zu den unteren Leistungsgruppen und erzielen allenfalls Mindestabschlüsse. In diesen Gruppen der Verlierer und Chancenlosen wird einerseits das Selbstwertgefühl am massivsten in Frage gestellt, so daß eine Verteidigung der bedrohten Identität mit normkonformen, aber auch mit devianten Mitteln notwendig erscheint. Andererseits geraten diese Gruppen bereits in der Schule am stärksten unter Druck, spätere gesellschaftliche Ausgrenzung abzuwehren.

2.1.3 Auflösung traditioneller Sicherheiten und sozialer Netze

Die fortschreitende Segregation gesellschaftlicher Funktionsbereiche, also die Trennung von Arbeiten, Wohnen, Lernen und Freizeit, und die Pluralisierung von Wertorientierungen (hinsichtlich des Lebensstils, der Freizeit- und Konsumorientierung) haben entscheidend zur Ausdifferenzierung und Individualisierung des soziokulturellen Lebensalltags beigetragen. Dabei lösen sich nicht nur traditionelle Milieus (z. B. der Industriearbeiterschaft, der bäuerlichen Dorfgemeinde) mehr und mehr auf. Auch die Verwandtschafts- und Nachbarschaftsbeziehungen haben einen Bedeutungsverlust zugunsten frei gewählter und entlokalisierter Freundschaftsbildungen und Netzwerke erfahren. Diese Tendenz gilt jedoch nicht durchgängig, sondern hat vermutlich geringere Ausmaße bei Jugendlichen unterer sozialer Schichten mit familistischen und gruppenbezogenen Orientierungen sowie bei ethnischen Gruppen, in denen die etablierten Sozialbeziehungen weiterhin – nicht zuletzt aufgrund von Separierungen und Ghettoisierungen in den Wohnquartieren – sehr ausgeprägt sind (vgl. Burkard u. a. 1990).

Daß der gesellschaftliche Wandel (städtebauliche Veränderungen, Ausbreitung des Individualverkehrs, Verinselung von Kindheit, Verlust von Erfahrungsräumen, Rückgang von Nachbarschaftskontakten, Erosion von Ehe und Familie) zu grundlegenden Veränderungen der Lebensverhältnisse von Kindern, Jugendlichen und Erwachsenen führt, ist das gemeinsame Ergebnis zahlreicher Gegenwartsdiagnosen. Allerdings scheint sowohl Uneinigkeit über die Bewertung dieser Prozesse zu bestehen als auch über die Konsequenzen für die Funktions- und Aufgabenbestimmung der Schule. Was die einen als Verlust an Bindung, Solidarität und Erziehungskraft beklagen, beurteilen die anderen als Zuwachs an Verhaltensfreiheit, Selbstbestimmung und Möglichkeiten zur Selbstsozialisation (vgl. Burkard/Mauthe/Rösner 1990, Holtappels 1994). In jedem Fall ist in Rechnung zu stellen, daß das »soziale Kapital« – ähnlich dem ökonomischen – ungleich verteilt ist. Die Einbindung in soziale Netzwerke und die Art der Kommunikations- und Unterstützungsformen für die Alltagsbewältigung sind von den jeweiligen Lebensverhältnissen abhängig, die je nach Ausprägung der sozialräumlichen Variablen unterschiedlich ausfallen, so daß Kinder und Familien in sehr verschiedenartiger Form und Intensität daran partizipieren.

Sicher scheint allerdings, daß im Zuge der gesellschaftlichen Ausdifferenzierungsprozesse stabile Orientierungen verlorengehen, während die Heterogenität und Komplexität von Rollenerwartungen steigt. Tippelt (1990, S. 194) nennt diesbezüglich zwei Konsequenzen sozialen Wandels: Erstens werden Jugendliche in der modernen Gesellschaft mit steigenden Rollenanforderungen und schwierigen Integrationsleistungen konfrontiert, zweitens wird der Aufbau gemeinsamer kultureller Orientierungen nicht mehr durch Überführung in präzise umrissene Positionen bewerkstelligt, sondern Jugendliche müssen ihr Rollenrepertoire individuell zusammenstellen und ausgestalten.

Gesellschaftliche Differenzierungsprozesse implizieren die Gefahr der Segmentierungen von Bewußtsein und von Handlungsmöglichkeiten. Damit verbunden sind enorme Ansprüche an die Entwicklung des Rollenverhaltens und die Identitätsbildung (Tippelt 1990, S. 283; vgl. Berger u. a. 1975). Immer neue Informationen, Erfahrungen und Erwartungen verlangen höhere Fähigkeiten der eigenen Entscheidung und der Antizipation von Erwartungen und somit ein beträchtliches Maß an sozial-kognitiver Rollenübernahme und Empathie. Die Anlehnung an stabile Institutionen und ihre objektive Ordnung verlagert sich hin zur subjektiven Wirklichkeit des Individuums, das nun verstärkt durch Innenverarbeitung, also durch Selbsterfahrung, Diskussion und Reflexion, Werte und Orientierung gewinnt. Individuelle Mobilität und dauernde Veränderungen der Umwelt führen zur Erfahrung von Diskontinuität für die Übernahme von Rollen und der Ausbalancierung von Identität. So werden im Laufe des Lebenszyklus wie auch im Sozialisationsprozeß selbst Offenheit, neue Lernprozesse und Transformationen der Identität erforderlich.

Insgesamt können die aufgezeigten Tendenzen auch für Schüler/innen Orientierungsprobleme und Perspektivlosigkeit verschärfen, stabile Kollektivbindungen und solidarische Umgangsformen als förderliche soziale Erfahrungsmöglichkeiten verhindern. Die empfundenen Zustände der Desorganisation und Desintegration vermögen bei den Betroffenen Bindungs- und Beziehungslosigkeit zur Schule und ihren Lerngruppen zu verstärken, begünstigen jedoch die Orientierung an festen Werten und überschaubaren Gruppengefügen sowie das Bestreben, den Wunsch nach Gemeinschaft, Konsum und Erlebnis in Gleichaltrigengruppen zu realisieren. Hier liegt eine Chance der Schule als soziales Kommunikations- und Kontaktfeld, aber auch ihre Gefährdung, der Auflehnung gegen die als gestört empfundene desintegrierende soziale Ordnung mit zum Opfer zu fallen.

2.1.4 Normalisierung von Abweichung durch alltägliche Devianzpräsentationen

Die außerordentlich gestiegene Präsenz von Massenmedien und neuen Technologien (Fernsehen, Kabelfernsehen, Video, Computer, Zeitschriftenmarkt) und die entsprechende Ausweitung des Medienkonsums bei Kindern und Jugendlichen bringen nicht nur Chancen der Information und Freizeitgestaltung mit sich, sondern beschneiden auch Zeit und Raum für authentische Erfahrungen und eigentätiges Handeln. Gleichzeitig zwingt die mediale Präsentation von Wirklichkeit die Bildungs- und Erziehungsinstitutionen, in weit höherem Maße als bisher Orientierung, Aufklärung und Unterstützung bei der Verarbeitung von Medien- und Alltagserfahrungen zu leisten.

Für die Frage anomischer Tendenzen sind drei Aspekte bedeutsam: Erstens fördert die Ausweitung der neuen Medien und Technologien tendenziell Prozesse der Individualisierung und der Vereinzelung sowie Passivität und Erfahrungsverlust; gemeinsam geteilte soziale Erfahrungen und kommunikative Verständigung drohen ebenso zu schwinden, wie fehlende Aktivitäten Realitätsverluste und Kompetenzunsicherheiten bewirken können. Zweitens liefern Medien Devianzpräsentationen in vielfältiger Form. Abenteuer-, Action-, Kriegs-, Horror- und Kriminalfilme beherrschen Fernsehen, Videomarkt und Kinowelt. Bislang kann allerdings eine Theorie der Modellbildung (etwa im Sinne von Gewaltverhalten aufgrund medialer Gewaltdarstellungen) keine ausreichenden empirischen Belege beanspruchen. Aufgrund der Tatsache, daß Kinder und Jugendliche heute mit zahlreichen Präsentationen von Devianz, insbesondere mit Gewalt, konfrontiert werden, ist jedoch die Aussage plausibel, daß deviante bzw. gewaltförmige Verhaltens- und Einstellungsmuster aufgrund der Veralltäglichung ihrer Darstellung eine Normalisierung erfahren. In den Medienpräsentationen wird Gewalt als zumeist legitimes bzw. notwendiges Mittel der Konfliktlösung vorgestellt, wobei die Botschaften vom Sieg der »Guten« und »Gerechten« bis hin zur Verherrlichung und Rechtfertigung von Gewalteinsatz und Krieg reichen. Drittens liefern die über Medien umfassend gebotenen Realitätsdarstellungen über aktuelle gesellschaftliche Zustände und Abläufe den Kindern und Jugendlichen auch direkt ein Mosaik anomischer Strukturen: Dokumentationen und Berichte über

Kriegshandlungen und Weltkonflikte, politische Vergehen und Skandale, Wirtschafts-, Drogen- und Umweltkriminalität, illegale Geschäftsgebaren, ökologische Katastrophen, Armut und soziale Ungerechtigkeit sowie detaillierte Einblicke in Erosionen des Privatlebens liefern ein Gesamtbild anomischer Zustände eigener und fremder Gesellschaften. Alle drei Aspekte zusammen fördern das Erleben von Unübersichtlichkeit, Desorientierung und Desorganisation sozialer Ordnung.

Vor diesem Hintergrund sprechen Demonstrationen von Stärke sowie Strategien, mit denen Individuen sich wehren, durchsetzen oder mit unlauteren Mitteln arbeiten, insbesondere solche Kinder und Jugendliche an, die im Alltag – und damit auch in der Schule – Ungerechtigkeit, Konformitätszwänge, Ausgrenzung und Identitätsbedrohung durch Leistungsversagen und soziale Zurückweisung erfahren. Auf ihre Gefühle der Ausweglosigkeit, Ohnmacht und Resignation bieten deviante Reaktionsmuster der Auflehnung, des Widerstands oder der Rebellion Orientierungs- und Identifikationsmuster. Um Stärke und Ich-Balance wenigstens scheinbar zurückzugewinnen, wenden die Opfer struktureller Gewalt nicht selten ihrerseits Gewalt gegen Schwächere oder gegen Sachen an oder lehnen sich mit anderen illegitimen Mitteln gegen die – zumindest aus ihrer Sicht – anomischen Verhältnisse auf.

Was bedeutet diese Analyse für das Auftreten subjektiver Verarbeitungs- und Anpassungsmuster bei Schüler/innen, insbesondere für die Produktion von Devianz und interethnische Konflikte? Bislang gibt es hier keine fundierte empirische Studie, welche anomietheoretischen Ansätze zugrunde liegen. So werden wir uns im folgenden zum einen auf die Zusammenfassung solcher empirischen Befunde konzentrieren, die Devianz und grundlegende Anpassungsmuster bei Schüler/innen im Zusammenhang mit schulstrukturellen bzw. schulklimatischen Merkmalen sowie der schulbezogenen Problemsituation von Schüler/innen untersucht haben. Zum anderen liegen empirische Analysen vor, die zwar unter interaktionstheoretischen Prämissen des Labeling-Ansatzes vorgenommen wurden, deren Ergebnisse jedoch auch unter anomietheoretischen Perspektiven interpretierbar sind (insbesondere Studien von Brusten/Hurrelmann 1973 und Holtappels 1987).[2]

---

2 Die in diesem Kapitel referierten empirischen Befunde greifen im wesentlichen zurück auf Texte der veröffentlichten Buchfassung von Holtappels, H.G.: *Schulprobleme und abweichendes Verhalten aus der Schülerperspektive* (1987).

3. Schulische Umwelt und Devianz – Zur strukturellen Produktion devianter Verarbeitungsmuster

Die oben aufgezeigten institutionellen Normierungen und Organisationsmerkmale erinnern einerseits an Elemente struktureller Gewalt: Schüler/innen erleben häufig Zwang, Fremdbestimmung und Unterdrückung; die Schule »lebt vor«, daß Interessen notfalls mit Macht und Gewalt durchgesetzt werden. Andererseits prägen die institutionellen Strukturen das Klima und die Lernkultur der Schule: Diese können entwicklungsfördernd angelegt sein, sich aber auch als problembelastend und -begünstigend erweisen (vgl. Fend u. a. 1976, Fend 1977, Fatke 1977, Helmke/Dreher 1979, Bauer 1980, Rutter u. a. 1980). Für eine empirische Prüfung ließen sich die theoretischen Überlegungen in folgende Leitthesen bündeln:

1. Die Schule offenbart in Bildungsinhalten erhebliche Sinndefizite und zugleich entfremdende Diskrepanzwahrnehmungen im Hinblick auf aktuelle Lebenszusammenhänge und Zukunftsorientierungen der Lernenden.

2. Starre und wenig lerngerechte Zeitrhythmen, die Standardisierung von Lernprozessen und eine gering ausgeprägte Lebenswelt- und Schülerorientierung in Unterrichtsorganisation und Lernprozessen verstärken die Entfremdungssituation.

3. Hoher Leistungsdruck und negative Leistungszuschreibungen bewirken Streß- und Spannungssituationen und können Schulangst, aber auch »deviante« Problemverarbeitungsmuster hervorrufen, da v. a. die identitätsbedrohenden Versagenserlebnisse das Selbstwertgefühl und die soziale Integrität in der Lerngruppe beeinträchtigen.

4. Restriktiver Anpassungsdruck und geringe Mitbestimmungs- und Partizipationschancen verstärken Diskrepanzwahrnehmungen und eine innere Distanz zur Schule, zu ihren Normen und Werten; sie vermitteln Gefühle von Bevormundung, Ohnmacht und Ausgeliefertsein.

5. Die Reduktion schulischer Interaktionsformen und Sozialbeziehungen auf die vornehmlich formale Lern- und Leistungsebene, die restringierten Nutzungs- und Aneignungsmöglichkeiten schulischer Räume und das weitgehende Fehlen gemeinschafts- und kommunikationsstiftenden Schullebens und ausgleichender Freizeitaktivitäten fördern die Beziehungslosigkeit der Kinder und Jugendlichen zur Lehranstalt.

In solchen Strukturen können anomische Konstellationen entstehen, die sich auf zentrale anomietheoretische Annahmen beziehen lassen: auf Tendenzen der sozialen Desintegration bzw. restriktiver Konformitätszwänge sowie auf Ziel-Mittel-Diskrepanzen zwischen schulischen Zielen und den bei Schüler/innen sozialstrukturell verteilten und verfügbaren Mitteln. So können Schülereinstellungen und -handlungen – und damit auch Schülerdevianz – als Bewältigung und Verarbeitung schulischer Situationen bzw. Problemlagen verstanden werden.

Was die besondere Situation eines multikulturellen Schulalltags angeht, so unterstützen die in hohem Maße sowohl von Segregation als auch von Negierung der ethnischen und kulturellen Heterogenität der Schülerschaft geprägten Schulstrukturen solche Einstellungen und Verhaltensweisen, die darauf abzielen, ethnische Minoritäten für anomische Tendenzen verantwortlich zu machen. Die in der Schule erfahrenen Versagenserlebnisse und Ausgrenzungen, Gefühle der Ohnmacht und Orientierungslosigkeit können bei den im Hinblick auf Schulerfolg chancenlosen Kindern und Jugendlichen xenophobe Handlungsweisen begünstigen, die Gewalt und Unterdrückung gegen Schwächere richten; bei den deutschen Schüler/innen geht dies Ventilwirkung hier und da auch gegen konkurrierende – möglicherweise erfolgreichere und integriertere – Mitschüler/innen, die aber gesellschaftlich eine eher stigmatisierte Position als Fremde innehaben. Dieser sozialpsychologische Mechanismus gipfelt insbesondere in jüngster Zeit in einer zunehmend öffentlich vertretenen Ausländerfeindlichkeit, die sich im Extremfall niederschlägt in gewalttätigen Angriffen auf als ethnisch fremd Wahrgenommene und in einem Wiederaufleben nationalsozialistischer Ideologien. Soziale Verteilungskämpfe und Statusrivalitäten werden dabei auch in schulalltäglichen Konflikten ausgetragen. Die gegenseitigen Bedrohungen von Teilen der ethnischen Majorität und Minoritäten führen in einigen bundesrepublikanischen Großstädten auch an den Schulen zu Gewaltausbrüchen und Bandenbildungen.

Die Organisation der Schule und ihre Lerninhalte erschweren den ethnischen Minoritäten die Einbindung in das Kollektiv aller Schüler/innen. Ihre deutschen Altersgenossen können darauf mit Gleichmut reagieren, mit Ablehnung oder gar körperlicher Gewalt. Die Schüler/innen der ethnischen Minoritäten können dieser Situation zum Teil mit Gegengewalt, zum Teil mit Rückzug, der

Verleugnung oder Aufgabe ihrer ethnischen und kulturellen Identität begegnen. Die vorgegebenen Strukturen erschweren in jedem Fall beiden Seiten die Annäherung aneinander, verhindern zumeist einen in den Schulalltag integrierten Dialog über tatsächliche oder vermeintliche Unterschiede, aber auch über Gemeinsamkeiten unter Gleichgestellten. Hier bedarf es dringend empirischer Befunde über Anpassungsmuster im Zusammenhang mit multiethnischen Konflikten.

Sinndefizite, Diskrepanzwahrnehmungen und Entfremdungserfahrungen, geringe Zuwendung auf der einen, Distanzgefühle und Beziehungslosigkeit auf der anderen Seite können ein ausgeprägtes Schulinvolvement, die Identifikation mit der Schulgemeinschaft und ihrem Wert-, Norm- und Regelgefüge empfindlich beeinträchtigen. Absentismus, Privatisierung und Rückzug, Zerstörung oder Ersatzhandlungen können die Folgen sein.

Besonders im Zuge der schulischen Leistungserbringung, -bewertung und -zuschreibung können auf verschiedenen Ebenen »Krisen« ausgelöst werden. Dies ist erstens denkbar auf der Ebene der Bildungsinhalte und ihrer Vermittlung, etwa wenn Schüler/innen den Lernvorgängen aufgrund ihrer Distanz zu ihrem Lebenszusammenhang aus motivationalen oder inhaltlich-methodischen Gründen nicht mehr folgen können und keinerlei Bewältigung der Lernanforderungen in Sicht scheint. Dies ist zweitens auf der Ebene der Leistungsbewertung selbst möglich, etwa wenn die mit ihr verbundenen Statuszuweisungen, Diskriminierungen und Degradierungen identitätsbedrohend wirken; ähnliche Störungen sind auf der Leistungsebene zu erwarten, wenn die Benotungen und die ihnen zugrunde liegenden Kriterien für die Betroffenen nicht durchschaubar sind oder als ungerecht empfunden werden. Drittens kann die soziale Ordnung gestört werden durch schwierige Schüler-Schüler- und Lehrer-Schüler-Beziehungen.

Dabei ist nicht ausschlaggebend, ob nach objektiven Maßstäben tatsächlich eine Störung der sozialen Ordnung vorliegt oder nicht. Vielmehr kommt es darauf an, wie das soziale Gefüge in der Schule subjektiv wahrgenommen und interpretiert wird. Dem interaktionistischen Ansatz zufolge handeln Schüler/innen auf der Grundlage der Bedeutungen, die Schulalltagssituationen für sie haben (vgl. Blumer 1973). Die subjektiv perzipierten Strukturen, die Klimawahrnehmungen, Erfahrungen und Problemsituationen rücken damit also situative interaktionelle Determinanten des Schülerverhaltens in den Vordergrund.

Durch empirische Befunde gestützte Erklärungsversuche für deviante Verarbeitungs- und Anpassungsmuster der Schüler/innen verweisen auf eine problemfördernde Lern- und Erziehungsumwelt und soziale Etikettierungsprozesse in der Schule. Dabei muß darauf hingewiesen werden, daß in der Anomietheorie schlicht davon ausgegangen wird, daß »Devianz« ohne weiteres normativ festzulegen ist. Hier trifft der Einwand des Interaktionismus, daß eine Handlung nicht von sich aus konform oder abweichend ist, sondern neben Normsetzungsverfahren interaktive Interpretations- und Aushandlungsprozesse darüber entscheiden. Wenn also nachstehend von Konformität und Devianz die Rede ist, so gilt dies unter dem Vorbehalt der situationsspezifischen Interpretation. Sofern als belastend empfundene Schulklimaausprägungen desintegrative Strukturen offenbaren, restriktive Konformitätszwänge setzen und in Leistungs- und Anpassungsforderungen Ziel-Mittel-Diskrepanzen eröffnen, darf von anomischen Tendenzen der Störung der sozialen Ordnung und der organischen Solidarität ausgegangen werden.

Die in den theoretischen Reflexionen angedeuteten und über Schulklimabefunde erhärteten Belastungsfaktoren dürften besonders dann relevant werden, wenn sie sich in schulspezifischen Schwierigkeiten niederschlagen. Dabei zeigt sich: Unter einem auf Schulklassenebene negativ ausgeprägten Schulklima wird auch eine hohe individuelle Problembelastung der Schüler/innen sichtbar (vgl. auch Bauer 1980). Diese zeigen sowohl in ihren Einstellungen eine höhere Normdistanz bzw. Devianz-Disposition als auch fast durchgängig höhere Normverstoß-Werte als erfolgreiche Schüler/innen. Das Risiko für »abweichende« Versuche der Konfliktlösung steigt demnach, wenn verschärfte individuelle Problemlagen gegeben sind (vgl. auch Brusten/Hurrelmann 1973; Glötzl 1979, S. 114 f.). Auch unter anomietheoretischen Annahmen sind die als »deviant« eingestuften Schülerhandlungen zu einem beträchtlichen Teil als Techniken zur Schulalltagsbewältigung interpretierbar: Einerseits sind sie Reaktionen auf problematische Schulalltagssituationen, als Versuche der Problemlösung zu verstehen, andererseits können sie – im Zusammenhang mit kind- und jugendspezifischen Entwicklungsaufgaben – als Form der Aneignung und Gestaltung der Lebenswelt Schule gesehen werden.

Die bisher vorgelegten Befunde deuten insgesamt darauf hin, daß die Anomietheorie hinsichtlich einer differenzierten Erklärung für die Entwicklung von Anpassungsformen der Individuen auf Problemsituationen, die subjektiv als anomische Zustände wahrgenommen werden, entschieden zu kurz greift. Eine fruchtbare Erweiterung der Anomietheorie läge daher in der Adaption interaktionistischer Theorieelemente, und zwar bezüglich der subjektiven Verarbeitungs- und Handlungsmuster von Schüler/innen in fortgeschrittenen und eskalierten Stadien der Desintegration und Etikettierung als Teil von Anpassungsorientierungen und -strategien gegenüber anomischen Konstellationen. Freilich wäre dabei ebenso genau zu bestimmen, über welche – legitimen und illegitimen – Mittel die in verfestigten Devianzrollen verhafteten Kinder und Jugendlichen letztlich noch verfügen und welche Chancen zur Erreichung zentraler Werte und Ziele ihnen noch offenstehen.

Literatur

Arbeitsgruppe Schulforschung: *Leistung und Versagen. Alltagstheorien von Schülern und Lehrern*, München 1980.

Bauer, K.-O.: *Erziehungsbedingungen von Sekundarschulen*, Weinheim 1980.

Berger, P. L./Berger, B./Kellner, H.: *Das Unbehagen in der Modernität*, Frankfurt/New York 1975.

Bernstein, B.: *Sozio-kulturelle Determinanten des Lernens; mit besonderer Berücksichtigung der Rolle der Sprache*, in: Heintz, P. (Hg.): *Soziologie der Schule.* Sonderheft 4 der *Kölner Zeitschrift für Soziologie und Sozialpsychologie*, Köln/Opladen 1959.

Blumer, H.: *Der methodologische Standort des Symbolischen Interaktionismus*, in: Arbeitsgruppe Bielefelder Soziologen: *Alltagswissen, Interaktion und gesellschaftliche Wirklichkeit*, Bd. 1: *Symbolischer Interaktionismus und Ethnomethodologie*, Reinbek 1973, S. 80-146.

Bohle, H. H.: *Soziale Abweichung und Erfolgschancen. Die Anomietheorie in der Diskussion*, Neuwied/Darmstadt 1975.

Boos-Nünning, U./Jäger, A./Henscheid, R./Sieber, W./Becker, H.: *Berufswahlsituation und Berufswahlprozesse griechischer, italienischer und portugiesischer Jugendlicher. Beiträge zur Arbeitsmarkt- und Berufsforschung*, Nürnberg 1990.

Böttcher, W.: *Soziale Auslese im Bildungswesen. Ausgewählte Daten des Mikrozensus 1989*, in: *Die Deutsche Schule* 2 (1991), S. 151-161.

Bronfenbrenner, U.: *Socialisation and Social Class Through Time and Space*, in: Maccoby, E. E. u. a.: *Reading in Social Psychology*, New York 1958.

Brumlik, M.: *Modernisierungsprozesse und Interkulturelle Erziehung*, in: Stadtschulamt der Stadt Frankfurt/Institut für Schulentwicklungsforschung (Hg.): *Öffnung von Schule und Interkulturelle Erziehung in Frankfurt am Main*, Werkheft 41, Dortmund 1993, S. 127-136.

Brusten, M./Hurrelmann, K.: *Abweichendes Verhalten in der Schule. Eine Untersuchung zu Prozessen der Stigmatisierung*, München 1973 ([3]1976).

Burkard, C./Mauthe, A./Rösner, E.: *Auf dem Weg zur Stadtteilschule*, in: Rolff, H.-G. u. a. (Hg.), a. a. O. 1990, S. 185-216.

Burkard, Ch./Holtappels, H. G./Mauthe, A./Rösner, E.: *Stadtentwicklung und Öffnung von Schule*, IFS-Werkheft 37, Dortmund 1992.

Cicourel, A. V./Kitsuse, J. I.: *Die soziale Organisation der Schule und abweichende jugendliche Karrieren*, in: Hurrelmann, K. (Hg.), a. a. O. 1974, S. 362-378.

Clark, B. R.: *Die ›Abkühlungsfunktion‹ in den Institutionen höherer Bildung*, in: Hurrelmann, K. (Hg.), a. a. O. 1974, S. 379-391.

Clark, K./Clark, M.: *The Development of Consciousness of Self and the Emergence of Racial Identification in Negro Preschool Children*, in: *Journal of Social Psychology*, New York 1939.

Cohen, P.: *Reducing Prejudice In Classroom And Community. Report on the First Year*, London 1987.

Cummins, J.: *Theory and Policy in Bilingual Education*, in: Centre for Educational Reserach and Innovation (Hg.): *Multicultural Education*, Paris 1987, S. 303-330.

Dittrich, E. J./Radtke, F.-O.: *Der Beitrag der Wissenschaften zur Konstruktion ethnischer Minderheiten*, in: Dies.: *Ethnizität – Wissenschaft und Minderheiten*, Opladen 1990, S. 11-42.

Durkheim, É.: *Der Selbstmord*, Darmstadt 1973 (Orig. 1897).

Durkheim, É.: *Erziehung, Moral und Gesellschaft*, Neuwied 1973.

Fatke, R.: *Schulumwelt und Schülerverhalten. Adaptionsprozesse in der Schule*, München 1977.

Fend, H./Knörzer, W./Nagl, W./Specht, W./Väth-Szudziara, R.: *Sozialisationseffekte der Schule. Soziologie der Schule II*, Weinheim 1976.

Fend, H.: *Schulklima: soziale Einflußprozesse in der Schule. Soziologie der Schule III*, Weinheim/Basel 1977.

Glötzl, H.: *Das habe ich mir gleich gedacht. Der Einfluß von Lehrerverhalten und Schulsystem auf die Ausprägung und Verfestigung abweichenden Verhaltens*, Weinheim/Basel 1979.

Goepfert, H.: *Ausländerfeindlichkeit durch Unterricht. Konzeptionen und Alternativen für Geschichte, Sozialkunde und Religion*, Düsseldorf 1985.

Hansen, R./Rolff, H.-G.: *Abgeschwächte Auslese und verschärfter Wettbewerb. Neuere Entwicklungen in den Sekundarschulen*, in: Rolff, H.-G. u. a. (Hg.): a. a. O. 1990, S. 45-79.

Hargreaves, D. H./Hester, St. K./Mellor, F. J.: *Abweichendes Verhalten im Unterricht*, Weinheim/Basel 1981 (Orig. London/Boston 1975).

Hargreaves, D. H.: *Reaktionen auf soziale Etikettierung*, in: Asmus, H.-J./ Peuckert, J. (Hg.): a. a. O. 1979, S. 141-154.

Hargreaves, D. H.: *The Challenge for the Comprehensive School. Culture, Curriculum and Community*, London/New York 1982.

Helmke, H./Dreher, E.: *Gesamtschule und dreigliedriges Schulsystem in Nordrhein-Westfalen. Erzieherische Wirkungen und soziale Umwelt*, Paderborn 1979.

Hoffmann, K.: *Leben in einem fremden Land. Wie türkische Jugendliche ›Soziale‹ und ›Persönliche‹ Identität ausbalancieren*, Bielefeld 1990.

Holtappels, H. G.: *Schulprobleme und abweichendes Verhalten aus der Schülerperspektive. Empirische Studie zu Sozialisationseffekten im situationellen und interaktionellen Handlungskontext der Schule*, Bochum 1987.

Holtappels, H. G.: *Aggression und Gewalt als Schulproblem – Schulorganisation und abweichendes Verhalten*, in: Schubarth, W./Melzer, W. (Hg.): a. a. O. 1993, S. 116-146 (1993a).

Holtappels, H. G.: *Abweichung bei Kindern und Jugendlichen – Reaktionsformen auf Tendenzen der Individualisierung, Desintegration und Desorientierung in Gesellschaft und Schule*, IFS-Manuskript, Dortmund 1993(b).

Holtappels, H. G.: *Ganztagsschule und Schulöffnung. Perspektiven für die Schulentwicklung*, Weinheim/München 1994.

Hornberg, S.: *Multikulturelle Schülerschaft in der neuen Bundesrepublik*, in: Rolff, H.-G. u. a. (Hg.): a. a. O. 1992, S. 227-250.

Hornberg, S.: *Ergebnisse zur Interkulturellen Erziehung*, in: Stadtschulamt der Stadt Frankfurt/Institut für Schulentwicklungsforschung (Hg.): a. a. O. 1993a, S. 72-90.

Hurrelmann, K.: *Einführung in die Sozialisationstheorie*, Weinheim/Basel 1986/1993.

Hymes, D.: *Foundations in Sociolinguistics*, Philadelphia 1974.

Imhäuser, K./Rolff, H.-G.: *Facharbeiterlücke und Akademikerschwemme? Entwicklungen in der Sekundarstufe II*, in: Rolff, H.-G. u. a. (Hg.): a. a. O. 1992, S. 59-92.

Klemm, K./Rolff, H.-G./Tillmann, K. J.: *Bildung für das Jahr 2000*, Reinbek 1985.

Klemm, K./Rolff, H.-G.: *Der heimliche Umbau der Sekundarschule*, in: Rolff, H.-G. u. a. (Hg.): a. a. O. 1988, S. 75-102.

KMK: *Unterricht für Kinder ausländischer Arbeitnehmer*, Bonn 1964.

KMK: *Unterricht für Kinder ausländischer Arbeitnehmer*, Bonn 1979.

Kohn, M. L.: *Social Class and the Exercise of Parental Authority*, in: *American Sociological Review* 24 (1959), S. 352 ff.

Kohn, M. L.: *Social Class and Parent-Child Relationships: An Interpretation*, in: *American Journal of Sociology* 68,4 (1963), S. 471-480.

Merton, R. K.: *Continuities in the Theory of Social Structure and Anomie*, in: ders.: *Social Theory and Social Structure*, New York 1968(a).

Merton, R. K.: *Social Structure and Anomie*, in: ders.: *Social Theory and Social Structure*, New York 1968(b), S. 185-214.

Milner, D.: *Children and Race: Ten Years On*, London 1983.

Möller, K.: *Gewaltbereitschaft bei Jugendlichen – Phänomene, Ursachen und Ansatzpunkte für Jugendarbeit*, in: *KJuG* 4 (1991), S. 109-115.

Parsons, T.: *Full Citizenship for the Negro American? A Sociologial Problem*, in: Parsons, T./Clarke, K. B. (Hg.): *The Negro American*, Boston 1965/66.

Rolff, H.-G.: *Sozialisation und Auslese durch die Schule*, Heidelberg 1980.

Rolff, H.-G.: *Bildungsexpansion und Weiterbildung*, in: Rolff, H.-G. u. a. (Hg.): a. a. O. 1988, S. 131-156.

Rutter, M./Maughan, B./Mortimer, D./Ouston, J.: *Fünfzehntausend Stunden. Schulen und ihre Wirkung auf Kinder*, Weinheim/Basel 1980 (Orig. London 1979).

Sass, J./Holzmüller, H.: *Bildungsverhalten und Belastungen in Familien mit schulpflichtigen Kindern*, München 1982.

Schlömerkemper, J.: *Lernen im Team-Kleingruppen-Modell*, Frankfurt/M. 1987.

Tillmann, K.-J.: *Sozialisationstheorien*, Reinbek 1989.

Tillmann, K.-J.: *Gewalt in der Schule – Situationsanalyse und Handlungsperspektiven*, Manuskript, Bielefeld 1993.

Tippelt, R.: *Bildung und sozialer Wandel. Eine Untersuchung von Modernisierungsprozessen am Beispiel der Bundesrepublik Deutschland seit 1950*, Weinheim 1990.

Ulich, K.: *Eltern und Schüler: Die Schule als Problem in der Familienerziehung*, in: *Zeitschrift für Sozialisationsforschung und Erziehungssoziologie* 3 (1989), S. 179-194.

Wallerstein, I.: *Die Konstruktion von Völkern: Rassismus, Nationalismus, Ethnizität*, in: Balibar, E./Wallerstein, I.: *Rasse-Klasse-Nation: ambivalente Identitäten*, Hamburg 1990, S. 87-106.

Zentrale Dokumentationsstelle der Freien Arbeiterwohlfahrtspflege für Flüchtlinge e. V. (Hg.): *Arbeitsmaterialien für den Unterricht*. Bd. 1: *Die Weltflüchtlingsproblematik und ihre Auswirkungen auf die Bundesrepublik Deutschland*, Bonn 1990.

Hartmut Lüdtke
Entgrenzung und Kontrollverlust in Freizeit und Konsum

1. Vorbemerkungen zum Bezugsrahmen

Dieser Beitrag fokussiert die Situation von Jugendlichen im Rahmen der Analyse von Anomietendenzen, wobei die Grenzen der Geltung der Aussagen auch für Erwachsene fließend sind. Der Verfasser ist grundsätzlich der Meinung, daß in soziologischer Modellperspektive Jugendliche und Erwachsene in gleicher Weise als unter restriktiven Bedingungen handelnde rationale Akteure zu fassen sind (Coleman 1991, S. 16ff., 38ff.; Esser 1993, insbes. Kap. 14), die sich nur graduell voneinander unterscheiden oder die in Gestalt verschiedenartiger Relevanzprofile von Alltagssituationen mit Modernisierungsfolgen und Strukturumbrüchen konfrontiert werden und mit differenter Sensibilität darauf reagieren. Insofern sind die in relativ allgemeine Form gefaßten Aussagen des Beitrages von altersgruppenübergreifender Geltung, zumal auch einige der aktuell prägenden Erfahrungen und ihre mentalen Reflexe von der gegenwärtigen jungen Generation mit deren Altern weitertransportiert werden und insofern strukturbildende Kraft haben dürften.

Die Fokussierung der Jugend einschließlich der Postadoleszenz in diesem Beitrag erfolgt aus verschiedenen Gründen:

- Die meisten Handlungsfelder von Freizeit und Konsum stellen gerade für Jugendliche besonders hohe Valenzen bereit, d. h., sie binden erhebliche Motivationspotentiale, v. a. weil Jugendliche auf der Entstehungsseite der Zeit- und Geldressourcen für Freizeit und Konsum eher passiv oder gar nicht verantwortlich beteiligt sind. Mit Freizeit und Konsum rückgekoppelte Anomietendenzen sind daher bei ihnen in hervorstechenden und prototypischen Formen zu beobachten.
- Jugend, als Entwicklungsphase mit noch hoher Formbarkeit der Akteure, als generelles, strukturell begründetes Devianzpotential moderner Gesellschaften sowie nicht zuletzt als öffentliche »Projektionsfläche« für zahlreiche, erwachsenengenerierte Konflikte und Probleme mit politischer Relevanz, ist ein bevorzugtes

Untersuchungsobjekt in bezug auf sehr verschiedene Abweichungs- und Anomietendenzen.

- Die Jugend repräsentiert in »präfigurativen«, d.h. modernen oder spätindustriellen Gesellschaften nach Margaret Mead (1974) jenen Bevölkerungsteil, der als Orientierungsmodell, Meinungsführer und Innovationspotential im Bereich der Freizeit (einschließlich der Populärkultur) und großer Teile des symbolisch bedeutsamen Konsums jenseits der Elementarbedürfnisse tendenziell überlegen ist: Hier lernen die Älteren am ehesten von den Jüngeren, anders als in der »kofigurativen« bzw. der »postfigurativen« Gesellschaft. In dem Grad, wie kollektive Muster des herrschenden Jugendkults markt- und mediengerecht instrumentalisiert werden, wird die Integration Jugendlicher eher erschwert als erleichtert. Auch in diesem Zusammenhang entstehen Anomietendenzen insbesondere in der Wechselwirkung von Gesellschaft und Jugendkultur.
- Vorliegende Jugendstudien, v. a. aus den beiden letzten Dekaden, sind in der Regel trotz aller Unterschiede der jeweiligen Erkenntnisinteressen thematisch zumeist so breit angelegt, daß ihr Datenmaterial wenigstens rudimentäre Zusammenhänge zwischen Strukturbedingungen, speziellen Verhaltensmustern und Anomietendenzen zu erkennen erlaubt. Die Verfolgung einer zeitvergleichenden Perspektive ist hier also eher möglich als in anderen Forschungsfeldern.

Freizeit und Konsum werden hier als gesellschaftliche Sektoren verstanden, die sich so weit überschneiden, daß sie für die hier zu leistende Analyse als eine Einheit betrachtet werden können (vgl. Lüdtke 1989a, Wiswede 1989). Sie bilden, auf der Mikroebene der Akteure, ein relativ spezielles Handlungsfeld: eine Menge von Ressourcen bzw. Zwängen, Opportunitäten, Aktivitäten und sinnhaften Situationsdefinitionen, die vom Standpunkt der Individuen relativ »gleichsinnig« angeeignet werden können und insofern mit bestimmten Typen von Interessen, Motiven, Bedürfnis-Wert-Orientierungen rückgekoppelt sind. Freizeit und Konsum erzeugen zugleich, auf der Makroebene, institutionalisierte Regelmäßigkeiten und Innovationspotentiale mit systemischen Eigenschaften, bzw. sie sind Dimensionen der Sozialstruktur, die mit anderen kovariieren: z.B. Märkten, Unternehmen, Privathaushalten, Lebensstilen, Subkulturen, intermediären Organisationen wie Vereinen und Clubs, Mustern der Allokation von Zeit und Geld. Zu ihrer

Spezifizierung seien kurz folgende wichtige Eigenschaften genannt (vgl. Lüdtke 1992c), in die zugleich Bedingungen der Förderung bzw. Blockierung von Anomietendenzen eingelagert sind:

– Sie umschließen wesentlich, jedenfalls für die meisten der abhängig beschäftigten Erwerbstätigen, für Personen in Ausbildung und für überwiegend mit Hausarbeit Beschäftigte, diejenigen Handlungssituationen, in denen expressive (im Unterschied zu instrumentellen), d. h. sich auf Selbstzwecke, persönlichen Ausdruck und diffuse Rollen beziehende, Orientierungen vorherrschen.

– Freizeit und Konsum werden auch nach instrumentellen Kriterien, d. h. als Mittel für andere Zwecke, genutzt; jedoch treten derartige Motive meist hinter die expressiven zurück: z. B. die Suche nach sozialer Anerkennung und Statussicherung im demonstrativen Konsum, die zunehmende Orientierung an Leistungskriterien bei speziellen Hobbies, in Sport oder Urlaubsverhalten, die wachsende Bedeutung von »Freizeitkarrieren« bei Jugendlichen (vgl. Eckert/Drieseberg/Willems 1990).

– Freizeit und Konsum bilden den zentralen Raum der Artikulation und Sicherung von Privatheit sowie der Privatisierung neuer Alltagsbereiche. Zu diesem Spannungsfeld, mit der latenten Tendenz einer immer stärkeren Abkoppelung bestimmter Bevölkerungsteile von partizipativer Öffentlichkeit, gehört freilich auch das Gegengewicht der intermediären Gemeinschaften und Verbände (Vereine, Clubs und gesellige Netzwerke der Freizeit), die gesellschaftlich bedeutsame Verknüpfungen der Individuen mit Halböffentlichkeit oder Öffentlichkeit ermöglichen.

– Freizeit und Konsum sind der zentrale Raum der Artikulation und Dynamik von Lebensstilen als Dimension der sozialen Ungleichheit, zugleich aber auch der Balance von personaler und sozialer Identität (vgl. Kramer 1991; Lüdtke 1989d, 1994a). In diesen Stilen teilen sich moderne Formen sozialen Wandels mit, insbesondere der Bewältigung von Individualisierungsfolgen und Pluralisierungschancen (vgl. Beck 1986, Beck/Beck-Gernsheim 1993, Zapf u. a. 1987) ebenso wie der gegenseitigen Durchdringung von Wirtschaft und Kultur, die in zunehmend interdependenter Weise am gesellschaftlichen Wandel beteiligt zu sein scheinen (vgl. Lüdtke 1992b).

– An Freizeit und Konsum, als Feld der privaten Haushaltsproduktion, lassen sich die Bewegungen der zunehmenden ökono-

mischen Reaktivierung der Individuen besonders deutlich able-
sen: v. a. die Rolle der Haushalte als Quasi-Unternehmen (vgl.
Zahn 1967), die Steigerung und Neubewertung ihrer Trans-
aktionsleistungen im materiellen, symbolischen und emotiona-
len Bereich, die Differenzierung der Märkte von Gütern und
Dienstleistungen, die Flexibilisierung der Verhältnisse zwischen
Einkommen und arbeitsfreier Zeit, die Grenzverwischung zwi-
schen Erwerbsarbeit und Konsumarbeit (vgl. Joerges 1981), die
Entwicklung und Bewältigung von Handlungsparadoxien wie
»Zeit-«, »Privatisierungs-« oder »Modernisierungsfallen« (vgl.
Offe/Heinze 1990, Lüdtke/Matthäi/Ulbrich-Herrmann 1994).
– Freie oder disponible Zeit ist eine im allgemeinen hochbewertete
individuelle Ressource, die nur in Grenzen durch Einkommen
bzw. bezahlte Arbeit substituierbar ist. In dem Maße, wie sie für
die Verfolgung persönlicher Interessen, subjektiv befriedigende
Aktivitäten, Interaktionen und Transaktionsleistungen genutzt
werden kann, dient sie der Produktion privater Lebensqualität.
Diese Funktion der persönlichen Zeitverwendung ist in der Regel nur in Interdependenz mit dem Wert derjenigen Gratifikatio-
nen optimierbar, die von Erwerbsarbeit, Haushaltsproduktion,
Ehrenämtern oder anderen freiwilligen Verpflichtungen ausgehen. Entfallen diese (fast) vollständig, typischerweise bei Arbeitslosigkeit, so annulliert sich der Wert dieser Ressource:
Arbeitslose haben in der Regel (subjektiv) keine »freie« Zeit.
Freie Zeit (analog bezahlter Arbeitszeit) ist – zumal unter den
gegenwärtigen Tendenzen wachsender Zeitverknappung, Zeitvertiefung und sinkenden Grenznutzens des Freizeitzuwachses
am Werktag – eine Teildimension sozialer Ungleichheit, deren
Bedeutung zweifellos weiter steigt (vgl. Benthaus-Apel 1993).
Extremer Zeitmangel und Sinnentleerung von freier Zeit (z. B.
im Fall der Arbeitslosigkeit) können daher zu wichtigen Ano-
miebedingungen werden.
– Zeit ist schließlich eine Ordnungsdimension des Alltags, der
Allokation und Synchronisation von Tätigkeiten im Lebens-
rhythmus und damit Ansatzpunkt zur Regulierung bzw. Vergesellschaftung individuellen Verhaltens. Zunehmende »Verzeitlichung der Gesellschaft«, Ent- und Neuregulierung von
Zeitverwendungszyklen und Biographien, konkurrierende
Zeitordnungen, Flexibilisierung der Zeitverwendungsarten u.
dgl. bezeichnen relevante Phänomene unter diesem Aspekt (vgl.

Elias 1984, Garhammer 1994, Nowotny 1993, Rinderspacher 1985). Da unsere Gesellschaft sich im Zustand verschiedener Veränderungen von Zeitordnung befindet, resultieren daraus wachsende Koordinierungs- und Orientierungsprobleme, die wiederum neuartige Anomiepotentiale implizieren können.

2. Zum Anomie-Begriff

Das Anomie-Konzept wird an anderer Stelle in diesem Band ausführlich diskutiert und hinsichtlich seiner Aspekte erläutert. Auch für den Gegenstandsbereich dieses Beitrages scheint dabei die Unterscheidung zwischen anomischen Spannungen, Regulationskrise und Kohäsionskrise bzw. ihre Anknüpfung an die Aspekte der Sozialstruktur, der Werte/Normen/Aspirationen sowie der Bindungen und Bezüge theoretisch plausibel. Aus verschiedenen Gründen muß sich dieser Beitrag weitgehend auf Aussagen auf der Mikroebene beschränken und darauf verzichten, eindeutige theoretische Erklärungsstränge von Mikrophänomenen zurück zu jenen Makrophänomenen zu konstruieren, wie sie gemäß dem Analyseschema von Bohle u. a. eigentlich strategisch erwünscht wären.

Weil Jugend ohnehin als Entwicklungs- und Sozialisationsphase der latenten Devianz bzw. der in Grenzen tolerierten Regelverletzung gilt, wird hier bewußt ein relativ unscharfer Anomiebegriff gewählt, der sich mit Bedeutungsgehalten von »Entfremdung« und »Devianz« überschneidet, die sich ohnehin nicht klar trennen lassen (vgl. Ludz 1975).

»Anomie« bedeutet dann den übergreifenden Aspekt der Orientierung an Gelegenheitsstrukturen für illegitime oder solche Handlungen, deren Ziele nicht in Vergleich oder Einklang mit solchen Bezugsgruppen gebracht werden können, deren normative Einstellungen prinzipiell mit universalistischen Standards rückkoppelbar sind. Anomisches Verhalten hat daher das Fehlen solcher normativen Bezüge oder, falls sie vorhanden sind, ihre Tendenz zur Steigerung partikularistischen Abdriftens weg von den relativ konsensualen gesellschaftlichen Bewertungs- und Selektionsmustern für institutionalisierte Regelungen zur Grundlage. Eine Fehlintegration von Kultur und Sozialstruktur ist, gemäß dem Ansatz Mertons, die allgemeine Bedeutung von Anomie. »Deviant« sind solche Handlungen, deren Ziele und/oder Mittel und/oder Nebenfolgen vom Standpunkt der Instanzen mit entsprechender Definitionsmacht als abweichend und daher sanktionswürdig bewertet werden. »Entfremdung« bedeutet: soziale Identitätsdiffusion und normative Desorientierung aufgrund der Erfahrung und/oder Erwartung des Mangels an sozialem Rückhalt bei Handlungsplänen bzw. des Fehlens positiver Bezugsgruppen für die Selektion von Handlungsalternativen; meist rückgekoppelt mit relativer Deprivation und Perspektivlosigkeit.

Bevorzugt man einen handlungstheoretischen Ansatz auf der Mikroebene in Anlehnung an das »aufgeklärte« »Rational-Choice«-Modell, so läßt sich subjektive oder individuelle Anomie in diesem Sinn als Situation eines RREEM-Akteurs (Lindenberg 1985, S. 100f.; Esser 1993, S. 238f.) interpretieren, in der mindestens eine der folgenden Bedingungen erfüllt ist: Er/sie ist in seiner/ihrer Kreativität (resourceful) blockiert; seine/ihre Ressourcen werden nicht nur als begrenzt (restricted) erfahren, sondern diese Wahrnehmung wird auch als besonders frustrierend erlebt oder ist stark verzerrt; Handlungsalternativen können nicht eindeutig bewertet werden (evaluating) und bleiben ambivalent; der Aufbau sinnvoller Erwartungen gemäß den eigenen Präferenzen (expecting) ist gestört; der Versuch einer Optimierung von Situationsvorteilen (maximizing) erfolgt planlos oder läuft ins Leere.

Subjektive Anomie bedeutet nach diesem Ansatz systematisch erzeugte Unsicherheit in der Wahrnehmung oder Kommunikation von Aktivitäten, Opportunitäten, Restriktionen (Situation) und/ oder von Erwartungen, Bewertungen (Selektion). Zu kollektiver Anomie verdichten sich dann Aggregate der Folgen solcher anomischer Handlungen gemäß bestimmten Transformationsregeln, die sich v. a. erst dem Beobachter erschließen. Derartige Regeln können z. B. Zusammenhänge zwischen bestimmten Bedingungen, Phasen und Veränderungsformen von Einstellungen oder Handlungen sein, die zu »erfolgreicher« bzw. »verfehlter« Sozialisation als (Nicht-)Bewältigung der Statuspassage und Krisen des Jugendalters führen. Oder: die Formierung der Ausdifferenzierung, Segregation und internen Verdichtung subkultureller »Szenen«, in denen verschiedene Opportunitäten und Interaktionen angesiedelt sind, die als (potentiell) deviant gelten. Oder: die Ausbreitung der Bewegungen, Moden oder Märkte von Interessen und Handlungsfeldern der Freizeit entlang der gesellschaftlichen Leistungs- und Wettbewerbsdimension, in denen sich hochspezialisierte und mediengestützte Tätigkeiten mit extremen Leistungs- und Streßimplikationen durch, oft sehr egozentrierte, »Selbstverwirklicher« artikulieren, die das gesellschaftliche Potential an Distinktions- und Selektionsmechanismen, aber auch an riskantem Verhalten wahrscheinlich verstärken.

3. Anomie- und Devianzaspekte von Freizeit und Konsum

3.1 Anomische Unterschiede zwischen Freizeit- und Lebensstilen?

Anomiepotentiale in Freizeit und Konsum ließen sich besonders anschaulich identifizieren, wenn man Bevölkerungsgruppen fände, die sich bezüglich ihres Freizeitverhaltens und hinsichtlich ihrer anomieverdächtigen Lebensäußerungen merklich unterscheiden. Die empirische Lebensstilforschung der letzten Jahre liefert hierzu einige Anhaltspunkte, zumal die Lebensstiltypen größtenteils als komplexe Präferenz- und Verhaltensmuster in Freizeit und Konsum konstruiert sind (Lüdtke 1989 d, 1996). Spellerberg (1994, 1996) rekonstruierte anhand des Wohlfahrtssurveys von 1993 je neun west- und ostdeutsche Lebensstile, die auch nach Indikatoren des Wohlbefindens bzw. der Lebensqualität untersucht wurden. Dabei zeigte sich u. a., daß westdeutsche Befragte mit dem Stil »Müßiggängerisch Gesellige« überdurchschnittlich häufig über Einsamkeit und »zu komplizierte Verhältnisse« klagen, während »Zurückgezogen, passiv Lebende« besonders oft durch Kontaktarmut, geringe Zufriedenheit mit dem Leben und der Freizeit sowie geringen Optimismus gekennzeichnet sind. Unter den ostdeutschen Befragten waren ähnliche Unterschiede noch deutlicher ausgeprägt. Im Hinblick auf Bildung, Schichtselbsteinstufung, Haushaltsgröße, Lebenszufriedenheit und Freizeitumfang als Bedingungen von Anomie (gemessen durch einen Index) erklären Lebensstilunterschiede im Osten am stärksten, im Westen am zweitstärksten die ungleichen Befindlichkeiten (Spellerberg 1996, S. 256 ff.).

Auf ähnliche Weise hat Georg (1992) anhand der Daten der Jugendstudie von 1992 sechs Lebensstiltypen klassifiziert. Dabei wurden auch unterschiedliche Zielorientierungen und die Identifikation der Befragten mit »Gruppenstilen« der Jugendsubkultur oder sozialer Bewegungen erfaßt. Hervorstechende Eigenschaften dieser Art treten in drei Stiltypen hervor: Im Typ »Konventionell-kommerzielle Orientierung« wurde die Nähe zu Gruppenstilen des »Körpernarzißmus« unterstrichen. Hier sind Anomiepotentiale in Richtung auf Jugendkult, Narzißmus und Kommerz (vgl. 3.6) oder Alltagsflips (vgl. 3.7) denkbar. Ähnliches gilt für den Typ »Konsumistisch-materialistische Orientierung« mit einer Betonung der Affinität zu Gruppenstilen des Körpernarzißmus sowie des Strebens nach Macht und Reichtum. In dieser Gruppe können sich unter bestimmten Bedingungen ausgeprägte Muster von Freizeitkarrieren (vgl. 3.5) sowie der Alltagsflip-Praxis (vgl. 3.7) herausbilden. Im Kontext des Typs »Unterhaltung und Action« werden besonders kommerzielle Gruppenstile bevorzugt; auch hier sind Anomiepotentiale, v.a. bezüglich der Konsumentgrenzung (vgl. 3.2) und der prekären Rollensozialisation (vgl. 3.3), vorstellbar. Am gleichen Datenmaterial vorgenommene eigene Clusteranalysen (Lüdtke 1992a) führten zur Unterscheidung von zehn »Freizeitstilen« mit geringen Divergenzen zwischen Ost und West. Drei der westdeutschen Typen präsentieren sich als »Motorfreaks« mit differierenden Begleitcharakteristika. In diesen Zusammenhängen läßt sich noch am ehesten eine gesteigerte Bereitschaft zum Ausleben von Alltagsflips und anderen Formen risikoreichen Verhaltens erwarten.

3.2 Entgrenzter Wohlstandskonsum

Der Dynamik des modernen Wohlstandskonsums ist eine Tendenz zur Entgrenzung inhärent: ein kollektives Orientierungsmuster nach dem Motto »immer mehr Konsum und mehr, als man sich (derzeit) leisten kann«. Zu den wichtigsten Bedingungen und Artikulationsbereichen der Konsumentgrenzung gehören die folgenden:

– In der modernen »Bedarfsweckungswirtschaft« ist expansiver Konsum ein wesentlicher Impuls der Wirtschaftsdynamik und damit, indirekt, eine zentrale Voraussetzung der Lösung von Verteilungs- und Wohlfahrtsproblemen.
– Extreme Kommerzialisierungsgrade in der Vermittlung, der Bereitstellung und Aneignung beliebiger Güter und der Über-

flußproduktion haben zu einer steigenden Allpräsenz der Konsumangebote und Formen der Warenästhetik geführt, die bereits im privaten Raum sowie bei den individuellen Accessoires im Outfit beginnt und den öffentlichen Alltagsraum überschwemmt.

– Konsumakte sind für die meisten zu ebenso notwendigen wie legitimatorisch aufgewerteten Vehikeln der Selbstverwirklichung und Identitätsbildung geworden. Dieser Prozeß basiert auf einem neuartigen, sich selbst verstärkenden Zusammenwirken von Individualisierung, Pluralisierung der Lebensstile und der gesteigerten Bedeutung des Konsums als Vermittler der Entwicklungen in Wirtschaft und Kultur (vgl. Lüdtke 1992b). Während noch bis in die sechziger Jahre hinein Kultur und Wirtschaft durch die bürgerlichen Werte der Leistung, Askese und des Belohnungsaufschubs sich normativ verbanden, wobei ökonomische und kulturelle Eliten in der Art eines Konsensus der »kulturellen Autorität« eng zusammenwirkten, hat diese »korporative Schicht« in der Dienstleistungs- und »Erlebnisgesellschaft« (vgl. Schulze 1992) weitgehend abgedankt (vgl. Bell 1991). Der Zusammenhang von Wirtschaft, Kultur und dem System sozialer Ungleichheit ist flexibler und kontingenter geworden. Der Konsum selbst hat sich als zentraler Teil der Transaktionsleistungen privater Haushalte zu einem aktiven Potential der Wirtschaftsentwicklung gewandelt. Zwischen den sich differenzierenden Konsumgütermärkten, den auseinanderdriftenden Subkulturen und den symbolischen Formen sozialer Assimilation und Distinktion wirken die modernen Lebensstile als Schaltstellen. Diese selbst sind kleinformatiger und in sich brüchiger strukturiert als die traditionellen Milieus, Klassen und Schichten. Insgesamt bedeutet diese Entwicklung eine kulturelle Dezentralisierung und zunehmende Divergenz von Lebenszielen als Identitätsanker und Leitbilder für Kulturpraxis, Freizeit und Konsum: Dies ist ein spezieller Aspekt der Individualisierungs- und Pluralisierungsthese, unter dem die Relativierung und Partikularisierung verbindlicher Standards »rationalen« und selektiven Konsums fokussiert wird.

– Da gemeinsame Konsumerfahrungen zu wichtigen Kristallisationspunkten der Vergesellschaftung in Form von Lebensstilen und Milieus werden, steigt die Bedeutung demonstrativen Konsums, d. h. der Selbstinszenierung durch signalträchtige Ausstattungen und konsumtive Handlungen mit der Absicht der Symbolisierung sozialer Distinktion bzw. Assoziation, wenn auch in quantitativ wie qualitativ gewandelter Gestalt.

– Die expressive Funktion des Konsums wird zudem durch hochbewertete Ziele und Wünsche des »In-Seins« und des Ausweises von Modernität (die über das rein Modische hinausgeht) noch weiter betont. So sind bei jugendlichen Befragten zwischen 1986 und 1993 die Anteile derjenigen, die beim Konsum im Trend liegen wollen, Novitäten und modische Freizeitkleidung bevorzugen, deutlich gestiegen (vgl. B.A.T. 1993).

– Mit dem ständigen Prozeß der Expansion und Differenzierung der Märkte des gehobenen Konsums geht, bei kleiner werdenden speziellen Marktsegmenten, eine Perfektionierung der Ansprache von Zielgruppen in Marketing und Werbung einher. Man muß nicht eine wachsende Macht der »geheimen Verführer« beschwören, um abschätzen zu können, daß in dieser Entwicklung die in der Kommunikation von Gütersymbolen und Images erfolgende Aufwertung potentieller Kunden in speziellen Milieu- und Lebensstilgruppen seitens der Anbieter, aber auch zwischen den »wahlverwandten« Konsumenten eher zu steigendem als zu nachlassendem oder konstantem Interesse an den Angeboten führt.

– Neben oder sogar vor Auto und Urlaub gilt der Wohnung das größte Konsum- und Investitionsinteresse privater Haushalte. Höherer Wohnraumbedarf kann daher als wichtiger Indikator für die Stärke der Entgrenzungstendenz gelten. Sein Anstieg wurde anhand der Daten des Sozioökonomischen Panels für die Jahre 1984 bis 1988 eindrucksvoll nachgewiesen (vgl. Sfb3 1990): Je jünger die Kohorte ist, desto größer die durchschnittliche Wohnungsfläche der Haushalte. Sie betrug 1988 z.B. bei den 50- bis 54jährigen 102,5 m², bei 75- bis 79jährigen dagegen nur 71,2 m², und sie blieb jeweils in diesen vier Jahren fast konstant. Es handelt sich hierbei also eher um einen historisch sich verfestigenden Bedarfstrend als um lineares Wachstum.

– Insgesamt befinden wir uns wohl immer noch in einem Prozeß der kollektiven Aufwertung des Prinzips »Leben auf Pump«. Man kann kaum behaupten, daß die Bemühungen des Kreditgewerbes um die Gunst der Privatkunden den bestehenden Trend zu Ratenkäufen und Anschaffungskrediten sowie zur Inflation des Plastikgeldes nicht noch gefördert haben. Da sich in diesem

System auch die Transparenz der Folgen von Kreditverpflichtungen für die Bankkunden nicht erhöht haben dürfte, kann ein weiteres Wachstum der privaten Verschuldungsquote als wichtige Randbedingung der Konsumentgrenzung unterstellt werden.

In diesem Zusammenhang scheint bereits der folgende »weiche« Einstellungsbefund aus einer der üblichen Umfrageforschungen signifikant: Zwischen 1986 und 1993 stiegen deutlich die Anteile derjenigen Jugendlichen und jungen Erwachsenen, die angaben, öfter das Gefühl zu haben, in ihrer Freizeit zuviel Geld auszugeben (von 47 auf 56%), und die meinten, von mehr kostenpflichtigen Angeboten abhängig zu sein, als ihnen lieb ist (von 43 auf 54%; vgl. B.A.T. 1993).

Angesichts der hohen Komplexität dieser Sachverhalte, auf die sich die Entgrenzungshypothese bezieht, ist eine genaue Abschätzung der sich aus ihnen ergebenden Anomiepotentiale noch nicht möglich. Zu denken ist hierbei v. a. an zwei Bündel von Desorientierungsmöglichkeiten, die – bezogen auf eine Konsumentscheidung – entweder a priori oder ex post facto entstehen können:

a) mangelnde Verfügbarkeit von Evaluations- und Selektionskriterien aufgrund von Desorientierungen in Form von Reizüberflutung, Verlust oder erschwerter Aneignung von Maßstäben für Wert, Solidität, Qualität oder sozialen Bezugsrahmen von Gütern und Konsumerlebnissen;

b) mangelnde Antizipation von Nebenfolgen mit dem Ergebnis von Enttäuschungen, Druckerfahrungen, Ängsten, Suche nach illegitimer Kompensation von Ressourcenmangel u. dgl.

Insgesamt sind hierdurch individuelle, sozialer Abstützung bedürfende Kontrollkapazitäten tangiert, die als wichtige Ansatzpunkte der Freizeit- und Konsumerziehung gelten können, wie: Kompetenz der Sinnaneignung und -integration, Autonomie und Selbstsicherheit, Subjekt-Objekt-Abstimmung der »Selbstverwirklichung«, Kompetenz der emotionalen Expressivität und Kontrolle, Bedürfnis-Reflexion und -Kontrolle, Kompetenz der (Dis-)Streßbewältigung, Planungskompetenz, ökonomische Rationalität und Gestaltungsfähigkeit, Strategien der Zeit- und Konsumsouveränität (Lüdtke 1991, S. 97 ff.).

In diesem Zusammenhang kann auf die Tatsache, daß unsere Gesellschaft gegenwärtig durch relativ stabile, langfristig aber wahrscheinlich wachsende Armuts- und Obdachlosenanteile gekennzeichnet ist, nur hingewiesen werden. Dieser Trend führt zwar noch nicht in die »Zweidrittelgesellschaft«, es liegt aber auf der Hand, daß durch den Anstieg der Risiken des Verlusts relativer wirtschaftlicher Autonomie und des sozialen Abstiegs sich hier kollektive Anomiepotentiale verdichten können. Relevante Stichworte dafür sind u. a.: Erfahrung der Deprivation und der Störung des Vertrauens in Verteilungsgerechtigkeit, gesellschaftliche Isolierung bis hin zum Verlust des Selbstwertgefühls, Zerstörung erworbener Alltagskontexte und Routinen ohne Chance des Aufbaus von Äquivalenten. Besonders auffällige Indikatoren sind die Zunahme von Obdachlosigkeit, der Anstieg der Menge der Sozialhilfeempfänger und der Armuts- und Eigentumskriminalität (Diebstahl, Einbruch, Raub, Betrug), die empirisch als eindeutig (vgl. Klingst/Pfeiffer 1994) und großenteils als Korrelate oder Derivate extremer Restriktion von legitimen Konsumansprüchen gelten können.

3.3 Prekäre Rollensozialisation

Ein spezieller Aspekt in diesem Kontext sind die möglichen unbeabsichtigten Entgrenzungsfolgen, die aus Besonderheiten der Konsumsozialisation von Jugendlichen resultieren. Sie lassen sich im Konzept einer erworbenen Asymmetrie in der Bewertung von Kosten, Nutzen und Nebenfolgen des Konsums zugunsten des Nutzens fassen: Erfolgen Konsumentscheidungen nicht in der Form des sensiblen Abgleichens und der wechselseitigen Optimierung dieser Orientierungspunkte eines »magischen Dreiecks«, so kann es zu einer, endogen oder exogen gesteuerten, Erlebnisvertiefung im Konsum kommen. Dadurch kann die Intensität des aktuellen Erlebens so in den Vordergrund rücken, daß sich das Konsumziel relativ zu den Mitteln, der Nutzen relativ zu den Kosten weitgehend verselbständigt. Die anomische Qualität dieses Effekts eines »geliehenen« Konsumerlebens ohne realistische Einschätzung der »Rechnung« beruht dann auf dem Mangel an einer ökonomischen Ziel-Mittel-Folgen-Rationalität und damit dem Mangel an einem realistischen, subjektiv erprobten Prioritätensystem des Konsums. Diese Möglichkeitskonstruktion einer »unvollständigen« Rollensozialisation der jugendlichen Konsumenten sei kurz in Form einer Gegenüberstellung einiger Umstände reflektiert, die gegen oder für sie sprechen.

Gegen die These sprechen eher die folgenden Umstände:

– Angesichts der für die meisten Jugendlichen heute selbstverständlichen Erfahrung des Wohlstands können sie »sich auf der Basis gesicherter materieller Bedürfnisbefriedigung zunehmend an Werten wie Selbstverwirklichung und Selbstbestimmung orientieren. Ob die heutige Jugendgeneration stärker konsumorientiert ist als die Jugendgenerationen zuvor oder ob sie übermäßigem Konsum kritisch und zurückhaltend gegenübersteht, kann auf der Basis der vorliegenden Ergebnisse nicht zweifelsfrei beantwortet werden« (Vaskovics/Schneider 1989, S. 411). Jedoch scheint eine sozial abgestützte, allgemeine Haltung der Gelassenheit gegenüber Konsumanreizen bei ihr wahrscheinlicher als blinde Hektik, zumindest aber als balancierender Gegenpol für die meisten wirksam zu sein, obwohl einige Meinungsforscher schon ausufernde Konsumhektik und starken »Erlebnisstreß« bei der Jugend diagnostizieren (Opaschowski 1996).

– Der Zwang für Jugendliche, sich bei fast allen Konsumakten des eigenen Geldes bedienen zu müssen, wobei der Leihverkehr unter Gleichaltrigen mit Rückzahlungspflichten oder äquivalenten Gegenleistungen verbunden ist, stellt einen so starken Mechanismus sozialer Kontrolle und realistischer Austauschbedingungen dar, daß rudimentäre ökonomische Rationalität schon vor dem routinemäßigen Erwerb des Musters »Geld gegen Arbeit und Konsum gegen Geld« gelernt werden kann.

– »Die Konsumentenrolle ist eine zentrale Freizeitrolle und wird von Jugendlichen meist früher und problemloser eingeübt als Leistungsrollen, zumal sie über eine erhebliche Gesamtkaufkraft verfügen. Ihre Funktion als Marktteilnehmer ist für sie mit wichtigen verhaltensstabilisierenden und entwicklungsfördernden Effekten verbunden« (Lüdtke 1992, S. 241).

– Schon Kinder zwischen 7 und 15 Jahren, die über ein Ausgabenvolumen von annähernd 20 Mrd. Mark verfügen, erweisen sich als Konsumenten mit ausgeprägter Sparneigung: So gaben von den 2055 regelmäßigen Taschengeldbeziehern der Schüler-Medienanalyse 1993 (Institut für Jugendforschung) 70% Sparen an, die höchste Quote unter sieben Verwendungsarten, gefolgt von Süßwaren/Eis (59%), Hobby/Spielzeug (48%) und Lesestoff (46%; ZAW 1994, S. 5). Etwa ein Drittel der Jugendlichen zwischen 15 und 20 Jahren spart nach eigenen Angaben nichts, wobei der Anteil von der jüngsten bis zur ältesten Kohorte allerdings von 47% auf 26% sinkt. Insgesamt werden von den Jugendlichen ca. 15% der verfügbaren Mittel zurückgelegt, was der Sparquote der Gesamtbevölkerung entspricht (Lange 1991, S. 39f.). Bei Kindern und Jugendlichen, auch noch nach Abschluß der Ausbildung, dominiert offensichtlich die Rationalität des Ansparens als »verlängerter Konsumfinanzierung«. Die mit dem Taschengeld einsetzende relative, noch geringe ökonomische Selbständigkeit scheint als Rahmen der Herausbildung »normaler« Fähigkeiten zu Konsumentscheidungen insgesamt auszureichen (Biervert 1987, S. 105).

– Überwiegend können Jugendliche als kritische (auch betont werbekritische), differenzierte, gut informierte, preisbewußte, anspruchsvolle und markenorientierte Konsumenten gelten (vgl. Biervert 1987, Vaskovics/Schneider 1989, ZAW 1994). Etwa jeder dritte Jugendliche kann seine Produktwünsche »leicht« bei den Eltern durchsetzen. »Haben sich die Eltern zum Kauf eines bestimmten Produkts für ihre Kinder entschlossen, so können diese in drei von vier Fällen ihre Markenwünsche durchsetzen« (Vaskovics/Schneider 1989, S. 414).

– Vergleicht man Jugendliche und Erwachsene hinsichtlich verschiedener Konsumeinstellungen, so ergeben sich so große Ähnlichkeiten, daß Zweifel an der Anwendbarkeit der »Teilkultur-Hypothese« auf die Erklärung jugendlichen Konsumverhaltens berechtigt sind (Biervert 1987, S. 109).

Für die These einer prekären Rollensozialisation der jugendlichen Konsumenten sprechen folgende Umstände:

– Aufgrund ihres weitgehenden Ausschlusses von verantwortungsgeladenen Aktivitätsbereichen in Ökonomie und Politik und ihrer Beschränkung auf meist rezeptive Verhaltensweisen sind Jugendliche v. a. darauf angewiesen, ihre speziellen Formen und Probleme der Statuspassage, Identitätsfindung, Verhaltensexperimente und Gruppenbildung in Freizeit und Konsum zu artikulieren und auszuleben. Die dort erfahrenen Belohnungen können, zumal in Verbindung mit stark jugendzentristischer Ausrichtung, zu einer »mentalen Verlängerung«, zur Verzögerung der notwendigen Bewältigung von Ablösungsproblemen und Krisen bei der Autonomieformierung führen.

– Geht man davon aus, daß der Belohnungsaufschub auch in der fortgeschrittenen »Freizeit- und Dienstleistungsgesellschaft«

eine wichtige Sozialisationsleistung und eine notwendige Disposition für den Erwerb von Leistungsorientierung und Kompetenzen der langfristigen Planung darstellt, so kann jene »halbierte« Konsumentensozialisation zu einem Übergewicht hedonistischer Orientierungen bzw. zu einem nur mangelhaft entwickelten Muster des Belohnungsaufschubs führen. Verschiedene Trends zu gesteigerten Formen des Erlebniskonsums einschließlich narzißtischer Selbstbespiegelungen (Opaschowski 1993, S. 130 ff.) lassen zumindest für Minderheiten verstärkte Anreize zu derartigen Reaktionen erwarten.

– Es scheint »unverkennbar, daß Medien- und Konsumindustrie zu den neu ernannten Kontrolleuren von Jugend gehören. Die Kontrollen sind ›sanfter‹ und weniger sichtbar als jene, die die Erwachsenengesellschaft in den Epochen zuvor anwandte. Gleichwohl erzeugen auch die Versprechungen und Verlockungen des Marktes soziale Zwänge, die z. B. als Manipulation entlarvt und bekämpft werden können. Wohl keine andere soziale Altersgruppe dürfte in einer Weise von der Konsum- und Dienstleistungsökonomie umworben und in Abhängigkeit gehalten werden wie die Jugend: konsequent also, wenn Aufklärungs- und Emanzipationskampagnen Jugendlicher sich gerade auch diesem Bereich zuwenden« (Zinnecker 1987, S. 328).

– Bei der vergleichenden Analyse von zehn Freizeitstilen der 17- bis 20jährigen konnte ein »jugendzentristisches« Muster in Westdeutschland mit 8,1 % Stichprobenanteil isoliert werden, für das solche Probleme einer prekären Konsumentensozialisation wahrscheinlicher sind als für die übrigen: ein Muster von mit Gleichaltrigen stark vernetzten und zugleich von den Eltern umsorgten Jugendlichen mit vielfältigen geselligen, musisch-introvertierten, familialen und unterhaltenden Freizeitaktivitäten, den Generationsgegensatz stark betonend, mit der Zielorientierung Ordnung und Sicherheit sowie mit hoher Identifikation mit auffälligen Subkulturen und Gruppenstilen (Lüdtke 1992a, S. 255 ff.).

Eine genaue »Verrechnung« dieser Für und Wider ist nicht möglich; eine weniger prekäre Konsumentensozialisation scheint aber in der Gesamtbilanz für Jugendliche eher die Regel als die Möglichkeit einer verspäteten oder gebrochenen Statuspassage aufgrund hedonistischer Bindungskräfte eines rational wenig kontrollierten und verarbeiteten Konsumerlebens. Anomische Potentiale dürften diesem seltenen Entwicklungsverlauf insbesondere dann entspringen, wenn als zusätzliche verstärkende Bedingungen gesteigerte Freizeitpraktiken hinzutreten, wie sie in den Abschnitten 3.6, 3.7 und 3.8 beschrieben werden.

Folgende Hypothesen scheinen als Zusammenfassung der beiden letzten Abschnitte als einleuchtend:

(1) Es bestehen verschiedene, teilweise interdependente und sich in ihrer Wirkung verstärkende gesellschaftliche Ursachen für eine »Überschußproduktion« von Anreizen zur Expansion oder Differenzierung der Güteraneignung und der Gratifikation durch Konsumakte, die tendenziell zu entgrenzter Wahrnehmung ihrer Realisierbarkeit durch die Akteure führen.

(2) Dies verstärkt die Asymmetrie zwischen expressiven und instrumentalen Bezügen in Konsumsituationen zugunsten ersterer, wodurch psychologisch eine endogene Verstärkungskette der Erlebnissteigerung durch Selbstbelohnung in Gang gesetzt wird, die sich auch durch den abnehmenden Grenznutzen wiederholter gleicher Wertgrößen von Konsumobjekten erklärt (Homans 1972, S. 47).

(3) Im Prozeß der Formierung und Selektion von Zielen wird dadurch die Verfolgung von Nahzielen gefördert (»Befriedigung sofort!«).

(4) Damit kann eine systematische Unterschätzung der Kosten einhergehen.

(5) Das sich rudimentär derart herausbildende Handlungsmuster wird exogen verstärkt durch die Orientierung an relevanten Bezugsgruppen und durch Interaktion mit entsprechend homologen (altershomogenen) Gruppen, Szenen und Behavior Settings. Diese können so weit sozial segregiert sein, daß sie mit der »ganzen Realität« verwechselt werden: Es erfolgt eine universalistische Interpretation eines partikularistischen Bezugsrahmens aufgrund verzerrter Realitätswahrnehmung.

(6) Als sekundäre, jedoch noch nicht notwendige Folge verstärkt sich für die Akteure die Unklarheit oder lückenhafte Verinnerlichung der Legitimationsgrundlagen der Herkunft verfügbarer Konsumressourcen mit dem wachsenden Risiko devianter Aneignung, z. B. in Form von emotionaler »Erpressung« der Eltern oder Partner, von Kaufhausdiebstählen, Schwarzfahren, großformatiger Beschaffungskriminalität.

In Orientierung an der Taxonomie von Bohle u.a. (in diesem Band) läßt sich dieses Muster (in Anlehnung an Mertons klassisches Anomiekonzept) als »Innovation« kennzeichnen: Betonung des kulturell verankerten Ziels »Befriedigung durch Konsum« bei Vernachlässigung des institutionalisierten Mittels »Geld gegen ehrliche Arbeit« oder anderer Leistungen oder Zuwendungsansprüche. Diese Zuordnung ist aber aus zwei Gründen nicht eindeutig: a) Die legitimen Mittel werden nicht explizit abgelehnt, sondern die Legitimitätsnorm ist kein relevanter oder bewußt realisierter Faktor der Handlungssituation. b) Sie überschneidet sich mit der Anomieform »sozialer Rückzug«: Aufgabe des sekundären Werts/Ziels Belohnungsaufschub »Du sollst erst volle Befriedigung erlangen, wenn du über die Mittel verfügst« und zugleich Vernachlässigung der institutionalisierten Mittel. Der Wirkung nach handelt es sich dabei um eine Regulationskrise der Entstrukturierung der Handlungssituation im Sinne einer hohen Kontingenz der Möglichkeiten für die Akteure, bei der Evaluation von normativen Erwartungen und Ressourcen sowie bei der Selektion von Handlungsopportunitäten rationale Abwägungen vorzunehmen, die insbesondere die langfristigen Folgen des Handelns mitberücksichtigen.

Eine allgemeine, freilich kriminologisch zugespitzte und nicht ganz unproblematische, Erklärung dieser Regulationskrise durch handlungs- und sozialisationstheoretische Bedingungen liefert das Konzept der Selbstkontrolle von Gottfredson/Hirschi (1990; Lamnek 1994, S. 137 ff.). Danach wird mangelnde Selbstkontrolle hauptsächlich durch das Muster der »unmittelbaren aufwandslosen Befriedigung« (Lamnek 1994, S. 142) indiziert, für dessen Realisierung sich besonders deviante/anomische Situationen anbieten, die zu sofortiger Gratifikation führen; leicht zugängliche Mittel bereitstellen; erregend, risikoreich oder spannend sind; nicht an dauerhaftem Nutzen orientiert sind; wenig Fähigkeiten oder Planung voraussetzen.

Entgrenzungsverdächtige Konsumanpassung der Jugend und ihr wachsender Status auf den Freizeitmärkten verhinderten bisher offenbar nicht, daß die Freizeitzufriedenheit Jugendlicher in bestimmten Bereichen eher nachläßt. Nach Opaschowski (1996) beklagt eine Mehrheit den Mangel an Freizeitangeboten und Treffpunkten. Seit 1990 nimmt der Anteil derjenigen Jugendlichen »dramatisch zu«, die meinen, der Staat tue zu wenig für die Jugend (ebd., S. 13). Dieser Befund legt folgende Einsicht nahe: Wachstum und Segmentierung der kommerziellen Freizeitangebote sparen die Entwicklung einer Freizeitinfrastruktur aus, die besonders Raum gibt für das Bedürfnis nach spontanen Gruppenaktivitäten, Situationen mit geringer Normierung von außen und der allgemeinen Orientierung – und dafür wird der Staat verantwortlich gemacht.

3.4 Zeitfallen und Freizeitstreß

Längst schon ist Zeitmangel nicht nur eine prestigefördernde Begleiterscheinung v. a. des Alltags gestreßter »leitender Herren«, sondern der immer brisanter werdende Normalfall unter der Bedingung einer anhaltenden »Verzeitlichung« der Gesellschaft. Die Paradoxie dieser Entwicklung besteht darin, daß (meist unbeabsichtigte) Eingriffe in die individuelle Zeitautonomie trotz wachsender arbeitsfreier Zeit erfolgen, und zwar unter zwei Aspekten: einmal als Verknappung der Zeit als Planungs- und Handlungsressource und zum anderen als Steigerung der Komplexität und Zufälligkeit der Ent- und Neuregulierung der persönlichen Zeitordnung durch externe Zeitgeber. Individuelle Betroffenheiten unter beiden Aspekten können sich auf vielfältige Weise kumulieren und einander aufschaukeln mit proto-anomischen Folgen: handlungsverunsichernden, blockierenden oder antizipationserschwerenden Effekten prekärer Zeitautonomie, verbunden mit bestimmten Versagungs- und Entfremdungserfahrungen. Hierzu exemplarisch nur einige Stichworte aus dem Kontext der neuen Theorie der sozialen Zeit, die schon seit längerem Fragestellungen mit höherer Problemlösungskapazität weiterführt, die früher zum typischen Gegenstand der Freizeitsoziologie gehörten:

– Schon vor zwei Dekaden hat Linder (1973) in einer weit beachteten, empirisch heute evidenten These prognostiziert, daß der moderne Konsum immer flüchtiger wird, Konsumentscheidungen u. U. immer weniger rational abgewogen werden können, weil Vielfalt und Menge der Angebote schneller wachsen als die zur Verfügung stehende Zeit – es sei denn, die Verbraucher lernen auf breiter Front freiwillige, rational begründete Selbstbeschränkungen. Gegenwärtig scheinen große Bevölkerungsteile allerdings ihr Heil eher in Techniken der zunehmenden Zeitvertiefung mit entsprechenden Dis-Streß-Folgen zu suchen: Sie üben zunehmend Sekundär- und Tertiäraktivitäten gleichzeitig mit einer Hauptaktivität aus (z. B. Abendessen, Einkaufsplanung und Fernsehen).

– Gershunny (1981) stellte überzeugend das Paradoxon der modernen Haushaltsproduktion dar: Mit differenzierterer Haushaltstechnik, wachsenden Ansprüchen an die privaten Transaktionsleistungen und steigendem emotionalen Engagement in diesem Bereich binden viele Menschen mehr Zeit als eigentlich beabsichtigt, sozusagen auf endogen erzeugte Weise.

– Eng verwandt mit diesem Effekt sind moderne »Zeitfallen«, z. B. als »Privatisierungsfallen« (vgl. Offe/Heinze 1990): unbeabsichtigte Effekte einer übersteigerten Selbstbindung verfügbarer Zeit durch Kumulation von Informations-, Planungs-, Nutzungs-, Wartungs- und sonstigen Nebenzeiten infolge des Autarkiestrebens privater Haushalte in der Alltagstechnik (z. B. bei Auto, Haushaltsgeräten und Unterhaltungselektronik). Ein solch paradoxes Resultat konnten Lüdtke, Matthäi, Ulbrich-Herrmann (1994) in der privaten Alltagstechnik genauer spezifizieren: Je umfangreicher die technische Ausstattung und ihre Nutzung ist, desto geringer die verfügbare freie Zeit, und dies gilt teilweise auch noch bei Kontrolle des Einflusses der Haushaltsgröße, die ein wichtiger Faktor der Zeitbindung und der Ausstattungsmenge ist.

– Garhammer (1994, S. 192 ff.) berichtet über die Zeitnot von 1 545 Vollzeit-Erwerbstätigen in den alten Bundesländern in bezug auf neun Lebensbereiche, unter denen Kinder, eigene Interessen, Freunde, Ausspannen und Partner die prekärsten sind. Zeitnot bedeutet freilich nicht automatisch größere Unzufriedenheit – ihre Äußerung durch Befragte weist eher auf eine selbstkritische Beurteilung von deren ausgeprägterem Aktivitätsspektrum hin, scheint also weitgehend selbst gemacht. Auch flexiblere Arbeitszeit reduziert offenbar nicht die Zeitnot, sondern hält sie ähnlich (mäßig) hoch wie Samstags-, Schicht- oder Sonntagsarbeit.

– Die Annahme, daß Westdeutschland im Verhältnis zu Ostdeutschland das entwickeltere, marktdifferenziertere Freizeit- und Konsumsystem habe, dem daher auch stärkere Zeitstreßpotentiale inhärent seien, bestätigt sich in einer Umfrage von 1991, wonach die Westdeutschen deutlich niedrigere Ausübungsraten bei den kontemplativen, familialen und privatkommunikativen

Aktivitäten (mit Ausnahme des Telefonierens) aufweisen (Opaschowski 1993, S. 65).

Seit Jahodas, Lazarsfelds und Zeisels berühmter Studie *Die Arbeitslosen von Marienthal* von 1933 bedarf es keiner besonderen Erwähnung mehr, daß unter der Bedingung der Arbeitslosigkeit keinesfalls eine Situation absoluter »Freizeit« eintritt, sondern erst einmal und meist langfristig das gesamte Schema der Alltagsordnung, der Perspektiven und sozialen Relevanzen zusammenbricht, was meist zu erheblicher Verunsicherung, Deprivation und Apathie der Betroffenen führt. Auf diese Grenzsituation des Verlustes der subjektiven Zeitordnung mit erheblichen Anomieimplikationen, die sich bei Massenarbeitslosigkeit zu einem hohen Potential der kollektiven Anomie in Form eines ganzen Syndroms von Ressourcenrestriktion, sozialem Ausschluß und Abstieg, Abbau von Systemloyalität u. dgl. mit weiteren individuellen Folgeproblemen verdichten können, sei hier nur hingewiesen.

Verteilungsungleichheit von Zeit als Handlungsressource und Unsicherheiten der Funktion von Zeit als Medium der Ordnung des Alltags implizieren verschiedene Anomiepotentiale, die sich als Zusammenhang von Zeitdruck, bedrohter Zeitautonomie und anderen Komponenten der Handlungssteuerung fassen lassen. Da die Zeitverwendung immer in Wechselwirkung mit verschiedenen räumlich-dinghaften, personalen, normativen und kognitiven Komponenten der Handlungssituation erfolgt und da Menschen im Alltag große Geschicklichkeit des Managements und der Kompensation von Zeitproblemen entwickeln, ist derzeit noch keine empirisch fundierte sozialwissenschaftliche Abschätzung kollektiver Manifestationen dieser Potentiale möglich. Sie lassen sich vorläufig nur als besondere Erscheinungen der Regulations- und Integrationskrise skizzieren (auch Schöps 1980, S. 155 ff.):

– Zeitknappheit ist eine Folge erschwerter Synchronisierung ausdifferenzierter sozialer Teilsysteme im Handeln und kann leicht zur Überforderung der Verhaltenskoordination führen, wenn Steigerung des Tempos, zeitliche Präzisierung, Wartezeiten, Zwang zu Terminabstimmungen u. dgl. nicht gegeneinander optimierbar sind.

– Zunehmende Verzeitlichung von Situationen und Sozialstrukturen führt zu ständigen Störungen und Umstrukturierungszwängen bei der Herstellung von Interdependenzen zwischen Zeit-, Sach- und Sozialordnungen.

»Die Integrationskraft traditionaler Zeitrhythmen läßt nach. Die Stabilität der zeitlichen Verhaltensmuster nimmt ab. Es besteht der ständige
Zwang zur Umstrukturierung des Zeitbudgets. Gleichzeitig wird der
normative Druck der Zeit in Form von Fristen und Terminen immer
stärker« (ebd., S. 160).

– Zwänge zur zunehmenden Zeitvertiefung erhöhen die individuellen Informations-, Orientierungs- und Erfolgsrisiken im Alltag aufgrund flüchtiger werdender Wahrnehmungen und Aufga-
benbewältigungen. Solche Risiken können sich zur Häufung
von Fehlleistungen, zu »Erledigungsstaus«, zu Deprivations-
steigerung und zur Unfähigkeit verdichten, Tempo und Rhythmus der Zeitverwendung nach eigenem Ermessen zu variieren.
– Haben ohnehin nur noch Minderheiten das Privileg von Zeitela-
stizität, d. h. der Möglichkeit, den Zeitaufwand situationsspezifisch zu variieren, so verringert sich diese mit zunehmender
Abhängigkeit des einzelnen von rigiden Zeitordnungen noch
weiter. Fehlt Menschen aber ein Minimum an Spielräumen, Zeit
je nach aktueller Bedürfnislage in einer bestimmten Tätigkeit zu
dehnen oder zu raffen, so besteht für diese ein hohes Risiko der
Entfremdung des Handelns von biopsychischen Zeitrhythmen
mit der Folge hoher Neurotisierungspotentiale.
– Zeitverwendungsmuster sind mit Statusunterschieden stark ver-
woben und sichern diese ab. Verschiedene Merkmale der Sozialstruktur und Demographie verschärfen Formen der (Unter-)
Privilegierung in der Zeitautonomie, so daß sich die skizzierten
Regulations- und Integrationsprobleme entlang den Grenzen
sozialstruktureller Kategorien noch verstärken können.
– »Segmentierung und Vermassung von Zeitverwendungsmu-
stern« (vgl. Schöps) sind zwei Seiten einer Medaille: Einerseits
setzen Menschen für gleiche Tätigkeiten ihre Zeitbudgets in isolierter, privater bzw. kleingruppenhafter Weise ein. Andererseits
häufen sich kollektive Folgen der Gleichzeitigkeit individualisierter Zeitnutzungen aufgrund temporärer Standardisierungen
in Form von Staus, Massentourismus, Warteschlangen etc. Gegenwärtige Versuche einer kollektiven Flexibilisierung von Zeit-
verwendungen können dieses Dilemma möglicherweise teilweise lösen, sie führen aber zu einer weiteren Verzeitlichung
in Richtung auf die »Rund-um-die-Uhr-Gesellschaft« und erhöhen das Potential an Chaos und unvorhergesehenen Nebenfolgen.

Das in der klassischen Phase der Industriegesellschaft ursprünglich polare Verhältnis von Arbeit und Freizeit wird zunehmend abgelöst durch a) die Verfeinerung fließender Übergänge (Formen der Halbfreizeit, Haushaltsproduktion, Konsum- und Beziehungsarbeit u. dgl.), durch b) die Zunahme von Optionen für Gelegenheiten zu intrinsischen Befriedigungen und extrinsischen Anpassungen im einen und/oder anderen Bereich, durch c) zunehmende Überlagerungen expressiver und instrumentaler Handlungsbezüge in Freizeit und Konsum.

Für die Sozialisation und Entwicklung von Jugendlichen kann ein solcher Instrumentalisierungsschub in Freizeit und Konsum insofern als problemfördernd und u. U. anomieerzeugend wirken, als dadurch wichtige Moratoriums- und Ausgleichsfunktionen der Jugendphase, die sich ja v. a. im Freizeitbereich realisieren, abgeschwächt werden: sozialer Rückhalt und Solidaritätsquellen in altershomogenen Gruppen, Entstehung von Partnerschaften und Bindungen. Diese individualisierenden Effekte der Instrumentalisierung von Freizeit und Konsum lassen sich insbesondere unter dem Aspekt der »Freizeitkarrieren« von Jugendlichen thematisieren.

Eckert, Drieseberg und Willems (1990) verdeutlichten dieses Konzept auf der Basis einer Inhaltsanalyse der Special-Interest-Zeitschriften für Jugendliche durch den Befund,

»daß Jugendliche neben ihrer Schul- und Berufsausbildung eine außerschulische und außerberufliche Karriere beginnen (...) Die subjektive Bedeutung dieser Karrieren ist nicht nur in der intrinsischen Befriedigung zu sehen, die aus der jeweiligen Tätigkeit gezogen werden kann, sondern (...) auch in den Marktchancen, die die erreichten Qualifikationen v. a. auf dem Markt der persönlichen Beziehungen verleihen« (ebd., S. 5 f.).

Es sind sieben Elemente von Aktivitäten, die nach diesen Autoren eine Freizeitkarriere fördern: 1. Einstiegs- und Abgrenzungsmechanismen in bezug auf die Normierung nach Alter und Geschlecht, die Voraussetzung von Kenntnissen und Fähigkeiten, die finanziellen Anforderungen und die Zeitinvestition; 2. Investitionscharakter in bezug auf Zeit, Tätigkeit und Geld; 3. Leistungsgedanke und Konkurrenzverhalten; 4. soziale Rangordnung; 5. Instrumentalisierung in bezug auf erotische Attraktivität, soziale Anerkennung, Bildung von sozialem Kapital; 6. Professionalisierung im Sinne einer »Verschmelzung von Beruf und Hobby« als »Karriereversprechen«; 7. Identifikationsangebote. Individualistisch-instrumentelle Freizeitstile fanden sich besonders häufig in den kommerziellen Sport- und Computerzeitschriften. Der Gegensatz zwischen merkantilen Angeboten und Jugendverbänden läßt sich auf die Formel bringen: Hier Individualität, Distinktion und Marktkonkurrenz – dort Gemeinschaftlichkeit und Tradition.

Die Vermutung liegt nahe, daß die Differenzierung spezieller Freizeitinteressen bei Jugendlichen und ihre Rückkopplung mit den entsprechenden Märkten und Medien die Entwicklung einer neuen sozialen Schichtung der Freizeit in den Dimensionen Tradition vs. Moderne, Solidarität vs. Individualismus, expressive Gruppenorientierung vs. instrumentale Karriereorientierung fördert. In diesem System von Identitätsbildung und sozialer Distinktion können, bei Vorliegen weiterer Bedingungen, Jugendliche anomische Dispositionen erwerben, insofern als sie ihre Netzwerke von relevanten Altersgenossen in der Interaktion vornehmlich nach dem Kriterium absuchen und benutzen, ihre eigenen »Siegerchancen« und zugleich die »Verliererchancen« der anderen in diesem Prozeß zu maximieren. Als kollektive Folge derartiger Instrumentalisierungsversuche kann sich eine Art Meta-Jugendkultur der »Ellenbogenmentalität« verbreiten, wie wir sie bisher nur in ökonomisch und professionell signifikanten Systemen des entschiedenen Wettbewerbs unter Erwachsenen kennen.

3.6 Jugendkult, Narzißmus und Kommerz

Unter diesem Teilaspekt werden gesellschaftliche Phänomene zusammengefaßt, in denen Anomiepotentiale in sehr diffuser und indirekter, d. h. in einer besonders schwer zu fassenden Weise eingelagert sind. In ihrem Kontext erscheinen Freizeit und Konsum als Produktions- und Rekonstruktionsräume kollektiver Formen von Selbsttäuschung, Mimikry sowie stereotyper Normierung expressiven Verhaltens und askriptiver Erwartungen. Überspitzt formuliert, handelt es sich dabei um das Artikulationsfeld von Interessenten, die um die Anpassung des Verhaltens ich-schwacher Persönlichkeiten an vereinfachende Schemata und Idole konkurrieren, sei es aus ästhetisch-klassifikatorischen Interessen (Definitionsmacht), sei es aus Konsummarkt-Interessen (ökonomischer Erfolg). Die dabei kommunizierten Leitbilder und Normen sind in der Modalkultur relativ schwach, in einzelnen Subkulturen aber stark verankert. Sie sind Bestandteile von Habitualisierungen und haben sozusagen systemische Qualität.

Jugendkult (vgl. Opaschowski 1971) bedeutet die bis zur Verherrlichung reichende besondere Wertschätzung, Übernahme und Propagierung von Dispositionen und äußeren Attributen der Jugend sowie die Überidentifikation mit diesen. Diese werden freilich eher von den Älteren zugeschrieben als tatsächlich und zuverlässig an der Jugend beobachtet. Jugendkult ist das Resultat des Heraushebens von Merkmalen aus ihrem Gesamtzusammenhang, ihrer Vereinfachung und Umformung zu Stereotypen, wobei diejenigen Eigenschaften überbetont werden, die besonders symbolisierungsfähig, d. h. auch: medienangepaßt, gut kommunizierbar und kommerziell verwertbar sind. Er erleichtert soziale Identifikation und (Selbst-)Täuschung, v. a. in Richtung auf Vitalität, physische Attraktivität, Modernität und Trendsetting.

Er ist historisch ein Erbe von Sturm und Drang, Romantik und Jugendbewegung, nach dem Motiv: nur von der Jugend geht Aufbruch, Erneuerung, Reform aus; sie verkörpert »ideales«, d. h. »natürliches« Leben. Jugendkult bedeutet auch die Projektion zentraler Werte, Leitbilder und Sehnsüchte auf den »passenden« Bevölkerungsteil und damit deren Bestätigung im kollektiven Bewußtsein: Schönheit, Anmut, Kraft, sexuelle Potenz, Leistung, Kreativität, »Natürlichkeit«, Bildung und Formbarkeit, Offenheit, Hoffnung, bessere Zukunft, aber auch: Narzißmus und Glamour. Diese Aufwertung von »Jugendlichkeit« einerseits und die Tabuisierung von Alter, Sterben und Tod andererseits bedingen sich gegenseitig. Der Jugendkult wird gefördert durch die Existenz eigenständiger jugendlicher Teilkulturen. Sie reproduzieren sich in Verflechtung mit den Medien und Konsumgütermärkten und wirken einflußreich und stilbildend auf die Gesamtkultur zurück. Schließlich lebte die Industriegesellschaft, die Gesellschaft der »technischen Macher«, lange Zeit vom Fortschrittsglauben und Zukunftsentwurf: Zwangsläufig galten dabei die »Jungen« als »Vollender« der Werke der lebenden Erwachsenen.

Narzißmus sei hier, in Anlehnung an verschiedene Vorlagen (vgl. Lasch 1980, Sennett 1983, Ziehe 1975), verstanden als ein in der Bevölkerung ungleich verteiltes, aber tendenziell sich verbreitendes Verhaltenssyndrom mit folgenden Merkmalen: gesteigerte Kultivierung des Körperausdrucks und der Selbstinszenierung bei

Zentralisierung der Ego-Orientierung, Suche nach »Selbstverwirklichung« unter weitgehender Ausklammerung der Abarbeitung an externen Objekten, Selbstgefälligkeit, Suche nach unmittelbarer Befriedigung der eigenen Wünsche, Leben in ständiger Anspannung unbefriedigten Begehrens. Im sozialen Verkehr führt die Dominanz dieses Verhaltens zur »Tyrannei der Intimität« (Sennett): Ich, Körper und subjektive Befindlichkeiten werden, unter Verzicht auf konventionelle, distanzierende Rollenformung der Handlungsweise, unmittelbar kommuniziert. Es kommt zur Psychologisierung von Verhältnissen mit Dialogen der wechselseitigen Selbstdarstellung und einer Entgrenzung der Kommunikation, die nicht auf Verständigung gerichtet ist.

Jugendkult als normativ-symbolische Folie und Narzißmus als Orientierungsmuster und Verhaltensstil bedingen einander teilweise, und sie verdichten sich wechselseitig in manchen privaten und öffentlichen Situationen von Freizeit und Konsum zu typischen Szenen der kollektiven Selbstinszenierung. Es dürfte auf der Hand liegen, daß Medien und Anbieter von Konsumgütern und Freizeitdiensten sich bevorzugt narzißtisch-jugendkultischer Symbole und Leitbilder bedienen und so zur Verklammerung beider Bereiche beitragen. Typische Anwendungsgebiete sind dabei z. B.: Autos, Sportkleidung und -geräte, Kosmetik und Bade-Lotions, Mode, Fitness-Praktiken, Snacks, Erfrischungsgetränke, Zigaretten, Urlaubsangebote, Darstellung sportlicher Ereignisse. Für die Verbreitung narzißtisch-jugendkultischer Orientierungen in Freizeit und Konsum liefern der Alltag, neuerdings auch die Markt- und Meinungsforschung unzählige Belege. Kaum zu übersehen ist dabei ein Trend hin zu gesteigerten Erlebnisqualitäten von Freizeit und Konsum, wobei verschiedene soziale Zwänge manifest werden können: z. B. zum Attraktiv-Sein, Fit-Sein, Modisch-Sein, Gesellig-Sein (Opaschowski 1993, S. 85 f.).

Schwer abzuschätzen sind die Anomiepotentiale dieses sozialen Raums, die versuchsweise so umrissen werden können: Entstehung bestimmter Enttäuschungs- und Entlarvungsrisiken aufgrund des Glaubens an die Wahrheit »ideologischen Scheins«; Ausgrenzungs- und Stigmatisierungsfolgen für Betroffene, die von den stereotypen Zuschreibungen abweichen; Verwischung partikularistischer und universalistischer Bezüge, affektiver und affektiv neutraler Erwartungen; Verwirrung und Unklarheit von Realitätsdefinitionen.

Am gravierendsten sind dabei wahrscheinlich Varianten der soziokulturellen Formierung und möglicherweise Deformierung somatischer Bedürfnisse und Artikulationen aufgrund einseitiger Anpassung an Idole, deren Folgen dann nicht bewältigt werden können. Ansatzpunkte für solche Fehlentwicklungen dürften v. a. in den kulturellen Körperpraktiken liegen, mit denen Jugendliche Probleme ihres sexuellen Heranwachsens und ihrer Identitätsbildung zu lösen versuchen. Helfferich (1994, S. 102 ff.) hat hierbei fünf Typen »imaginärer Lösungen kollektiver Probleme« unterscheiden können: männliche Auszubildende in männerbündischen Subkulturen (»Kraft und Härte«); weibliche Auszubildende »in der polytoxikomanen Erlebniswelt der Disco« (»Schönheit und Konsum«); Kiffer, Junkies u. dgl. (»Bewußtseinserweiterung«); Eßstörungen und Kunstturnen (»Askese«, »Alles unter Kontrolle«); Medikamentenmißbrauch (»Unsichtbarmachen«).

Faßt man die anomischen Konsequenzen dieser Teilanalyse zusammen, so bedeutet Jugendkult im Konnex mit Narzißmus einen gesellschaftlichen Hintergrund, vor dem die Tendenzen der Konsumentgrenzung und prekären Rollensozialisation (vgl. 3.2 und 3.3) durch eine Art sekundärer, d. h. unbeabsichtigter, Institutionalisierung gerahmt werden, was sich dann auch in einer Verschärfung narzißtischer Verhaltensweisen äußert. Die sich in den modernen Märkten und Medien artikulierenden mächtigen, ökonomisch etablierten Interessenten wirken dabei als Instanzen der Steuerung eines stabilen Austauschs zwischen »Adaptation«, »Zielerreichung« und »Integration« (in der Terminologie von Parsons), die ein Aufbrechen dieses komplexen Zusammenhangs, etwa durch kulturelle Innovation, sehr erschweren. Narzißtische Selbstinszenierung führt infolge der mit ihr zwangsläufig verbundenen »Partikularisierung« durch Intimisierung zu einer Überforderung von Alltagskommunikation, in der ständig Mißverständnisse und leerer Austausch generiert werden mit der Folge gehäufter Unverbindlichkeiten und Unsicherheiten in der Konsolidierung der notwendigen Diskursrationalität. Weiterhin fördert Narzißmus mit der ihm innewohnenden Tendenz zu demonstrativer Egozentrierung die Neigung zum Verlust externer Relevanzen und Objekte (Personen und Aufgaben). Dadurch sinkt ebenso die kollektive Fähigkeit der Stabilisierung sozialer Interdependenz durch Austausch wertvoller Güter und Leistungen wie die individuelle Fähigkeit, realitätserprobte Coping-Stile gegenüber wirklichen Problemen im sozialen Verkehr zu entwickeln. Mit der Idolisierung von Leitbildern und Zielen des Konsums und der Konsequenz einer Orientierung an nicht erreichbare Horizonte erhöht sich schließlich das Potential an Enttäuschungen in Konsum und Freizeit und sinkt die Fähigkeit, integrationsfähige Ziele aufzubauen und, zusammen mit den geeigneten Mitteln, zu erproben.

3.7 Alltagsflips und Alltagsdrogen

Jugendliche verfügen über ein breitgefächertes Arsenal von Techniken und Ritualen der Spannungssuche und -steigerung: die »Alltagsflips«, die in den SHELL-Jugendstudien unter der Regie von Fischer, Fuchs und Zinnecker seit 1981 fokussiert wurden. Sie umfassen die »›kleinen Unvernünftigkeiten‹, die den Alltag punktuell aufbrechen« (Fuchs 1985, S. 27) und deren Praktizierung teilweise mit der Intensität der Entspannungspraktiken zusammenhängt: Spannung und Entspannung gehören in verbundener Form zum Alltagsrhythmus. Die häufigsten Alltagsflips der Jugendlichen waren 1984: beim Essen mal richtig »sündigen«, z. B. mit Süßigkeiten, oder mehr essen, als einem guttut (46%); Musik irrsinnig laut hören (44%); sich in seine Liebhabereien vergraben (36%); seinen Körper mal bis zum letzten verausgaben (z.B. Training, Sport; 30%); mit anderen die Nacht bis zum Morgen durchmachen (29%); Vorgesetzte, Lehrer oder Ausbilder so richtig durch den Kakao ziehen (20%); sich stundenlang vor den Fernseher/das Videogerät setzen (19%); ganz verrückte Sachen anziehen (18%); mal ganz unvernünftig Alkohol trinken (15%).

Die Alltagsflips sind Korrelate oder Indikatoren komplexerer Aktivitätsmuster in Freizeit und Konsum, was Fuchs (1985, S. 32) folgendermaßen zusammenfaßt:

»Jugendliche und Erwachsene, die Flips intensiv praktizieren, weisen ein klares Profil im Bereich der Freizeitbeschäftigungen und anderer Alltagspraktiken auf: Sie sind viel geselliger, öfter außer Haus, sportlich aktiver, zugleich den Alltagsdrogen Tabak und Alkohol stärker zugeneigt (…) Ihre Freizeit ist vielfältiger, ihr Freizeitverhalten ›extravertierter‹ als das der Gegengruppe mit niedriger Flip-Intensität. Die Jugendlichen mit hoher Flip-Intensität sind stärker in jugendliche Gesellungsformen gebunden (…); auf die Frage, welche Gesprächspartner sie für Sorgen und Nöte haben, nennen sie zu geringerem Anteil die Eltern, zu höherem gleichaltrige Gesprächspartner.«

Diesen Merkmalen und anderen Orientierungsweisen zufolge erscheinen »flipaktive« Jugendliche insofern stärker außengeleitet, als ihr Verhalten gegenüber politischen und normativ bedeutsamen, verinnerlichten Bindungen relativ indifferent ist: Sie streben, vergleichsweise unbefangen, nach spontanem »Befindlichkeitsmanagement oder (...) Erlebnissuche« (ebd., S. 34), so daß bei ihnen ein fließender Übergang zu risikoreichem und deviantem Freizeitverhalten besonders naheliegt.

Zwischen Alltagsflips und dem Konsum von legitimen Alltagsdrogen (Rauchen, Trinken, in Grenzen: Cannabis-Konsum) besteht, bezüglich der Intensitäten, ein hoher Zusammenhang und, bezüglich der Situation des Konsums, eine häufige Koinzidenz; beide sind zudem, hinsichtlich ihrer symbolischen und sozial integrierenden Funktionen, im größten Teil in der Jugendkultur positiv verankert. Man kann daher von einem Verhaltenssyndrom der verschiedenen Grade einer Tendenz des »stimulierten (Sich-)Stimulierens« bei Jugendlichen sprechen, die sich aus homologen Konfigurationen von Entspannungstechniken, Alltagsflips und Drogenkonsum ergeben.

Der Drogenkonsum scheint dabei der eindeutigste Indikator von Anomiepotentialen zu sein. Seine Korrelate der sozialen Beziehungen zu Altersgleichen, Konflikten mit dem Elternhaus, Wertorientierungen und Risikowahrnehmungen lassen sich nach Fischer (1985, S. 47f.) auf der Grundlage der relevanten empirischen Befunde der SHELL-Studie von 1984 folgendermaßen beschreiben: Konflikte in Elternhaus und Schule, verstärkte Ablösungsbestrebungen und Suche nach Autonomie scheinen Rauchen und Trinken zu begünstigen. Dies gilt auch bezüglich intensiver sozialer Beziehungen zu Gleichaltrigen bzw. jugendzentristischer Einstellung. Insgesamt sind diese Jugendlichen, relativ zu den Erwachsenennormen, weniger angepaßt und konfliktfreudiger.

Lange (1991, S. 50) konnte die multivariate Bedingungsstruktur der Geldausgaben von Jugendlichen für Rauschmittel noch genauer darlegen: acht hierbei einbezogene Sozialisations-, Ressourcen-, Einstellungs- und Bindungsvariablen erklären immerhin ca. 30% der Varianz dieser Ausgaben.

Es gibt keine sicheren Hinweise darauf, daß der Konsum von Alltagsdrogen bei Jugendlichen in den letzten Jahren stärker als bei Erwachsenen gestiegen ist oder daß sich ältere Jugendliche und Postadoleszente (die überhaupt erst »typische« Konsumenten sind) von Erwachsenen in mittleren Lebensjahren darin deutlich unterscheiden (Fischer 1985, S. 42 f.). Jugendliche sind daher eher als »Rekonstrukteure« der allgemeinen, sozusagen das »übliche« Anomieniveau unserer Gesellschaft widerspiegelnden Alltagsdrogenkultur denn als Impulsgeber für deren Differenzierung selbst anzusehen (Schäfers 1994, S. 212 ff.).

Im Kontext von Entspannung, Flips und Alltagsdrogen finden Jugendliche v. a. Ausgleich und Kompensation, besonders in bezug auf die Erlebnisarmut administrativ durchrationalisierter Umwelten und den Mangel an Herausforderungen durch praktische Aufgaben. Sie benutzen dabei die verfügbaren – mit fließenden Grenzen zu den illegitimen – Gelegenheiten des städtischen Raums zu einem »Spiel auf der Matrix der städtischen Möglichkeitsformen« (Stuckert 1993, S. 178). Im Lärm und in der lauten Musik, die diesen Kontext ständig begleiten und intensive Regressionserfahrungen ermöglichen, werden Lärm und Hektik des Alltags auf andere Weise fortgesetzt. Ihr Gegensatz wird in den Entspannungstechniken (z. B. Gespräche mit Gleichaltrigen, telefonieren, träumen, sich ausgiebig pflegen) gesucht, und diesen notwendigen Wechsel als Voraussetzung eines kontrastreichen Alltagsrhythmus scheint die Mehrheit der Jugend zu beherrschen (Fuchs 1985, S. 12). Dieser Kontext darf daher in seiner Grundstruktur eher als anomieblockierend denn -fördernd beurteilt werden. Darauf verweisen auch Befunde von Schulze (1992, S. 624), der eine schwache negative Korrelation (−0.17) zwischen der Bevorzugung des alltagsästhetischen »Spannungsschemas« und Anomie als psychischer Grundorientierung fand. Zu den Verhaltensmustern dieses Schemas gehört typischerweise eine ausgeprägte Flip-Praxis. Übrigens besteht eine ähnliche Beziehung zwischen subjektiver Anomie und »Hochkulturschema« (−0.28), während die auf das »Trivialschema« fixierten Befragten eher anomisch geprägte Personen sind (0.43).

Die Steigerung des Anomiepotentials einer ausgeprägten Flip-Praxis über die Schwelle »normaler« Auffälligkeit hinaus setzt also eine Reihe zusätzlicher Bedingungen voraus, die hier nur relativ vage und exemplarisch angedeutet werden können (vgl. auch die Abschnitte 3.5 und 3.7):

– Das mit starker Selbstinszenierung verbundene und vom Applaus der Gruppe stimulierte Eintauchen in hermetische, exklusive Szenen der modernen Disco-Welt in Verbindung mit dem

Konsum modischer synthetischer Drogen, wobei gesundheitliche Risiken in Kauf genommen werden, gemäß der Überzeugung, man brauche diese »Fitmacher«, um in der Konkurrenzge-
sellschaft bestehen zu können – ein Muster v. a. erfolgs- und
aufstiegsorientierter Postadoleszenten:

> »Zum Ecstasy-Rausch gehört mehr als eine Tablette. Es ist ein Gesamt-
> kunstwerk aus monotoner Techno-Musik, Tanz, Lichtshow, Laser, De-
> koration, Klamotten, Disc-Jockey und den übrigen stimulierten Perso-
> nen. Erst dieses Ensemble (...) bewirkt das Glückserlebnis. Süchtig
> macht nicht die Pille, süchtig macht das Gesamtdesign, die Droge ist nur
> der Katalysator« (Kriener/Saller 1993, S. 13).

– Die extreme Senkung des Risikobewußtseins und die narzißtische Selbstüberschätzung bei jungen Männern unter dem starken Einfluß von Gruppennormen des Wettbewerbs und der
außergewöhnlichen Leistung mit »Kick«, die z. B. zum leicht-
sinnigen Fahren mit dem Auto oder Motorrad oder, im vielleicht
extremsten Fall, zum lebensgefährlichen »S-Bahn-Surfen« ver-
leiten.

– Der besondere Reiz des Risikos der Illegalität, auch der körperlichen Gefahr, und die Suche nach Territorialität in anonymen
Räumen bei den nächtlichen Aktivitäten von Sprayer-Gruppen
an Bahngeländen u. dgl., die sich inzwischen auf ein zumindest
ambivalentes, manchmal wohlwollendes Interesse des Publikums an der Kunst der »Writer« beziehen können.

– Die zahlreichen destruktiven Formen des »Vandalismus« an Sachen und in unkontrollierten Räumen (z. B. Schulwänden, Fahr-
stühlen in Hochhäusern, Sitzen in öffentlichen Verkehrsmitteln,
parkenden Autos) aufgrund diffuser Ursachen- und Motivbün-
del, in denen sich Deprivationserfahrungen, Übertretungsan-
reize, Opportunität, Aggressivität gegen anonyme Mächte,
Gruppendruck und territoriales Verhalten mischen können.

3.8 Automaten- und Bildschirmspiele

Dieses Feld umfaßt ein sich weiter ausdifferenzierendes System
von geräte- und bildschirmvermittelten Freizeitaktivitäten für eine
wachsende Minderheit in der Bevölkerung. Allerdings gehören
dazu so verschiedene Gelegenheiten wie häusliche (z. B. Com-
puterspiele, Gameboy) und außerhäusliche (Geräte in Spielhal-
len, Gaststätten oder Freizeitzentren) Glücks- bzw. Gewinn/

Verlust-Spiele (Geldspielautomaten) ebenso wie Sport- oder Geschicklichkeitsspiele (z. B. Flipper, Pool-Billard, Fußball-Kicker, Dart-Automaten), solitäre Spiele wie Wettbewerbs- oder Mannschaftsspiele. Deutlich abgrenzbar sind diese Gelegenheiten vom klassischen Fernseh- und Video-Konsum der passiven Art, da dieser sich in relativ eigenständigen Freizeitstilen häuft. Trotz des hohen internen Variationsreichtums der Automaten- und Bildschirmspiele lassen sich folgende Gemeinsamkeiten zusammenfassen:

– Sie mobilisieren erhebliche physio-psychische Energien der Konzentration, Aufmerksamkeit, Motorik und Leistungsaspiration und verschaffen, im Wechsel von Spannung und Entspannung, den Nutzern hohe Erlebnisintensitäten.
– Sie stimulieren durch elektronisch-technische Raffinesse und das damit verbundene ästhetische Design.
– Ihre Anschaffung bzw. Nutzung bindet erhebliche, manchmal extrem hohe, finanzielle Mittel: als Spieleinsatz oder bei der Anschaffung von Kleincomputern, Bildschirmen und Spieldisketten. Bei Dauer- bzw. Häufigspielern können sich Spieleinsätze oder Investitionen zu erheblichen Belastungen kumulieren.

Nach Daten verschiedener Untersuchungen (vgl. Knoll u. a. 1984, Rohwedder 1987, Eckert u. a. 1991, Georg 1992) ist aus der sozialen Charakteristik der Automaten- und Bildschirmspieler allein noch kein spezielles Anomiepotential ableitbar. Bezüglich der demographischen Struktur (insbesondere Jugendlichkeit) ist der relativ provisorische, transitorische Charakter der Lebensstile hervorzuheben, denen diese Spieler zuzurechnen sind. Ihre latente »Gefährdung« in Richtung auf eine extreme Abhängigkeit von diesen Angeboten reduziert sich daher weitgehend mit zunehmendem Alter. Zurückzuweisen ist das »Zerrbild einer großen Zahl einsamer, isolierter Jugendlicher am Bildschirm, die von programmierten, aggressionsfördernden Spielszenarios in Bann gezogen werden« (Rohwedder 1987, S. 31). Daß ein solches Potential gleichwohl nicht von der Hand zu weisen ist, wird beim Übergang in eine differenziertere Betrachtungsweise ersichtlich. Nach einem Marburger Symposium zum Thema »Spielen an Automaten« bilden dafür folgende Eckdaten einen relevanten Interpretationsrahmen, wobei die ausschließlich häuslich aktiven Bildschirmspieler noch gar nicht berücksichtigt sind: 180 000 von insgesamt 400 000 Spielautomaten in Deutschland sind Unterhaltungsautomaten mit Spielgewinnen, an denen rund 4,7 Mio. Spieler im Jahr einen Betrag von etwa 2 Mrd. Mark ausgeben. Darunter sind 160 000 »beratungs- und behandlungsbedürftig« und von denen wiederum ca. 19 000 »spielsüchtig« (vgl. Schmidt 1994). Rohwedder (1987, S. 131) nannte bereits eine Zahl von 20 000 »Problemspielern«.

Die Frage, inwieweit mit der weiteren Expansion dieses Marktes auch wachsende anomische Orientierungs- und Handlungsdefizite von Spielern verbunden sind, kann erst aufgrund einer Analyse der speziellen Wirkungen von Persönlichkeitsstruktur bzw. -problematik der Vielspieler, der Spielstruktur und anderer Kontexteigenschaften der Spielsituation sowie ihrer Wechselwirkungen beantwortet werden. Gegenwärtig scheint die Persönlichkeitsstruktur der Problemspieler der wichtigste Faktor zur Erklärung zwanghaften und unkontrollierten Automatenspiels zu sein (ebd., S. 123). Auch die Experten Schilling und Bönner betonen, daß bei dieser Art von »nicht stoffgebundenen Süchten« zunächst die Ursachen der Abhängigkeit in den persönlichen Problemen der Abhängigen zu suchen seien (nach Schmidt 1994). Nach Rohwedder lassen sich die Merkmale von Problemspielern folgendermaßen zusammenfassen:
– externale Kontrollattribution,
– Extraversion und Impulsivität,
– Sensationssuche, Reizlust und Risikobereitschaft,
– Angst vor Mißerfolg und erhöhte Leistungsmotivation,
– Überbewertung von Geld bei gleichzeitiger negativer Einstellung zur Arbeit,
– depressive Züge,
– Dominanz, Aggressivität,
– mangelndes Selbstwertgefühl.

Daneben können verschiedene exogene Faktoren wie das Streben, unangenehme Situationen zu meiden oder sich von Lebensproblemen abzulenken, sowie die Suche nach Geselligkeit mit Gleichgesinnten die Spielintensität steigern. In Gruppen werden auch höhere Einsätze getätigt und risikoreichere Entscheidungen getroffen (Rohwedder 1987, S. 120 f.). Danach stellen Spielautomaten und Spielsalons besonders geeignete Gelegenheiten zum Ausleben von Verhaltensdispositionen dar, die in sozialisatorisch-biographischen Prozessen erworben sind und – bei Fehlen dieser Gelegenheiten – weitgehend auch in anderen, z. B. »selbstgeschaffenen« Settings artikuliert würden, jedenfalls in der Kategorie der Problemspieler. Die Spielsituation selbst kann dabei einen intermediären Verstärkungseffekt hervorbringen, der, zusammen mit gruppendynamischen Prozessen sozialer Integration, eher die Wiederholung problematischen Automatenspiels als seine Sättigung fördert.

Die Frage, ob und inwieweit die Spielstruktur der Geldspielautomaten charakteristische Merkmale von Häufigspielern wie hohe Spielintensität, Kontrollverlust oder Unfähigkeit zum Spielverzicht verstärkt, läßt sich angesichts widersprüchlicher Forschungsbefunde noch nicht eindeutig beantworten (ebd., S. 107ff.).

Automatenspiele und ihre Lokalitäten sind typische Treffpunkte von Jugendlichen mit betont konsumtiv-erlebnisorientierten, außerhausaktiven Lebensstilen. Zu den von ihnen bevorzugten Freizeitgelegenheiten gehört eine enge Interdependenz von Spiel, Geselligkeit mit Altersgleichen und dem Konsum von Alltagsdrogen. Am aktivsten in diesem Kontext sind alkoholgefährdete Jugendliche, was z. B. sowohl in Berlin (Jacobsen/Stallmann/ Skiba 1987, S. 208 ff.) wie in Wien an Schülern der 9. und 11. Schulstufe empirisch eindeutig gezeigt werden konnte: Mit dem Grad des Konsums von Alkohol und/oder anderen Drogen steigt die Häufigkeit des Besuchs von Gaststätten und Treffpunkten sowie des Flipper-Spielens, neben dem Moped-/Motorradfahren, Musikhören und Zusammensein mit festen Partnern (Eisenbach-Stangl 1984, S. 128). Willis (1991) hat sehr anschaulich das »Behaviour-Setting« der Kneipenkultur britischer Jugendlicher und junger Erwachsener im Arbeitermilieu beschrieben, dessen sozialökologische Anreizatmosphäre auch bei uns verbreitet ist: einen charakteristischen, diffusen Kontext, zu dem sich Architektur, Geselligkeit, Spiel, Unterhaltung, Trinken und Wettbewerb szenarisch zusammenfügen und in dem sich kompensatorische, stimulierende und sozial integrierende wie selektive Funktionen mischen können. Er bietet eine sich selbst verstärkende Gelegenheitsstruktur, die zugleich verschiedene Potentiale psychosozialer Abhängigkeit – Automatenspiel und Alltagsdrogen – verbindet. Extreme Konsumenten als Randgruppe werden in diesem Kontext eher konzentriert denn neutralisiert, und dadurch können potentielle anomische Aufschaukelungs- und Nachahmungsprozesse entstehen.

Noack (1990, S. 125 ff., 139 ff.) konnte in einem Quasi-Experiment an 69 Jugendlichen ohne feste Partner solche Wechselwirkungen bzw. Kontexteffekte näher spezifizieren. Er bestätigt zunächst den Befund, daß Jugendliche, die häufig freizeittypische Treffpunkte Altersgleicher aufsuchen, häufiger legale Alltagsdrogen (Zigaretten, Alkoholika) zu sich nehmen. Insofern besteht eine »Selbstselektion der Treffpunktbesucher«. Ein Kontexteffekt besteht insofern, als im Zeitvergleich »unter dem Einfluß des häufigen Aufenthalts an Treffpunkten in der Freizeit der Konsum (von Zigaretten, Bier und Wein) steigt« (ebd., S. 140), jedoch nicht der von Schnaps, was Noack damit erklärt, daß diese härtere und daher risikoträchtigere Droge eher nur probiert wird, ohne daß daraus ein im Kontext der Treffpunkte habitualisierter Konsum entsteht.

Als Resümee läßt sich festhalten, daß die öffentliche Szene der Automaten- und Bildschirmspiele ein Anomiepotential aufgrund des Zusammenwirkens folgender Mechanismen zu erzeugen vermag: sie konzentriert problematische Persönlichkeiten um attraktive Gelegenheiten, bringt verschiedene Formen der Abhängigkeit von Stimulantia in Verbindung, kann die Neigung zu exzessivem Konsum in beiden Richtungen gruppendynamisch verstärken, und dies zeigt sich in entsprechenden Kontexteffekten. Dieses Potential beinhaltet sowohl die Verstärkung subjektiver Abhängigkeiten und Orientierungen, deren Ursachen jenseits der Spielstätten und Treffpunkte angesiedelt sind, als auch Modelle für Einsteiger oder Nachahmer, die (noch) nicht zu den Problemspielern gehören, aber dazu latent disponiert sind und ohne diese Szene sich mit »harmloseren« oder solitären Entspannungspraktiken begnügen würden.

Von einer kollektiven Anomietendenz der Automaten- und Bildschirmspiele läßt sich erst bei fortgeschrittener Segregation von Problemspielern sprechen, zu der sich folgende Bedingungen verdichten können:
– weitere Differenzierung der Freizeitstile unter Einschluß einer Ausgliederung dieser Spielaktivitäten aus heute noch bestehenden komplexeren Verhaltensmustern;
– weitere technische und ästhetische Perfektionierung der Geräte;
– weitere Differenzierung und Vernetzung von »Gerätelandschaften«;

– Erhöhung der Zahl differenziert ausgestatteter Spielstätten;
– Konzentration der Spielstätten in sozialräumlichen Zonen mit bestimmten Fühlungseigenschaften verschiedener Einrichtungen und hoher Anonymität des Zugangs (Kneipenszenen, Rotlichtmilieus, soziale Brennpunkte);
– Stimulierung von Gruppenaktivitäten in den Spielstätten durch die Art der Geräte, des Settings oder der Werbung.

Unverkennbar ist ein hohes Wachstum der Angebote und Umsätze dieser Branche der Vergnügungsindustrie, und von daher sind verschiedene Anreize für die Steigerung dieses Trends zu vermuten. Bei der Antizipation und Bewertung sozialer Segregationsfolgen wären aber alternative Opportunitäten bzw. situative Restriktionen für Menschen vom Typus »Problemspieler«, die ohne Automatenspiele denkbar wären, und ihre möglichen Konsequenzen in Form alternativer problematischer Verhaltensweisen »gegenzurechnen«.

3.9 Fazit

Ansetzend bei einem Anomiebegriff, der Aspekte von Devianz und Entfremdung einschließt und auf die Verunsicherung, bis hin zur Blockade, zielgerichteten und kollektiv sanktionierten Handelns hinausläuft, wurden acht Dimensionen der Entstehung von Anomie in Freizeit und Konsum untersucht.

Der in induktiv-synthetischer Weise einer »Indizienkette« vorgenommene Versuch einer Spezifizierung verschiedener Anomiepotentiale in diesem Bereich mußte notgedrungen unvollkommen bleiben, weil

– Freizeit und Konsum als gesellschaftlicher Sektor und individueller Handlungsraum in sich derart komplex sind, daß seine Dynamik durch zahlreiche, meist auch gegenläufige Entwicklungen charakterisiert wird, die sich nicht zu einheitlichen, gleichsam homologen Anomietendenzen verdichten;
– Freizeit und Konsum im Mainstream ihrer soziologischen Thematisierung hauptsächlich als Brutstätten von expressiven Befriedigungen, Wohlfahrtsproduktion, hoher Systemakzeptanz u. dgl. gelten, während ihre anomischen Potentiale, vornehmlich als kollektive Formen unintendierter Handlungsfolgen und ungeplanter Ungleichheiten, vernachlässigt wurden;
– in diesem explorativen Rahmen der Versuch einer systema-

tischen Integration der Befunde auf der Basis einer allgemeinen Theorie der Anomie nicht geleistet werden konnte.

Aus diesen Gründen erfolgte auch eine insgesamt weite Interpretation von psychosozialen Strukturen, Interaktions- und Verhaltensmustern als »Anomiepotentiale«: Sie sind nur als latente Möglichkeiten, als notwendige, jedoch nicht hinreichende Bedingungen aufzufassen, die erst über weitere Verdichtungsketten zu manifesten, speziellen Anomieformen führen können, die sich dann an Bevölkerungsminderheiten festmachen lassen.

Im folgenden vierten Abschnitt wird in einer kurzen Skizze versucht, Stufen der Aggression gegen Fremde anhand eines Modells zunehmender Manifestierung von Gewalt(-Bereitschaft) zu bezeichnen und die speziellen Anomiepotentiale in Freizeit und Konsum mit diesen Stufen theoretisch zu verknüpfen.

4. Der Zusammenhang mit interkulturellen und interethnischen Konflikten

Der folgende Versuch einer vereinfachenden Modellierung von »Entwicklungsstufen der Gewalt gegen Fremde« wurde angeregt durch verschiedene Vorlagen (vgl. u. a. Breyvogel 1993, Heitmeyer u. a. 1992, Möller 1993) und neuere Theorien abweichenden Verhaltens (vgl. Lamnek 1984) und beruht auf folgenden Postulaten:

1. Illegitime und illegale Gewalt, die ein Mensch gegen andere Personen ausübt, ist die letzte von vier Entwicklungs- oder Verdichtungsstufen der Wahrscheinlichkeit solcher Akte bzw. der Häufigkeit dazu disponierter Personen.

2. Betrachtet man die Stufenfolge von unten, so blickt man auf eine Kausalkette »notwendiger« Bedingungen, betrachtet man sie von oben, auf eine Kette zunehmend »hinreichender« Bedingungen manifester Gewalt. Ihre Reihenfolge ist nur teilweise veränderbar.

3. Diese Bedingungskette ist »individualistisch« zu interpretieren, d. h., die Prämissen werden als Informationen oder Anreize betrachtet, die das handelnde Individuum wahrnimmt und im Aufbau seiner relativen Motivation bzw. seiner Entscheidung für Gewalttätigkeit verarbeitet. Es kann auf jeder Stufe auf dem Weg von latenter zu manifester Gewalt »aussteigen«.

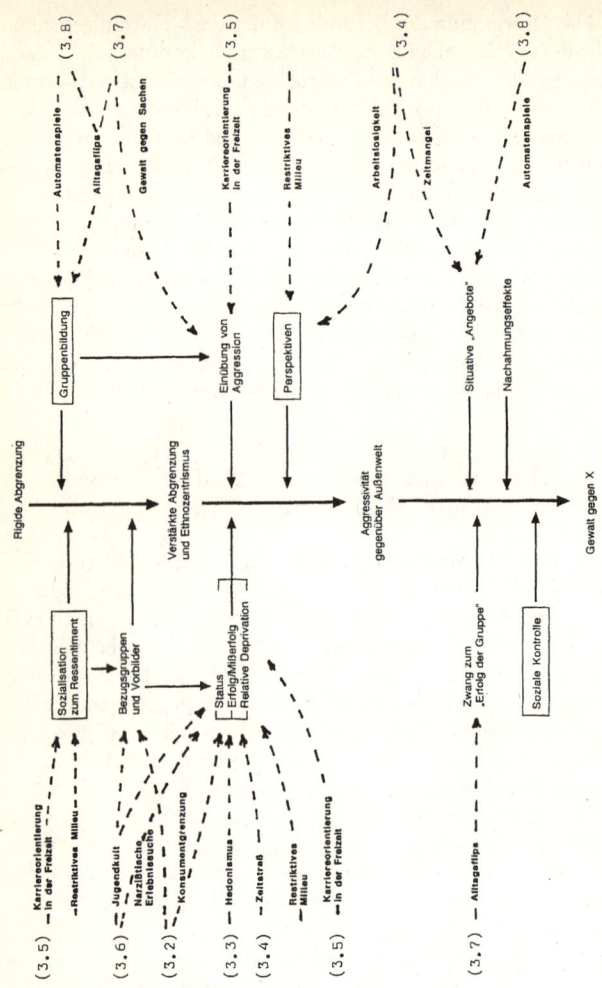

ENTWICKLUNGSSTUFEN DER GEWALT GEGEN FREMDE

Rigide Abgrenzung → Verstärkte Abgrenzung und Ethnozentrismus → Aggressivität gegenüber der Außenwelt → Gewalt gegen X

Sozialisation zum Ressentiment

Gruppenbildung

Einübung von Aggression

Perspektiven

Soziale Kontrolle

Status / Erfolg/Mißerfolg / Relative Deprivation

Bezugsgruppen und Vorbilder

Situative „Angebote"

Nachahmungseffekte

(3.5) – Karriereorientierung in der Freizeit – Restriktives Milieu

(3.6) – Jugendkult
Narzißtische Erlebnissucht
(3.2) – Konsumentgrenzung
(3.3) – Hedonismus
(3.4) – Zeitstreß
(3.5) – Karriereorientierung in der Freizeit

(3.7) – Alltagsflips

Zwang zum „Erfolg der Gruppe"

(3.8) – Automatenspiele
(3.7) – Alltagsflips
Gewalt gegen Sachen

(3.5) – Karriereorientierung in der Freizeit – Restriktives Milieu

Arbeitslosigkeit
(3.4) – Zeitmangel

(3.8) – Automatenspiele

☐ Eingriffsmöglichkeiten

404

Erläuterung des Grundmodells:

Ausgangspunkt ist die theoretische Vorstellung, daß gewaltbereite Menschen eine ausgeprägte Neigung zu rigider Abgrenzung erworben haben. Darunter ist ein Syndrom von Autoritarismus, Dogmatismus, Ethnozentrismus und Neigung zu schematischen Sozialmodellen im Sinne der klassischen Einstellungsskalierung zu verstehen (vgl. die Skalen D10 bis D22 im ZUMA-Handbuch 1983), mit Korrelaten wie: Mißtrauen gegen Fremde, Ausgrenzung oder Diskriminierung von Minderheiten, Abhängigkeit vom eigenen soziokulturellen Territorium. In der Genese und Verstärkung dieser Orientierung wirken die folgenden Faktoren: 1. die erfahrene und aktuelle Sozialisation zum Ressentiment, 2. soziale Anpassungen in Interaktionsprozessen, v. a. als Homogenisierungs- und Solidarisierungseffekte von Gruppenbildungen bzw. -mitgliedschaften, sowie 3. der Erwerb bestätigender Bezugsgruppen und Vorbilder, der wiederum von der Sozialisation abhängt. Weitere Kristallisationspunkte auf der nächsten Stufe bilden 4. die Erfahrungen von Diskrepanzen und Deprivationen auf der Ebene des sozialen Status, wobei soziale Distanzierung gegenüber anderen, Sündenbockkonstruktionen oder Schuldzuweisung an ohnehin schon Diskriminierte klassische Lösungen darstellen können. 5. Aggressivität nach außen wird auch durch Einübung in konkreten Alltagssituationen in Richtung von Latenz zu Manifestation befördert, wobei der Kontext einer Gruppe von »Wahlverwandten« sozial homogenisierend, als Reduzierung von Selbstkontrolle oder auf andere Weise steuernd wirken kann. 6. Sind die eigenen Zukunftsperspektiven unklar, so können weitere Abgrenzungsversuche und Abwertung anderer kompensatorisch scheinbare Gewißheiten versprechen. Die Antizipation der Blockade einer normalen Karriere oder drohenden sozialen Abstiegs kann bekanntlich (nicht nur Jugendliche) zur Suche nach Sündenböcken (z. B. Asylbewerbern oder Arbeitsmigranten) oder zur sozialen Distanzierung gegenüber den als »Untere« Definierten (z. B. »Nicht-Deutschen«) in Erwartung eigener Identitätssicherung ermutigen. Der Umschlag gesteigerter Aggressivität gegenüber der Außenwelt in manifeste Gewalt gegen beliebige, als »Fremde« definierte Personen wird auf vier weitere Bedingungen zurückgeführt: 7. ein in Interaktion mit Gleichgesinnten sich aufschaukelnder Zwang zum Gruppenerfolg, der schon insofern unterstellt werden kann, als die meisten Gewaltakte in Gruppenkontexten stattfinden; 8. das Vorliegen situativer »Angebote« (z. B. Anwesenheit von »Fremden«, ein aktueller Frust als Auslöser, eine passive oder applaudierende soziale Umgebung, eine aggressive Szenerie), 9. Nachahmungseffekte (z. B. die zunehmende Thematisierung von Gewaltakten durch die Medien) und schließlich: 10. soziale Kontrolle (z. B. die Wahrnehmung eines geringen Risikos der Strafverfolgung durch die Polizei).

Der Versuch einer plausiblen Zuordnung einzelner Anomiepotentiale zu diesen Bedingungen soll nun in Form der folgenden Hypothesen erfolgen (die Ziffern beziehen sich auf die entsprechenden vorangegangenen Textabschnitte. Die Wirkungsrichtungen der zuvor genannten Faktoren 1. bis 10. werden durch durchgezogene Pfeile und die speziellen Effekte der in Freizeit und Konsum angelegten Anomiepotentiale – 3.2 bis 3.8 – durch gestrichelte Pfeile symbolisiert):

Zu 3.2 und 3.3: Erfahrungen der Konsumentgrenzung und des Hedonismus können zu Mißerfolgen aufgrund des Überschreitens der eigenen Statusmöglichkeiten (Ressourcen) führen. Damit wächst die Wahrscheinlichkeit von Statusinkonsistenz und relativer Deprivation, die nach Ventilen der »Abarbeitung« nach außen drängt. Hedonistische Orientierungen können zugleich normierend wirken und mit entsprechender Projektion auf relevante Bezugsgruppen verbunden sein: Besitz fungiert dann als Identitätsvehikel mit der Suggestion,

»soziale Einbindung und Plazierung seien per instrumentellem Handeln zu erzielen. Wo aber der legale oder illegale Erwerb von Produkten bzw. Erlebnisqualitäten im Vordergrund der Identitätsbildung steht, muß die ethisch-moralische Reflexion entsprechenden Tuns als identitätsgefährdend angesehen werden«

und wird daher leicht abgewehrt. Auf diese Weise bildet sich ein Zusammenhang von Konsumismus und »fehlendem Unrechtsbewußtsein« (Möller 1993, S. 45 f.).

Zu 3.4: Zeitstreß kann die Desorientierung und die relative Deprivation erhöhen, weil ein wichtiges Medium der Alltagsorganisation und der Autonomiesicherung entfällt. Angesichts allgemeiner Zeitknappheit gewinnt zudem für Kinder und Jugendliche die Anwesenheit der Eltern oft den Rang einer Belohnung (ebd., S. 51 f.). Auf einer derart instrumentalisierten Basis aber dürften befriedigende Eltern-Kind-Beziehungen nicht auf Dauer angelegt werden können. Auf der anderen Seite verhindert Zeitmangel trivialerweise gelegentlich, daß situative »Angebote« zu Gewalttätigkeit wahrgenommen werden.

Zu 3.5: Sind Freizeitverhalten und Konsum stark wettbewerbs- und karriereorientiert, so kann die damit verbundene Förderung sozial distinktiven Verhaltens die Sozialisation zum Ressentiment stützen. Karriereorientierung erhöht die Wahrscheinlichkeit von Erfolgserlebnissen und Statusgewinn in der Freizeit. Damit wächst auch die Tendenz zu erweiterter Anwendung von Freund-Feind-Schemata auf Situationen der Verfolgung spezieller Sachinteressen: sozial relativ offene, flexible, expressive Handlungsformen werden zurückgedrängt zugunsten individualisierter, kalkulierter, instrumentaler Formen mit der Konsequenz neuer »Schichtungen« im Freizeitsektor entlang Prestige- und Distinktionsnormen.

Zu 3.6: Die Verinnerlichung von Normen und der Gebrauch von Symbolen des Jugendkults können zu einer Verengung von Bezugsgruppen und Vorbildern und damit zu verstärkter Diskriminierungsbereitschaft führen. Wer nicht den stereotypen Leitbildern von Jugendlichkeit entspricht, verfällt tendenziell der Abwertung und Ausgrenzung. Narzißtische Erlebnissuche als Dauerzustand resultiert eher in einer Zunahme relativer Deprivation als in einer Optimierung von Befriedigungen, da dieses Verhaltensmuster offensichtlich mit einer Unfähigkeit der Wahrnehmung von Stadien der Erreichung eines solchen Optimums bei sich selbst und der Definition eines prinzipiell begrenzten Horizonts der Erlebnissteigerung einhergeht.

Zu 3.7: Alltagsflips als symbolisch hochsignifikante Handlungen des Aufbaus von Spannung-Entspannung-Sequenzen sind großenteils typische Gruppenaktivitäten in der Freizeit. Sie fungieren sowohl als Auslöser der Bildung altershomogener Gruppen wie als Faktor zunehmender Gruppenkohärenz. Sie sind auf dieser ersten Stufe nur als eine sekundäre Bedingung der kollektiven Ab- und Ausgrenzung von »Fremden« zu verstehen. Sofern der Übergang von »normalen« Alltagsflips zur Gewalt gegen Sachen, aber auch zur riskanten Manipulation der eigenen Person oder anderer (z.B. bei der Autoraserei oder beim »Kampftrinken«) fließend ist, können sie auf der nächsten Verdichtungsstufe des Modells die Einübung von Aggression fördern. Schließlich können sich risikoreiche Praktiken dieser Art und Gruppenerfolgszwänge wechselseitig verstärken und die Selbstsicherheit der Gruppe bei ihrem Auftreten in der Öffentlichkeit steigern.

Zu 3.8: Automatenspiele und ihr szenischer Kontext bilden ein attraktives »Behaviour-Setting« für Freizeitgruppen. Dieses kann verschiedene situative Opportunitäten zur Auslösung aggressiver Akte bereitstellen, z. B. gegen Konkurrenten im Spiel, fremde Eindringlinge oder »Sündenböcke« für die Abfuhr von Frust aufgrund von Niederlagen bzw. des Geldverlustes.

Darüber hinaus bildet die ökonomische und soziokulturelle Restriktivität gesellschaftlicher Milieus einen Kontext der Sozialisation zu relativem Ressentiment: z. B. als Ausfluß des resignativen Rückzugs oder der »Verlierermentalität« mit der tendenziellen Suche nach externen Schuldigen und des Versuchs der sozialen Distinktion von Gruppen »noch weiter unten« auf der Statusskala. Da restriktive Milieus Allokationsorte von sozialem Status und relativer Deprivation sind, entscheiden sie mit über die Zukunftsperspektiven ihrer Angehörigen, und diese Perspektiven steuern wiederum den Aufbau entsprechender Aggressivität, wobei langfristige Arbeitslosigkeit als besonders gravierende Bedingung der Wahrnehmung unklarer und ungünstiger Zukunftschancen gelten kann.

Die eingerahmten Begriffe des Modells können als die strategisch bedeutsamsten Ansatzpunkte für praktische Eingriffe zur Reduzierung von Gewalt und Aggressivität bzw. zur Kultivierung sozialer Distinktion angesehen werden: für pädagogische, politische, judikative, polizeiliche oder einfach private Maßnahmen. Hierzu müssen abschließend einige Hinweise genügen: Einer Sozialisation zum Ressentiment können Schulunterricht, sozialpädagogische Einrichtungen, Massenmedien, Eltern, Clubs etc. durch Aufklärung und Förderung von Kontakten zur Verringerung sozialer Distanzen gezielt entgegenwirken. Auf die Bildung und Dynamik potentiell ethnozentristisch orientierter Gruppen kann über die entsprechende Strukturierung und Kontrolle der Gelegenheiten ihres Auftretens, Interaktion mit Führern, Kultivierung von Begegnungen oder Wettbewerben mit anderen Gruppen, Inpflichtnahme für geeignete Aufgaben gegen Belohnung u. ä. sowie durch Erziehung und Aufklärung eingewirkt werden.

Lebens- und Zukunftsperspektiven entwickeln sich unter verschiedenen Sozialisationsbedingungen; sie sind daher offen gegen unterschiedliche äußere Einflüsse. Eine zentrale Rahmenbedingung der Sicherung sinnvoller positiver Perspektiven ist ein erfolgreicher und aussichtsreicher Einstieg in das Berufs- und Erwerbssystem mit der begründeten Erwartung relativer wirtschaftlicher Autonomie. Hier liegt vermutlich die allgemeinste Schnittstelle zwischen der Genese von Aggressivität und Gesellschaft, deren Relevanz für die Akteure als sozialer und politischer Rahmen der Verteilungsgerechtigkeit sichtbar wird. Soziale Kontrolle, die bereits durch latentes Geltendmachen von Geboten, Regeln, Sanktionen oder langfristigen Konsequenzen manifester Devianz die aktuelle Handlungssituation für jeden zu einer des kalkulierbaren Risikos der Wahl bestimmter Opportunitäten werden läßt, reicht vom Elternengagement für deren Kinder und von der Zivilcourage beherzter Mitbürger in Situationen der Bedrohung anderer über personelle und materielle Gewaltprophylaxe, Polizeipräsenz und andere Formen legaler Gegengewaltandrohung bis zur konsequenten, fairen und öffentlich transparenten Strafverfolgung, Rechtsetzung und -sprechung. Es scheinen gerade die offenkundigen Lücken und Inkonsequenzen in diesem Netz der sozialen Kontrolle gewesen zu sein, die eine ganze Reihe brutaler Gewaltakte gegen »Fremde« oder Angehörige von Minderheiten in den letzten Jahren – teilweise unter dem Applaus oder mit Duldung einer unmittelbaren Öffentlichkeit – faktisch ermöglicht haben.

Literatur

B. A.T. Freizeit-Forschungsinstitut: *Freizeit aktuell* 112, 8. 11. 1993.

Beck, U.: *Risikogesellschaft*, Frankfurt/M. 1986.

Beck, U./Beck-Gernsheim, E.: *Nicht Autonomie, sondern Bastelbiographie*, in: *Zeitschrift für Soziologie* 22 (1993), S. 178-187.

Behnken, I. u. a.: *Schülerstudie '90. Jugendliche im Prozeß der Vereinigung*, Weinheim/München 1991.

Bell, D.: *Die kulturellen Widersprüche des Kapitalismus*, Frankfurt/New York 1991.

Benthaus-Apel, F.: *Zwischen Zeitbindung und Zeitautonomie*, Diss. Marburg 1993.

Biervert, B.: *Einstellung und Verhalten Jugendlicher im Bereich des Konsums*, in: Reimann, H./Reimann, H. (Hg.): *Die Jugend*, Opladen [2]1987, S. 92-111.

Brake, M.: *Der Wandel von Freizeitmustern und Kulturformen bei Jugend-lichen in Großbritannien*, in: Büchner/Krüger/Chisholm 1990, S. 213-227.

Breyvogel, W. (Hg.): *Lust auf Randale*, Bonn 1993.

Breyvogel, W.: *Jugendliche Gewaltbereitschaft*, in: Ders., a. a. O., S. 11-34.

Christe, G.: *Aspekte der Lebenswelt arbeitsloser Jugendlicher in einer länd-lichen Region*, in: *Zeitschrift für Sozialisationsforschung und Erzie-hungssoziologie* 9 (1989), S. 41-57.

Coleman, J. S.: *Grundlagen der Sozialtheorie*, Bd. 1, München 1991.

Dollase, R.: *Temporale Muster*, Arbeitspapier für das 3. Forum Freizeitwis-senschaft in Marburg, April 1994.

Eckert, R./Drieseberg, T./Willems, H.: *Sinnwelt Freizeit*, Opladen 1990.

Eckert, R./Vogelsang, W./Wetzstein, T. A./Winter, R.: *Auf digitalen Pfaden*, Opladen 1991.

Eisenbach-Stangl, I.: *Jugend und Rausch*, Wien 1984.

Elias, N.: *Über die Zeit*, Frankfurt/M. 1984.

Emsbach, M./Schneekloth, H.-D./Stoffers, M.: *Computer-Freizeit*, Erkrath 1988.

Esser, H.: *Soziologie*, Frankfurt/New York 1993.

Fischer, A.: *Rauchen und Trinken*, in: *Jugendliche + Erwachsene '85*. Im Auftrag des Jugendwerks der Deutschen Shell, Bd. 2: *Freizeit und Ju-gendkultur*, Opladen 1985, S. 35-48.

Fuchs, W.: *Entspannung im Alltag*, in: *Jugendliche + Erwachsene '85*, a. a. O., S. 7-34.

Garhammer, M.: *Balanceakt Zeit*, Berlin 1994.

Georg, W.: *Jugendliche Lebensstile – ein Vergleich*, in: Jürgen Zinnecker (Redaktion): *Jugend '92. Band 2: Im Spiegel der Wissenschaften*, Opladen 1992, S. 265-286.

Gershunny, J. I.: *Die Ökonomie der nachindustriellen Gesellschaft*, Frank-furt/New York 1981.

Gottfredson, M. R./Hirschi, T.: *A General Theory of Crime*, Stanford 1990.

Heitmeyer, W. u. a.: *Die Bielefelder Rechtsextremismus-Studie*, München 1992.

Heitmeyer, W.: *Rechtsextremistische Orientierungen bei Jugendlichen*, München [3]1989.

Helfferich, C.: *Jugend, Körper und Geschlecht*, Opladen 1994.

Helsper, W./Müller, H. J./Eberhard, N./Combe, A.: *Jugendliche Außensei-ter*, Opladen 1991.

Homans, G. C.: *Elementarformen sozialen Verhaltens*, Opladen [2]1972.

Jacobsen, G./Stallmann, M./Skiba, E. G.: *Jugend und Alkohol*, Berlin 1987.

Joerges, B.: *Berufsarbeit, Konsumarbeit, Freizeit*, in: *Soziale Welt* 32 (1981), S. 168-195.

Klingst, M./Pfeiffer, C.: *Tatort Deutschland*, in: *Die Zeit*, Nr. 21, 20. 05. 1994, S. 15-17.

Knoll, J./Düsseldorf, K./Kick, H.-W./Kolfhaus, S.: *Automatenspiel und Freizeitverhalten Jugendlicher*, Grafenem/Württemberg 1984.

Kramer, S.: *Europäische Life-Style-Analysen zur Verhaltensprognose von Konsumenten*, Hamburg 1991.

Kriener, M./Saller, W.: *Die mit der Pille tanzen*, in: *Die Zeit*, Nr. 37, 10. 09. 1993, S. 13-16.

Lamnek, S.: *Neue Theorien abweichenden Verhaltens*, München 1994.

Lange, E.: *Jugendkonsum*, Opladen 1991.

Lasch, C.: *Das Zeitalter des Narzißmus*, München 1980.

Lindenberg, S.: *An Assessment of the New Political Economy*, in: *Sociological Theory* 3 (1985), S. 99-114.

Linder, S. B.: *Warum wir keine Zeit mehr haben*, Frankfurt/M. 1973.

Ludz, P. C.: *Alienation as a Concept in the Social Sciences*, in: *Current Sociology* 21 (1973) No. 1, The Hague/Paris/Scotch Plains.

Lüdtke, H.: *Freizeitsoziologie*, in: *Wörterbuch der Soziologie*. Hg. von Günter Endruweit und Gisela Trommsdorff, Stuttgart 1989 (a), S. 211-216.

Lüdtke, H.: *Jugendliche in ihrer Freizeit: Interessen und Verhalten*, in: Markefka, M./Nave-Herz, R. (Hg.), 1989 (b), S. 635-646.

Lüdtke, H.: *Jugend – Gesellschaft in der Gesellschaft: die These von der Subkultur*, in: Markefka, M./Nave-Herz, R. (Hg.) 1989 (c), S. 113-124.

Lüdtke, H.: *Expressive Ungleichheit. Zur Soziologie der Lebensstile*, Opladen 1989 (d).

Lüdtke, H.: *Bildungs- und Freizeitinteressen im Wandel*, in: Stehr, I./Fromme, J./Nahrstedt, W. (Hg.): *Freizeit bildet – bildet Freizeit?* Dokumentation der 8. Bielefelder Winterakademie, Bielefeld 1991, S. 83-101.

Lüdtke, H.: *Zwei Freizeitkulturen?*, in: Jürgen Zinnecker (Red.): *Jugend '92*, Bd. 2: *Im Spiegel der Wissenschaften*, Opladen 1992 (a), S. 239-264.

Lüdtke, H.: *Lebensstile. Formen der Wechselwirkung zwischen Konsum und Sozialstruktur*, in: Eisendle, R./Miklautz, E. (Hg.): *Produktkulturen*, Frankfurt/New York 1992 (b), S. 135-155.

Lüdtke, H.: *Freizeitverhalten in sozialwissenschaftlicher Sicht*, in: *Freizeitpädagogik* 14/2 (1992 c), S. 146-157.

Lüdtke, H.: *Strukturelle Lagerung und Identität. Zum Zusammenhang von Ressourcen, Verhalten und Selbstbildern in Lebensstilen*, in: Dangschat, J./Blasius, J. (Hg.): *Lebensstile in den Städten*, Opladen 1994 (a), S. 313-332.

Lüdtke, H.: *Methodenprobleme der Lebensstilforschung*, in: Schwenk, O. G. (Hg.): *Lebensstil zwischen Sozialstrukturanalyse und Kulturwissenschaft*, Opladen 1996, S. 139-163.

Lüdtke, H./Matthäi, I./Ulbrich-Herrmann, M.: *Technik im Alltagsstil*, Marburg 1994.

Markefka, M./Nave-Herz, R. (Hg.): *Handbuch der Familien- und Jugendforschung*, Band 2: *Jugendforschung*, Neuwied/Frankfurt 1989.

Mead, M.: *Der Konflikt der Generationen*, München 1974.

Möller, K.: *Rechtsextremismus und Gewalt*, in: Breyvogel, W. (Hg.), a. a. O., S. 35-64.

Noack, P.: *Jugendentwicklung im Kontext*, München 1990.

Nowotny, H.: *Eigenzeit*, Frankfurt/M. 1993.

Offe, K./Heinze, R. G.: *Organisierte Eigenarbeit*, Frankfurt/New York 1990.

Opaschowski, H. W.: *Der Jugendkult in der Bundesrepublik*, Düsseldorf 1971.

Opaschowski, H. W.: *Freizeitökonomie: Marketing von Erlebniswelten*, Opladen 1993.

Opaschowski, H. W.: *Einführung in die Freizeitwissenschaft*, Opladen [2]1994.

Opaschowski, H. W.: *Jugend und Freizeit. Eine Bestandsaufnahme*. B. A. T. Freizeit-Forschungsinstitut Hamburg 1996.

Reuband, K.-H.: *Drogen- und Alkoholkonsum bei Jugendlichen*, in: Markefka, M./Nave-Herz, R. (Hg.), a. a. O., S. 757-778.

Rinderspacher, J. P.: *Gesellschaft ohne Zeit*, Frankfurt/New York 1985.

Rohwedder, D.: *Das Automatenspiel*, Vaduz 1987.

Schäfers, B.: *Soziologie des Jugendalters*, Opladen [5]1994.

Schmidt, E.: *Führen persönliche Probleme zu Sucht?*, in: *Oberhessische Presse*, 28. 03. 1994.

Schöps, M.: *Zeit und Gesellschaft*, Stuttgart 1980.

Schulze, G.: *Die Erlebnisgesellschaft*, Frankfurt/New York 1992.

Sennett, R.: *Verfall und Ende des öffentlichen Lebens*, Frankfurt/M. 1983.

Sfb3 report: *Person und Haushalt in Wirtschaft und Gesellschaft*, Nr. 25, Dez. 1990, S. 8-11.

Spellerberg, A.: *Lebensstile in West- und Ostdeutschland*, Wissenschaftszentrum Berlin für Sozialforschung, Abteilung Sozialstruktur und Sozialberichterstattung, Arbeitspapier P94-105, Berlin 1994.

Spellerberg, A.: *Lebensstile in Deutschland – Verteilung und Beitrag zur Erklärung unterschiedlichen Wohlbefindens*, in: Schwenk, O. G. (Hg.), a. a. O.

Stuckert, T.: *»Die Leute haben einfach nur Angst vor uns«*, in: Breyvogel, W. (Hg.), a. a. O., S. 161-202.

Thole, W.: *Familie, Szene, Jugendhaus. Alltag und Subjektivität einer Jugendclique*, Opladen 1991.

Vaskovics, L. A./Schneider, N. F.: *Ökonomische Ressourcen und Konsumverhalten*, in: Markefka, M./Nave-Herz, R. (Hg.). a. a. O., S. 403-418.

Weber, C.: *Selbstkonzept, Identität und Integration. Eine empirische Untersuchung türkischer, griechischer und deutscher Jugendlicher in der BRD*, Berlin 1989.

Willis, P.: *Jugend-Stile*, Hamburg/Berlin 1991.

Wiswede, G.: *Konsumsoziologie*, in: *Wörterbuch der Soziologie*, a.a.O., S. 359-363.

Zahn, E.: *Wirtschaftliche Entwicklungen und gesellschaftliche Erwartungen*, in: *Kölner Zeitschrift für Soziologie und Sozialpsychologie* 19 (1967), S. 221-245.

Zapf, W.u.a.: *Individualisierung und Sicherheit*, München 1987.

ZAW-service: *Kinder sind keine Konsum-Monster*, 181, Mai 1994, S. 5-7.

Ziehe, T.: *Pubertät und Narzißmus*, Frankfurt/M. 1975.

Zinnecker, J.: *Die Gesellschaft der Altersgleichen*, in: *Jugend'81*. Im Auftrag des Jugendwerks der Deutschen Shell, Gesamtkonzeption: Arthur Fischer, Ruth Ch. Fischer, Werner Fuchs, Jürgen Zinnecker. Band 1, Hamburg 1981, S. 422-671.

Zinnecker, J.: *Jugendkultur 1940-1985*, Opladen 1987.

Zinnecker, J., (Hg.): *Jugend '92*. Im Auftrag des Jugendwerks der Deutschen Shell, Band 2: *Im Spiegel der Wissenschaften*, Opladen 1992.

ZUMA-*Handbuch Sozialwissenschaftlicher Skalen*, Hg. vom Zentrum für Umfragen, Methoden und Analysen und vom Informationszentrum Sozialwissenschaften, Mannheim/Bonn 1983.

Heiner Barz
Dramatisierung oder Suspendierung der Sinnfrage?
Anomietendenzen im Bereich Religion/Kirche

1. Einleitung

Wer sich der Analyse von »Anomietendenzen und ihrer Bedeutung für interkulturelle und interethnische Konflikte« im Bereich Religion und Kirche zuwendet, sieht sich zwei fundamentalen Problemen gegenübergestellt: *Erstens* impliziert der Anomiebegriff in seiner klassischen Fassung bei Durkheim und Merton einen zwar möglicherweise schwindenden, von Teilen der Gesellschaft in Frage gestellten, aber doch irgendwie gesamtgesellschaftlich gegebenen und damit auch ermittelbaren Vorrat an verbindlichen Werten und Normen. Diese Annahme kann auf den ersten Blick allenfalls für das vormoderne, derzeit im Zuge der Legitimationsprobleme nach Maastricht hoch im Kurs stehende »christliche Abendland« Gültigkeit haben. Gültigkeit zumindest insofern, als das Christentum seit der konstantinischen Wende über viele Jahrhunderte hinweg die dominierende geistige Kraft gewesen ist (vgl. Barz 1994b). Aber selbst für diese vergangenen Zeiten können wir heute nicht mehr guten Gewissens einen monolithischen geistigen Zusammenhang postulieren. Nicht nur die Zeugnisse der ideologischen Gefechte – z. B. zwischen Realismus und Nominalismus in der Scholastik, zwischen Protestantismus und Katholizismus im Zeitalter der Religionskriege –, die Zeugnisse der Sektenbildungen und Ketzerverfolgungen nähren Zweifel an der Einheitlichkeit des religiösen Bekenntnisses. Mehr noch wird diese in Frage gestellt durch die in ländlichen Regionen bis heute lebendige Tradition des Volksglaubens, in dem magische Beschwörungsrituale, Naturreligiosität, Fruchtbarkeitskulte, vielfältige Wahrsagetechniken und Zeichengläubigkeit – also ein von der christlichen Orthopraxie seit Jahrhunderten immer wieder mit Nachdruck als heidnisch verworfener »Aberglauben« – selbstverständlicher Bestandteil des Alltags war und ist (vgl. z. B. Ginzburg 1990). Um so weniger ist es für die heutige Zeit berechtigt, einen gesellschaftlich verbindlichen – womöglich aus den Axiomen des

Christentums deduzierbaren – Bestand an religiösen Überzeugungen vorauszusetzen.

Hinsichtlich der praktischen Verfügbarkeit von gesicherten empirischen Daten im Blick auf milieu- und gruppenspezifische Differenzierungen kann für die religiöse Sphäre allerdings nur »Fehlanzeige« vermeldet werden. Natürlich läßt sich das wenig spektakuläre »Verdunsten des Christentums« durch die Repräsentativumfragen der großen Kirchen anhand der Indikatoren Kirchgang, Gebetshäufigkeit, Bibellektüre, Gottesglauben, Auferstehungsglauben etc. nach Konfessionszugehörigkeit, Geschlecht, Alter und Region aufschlüsseln. Eine Forschungstätigkeit unter Berücksichtigung des neueren Diskurses zur Untersuchung sozialer Ungleichheit (Lebenswelt- oder Milieu-Ansatz) ist jedoch nicht in Sicht.

Stellt also schon die Beschreibung des für bestimmte gesellschaftliche Gruppen gültigen »Normalzustandes« bezüglich der religiösen Orientierungen ein Desiderat dar, so gilt dies um so mehr für die jeweiligen Anomietendenzen. Hochgespannte Erwartungen werden die aus den verschiedensten Quellen zusammengestellten und unter beträchtlichem Aufwand an Spekulation verknüpften Daten und Thesen also nicht befriedigen können, mit denen ich auf den folgenden Seiten dennoch den Versuch einer fragmentarischen Antwort wage.

Das *zweite* grundlegende Problem liegt darin, daß, soweit ich sehe, über religiös motivierte Fremdenfeindlichkeit oder gar Gewalt gegen Fremde in Deutschland bislang nichts berichtet wurde – und dies auch für die Zukunft nicht zu erwarten ist. Sicher stellt sich in diesem Zusammenhang die Frage, inwieweit die sich in den letzten Jahren häufenden Beschädigungen und Schändungen jüdischer Einrichtungen und Friedhöfe sich *auch* aus genuin religiösen Motiven speisen. Die Interpretation, die beispielsweise Morshäuser (1993) präferiert und der ich mich anschließen würde, warnt hier jedoch vor der eilfertigen Unterstellung eines neuen Antisemitismus alter Prägung und verneint jedenfalls ein religiöses Movens. Sie sucht die Antriebe eher in der bewußten Verletzung gesellschaftlicher Normen und Tabus, der obendrein ein internationales Medienecho garantiert ist. Auch für das zweite, durch den Zusammenhang Anomie, Religion und Fremdenfeindlichkeit nahegelegte Konfliktfeld der zunehmend gewalttätigen Zusammenstöße zwischen ausländischen und deutschen Jugendlichen wird in der Ursachenforschung die religiöse Dimension nicht thematisiert. Zwar sind die sich bekämpfenden Jugendgruppen und -banden zumeist *auch* durch die vom Elternhaus übernommene Religionszugehörigkeit unterschieden, zwar spielen für das kulturelle Fremdheitserleben auch religiös bedingte, äußerlich sichtbare Auffälligkeiten (z. B. das Kopftuch) und kollektive religiöse Normen und Rituale (z. B. das Verbot von Schweinefleisch und Alkohol sowie der Ramadan auf seiten der Moslems; Weihnachten, die öffentliche Präsenz von Frauen, Enthierarchisierung und Individualisierung auf seiten der christlich geprägten Deutschen) eine Rolle – die entscheidenden Motivstrukturen fremdenfeindlicher Gewalt jedoch verweisen nicht auf einen etwa mißlingenden interreligiösen Dialog, sondern auf interethnische und insgesamt interkulturelle Konfliktlinien. Diese bilden gewissermaßen »Sollbruchstellen« im sozialen Gefüge. Sie werden durch die latenten – und rezessionsbedingt verschärften – sozialen Verwerfungen unserer Gesellschaftsordnung erst aktiviert und entwickeln unter ungünstigen politischen und wirtschaftlichen Vorzeichen ihre möglicherweise explosive Dynamik. Allein: Religion oder gar religiöse Anomie ist als ursächlicher Faktor hier nicht zu nennen, das religiöse Feld – das ist meine These – ist bislang jedenfalls eher ein die dominanten Konfliktursachen begleitendes Beiwerk.

Ich bin mir dabei durchaus bewußt, daß diese These einigermaßen gewagt ist[1] und sich nicht unbedingt im Einklang mit dem Eindruck befindet, den man aufgrund der Medienberichterstattung erhalten muß. Zu evident scheint der Zusammenhang von Religion und Gewalt sich etwa im islamischen Fundamentalismus zu präsentieren. Ausgehend vom arabischen Raum, geschürt durch den (zweiten) Golfkrieg, das religiös begründete Todesurteil gegen Salman Rushdie und Bestseller wie Betty Mahmoodys *Nicht ohne meine Tochter*, macht sich auch in Westeuropa die Angst vor einem Siegeszug des Islam breit. Immerhin sind fast ein Drittel der Bevölkerung in Ost- wie Westdeutschland (28 bzw. 27%) (Noelle-Neumann/Köcher 1993, S. 219) im Januar 1992 besorgt über die islamische Bedrohung. Überdies wird von einer verstärkten Hetz-

---

1 Darüber hinaus steht sie natürlich im Kontrast zu einer gängigen Praxis auch im religiösen Bereich, wo z. B. nicht wenige Sektenexperten auf der fortwährenden Beschwörung der Sektengefahr ihre Nebeneinkünfte und ihr berufliches Fortkommen aufbauen oder selbsternannte okkulte Feuerwehren sich nur zu gerne zur Bekämpfung vermeintlicher okkulter Flächenbrände rufen lassen.

kampagne islamischer Fundamentalisten gegen das Judentum berichtet. So hätten Anfang 1994 türkische Jugendliche bei einer Schulaufführung des Films *Schindlers Liste* applaudiert, als der Nazi-Schlächter Amon Göth frühmorgens entspannt auf dem Balkon sitzt und Juden abschießt (vgl. Seidel-Pielen 1994). Aber auch andere Meldungen scheinen einen engen Zusammenhang von Religion, Anomie und Militanz zu bestätigen: Etwa das grausame Inferno in Koreshs Davidianer-Sekte im April 1993 oder die Massenfestnahme der Anhänger der Sekte »Weiße Bruderschaft« in Kiew im Herbst 1993 wegen befürchteter kollektiver Selbstmordabsicht (*FAZ* 2. 11. 1993).[2]

Für die bundesdeutsche Situation indessen gibt es derzeit kaum Anhaltspunkte für religiös motivierte Gewalt, und selbst wenn bisweilen Gruppierungen mit fragwürdigen oder gar kriminellen Praktiken, etwa Uriellas »Fiat Lux« im Schwarzwald oder immer wieder Scientology, im Rampenlicht stehen – unter dem für das Anomie-Projekt relevanten Aspekt der Verknüpfung von Religion mit Fremdenfeindlichkeit können bestenfalls Vermutungen angestellt werden.

2. Daten zum Bedeutungsverlust des Christentums

Das Problem der Normfeststellung im Bereich Religion/Kirche

Dem Anomiekonzept liegt implizit die wie immer verklausulierte Annahme zugrunde, daß es eine gesellschaftliche, eine zumindest für gesellschaftliche Teilsegmente gültige Normalität gibt, die gleichzeitig für einen positiv bewerteten Zustand steht: normal = unauffällig = gut = erstrebenswert. Umgekehrt schwingen im Anomiebegriff immer Konnotationen in Richtung der Assoziationskette »anomisch = auffällig = bedrohlich/gefährlich = zu vermei-

---

2 Seit Abschluß dieses Manuskriptes (Ostern 1994) erschütterten weitere Meldungen über religiös motivierte Militanz die Weltöffentlichkeit: z.B. die Ermordung des Arztes John Britton durch den fundamentalistischen Abtreibungsgegner Paul Hill in Pensacola/Florida am 29. 7. 1994; der grausame Fund von 48 (selbst?)gemordeten Sektenmitgliedern des »Ordens des Sonnentempels« am 5. 10. 1994 in der Schweiz; das Giftgasattentat der »Aum-Sekte« in einer japanischen U-Bahn am 20. 3. 1995; die Ermordung des israelischen Ministerpräsidenten Itzhak Rabin am 4. 11. 1995.

den« mit. Folgt man dieser Suggestion, dann repräsentierte wohl auf den ersten Blick die christliche Religion die Normalität, während schlagzeilenträchtige Phänomene wie die sog. Jugendsekten, der Okkultismus oder New Age und die von Kulturkritikern aller Schattierungen vielgeschmähte »Konsumreligion« für Anomie stünden. Aber läßt sich diese Zuschreibung heute wirklich noch halten? Wer vertritt heute tatsächlich die Normalität im Bereich der Religion? Der Papst als das geistige Oberhaupt von immerhin ca. 28 Mio. deutschen Katholiken oder der Light Age-Apostel Gerd Gerken, der die Chefetagen der deutschen Industrie von Siemens bis BMW und VW coacht (vgl. Schmidt 1993)? Das Topmodel Cindy Crawford, das sich zur Patchwork-Religiosität bekennt (vgl. *Bunte* 1993), oder Mutter Teresa, die laut *Stern* (1992) das einflußreichste weibliche Vorbild der deutschen Jugend (47%) sein soll? Deutet sich im Bekenntnis zur Reinkarnation der »Lichtgestalt des deutschen Fußballs« Franz Beckenbauer (*Penthouse* 1992) eine breitenwirksame Tendenz an, muß der Übertritt des »blonden Engels« Bernd Schuster zur »Christlichen Wissenschaft« als typisch für die geistige Situation der Zeit angesehen werden, oder liegt der Weltfußballer 1993, Roberto Baggio, mit seinen buddhistischen Meditationen im Trend? Wir wissen es nicht und können aufgrund einer desolaten Forschungslage im Bereich der Religionssoziologie (Barz 1992a, S. 19, 51) bestenfalls begründete Spekulationen anbieten.

Wenden wir uns nach diesen notwendigen Einschränkungen zunächst dem Christentum zu, und bilanzieren wir seinen schwindenden Einfluß anhand einiger Basisdaten. Als Gliederungsprinzip folge ich dabei der von Charles Y. Glock (1969) vorgeschlagenen Unterscheidung von fünf Dimensionen der Religiosität (vgl. zu deren nach wie vor aktueller Bedeutung: Haub 1992 und Kecskes/Wolf 1993), die sich erstens auf den Ritus, zweitens auf die Ideologie, drittens auf religiöses Wissen, viertens auf das religiöse Erleben sowie fünftens auf die sozialen Konsequenzen von Religion beziehen. Freilich wird sich bei diesem Vorgehen eine jahrzehntelang auf Ritual und Dogma verengte und konfessionell versäulte Forschungspraxis dergestalt auswirken, daß die ohnehin schon dürftigen vorhandenen Daten für die letzten Dimensionen so gut wie gar nichts mehr hergeben. Denn – und diese Feststellung, die Thomas Luckmann vor über dreißig Jahren formulierte, gilt noch immer –:

Schaubild 1: Kirchenaustritte 1884-1993 (Deutsches Reich, Bundesrepublik Deutschland, in Tsd.)

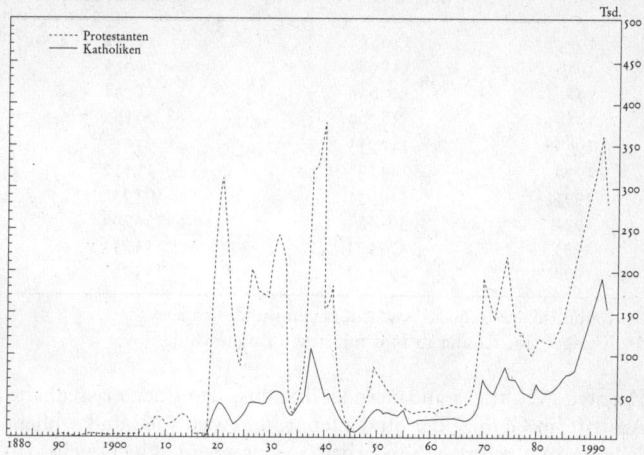

Quellen: Kirchliches Jahrbuch, versch. Jge.: Kirchliches Jahrbuch für die Evangelische Kirche in Deutschland, versch. Jge.; Sehringer 1977, S. 910; Statistisches Jahrbuch für die Bundesrepublik Deutschland, versch. Jge.

»Kaum eine andere soziologische Disziplin ist so vollständig von einer engen positivistischen Methodologie beherrscht wie die neuere Religionssoziologie« (Luckmann 1991, S. 54).

Vorab jedoch einige Informationen zur Religionszugehörigkeit.

Mitgliedschaftsentwicklung

Zwar ist die Validität des Indikators Konfessionszugehörigkeit fragwürdig, insofern die geläufige Rede vom »Taufscheinchristen« zutreffend bezweifelt, daß Mitgliedschaft und innere Verbundenheit mit der Kirche zusammenfallen. An den großen Austrittswellen aus den Kirchen läßt sich aber sicher zumindest eine rückläufige Kirchenbindung ablesen.

Wie das Schaubild 1 (für die alte BRD) zeigt, lassen sich für unser Jahrhundert zum einen eine kontinuierliche Zunahme der Konfessionslosen auf derzeit ca. 15 % und zum anderen einige Austrittswellen konstatieren: ein erster, nach dem Ersten Weltkrieg einsetzender und in unterschiedlicher Intensität bis zum Ende des

Jahr	Evangelische Kirche	Katholische Kirche
1985	140553	75042
1986	138981	75919
1987	140638	81598
1988	138700	79562
1989	147753	93010
1990	144143	143530*
1991	320635**	167933
1992	361151	192766
1993	279971	153753
1994	290302	155797

* Katholische Kirche ab 1900 mit neuen Bundesländern
** Evangelische Kirche ab 1991 mit neuen Bundesländern

Zweiten Weltkriegs andauernder Exodus, dann der massenhafte Austritt im Gefolge der Studentenproteste von 1968 und schließlich die 1991 mit dem Solidarbeitrag einsetzende Fluchtwelle. Interessant ist dabei, daß zumindest die erste Kirchenaustrittswelle das seltene Beispiel für eine tatsächlich von den Unterschichten ausgehende soziale Bewegung liefert (Rothenbacher 1990, S. 538). Weiter fällt auf, daß die Austrittsneigung bei Protestanten im Schnitt doppelt so hoch ausfällt wie bei Katholiken. In den neuen Bundesländern hat sich die Abkehr von der Kirche aus naheliegenden Gründen gleichsam im Zeitraffer vollzogen, so daß dort heute, insbesondere bei der jungen Generation, nur noch eine kleine Minderheit einer christlichen Konfession angehört.

Unter den zum Zeitpunkt der letzten Volkszählung (1987) in Deutschland lebenden 4,1 Mio. Ausländern stellen die Moslems mit 1,6 Mio. (davon 1,3 Mio. Türken) den größten Anteil.

Rituelle Praxis

Die Bereitschaft, am Sonntagsgottesdienst als dem zentralen christlichen Ritual teilzunehmen, geht stark zurück. Dabei zeigen sich soziodemographische Regelmäßigkeiten, die für alle gebräuchlichen Indikatoren der Religiosität gelten – außer für die Hoffnung auf ein Leben nach dem Tod, worauf ich später zurückkommen werde. Es gehen Katholiken häufiger als Protestanten,

Frauen häufiger als Männer, Landbewohner eher als Städter und ältere Menschen eher als jüngere in die Kirche. Bei Jugendlichen ist dabei bis zum Alter von 18 bis 20 Jahren regelmäßig ein Rückgang der rituellen Praxis zu beobachten (vgl. Feige 1990), der jedoch von einem steten Anstieg mit zunehmendem Alter abgelöst wird.

Die letzten verfügbaren repräsentativen Daten (Bevölkerung ab 18 Jahre) für beide großen Konfessionen lieferte die internationale Wertestudie: Demnach besuchen ein- oder mehrmals in der Woche den Gottesdienst: in den alten Bundesländern 18% der Bevölkerung insgesamt, 9% der Protestanten, 31% der Katholiken; in den neuen Ländern 9% der Bevölkerung insgesamt, 15% der Protestanten, 61% der Katholiken (Noelle-Neumann/Köcher 1993, S. 199).[3]

Im Gegensatz zur sinkenden Zahl der Gottesdienstbesuche nimmt der Wunsch nach den kirchlichen Passageriten nach einem Tiefpunkt um 1970 wieder kontinuierlich zu. Auch junge Leute und selbst Jugendliche wollen nur selten auf Taufe, Kommunion bzw. Konfirmation und Firmung, auf die kirchliche Trauung und auf die christliche Beerdigungsfeier verzichten. Die EKD-Mitgliedschaftsstudie (vgl. Studien- und Planungsgruppe der EKD 1993) nennt zur Taufbereitschaft z. B. folgende Zahlen: 1972 hätten nur 82% ihr Kind taufen lassen, 1982 bereits wieder 88% und 1992 schon 93% der evangelischen Befragten. Interessant ist dabei auch, daß sogar ein Großteil (63%) der konfessionslosen Eltern (ab 30 Jahre) die Taufe vornehmen ließen (Lukatis/Lukatis 1987, S. 131 f.) und daß von den sich selbst als Atheisten verstehenden Westeuropäern 16% eine religiöse Feier bei der Geburt, 16% bei der Hochzeit und 19% beim Begräbnis wünschen. Von den erklärt Nichtreligiösen wünscht sogar ungefähr die Hälfte diese religiösen Feiern (Zulehner 1993, S. 43 f.).

Von religiösen Akten wie Opferhandlungen (z. B. Geldspenden), Bußhandlungen (z. B. Fasten), kirchliche Unterweisung (z. B. Religions- und Konfirmationsunterricht), Bibellektüre oder Beten möchte ich nur noch zu letzterem einige Daten angeben:

Ostdeutschland ist bereits wesentlich stärker vom christlichen Glauben abgenabelt als Westdeutschland. Dort beten 50% der Be-

3 Die im Vergleich zu Protestanten und Katholiken sehr niedrige Zahl für die Gesamtbevölkerung im Osten ergibt sich aus der großen Rate (ca. 62%) der Konfessionslosen in der ehemaligen DDR.

völkerung, hier 22% nie. Protestanten beten weniger als Katholiken: 39% der Protestanten im Westen beten manchmal oder oft, von den Katholiken hingegen 54%. Im Osten ist die entsprechende Differenz sogar noch größer, nämlich 51% zu 84%. Vergegenwärtigt man sich die psychologischen Funktionen des Betens als Sinnstiftung und Selbstvergewisserung, so muß angenommen werden, daß seiner offenkundig abnehmenden Alltagsrelevanz andere Praktiken mit möglicherweise analogen Funktionen gegenüberstehen. Vermutete schon Hegel in der Zeitungslektüre beim Frühstück ein Äquivalent zum Morgengebet, indem er sie als den »realistischen Morgensegen« bezeichnete (nach Benedict 1978, S. 122), so sieht Enzensberger (1991, S. 102) im Zeitalter des Frühstücksfernsehens im Bildschirm »die technische Annäherung an das Nirwana«. Und neben Kunst, Konsum, Sport, neuerdings v. a. Extremsport wie Rafting, Paragliding, Bungee-Jumping, Freeclimbing etc., und Musik oder auch dem Telefonieren lassen sich heute eine ganze Reihe von »autotherapeutischen Praxen« und Entspannungstechniken (»Techniken zur Kultivierung des Innenraums«, Schmidtchen 1979, S. 39ff.) wie Meditation, autogenes Training, Tarot etc. benennen (Barz 1992a, S. 64ff.; 1992b, S. 64-75), die zumindest in Teilen die Funktion des klassischen Gebets übernommen haben könnten.

Aber auch für das Gebet selbst darf ein gewandeltes Verständnis unterstellt werden. Wie auch eine niederländische Studie belegt (Janssen u. a. 1990, S. 106), wird Beten immer weniger als Anrufung von oder Zwiesprache mit Gott, sondern vielmehr als innerer Dialog, im Extremfall gar als reine Psychotechnik, verstanden, die zu innerer Ruhe, Klarheit oder Furchtlosigkeit verhelfen soll. Im übrigen werden für ein in dieser Richtung gewandeltes Gebetsverständnis in der Esoterik-Szene unter dem Titel »Affirmationen« bereits einschlägige Formulierungshilfen angeboten.

Glauben

Ein Indikator, der gerne als Beleg einer vermeintlich unverwüstlichen Stabilität der Volkskirche strapaziert wird, ist die Frage nach der Einstellung zum Christentum. So ermittelte z. B. Feige (1982, S. 89) sogar in einer Befragung 16- bis 22jähriger die höchsten Werte an Zustimmung – immerhin 72% – zu »Zwar-aber-Items« (»zwar ziemlich unmodern, aber im Prinzip unverzichtbar«,

»zwar nicht mehr ganz zeitgemäß, aber auch heute hilfreich«). Entschieden ablehnende ebenso wie emphatisch zustimmende Positionen wurden nur von Minderheiten befürwortet. Ein ganz anderes, wahrscheinlich realistischeres Bild ergibt sich, wenn man Menschen auffordert, ihre Einstellung zum Christentum im Vergleich zu anderen Religionen in ihren eigenen Worten zu beschreiben. So fanden bereits Kaufmann/Kerber/Zulehner (1986, S. 176) in ihrer Studie *Ethos und Religion bei Führungskräften* eine »Hochschätzung des Christentums – für andere«, d. h. für die geistig, materiell oder psychisch Minderbemittelten, die Schwachen, die Marginalisierten, die Alten, die Unselbständigen, die Kranken. Kurz: Der christliche Glaube wird als sinnvolle Einrichtung für all diejenigen angesehen, zu denen man selbst unter keinen Umständen gehören möchte! Und in der von mir durchgeführten Pilotstudie *Jugend und Religion* konnten eine ganze Reihe von Dimensionen (z. B. Selbstbestimmung vs. Fremdbestimmung, Selbstverwirklichung vs. Alltagsnormierung, Durchdrungensein vs. Heuchelei, Lebendige Religion vs. Buchreligion) extrahiert werden, in denen ein deutlich negatives Image des Christentums den konkurrierenden Weltreligionen gegenüber festzustellen ist. Einzig hinsichtlich der – freilich sicher sehr stark zu gewichtenden – Dimension Vertrautheit vs. Fremdheit kann das Christentum seinen klaren Standortvorteil bislang erfolgreich verteidigen. In Schaubild 2, in dem ein heuristisches Positionierungsmodell wiedergegeben wird, ergibt sich für die christliche Religion ein klares Defizit v. a. gegenüber der fernöstlichen Konkurrenz.

Der Glaube an Gott ist mit 64% in den alten Bundesländern ungefähr auf dem europäischen Durchschnittsniveau, in den neuen Ländern mit 32% allerdings am unteren Ende der europäischen Nationen. Auch hier ist jedoch der inhaltliche Wandel der Gottesvorstellung interessanter als die kontinuierliche Verringerung der Prozentzahl derer, die an Gott glauben. Verschiedene neuere quantitative und v. a. qualitative Forschungsarbeiten (Sziegaud-Roos 1985, S. 372 ff.; Nipkow 1987, S. 69; Kirchenamt der EKD 1991, S. 122 f.; Barz 1992b, S. 117 ff.) belegen, daß sich der Gottesglaube von seiner christlichen, personalen, transzendenzbezogenen Prägung ablöst und zunehmend in technischen, naturwissenschaftlichen, immanenten und psychologischen Kategorien gefaßt wird: Gott als höhere Kraft, Gott in der Natur, Gott als innerer Dialogpartner, Gott als (psychohygienisch nützliche) Projektion.

Schaubild 2: Das Christentum im multikulturellen Kontext

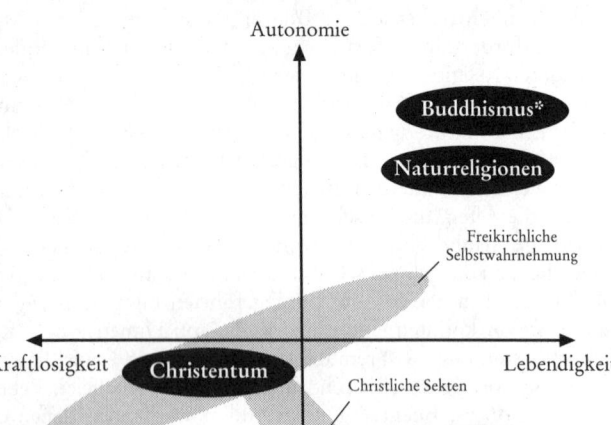

Religionsvergleich

Autonomie

Buddhismus*

Naturreligionen

Freikirchliche
Selbstwahrnehmung

Kraftlosigkeit   Lebendigkeit

Christentum

Christliche Sekten

Judentum

»Häretische Kritik«

Islam

Heteronomie

* Der Buddhismus erfreut sich von den zumeist in einem Atemzug genannten »indischen Religionen« der ungebrochensten Wertschätzung und wurde deshalb für diese Darstellung ausgewählt.

(aus: Barz 1992b, S. 189)

Entsprechend der Verweltlichung und Verwissenschaftlichung
des Gottesbildes wandelt sich auch die Bedeutung von Jesus Chri-
stus. Als Sohn Gottes, Garant der Sündenvergebung etc. hat er
zumindest für Jugendliche heute kaum noch Bedeutung (Barz
1992b, S. 123 ff.; 1993, S. 103 ff.), sein weltgeschichtliches Wirken
ebenso wie die ihm zugeschriebenen Wundertaten werden sozialpsychologisch, nicht eschatologisch gedeutet: Er gilt als großer
charismatischer Rhetor, Sozialrevolutionär und Geistheiler.

Auch in der Bewältigung des Todes ist die Säkularisierung der
Sinnhorizonte nachweisbar. Bereits 19% der erwachsenen Wohn-

bevölkerung im Westen (11% im Osten) bejahen explizit die Wiedergeburtsidee. Die christliche Auferstehungslehre ist zwar mit 31% im Westen (14% im Osten) noch führend (Zahlen aus dem World-Values-Survey von 1990 nach Noelle-Neumann/Köcher 1993, S. 214), doch darf aus verschiedenen Jugenduntersuchungen geschlossen werden, daß sie mehr und mehr von der Reinkarnationsidee verdrängt werden wird (Sziegaud-Roos 1985, S. 347; Nipkow 1987, S. 64; Barz 1992b, S. 125 f.; 1993, S. 104 f.). Der Glaube an ein Weiterleben nach dem Tod ist jedenfalls einer der seltenen Religions-Indikatoren, der bei Jugendlichen (derzeit bei 56%; Jugendwerk 1992, S. 237) höhere Werte als bei Erwachsenen aufweist und bei dem sich eine Aufwärtstendenz (1984 erst 49%) abzeichnet.

Religiöses Wissen

Es kann nicht weiter verwundern, daß angesichts der schwindenden Alltagsrelevanz der christlichen Überlieferung auch die einschlägigen Kenntnisse rückläufig sind. So konnte ein symptomatisches Zitat aus meiner Studie *Jugend und Religion* (Barz 1992b, S. 159) fast zum geflügelten Wort avancieren: »Wer hält sich denn heute noch an die Sieben Gebote?«[4] Für die ehemalige DDR muß in dieser Hinsicht ein noch dünnerer Wissensstand konstatiert werden, da dort nicht nur die Konfessionszugehörigkeit viel seltener war, sondern auch der Religionsunterricht als quasi-obligatorische Vermittlungsinstanz wegfiel und die christliche Religion generell nur in ihren negativen Aspekten in der Schule thematisiert wurde:

»In der Schule wurde Religion eher primitiv dargestellt als eine Einrichtung, die nur zum Geldeintreiben für die Pfaffen da ist« (vgl. Barz 1993, S. 129 ff.).

Die Unterstellung, daß in der katholischen Kirche noch immer in Latein gepredigt werde, verwundert in diesem Zusammenhang kaum mehr (ebd., S. 144).

Der Untersuchung von Feige (1982, S. 414) ließ sich bereits entnehmen, daß es mit der dort noch erleichtert als »Übereinstimmung im Prinzipiellen« beschriebenen Haltung der jungen Generation

---

4 Es wurde zum Titel von etlichen Tagungen und Berichten. Vgl. z. B. Holzapfel u. a. 1992.

zum Christentum nicht allzuweit her sein konnte. Denn schon damals war von den befragten 16- bis 22jährigen nur ein Viertel überhaupt noch in der Lage, irgendwelche inhaltlichen Vorstellungen über das »Wichtigste in der christlichen Lehre« zu äußern.

Religiöses Erleben

Mit der »experiential dimension« von Glock verlassen wir nunmehr endgültig die Reichweite zumindest der deutschsprachigen, religionswissenschaftlichen Forschungstätigkeit. Zwar scheint die hier zuständige Religionspsychologie in den letzten Jahren auch in der Bundesrepublik wiederentdeckt zu werden – empirische Arbeiten liegen aber bisher kaum vor. Einige Hinweise auf die in diesen Kontext gehörenden Diskussionen seien dennoch erlaubt.

Für Freud, der Religion ohnehin als eine »universelle Zwangsneurose der Menschheit« ansah, war Religiosität v. a. der regressive Wunsch nach dem Schutz eines allmächtigen Vaters. Erst der Psychoanalytiker Erik H. Erikson hat hier eine Neubewertung vorgenommen und sowohl im »Urvertrauen« des Säuglings eine Voraussetzung für »gesunden« religiösen Glauben gesehen als auch umgekehrt in diesem eine legitime, positive Stütze für die seelische Stabilität des Erwachsenen (Grom 1992, S. 97). Auch der humanistische Psychologe Gordon W. Allport unterscheidet zwei Formen von Religiosität: Eine intrinsische, die er als ganzheitliches, alle Lebensbereiche durchdringendes Überzeugungssystem beschreibt. Sie bewirkt zwar psychisches Wohlbefinden und Gesundheit, dient aber nicht als Mittel zum Zweck der Wunscherfüllung wie die extrinsische (Schmitz 1992b, S. 137 ff.). Unter Zuhilfenahme dieser Unterscheidung und unter Hinzufügung eines dritten Religiositätskonzepts, der »Quest-Orientierung« (religiöse Suche, Skepsis gegenüber traditionellen religiösen Antworten), läßt sich auch ein lange ungeklärter Widerspruch zwischen verschiedenen Forschungsergebnissen klären: Eine ganze Reihe von empirischen Studien behauptet nämlich eine Korrelation von seelischer Gesundheit und Religiosität, während eine Anzahl anderer umgekehrt einen Zusammenhang von seelischen Störungen und Religiosität empirisch belegen zu können glaubt. In einer Meta-Analyse konnten Batson und Ventis 1982 zeigen, daß für diese differierenden Aussagen systematische Unterschiede in den Konzeptualisierungen der Religiosität verantwortlich zu machen sind:

»In 12 von 23 Studien korrelieren ›Intrinsität‹ und ›Quest-Orientierung‹ positiv mit psychischer Gesundheit, während bei der extrinsischen Religiosität keine Studie eine positive Beziehung zur Gesundheit aufweist, dagegen 10 von 13 eine negative« (Schmitz 1992b, S. 140).

Unabhängig von den bislang wenig fruchtbaren Operationalisierungsbemühungen für religiöses Erleben in der Forschung läßt sich seit den achtziger Jahren eine zunehmende Hinwendung zu erlebnisorientierten Formen von Spiritualität beobachten. Auch christliche Bewegungen, die eine höhere Erfahrungsintensität versprechen, haben davon profitiert. So berichten Höllhuber/Kaul (1987, S. 15) über

»ein enormes Anwachsen der Wallfahrtsbewegung und eine nur während der Spitze der Gegenreformation beobachtete Intensität und räumliche Dichte von Kultstätten, meist solchen der Gottesmutter«.

Neben dem neuen Interesse an Wallfahrten ist die »Taizé-Bewegung« mit ihren kontemplativen, musischen und gemeinschaftsbezogenen Erlebnisformen auch in der BRD stark angewachsen. Schließlich sind die Kirchentage zu nennen, die in den letzten 15 Jahren eine regelrechte Teilnehmerexplosion erfahren haben. Stand anfangs die Verbindung von »zweifelnder Frömmigkeit« und politischem Engagement im Vordergrund (vgl. Feige/Lukatis/ Lukatis 1984), so zeigt sich inzwischen, daß auch hier das Gemeinschaftserlebnis und der Festival-Charakter mit Action, Ekstase und »Gänsehaut« (z. B. beim Mitternachtsgottesdienst im Kerzenschein) erheblich zur Attraktivität beitragen (Barz 1992b, S. 182 ff. und kontrovers dazu Lukatis 1992).

Immerhin lassen sich aus verstreuten Befunden und aus der von mir durchgeführten Studie *Jugend und Religion* einige heuristische Hinweise zum Zusammenhang von seelischem Erleben und Religiosität gewinnen. So ist die Anrufung Gottes (»Stoßgebet«) als Nothelfer auch bei explizit ungläubigen Menschen nach wie vor offenbar gängige Praxis (Schmid 1989, S. 198), und die Furcht vor einer strafenden, allmächtigen und allwissenden Instanz ist ebenfalls keineswegs auf die explizit Gottesfürchtigen beschränkt (Barz 1992b, S. 54). Selbst für den seiner religiösen Implikationen wegen weithin abgelehnten Begriff der Sünde läßt sich vermuten, daß er, wenn auch nicht dem Wort, so doch der Sache nach, weiterhin Geltung beanspruchen kann (Barz 1993, S. 115 f.): im Sinne der mutwilligen Verletzung von als unumstößlich angesehen Maßstäben für gutes oder zumindest tolerables Handeln nämlich. Empfindungen von Geborgenheit in Verbindung mit christlich-religiösen Inhalten trifft man heute nur noch bei wenigen sehr Frommen an: »Sich als Gottes Kind zu fühlen« oder »nie tiefer als in Gottes Hand zu fallen« – solche Formulierungen fanden sich jedenfalls in meiner Studie nur bei kirchennahen Jugendlichen. Für die Mehrzahl ihrer Altersgenossen hat sich das Geborgenheitserleben offenbar nahezu vollständig verdiesseitigt und vorwiegend an familiäres oder partnerschaftliches Beziehungsglück gebunden (Barz 1992b, S. 56f.).

Soziale Konsequenzen

Repräsentativ für die neuere herrschende Lehrmeinung behauptet die Shell-Jugendstudie von 1985:

>»Die Konfessionszugehörigkeit ist in nahezu allen Merkmalsbereichen, die in dieser Studie Berücksichtigung gefunden haben, ohne strukturierende Kraft« (Fuchs 1985, S. 268).

Gegen diese irrige Meinung, konfessionelle Differenzen seien in einer zunehmend säkularisierten Gesellschaft kaum noch von Belang, stellt dagegen Renate Köcher mit vollem Recht (vgl. die verschiedenen Veröffentlichungen von Schmidtchen, zusammenfassend z.B. Schmidtchen 1984) fest:

>»Auch in der heutigen Zeit sind *zwischen Katholiken und Protestanten signifikante Unterschiede festzustellen*, in bezug auf Religiosität und Kirchenbindung, Bildungsstruktur und Repräsentanz in Führungspositionen, moralisches Wertesystem und Bewertung von Normen, Regeln und Autorität bis hin zu staatsbürgerlichen Haltungen und Wahlverhalten« (Köcher 1993, S. 212; Hervorhebungen im Original).

So sind Katholiken traditionell bildungsbenachteiligt, strenger erzogen – Selbständigkeit spielt als Erziehungsziel eine geringere Rolle –, sie äußern häufiger Heiratswünsche als Protestanten, sie sind eher häuslich eingestellt und wählen eher konservative Parteien. Die Führungsschicht der CDU/CSU ist dementsprechend die einzige Elite in der BRD, in der Katholiken überproportional vertreten sind. In allen anderen Eliten – von der Wirtschaft und Gewerkschaft über Wissenschaft und Medien bis zur Politik – sind sie durchweg unterrepräsentiert. War die historische Führungsrolle des Protestantismus für die Dynamik des okzidentalen Rationalismus und seiner kapitalistischen Wirtschaftsordnung bereits ein zentrales Thema für Max Weber, so bestätigen auch neuere Daten die aus der Betonung individueller Autonomie resultierende, kulturelle Trendsetter-Funktion der Protestanten – was freilich nicht nur positive Folgen zeitigt:

»Die überdurchschnittliche Zahl protestantischer Wissenschaftler und Führungskräfte wird mit einer überdurchschnittlichen Zahl von Selbstmorden bezahlt« (Schmidtchen 1984, S. 16f.).

Der Protestantismus tendiert durch seinen latenten Antiinstitutionalismus und sein strukturelles Autonomietraining stärker als der Katholizismus zu gesellschaftlicher Reform oder Revolution. So sind Protestanten unter den bundesdeutschen Linksterroristen ebenso überrepräsentiert, wie sie an fast allen politischen Umschwüngen – einschließlich der NSDAP-Wähler – den größeren Anteil hatten (ebd., S. 17f.). Daß auch esoterische Lebensreformbewegungen einen protestantischen Bias aufweisen, liegt als Vermutung nahe. Diese These läßt sich für eine der größten und einflußreichsten Strömungen dieser Art, für die Anthroposophie, auf Zahlen stützen: Von den Eltern, die ihre Kinder auf Waldorfschulen schicken, kommen sechs Protestanten auf einen Katholiken (Barz 1994a, S. 244). In der im Protestantismus wesentlich schwächer ausgebildeten Einbindung des einzelnen in die Glaubensgemeinschaft durch Ritual, Symbol, Dogma und Kirchenzucht sieht Schmidtchen nicht nur den Hang zu individualisierter Mystik begründet. Er unterstellt weiter eine daraus resultierende Instabilität und Unberechenbarkeit des Verhaltens – bereits Max Weber diagnostizierte einen »anomistischen« Zug der mystischen Religiosität (Schmidtchen 1981, S. 430) –, eine für Katholiken kaum vorstellbare Verführbarkeit durch Ideologien:

»Im eher mystisch gewendeten deutschen Protestantismus steckt (...) etwas Anomisches: Alles wird richtig, wenn nur die Überzeugungen richtig sind; und diese sind richtig, wenn man von ihnen ergriffen ist. Soziale Konsequenzen, und das heißt auch menschliche Opfer, sind dann sekundär. Ein religiös inhaltsleer gewordener Protestantismus ist das formale Erziehungsgefäß für Ideologen und politische Überzeugungstäter« (Schmidtchen 1984, S. 19; im Original mit Hervorhebungen).

Obgleich die hier wiedergegebenen Thesen zum Zusammenhang zwischen Konfession, Politik und Gewalt sicher einer eingehenderen Problematisierung bedürften, kann doch die oben exemplarisch zitierte konfessionsbezogene Unterschiedslosigkeit aus dem Shell-Jugend-Survey als widerlegt betrachtet werden. Aus den dort (vgl. Fuchs 1985) für die alte BRD konfessionsübergreifend ermittelten Unterschieden zwischen stark religiösen und wenig religiösen Jugendlichen möchte ich dennoch einige verallgemeinbare Befunde wiedergeben: So sind etwa die Kirchgänger konventioneller eingestellt (Tanzkurs, Heiratswünsche), favorisieren »alte« Werte (gute Umgangsformen, Sparsamkeit), sehen die Zukunft weniger düster, praktizieren seltener »Alltagsflips« (z. B. »irrsinnig laut Musik hören«) und konsumieren weniger Alkohol und Zigaretten. Umgekehrt ergeben sich mit zunehmender Distanz zur Religion eine kritischere Haltung gegenüber der älteren Generation, eine Tendenz zu früheren sexuellen Erfahrungen sowie eine Neigung zu linken Parteien und Protesthaltungen. Eine starke Affinität konventioneller Religiosität zum gesellschaftlichen Status quo war bereits Theodor W. Adorno in seinen Studien zum autoritären Charakter (1973) aufgefallen. Er berichtete, daß die damals Interviewten sich um so ethnozentristischer äußerten, je konventionalistischer sie Religion auffaßten.

Ein ganz anderes Bild der kirchennahen Jugend ergibt sich allerdings in der ehemaligen DDR: »Drüben« waren (und sind?) es weniger die Angepaßten und Braven, die sich kirchlich engagieren, sondern eher diejenigen, die nach Nonkonformismus, unkonventionellen Lebensstilen und Subkulturnähe trachten (Eiben 1992, S. 100; Barz 1993, S. 199; Melzer 1992, S. 108 ff.).

Abschließend komme ich zum vielleicht bekanntesten Einstellungsunterschied zwischen Katholiken und Protestanten, zur Beurteilung der Abtreibung. Der *Spiegel* (1992, S. 55) ermittelte in einer Repräsentativumfrage, daß von 100 Protestanten 53 und von 100 Katholiken 40 eine liberale Neuregelung des Paragraphen 218 – völlige Straffreiheit oder Fristenlösung – befürworteten.[5] Von größerer Bedeutung für die Zukunft ist aber womöglich die quer zu den Konfessionen verlaufende fortschreitende Subjektivierung und Rationalisierung der Bestimmungsgründe ethischen Handelns überhaupt. In meiner Studie *Jugend und Religion* (Barz 1992b, S. 81 ff., S. 251) wurde diese Individualisierung exemplarisch bei

---

5 Von 100 Konfessionslosen waren es sogar 75. Ostdeutschland lag mit 71% klar vor Westdeutschland mit 50%. Je nach Kirchgangshäufigkeit schwankte die Zahl derer, die eine Liberalisierung wünschen, bei Katholiken zwischen 21% und 55%, bei Protestanten zwischen 37% und 69%.

den projektiv behandelten Themen »ungewollte Schwangerschaft«
und »Selbstmord« deutlich. Gegner/innen wie Befürworter/innen
z. B. der Abtreibung nahmen entschieden Stellung gegen eine etwaige Allgemeinverbindlichkeit ihrer jeweiligen persönlichen
Auffassungen (vgl. Schaubild 3). Nicht was jeder tun könnte und
sollte (kategorischer Imperativ), nicht was Gott – z. B. in den Zehn
Geboten – befiehlt (christlicher Imperativ), wird heute als Richtschnur des individuellen Handelns akzeptiert. Maßgebend ist vielmehr, was die jeweilige biografische, historische, gesellschaftliche
Situation dem einzelnen zur Optimierung seines individuellen
Glücks nahelegt. Gegenüber diesem eudämonistischen Imperativ
hat der kategorische nur noch Gültigkeit insofern, als die Orientierung am subjektiven Glücksstreben allen Gesellschaftsmitgliedern
gleichermaßen möglich sein soll.

Die Entbindung von überkommenen Traditionen und entlasten-
den Institutionen nur von ihrer positiven Seite her im Sinne eines
Freiheitsgewinns zu deuten wäre freilich naiv. Denn damit einher
geht eine enorme Verantwortungszumutung für den einzelnen, der
sich durch die Last der autonomen Entscheidungsbegründung latent überfordert sieht. In diesem Sinne sehe ich eine wachsende,
möglicherweise in Krisenzeiten sprunghaft ansteigende Bedeutung
des kompensatorischen Imperativs. Daß hiermit den verschiedensten Irrationalismen, insbesondere Verschwörungstheorien[6], Tür
und Tor geöffnet wird, liegt auf der Hand.

6 Dieter Groh (1987) hat die psychologische Attraktivität von verschwörungstheo-
retischen Geschichtsvereinfachungen eindrücklich mit der Selbstüberforderung
des allein auf sich gestellten Menschen begründet (vgl. *Kursbuch* 124). Odo Marquard beschreibt ähnlich den Kompensationsbedarf des ohne metaphysische
Legitimationen nur noch auf sich gestellten Subjekts. Nachdem die ehemals ge-
schichtsgestaltenden Mächte – das griechische Schicksal, der christliche Gott –
abdanken mußten, lastet ein »Gottwerdungsdruck« auf dem einzelnen, der nicht
zuletzt eine enorme Konjunktur von Enttäuschungsverarbeitungstechniken mit
sich bringt: »Die absolute Absicht der Menschen, es absolut zu sein, entwickelt
sich zur Kunst, es nicht gewesen zu sein: zur Kunst, es andere gewesen sein zu
lassen« (Marquard 1981, S. 82 f.). Am Beispiel der okkulten anthroposophischen
Geschichtsinterpretationen läßt sich die Plausibilität dieser philosophischen
Überlegungen eindringlich nachvollziehen (vgl. Barz 1989).

Schaubild 3: Ethik im Alltag

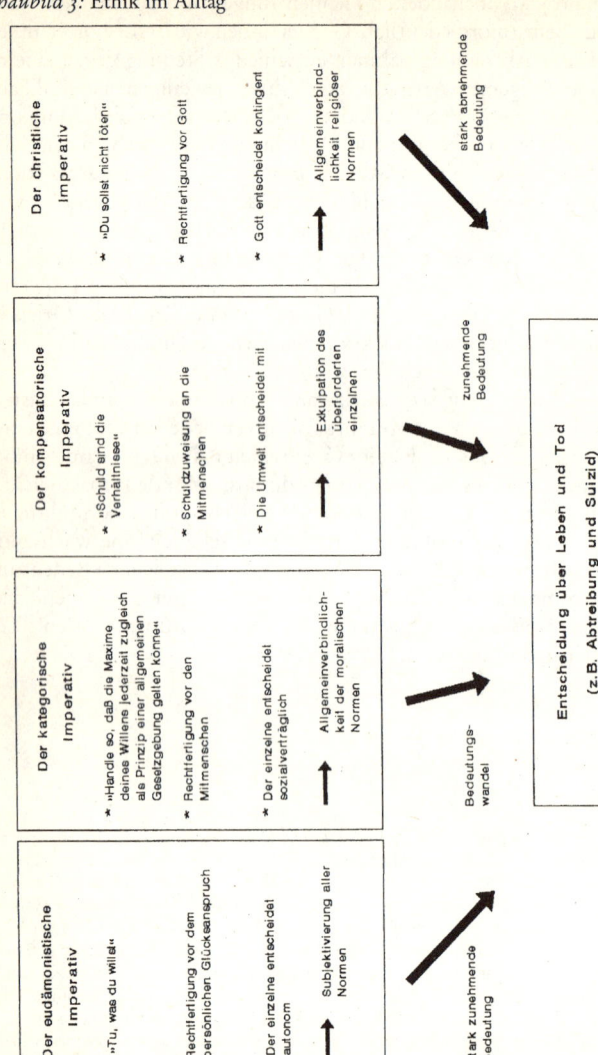

Determinanten ethischen Handelns

Der eudämonistische Imperativ

* „Tu, was Du willst"

* Rechtfertigung vor dem persönlichen Glücksanspruch

* Der einzelne entscheidet autonom

Subjektivierung aller Normen

Der kategorische Imperativ

* „Handle so, daß die Maxime deines Willens jederzeit zugleich als Prinzip einer allgemeinen Gesetzgebung gelten könne"

* Rechtfertigung vor den Mitmenschen

* Der einzelne entscheidet sozialverträglich

Allgemeinverbindlich-keit der moralischen Normen

Der kompensatorische Imperativ

* „Schuld sind die Verhältnisse"

* Schuldzuweisung an die Mitmenschen

* Die Umwelt entscheidet mit

Exkulpation des überforderten einzelnen

Der christliche Imperativ

* „Du sollst nicht töten"

* Rechtfertigung vor Gott

* Gott entscheidet kontingent

Allgemeinverbindlichkeit religiöser Normen

stark zunehmende Bedeutung

Bedeutungs-wandel

zunehmende Bedeutung

stark abnehmende Bedeutung

Entscheidung über Leben und Tod
(z.B. Abtreibung und Suizid)

(aus Barz 1992b, S. 83)

3. Sonderformen des Religiösen unter »Anomie-Verdacht«

Ungeachtet der in den referierten Daten sichtbar gewordenen schwindenden kulturellen Prägekraft der christlichen Religion und der damit notwendig aufgeworfenen Frage, was als kulturelle, religiöse Norm an ihre Stelle getreten ist, lassen sich in der öffentlichen, aber auch in der wissenschaftlichen Beschäftigung mit Religion Phänomene ausmachen, die traditionell zumeist in der Anomie-Perspektive thematisiert werden. Zu nennen sind hier 1. Sekten, insbesondere die sog. Jugendsekten, 2. der Okkultismus, 3. die New Age-Bewegung, 4. der Fundamentalismus. Ohne den »Anomie-Verdacht« damit pauschal stützen zu wollen, möchte ich zu diesen vier Strömungen einige Bemerkungen machen.

Sekten und Jugendreligionen

Um die klassischen Sekten, oder wie sie heute zur Vermeidung pejorativer Untertöne häufig genannt werden: um die traditionellen religiösen Sondergemeinschaften, ist es eher ruhig geworden. Die Zeugen Jehovas, die Mormonen, die Adventisten oder die Christian Science sind seit gut 20 Jahren völlig in den Schatten der sog. neuen Jugendreligionen getreten. Über letztere kursieren in der Öffentlichkeit ebenso wie in der Fachliteratur stark negativ geprägte Klischees, die sich zentral an der Defizit- und Devianzperspektive orientieren: Autoritäre oder sogar totalitäre Führungsstrukturen, die Anwendung bewußtseinsverändernder Methoden und Psychomanipulation (»Gehirnwäsche«), die zu Persönlichkeitsveränderungen (»Psychomutation«) und zu seelischer Abhängigkeit führten, die wirtschaftliche Ausbeutung und schließlich die planmäßige Entfremdung der Mitglieder von ihren Familien und vom normalen gesellschaftlichen Leben insgesamt werden gemeinhin unterstellt. Insbesondere die in den siebziger und frühen achtziger Jahren in unübersehbarer Zahl erscheinenden und zumeist aus der Feder von kirchlichen Sekten- und Weltanschauungsbeauftragten stammenden Veröffentlichungen zeichneten sich in erster Linie durch Polemik und Apologetik bis hin zu apokalyptischen Szenarios aus. Von sachlicher Auseinandersetzung, nüchterner Bestandsaufnahme und Analyse war zunächst nicht viel zu sehen. Schon über die mit dem fragwürdigen Etikett »Jugendsekten« oder »Jugendreligionen« versehenen Gruppen – fragwürdig deshalb, weil unter ihren Mitgliedern viele Erwachsene zu finden sind – herrscht kein Konsens. Ein Bericht des Bundesministeriums für Jugend, Familie und Gesundheit von 1980 nannte acht Gruppen: die Hare-Krishna-Bewegung, die Divine Light Mission (Guru Maharay Ji), Ananda Marga, Transzendentale Meditation (TM, Maharishi Mahesh Yogi), die Bhagwan-Bewegung, die Vereinigungskirche des Koreaners Mun, Hubbards Scientology Church mit ihrem Drogenrehabilitations-Ableger Narconon und schließlich die Familie der Liebe (»Kinder Gottes«). Der Rechtsratgeber eines Ministerialrats aus dem Bundesministerium für Frauen und Jugend (Scholz 1992) bezeichnet die Scientology-Kirche, die Transzendentale Meditation, die Vereinigungskirche, die Hare-Krishna-Bewegung und die in Osho-Rajneesh-Bewegung umbenannte Bhagwan-Bewegung als die einflußreichsten Gruppierungen. In ihrer Antwort auf eine Kleine Anfrage im Bundestag zur Sektenproblematik von 1996 listet die Bundesregierung über zwanzig Gruppierungen auf. Fast alle von den Medien, den Kirchen und von Regierungsstellen verbreiteten Meldungen und Veröffentlichungen gehen von drei Grundannahmen aus: Erstens erheben sie explizit oder implizit einen Pathologieverdacht gegen die Mitglieder. Zweitens werden als Konversionsmotive fast ausschließlich Indoktrination, Verführung und Gehirnwäsche thematisiert. Drittens wird unterstellt, daß die bei Sektenmitgliedern wirksamen psychologischen Mechanismen – ödipale Identifikation mit autoritären Führungspersönlichkeiten oder narzißtische Verschmelzungswünsche in der familienartigen religiösen Gemeinschaft als »sozialem Uterus« – gesellschaftliche Randphänomene seien (Barz 1992a, S. 86ff.).

Erst im Laufe der achtziger Jahre können sich Stimmen Gehör verschaffen, die Sachlichkeit, Fairness und die Fähigkeit zur Selbstkritik gerade im wissenschaftlichen Umgang mit den vielgeschmähten »Jugendsekten« anmahnen. Hatte bereits der Psychoanalytiker Michael Lukas Moeller (1979, S. 11) auf die in der Empörung über die Sekten liegende Gefahr der Projektion der eigenen uneingestandenen Sektenhaftigkeit hingewiesen, so fragen sich inzwischen auch Theologen selbstkritisch, ob dem Kampf gegen die Sektengefahr nicht innerkirchlich wichtige Kompensationsfunktionen zukommen. Denn daß kräftig aufgebauschte Feindbilder sich zur Leugnung und Stabilisierung individueller wie kollektiver Identitätskrisen bestens eigenen, ist eine triviale psychologische Tatsache. Obendrein konnte sich die Kirche als »Moral-Unternehmen« in der planmäßigen Abwehr des von allen Eltern gefürchteten religiösen Wildwuchses endlich einmal wieder als gesellschaftlich nützliche Kraft ins Gespräch bringen. Von daher ist es als großer Fortschritt zu werten, daß z. B. der Züricher Theologe und Religionswissenschaftler Georg Schmid freimütig zum Thema Sekten bekennt: »Ich kann als christlicher Theologe nur das verstehen, was ich ein klein wenig liebe«, und zu einem Perspektivenwechsel auffordert:

»Einzelne Bewegungen in und am Rande der Kirche gleichen in ihren Erlebnismustern den Sekten außerhalb der Kirchen« (vgl. Schmid 1993).

Dem für bestimmte Kreise in den großen Kirchen offenbar äußerst willkommenen Feindbild »Jugendreligionen« (»destruktive Kulte«) ist es wohl auch zu verdanken, daß diesen eine öffentliche Aufmerksamkeit zuteil wird, die in keinem Verhältnis zu ihren tatsächlichen Mitgliederzahlen steht. Verschiedene Autoren kommen jedenfalls seit Ende der achtziger Jahre zu dem Ergebnis, daß es sich bei diesem Thema geradezu um ein Paradebeispiel für die Konstruktion eines sozialen Problems handelte: Die von interessierter Seite vorgegebenen Problemdefinitionen, die daraufhin folgenden Stigmatisierungs- und Etikettierungsprozesse hat Frank Usarski (1988) in einer eigenen Studie ausführlich belegt und dabei auch die immer wieder kursierenden, dramatisch überhöhten Anhängerzahlen korrigiert. Nicht, wie häufig gemutmaßt, von 150000 Sektenmitgliedern sei demnach auszugehen, sondern von allerhöchstens 30000, wahrscheinlich aber sogar von wesentlich weniger, nämlich von nur 2000.[7] Die spektakulären, immer neu kolportierten Berichte über gewaltsame Bekehrungen und über das Festhalten Jugendlicher gegen ihren Willen beziehen sich auf maximal 30 echte Fälle, denen eine enorm große Fluktuationsrate bei den »Initianden« insgesamt gegenübersteht. Im Rückblick bekommt die nunmehr bald 20 Jahre während »Sektenjagd« geradezu gespenstische Züge, denn es läßt sich zeigen, daß über 90% der zahllosen Meldungen der Presse um immer wieder dieselben Vorwürfe mit den immer gleichen Zeugen und Informanten kreisten (Schmitz/Friebe 1992, S. 242).

7 Da es in der Tat unmöglich ist, die Mitgliederzahlen dieser Gruppen real zu ermitteln, bleibt man auf Schätzungen angewiesen, in die natürlich viele Unwägbarkeiten eingehen, woraus sich die großen Schwankungen ergeben.

Mit dem Bemühen um sachliche, unvoreingenommene Auseinandersetzung mit den neuen religiösen Bewegungen ist insgesamt eine Abkehr von der Defizithypothese zu beobachten, und es werden mögliche positive sozialisatorische Effekte der Mitgliedschaft in diesen Gruppen erwogen (vgl. zusammenfassend Schmitz/Friebe 1992). Oft fangen diese Gruppen Menschen mit schweren psychischen Problemen, mit Beziehungsstörungen oder Drogenabhängigkeit weniger ein als vielmehr auf, indem sie ihnen einen neuen Lebenssinn, neue Problemdeutungen und stabile Handlungsorientierungen anbieten. Schon Nipkow (1981, S. 383 ff.) interpretierte die zeitweise Mitgliedschaft Jugendlicher in solchen Gruppen als eine Art Passage-Ritual, in dem ein Rückzug aus der Welt der Erwachsenen, eine regelrechte »Verpuppung« (»cocoonwork«) stattfinde. Und bereits Siegert (1981, S. 414) erwog die These, daß es sich angesichts der unbestreitbaren resozialisatorischen Leistungen dieser Gruppen (z. B. für Suchtkranke) eventuell um eine kostengünstige Alternative zur traditionellen Psychotherapie handeln könne. Der freilich heute noch keineswegs allgemein akzeptierte Paradigmenwechsel hinsichtlich der Bewertung der »Sektengefahr« eröffnet jedenfalls ganz neue Perspektiven:

»Auch offensichtlich deviante Gruppen sozialisieren ihre Mitglieder in einigen dominanten Werten, wozu vor allem gewisse asketische Verhaltensweisen, wie Alkohol- und Drogenverzicht, Pünktlichkeit und Sparsamkeit gehören. (…) Es ist nach den bisherigen Beobachtungen nicht abwegig anzunehmen, daß religiöse Gruppen entgegen allem ersten Augenschein insgesamt eine integrative Funktion in der Gesellschaft haben« (Kehrer 1988, S. 110).

In der neuen Perspektive des Bewältigungsmodells, das den Devianzverdacht relativiert, geraten als eigentlich gesundheitsgefährdende Momente dann auch eher die aggressiven Rückholmethoden (»Deprogrammierung«) in den Blick:

»Jedenfalls fällt auf, daß die pathogene Wirkung, die den NJR [Neuen Jugendreligionen, H. B.] nachgesagt wurde, in den letzten Jahren nicht bestätigt werden konnte. Eher scheint der Ausstieg aus der NJR psychisch riskant zu sein, insbesondere wenn die religiöse Gruppe geholfen hat, Widersprüche während des Jugendalters durch verstärkende soziale Resonanz zu stabilisieren« (Schmitz/Friebe 1992, S. 242).

Verschiedene Repräsentativbefragungen bieten Zahlen zur tatsächlichen Verbreitung bzw. zum Bekanntheitsgrad der Jugendreligionen an. Die Jugendstudien des Jugendwerks der Deutschen Shell AG und des SINUS-Insituts ermittelten für 1981, 1982 und 1984 jeweils eine Anhängerschaft von 0 bis 1% (Barz 1992a, S. 88).[8] Demgegenüber will eine 1986 im Auftrag der Bundesregierung speziell zur Sektenproblematik durchgeführte Studie (Schmidtchen 1987, S. 20) unter den 14- bis 19jährigen immerhin eine Zahl von 7% gegenwärtiger oder ehemaliger Sektenanhänger ermittelt haben. Liest man allerdings das Kleingedruckte, kommt auch Schmidtchen zu der aus den anderen Studien bekannten Zahl von 1% aktueller Jugendsekten-Anhänger (Barz 1992a, S. 89). In der erwähnten Beantwortung der Kleinen Anfrage zu »sogenannten Jugendsekten oder Psychogruppen« befindet das zuständige Bundesministerium mit weiser Zurückhaltung: »Der Bundesregierung stehen hierzu keinerlei Statistiken zur Verfügung« (1996, S. 16). Für die Gesamtbevölkerung stellt Schmidtchen eine einigermaßen plausible Hochrechnung an, derzufolge mit ca. einer halben Million Sektenmitgliedern zu rechnen sei.

Wie sich die halbe Million Anhänger »klassischer« Sekten auf die verschiedenen Gruppen verteilt, kann einer von der Evangelischen Zentralstelle für Weltanschauungsfragen erstellten »Sekten-Statistik« (vgl. Tabelle 1) entnommen werden.

Diese Tabelle belegt darüber hinaus den zumindest für einige Gruppierungen deutlichen Mitgliederzuwachs, wenn man die Zahlen von 1989 (vgl. Reimer 1989) zum Vergleich heranzieht: So sind die Zeugen Jehovas von 121 000 auf 160 000 angewachsen, die Neuapostolische Kirche hat sich von 330 000 auf 430 000 vergrößert, die Mormonen von 22 000 auf 39 000, die Adventisten von 26 000 auf 34 360. Andere Gemeinschaften wie die Christliche Wissenschaft (1989: 5 500; 1993: 5 600) sind offenbar relativ stabil geblieben oder haben Einbußen hinnehmen müssen, wie die anthroposophische Christengemeinschaft (1989: 15 000; 1993: 12 000). Freilich muß berücksichtigt werden, daß es sich z. T. um Schätzungen handelt und der auf die neuen Bundesländer entfallende Anteil – der immerhin einen Teil der Zunahme erklären könnte – nicht ausgewiesen ist.

Was soziodemographische Determinanten der Sektenzugehörigkeit betrifft, berichtet Schmidtchen (1987, S. 63 f.) keinen Zusammenhang mit dem sozialen Status, wohl aber eine stärkere Hinwendung höher Gebildeter zu Sekten. Ein Vergleich der Mitglieder der Vereinigungskirche und der Neo Sannyas-Bewegung

---

8 Die Shell-Studie von 1992 enthielt keine Frage mehr zu Jugendreligionen und Jugendsekten.

Tabelle 1

Gruppierungen	Mitglieder BRD	Freunde BRD	Mitglieder weltweit	Freunde weltweit
Apostelamt Juda	2 000 =	–	2 830 –	–
Apostolische Gemeinschaft	8 000	–	20 000	–
Christengemeinschaft	(12 000) =	(50 000)	(20 000) +	(80 000
Christliche Wissenschaft	(5 600?*) =	(9 500?*)	(152 000*)	?
Gralsbewegung	–	(2 400*)	–	(9 000?*)
Jehovas Zeugen	(160 000*) +	(300 000*)	(4 400 000*) +	(13 000 000?*)
Johannische Kirche	(3 399) =	(500)	–	–
Mormonen	(39 000*) +	–	8 406 985 +	–
Neuapostolische Kirche	(430 000*) +	–	7 187 000 +	–
Adventisten (STA)	34 360 +	(42 000)	7 500 000 +	(25 000 000?*)
Tempelgesellschaft	250 =	(750)	1 000 =	(2 500)
Universelles Leben	?	(40 000?*)	–	(100 000?*)
Weltweite Kirche Gottes	776 =	1 261	98 936 +	104 943

Die angegebenen Zahlen beziehen sich auf den Anfang des Jahres 1993. Sind sie eingeklammert, so handelt es sich um geschätzte Angaben der Gruppen selbst; ist obendrein ein Sternchen beigefügt, liegt eine Schätzung der EZW vor. Ist-Gleich-, Plus- und Minus-Zeichen stehen für gleichbleibende, zu- oder abnehmende Mitgliederzahlen. Fragezeichen deuten auf größere Unsicherheiten, denen die EZW-Autoren bisher nicht systematisch nachgegangen sind.

(Quelle: Thiede 1993, S. 241)

(vgl. zusammenfassend Schmitz/Friebe 1992, S. 251 ff.) zeigt, daß die Bhagwan-Anhänger eher aus der Mittelschicht, häufig aus psychosozialen Berufen kommen, größtenteils vor ihrer Mitgliedschaft arbeitslos waren und oft bereits Vorerfahrungen mit Psychotherapie und Selbsterfahrungsgruppen hatten. Für die Mun-Sekte dagegen werden höhere Erfolgsorientierung, berufliche Integration und eine größere Bereitschaft zu Anpassung und Gehorsam berichtet. Auch stammen ihre Anhänger eher aus der unteren Mittelschicht und oberen Unterschicht.

Entgegen den immer wieder verbreiteten Behauptungen über die »Invasion der Seelenfänger« in den neuen Bundesländern scheinen die Werbefeldzüge der Sekten im Osten wenig erfolgreich verlaufen zu sein. Von der tatsächlichen Empfänglichkeit der Ostdeutschen für die Heilsversprechen der Sekten zeichnen weniger voreingenommene Beobachter jedenfalls ein ganz anderes Bild:

»Es hat in den neuen Bundesländern die befürchtete ›Invasion‹ von Sekten und religiösen Gruppierungen bisher nicht gegeben. Zwar haben Krishnas und die Scientologen in jeder Stadt ihre Stände aufgebaut und zu Veranstaltungen eingeladen; der Besuch solcher Angebote hält sich jedoch in Grenzen« (Fincke 1993, S. 317).

Fincke (1996, S. 100 ff.) sieht drei Gründe dafür, daß die Sekten im Osten kaum Gefolgschaft finden: Zunächst bestreitet er die gängige These vom angeblichen ideologischen Vakuum nach der Wende, da der ideologische Überbau auch schon zu DDR-Zeiten nur für eine kleine Minderheit ein tragfähiges Gerüst abgegeben habe. Weiter finden die Ostdeutschen infolge der radikalen Entkirchlichung kaum einen Zugang zu religiösen Angeboten – egal ob diese von kleinen Gruppen oder von den großen Kirchen offeriert werden. Und schließlich sei die generell gemeinschaftsbezogenere Orientierung der ehemaligen DDR-Bürger ein Hindernis beim Übertritt zu einer Sekte: Ein solcher Schritt bedeute ein individuelles Ausscheren aus dem sozialnormativen Konsens, was bei Freunden, Verwandten und Kollegen befremdetes Kopfschütteln auslösen würde. Genau das aber sei für Ostdeutsche heute noch schwerer zu ertragen als für die im Hinblick auf Individualisierungstendenzen weiter fortgeschrittenen Westdeutschen.

Okkultismus

Vieles, was oben zum Thema Sekten gesagt wurde, läßt sich analog zum Problem Okkultismus feststellen. Obwohl in der öffentlichen Diskussion v. a. als Gefahr für Jugendliche thematisiert, ist auch der Okkultismus in allen Altersgruppen latent oder manifest verbreitet. Auch beim Okkultismus klaffen reale Bedeutung und mediale Präsenz weit auseinander. Auch beim Okkultismus gibt es Interessengruppen, die von z. T. künstlich geschürten Bedrohungsgefühlen profitieren. Ähnlich wie bei den Jugendsekten ist es dementsprechend auch hier nur schwer möglich, ein realistisches Bild der Lage zu gewinnen, da der Blick durch eine regelrechte Flut von polemischen, apologetischen und pseudoaufklärerischen Schriften verstellt wird und die wenigen empirischen Arbeiten obendrein von zweifelhafter Güte sind. Und schließlich ist – wiederum in Analogie zu den Jugendsekten – in der mittlerweile in Gang gekommenen sachlichen Auseinandersetzung eine grundlegende Neubewertung – von der Gefahr zur Chance – der okkulten Praktiken zu beobachten.

Okkultismus als die Bereitschaft, verborgene, für die gewöhnlichen Sinnesorgane und die konventionelle Wissenschaft nicht wahrnehmbare Informationen, Kräfte, Wechselwirkungen und Zusammenhänge anzunehmen, sie durch paranormale Methoden meßbar und eventuell auch dienstbar zu machen, hat Denken, Fühlen und Handeln aller Kulturen zu allen Zeiten mehr oder weniger stark geprägt. Er wird zwar durch die amtskirchliche Dogmatik ebenso wie durch die moderne Naturwissenschaft als vormoderner Aberglaube verworfen, dennoch haben sich im Volksglauben dämonische, magische und mantische Vorstellungen und Techniken bis heute erhalten – ja, ihnen wird sogar in den letzten Jahren wieder eine steigende Konjunktur bescheinigt. Nachdem sich die Reste des Wissens um Deutekünste, Beschwörungsformeln und heidnische Zeremonien bis vor wenigen Jahrzehnten in eher ländlichen Gegenden (z. B. im Allgäu) erhalten hatten, blühen heute in den Metropolen die okkulten Workshops (z. B. über Pendeln, Kartenlegen oder die heilenden Kräfte der Edelsteine) und die Geschäfte der Geistheiler und Wünschelrutengänger.

Und dieses wiedererwachte Interesse an außerwissenschaftlichen Traditionen in allen Bereichen ist beileibe kein Privileg der Jugend. Es läßt sich in allen Bevölkerungsteilen feststellen und kann z. B. an der Haltung zur Astrologie durch Zahlen des Instituts für Demoskopie, Allensbach, nachvollzogen werden. Es glaubten danach in der Bundesrepublik an einen Zusammenhang zwischen dem menschlichen Schicksal und den Sternen: 1950: 30%; 1956: 29%, 1964: 24%, 1975: 24%, 1982: 16%, 1987: 27% (Noelle-Neumann/Köcher 1993, S. 222; Noelle-Neumann/Piel 1983, S. 123). Nach dem Tiefpunkt Anfang der achtziger Jahre zeigt sich also ein erneuter Anstieg, so daß in den letzten Jahren jeweils über die Hälfte der Westdeutschen Horoskope als »in« einstufen (Noelle-Neumann/Köcher 1993, S. 1157). Auch andere Bereiche des Paranormalen erfahren heute wieder eine relativ große Wertschätzung. Den ALLBUS-Daten von 1991 (Terwey 1992, S. 69) zufolge glauben 27% (Ost: 29,6%), daß Glücksbringer manchmal Glück bringen, 27,9% (Ost: 19,0%), daß Wahrsager die Zukunft wirklich vorhersehen können, 32,5% (Ost: 33,7%), daß manche Wunderheiler tatsächlich mit übernatürlichen Kräften ausgestattet sind.

Die Medien-Berichte insbesondere über Jugend-Okkultismus, die eindeutig von Horror-Szenarios dominiert werden (z. B.: »Kinder des Satans erdrosselten ihren Freund«; *Bild* 5. 1. 1994), erzeugen ein äußerst verzerrtes Bild. Das unselige Zusammenspiel von traumatischen Kindheitserfahrungen, Beziehungsstörungen, latenten Ängsten und einem in diese vielfältigen Vorschädigungen einhakenden okkulten Interesse als letztem und beliebigem (d. h. durchaus ersetzbaren) Auslöser kommt darin jedenfalls selten vor. Statt dessen wird das Symptom als Ursache ausgegeben. Ein in dieser Hinsicht instruktives Beispiel rekonstruiert der Soziologe Ulrich Müller (1989) in einfühlsamen biografischen Interviewsequenzen mit einem zuvor bundesweit durch die Medien geschleusten Vorzeigesatanisten. Dort wird unmißverständlich klar, daß die lebensgeschichtlichen Demütigungen und Ohnmachtserfahrungen, der Mangel an familiärem Rückhalt und der Tod wichtiger Bezugspersonen, die Suche nach einer adäquaten, d. h. »schwarzen« Symbolik geradezu vorprogrammiert hatten – ganz abgesehen davon, daß dieser junge Mann von sensationsgierigen Reportern regelrecht in die Rolle des okkulten Obergurus gedrängt wurde.

Auch der wohl spektakulärste Fall der jüngsten Vergangenheit, der Mordfall Sandro Beyer im thüringischen Sondershausen, verweist bei genauerer Analyse eher auf die verwahrlosten, alleine gelassenen Kinder des »Aufschwung Ost« als auf die Gefährlichkeit der »Seuche Okkultismus« (vgl. Nordhausen/Billerbeck 1993).

Nach ersten, alarmierenden, freilich umstrittenen Ergebnissen zu Verbreitung und Gefährdungspotential okkulter Praktiken, 1988 vorgelegt vom Freiburger Institut für Parapsychologie (zusammengefaßt in: Mischo 1991; vgl. zur Kritik: Barz 1990), und etlichen Einzelfallstudien (vgl. Müller 1989, Barz 1990, Hunfeld/Dreger 1990, Stenger 1991, Helsper 1992) publizierte der Berliner Religionswissenschaftler Hartmut Zinser (1993) aus verschiedenen quantitativen Erhebungen die vielleicht verläßlichsten Zahlen zur Alltagsrelevanz des jugendlichen Okkultismus. Danach liegen heranwachsende und erwachsene Schüler/innen des zweiten Bildungsweges in West-Berlin, die sich heute aktiv an einer der genannten okkulten Praktiken beteiligen, mit jeweils einem Anteil von ca. 25 % ungefähr gleichauf. Für den Ostteil Berlins fand Zinser dagegen nur 11,8 % mit aktiver Praxis.

Mischo (1991) faßt Ergebnisse einer nicht-repräsentativen Fragebogenaktion in Rheinland-Pfalz aus dem Jahr 1989 mit immerhin 1 754 Schülern in folgender Typologie zusammen:

1. Okkultpraktizierende mit der Gefahr psychischer Auffälligkeiten oder Störungen (10,3 %).
2. Okkultpraktizierende ohne Gefahr psychischer Auffälligkeiten oder Störungen (21,8 %).
3. Jugendliche, die Okkultpraktiken meiden (60,6 %).
4. Jugendliche, die weder an Okkultpraktiken teilgenommen haben noch davon wissen (7,3 %).

Auch hier mag der Wert von ca. einem Drittel aller Schüler/innen, die über Erfahrungen mit Okkultismus verfügen – wie intensiv und dauerhaft auch immer –, plausibel erscheinen. Die an sich ebenfalls einleuchtende Typologie indessen wird in ihrer Aussagekraft erheblich in Frage gestellt, wenn man liest, daß die Gruppe der Gefährdeten allein dadurch definiert ist, daß diese Jugendlichen das Item »Es hat mir Angst gemacht« angekreuzt hatten (Mischo 1991, S. 95; diese Kritik formuliert auch Streib 1993, S. 120). Es drängt sich die Frage auf, ob nicht umgekehrt das Eingeständnis von Angst genausogut oder sogar mit größerer Berechtigung als Zeichen psychischer Gesundheit gewertet werden müßte. Mischos implizite Hypothese jedenfalls, daß jeder zehnte unserer Jugendlichen ein Kandidat für »mediumistische Psychosen«, für Verfolgungsängste oder andere »okkulte Behaftungen« sein soll, allein deshalb, weil er Ängste (auch vor sich selbst) nicht verleugnen muß, erscheint mir als äußerst gewagt!

Gerade für stark religiös geprägte Jugendliche geht offenbar eine große Attraktivität vom Okkultismus aus (Barz 1990, S. 131; Mischo 1991, S. 122; Helsper 1992, S. 126), die freilich im Normalfall verleugnet werden muß. Denn in allen Analysen okkulter Neigungen nimmt die entscheidende Bedeutung des Angsterlebens (»Angstlust«) breiten Raum ein (Barz 1992b, S. 243).

Die große Attraktivität okkulter Angebote ergibt sich aus der (sicher ergänzungsbedürftigen) Zusammenstellung der »okkulten Potentiale des Alltags« (vgl. Schaubild 4). Denn der Alltag z. B. Jugendlicher hält eine ganze Menge an Unerklärlichem, Angstauslösendem oder auch offene Wünsche, Ereignisse, Mangelerlebnisse, Schicksalsschläge, Menschheitsfragen etc. bereit, die immer wieder auf okkulte Erklärungen zu verweisen scheinen (vgl. auch Stenger 1989).

WÜNSCHBARES

Liebessehnsüchte

Ungestillte Liebeswünsche erscheinen als Geisterbotschaften und astrale Energieleider

Die Macht des Bewußtseins

Durch bewußte Konzentration des Willens sind Ziele erreichbar, Menschen beeinflußbar (Beispiel: Parkplatzsuche durch die Macht des Bewußtseins, Herzinfarkt des Klassenlehrers durch böse Wünsche)

Überwindung des Rationalismus

Einsicht in die Begrenztheit und Kontingenz des wissenschaftlichen Weltbildes. Gleichwertigkeit der Gefühlswelt («Verstand und Logik sind nicht alles»)

Fortschrittsoptimismus

Die bedrohliche Alltagsgegenwart der Radioaktivität (Tschernobyl) liefert das Paradigma für «übersinnliche» gleichwohl wirksame Strahlungen («Konnte man vor 100 Jahren auch noch nicht nachweisen»)

«Lösung» des Theodizee-Problems

Wenn Gott schon nicht hilft und schweigt, dann muß Selbsthilfe erlaubt sein

ÄNGSTIGENDES

Angstvisionen

Die Projektion der Über-Ich-Instanz führt zum Gefühl, beobachtet zu werden: «als ob einer oben steht und und auf mich runter guckt», «immer umgedreht, ob nicht jemand da ist», «das Gefühl, mich schauen Augen an»

Tod von Eltern/teilen, Partnern

Nach dem Tod von Elternteilen bleibt das «Gefühl, daß er/sie noch da ist und daß durch gemeinsame Konzentration eine Verbindung möglich sein könnte»

Der eigene Tod

Die Grenzerfahrung des denkbaren persönlichen Todes erzwingt Alternativen: Weiterleben als Geist, auf einer anderen Bewußtseinsebene, in einer anderen Dimension, Wiedergeburt etc.

Bestätigte Todesprognosen

Beispiele eingetroffener Todesprognosen werden erzählt, als ob sie sich im eigenen Bekanntenkreis zugetragen hätten

UNERKLÄRLICHES

Déjà-vu-Erlebnisse

Orte, Personen oder Ereignisse werden als eigentümlich vertraut erlebt, obwohl die bewußte Reflexion frühere Begegnungen mit Sicherheit ausschließt

Wahrträume

(Alp-)Traum-Szenarien wiederholen sich in der Realität (Beispiel: Tod bedeutsamer Bezugspersonen)

Unerklärliche «Zufälle»

Zufällige Ereignisse oder Begegnungen erlangen in affektgeladenen subjektiven Kontexten Bedeutung als Omen

Unerklärliche Ereignisse

Historisch Einmaliges und Unvorstellbares verlangt nach übernatürlichen Erklärungen («Hitler hatte einen Dämon»)

ANKNÜPFUNGSPUNKTE OKKULTER ANGEBOTE

(aus: Barz 1992b, S. 234ff.)

443

Darüber hinaus bieten okkulte Rituale wie etwa das Gläserrükken natürlich eine ganze Reihe von Erlebnisqualitäten, die heute sehr hoch im Kurs stehen. Helsper (1992, S. 68-75) benennt sechs Motive, die den Reiz okkulter Beschäftigungen erklären können: 1. Der »Okkult-Thrill«, das »Kribbeln« der Angstlust. 2. Die Neugier gegenüber dem Unbekannten, Fremden, Unbegreiflichen. 3. Die Abgrenzung gegenüber der offiziellen Kirche. 4. Lebensbewältigung, z. B. in Form von Entscheidungshilfen. 5. Aufwertung der eigenen Person durch Anerkennung im Freundeskreis. 6. Der Wunsch nach Macht.

Ganz ähnlich hatte ich selbst (Barz 1990, S. 125 ff.) bereits die Sehnsucht nach action (»das totale Erlebnis«) und power (Macht als Gegenstück zur alltäglichen Ohnmachtserfahrung), die Fortschreibung des modernen Wissenschaftsaberglaubens ins Übersinnliche hinein (»alles nur eine Frage des know-how«) sowie – peergroup-bezogen – eine Form des aufsehenerregenden »demonstrativen Erfahrungskonsums« und die Selbsterhöhung durch den vermeintlichen Besitz exklusiver Geheimnisse als Motive beschrieben. Auch drängte es sich bereits damals auf, die okkulten Begierden unter Heranziehung der Anomietheorie zu diskutieren:

»Je weniger Jugendliche Erfolg und Anerkennung in den gesellschaftlich etablierten Spielarten – Schul- und Berufserfolge, Sport – erreichen können, je mehr ihnen totale Abenteuer- und Machterlebnisse in den gesellschaftlich akzeptierten Bahnen (Motorrad, Auto, Zigaretten, Alkohol, Disco, Reisen, Filme) schal und fragwürdig erscheinen oder finanziell unerreichbar bleiben, um so mehr wird der ›alternative‹ Weg zum gleichen Ziel, der Okkultismus eben attraktiv. Eine typische Erscheinungsform von Anomie (…): Die gesellschaftlich gültigen Ziele geraten in Konflikt mit den zu ihrer Erlangung verfügbaren Mitteln – folglich muß entweder das Ziel oder das Mittel aufgegeben werden. Im Falle unserer jugendlichen Okkultisten findet also eine Innovation der Mittel statt« (Barz 1990, S. 130).

Ohne expliziten Bezug auf die Anomietheorie finden sich vergleichbare Überlegungen bei Müller (1988, S. 298), bei Helsper (1992, S. 75) sowie bei Hunfeld/Dreger:

»Aus dem ›Gesellschaftsspiel‹ der Jugendlichen aus Laer wird Ernst, weil die Betroffenen in dem ›großen Gesellschaftsspiel‹ schlechte Karten haben« (Hunfeld/Dreger 1990, S. 35).

Die »schwarze Szene«, die »Faszination des Bösen«, die »Kultur der Todesmetaphern« können weiter verstanden werden als unbewußter Versuch, die Ausgrenzung von Altern, Sterben und Tod in unserer Gesellschaft zu kompensieren (vgl. Helsper 1992). Und als ein Versuch, der Weisheit des Unbewußten wieder näher zu kommen, indem okkulte Techniken gleichsam als Echolot zur Erschließung seelischer Innenräume genutzt werden. Okkultismus wäre insofern auch als eine Art autotherapeutischer Ökologie des Geistes zu entschlüsseln, insofern sich die in der rationalistischen Moderne durch die Vordertür verbannte Gefühlswelt hier durch die Hintertür wieder Zutritt verschafft. Daß dabei das abgespaltene Böse, die verdrängten Nachtseiten der christlichen Kultur zwangsläufig einen großen Stellenwert bekommen, ist für den Psychologen Gunther Klosinski (1990a) nur folgerichtig.

Vor diesem Hintergrund wird dann auch häufig eine ganz neue Bewertung des Okkultismus vorgenommen, er wird eher positiv als eine Chance und weniger als eine Gefährdung gesehen:

»Die meisten Schüler gehen aus dieser Phase – soweit sich das beurteilen läßt – unbeschadet hervor. (Bei diesem Urteil habe ich den vor allem verbreiteten Jugendspiritismus vor Augen, nicht den ›harten‹ Satanismus!) Möglicherweise gehen sie sogar mit Gewinnen aus diesen Erfahrungen hervor. Vielleicht sind sie aufmerksamer auf die Kräfte der menschlichen Seele und des Geistes geworden, sensibler für ihr Innenleben, offener für religiöse Fragen und Erfahrungen, weniger materialistisch fixiert« (Janzen 1989, S. 146).

Nur am Rande sei erwähnt, daß mit den hier referierten Analysen über Motive und Funktionen der Hinwendung zum Okkultismus ein namentlich in den kirchlichen Expertisen überstrapaziertes Erklärungsmodell, die »Sinn-Defizit-Hypothese« nämlich, das Fehlen übergeordneter Orientierungssysteme, gar nicht gebraucht wird. Es liegt sogar der Verdacht nahe, daß die verbreitete Klage über die vermeintliche »transzendentale Obdachlosigkeit«, über den Glaubensverlust und das Fehlen von Idealen sich weniger einer sorgfältigen Analyse als vielmehr dem Umstand verdankt, daß ihr Pendant natürlich die Missionierung für das eigene christliche Glaubenssystem ist (Helsper 1992, S. 122). Denn es wird von verschiedenen Autoren (Barz 1990, S. 131 ff.; Hunfeld/Dreger 1990, S. 25 f.; Mischo 1991, S. 122 f.; Helsper 1992, S. 163 ff.) übereinstimmend eher ein Zusammenhang zwischen einer ausgeprägten, traditionellen kirchlichen Sozialisation und okkulten Neigungen konstatiert:

»Somit scheint es für langandauernde und ›härtere‹ Okkultkarrieren Jugendlicher gerade nicht so zu sein, wie viele Experten vermuten, daß sie Resultat eines Sinndefizits, eines religiösen Orientierungsvakuums und

-verlustes sind, sondern sie werden im Gegenteil eher durch ein Zuviel an religiösem Sinn hervorgerufen, in Kombination mit inkonsistenten und aggressiven Objektbeziehungsschicksalen« (Helsper 1992, S. 25 f.).

Ein Aspekt, der in der Diskussion über potentielle Gefahren des Okkultismus nicht fehlen darf, ist seine mögliche Verbindung zum Rechtsextremismus. Zwar lassen sich spirituelle und auch spiritistische Interessen grundsätzlich mit fast jeder politischen Richtung kombinieren; sie sind sozusagen politisch neutral (Gugenberger/ Schweidlenka 1987, S. 13). Zwar stand die heutige Esoterik- und Okkult-Welle von Anfang an sogar eher der Ökologie- und Alternativ-Bewegung und damit eher der politischen Linken nahe. Zwar tendiert der heutige Okkultismus vorzugsweise zu individuellen, spontanen Arrangements und nicht zu dauerhaften Gruppenbildungen. Aber all das darf nicht vergessen lassen, daß es bereits einmal in der Geschichte unseres Jahrhunderts eine unselige Allianz von ungestillten und unverstandenen emotionalen Bedürfnissen und totalitären Harmonie-Visionen der politischen Rechten und ihrem virtuosen Symbol- und Ritual-Mißbrauch gegeben hat. Die Vorgeschichte vieler späterer NSDAP-Mitglieder im neuheidnischen Armanen-Orden und in der Thule-Gesellschaft und z. B. auch die von der Gründerin der Theosophischen Gesellschaft, Helena Petrowna Blavatzky, entwickelte »Wurzelrassenlehre« (vgl. Gugenberger 1993) belegen zwar nicht unbedingt einen Kausalbezug, sie bezeugen aber jedenfalls, daß sich die kirchenkritische Rückbesinnung auf eine vermeintlich »arteigene«, heidnische Religiosität auch mit nationalistischen Entwürfen verbinden läßt. Es hat derzeit nicht den Anschein, daß die verschiedenen versprengten und untereinander zerstrittenen neuheidnischen, antiklerikalen, nordischen, keltischen und germanischen Zirkel (»Ariosophen«, »Wicca-Kult«, »Thule-Seminar«, »Armanen-Orden«, »Wikinger«, »Runen« etc.[9]) nennenswerten gesellschaftlichen Einfluß, und sei es über die Verbindung mit rechtsextremen Gruppierungen, erlangen würden. Dennoch sollte dieses buntschillernde Spektrum weiterhin aufmerksam beobachtet werden.[10]

9 Übersichten über deren Vorstellungen, Praktiken und Verbreitung bieten Schweidlenka (1991), Baer (1995) und das April-Heft (1991) des *Materialdienstes der Evangelischen Zentralstelle für Weltanschauungsfragen*, das neben Weissmann (1991) weitere Beiträge, Rezensionen, eine Selbstdarstellung und eine Adressenliste enthält.

10 Den diesbezüglichen Forschungskolloquien über »arteigene Religiosität« in der Europa-Akademie Eschwege 1991 und 1992 muß man dementsprechend eine

Noch vor wenigen Jahren war New Age ein Dauerthema für das Feuilleton, die religionswissenschaftliche Publizistik und kirchliche Vortragsabende. Inzwischen ist es vergleichsweise ruhig geworden um die Jünger des Wassermannzeitalters, und man hört kirchenamtlicherseits bereits öfter, daß dieser »Spuk« ja nun – gottlob – wieder vorbei sei. Wie schon bei den Themen Okkultismus und Jugendsekten haben wir es auch hier mit einer folgenschweren Verwechslung zu tun: Der selbsterzeugte Sturm im Wasserglas erscheint als die Wirklichkeit – was zur Folge hat, daß die Realität selbst für geraume Zeit nur noch schemenhaft sichtbar wird.

Denn das unter dem Etikett »New Age« Zusammengefaßte ist weniger eine soziale Bewegung als vielmehr eine gesellschaftsübergreifende Neuorientierung des Denkens und Handelns. Und diese Neuorientierung macht natürlich um so weniger Schlagzeilen, je stärker sie sich bereits durchgesetzt hat: Am tendenziellen Unsichtbarwerden von New Age ist also seine Trivialisierung abzulesen und nicht etwa sein Mißerfolg! An der Tatsache, daß sich auch die kirchlichen Sektenbeauftragten mittlerweile daran gewöhnt haben, daß neben *Sonntagsblatt* und *Rheinischem Merkur* auch *Esotera* am Kiosk zu kaufen ist, daß in *Psychologie Heute* seitenweise Kleinanzeigen mit spirituellen Workshops angeboten werden, daß in jeder größeren Stadt ein Heer von Astrologen, Geoästhesisten, Meditationslehrern, Handlesern, Hexen, Schamanen, Evolutionsagenten und Reinkarnationstherapeuten seine Dienste offeriert, daß jede größere Buchhandlung ihre Esoterik-Abteilung hat – um nur einige Indizien der Ausstrahlung des Neuen Denkens zu erwähnen –, gerade an diesem Gewöhnungseffekt läßt sich die Veralltäglichung des einstigen Exotikums New Age ablesen.

Die große Bedeutung, die Gedanken und Praktiken aus diesem Umfeld inzwischen in weiten Teilen der Bevölkerung haben, möchte ich mit einigen Indikatoren belegen. Auf dem Buchmarkt hat der Anteil von New Age-Titeln inzwischen 15% erreicht. Nahezu jeder große Taschenbuchverlag hat seine einschlägige Reihe; allein bei Goldmann liegt der Anteil dieses Themenfeldes bei 55% der Sachbuchtitel (Finger 1991, S. 19).

Neuauflage wünschen, in der dann nicht nur – wie bisher offenbar dominant (vgl. die Tagungsberichte in *Spirita* 2/1991 und 1-2/1992) – retrospektive Dissertationen, sondern Ergebnisse aktueller Feldforschung verhandelt werden sollten.

Zur »New Age-Gläubigkeit« der Bundesbürger liegen wenig repräsentative Daten vor. Offensichtlich meidet die institutionalisierte Kirchensoziologie in Deutschland diesen Bereich beharrlich – was sich u. a. auch daran zeigt, daß, selbst wenn einmal derartige Daten erhoben wurden, diese dann nicht publiziert werden. So kann man bisher unveröffentlichten Befunden der bereits zitierten Untersuchung im Auftrag der Bundesregierung (vgl. Schmidtchen 1987) entnehmen (Barz 1992a, S. 91), daß es 35% der Westdeutschen für möglich halten, daß auch Pflanzen eine Seele haben und 21% der Seelenwanderungsidee positiv gegenüberstehen. Man muß auf Zahlen aus Umfragen im Auftrag von Illustrierten zurückgreifen (vgl. Gächter 1991), um sich ein (vorläufiges) Bild zu machen: Danach sind sich 71% sicher, daß man durch Trance völlig schmerzfrei werden und sogar über glühende Kohlen gehen könne, 64% glauben an die Wirksamkeit von Wünschelrutengehern, 25% haben schon einmal meditiert, 24% interessieren sich für New Age, 20% sind überzeugt, daß man mit Verstorbenen Kontakt aufnehmen könne, 14% glauben an die Wirkung magischer Rituale und 13% an das besondere Kraftfeld von Pyramiden, 9% vertrauen auf die Heilkraft von Edelsteinen, und 2% halten sich selbst für eine Hexe.

Das von New Age-Vordenkern gerne propagierte Netzwerk der sanften Verschwörung ist mittlerweile in allen Städten recht dicht geknüpft. Für Frankfurt a. M. und Freiburg wurde es in den Jahren 1986 und 1987 ethnographisch vom Frankfurter Institut für Kulturanthropologie und Europäische Ethnologie vermessen (vgl. Greverus/Welz 1990). Immerhin 82 fest ansässige Institutionen für Frankfurt und 45 für Freiburg konnten bereits damals registriert werden; 27 bzw. 18 davon echte »Zentren«, also Schulen, Institute oder Kommunikationszentren der New Age-Szene. In den meisten größeren Städten gibt es mittlerweile Zusammenschlüsse auf unterschiedlichem Verbindlichkeitsniveau. Vom »spirituellen Kurs- und Veranstaltungskalender« mit Anzeigen, Musik- und Buchtips und Adressen (in Freiburg[11] beispielsweise als *Labyrinth-Info* kostenlos inzwischen im zehnten Jahr), über einzelne, von verschiedenen Gruppen und Kursanbietern genutzte Häuser

---

11 Da außer der Arbeit von Greverus/Welz und der Studie von Waßner (1991) bislang keine empirischen Forschungen zu New Age vorgelegt wurden, muß ich weitgehend auf meine eigenen, freilich nicht systematischen Beobachtungen zurückgreifen.

(z. B. »Haus der Stille« in Freiburg, aber auch Hunderte von Häusern und alten Bauernhöfen in der Toskana, in Südfrankreich, Griechenland etc., in denen Tai Chi-Kurse, afrikanische Trommel-Workshops und Channeling-Seminare angeboten werden) bis zum »Forum für Erlebens-Kunst« (in Karlsruhe z. B. als »Wirkstatt e. V.« seit 1978) mit bis zu 100 Veranstaltungen, Workshops und Kursen je Halbjahr. In der Lehrerfortbildung etwa sind Meditations- und Selbsterfahrungsseminare seit Jahren ein Programmhit (vgl. Erhardt 1990). Auch innerhalb der Volkshochschulen haben Angebote aus dem Umkreis von New Age inzwischen einen beträchtlichen Anteil erreicht; Yoga, autogenes Training und Bioenergetik sind heute selbstverständlich. Und selbst die Bildungswerke und Begegnungsstätten der großen Kirchen haben sich auf die diesbezügliche Nachfrage eingerichtet.

Zur soziodemographischen Verbreitung des Neuen Zeitalters berichtet Waßner (1991), daß Personen mittleren Alters (30- bis 50jährige) dominieren, ganz junge sowie ganz alte Menschen sind in der Minderheit. Ähnlich berichtet Schmidtchen, daß sich die Altersgruppe der 14- bis 19jährigen gegenüber Angeboten des Psychomarktes fast genausowenig interessiert zeigt wie die über 50jährigen. Insgesamt äußerte schon 1986 jeder zweite Erwachsene Interesse an diesem Markt (Schmidtchen 1987, S. 66), und die EKD-Studie von 1992 (Studien- und Planungsgruppe der EKD 1993, S. 11) ermittelte, daß immerhin bereits 28% der westdeutschen evangelischen Kirchenmitglieder praktische Erfahrungen mit diesem bunten Spektrum religiöser und esoterischer Angebote gemacht hatten. Wie auch bei traditionellen religiösen Angeboten, liegen Frauen in ihrem Interesse vor Männern, und die Sympathie steigt mit dem Bildungsabschluß. Nach Neuhoff (1990, S. 39) bilden sich im urbanen Raum Verdichtungen dieser Angebote dort, wo auch der säkulare Konsum seine Hochburgen, der normale Verkehr seine Knotenpunkte, das Geschäftsleben seine Zentren hat. Fast völlig ausgeklammert sind dagegen reine Wohn- und v. a. ausgesprochene Arbeitersiedlungen. Es bleibt zu ergänzen, daß das esoterische Angebot in den neuen Bundesländern bislang kaum Fuß fassen konnte (Fincke 1993, S. 317).

Die in der Suche nach Ursachen für den doch offenbar unaufhaltsamen Siegeszug der »sanften Verschwörung im Zeichen des Wassermanns« dominierenden denunziatorischen Deutungen möchte ich hier nur am Rande erwähnen: New Age wird gerne als

Konsumreligion, als Rückfall hinter die Aufklärung, als unpolitisches »Friede-Freude-Eierkuchen«-Sedativum, als Selbsterlösungshybris, als Ego-Trip, als Fluchtbewegung, als irrationalistisch und damit parafaschistisch, als Kapitulation vor den realen Problemen etc. enttarnt (vgl. zusammenfassend z. B. Erhardt 1990). Wesentlich ergiebiger als ideologiekritische Entlarvungsübungen scheint es mir, nach der Funktion der dort angebotenen Techniken und Deutungen zu fragen. Einen in dieser Hinsicht vielversprechenden Versuch hat Horst Stenger (1989) unternommen. Hatte schon Thomas Luckmann (1991, S. 155) in den sechziger Jahren hellsichtig im Streben nach Autonomie, Selbstverwirklichung und Selbstdarstellung des heutigen Menschen den Grund für einen enormen psychologischen, quasi-wissenschaftlichen Beratungs- und Dienstleistungsbedarf diagnostiziert, so geht auch Stengers Interpretation vom zunehmenden Zwang zur Selbstthematisierung aus. Die Veralltäglichung von Reflexivität, d. h. die eigene Lebensgestaltung, die eigene Lebensführung, die Beziehungs- und Freizeitgestaltung, die Berufsauffassung, die Haltung zu den letzten Fragen usw., immer weniger von überkommenen Traditionen und immer mehr von der eigenen vernünftigen Einsicht abhängig zu sehen, bedeutet auch, neue, innenweltbezogene Kompetenzen zu entwickeln. Wo die Entlastung durch die selbstverständliche Befolgung von vorgegebenen kulturellen Mustern wegfällt, werden Techniken zur Kultivierung des seelischen Innenraums ein nicht länger nur luxus- oder thrillbezogenes Surplus – aus ihnen werden basale Notwendigkeiten, weil die geforderte Orientierung an selbstgesetzten Werten und Normen nur so zu leisten ist. Auch müssen die zunehmend aus ihren religiös und kulturell vorgegebenen Normierungen entlassenen körper- und gefühlsbezogenen Selbst- und Fremdwahrnehmungen kultiviert und in ein schlüssiges Selbstbild integriert werden.

»Die Bewegung ist (…) nicht deshalb erfolgreich, weil etwa esoterische, religiöse Bedürfnisse ›wiederentdeckt‹ wurden, sondern weil über esoterische Inhalte das Programm der Selbstentdeckung vorangetrieben werden kann, ohne daß kulturelle Zugangshürden (wie etwa bei dem ›Reflexionssystem‹ Sozialwissenschaften) überwunden werden müssen (…). ›Ganzheitlichkeit‹ und ›Spiritualität‹ sind Metaphern für einen veränderten Selbstbezug, der körperlich-sinnliche und emotionale Erfahrungen verstärkt zuläßt, fördert, reflektiert und sinnhaft integriert (…). Es geht in der Innenweltforschung der Esoterik ja nicht nur darum, die eigene Gefühlsvielfalt zu

›entdecken‹, sondern die Außenweltwirkung eigener und fremder Emotionen zu reflektieren und intellektuell zu integrieren« (Stenger 1989, S. 129 f., im Original mit Hervorhebungen).

Fundamentalismus

Seit Mitte der siebziger Jahre gewinnen in den drei großen Buchreligionen Strömungen an Einfluß, die eine Rückbesinnung auf ein wörtliches Verständnis der Heiligen Schriften, eine geläuterte, streng am religiösen Moralkodex orientierte Lebensführung und eine Anpassung der Politik an die Religion programmatisch vertreten. Ungefähr seit Khomeinis Sieg und Landung in Teheran im Sommer 1979 hat sich dafür der Begriff des »Fundamentalismus« eingebürgert. Hatte die westliche Öffentlichkeit zunächst noch ein durchaus ambivalentes, wenn nicht klammheimlich sympathisierendes Verhältnis dazu, so machte sich spätestens mit dem am 14. Februar 1989 von Ayatollah Khomeini verhängten Todesurteil gegen Salman Rushdie Angst und Entsetzen breit. Auch wenn Experten mit Recht auf die lange Tradition von asketischen Gegenbewegungen gegen Verweltlichungstendenzen auch im Islam verweisen, gewinnt der heutige islamische Fundamentalismus doch insofern eine neue Qualität, als mit ihm der über Jahrhunderte hinweg in den Expertenkulturen der Schriftgelehrten eingekapselte religiöse »Skripturalismus« zu einer Massenbewegung angewachsen ist. Im arabischen, nordafrikanischen und vorderasiatischen Raum, einschließlich der südlichen Gebiete der ehemaligen Sowjetunion, ist die islamische Erneuerungsbewegung bereits zu einem Machtfaktor, vielleicht dem gewichtigsten, geworden. Auch aus französischen Vorstädten mit einem großen Anteil von nordafrikanischen Arbeitsemigranten werden verstärkte Aktivitäten gemeldet, erhalten bisweilen religiöse Affairen (z. B. um die Kopftücher muslimischer Schülerinnen) internationale Publizität.

Im Judentum machen ebenfalls starke Strömungen auf sich aufmerksam, in denen sich ein ausgeprägtes nationales und religiöses Sendungsbewußtsein mit Intoleranz und Gewaltbereitschaft verbindet. Weiter wird ein Anwachsen auch des christlichen, v. a. des protestantischen Fundamentalismus berichtet. Dieser scheint in den USA, wo der Begriff auch mit dem Namen einer zwischen 1909 und 1915 erschienen Schriftenreihe (Küenzlen 1992, S. 315) erstmals schriftlich auftauchte, seine größte Verbreitung zu erfahren.

Auch wenn es dieser immer wieder, z. B. durch Sexskandale führender Protagonisten, zurückgeworfenen Bewegung bislang kaum gelungen ist, ihre praktisch-politischen Forderungen durchzusetzen, erstreckt sich ihr Einfluß doch immerhin auf etwa 10% der amerikanischen Bevölkerung (Dubiel 1992, S. 749f.). Als vergleichbare Entwicklungen im katholischen Raum wären etwa die traditionalistische Bewegung des französischen Bischofs Lefèbvre, der in Spanien gegründete Laienorden »Opus Dei« oder die in Italien einflußreiche Gruppierung »Communione e Liberazione« zu nennen, denen aber angesichts einer ohnehin äußerst konservativ ausgerichteten Politik des derzeitigen Papstes die Durchschlagskraft fehlt.

Was die konkrete Reichweite fundamentalistischer Bewegungen in der Bundesrepublik betrifft, ist man auf Spekulationen verwiesen. Allenthalben wird – ohne auf empirische Untersuchungen zurückgreifen zu können – ein Anwachsen unterstellt. Und zwar für alle genannten – islamischen, jüdischen, katholischen und am stärksten für die protestantischen – Ausprägungen. Gottfried Küenzlen (1992, S. 315) z. B. stellt einer vermeintlich schwindenden Dynamik der New Age-Bewegung eine Bedeutungszunahme der fundamentalistischen Variante religiöser Neuorientierung gegenüber.[12] Gemeint sind damit – Küenzlen räumt die Unschärfe der Begriffsverwendung ein – so unterschiedliche Strömungen wie der traditionell-gewachsene Pietismus, der Evangelikalismus, neupfingstlerisch-charismatische Bewegungen, bis hin zu Positionen eines christlichen Konservatismus. Auch für die ehemalige DDR wird eine Renaissance des christlichen Fundamentalismus seit Mitte der achtziger Jahre berichtet (vgl. Wachowitz 1990).

Obgleich es an Veröffentlichungen zum Thema Fundamentalismus nicht fehlt (vgl. z. B. Riesebrodt 1990, Kepel 1991, Holthaus 1993 und die Sammelwerke Meyer 1989b, Hemminger 1991, Kochanek 1991, Bohrer/Scheel 1992), herrscht hinsichtlich seiner Alltagsrelevanz für unser Land Unsicherheit. Der Politologe Richard Löwenthal meinte jedenfalls gleich zu Beginn der Omnipräsenz dieses Begriffs im intellektuellen Diskurs feststellen zu können, daß er in Westeuropa keine wesentliche Rolle spiele (nach Küenzlen 1988, S. 151).

---

12 Immerhin meldet auch *Der Spiegel* (Nr. 8/1993) die Konversion von 50 000 deutschen Frauen zum Islam, was allerdings nicht überbewertet werden darf, da dies in den meisten Fällen im Zuge der Heirat mit einem Moslem geschah.

Der tatsächliche Einfluß des islamischen Fundamentalismus unter den in Deutschland lebenden Türken ist schwer abzuschätzen. Metin Gür (1993) beschreibt die Bemühungen verschiedener fundamentalistischer Verbände und warnt vor deren wachsendem Einfluß und ihren aggressiven und militanten Methoden. Der Verfassungsschutzbericht (Bundesministerium des Innern 1994) rechnet mit ca. 19000 Mitgliedern in den beiden größten türkischen Extremistenorganisationen (AMGT und ICCB).

Am wenigsten strittig dürfte die gesellschaftliche Relevanz einer Erneuerungsbewegung sein, die ebenfalls unter den Begriff des Fundamentalismus rubriziert wird: der politische Fundamentalismus von Teilen der ökologischen Bewegung. Auch wenn die ökospirituelle »Logik der Rettung« des »grünen Ayatollah« Rudolf Bahro, der einem autoritären, am Obersten Sowjet orientierten Modell (»der Fürst der ökologischen Wende«) das Wort redet (Braun 1990, S. 54ff.), nicht repräsentativ für die grünen »Fundis« sein dürfte, kommt in ihr doch eine symptomatische Nähe von Absolutheitsanspruch, Gesellschaftsveränderungswille und Naturvergötterung zum Ausdruck[13], die die Rede vom »ökologischen Fundamentalismus« (vgl. Schütze 1992) gerechtfertigt erscheinen läßt.

Der Kultursoziologe und Pädagoge Thomas Ziehe sah im Fundamentalismus bereits 1985 eine kulturelle Suchbewegung als Antwort auf die neuen Horizonte der Welterfahrung in der Gegenwart, die er mit der Trias Machbarkeit, Reflexivität und Individuierung umschrieb. Zentral sei die Suche nach Gewißheit:

»Gesucht wird ein fester Boden, ein Korrektiv zur Kontingenz – und insofern wird man davon sprechen können, daß sich hier eine strukturell vormoderne Sehnsucht ausdrückt. Versuche zur Wiederverzauberung würde ich hier einordnen, zum Beispiel neoreligiöse Gruppen und gewachsenes Interesse für Spiritualität. Und die diversen Spielarten von Fundamentalismus gehören hier her, Suchbewegungen, die auf Ganzheitlichkeit, Echtheit, Ursprünglichkeit zielen. Nicht Gefühle sind hier das Geltungskriterium, sondern der Glaube an einen sicheren, ahistorischen Seinsaspekt. Nicht ›Kälte‹ wird gefürchtet, sondern *Sinnverlust*« (Ziehe 1985, S. 210).

Und in ganz ähnlicher Weise schrieb der Politologe und sozialde-

13 In der in unserem Land recht einflußreichen anthroposophischen Bewegung treten neben den Absolutheitsanspruch und den Gesellschaftsveränderungswillen anstelle der Naturvergötterung vielleicht die Steiner-Schriften, denen der Charakter einer Neuoffenbarung zukommt. Ich habe von daher (Barz 1994a) vor der Gefahr eines »anthroposophischen Fundamentalismus« gewarnt.

mokratische Vordenker Thomas Meyer in einem vielgelesenen Essay:

»Fundamentalismus ist der selbstverschuldete Ausgang aus den Zumutungen des Selberdenkens, der Eigenverantwortung, der Begründungspflicht, der Unsicherheit und der Offenheit aller Geltungsansprüche, Herrschaftslegitimationen und Lebensformen, denen Denken und Leben durch Aufklärung und Moderne unumkehrbar ausgesetzt sind, in die Sicherheit und Geschlossenheit selbsterkorener absoluter Fundamente« (Meyer 1989a, S. 157).

Inzwischen wird derart eingängigen Definitionen und Analysen und der in ihnen liegenden Abqualifizierung des Fundamentalismus als vormodern, überholt und rückwärtsgewandt, als pathologisch mißlungene Verarbeitung von zivilisatorischem Streß (Dubiel 1992, S. 751)[14], zunehmend widersprochen (z. B. Krüger 1991, Dubiel 1992, Lau 1992, Klinger 1992, Türcke 1992) und hervorgehoben, daß das schlichte Polaritätsmodell – hier die autonomen, zeitgemäßen Helden des Pluralismus, dort »die Versager der säkularen Kontingenzkultur, die Schwachmatiker der modernen Weltgesellschaft, die ewigen Sitzenbleiber in der Schule der Vielfalt« (Lau 1992, S. 912) – im Grunde das Selbstverständnis der fundamentalistischen Kulturkritik mit umgekehrten Vorzeichen wiederhole. Wenn der Fundamentalismus die Vielfalt der Sinndeutungs- und Lebensführungssysteme zugunsten der einen, als Offenbarung legitimierten Lehre wieder rückgängig zu machen trachtet, so kehrt dies in der Diagnose vieler Kritiker wieder: Auch sie sehen die Menschen durch die modernen Reflexionszumutungen und Kontingenzen überfordert und suggerieren die Möglichkeit, einen Zustand *vor* Beginn der Moderne wiederherzustellen. Demgegenüber scheint eine Interpretation tragfähiger, die die gemeinsame Geschichte von fundamentalistischen Bewegungen und Modernisierungsschüben in Rechnung stellt.

Es läßt sich nämlich zeigen, daß gerade Phasen des beschleunigten technologischen, ökonomischen und soziokulturellen Wandels in den letzten beiden Jahrhunderten immer mit Wiederverzaube-

14 Der Jugendpsychiater Gunther Klosinski (1990) berichtet allerdings von einem überproportionalen Anteil zwangsneurotisch, anorektisch oder psychotisch erkrankter Jugendlicher aus dem Milieu streng moralisierender, christlich religiöser Bewegungen (u. a. Pfingstmission, Urchristen), was einen Hinweis darauf liefert, daß die Intoleranz mancher christlicher »Fundis« nicht nur die Freiheit anderer bedroht, sondern auch für manchen Auserwählten selbst ungesunde Folgen haben kann.

rungsbemühungen einhergingen. So fallen erste industrielle Revolution und Romantik am Beginn des 19. Jahrhunderts zusammen, Urbanisierung, Elektrifizierung und die Revolution der Verkehrstechnik (Eisenbahn, Auto) an der letzten Jahrhundertwende wurden begleitet von der schließlich vom Faschismus pervertierten neuromantischen Bewegung. Und heute erleben wir die Zeitgenossenschaft der fast grenzenlosen, globalen Produktions-, Handels- und Kommunikationsnetze mit einem weltweiten religiösen Neotraditionalismus.

»Fundamentalistische und faschistische Gegenbewegungen sind keine Vergangenheitsreste, Übergangserscheinungen oder Schwellenphänomene. Sie gehören der Moderne voll und ganz an, sie entstehen überhaupt erst im Zuge und in der Folge des Modernisierungsprozesses, auch wenn sie gegen ihn opponieren und sich dazu in der Vergangenheit liegender oder in sie hineinprojizierter Orientierungspunkte bedienen« (Klinger 1992, S. 784).

Seiner antimodernistischen Propaganda zum Trotz begleitet der Fundamentalismus die Moderne wie ihr Schatten – und ist als solcher konstitutiv an sie gebunden, wie nicht zuletzt anschaulich an den islamischen Technikern und Intellektuellen deutlich wird, die im Tschador vor dem Computer sitzen oder im Jet mit dem Koran in der einen und einem Glas Scotch in der anderen Hand (Lau 1992, S. 911). Gerade für die christlichen Fundamentalismen läßt sich zeigen, daß sie dem modernen »Zwang zur Häresie« (Peter L. Berger) voluntaristisch nicht zu entkommen vermögen, insofern als

»alle artikulierten Absichten, eine sakrale Legitimitätsquelle und ein einziges, religiös bestimmtes Deutungsmonopol wiederzuerrichten, sowie Versuche der symbolischen Außerkraftsetzung von technischen Funktionszusammenhängen, von vornherein zum Scheitern verurteilt sind« (Dubiel 1992, S. 755).

Der unerwünschten Komplizenschaft des Zweifels ist so leicht nicht mehr zu entkommen:

»Fundamentalismus beruft sich auf etwas, was erschüttert ist. Gerade deshalb besteht er mit solcher Heftigkeit darauf. Er will von Einwänden gegen seine Überzeugungen nichts wissen, weil er sie selbst nur allzu schmerzlich verspürt. Er ist das angestrengte Dementi seines eigenen Zweifels, ein von Unglauben durchsetzter Glaube, daher nicht nur eine Flucht vor der Moderne, sondern eines ihrer typischen Gesichter« (Türcke 1992, S. 67).

Es liegt von daher nahe, Fundamentalismus als Ergebnis und Begleiterscheinung der spezifisch modernen Freisetzung aus allen lokalen, verwandtschaftlichen, milieubezogenen und schließlich auch transzendenzbezogenen Orientierungen zu deuten und in den Kontext des Anomie-Konzepts zu stellen:

»Dabei war die Hinwendung zum Fundamentalismus immer wieder eine Antwort auf die in der Moderne periodisch auftretenden anomischen Krisen: Der ethische Rigorismus und die asketische Verweigerung waren Panzer, die angelegt wurden, um sich in der radikal transformierenden Gesellschaft zu behaupten« (Schiffauer 1992, S. 920).

Dies zeigt beispielhaft eine Studie (vgl. Riesebrodt 1990) zum amerikanischen protestantischen Fundamentalismus im ersten Drittel unseres Jahrhunderts. Mit der Einwanderung und dem sozialen Aufstieg neuer religiöser und ethnischer Kulturen in die bisher protestantisch-angelsächsisch dominierten Milieus der Städte des Nordens waren bislang unbekannte Erfahrungen verbunden. Nicht nur mußte das Erlebnis der Relativität der eigenen Religion und Kultur angesichts katholischer Iren, Italiener und Slawen, osteuropäischer Juden und Schwarzer aus den Südstaaten erst einmal verarbeitet werden. Zugleich verändert sich mit der Modernisierung das Bild der Innenstädte mit Bars, Bordellen und Spielsalons. Insbesondere die Lockerung des traditionell erstarrten Geschlechterverhältnisses wird von Riesebrodt als Auslöser der Defensivstrategie der Protestanten hervorgehoben, weshalb er sich nicht scheut, Fundamentalismus schließlich als »patriarchalische Protestbewegung« zu kennzeichnen.

Neben der Betonung der Verstrickung von Fundamentalismus und Moderne wird aber auch selbstkritisch die Aufdeckung des Fundamentalismus des modernen Denkens selbst eingefordert (vgl. Keupp 1993). Gerade das wirkmächtige Credo des modernen Denkens, in Descartes' Programm des alles außer sich selbst bezweifelnden, denkenden Subjekts begründet, erweist sich in einer von Hans-Peter Krüger aufgegriffenen Analyse Stephen Toulmins (1991) als Fundamentalisierungsbemühung par excellence:

»Dem Glaubensbedürfnis nach einer Gewißheit jenseits der Religionen und Ideologien, die durch ihre Legitimation von Kriegen diskreditiert worden sind, entspreche die Dekontextualisierung der Rationalität klassisch-naturwissenschaftlichen Handelns. Kontextbezogene Vernunft oder Weisheit werde so durch eine exklusive Rationalität ersetzt (...)« (Krüger 1991, S. 27).

Tabelle 2: Die Auserwählten und die Nicht-Auserwählten

Gott erwählt	Und überläßt dem Satan	Mit den Folgen von
Menschliche Spezies	Tiere, Pflanzen, Natur	Herrschaft über die Natur, Ökozid
Männer	Frauen	Sexismus, Hexenverbrennung
Sein Volk	Die Anderen	Nationalismus, Imperialismus
Weiße	Farbige	Rassismus, Kolonialismus
Oberschichten	Untere Schichten	Klassenherrschaft, Ausbeutung
Wahre Gläubige	Ketzer, Heiden	»Verdiente« Herrschaft (Meritokratie), Inquisition

(aus: Galtung 1993, S. 109)

Der Friedensforscher Johan Galtung hat die Gefahren eines fundamentalistisch aufgefaßten religiösen Überzeugungssystems in einem dualistischen Schema (Tabelle 2) zusammengefaßt, das seiner Meinung nach für »die harte Linie innerhalb des Judaismus, des Christentums und des Islam« (1993, S. 109) stehen könne. Nach dem Hinweis auf die fundamentalistischen Gefahren der Moderne wäre Galtungs Schema eventuell zu erweitern: Gott erwählt »die guten Menschen des herrschaftsfreien Diskurses« und überläßt dem Satan »alle, die sich rationalen Begründungspflichten und Geltungsansprüchen zu entziehen suchen«, mit den Folgen von »Herrschaft über Feuilleton und Sozialwissenschaft, Political Correctness, Dissensverbot«.

4. Zusammenfassung

Wer Anfang 1994 beim Zappen durch die Kanäle bei einer Talkshow hängenblieb oder ein Wochenmagazin durchblätterte, hätte den Eindruck gewinnen können, der Buddhismus sei im Begriff, den Westen zu erobern. Fast allgegenwärtig waren zu dieser Zeit praktizierende Buddhisten, Sprecher buddhistischer Organisationen und Lamas in TV-Gesprächsrunden. Kein Blatt, das die neueste Wunderwaffe gegen das grassierende Lamento vom Sinndefizit verschlafen wollte: »Sinnsucher entdecken den Buddhismus« (so z. B. *Der Spiegel* Nr. 6/1994). Ausgelöst offensichtlich durch den fast gleichzeitigen Start zweier Kinofilme – Bernardo Bertoluccis *Little Buddha* und Clemens Kubys *Living Buddha* –, erlebte der Buddhismus eine nur wenige Monate während Scheinblüte und setzte damit die Reihe der spirituellen Irrlichter fort, die seit zwei Jahrzehnten das öffentliche Gespräch und auch den wissenschaftlichen Diskurs über Religion dominieren. Was oben für die sog. Jugendreligionen gezeigt wurde – ihre Verkennung hinsichtlich der realen psychologischen und epidemiologischen Bedeutung zugunsten ihrer Instrumentalisierung –, demonstrierte Ulrich Müller (1988) an einer inhaltsanalytischen Medienauswertung zum Jugendokkultismus mit dem ernüchternden Fazit:

»Alle durch die Sozialpsychologie des ›Gerüchts‹ erforschten Kennzeichen der Gerüchteproduktion wie Gerüchteverbreitung werden derzeit durch die Art der Darstellung in den Printmedien erfüllt« (Müller 1988, S. 294).

Der Verdacht liegt nahe, daß sich zur öffentlichen und wissenschaftlichen Rezeption des Fundamentalismus und des Buddhismus ähnliches sagen ließe.

Jedenfalls scheint das Feld der Religion, was die nüchterne sozialwissenschaftliche Bestandsaufnahme anbelangt, viel zu lange brachgelegen zu haben, als daß man heute gesicherte Befunde präsentieren könnte. Der religionswissenschaftliche Diskurs verrät über weite Strecken v. a. etwas von den Ängsten, Verunsicherungen und Interessen seiner Teilnehmer. In der vorherrschenden Rede von Sinndefiziten und Orientierungsverlusten spiegelt sich zuallererst die Erfahrung metaphysischer Bodenlosigkeit der älteren Generation, bis hinein in die zerplatzten sozialistischen Utopien der 68er und der Jugend der siebziger Jahre. Für die tatsächlichen religionsbezogenen Einstellungsveränderungen ist dagegen eher ein Befund von Interesse und für zukünftige Entwicklungen von indikatorischem Wert, der sich aus neueren Jugendstudien ersehen läßt. Für den Mainstream der heutigen Jugend ist seit ca. Mitte der achtziger Jahre demzufolge eher von einem vergleichsweise stabilen Pragmatismus auszugehen, für den jenseitsbezogene Glaubenssysteme ohne existentielle Bedeutung sind. Als wichtigste Lebensziele ermittelte Schmidtchen (1992, S. 30) im Jahr 1986: einen interessanten Beruf, Rückhalt im Bekanntenkreis, finanzielle Absicherung, erfüllende Partnerschaft und ein Leben in Harmonie mit sich selbst und anderen. Während diese Ziele jeweils von über 90% der 2 200 Befragten im Alter zwischen 15 und 30 Jahren als »wichtig« oder »sehr wichtig« eingestuft wurden, ordneten 78% dem Item »einen festen Halt im Glauben haben« die Bewertung »weniger wichtig« zu. Auch in der Hierarchie der Werte, die die Shell-Jugendbefragung (Jugendwerk 1992, Bd. 1, S. 233) für Ost- und Westdeutschland weitgehend übereinstimmend ermittelte, rangieren Freundschaft, Familie, Freiheit und innere Harmonie ganz oben. Nimmt man die gleichlautenden Befunde aus meiner eigenen qualitativen Studie hinzu – dort wurden als wichtigste Säulen des individuellen Glücks die bewährte Freundschaft, die Geborgenheit in der Partnerbeziehung bzw. in der Familie, ein gehobener Lebensstandard, Freiheit und Selbstkongruenz sowie Zufriedenheit im Beruf identifiziert (Barz 1992b, S. 249) –, dann wird man Schmidtchens (1992, S. 188) Fazit zustimmen können, »daß die Rede von einem Orientierungsdefizit wahrscheinlich falsch ist«.

Angesichts der schwindenden Alltagsrelevanz des Christentums in allen relevanten Dimensionen bleibt den etablierten Kirchen ein letztes Feld: Unabweisbar behaupten sich die kirchlichen Passageriture. Auch, und das ist der eigentlich verblüffende Befund, der Kirche fernstehende Menschen, ja selbst erklärte Atheisten und Konfessionslose nehmen sie in großer Zahl nach wie vor in Anspruch. Es scheint sich dabei aber weniger um den Wunsch nach theologischem Beistand zu handeln als vielmehr um ein gleichsam transkulturell zu beobachtendes Bedürfnis nach Begleitung, kollektiver Einbindung und zeremonieller Bekräftigung des Übergangs von einem Lebensabschnitt in den nächsten. Dies wird vielleicht nirgends so deutlich wie bei der viele Beobachter irritierenden, anhaltend hohen Teilnahmequote an den Jugendweihefeiern in der ehemaligen DDR (vgl. Meier 1997). Für 1992 nennt die aus dem Zentralen Jugendweiheausschuß der DDR hervorgegangene »Interessenvereinigung Jugendarbeit und Jugendweihe e. V.« 50 000 Teilnehmer, für 1993 sogar 73 000 (Fincke 1993, S. 214). Die Akzeptanz dieser atheistischen Feier liegt damit weit über der der christlichen Konfirmation, sie erreicht in manchen Gegenden 100% der entsprechenden Altersjahrgänge und wurde daher in kirchlichen Kreisen auch schon zum Anlaß genommen, über das Angebot eines christlichen Passageritus für Konfessionslose (!) nachzudenken (vgl. Fincke 1994).

Sicher sind die großen Kirchen an ihrer zunehmenden Marginalisierung nicht ganz unschuldig. Es lassen sich aber jenseits der Kritik der in Dogma und Machtstreben erstarrten, »erkalteten« Institution Kirche auch sozialstrukturelle Gründe für das Absterben des Christentums benennen. Ronald Inglehart (1989, S. 226 ff.) etwa verweist auf die mit zunehmender Lebenssicherheit mehr und mehr überflüssig gewordenen fixen Normenkataloge. Insbesondere die familienerhaltende, soziale Sicherheit gewährende Funktion vieler religiöser Gebote (»Du sollst nicht ehebrechen«, »Du sollst Vater und Mutter ehren«) ist durch das moderne soziale Netz ersetzt worden. Weiter mache sich der Wandel der Alltagserfahrungen (Computer statt Schafhirte, vom Menschen statt von der Natur geprägte Umwelt) notwendig auch im Wandel der letzten Überzeugungen bemerkbar.

An die Stelle christlich-transzendenter Orientierungen ist weniger das vielbeschworene große Sinnvakuum getreten als vielmehr das innerweltliche Streben nach Glück. Kennzeichnend für die heute den Alltag prägende eudämonistische Grundhaltung ist weniger die Dramatisierung als vielmehr die Suspendierung der Sinnfrage. Auch scheint die Unterstellung, der neue »Heilige Kosmos« reduziere sich auf bloßen Materialismus, Hedonismus und Egoismus, zu kurz gegriffen. Viel eher ist es heute wohl so, daß gerade das Festhalten am traditionellen christlichen Religionsmodell mit materialistischen Einstellungen korreliert. Inglehart (1989, S. 245) jedenfalls hat in seiner Auswertung des 25 Länder umfassenden World-Values-Survey Interesse an Sinnfragen, religiöse Ansprechbarkeit im weitesten Sinne eher bei den postmaterialistisch eingestellten Bevölkerungsgruppen festgestellt, die der jüdisch-christlichen Tradition gegenüber kritisch eingestellt waren. Schließlich deutet sich ein grundlegend veränderter Umgang mit Religion überhaupt an: Einzelne religiöse Elemente unterschiedlichster Herkunft werden ohne Berührungsängste spielerisch ausprobiert und, soweit sie der Selbstfindung, Selbstdarstellung oder Durchsetzung dienlich sind, beibehalten. Thomas Luckmann hat dafür den Begriff der »religiösen Fleckerlteppichnäherei« geprägt.

Versucht man die hier vorgestellten Befunde in einen Zusammenhang mit dem Anomie-Theorem zu stellen, dann ließe sich etwa das als Schaubild 5 abgebildete Schema entwerfen. Es liefert freilich nur ein ganz grobes und vorläufiges Modell und trägt beispielsweise der anzustrebenden milieuspezifischen Differenzie-

Schaubild 5:

Konforme und anomische Orientierungen in traditioneller, moderner und postchristlicher Gesellschaft

	Ziele	Mittel	Traditionelle Gesellschaft	Moderne Gesellschaft	Postchristliche Gesellschaft
Konformität	+	+	Kirchgänger	Materialisten	Postmaterialisten
Innovation	+	–	Christliche Sekten	Okkultisten	New Age, Okkultisten
Ritualismus	–	+	Taufscheinchristen	Kleinbürger	Alternativbewegung
Rückzug	–	–	Bettler, Boheme	Hippies	Fundamentalismus
Rebellion	↙	↙	Materialisten	Postmaterialisten	?

+ : Gesellschaftlich vorgegebene Ziele/Mittel werden beibehalten
– : Gesellschaftlich vorgegebene Ziele/Mittel werden aufgegeben
↙ : Substitution der gesellschaftlich vorgegebenen Ziele/Mittel

rung noch überhaupt nicht Rechnung. Als Ausgangspunkt für weitere Überlegungen erscheint es mir aber deshalb geeignet, weil in ihm der dynamische Aspekt betont ist: Auch grundlegende, religiöse, weltanschauliche Normen und Werte sind dem Wandel unterworfen. Und so kann, was gestern noch als gesellschaftliches Leitmotiv ernst genommen wurde, heute schon zum »System bloßer Rhetorik« geworden sein – ein Gedanke, den schon Luckmann (1991, S. 139) hinsichtlich der kirchlich-christlichen Lehren erwogen hat. Vielleicht ist es sinnvoll, in bezug auf die verschiedenen Äußerungsformen von Anomie kompensatorische, sozial weitgehend unproblematische Formen und aggressive, konfliktträchtige Ausprägungen zu unterscheiden, sozusagen »weiche« und »harte« Varianten. Alle in diesem Artikel diskutierten anomischen Tendenzen im religiösen Bereich würde ich in dieser Klassifikation derzeit unter die weichen einordnen. Es dürfte bereits deutlich geworden sein, daß die oben vorgestellten »Sonderformen des Religiösen« hinsichtlich ihrer Zukunftsrelevanz durchaus unterschiedlich zu beurteilen sind. Sekten, Jugendreligionen und christlicher Fundamentalismus sind trotz zeitweiser quantitativer Zunahme eher »Endmoränen« des christlichen Zeitalters. In der neuen Attraktivität des Magischen und Okkulten ebenso wie in den literarischen, gruppendynamischen und Selbstthematisierungs-Angeboten der New Age-Bewegung dagegen kündigen sich Entwicklungen an, die in Zukunft an Einfluß gewinnen werden. Ich fasse meine Bestandsaufnahme zum Thema Religion und Anomie in sieben Punkten zusammen:

1. Die tatsächliche Verbreitung der zumeist in der Anomie-Perspektive thematisierten religiösen Strömungen – Jugendreligionen, Okkultismus, New Age und Fundamentalismus – ist kaum zu bestimmen.

2. Die in zahlreichen Darstellungen zum Thema dominierende Bedrohungs-, Gefährdungs- und Devianzperspektive verdankt sich in erster Linie weniger einem realen, individuellen oder gesellschaftlichen Problemdruck als vielmehr dem Kampf um das zunehmend bedrohte christlich-kirchliche Religionsmonopol.

3. Sekten und Jugendreligionen lassen sich auch als (oft nur zeitweise genutzte) Auffangbecken für psychisch, familiär oder sozial stark belastete Jugendliche und Erwachsene interpretieren.

4. In der durch empirische Daten immerhin andeutungsweise belegten vermehrten Hinwendung zu okkulten Deutungsmustern und Praktiken kommen gesellschaftliche Defizite zum Ausdruck: der Mangel an Primärerfahrung, die Tabuisierung des Todes, die Verwahrlosung der Gefühlswelt. Besonders traditionell-religiös geprägte sowie sozial deklassierte Menschen scheinen hier eine über den verbreiteten spielerischen Umgang hinausgehende Neugier zu entwickeln.

5. Die durch die New Age-Bewegung transportierten Techniken der Entspannung, der Selbstreflexion und der Erschließung psychischer und gruppendynamischer Ressourcen kommen dem gesamtgesellschaftlich gewachsenen Interesse an einem neuen Umgang mit dem Körper und der Gefühlswelt entgegen. Sie konnten sich deshalb in wenigen Jahren vergleichsweise breit durchsetzen und werden wohl auch in Zukunft weiter an Einfluß gewinnen. Ein Indiz dafür ist der bereits sehr erfolgreiche Marsch dieser Techniken und Ideen durch die Institutionen der Erwachsenenbildung, selbst vieler kirchlicher Einrichtungen.

6. Fundamentalistische Bewegungen lassen sich als reaktive Begleiterscheinungen rasanten soziokulturellen Wandels bestimmen. Inwiefern der v. a. in Nordamerika recht erfolgreiche protestantische Fundamentalismus auch bei uns Einfluß erlangt, läßt sich nur schwer abschätzen. Trotz partieller Mitgliederzuwächse finden christliche Fundamentalismen aber wahrscheinlich schon aufgrund des auch im internationalen Maßstab vergleichsweise breiten Fehlens von religiöser Sozialisation in beiden Teilen der BRD kaum den notwendigen Nährboden.

7. Es steht zu befürchten, daß Cornelia Klinger (1992) mit ihrer rhetorischen Frage »Faschismus – der deutsche Fundamentalismus?« mögliche zukünftige Entwicklungen bei anhaltend schlechten wirtschaftlichen Rahmenbedingungen treffend beschreibt.

Sie äußert sich überzeugt,

»daß vom Faschismus die größere Bedrohung ausgeht, und zwar nicht obwohl, sondern gerade weil er die moderne Formulierung derselben (oder doch in wesentlichen Zügen ähnlicher) Problemkomplexe darstellt, die auch dem Fundamentalismus zugrunde liegen. Es ist zu erwarten, daß der Bestand an genuin traditional geprägten Glaubens- und Wertorientierungen auf lange Sicht eher schwinden wird, und insofern liegt die Schlußfolgerung nahe, daß der Fundamentalismus der Zukunft möglicherweise Züge tragen könnte, die (…) dem Faschismus zugeordnet worden sind« (Klinger 1992, S. 798).

Literatur

Adorno, T. W.: *Religiöse Vorstellungen im Interview-Material*, in: Ders.: *Studien zum autoritären Charakter*, Frankfurt/M. 1973 (amerik. 1950), S. 280-302.

Baer, Harald: *Arischer Rassenglaube – gestern und heute. Das Weltbild der esoterischen Ariosophen und »philosophischen« Deutschgläubigen.* Information Nr. 129 der Evangelischen Zentralstelle für Weltanschauungsfragen, Stuttgart 1995.

Barz, H.: *Der Geist und die Geschichte. Oder: Die unsanfte Verschwörung*, in: *Neue Sammlung*, 29. Jg. (1989), S. 395-402.

Barz, H.: *Menschen und Mächte. Oder: Die gebrochene Wahrheit des (jugendlichen) Okkultismus*, in: Ders. (Hg.): *Dämonen im Klassenzimmer. Wenn Pädagogen das Neue Zeitalter und Schüler den Teufel beschwören*, Weinheim/Basel 1990, S. 113-158.

Barz, H.: *Religion ohne Institution? Eine Bilanz der sozialwissenschaftlichen Jugendforschung*, Jugend und Religion, Bd. 1, Opladen 1992a.

Barz, H.: *Postmoderne Religion am Beispiel der jungen Generation in den alten Bundesländern*, Jugend und Religion, Bd. 2, Opladen 1992b.

Barz, H.: *Postsozialistische Religion am Beispiel der jungen Generation in den neuen Bundesländern*, Jugend und Religion, Bd. 3, Opladen 1993.

Barz, H.: *Anthroposophie im Spiegel von Wissenschaftstheorie und Lebensweltforschung. Zwischen lebendigem Goetheanismus und latenter Militanz*, Weinheim 1994a.

Barz, H.: *Christentum*, in: Dunde, S. R. (Hg.): *Wörterbuch der Religionsso-ziologie*, Gütersloh 1994b, S. 34-42.

Benedict, H.-J.: *Fernsehen als Sinnsystem?*, in: Fischer, W./Marhold, W. (Hg.): *Religionssoziologie als Wissenssoziologie*, Stuttgart u. a. 1978, S. 117-137.

Billerbeck, L. von/Nordhausen, F.: *Der Mordfall Sandro B.*, Berlin 1994.

Bohrer, K. H./Scheel, K.: *GegenModerne? Über Fundamentalismus, Multi-kulturalismus und Moralische Korrektheit*, in: *Merkur*, Sonderheft 9/10 (1992).

Braun, M.: *Der »homo integralis« als Weltenretter – Rudolf Bahros golde-nes Zeitalter der Spiritualität*, in: Barz, H. (Hg.): *Dämonen im Klassen-zimmer*, a. a. O., S. 46-56.

Bundesministerium für Familie, Senioren, Frauen und Jugend: *Maßnahmen der Bundesregierung auf dem Gebiet der Aufklärung über sogenannte Jugendsekten oder Psychogruppen [. . .]*. Antwort der Bundesregierung auf eine Kleine Anfrage im Bundestag, übermittelt am 12. März 1996.

Bundesministerium des Innern (Hg.): *Verfassungsschutzbericht 1993*, Bonn 1994.

Bundesministerium für Jugend, Familie und Gesundheit (Hg.): *Jugendreli-gionen in der Bundesrepublik Deutschland*, Bonn 1980.

Bunte Nr. 21 (19. 5. 1993): *Interview mit Cindy Crawford*, S. 44-48.

Dubiel, H.: *Der Fundamentalismus der Moderne*, in: Bohrer, K. H./Scheel, K.: *GegenModerne?*, a. a. O., S. 747-762.

Eiben, J.: *Kirche und Religion – Säkularisierung als sozialistisches Erbe?*, in: Jugendwerk der Deutschen Shell AG (Hg.): *Jugend '92. Lebenslagen, Orientierungen und Entwicklungsperspektiven im vereinigten Deutsch-land*, Bd. 2. Opladen 1992, S. 91-104.

Enzensberger, H. M.: *Das Nullmedium oder Warum alle Klagen über das Fernsehen gegenstandslos sind*, in: Ders.: *Mittelmaß und Wahn*, Frank-furt/M. 1991, S. 89-193.

Erhardt, U.: *Die New Age-Bewegung: Faszination, Anspruch, Kritik – Eine Bestandsaufnahme*, in: Barz, H. (Hg.): *Dämonen im Klassenzimmer*, a. a. O., S. 31-45.

Feige, A.: *Erfahrungen mit Kirche. Daten und Analysen einer empirischen Untersuchung über Beziehungen und Einstellungen junger Erwachsener zur Kirche. Ein Beitrag zur Soziologie und Theologie der Volkskirchen-mitgliedschaft in der Bundesrepublik Deutschland*, Hannover [2] 1982.

Feige, A./Lukatis, I./Lukatis, W.: *Jugend auf dem Kirchentag*, in: Schmie-der, T./Schumacher, K. (Hg.): *Jugend auf dem Kirchentag*, Stuttgart 1984, S. 11-151.

Feige, A.: *Kirche auf dem Prüfstand: Die Radikalität der 18- bis 20jährigen*, in: Matthes, J. (Hg.): *Kirchenmitgliedschaft im Wandel*, Gütersloh 1990, S. 65-98.

Fincke, A./Ruppert, H.-J.: *Jugendweihe und Jugendfeiern in Ostdeutsch-*

land, in: *Materialdienst der Evangelischen Zentralstelle für Weltanschau-ungsfragen,* 56. Jg. (1993), S. 214-215.

Fincke, A.: *Die geistig-religiöse Lage in den neuen Bundesländern,* in: *Ma-terialdienst der Evangelischen Zentralstelle für Weltanschauungsfragen,* 56. Jg. (1993), S. 313-319.

Fincke, A.: *Jugendweihe – Ritual ohne Inhalt?,* in: *Materialdienst der Evangelischen Zentralstelle für Weltanschauungsfragen,* 57. Jg. (1994), S. 122-124.

Fincke, A.: »...*raus aus der FDJ, rein in die nächstbeste Sekte?« Sekten und religiöse Randgruppen in den neuen Bundesländern,* in: Materialdienst der EZW, 59. Jg. (1996), S. 97-103.

Finger, K.: *Das Neue Zeitalter. New Age und kirchliche Erwachsenenbil-dung – Versuch einer kritischen Auseinandersetzung,* Frankfurt/Bern/ New York/Paris 1991.

Fuchs, W.: *Konfessionelle Milieus und Religiosität,* in: Jugendwerk der Deutschen Shell AG (Hg.): *Jugendliche und Erwachsene '85. Generatio-nen im Vergleich,* Bd. 1. Opladen 1985, S. 265-304.

Gächter, S.: *Wie übersinnlich ist der Deutsche?,* in: *Wiener,* Heft 7 (1991), S. 51-58.

Galtung, J.: *Kulturelle Gewalt,* in: *Der Bürger im Staat,* 43. Jg. (1993), S. 106-112.

Ginzburg, C.: *Hexensabbat. Entzifferung einer nächtlichen Geschichte,* Berlin 1990.

Glock, C. Y.: *Über die Dimensionen der Religiosität,* in: Matthes, J. (Hg.): *Kirche und Gesellschaft. Einführung in die Religionssoziologie II,* Ham-burg 1969 (engl. 1962), S. 150-168.

Greverus, I.-M./Welz, G. (Hg.): *Spirituelle Wege und Orte. Untersuchun-gen zum New Age im urbanen Raum,* Frankfurt/M. 1990.

Groh, D.: *Die verschwörungstheoretische Versuchung oder Why do bad things happen to good people?,* in: *Merkur,* 41. Jg. (1987), S. 859-878.

Grom, B.: *Religionspsychologie,* München/Göttingen 1992.

Gür, M.: *Türkisch-Islamische Vereinigungen in der Bundesrepublik Deutschland,* Frankfurt/M. 1993.

Gugenberger, E./Schweidlenka, R.: *Mutter Erde, Magie und Politik,* Wien 1987.

Gugenberger, E.: *Macht der Sehnsüchte. Esoterik, Mythen und Bewegun-gen,* in: *Widerspruch* 26 (1993), Thema: *Religion und Gewalt,* S. 29-32.

Haub, E.: *Die Messung der Religiosität: Empirische Grundlagen und Me-thoden,* in: Schmitz, E. (Hg.): *Religionspsychologie,* Göttingen 1992, S. 235-262.

Helsper, W.: *Okkultismus – Die neue Jugendreligion? Die Symbolik des Todes und des Bösen in der Jugendkultur,* Opladen 1992.

Hemminger, H. (Hg.): *Fundamentalismus in der verweltlichten Kultur,* Stuttgart 1991.

Höllhuber, D./Kaul, W.: *Wallfahrt und Volksfrömmigkeit in Bayern*, Nürnberg 1987.

Holthaus, S.: *Fundamentalismus in Deutschland. Der Kampf um die Bibel im Protestantismus des 19. und 20. Jahrhunderts*, Bonn 1993.

Holzapfel, I. u. a. (Hg.): *Jugend und Religion: »Wer glaubt denn heute noch an die sieben Gebote?«*, aej-Studientexte 2 (1992).

Hunfeld, F./Dreger, T.: *Magische Zeiten. Jugendliche und Okkultismus*, Weinheim/Basel 1990.

Inglehart, R.: *Kultureller Umbruch. Wertewandel in der westlichen Welt*, Frankfurt/New York 1989.

Janssen, J./Hart, J./Draak, C. den: *A Content Analysis of the Praying Practices of Dutch Youth*, in: *Journal for the Scientific Study of Religion*, 29. Jg. (1990), S. 99-107.

Janzen, W.: *Okkultismus in der Schule*, in: *Der Evangelische Erzieher*, 41. Jg. (1989), S. 138-152.

Jugendwerk der Deutschen Shell AG (Hg.): *Jugend '92. Lebenslagen, Orientierungen und Entwicklungsperspektiven im vereinigten Deutschland*, Band 1-4, Opladen 1992.

Kaufmann, F.-X./Kerber, W./Zulehner, P. M.: *Ethos und Religion bei Führungskräften*, München 1986.

Kecskes, R./Wolf, C.: *Christliche Religiosität: Konzepte, Indikatoren, Meßinstrumente*, in: *Kölner Zeitschrift für Soziologie und Sozialpsychologie*, 45. Jg. (1993), S. 270-287.

Kehrer, G.: *Religiöse Gruppenbildungen*, in: Zinser, H. (Hg.): *Religionswissenschaft. Eine Einführung*, Berlin 1988, S. 96-113.

Kepel, G.: *Die Rache Gottes. Radikale Moslems, Christen und Juden auf dem Vormarsch*, München 1991.

Keupp, H.: *Fundamentalismus*, in: Dunde, S. R. (Hg.): *Wörterbuch der Religionspsychologie*, Gütersloh 1993, S. 118-125.

Kirchenamt der EKD (Hg.): *Der Dienst der Evangelischen Kirche an der Hochschule. Eine Studie im Auftrag der Synode der EKD*, Gütersloh 1991.

Klinger, C.: *Faschismus – der deutsche Fundamentalismus?*, in: Bohrer, K. H./Scheel, K.: *GegenModerne?*, a. a. O., S. 782-798.

Klosinski, G.: *Okkultismus bei Jugendlichen: Jugendreligionen im neuen Gewand? Anmerkungen und Reflexionen des Jugendpsychiaters*, in: *AJS Forum*. Vierteljährlicher Info-Dienst der Landesarbeitsstelle NRW, Aktion Jugendschutz (AJS) 14. Jg. (1990a), Heft 4, S. 18-22.

Klosinski, G.: *Ekklesiogene Neurosen und Psychosen im Jugendalter. Zur erschwerten Ablösungsproblematik von Jugendlichen aus streng moralisierenden, christlich-religiösen Bewegungen*, in: *Acta Paedopsychiatrica*, 53. Jg. (1990b), S. 71-77.

Kochanek, H. (Hg.): *Die verdrängte Freiheit. Fundamentalismus in den Kirchen*, Freiburg 1991.

Köcher, R.: *Prägungen, konfessionelle*, in: Dunde, S. R. (Hg.): *Wörterbuch der Religionspsychologie*, a. a. O., S. 212-218.

Krüger, H.-P.: *Postmoderne als moderne Rekonstruktion der Moderne. Stephen Toulmins Kritik moderner Wissenschaften*, in: Ders.: (Hg.): *Objekt- und Selbsterkenntnis*, Berlin 1991, S. 15-41.

Küenzlen, G.: *Die Renaissance des Fundamentalismus*, in: *Materialdienst der Evangelischen Zentralstelle für Weltanschauungsfragen*, 51. Jg. (1988), S. 149-152.

Küenzlen, G.: *Feste Burgen: Fundamentalismus und die säkulare Kultur der Moderne*, in: *Materialdienst der Evangelischen Zentralstelle für Weltanschauungsfragen*, 55. Jg. (1992), S. 313-326.

Lau, J.: *Fundamentalismus – der häßliche Gegner der Moderne*, in: Bohrer, K. H./Scheel, K.: *GegenModerne?*, a. a. O., S. 910-916.

Luckmann, T.: *Die unsichtbare Religion*, Frankfurt/M. 1991.

Lukatis, I.: *Der Kirchentag – (nur) ein »Insider-Festival« der kirchennahen Jugend*, in: *Diakonia*, 23. Jg. (1992), S. 405-409.

Marquard, O.: *Ende des Schicksals? Einige Bemerkungen über die Unvermeidlichkeit des Unverfügbaren*, in: Ders.: *Abschied vom Prinzipiellen*, Stuttgart 1981, S. 67-90.

Meier, A.: *Jugendweihe – Jugendfeier. Ein deutsches nostalgisches Fest vor und nach 1990*. München 1997 (im Druck).

Melzer, W.: *Jugend und Politik in Deutschland. Gesellschaftliche Einstellungen, Zukunftsorientierungen und Rechtsextremismus-Potential Jugendlicher in Ost- und Westdeutschland*, Opladen 1992.

Meyer, T.: *Fundamentalismus. Aufstand gegen die Moderne*, Reinbek 1989a.

Meyer, T. (Hg.): *Fundamentalismus in der modernen Welt. Die Internationale der Unvernunft*, Frankfurt/M. 1989b.

Michel, K. M./Spengler, T. (Hg.): *Kursbuch 124, Thema: Verschwörungstheorien*, Berlin 1996.

Mischo, J.: *Okkultismus bei Jugendlichen. Ergebnisse einer empirischen Untersuchung*, Mainz 1991.

Moeller, M. L.: *Zwei Personen – Eine Sekte*, in: Michel, K. M./Wieser, H. (Hg.): *Kursbuch 55, Thema: Sekten*, Berlin 1979, S. 1-37.

Morshäuser, B.: *Rechtsradikale Jugendliche: »Eine antiautoritäre Rebellion«*, in: Interview in *Psychologie Heute* 12 (1993), S. 40-43.

Müller, U.: *Okkultismus. Spiritismus. Satanismus – Gesellschaftliche Probleme?*, in: *Materialdienst der Evangelischen Zentralstelle für Weltanschauungsfragen*, 51. Jg. (1988), S. 292-302.

Müller, U.: *Das Leben und Wirken des »Satanisten« T. Eine Dokumentation*, Regensburg 1989.

Neuhoff, M.: *»Transformation kennt kein Heimatland«. New Age-Anbieter und ihre Interaktion mit dem sozialräumlichen Umfeld*, in: Greverus, I.-M./Welz, G. (Hg.): *Spirituelle Wege und Orte*, a. a. O., S. 31-66.

Nipkow, K. E.: *Neue Religiosität, gesellschaftlicher Wandel und die Situation der Jugendlichen*, in: *Zeitschrift für Pädagogik*, 27. Jg. (1981), S. 379-402.

Nipkow, K. E.: *Erwachsenwerden ohne Gott? Gotteserfahrung im Lebenslauf*, München 1987.

Noelle-Neumann, E./Piel, E. (Hg.): *Allensbacher Jahrbuch der Demoskopie 1978-1983*, Bd. 8, München 1983.

Noelle-Neumann, E./Köcher, R. (Hg.): *Allensbacher Jahrbuch der Demoskopie 1984-1992*, Bd. 9, München u. a. 1993.

Penthouse Nr. 10 (Oktober 1992): *Interview mit Franz Beckenbauer*, S. 16-22.

Reimer, H.-D.: »*Sektenstatistik*«, in: *Materialdienst der Evangelischen Zentralstelle für Weltanschauungsfragen*, 52. Jg. (1989), S. 18-19.

Riesebrodt, M.: *Fundamentalismus als patriarchalische Protestbewegung. Amerikanische Protestanten (1910-28) und iranische Schiiten (1961-79) im Vergleich*, Tübingen 1990.

Rothenbacher, F.: *Die subjektive und sozialpsychologische Dimension in der Geschichte der empirischen Sozialforschung*, in: *Kölner Zeitschrift für Soziologie und Sozialpsychologie*, 42. Jg. (1990), S. 525-546.

Schiffauer, W.: *Auf dem Vormarsch. Zu Gilles Kepels Buch über religiösen Fundamentalismus*, in: Bohrer, K. H./Scheel, K.: *GegenModerne?*, a. a. O., S. 916-921.

Schmid, G.: *Was die Landeskirchen von den Sekten lernen können – ein Gespräch mit dem Religionsspezialisten Georg Schmid*, in: *Die Weltwoche* Nr. 32 (12. 8. 1993), S. 38.

Schmid, H.: *Religiosität der Schüler und Religionsunterricht. Empirischer Zugang und religionspädagogische Konsequenzen für die Berufsschule*, Bad Heilbrunn 1989.

Schmidt, W.: *Meditation als »Mind Design«. New Age und Management*, in: *Materialdienst der Evangelischen Zentralstelle für Weltanschauungsfragen*, 56. Jg. (1993), S. 327-334.

Schmidtchen, G.: *Was den Deutschen heilig ist. Religiöse und politische Strömungen in der Bundesrepublik Deutschland*, München 1979.

Schmidtchen, G.: *Religiosität*, in: Greiffenhagen, M./Greiffenhagen, S./Prätorius, R. (Hg.): *Handwörterbuch zur politischen Kultur der Bundesrepublik Deutschland*, Opladen 1981, S. 428-434.

Schmidtchen, G.: *Protestanten und Katholiken. Zusammenhänge zwischen Konfession, Sozialverhalten und gesellschaftlicher Entwicklung*, in: Landeszentrale für politische Bildung, Baden-Württemberg (Hg.): *Konfession – eine Nebensache?*, Stuttgart u. a. 1984, S. 11-20.

Schmidtchen, G.: *Sekten und Psychokultur. Reichweite und Attraktivität von Jugendreligionen in der Bundesrepublik Deutschland*, Freiburg/Basel/Wien 1987.

Schmidtchen, G.: *Ethik und Protest. Moralbilder und Wertkonflikte junger Menschen*, Opladen 1992.

Schmitz, E. (Hg.): *Religionspsychologie. Eine Bestandsaufnahme des gegenwärtigen Forschungsstandes*, Göttingen 1992a.

Schmitz, E.: *Religion und Gesundheit*, in: Ders. (Hg.): *Religionspsychologie*, a.a.O., 1992b, S. 131-158.

Schmitz, E./Friebe, S.: *Die »Neuen Jugendreligionen« – öffentliche Akzeptanz und Konversionsmotive*, in: Ders. (Hg.): *Religionspsychologie*, a.a.O., 1992, S. 235-262.

Scholz, R.: *Probleme mit Jugendsekten. Ein Ratgeber für Eltern, Erzieher und Betroffene sowie Behörden, Gerichte und Berater*, München 1992.

Schütze, C.: *Ökologischer Fundamentalismus?*, in: Bohrer, K.H./Scheel, K.: *Gegen Moderne?*, a.a.O., S. 799-808.

Schweidlenka, R.: *Wodans neue Erben*, in: *Esotera* 12 (1991), S. 19-23 u. 88-89.

Seidel-Pielen, E.: *Religiöser Extremismus – Zunehmendes Klima der Intoleranz und Bedrohung*, in: *Das Parlament* 15 (15. 4. 1994), S. 6.

Siegert, M.T.: *Neo-religiöse Bewegungen unter Jugendlichen*, in: *Zeitschrift für Pädagogik*, 27. Jg. (1981), S. 403-419.

Der Spiegel: Abschied von Gott. Spiegel-Umfrage: Was glauben die Deutschen?, (Titelstory), Nr. 25 vom 15. 6. 1992, S. 36-57.

Stenger, H.: *Der »okkulte« Alltag. Beschreibungen und wissenssoziologische Deutungen des »New Age«*, in: *Zeitschrift für Soziologie*, 18. Jg. (1989), S. 119-135.

Stenger, H.: *Satan, Selbsterfahrung und Subjekt – zum okkulten Interesse Jugendlicher*, in: Helsper, W. (Hg.): *Jugend zwischen Moderne und Postmoderne*, Opladen 1991, S. 133-146.

Stern: Große Stern-Umfrage – Jugend '92, Nr. 45 (29. 10. 1992), S. 41-47 f.

Streib, H.: *Geheimnisumwitterte magische Blüten: Jugendokkultismus im Spiegel empirischer Untersuchungen*, in: *Der Evangelische Erzieher*, 45. Jg. (1993), S. 111-128.

Studien- und Planungsgruppe der EKD: *Fremde Heimat Kirche. Ansichten ihrer Mitglieder. Erste Ergebnisse der dritten EKD-Umfrage über Kirchenmitgliedschaft*, Hannover 1993.

Sziegaud-Roos, W.: *Religiöse Vorstellungen von Jugendlichen*, in: Jugendwerk der Deutschen Shell AG (Hg.): *Jugendliche und Erwachsene '85. Generationen im Vergleich*, Bd. 4. Opladen 1985, S. 334-386.

Terwey, M.: *Zur aktuellen Situation von Glauben und Kirche im vereinigten Deutschland: Eine Analyse der Basisumfrage von 1991*, in: *Information Nr. 30 des Zentralarchivs für empirische Sozialforschung*, Köln 1992, S. 59-79.

Terwey, M.: *Sind Kirche und Religion auf der Verliererstraße? Vergleichende Analysen mit ALLBUS- und ISSP-Daten*, in: *Information Nr. 32 des Zentralarchivs für empirische Sozialforschung*, Köln 1993, S. 95-112.

Thiede, W.: *»Sektenstatistik«*, in: *Materialdienst der Evangelischen Zentralstelle für Weltanschauungsfragen*, 56. Jg. (1993), S. 240-241.

Toulmin, S.: *Kosmopolis. Die unerkannten Aufgaben der Moderne*, Frankfurt/M. 1991.

Türcke, C.: *Die pervertierte Utopie. Warum der Fundamentalismus im Vormarsch ist*, in: *Die Zeit* Nr. 16 (10. 4. 1992).

Usarski, F.: *Die Stigmatisierung Neuer Spiritueller Bewegungen in der Bundesrepublik Deutschland*, Köln/Wien 1988.

Wachowitz, H.: *»Marx ist tot, Jesus lebt!« Christliche Fundamentalisten in der DDR nach der Wende*, in: Birnstein, U. (Hg.): *Fundamentalismus als Herausforderung für Kirche und Gesellschaft*, Wuppertal 1990, S. 76-91.

Waßner, R.: *Neue religiöse Bewegungen in Deutschland. Ein soziologischer Bericht*, in: *EZW-Texte*, Information Nr. 113. Stuttgart I/1991.

Weissmann, K.: *Erwachen im Untergrund: Neuheiden unter uns*, in: *Materialdienst der Evangelischen Zentralstelle für Weltanschauungsfragen*, 54. Jg. (1991), S. 99-112.

Wyneken, G.: *Abschied vom Christentum*, in: Ders.: *Abschied vom Christentum*, München 1963, S. 150-259.

Ziehe, T.: *Vorwärts in die 50er Jahre? Lebensentwürfe Jugendlicher im Spannungsfeld von Postmoderne und Neokonservatismus*, in: Baacke, D./Heitmeyer, W. (Hg.): *Neue Widersprüche. Jugendliche in den 80er Jahren*, Weinheim/München 1985, S. 199-216.

Zinser, H.: *Jugendokkultismus in Ost und West. Vier quantitative Untersuchungen 1989-1991. Ergebnisse – Tabellen – Analysen*, München 1993.

Zulehner, P. M./Denz, H.: *Wie Europa lebt und glaubt. Europäische Wertestudie*, Düsseldorf 1993.

IV

Individuelle Verarbeitungen und anomisches Verhalten

Jürgen Friedrichs
Normenpluralität und abweichendes Verhalten
Eine theoretische und empirische Analyse

1. Theoretische Annahmen

Der folgende Beitrag geht der Frage nach, ob ein Zusammenhang zwischen Normenpluralität und abweichendem Verhalten besteht. Dazu wird im ersten Teil auf den Wandel von Werten und Normen eingegangen, im zweiten auf die Entwicklung der Kriminalität. Da hierfür eine längere Zeitreihe erforderlich ist, beschränkt sich die Analyse auf die alten Bundesländer.

Die Anomietheorie von Merton (1957) kann noch immer als Ausgangspunkt für jede Untersuchung abweichenden Verhaltens dienen. Merton macht das Auftreten individueller Devianz sowohl von Merkmalen des einzelnen als auch von solchen der Gesellschaft abhängig; er verbindet, wenngleich nicht explizit, Makro- und Mikroebene. Auf der Makroebene bestehen gesellschaftlich definierte Ziele und als legitim definierte Mittel, diese zu erreichen. Werden die Ziele mit anderen als legitimen Mitteln verfolgt, so werden solche Handlungen mit negativen Sanktionen belegt; sie können von Mißachtung bis zu gesetzlichen Strafen reichen.

Diese Bedingungen sind auf der Makroebene, »der Gesellschaft«, angesiedelt. Die Individualebene ist demgegenüber durch zwei Merkmale gekennzeichnet: Zum einen müssen die gesellschaftlichen Ziele und Mittel auch von dem einzelnen perzipiert werden, er muß also wissen, welche Ziele er mit welchen Mitteln anstreben kann und sollte. (Die Bedeutung der Perzeption hat eingehend Opp 1974 expliziert und sie seiner Anomietheorie zugrunde gelegt.) Zum anderen müssen dem Individuum aber auch jene legitimen Mittel zur Verfügung stehen, damit es die akzeptierten Ziele erreichen kann. Strenger formuliert: die legitimen Mittel müssen nicht nur verfügbar, sondern auch von höherem Nutzen erscheinen als illegitime Mittel (vgl. Opp 1974).

Diese Annahmen lassen sich auch formalisiert darstellen. Abbildung 1 zeigt zunächst die beiden Ebenen der Analyse und die jeweiligen Hypothesen. So lautet die Makrohypothese: Je höher die Zahl legitimer Mittel, desto geringer ist das Ausmaß (Zahl,

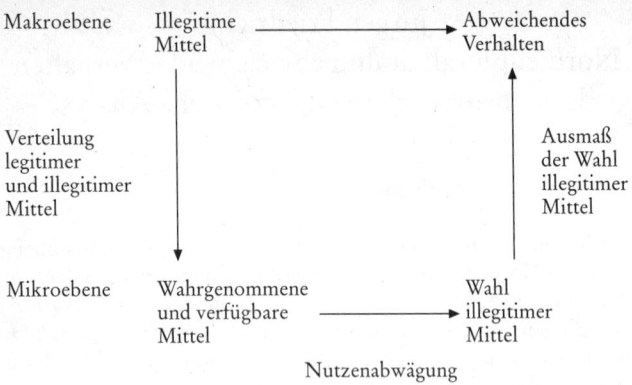

Makroebene   Illegitime ⟶ Abweichendes
               Mittel   Verhalten

Verteilung   Ausmaß
legitimer   der Wahl
und illegitimer   illegitimer
Mittel   Mittel

Mikroebene   Wahrgenommene   Wahl
              und verfügbare ⟶ illegitimer
              Mittel   Mittel
                   Nutzenabwägung

Rate) abweichenden Verhaltens. Die Hypothese auf der Mikroebene entstammt der »Rational Choice«-Theorie: Je mehr legitime
Mittel ein Individuum wahrnimmt und ihm verfügbar sind, desto
eher wird es sie auch aufgrund eines Nutzenvorteils wählen. Weiter
zeigt das Modell die beiden Typen von Hypothesen, mit denen die
Ebenen verbunden sind: Kontexthypothese und Individualeffekt
(oder Aggregationsregel).

Die Kontexthypothese spezifiziert den Effekt des Kontextes auf
das Individuum – welche Handlungsoptionen oder -restriktionen
es hat. Hierher gehört auch die Hypothese, nicht alle Mitglieder
einer Gesellschaft hätten einen gleich guten Zugang zu legitimen
Mitteln. Für den Individualeffekt, also die Auswirkungen individuellen Verhaltens im Aggregat, wird hier eine einfache Aggregationsregel genommen: Es ist die Addition derjenigen Personen, die
illegitime Mittel wählen, sie führt zu dem Resultat im Aggregat, der
Rate abweichenden Verhaltens.

Dieses orientierende Modell erweist sich als sehr nützlich, um
abweichendes Verhalten auf beiden Ebenen zu untersuchen. Zu einem gegebenen Zeitpunkt können nämlich in der Gesellschaft
sowohl legitime als auch illegitime Mittel verbreitet sein bzw. verwendet werden. So kann z. B. Gewalt oder deren Androhung als
Mittel angewandt werden, um in den Besitz eines Gegenstands zu
gelangen, während andere Personen sparen, um diesen Gegenstand
zu kaufen. Es geht demnach zuerst darum, wie viele Personen ein
legitimes und wie viele ein illegitimes Mittel anwenden, um ein ge-

gebenes Ziel zu erreichen. Diese Verteilung kann, muß aber nicht den Individuen bekannt sein. Wichtig ist, welche Verteilung sie wahrnehmen oder schätzen, denn dies bildet die Basis ihrer Entscheidungen. Die Schätzungen können auf der Lektüre publizierter Daten, auf Berichten in den Massenmedien oder auf Erfahrungen im Bekanntenkreis beruhen. Es ist nicht wichtig, die genaue Zahl der Schwarzfahrer oder der Schwangerschaftsabbrüche zu kennen, vielmehr reicht es, solches Verhalten im sozialen Umfeld festzustellen oder nicht anzutreffen, um die für das eigene Handeln maßgeblichen Schätzungen vorzunehmen. Ebenso wird die Entscheidung, einen öffentlichen Park (nicht mehr) aufzusuchen, nicht von der objektiven Wahrscheinlichkeit, dort überfallen zu werden, abhängen, sondern von den subjektiven Hochrechnungen aufgrund von Zeitungs- oder Fernsehberichten.

Den bisherigen Überlegungen zufolge können wir nicht mehr nur von legitimen oder illegitimen Mitteln sprechen, sondern müssen auch die legalen bzw. illegalen in die Diskussion miteinbeziehen. Ein Mittel kann zu einem Zeitpunkt illegal und illegitim sein, zu einem späteren weiterhin illegal, jedoch legitim in den Augen vieler Mitglieder der Gesellschaft, zu einem noch späteren schließlich legal und legitim. Die schier endlose Diskussion über den Paragraphen 218 ist hierfür ein gutes Beispiel, ebenso das mittlerweile in einigen Städten legalisierte Radfahren gegen die Fahrtrichtung in Einbahnstraßen.

Eine wichtige Folgerung ist nun, daß Individuen zwar illegal, aber legitim handeln können, ihr abweichendes Verhalten ihnen demnach gerechtfertigt erscheint. Sowohl die frühen Aktionen der RAF als auch die Anschläge in Hoyerswerda oder Rostock sind so zu beschreiben – mag auch die Legitimität zusichernde Zahl der Personen (»Sympathisanten«) geringer gewesen sein als von den Mitgliedern der jeweiligen Gruppe vermutet.

Die Wahrnehmung solcher *Legalitäts-Legitimitäts-Diskrepanz* und die Ausbreitung illegaler, aber als legitim wahrgenommener Mittel (bzw. Handlungen) haben Effekte auf das individuelle Verhalten: Es stehen dem einzelnen nun andere als legale Mittel als Handlungsoptionen zur Verfügung. Wie wird er/sie sich entscheiden?

Bevor ich hierauf weiter eingehe, sei knapp die Verhaltenstheorie dargestellt, deren Hypothesen auf der Mikroebene (vgl. Abbildung 1) verwendet werden können. Diese »Rational Choice«-

Theorie hat sich als sehr fruchtbar erwiesen und sowohl in der Ökonomie als auch in der Soziologie und Politischen Wissenschaft zunehmend an Bedeutung gewonnen (vgl. Becker 1982, Coleman 1991, Esser 1991, Kirchgässner 1991, Opp 1986, Ramb/Tietzel 1993, Weede 1992). Der theoretische Ansatz geht von einem subjektiv rational handelnden Individuum aus, das seine Interessen und Ziele verfolgt. Es wägt dazu die Nutzen und die Kosten (U) von Handlungsalternativen (A) ab und bezieht dabei ebenfalls die Wahrscheinlichkeiten (p), mit denen die einzelnen Nutzen bzw. Kosten auftreten, ein. Unterschiedliche Handlungsalternativen werden wahrgenommen, diesen Alternativen werden jeweils Konsequenzen (Nutzen/Kosten, Wahrscheinlichkeiten) zugeordnet. Die normative Entscheidungsregel lautet: das Individuum wählt die Handlungsalternative mit dem größten Nettonutzen. Formalisiert lautet das Modell:

$$A = \Sigma\, p_i \times U_i$$

Auf der Basis der »Rational Choice«-Theorie lassen sich nun einige weitere Annahmen darüber formulieren, wie der einzelne unter den Bedingungen einer Normenpluralität handelt. Ich diskutiere dabei stärker die Kosten als die Nutzen von Handlungsalternativen.

Es ist naheliegend, daß Individuen bei der Abwägung von Handlungsalternativen jene bevorzugen, deren Konsequenzen geringe Kosten aufweisen. Schwierig wird es dann, wenn eine Handlungsalternative zugleich durch sehr wahrscheinliche hohe Nutzen und durch sehr wahrscheinliche hohe Kosten gekennzeichnet ist. Sehr vereinfacht gesprochen: Den Geldbriefträger zu überfallen kann zu Reichtum führen, da jedoch in diesem Fall sowohl die Nutzen als auch die Kosten außerordentlich hoch sind und zudem die wahrscheinlichen Kosten den Nutzen übersteigen, verzichten die meisten Menschen auf diese Möglichkeit, zu Geld zu kommen. Andere kalkulieren hingegen niedrige Kosten und überfallen Geldtransporte.

Wenn wir davon ausgehen, daß der einzelne diejenige Handlungsalternative wählt, die ihm den höchsten Nettonutzen verspricht, so könnte eine Strategie darin bestehen, bei einer nutzenbringenden Handlungsalternative mit zugleich hohen Kosten eben die Kosten zu senken. Dies kann auf zweifache Weise geschehen – womit wir direkt bei den vorangegangenen Aussagen über Normenpluralität und über gesellschaftliche Bedingungen auf der Makroebene sind.

1. Externalisierung. Ein Individuum senkt die Kosten einer Handlungsfolge, indem es sie auf die Allgemeinheit abwälzt. Eine Frau, die die Droge Crack nimmt, schwanger wird und das Baby zur Welt bringt, kennt die Folgen für sich, das Neugeborene und ebenso ihre Unfähigkeit, für den Säugling zu sorgen. Dabei sei offengelassen, wie genau sie die Folgen kennt, welche Hoffnungen bzw. Illusionen sie hegt und wie sie überhaupt dazu gekommen ist, die Droge zu nehmen. Die Kosten ihres Rauschmittelgenusses und v. a. die für das Kind werden auf das Krankenhaus abgewälzt und damit auf die Allgemeinheit. Die Klinikkosten sind aufgrund der intensiven Betreuung des Babys außerordentlich hoch (vgl. *Der Spiegel* 1990; *Weltwoche* 1989; Maas u. a. 1989). Zudem hat der Säugling eine eher pessimistisch zu beurteilende Zukunft vor sich.

2. Geringe negative Sanktionen. Die Kosten sinken auch, wenn die negativen Sanktionen, die mit einer ursprünglich als abweichend definierten Handlung verbunden waren, vermindert werden. Solche Fälle liegen vor, wenn die Sanktionen zwar weiterhin bestehen, aber nicht mehr wahrscheinlich sind: es erfolgt keine Anzeige und/oder keine Strafverfolgung. Sie sind ebenfalls gering, wenn sie nicht mehr ausgesprochen werden, weil die Norm längst in erheblichem Maße durchbrochen wurde. In beiden Fällen verringert die mangelnde Legitimität der Norm auch deren legale Durchsetzung. In der Terminologie der »Rational Choice«-Theorie bedeutet dies: im ersten Falle sind die Auftrittswahrscheinlichkeiten niedrig, im zweiten Falle die Kosten selbst.

Individuen müssen also für einzelne Entscheidungen jeweils verschiedene Handlungsoptionen als in der Gesellschaft mögliche wahrnehmen, z. B. für ihre Entscheidung über die Art der Partnerschaft die Optionen: Heirat, unverheiratetes Zusammenleben (mit oder ohne Kind), Alleinerziehung. Demnach stellt sich die Frage, wie sie ihre Kenntnisse der gesellschaftlich vorhandenen Optionen erlangen. Vermutlich geschieht dies einerseits über primäre Erfahrungen, also über die Familie, Freunde und Bekannte. Andererseits sind es Presse, Hörfunk und Fernsehen, die in der aktuellen Berichterstattung, in Features und in Serien oder Spielfilmen solche verschiedenartigen Muster verbreiten, darunter auch solche, die unter legalen Gesichtspunkten als abweichend bezeichnet werden können. So haben viele Talkshows das Ziel, Menschen vorzustellen, deren Leben und Ansichten möglichst stark von denen der Allgemeinheit abweichen.

Die Medien sind es vermutlich auch, die die Aufmerksamkeit auf deviante Formen lenken, denn konforme Verhaltensmuster (normale Familien, pünktliche Arbeitnehmer, Osterferien ohne Staumeldungen) haben einen geringen Nachrichtenwert. Anders formuliert: die alltägliche Einhaltung von Normen gilt nicht als berichtenswert. Wichtiger noch ist die Folgerung, daß die Medien systematisch die »präventive Wirkung des Nichtwissens« (vgl. Popitz 1968) aufheben.

Fraglos führt die bloße Wahrnehmung alternativen Verhaltens, oder in der Sprache der Theorie: unterschiedlicher Optionen, nicht zwangsläufig dazu, sie in das eigene Leben zu übernehmen. Dies würde eine Rückkehr zu längst widerlegten Hypothesen über die direkte Wirkung der Medien unterstellen. Wir wissen, daß die Glaubwürdigkeit der Quelle (Sender, Zeitung), des Kommunikators (Journalist), die Häufigkeit der Präsentation und individuellen Exposition, die Gespräche mit den im jeweiligen Gebiet erfahrenen Personen (Meinungsführer) und nicht zuletzt der Problemdruck des Zuschauers/Lesers für die Rezeption bedeutsam sind. Von diesen Bedingungen hängt es ab, ob ein Muster in das individuelle Repertoire der Optionen übernommen und in einem folgenden Schritt eventuell auf das Handeln übertragen wird (vgl. u. a. Schenk 1987). Von der Präsentation alternativer Verhaltensmuster über deren Wahrnehmung, deren Rezeption bis hin zur Handlung ist es ein komplizierter und sehr wahrscheinlich auch langer Weg. Dennoch läßt sich kaum ein anderer Weg vorstellen, der gesellschaftlich so wichtig für die langfristige Ausbreitung neuer Optionen und letztlich Verhaltensmuster wäre.

Die bisherigen Überlegungen können in zwei Annahmen zusammengefaßt werden: 1. Es herrscht eine Tendenz zu steigender Normenpluralität, sie erhöht die Zahl der Verhaltensweisen, die als illegal, aber legitim angesehen bzw. wahrgenommen werden. 2. Diese Normenpluralität vergrößert das Ausmaß abweichenden Verhaltens. Im folgenden gehe ich auf die empirische Evidenz zu beiden Annahmen ein.

2. Normenpluralität

Normen sind mit Sanktionen verbundene Erwartungen an das Verhalten von Personen, genauer: an Inhaber einer Position. Die

Sanktionen können positiv sein, z. B. Belohnung in Form von Anerkennung (Beförderung); sie können negativ sein, z. B. als Strafe in Form einer Herabstufung oder des Ausschlusses aus einer Gruppe. Werte als »Vorstellungen des Wünschenswerten« (vgl. Kluckhohn 1962) dienen als Rechtfertigung für die Sanktionen.

Ein Wandel der Werte ist demnach auch mit einem Wandel der Normen verbunden. Beides, ein Werte- und ein Normenwandel, läßt sich für die BRD in den letzten Jahrzehnten belegen. So zeigen die Studien von Klages (1984, Klages/Franz/Herbert 1987, Herbert 1991), daß seit den sechziger Jahren Werte wie Fleiß, Disziplin, Pflichterfüllung und Bescheidenheit an Bedeutung verloren und Werte wie Emanzipation, Gleichbehandlung, Autonomie, Genuß und Selbstverwirklichung an Einfluß gewonnen haben. Auffällig ist auch, daß die »Rücksicht gegen andere« nur für ein Viertel der Befragten eine wichtige Eigenschaft ist, die sie ihren Kindern vermitteln wollen (Friedrichs 1994, S. 24).

Ferner haben die Untersuchungen von Inglehart (1977, 1980, 1989; vgl. Herz 1987, Böltken/Jagodzinski 1985) eine Zunahme postmaterialistischer Einstellungen belegt. Hierunter sind politische Ziele wie »Mehr Einfluß der Bürger auf die Entscheidungen der Regierung« und »Schutz des Rechtes auf freie Meinungsäußerung« zu verstehen; demgegenüber sind materialistische Ziele wie »Aufrechterhaltung von Ruhe und Ordnung« durch »Kampf gegen steigende Preise« ersetzt worden. Der Anteil der Postmaterialisten ist von 13,4% im Jahre 1980 auf 23,3% im Jahre 1992 gestiegen, jener der Materialisten von 37,9% auf 22,7% gesunken. Bezieht man auch die Mischtypen[1] ein, so stieg der Anteil der Postmaterialisten im genannten Zeitraum von 30,3% auf 50,3% (vgl. Friedrichs 1994).[2]

Eine zunehmende Pluralität der Werte und Normen bedeutet jedoch nicht, es habe *neue* Werte und Normen gegeben. Vielmehr hat sich die Verteilung der Bevölkerung, einzelne Werte und einzelne Normen zu befürworten oder abzulehnen, geändert. Aus

1 Postmaterialisten nennen beide »postmaterialistischen« Items an erster und zweiter Stelle, Materialisten die beiden »materialistischen« Items. Dem postmaterialistischen Mischtyp wird zugerechnet, wer ein postmaterialistisches Item an erster, ein materialistisches an zweiter Stelle nennt; im umgekehrten Falle wird die Person dem materialistischen Mischtyp zugerechnet.

2 Eigene Berechnung mit Daten des Allbus, einer sozialwissenschaftlichen Befragung einer repräsentativen Stichprobe von Bundesbürgern ab 18 Jahren in zweijährlichem Abstand. Die Angaben beziehen sich auf die alte Bundesrepublik.

kleinen, quantitativ zunächst unbedeutenden Gruppen, die spezifische Normen und Werte vertraten, sind größere geworden. Andererseits gibt es Werte (z. B. Disziplin) und Normen (z. B. Nicht-Schwarzfahren), bei denen sich die Zahl der Befürworter verringert hat. Pluralität ist demnach kein neuer Sachverhalt.

Diese Entwicklung zeitigt zwei sehr unterschiedliche Folgen: Zum einen steigen die Innovation und die individuelle Entfaltung. Innovation und Kreativität bereichern nicht nur Einzelpersonen, sondern sind – und das in zunehmendem Maße – ein Motor der ökonomischen Entwicklung einer Gesellschaft. Zum anderen erhöht sich aber auch das Ausmaß abweichenden Verhaltens. Vermutlich ist diese Verknüpfung unausweichlich, denn Neuerungen zu fördern heißt ja auch, den einzelnen von Zwängen freizusetzen und das Durchbrechen von Regeln wie von Gewohnheiten zu belohnen. Insofern ist jede Innovation selbst ein abweichendes Verhalten, wenn auch nicht im strafrechtlichen Sinne.

Die Normenvielfalt läßt sich empirisch u. a. durch eine Sekundäranalyse der Daten des Allbus 1990 belegen (vgl. Friedrichs 1994). Dort wurde für eine Reihe von (abweichenden) Verhaltensweisen gefragt, wie man sie beurteile, ob sie bestraft oder verboten werden sollten, ob man sie anzeigen würde und ob man sie selbst schon verübt habe. Die Ergebnisse zeigen eine uneinheitliche Beurteilung von Normen und – damit verbunden – eine geringe Übereinstimmung in der Bevölkerung darüber, ob man einen Normenbruch bestrafen solle und ob man ihn anzuzeigen bereit sei. Kaufhausdiebstahl, Steuerbetrug, Schwarzarbeit und Schwarzfahren, aber auch Gewalt gegen Kinder werden von weniger als der Hälfte der Befragten als »schlimm« oder »sehr schlimm« bewertet. Gewiß wäre der Konsens höher, hätte man sie nach ihrem Urteil über Mord gefragt, doch hierfür liegen keine empirischen Daten vor, die eine feinere Analyse erlaubten. Zudem kann ein Delikt wie Mord nicht als Indikator für die Homogenität der Normen ausreichen.

Die Pluralisierung der Normen hat auch zu einer Pluralisierung der Lebensstile, also der gesellschaftlichen Subkulturen, geführt (vgl. u. a. Klocke 1993, Kap. 1; Lüdtke im Ersch.). Wenngleich die vorliegenden Klassifikationen der Lebensstil-Gruppen weder theoretisch noch methodisch befriedigend sind, so zeigen sie doch hinreichend beträchtliche Unterschiede in den Werten einzelner Gruppen (vgl. u. a. Becker/Nowak 1982, Becker/Becker/Ruhland

1992, Dangschat/Blasius 1994, Gluchowski 1987, Schulze 1993, Vester u. a. 1993). Es ist daher naheliegend, daß die einzelnen Gruppen auch Normenbrüche jeweils anders beurteilen. Eine weitere und zentrale Folgerung ist, daß mit der Normenvielfalt und der Zahl der Subkulturen sich die informelle soziale Kontrolle vermindert und die Anzeigebereitschaft sinkt. Beides wiederum führt dazu, daß die individuellen Kosten für abweichendes Verhalten geringer werden. Damit ist eine Bedingung erfüllt, die bereits als Möglichkeit, Kosten zu senken, erörtert wurde.

Fraglos benötigt auch die moderne Gesellschaft einen Kern von Normen, der nicht strittig ist. Vermutlich aber wird dieser Kern kleiner. Die Grenze zwischen deviantem und nicht-deviantem Verhalten wird jedoch immer fließender und wird ständig neu definiert und ausgehandelt. Das gilt jedoch nur auf der Ebene der Gesellschaft, denn gleichzeitig werden in Teilgruppen oder Subkulturen die Normengrenzen enger gezogen. Wahrscheinlich zieht die Entscheidungslast angesichts dieser Normenpluralität einen partiellen Rückzug in solche relativ sicheren Subkulturen nach sich.

Zur Pluralität von Normen gehört auch ein Prozeß der *Delegitimierung von Normen*. In dem Maße, in dem sie von den Mitgliedern einer Gesellschaft wahrgenommen wird, werden zwei Prozesse eintreten: Zum einen sinkt die Bereitschaft, strittige Normen zu befolgen. Zum anderen wird die individuelle Integration geringer, und die Handlungsunsicherheit der Subjekte nimmt zu. Dieser Sachverhalt wird als »Anomia« (Anomie auf individueller Ebene; vgl. weiter unten) bezeichnet. Diese Unsicherheit ist eine Folge der Modernisierung, worauf bereits Zapf u. a. (1987, S. 138) hinweisen:

»In modernen Gesellschaften erzeugen die steigenden Anforderungen an Bildung und Ausbildung, Mobilität und Umstellungsbereitschaft einen hohen *Individualisierungsdruck*: die Menschen müssen heute durchschnittlich mehr Entscheidungen treffen, mehr Informationen verarbeiten und mehr Wandel bewältigen als zu früheren Zeiten, ob sie dies wollen oder nicht. In diesem Sinn ist Individualisierung notwendige Kompetenz für Modernität. Zugleich aber verlieren frühere soziale Sicherheiten in Familie und Gemeinde, Berufswelt und Kultur an Beständigkeit und Verläßlichkeit. Dadurch entsteht ein steigender *Sicherheitsbedürfnisdruck*, der sich sowohl an staatliche und andere öffentliche Einrichtungen als auch an veränderte Familienformen und Freundeskreise richtet« (Hervorhebungen im Original).

Die Individualisierung[3] bringt demnach für den einzelnen erhebliche Orientierungsschwierigkeiten, »riskante Freiheiten« (vgl. Beck/Beck-Gernsheim 1994a). Es stellt sich überdies die Frage, wer denn diese, von Zapf u. a. konstatierten Sicherheitsbedürfnisse zu befriedigen vermag. Besteht nämlich die zuvor diagnostizierte Normenpluralität, kann dies der Staat nur in einem sehr begrenzten Rahmen. Heißt Sicherheit eine Sicherheit der Normen, so ist das erst recht nicht zu erwarten, denn die politischen Repräsentanten und das Parlament werden in einer Demokratie die gesellschaftliche Normenpluralität ebenfalls aufweisen. Technisch formuliert: Die Varianz der Meinungen z. B. im Parlament mag geringer sein als in der Bevölkerung, sie ist aber hinreichend groß, um einen normativen Konsens nur selten entstehen zu lassen. Ist hingegen mit Sicherheit eine Verringerung von Risiken gemeint, so ist in der Tat der Staat die wichtigste Institution, an die sich die Ansprüche der Bürger richten müssen. Darunter sind fraglos auch Begehren, die sich als Abwälzung oder Externalisierung individueller Kosten bestimmen lassen (siehe oben).

Sowohl die Delegitimierung als auch die Anomia werden durch die Sozialisation in Familie und Schule, aber auch durch die Massenmedien beeinflußt. Familie und Schule stehen hierbei in einem engen Zusammenhang. Wenn in der Familie Sozialisationsaufgaben nur ungenügend erfüllt und statt dessen auf die Schule abgewälzt werden, wird die Schule überfordert. Eben dies ist offenbar gegenwärtig der Fall. Zudem belegen die zahlreichen Studien über Schulen in den einzelnen Bundesländern ein hohes Maß von aggressiven Verhaltensmustern unter den Schülern. Die Effekte der Massenmedien, speziell des Fernsehens, sind trotz der überwältigenden Zahl von Forschungsarbeiten bislang nicht hinreichend geklärt. Dennoch läßt sich zeigen, daß die Medien täglich in einer Vielzahl von Filmen Muster abweichenden Verhaltens zeigen, den Individuen also Handlungsoptionen vermitteln. Nicht nur das: sie zeigen auch gewalttätige Muster der Problemlösung und der nicht-legalen (nicht-staatlichen) Straf- und Racheinstanzen.

Die Normenpluralität und die gestiegene Zahl individueller Handlungsoptionen tragen einerseits zu einer größeren Stabilität

3 Ungeachtet der gängigen Verwendung des Konzepts (u. a. Beck 1986) ist es unscharf, zudem fehlen systematische und historische empirische Belege. Dies zeigt u. a. die Diskussion zwischen Burkart (1993a, 1993b) und Beck und Beck-Gernsheim (1993), ferner der neuere Aufsatz von Beck und Beck-Gernsheim (1994b).

der Gesellschaft bei, weil neue Verhaltensmuster oder die quantitative Zunahme eines bislang selten vorkommenden Verhaltens die Stabilität der Gesellschaft nur geringfügig beeinträchtigen. Das erscheint zunächst nicht plausibel, ist jedoch wahrscheinlich, wenn man eine bewährte Hypothese aus der ökologischen Forschung auf diesen Sachverhalt überträgt. Demzufolge sind Biotope mit einer größeren Diversität der Arten stabiler als solche mit geringerer. Sie können sich sowohl rascher an interne Veränderungen als auch an solche in der Umwelt anpassen. Diese grundlegende Annahme läßt sich in der Tat verallgemeinern und auf ganz andere Zusammenhänge (»Biotope«) übertragen. So sind Städte mit einer heterogenen Branchenstruktur in ökonomischen Krisen weniger anfällig als solche mit einer eher monostrukturellen. Warum sollten Gesellschaften, die eine Diversität der sozialen Gruppen und Normen aufweisen, nicht ebenfalls in Phasen des Wandels widerstandsfähiger sein als weniger plurale?

Das Problem der Pluralität besteht nicht so sehr in der möglichen Orientierungslosigkeit der Individuen. Wichtiger ist, ob die Subkulturen unterschiedlicher Normen nebeneinander bestehen können, ohne daß es zu aggressiven Akten zwischen ihnen kommt. *Unter welchen Bedingungen führt Pluralität auch zu Aggression?* Um diese Frage zu beantworten, seien nochmals die Ausgangsbedingungen angeführt. Individualisierung heißt höhere Ansprüche, stärkeres Ausleben der Wünsche, weniger Rücksichtnahme auf andere/das Kollektiv. Wenn nun das individuelle Handeln, die individuelle Zielverfolgung zunehmen, steigt auch die Überzeugung, man habe ein Recht auf Zielverfolgung/Selbstverwirklichung. Wird dieser Anspruch eingeschränkt, sei es durch eine Einzelperson oder den Staat, sei es durch den Rückgriff auf Normen oder Gesetze, kommt es zu aggressiven Auseinandersetzungen: Der Akteur, der auf die Normen verweist, muß sich rechtfertigen, nicht jener, der sie verletzt. Hinzu kommt, wie ebenfalls weiter oben ausgeführt, daß Individuen geringeren sozialen Kontrollen unterliegen und die Kosten für abweichendes Verhalten niedriger geworden sind.

Die wichtigste Bedingung dafür, daß Normenpluralität auch zu Gewalt führt, dürfte die Konkurrenz zweier oder mehrerer Personen oder Gruppen um eine knappe Ressource sein. Dabei kann es sich um Wohnraum, Arbeitsplätze oder Ansprüche auf ein anderes Gut, z. B. einen Platz im Kino, im Restaurant oder Parkhaus, handeln. Eben diese Situation ist gegenwärtig in einer Zeit wirtschaftlicher Rezession gegeben.

Wir gelangen so zu einer Kombination steigender individueller Handlungsoptionen und gleichzeitig zunehmender ökonomischer Restriktionen für einzelne Bevölkerungsgruppen. Diese nehmen die verfügbaren Optionen zwar wahr, können sie aber nicht nutzen. Bei einer expandierenden (relativen) Armut wird eine solche Konkurrenz immer eher wahrscheinlich. Die Wettbewerbschancen eines steigenden Teils der Bevölkerung haben sich in den letzten Jahren dauerhaft verschlechtert; auf absehbare Zeit ist auch keine Veränderung zu erwarten. Eher wird sich noch die Zahl der Arbeitslosen, Armen und Obdachlosen vergrößern, deren Chancen auf einen Arbeitsplatz und eine preiswerte Wohnung sich hingegen verringern. Als Reaktionen bleiben Resignation und Apathie, (legaler oder illegaler) Protest oder Kriminalität.

Handelt es sich um Gruppenkonflikte, so wird häufig der Staat um Lösungen angerufen, aber nun in dem Sinne, die Pluralitätsbedingungen (wieder)herzustellen. Bei Auseinandersetzungen um knappe Ressourcen heißt das: es sollen allen die gleichen Ressourcen zur Verfügung gestellt oder ihnen gleiche Zugangschancen zu ihnen gewährt werden.

Damit mündet die Diagnose der Normenpluralität in ein Paradox auf der Ebene gesellschaftlicher Gruppen und deren Verhältnis zum Staat. Die Gruppen haben keine einheitlichen Werte und Normen. Geraten sie in Konflikt und können ihn nicht lösen, weil dies übergeordnete Regelungen der Kontroverse und übergeordnete Werte voraussetzt, wenden sie sich an eine staatliche Instanz. Aber der Staat vermag solche Konflikte offenbar nur (noch) begrenzt zu lösen, weil an ihn nicht die entsprechende Macht oder die legitime Aufgabe, die Streitigkeiten zu lösen, delegiert wurde. Vom Staat wird einerseits erwartet, er solle die Pluralität garantieren, andererseits wird ihm nicht die notwendige Loyalität entgegengebracht, um ihn zum Richter werden zu lassen – die Kompetenz also, die er benötigte, um Konflikte zu lösen bzw. über Interessen einzelner Gruppen zu entscheiden.

3. Entwicklung der Kriminalität

Die Annahme, Normenpluralität führe zu einem höheren Ausmaß abweichenden Verhaltens, läßt sich mit Hilfe unterschiedlicher Indikatoren prüfen; einige richten sich auf die Mikroebene (Individuen), andere auf die Makroebene (Gesellschaft). Dem entspricht auch die Unterscheidung von *Anomia* und *Anomie*.

3.1 Individuelle Anomia

Die individuelle Anomia wird zumeist über eine Skala gemessen, die von Srole (1956) entwickelt wurde. Mit dieser Skala wird nicht die Normenlosigkeit, sondern die subjektive Beurteilung der eigenen Zukunftschancen oder der individuellen Bedeutungslosigkeit ermittelt. Sie entspricht am ehesten den Dimensionen »Machtlosigkeit« und »Bedeutungslosigkeit« bei Seeman (1959). So konnten beispielsweise Schwinges und Kiehl (1989) in einer vergleichenden Studie zeigen, daß die geringere soziale Integration der deutschen und polnischen Spätaussiedler signifikant mit deren höherer individueller Anomia zusammenhing; die Werte auf der Srole-Skala erwiesen sich in einer multivariaten Analyse als die am stärksten erklärende Bedingung.

Ein Teil der Items von Srole wurde 1973 in dem nordamerikanischen General Social Survey und dann 1982 in den deutschen Allbus aufgenommen (vgl. ZUMA 1983). Somit lassen sich auch Aussagen über das Ausmaß der Anomia für die Bundesrepublik machen. Die Ergebnisse für das Jahr 1992 sind in Tabelle 1 aufgeführt; getrennt für die vier Items der Skala.

Die Beurteilung der Zukunftschancen weist für die alten Bundesländer ein recht pessimistisches Ergebnis auf, eine Ausnahme bildet das Item »Bei dieser Zukunft keine Kinder mehr«. Drei Viertel der Befragten sehen geringe Chancen; hierin unterscheiden sich im übrigen auch die Altersgruppen nicht. Wählt man nur diese Indikatoren, so zeigen sie eine hohe Skepsis gegenüber der wirtschaftlichen Entwicklung, den Politikern und auch den Mitmenschen. Letzteres deutet darauf hin, daß die Befragten in der Bevölkerung einen starken Egoismus wahrnehmen.

Für die einzelnen Bundesländer ergeben sich beträchtliche Unterschiede, wobei man aufgrund der kleinen Fallzahlen für Bremen und Hamburg und das Saarland die Ergebnisse mit Vorbehalt in-

Tabelle 1: Anomia-Skala, nach Bundesländern, 1992

Bundesland	Lageverschlechterung für einfache Leute ist zu erwarten		N (= 100%)	Bei dieser Zukunft keine Kinder mehr		N (= 100%)
	Bin derselben Meinung	Bin anderer Meinung		Bin derselben Meinung	Bin anderer Meinung	
Baden-Württemberg	62,6	37,4	246	24,2	75,8	256
Bayern	70,8	29,2	332	36,1	63,9	332
Berlin (West)	63,7	36,3	91	47,7	52,3	88
Bremen	58,3	41,7	24	13,0	87,0	23
Hamburg	69,9	30,1	56	33,3	66,7	57
Hessen	75,4	24,6	179	38,7	61,3	181
Niedersachsen	74,4	25,6	223	32,0	68,0	219
Nordrhein-Westfalen	73,4	26,6	504	31,5	68,5	514
Rheinland-Pfalz	72,3	27,7	112	37,3	62,7	110
Saarland	66,7	33,3	39	30,6	69,4	36
Schleswig-Holstein	75,6	24,4	78	36,3	63,8	80
Alte Bundesländer	70,8	29,2	2 189	33,7	66,3	2 207

Bundesland	Politiker uninteressiert an einfachen Leuten		N (= 100%)	Mehrheit uninteressiert an Mitmenschen		N (= 100%)
	Bin derselben Meinung	Bin anderer Meinung		Bin derselben Meinung	Bin anderer Meinung	
Baden-Württemberg	74,5	25,5	251	71,1	28,9	256
Bayern	79,0	21,0	347	77,5	22,5	351
Berlin (West)	81,8	18,2	88	77,3	22,7	88
Bremen	72,0	28,0	25	64,0	36,0	25
Hamburg	78,3	21,7	60	77,6	22,4	58
Hessen	81,9	18,1	177	79,9	20,1	184
Niedersachsen	75,5	24,5	216	77,3	22,7	229
Nordrhein-Westfalen	81,1	18,9	530	77,8	22,2	531
Rheinland-Pfalz	77,0	23,0	113	73,0	27,0	115
Saarland	77,1	22,9	35	70,0	30,0	40
Schleswig–Holstein	82,1	17,9	78	76,5	23,5	81
Alte Bundesländer	79,1	20,9	2 234	76,5	23,5	2 275

Quelle: Eigene Berechnungen mit Daten des Allbus 1992.

terpretieren muß. Das Ausmaß der Anomia ist besonders hoch in Schleswig-Holstein, Hessen und Niedersachsen, unterdurchschnittlich in Bayern, Baden-Württemberg und Rheinland-Pfalz.

Um den Wertewandel zu untersuchen, wird zuerst das Ausmaß postmaterialistischer Werte mit Hilfe des Inglehart-Index berechnet (vgl. Tabelle 2). In fast allen Bundesländern hat die postmaterialistische Orientierung deutlich zugenommen. Aufgrund der kleinen Fallzahlen ist es problematisch, für Bremen, Hamburg und das Saarland Aussagen zu machen, wohl aber für Schleswig-Holstein. Es hatte 1982 noch einen überdurchschnittlichen Anteil an Postmaterialisten, dieser hat sich, entgegen dem Bundestrend, jedoch zehn Jahre später nicht erhöht. Zugenommen hat der postmaterialistische Mischtyp; auch der Anteil mit materialistischer Orientierung ist der höchste von allen Bundesländern. Vermutlich hat dies mit den ökonomischen Problemen des Landes zu tun.

3.2 Gesellschaftliche Anomie

Um die Anomie auf der Aggregatebene (Stadt, Bundesland, Staat) zu messen, sind sehr unterschiedliche Indikatoren verwendet worden, so z. B. Kriminalitäts- und Selbstmordraten, Scheidungsziffern, das Ausmaß sozialer Ungleichheit, die Fluktuation der Bevölkerung (Zu- und Fortzüge), die ethnische Heterogenität der Bevölkerung (vgl. Angell 1942, 1974) oder, wie bei Klages (1984, S. 10), auch Streiks und politische Proteste. Die letztgenannten beiden Indikatoren sind nicht frei von den politischen Wertungen des Wissenschaftlers, da es sich um legale und demokratische Formen der Konfliktlösung handelt. Für die anschließende Analyse der gesellschaftlichen Anomie werden folgende Indikatoren verwendet: Scheidungs-, Selbstmord- und Fluktuationsrate, die Zahl der Beschädigungen öffentlicher Telefonzellen sowie die Kriminalitätsraten für verschiedene Delikte.

Nicht berücksichtigt werden konnten Indikatoren, die Formen abweichenden Verhaltens im Alltagsleben anzeigen, aber nicht in der Kriminalitätsstatistik erfaßt werden. Hierzu gehören Ordnungswidrigkeiten wie:
- Radfahren in entgegengesetzter Richtung der Einbahnstraße,
- Radfahren ohne Beleuchtung in der Dunkelheit,
- Radfahren auf den Fußgängern vorbehaltenen Wegen,

Tabelle 2: Inglehart-Index, nach Bundesländern, 1982 und 1992, in Prozent

Bundes-land	1982				N	1992				N
	PM	PM M.	MT M.	MT		PM	PM M.	MT M.	MT	
Baden-Württem-berg	15,1	18,3	26,5	40,2	438	26,3	32,1	19,0	22,6	274
Bayern	11,5	14,5	29,4	44,5	503	19,6	26,8	29,0	24,6	362
Berlin (West)	21,6	19,6	34,0	24,7	97	37,4	23,1	22,0	17,6	91
Bremen	17,4	13,0	23,9	45,7	46	32,0	12,0	40,0	16,0	25
Hamburg	21,3	27,0	32,6	19,1	89	21,7	33,3	30,0	15,0	60
Hessen	16,1	16,8	29,4	37,8	286	24,9	29,6	29,1	16,4	189
Nieder-sachsen	15,9	14,2	33,3	36,5	345	29,3	25,5	25,9	19,2	239
Nord-rhein-Westf.	12,1	15,0	34,5	38,4	815	23,6	24,4	28,7	23,3	554
Rhein-land-Pfalz	9,3	10,5	37,7	42,6	162	20,7	35,3	21,6	22,4	116
Saarland	20,0	24,0	32,0	24,0	50	17,5	25,0	30,0	27,5	40
Schles-wig-Hol-stein	17,4	19,7	28,8	34,1	132	17,4	27,9	24,4	30,2	86
Alte Bun-desländer	14,2	16,1	31,5	38,3	2963	23,3	27,0	27,0	22,7	2371

PM = Postmaterialisten
PM M. = Postmaterialisten, Mischtyp (vgl. Anm. I)
MT M. = Materialisten, Mischtyp (vgl. Anm. I)
MT = Materialisten

Quelle: Eigene Berechnungen mit Daten des Allbus 1982 und 1992.

- Hunde in öffentlichen Parks trotz ausdrücklichen Verbots ohne Leine laufen lassen,
- Abstellen von abgemeldeten Kraftfahrzeugen in Straßen oder auf öffentlichen Plätzen,
- Schwarzarbeit,
- Verkauf von Produkten, deren Verfallsdatum überschritten ist,
- alle leichteren Formen der Umweltkriminalität,
- Graffiti auf Wände, Bahnwaggons, Schilder, Brücken etc. sprühen,

- rechts überholen auf der Autobahn,
- verbale Aggression im Straßenverkehr (vgl. Ellinghaus/Welbers 1992).

Die Liste ließe sich verlängern. Das aber ist nicht erforderlich, denn es wird sich wohl kaum ein Konsens unter Wissenschaftlern, Politikern oder Polizeibeamten darüber herstellen lassen, ob dies denn Indikatoren abweichenden Verhaltens seien. Bei den meisten aufgeführten Handlungsweisen würden Juristen vor deren Kriminalisierung warnen, Soziologen sie unter gesellschaftlichen Wandel oder als normal tolerierbare Abweichungen rubrizieren, Polizeibeamte den Aufwand der Verfolgung im Vergleich zu einem möglichen Nutzen für zu gering erachten und Politiker sich mit der Kritik an solchen Verhaltensmustern unglaubwürdig machen. Bereits dieser Sachverhalt ist ein Kennzeichen der Normenpluralität; offenkundig handelt es sich hier um Verhaltensweisen des Typs »illegal-legitim«. Die Schäden jedoch, die in einigen Fällen entstehen können, sind erheblich, wie weiter unten gezeigt wird.

Was die meisten der erwähnten devianten Verhaltensweisen außerdem kennzeichnet, ist ihre vermeintliche Selbstverständlichkeit: Wer sie kritisiert und hiermit direkt oder indirekt auf die vermeintlich noch bestehende Norm hinweist, sieht sich unerfreulichen Reaktionen ausgesetzt und muß sich wahlweise als »Dummkopf« und »Ersatz-Polizisten« oder als »Nörgler« und »Querulanten« beschimpfen lassen. *Nicht die abweichende Person, sondern die sie kritisierende muß sich rechtfertigen.* Die Kontrolle liegt in dieser Situation bei der abweichenden und nicht bei der kritisierenden Person. Offensichtlich haben sich diesbezüglich die Normen so stark geändert, daß nun der Kritiker als Abtrünniger gilt.

Zu den oben genannten Formen abweichenden Verhaltens liegen entweder keine genauen Daten oder keine auf regionalisierter Basis vor. Hierzu gehören auch Vandalismus und Schwarzarbeit, die bereits 1985 der damalige Präsident der Bundesanstalt für Arbeit, Franke, als »großes kriminelles Problem« und das deutsche Handwerk als »blühendste Wachstumsbranche« bezeichneten. Die Schäden, die durch Schwarzarbeit verursacht werden, umfaßten Schätzungen zufolge schon vor einem Jahrzehnt mehrere Milliarden DM. Allein die Bußgelder des Zentralverbandes des Deutschen Handwerks beliefen sich auf 8,3 Mio. DM (vgl. dpa 1985).

Die Deutsche Bundesbahn veranschlagt die Schäden, die ihr 1992 durch *Vandalismus* (v. a. besprühte Waggons und aufgeschlitzte Sitze) entstanden sind, auf 80 bis 100 Mio. DM. Die Telekom gibt den Schaden, der im gleichen Jahr durch Sachbeschädigung, z.T. durch Brandstiftung, und Beraubung der Münzbehälter in den Telefonzellen entstanden ist, mit rd. 150 Mio. DM an (vgl. Auskünfte der Pressestellen 1993).

Ein anderes Beispiel sind die Schadensfälle und die Schadenssumme für ausgewählte Direktionen der Telekom. Bis auf den Bezirk Frankfurt/Main haben die Schadensfälle, insbesondere von 1991 auf 1992, überall zugenommen; auch sind in allen Direktionen die Schadenssummen größer geworden. (Die geringere Zahl der Schadensfälle in Frankfurt/Main führt die Telekom auf den hohen Anteil der Kartentelefone zurück, 1992 bereits 60%.)

Am stärksten war die Zunahme der Schadensfälle im Bereich der Direktion Köln, die der Schadenssumme im Bereich Stuttgart. Um die Daten zu vergleichen, bietet sich die Einwohnerzahl im Gebiet der jeweiligen Direktion an, doch sind hierfür keine gesicherten Angaben möglich. Daher wird die Schadenssumme auf die Zahl der öffentlichen Telefone bezogen. Danach ist der 1992 entstandene Schaden pro Telefon in Frankfurt/Main: DM 304, in Kiel: DM 422, in Köln: DM 302 (Stadt Köln: DM 398), in München: DM 155 (Stadt München: DM 242) und in Stuttgart: DM 292. Demnach weist die Direktion Kiel die stärkste Belastung für diesen Indikator des Vandalismus (und Diebstahls) auf. Warum dies so ist, ließ sich nicht klären.

Um die *Kriminalität* zu messen, bieten sich drei Indikatoren an: die Häufigkeitszahlen (HZ), die Kriminalitätsbelastungszahlen (KBZ) und die absoluten Werte. Die Häufigkeitszahl (bekanntgewordene Fälle pro 100 000 Einwohner) ist stark abhängig von dem Anzeigeverhalten der Bevölkerung; sie indiziert eher, in welchem Maße die Bevölkerung gefährdet ist. Die Kriminalitätsbelastungszahl (ermittelte Tatverdächtige pro 100 000 Einwohner, jeweils ab acht Jahren) berücksichtigt die Mehrfachtäter, die die Fallzahl erhöhen. Sie hat aber den Nachteil, nicht nur vom Anzeigeverhalten der Bevölkerung, sondern auch von dem Ausmaß polizeilicher Aufklärung abzuhängen. Sie wird in der Polizeilichen Kriminalstatistik nicht nachgewiesen und erscheint auch für die nachfolgenden Analysen weniger geeignet. Als weiterer Indikator der Kriminalität wird die Aufklärungsquote herangezogen; sie indiziert den Erfolg polizeilicher Tätigkeit und damit auch das Risiko für potentielle Täter.

Tabelle 3: Gesamtkriminalität*, nach Bundesländern, 1982 und 1992

Bundesland	1982	1992	Verändg.
Baden-Württemberg	5 803	5 863	+ 1,0%
Bayern	4 834	5 446	+ 12,7%
Berlin**	13 547	16 112	+ 18,9%
Bremen	13 133	17 045	+ 29,8%
Hamburg	14 343	18 376	+ 28,1%
Hessen	7 162	8 187	+ 14,3%
Niedersachsen	7 234	8 498	+ 18,7%
Nordrhein-Westfalen	7 218	7 664	+ 6,2%
Rheinland-Pfalz	5 483	6 062	+ 10,6%
Saarland	5 877	5 794	− 1,4%
Schleswig-Holstein	8 792	9 950	+ 13,2%
Alte Bundesländer	6 963	7 921	+ 13,8%

* Häufigkeitszahl: Fälle pro 100 000 Einwohner.
** 1992: Gesamt-Berlin.

Quellen: Bundeskriminalamt (Hg.): Polizeiliche Kriminalstatistik, 1982, S. 18; 1992, S. 34.

Die Entwicklung der Kriminalität, gemessen über die Häufigkeitszahlen, zeigt insgesamt einen Anstieg in dem Zeitraum 1982 bis 1992 um 13,8% (vgl. Tabelle 3). Diese Zahl ist ein erster und grober Anhaltspunkt für die Kriminalitätsentwicklung. Sie verbirgt die erheblichen Unterschiede nach Bundesländern, Gemeindegrößen und Delikten einerseits und der Schwankungen innerhalb des Zeitraums andererseits. Dabei sei von dem zusätzlichen Problem, der Dunkelziffer und deren regionaler und deliktspezifischer Variation, ganz abgesehen.

Die Kriminalitätsentwicklung ist in den einzelnen Bundesländern sehr unterschiedlich verlaufen, für das Saarland ist sogar eine Abnahme festzustellen. Betrachtet man nur die Flächenländer, so weisen Niedersachsen, Hessen und Schleswig-Holstein die höchste Zunahme der Gesamtkriminalität auf. Dieser Befund wird noch bedeutsamer, weil Schleswig-Holstein nicht nur 1982 und 1992 die relativ höchsten Häufigkeitsziffern aufweist, sondern auch in den dazwischenliegenden Jahren. Deshalb wird im folgenden besonders auf das Land Schleswig-Holstein eingegangen.

Zu einem anderen Urteil über die Entwicklung der Kriminalität gelangt man, wenn man die absoluten Werte heranzieht. Die Zahl der in den alten Bundesländern bekanntgewordenen Straftaten stieg von 4 291 975 im Jahre 1982 auf 5 209 060 Fälle im Jahre 1992;

dies entspricht einer Zunahme um 21,4%. Im gleichen Zeitraum stiegen die Werte in Schleswig-Holstein von 230 288 auf 263 533 aber um 14,4%. Für Niedersachsen ist eine Zunahme um 11,1%, für Hamburg um 31,1% und für Bayern um 19,2% zu verzeichnen (Polizeiliche Kriminalstatistik 1982, S. 18; 1992, S. 14f., 34).

Die Aussagen über die Entwicklung der Kriminalität im Zeitraum 1982 bis 1992 lassen nicht die erheblichen Veränderungen erkennen, die speziell von 1991 auf 1992 eingetreten sind. Die Gesamtkriminalität in den alten Bundesländern hat sich allein in diesen zwölf Monaten um 9,6% für die absolute Zahl der Fälle und um 8,3% für die Häufigkeitszahl erhöht. Die entsprechenden Werte für Schleswig-Holstein sind 3,9% (absolute Zahl) und 3,0% (Häufigkeitszahl). Dagegen nahmen die absoluten Zahlen in diesem Jahr in Baden-Württemberg um 12,0%, in Bayern um 11,2% und in Niedersachsen sogar um 13,5% zu. Offenbar verändert sich die relative Position Schleswig-Holsteins, während sich in Bundesländern mit bislang niedrigen Straftaten-Zahlen und niedrigen Häufigkeitszahlen die Lage verschlechtert.

Die Aufklärungsquoten liegen 1992 im Bundesdurchschnitt bei 44,8% (1982: 45,6%). In Schleswig-Holstein, das sowohl 1982 als auch 1992 die höchsten Werte aller Flächenländer aufweist, liegen sie unter dem Bundesdurchschnitt (1982: 42,1%, 1992: 41,2%), aber auch unter denen anderer Bundesländer, z.B. Niedersachsen (1982: 41,8%; 1992: 47,2%). Ein solcher Vergleich ist jedoch nur begrenzt sinnvoll, denn die Aufklärungsquote hängt eng mit dem Anteil schwer aufklärbarer Rechtsbrüche zusammen, v.a. dem Diebstahl unter erschwerenden Umständen, z.B. u.a. Diebstahl aus Banken, Verkaufsräumen, Wohnräumen (Aufklärungsquote in der BRD im Jahre 1992: 12,2%). Diese Vergehen machen aber im Jahre 1992 in Nordrhein-Westfalen (41,8%) und in Schleswig-Holstein (40,0%) einen erheblichen *Anteil an den Straftaten insgesamt* aus. In anderen Bundesländern ist dieser Anteil beträchtlich niedriger, in Bayern 1991 nur 21,9%, in Hessen 28,3%, so daß dort die Aufklärungsquote 59,0% betrug. Nordrhein-Westfalen und Schleswig-Holstein haben daher unter einer hohen Belastung durch Diebstahlsdelikte, v.a. des schweren Diebstahls, zu leiden. Hierauf wird weiter unten noch genauer eingegangen.

Die Aufklärungsquoten haben sich seit dem Jahre 1971 kaum verändert. Sie lagen 1992 um 45%. Während sie bei Mord, Totschlag und schwerer Körperverletzung sehr hoch liegen (90,7%

Tabelle 4: Gesamtkriminalität*, nach Gemeindegrößen-Klassen, 1982 und 1992, alte Bundesländer**

Gemeindegrößen-Klasse	1982	1992	Verändg.
Unter 20 000	3 920	4 357	+ 11,1%
20 000 bis unter 100 000	7 112	7 973	+ 12,1%
100 000 bis unter 500 000	9 044	9 905	+ 9,5%
Über 500 000	11 683	14 323	+ 22,6%
Gesamt	6 963	7 839	+ 12,6%

* Häufigkeitszahl: Fälle pro 100 000 Einwohner.
** 1992 Gesamt-Berlin.
Quelle: Bundeskriminalamt (Hg.): Polizeiliche Kriminalstatistik 1982, S. 14, 1992, S. 31.

bzw. 80,1%), sind sie bei Raub insgesamt und speziell dem Straßenraub (»sonstige Raubüberfälle auf Straßen, Wegen oder Plätzen«) weit niedriger (41,4% bzw. 33,8%). Noch geringer sind sie bei dem Wohnungseinbruch mit 14,0%, dem Kfz-Aufbruch mit 10,0% und dem Autodiebstahl mit 22,5%.

Eine weitere Differenzierung richtet sich auf die Entwicklung der Kriminalität nach der Gemeindegröße. Die entsprechenden Häufigkeitsziffern, wiederum für 1982 und 1992, sind in Tabelle 4 aufgeführt. Aus den Daten für die Bundesländer wurde bereits ersichtlich, daß die Stadtstaaten und Berlin eine wesentlich höhere Kriminalitätsbelastung haben als Flächenstaaten. Das wird nochmals bei der Aufgliederung nach Gemeindegrößen-Klassen deutlich: Die Gesamtkriminalität nimmt mit der Gemeindegröße zu. Sie ist am geringsten in Gemeinden unter 20 000 Einwohnern und am höchsten in solchen über 500 000 Einwohnern: 3 687,5 gegenüber 13 671,1 (Noll/Wiegand 1993, S. 241). Dies gilt in besonderem Maße für die Straftaten Körperverletzung und Raubüberfall. Die Unterschiede haben sich zwischen 1982 und 1992 sogar noch vergrößert. Jedoch ist auch hier zu berücksichtigen, daß die starke Zunahme der Straftaten zwischen 1991 und 1992 die Unterschiede zwischen den Gemeinden (genauer: den Gemeindegrößen-Klassen) erheblich verringert hat.

Die zwölf Städte über 500 000 Einwohner[4] weisen die höchste

4 Es sind Berlin, Bremen, Dortmund, Düsseldorf, Duisburg, Essen, Frankfurt/M., Hamburg, Hannover, Köln, München und Stuttgart. Nürnberg liegt mit 497 496 Einwohnern am 31. 12. 1991 knapp darunter.

Zuwachsrate auf. Dahinter verbergen sich allerdings erhebliche Unterschiede in einzelnen Deliktgruppen. So läßt sich für diese Metropolen eine Art funktionaler Differenzierung der Kriminalität belegen, wenn man untersucht, welche Stadt 1991 die höchste Belastung für eine spezifische Straftat aufwies: Berlin: Körperverletzung; Bremen: Ladendiebstahl; Frankfurt/M.: Mord und Totschlag, Raub, räuberische Erpressung, Diebstahl ohne erschwerende Bedingungen; Hamburg: Diebstahl unter erschwerenden Bedingungen, Wohnungseinbruch; Stuttgart: Betrug (vgl. Polizeiliche Kriminalstatistik 1991).

Kriminalitätsfördernde Bedingungen unterscheiden sich stark nach Gemeindegröße. Die Darlegung dieses Sachverhaltes erfordert komplexere Analysen. Eine der wichtigsten Erklärungen ist in der Gelegenheitsstruktur und der entsprechend selektiven »Zuwanderung« von (potentiellen) Tätern zu sehen. Die Analysen von Pfeiffer (1992) für Niedersachsen unterstützen diese Annahme. Ferner dürften eine größere Normenpluralität und eine geringere soziale Kontrolle aufgrund einer höheren Migrationsrate hierfür verantwortlich sein (vgl. dazu Friedrichs 1985). Zudem sind nach den Erkenntnissen des Bundeskriminalamtes und der Landeskriminalämter Großstädte auch für organisierte Kriminalität attraktiver.

Im folgenden werden diese *Veränderungen nach Bundesländern und nach Strukturdaten* untersucht. Die Analysen beschränken sich auf wenige Deliktgruppen, darunter die so bedeutsame Diebstahlskriminalität. Im ersten Schritt werden die Veränderungen nach Straftaten, in einem zweiten Schritt die Unterschiede zwischen den Bundesländern behandelt, wobei speziell auf das Land Schleswig-Holstein eingegangen wird.

Die Entwicklung der Kriminalität zwischen 1982 und 1992 für ausgewählte Deliktgruppen zeigt, daß bei den schweren Straftaten keine Erhöhung zu beobachten ist. Dies gilt für Mord und Totschlag; hier schwanken die Werte im Beobachtungszeitraum zwischen 4,9 (1982) und 3,8 (1990). Mit 4,4 Fällen pro 100000 Einwohner ist im Jahre 1992 ein mittlerer Wert festzustellen.

Beträchtlich erhöht haben sich alle Formen der Beraubung. Durchgängig kann man von einer linearen Zunahme zwischen 1984 und 1992 sprechen. So stieg die Häufigkeitszahl für Raub, räuberische Erpressung und räuberischen Angriff auf Kraftfahrer um 44,9% von 49 auf 71 Fälle je 100000 Einwohner, v. a. in den

Stadtstaaten, die des Handtaschenraubes von 8,9 auf 11,1. Besonders dramatisch war der Anstieg der sonstigen Raubüberfälle auf Straßen, Wegen oder Plätzen; hier stieg die Häufigkeitsziffer von 12,2 auf 29,7. Es sind fraglos diese Rechtsbrüche, die die Bürger besonders beunruhigend finden, da über solche Vorgänge häufiger berichtet wird oder sie gar selbst hiervon betroffene Personen kennen. Zugleich sind es jene Eigentumsdelikte, die besonders oft herangezogen werden, um anomische Tendenzen in der Gesellschaft zu untersuchen.

Zwei weitere Delikte wurden in die Analyse einbezogen: Sachbeschädigung und Betrug. Im Jahre 1992 wurden jeweils über 400 000 Fälle erfaßt. Beide Straftaten weisen erhebliche Zuwachsraten auf. Im Falle der Sachbeschädigung ist es eine lineare Zunahme, im Falle des Betruges (+18,1%) steigen die Werte bis 1988, sinken dann ab, erreichen aber 1992 das bislang höchste Niveau in dem betrachteten Zeitraum.

Bei dem Diebstahl ohne erschwerende Umstände schwanken die Häufigkeitsziffern beträchtlich. Insgesamt ist sogar eine leichte Abnahme um – 1,4% zu beobachten. Anders verhält es sich mit der Teilgruppe des Diebstahls in/aus Warenhäusern, Verkaufsräumen und Selbstbedienungsläden, der vereinfacht als »Ladendiebstahl« bezeichnet wird. Auf dieses Delikt entfallen 40% aller Diebstähle ohne erschwerende Umstände; es hat deutlich und linear zugenommen.

Hierbei ist jedoch zu beachten, daß Schätzungen zufolge rund die Hälfte der Diebstähle in Warenhäusern vom Personal verübt wird. Ferner ist zu berücksichtigen, daß die Art der Präsentation der Waren, nämlich häufig außerhalb des Ladens, einen beträchtlichen Anreiz schafft. Deshalb ist es auch sehr umstritten, ob solche Rechtsbrüche »kriminalisiert« werden sollten. Nach Ansicht des Konstanzer Juristen Wolfgang Heinz ist es nicht zuletzt aufgrund dieser Anreizstruktur sinnvoller, auch die Bestrafung Hausdetektiven zu überlassen und das Vergehen z. B. mit einer Erstattung des Warenwertes und/oder Hausverbot zu ahnden (persönliche Information). Diese Position erscheint auch deshalb gerechtfertigt, weil diese Art des Diebstahls nur von einem kleinen Teil der Bevölkerung als »sehr schlimm« beurteilt wird und zudem nur geringe Strafen als sinnvoll erachtet werden.

Der schwere Diebstahl (Diebstahl unter erschwerenden Umständen) hat zwischen 1982 und 1992 um 15,3% zugenommen.

Dieser Anstieg ist nicht linear verlaufen, von 1987 bis 1990 ist die Zahl der Fälle sogar zurückgegangen, erst danach steigt er auf ein Niveau über dem von 1982. Betrachtet man die spezielle Gruppe der Wohnungseinbrüche (9,1% des schweren Diebstahls), so läßt sich auch hier eine ähnliche Schwankung feststellen; wiederum besteht aber insgesamt eine Zunahme von 25,7%. Im Gegensatz zum Ladendiebstahl wird dieses Delikt von der Bevölkerung stärker verurteilt und werden schwerere Strafen für gerechtfertigt gehalten.

Der Anstieg der Kriminalität betrifft die Großstädte sehr viel stärker als die ländlichen Regionen. So zeigt die Analyse von Pfeiffer (1992) für das Land Niedersachsen, daß im Zeitraum 1990 bis 1991 die registrierten Rechtsbrüche in ländlichen Regionen um 1,9% stiegen, in Hannover aber um 8,4%. Eine besonders starke Zunahme wurde in Hannover für die Gewaltkriminalität festgestellt (+24,6%), v. a. für die polizeilich erfaßten Raubdelikte (+55,0%). Differenziert man die Tatverdächtigen nach Deutschen und Nicht-Deutschen, so lassen sich zwei Erkenntnisse gewinnen: Zum einen ist die Zahl der ausländischen Tatverdächtigen um mehr als ein Viertel gestiegen, während die der Deutschen um 3% rückgängig ist. Die tatverdächtigen Ausländer, die nicht-deutsche Arbeitnehmer sind und ihren Wohnsitz in Niedersachsen haben, weisen jedoch eine über die letzten Jahre verringerte Kriminalitätsbelastung auf. Die letztere Differenzierung ist von besonderer Bedeutung, weist sie doch darauf hin, daß es sich eher um eine importierte Kriminalität, unter Umständen in Form von organisierten Banden handelt.

Zum anderen kann es sich auch um Delikte nicht-deutscher Arbeitsmigranten bzw. Asylbewerber handeln. Wie die Analyse zeigt, ist die Zahl der mutmaßlichen Täter aus Rumänien, Jugoslawien, Bulgarien und der Sowjetunion in erheblichem Maße angestiegen, während sich die der polnischen Tatverdächtigen verringerte. Es handelt sich hierbei zumeist um Personen, die über kein geregeltes Einkommen verfügen.

Im Vergleich zu den sonstigen Ausländern einerseits und den Deutschen andererseits werden von den Asylbewerbern v. a. leichtere Straftaten begangen. Während bei ihnen die durchschnittliche Schadenssumme bei Diebstahlsdelikten DM 544 betrug, waren es bei allen anderen ausländischen Tatverdächtigen DM 1 165, bei den Deutschen DM 1 132.

Bei den deutschen Tatverdächtigen mit Wohnsitz in Niedersachsen hat sich in den Jahren 1985 bis 1991 die Tatverdächtigenziffer (deutsche Tatverdächtige pro 100 000 Deutsche) speziell für Diebstahlsdelikte verringert. Hingegen läßt sich eine starke Zunahme der in Niedersachsen registrierten tatverdächtigen Deutschen, die aber ihren Wohnsitz in anderen Bundesländern haben, feststellen; während die Zahl zwischen 1982 und 1989 praktisch konstant blieb, hebt sie 1990 stark und 1991 extrem stark an.

Die Tatverdächtigenziffer (strafmündige Tatverdächtige auf 100 000 Einwohner der jeweiligen Personengruppe) ist in den letzten Jahren keineswegs durchgängig gestiegen. Der höchste Wert wurde 1982 mit 2 934 erreicht, sank 1984 auf 2 263 und erhöht sich dann 1990 auf 2 555. Diese Zunahme seit 1984 gilt sowohl für Jugendliche als auch für Heranwachsende und Erwachsene. Dabei sind die Tatverdächtigenziffern für Jugendliche 1990 (5 490) und Heranwachsende (5 714) sehr viel höher als die der Erwachsenen (2 229), was als divergierendes Kriminalisierungsrisiko interpretiert werden kann. Die gleichen Relationen gelten für die Verurteiltenziffern (Noll/Wiegand 1993, S. 254 f.).

Die Daten zeigen das bereits von Pfeiffer (1992; vgl. Prantl 1993) konstatierte Nord-Süd-Gefälle der Kriminalität. Es sei dahingestellt, ob sich dies wirklich nur auf ein unterschiedliches Anzeigeverhalten oder die regionalen Klassifikationen eines Verhaltens als »Delikt« zurückführen läßt. Hinzuweisen sei nur auf die These von Pfeiffer (ebd.), im Norden würde eine Schlägerei in einer Gaststätte schon als Körperverletzung, in Bayern hingegen als »normales« Verhalten betrachtet.

Ein anderer Sachverhalt ist ebenfalls bedeutsam: Die Delikte in den alten Bundesländern, die nah an früheren östlichen Grenzgebieten liegen, haben sich seit 1990 zum Teil sprunghaft erhöht; das gilt – von den hier betrachteten Rechtsbrüchen – insbesondere für die Straftaten Raub, räuberische Erpressung und räuberischer Angriff auf Kraftfahrer, sonstige Raubüberfälle, Handtaschenraub, Ladendiebstahl und Diebstahl unter erschwerenden Umständen. Betroffen hiervon sind Niedersachsen, Hamburg und auch Schleswig-Holstein. Diese Aussage muß jedoch differenziert werden, denn bei einigen Delikten geht das Ausmaß auf ein Niveau zurück, das bereits 1987 bestand. Daher wäre es verfehlt, den Anstieg auf ausländische Arbeitsmigranten und/oder Asylbewerber zurückzuführen, denn diese Hypothese könnte nicht den Anstieg bis

1987 erklären. Sehr wahrscheinlich ist die Öffnung der Grenze zur ehemaligen DDR die entscheidende Ursache.

3.3 Eine Erklärung am Beispiel Schleswig-Holsteins

Das Ausmaß der Anomie, beurteilt nach den hier verwendeten Indikatoren, liegt im Land Schleswig-Holstein mehrfach über dem anderer Bundesländer. Deshalb sei es hier als Beispiel gewählt. Auf der individuellen Ebene ist ein höherer Grad an Anomia festzustellen, ferner ein geringerer Wertewandel, der sich als Modernisierungsdefizit des Landes bezeichnen läßt. Den Indikatoren der Kriminalität zufolge nimmt Schleswig-Holstein eine fast durchgängig schlechte Position unter den Flächenländern ein. Hinzu kommt eine im Vergleich zu anderen Flächenländern niedrigere Aufklärungsquote für zahlreiche Deliktgruppen. Auffällig sind ferner die erwähnten Besonderheiten von Lübeck und Kiel.

Diese Sachverhalte lassen sich nicht durch die Zahl der Touristen erklären, denn dieses Merkmal trifft ebenso auf andere Bundesländer, z. B. Bayern und Baden-Württemberg, zu, diese weisen aber eine geringere Kriminalitätsrate auf. Auch die Tatsache, daß Schleswig-Holstein über ein dichtes Netz von Polizeidienststellen verfügt, könnte die hohen Häufigkeitsziffern nur dann erklären, wenn hiermit ein erhöhtes Anzeigeverhalten der Einwohner verbunden wäre, weil nämlich die Wege zur nächsten Dienststelle kurz und damit die Kosten für eine Anzeige gering sind. Es ist jedoch sehr unwahrscheinlich, der Bevölkerung in einem Bundesland ein derart anders geartetes Anzeigeverhalten als in anderen Bundesländern zu unterstellen.

Die räumliche Nähe Schleswig-Holsteins und Niedersachsens zu Hamburg läßt einen Spill-over-Effekt plausibel erscheinen, obgleich es sich um nicht vergleichbare Gelegenheitsstrukturen handelt. Die Hypothese, die Kriminalität in Niedersachsen und Schleswig-Holstein könne zum Teil auf die suburbanen Wohngebiete von Hamburgern in beiden Ländern zurückgeführt werden, ließ sich mit den verfügbaren Daten begrenzt prüfen. So ist bei den hier untersuchten Delikten keine gleichsinnige Variation der Häufigkeitszahlen von Hamburg und Schleswig-Holstein im Zeitraum 1982 bis 1992 festzustellen; Schleswig-Holstein folgt stärker dem Bundesdurchschnitt. Des weiteren zeigt die Verteilung der Wohnorte der Täter, daß – wiederum für die hier untersuchten Straftaten

– nur ein geringer Teil von ihnen aus Hamburg stammt: Bei
»Mord« und »Raub, räuberische Erpressung« sind es 0%, bei
»Totschlag« und »sonstigen Raubüberfällen« 5,7%, bei »Diebstahl
ohne erschwerende Umstände« 9,5%, bei »Diebstahl aus Wohnräumen« 6,0%. Die Werte liegen weit unter den summierten An-
teilen jener Tatverdächtigen, die ihren Wohnsitz außerhalb der
Bundesrepublik haben oder ohne festen Wohnsitz sind (vgl. Polizeiliche Kriminalstatistik für das Land Schleswig-Holstein 1992).

Die über die letzten Jahre besondere Position Schleswig-Holsteins läßt sich vermutlich eher durch zwei andere Merkmale
erklären: die Bevölkerungsfluktuation und die ökonomische Situation des Landes.

Die Fluktuation der Bevölkerung in einem Gebiet läßt sich als
Indikator für das Ausmaß informeller sozialer Kontrolle interpre-
tieren. Je höher die Fluktuationsrate ist, desto niedriger ist die
informelle soziale Kontrolle. Der Bevölkerungsaustausch wird
hier über die Summe der Zu- und Fortzüge, dividiert durch die
Einwohnerzahl, gemessen. Diese Rate hatte sich als erklärendes
Merkmal gegenüber zahlreichen anderen für die Kriminalität in
Großstädten in einer früheren Studie als bedeutsam erwiesen (vgl.
Friedrichs 1985). Aufgrund der verfügbaren Daten konnte die
Rate nur für das Jahr 1988 berechnet werden (Statistisches Bun-
desamt 1988, S. 167). Die Fluktuationsrate betrug für Baden-
Württemberg 0,020, für Bayern 0,016, für Niedersachsen 0,025, für
Nordrhein-Westfalen 0,013 und für Schleswig-Holstein 0,036. Sie
ist damit die höchste und gibt damit einen wichtigen Hinweis zur
Erklärung der vergleichsweisen hohen Kriminalität in Schleswig-
Holstein.

Eine weitere Erklärung setzt bei den ökonomischen Bedingungen an. Aus den theoretischen Überlegungen ließe sich eine erhöhte
Kriminalität unter zwei Bedingungen erwarten: erstens einem
wirtschaftlichem Wachstum, das aber nur in ungleichem Maße die
einzelnen Gruppen der erwerbstätigen Bevölkerung betrifft. Dies
ist eine Situation, wie sie schon lange für München, Frankfurt und
seit der Wiedervereinigung für Hamburg besteht; sie liegt in
Schleswig-Holstein nicht vor. Zweitens ist ein Anstieg der Kriminalität zu erwarten, wenn die Rezession die Erwerbstätigen in sehr
verschiedenem Maße trifft, also ebenfalls die soziale Ungleichheit
fördert. Dies kann mit den hier verfügbaren Daten nicht geprüft
werden.

Dennoch zeigen einige ökonomische und fiskalische Indikatoren, daß Schleswig-Holstein unter den Bundesländern einen ungünstigen Platz einnimmt. Hierfür einige Belege:
– Das Bruttoinlandsprodukt des Landes Schleswig-Holstein betrug DM 36100 im Jahre 1992 und lag damit gleichauf mit Niedersachsen und leicht über Rheinland-Pfalz (DM 35500). Für die alten Bundesländer lautete der Wert DM 42700, den höchsten Wert von den Flächenländern erreichte Hessen mit DM 50800. Der Anteil Schleswig-Holsteins von 3,2% entsprach nicht seinem Bevölkerungsanteil mit 4,3%. Auch der Beschäftigtenanteil und der Anteil am Industrieumsatz befanden sich mit 2,2% bzw. 2,4% unter dem Bevölkerungsanteil. Ferner hatte das Land 1992 mit einer Arbeitslosenquote von 8,2% nach dem Saarland den höchsten Wert (Institut der Deutschen Wirtschaft 1993, S. 1-4).
– Die durchschnittlichen Bruttomonatsverdienste der männlichen und weiblichen Angestellten betrugen im Jahre 1992 in Schleswig-Holstein DM 4361, damit lag das Land nicht nur unter dem Bundesdurchschnitt von DM 4888, sondern nahm den letzten Platz ein. Die höchsten Verdienste wurden in Baden-Württemberg mit DM 5116 erzielt.
– Die Steuereinnahmekraft im Jahre 1991 betrug in Schleswig-Holstein DM 1068 pro Einwohner, geringer war nur der Wert für das Saarland mit DM 835; der Bundesdurchschnitt war DM 1261 (Statistisches Jahrbuch 1993, S. 571).
– Bereits frühere Analysen der Finanzkraft haben gezeigt, daß die städtischen Steuereinnahmen im Land Schleswig-Holstein mit DM 983 je Einwohner den Bundesdurchschnitt von DM 1357 weit unterboten. Zudem steigerten sie sich zwischen 1977 und 1987 nur um 26,2%, während es im Durchschnitt der Bundesländer 49,2% waren; Schleswig-Holstein wies den niedrigsten Wert auf (Verband deutscher Städtestatistiker 1989, S. 41).

Zusammenfassend ergibt sich folgende, noch sehr vorläufige Erklärung. Die im Vergleich zu anderen Bundesländern relativ schlechte wirtschaftliche Position des Landes könnte zu einer relativen Deprivation der Bewohner (relativ zu denen anderer Bundesländer) führen. Diese Vermutung würde auch durch den vergleichsweise hohen Grad der individuellen Anomia gestützt. Wenn zusätzlich die große Fluktuation eine Bedeutung hat, dann trifft sie auf eine mangelnde Modernisierung im Sinne des Wertewandels und verstärkt die persönliche Unsicherheit. Diese Bedingungen könnten das Ausmaß der Kriminalitätsrate erklären.

Es sei jedoch darauf hingewiesen, daß die Entwicklung der Häufigkeitszahlen in den anderen Bundesländern im letzten Jahr dazu geführt hat, daß sich der Abstand Schleswig-Holsteins zu anderen Bundesländern verringerte. Es ist zu erwarten, daß die ökonomische Rezession, von der inzwischen alle Bundesländer, und nicht nur die altindustrialisierten Regionen, ungeachtet ihrer Branchenstruktur betroffen sind, ebenfalls zu einer Annäherung der Kriminalitätsraten führen wird. Die Position Schleswig-Holsteins wird sich zunehmend weniger von der anderer Länder unterscheiden.

4. Diskussion und Folgerungen

Die zweifellos am häufigsten verwandten Indikatoren der Anomie sind Kriminalitätsraten. Ihre Bedeutung, auch in der Wahrnehmung der Öffentlichkeit, rührt nicht zuletzt daher, daß die Medien in den letzten Jahren ausführlich über den Anstieg der Straftaten in zahlreichen Deliktbereichen berichtet haben. Eine statistische Zunahme der Kriminalität könnte auf ein erhöhtes Anzeigeverhalten oder eine bessere polizeiliche Verfolgung von Rechtsbrüchen (also eine Verringerung des Dunkel- zugunsten des Hellfeldes) zurückgeführt werden. Diese Erklärungen werden jedoch von Experten des Bundeskriminalamtes für unerheblich gehalten. Wichtiger erscheinen drei einander nicht ausschließende Gründe: organisierte Kriminalität, sozioökonomische Veränderungen und Normenpluralität.

Zum einen ist der Anstieg nach dem Urteil aller Sachverständigen auf eine Zunahme der organisierten Kriminalität zurückzuführen. Sie ist beileibe nicht mehr auf die USA beschränkt, längst sind es auch nicht mehr nur italienische Organisationen wie die Mafia oder lokale Vereinigungen. Vielmehr haben weltweit operierende Banden verschiedener Nationalität erheblich an Einfluß gewonnen. Damit haben sich drei Veränderungen ergeben: eine stärkere räumliche Ausbreitung über zahlreiche Länder, eine inhaltliche Ausweitung, nämlich eine Vielzahl von Delikten, schließlich eine Zunahme gewaltsamer Konflikte, sowohl zwischen den Organisationen selbst als auch gegenüber ihren Opfern.

Die zweite Ursache ist in einem Wandel der sozioökonomischen

Bedingungen zu sehen. Nehmen Armut, Einkommensungleichheit und relative Deprivation zu – und dies ist in der Bundesrepublik der Fall –, so wird sich auch die Kriminalitätsrate erhöhen. Dies haben die vorangegangenen Analysen, v. a. für die Eigentumskriminalität, belegt. Wir beobachten ferner eine Verknappung zentraler Ressourcen, insbesondere von Wohnungen und Arbeitsplätzen, so daß die Konkurrenz um solche Ressourcen steigt.

Die dritte Ursache, nämlich Normenpluralität, und die Umstände, unter denen sie zu abweichendem Verhalten führt, sind weiter oben ausführlich behandelt worden. Normenpluralität ist nicht direkt mit einzelnen Formen abweichenden Verhaltens verbunden, sondern indirekt, nämlich über die Perzeption des Ausmaßes einzelner Formen devianter Handlungsweisen. Zudem erklärt sie sehr wahrscheinlich auch nur spezielle Formen abweichenden Verhaltens: die Illegalitäts-Legitimitäts-Verhaltensmuster. Es sind demnach keine Eigentumsdelikte, sondern Leistungserschleichung (»Schwarzfahren«), Steuerbetrug, Angriffe auf Minoritäten.

Sind diese Überlegungen zutreffend, so müssen keine neuen Ursachen der Kriminalität gesucht werden. Die Aufmerksamkeit muß sich vielmehr darauf richten, die Gründe dafür zu finden, was sich in der *Verteilung der Ursachen* geändert hat. Damit verschiebt sich die Richtung der wissenschaftlichen Erklärung. So könnte eine wichtige Bedingung für den Anstieg spezifischer Straftaten darin zu sehen sein, daß sich die soziale Ungleichheit in der Bundesrepublik erhöht. Durch die divergierende Entwicklung der Einkommen seit Ende der achtziger Jahre und durch den wirtschaftlichen Strukturwandel nahmen sowohl die Zahl der Arbeitslosen als auch die der Sozialhilfeempfänger zu. Das allein muß keine Auswirkungen auf den Zuwachs abweichenden Verhaltens haben. Nicht Armut, sondern Ungleichheit oder deren Folgen sind empirischen Studien zufolge Ursachen der Kriminalität – zumindest in hochindustrialisierten Ländern. Es tritt ein Zustand relativer Deprivation ein, von den Betroffenen wahrgenommen als Eindruck, sie hätten keinen gerechten Anteil am gesellschaftlichen Wohlstand. Es ist nur wahrscheinlich, daß unter solchen Bedingungen die Suche nach Sündenböcken und negative Stereotype gegenüber Ausländern zunehmen. Sie sind nur ein Ausdruck steigender Verteilungskonflikte.

Literatur

Angell, R.C.: *The Social Integration of Selected American Cities*, in: *American Journal of Sociology* 47 (1942), S. 575-592.

Angell, R.C.: *The Moral Integration of American Cities II*, in: *American Journal of Sociology* 80 (1974), S. 607-629.

Beck, U.: *Risikogesellschaft. Auf dem Weg in eine andere Moderne*, Frankfurt/M. 1986.

Beck, U./Beck-Gernsheim, E.: *Nicht Autonomie, sondern Bastelbiographie. Anmerkungen zur Individualisierungsdiskussion am Beispiel des Aufsatzes von Günter Burkart*, in: *Zeitschrift für Soziologie* 22 (1993), S. 178-187.

Beck, U./Beck-Gernsheim, E. (Hg.): *Riskante Freiheiten. Individualisierung in modernen Gesellschaften*, Frankfurt/M. 1994a.

Beck, U./Beck-Gernsheim, E.: *Individualisierung in modernen Gesellschaften – Perspektiven und Kontroversen einer subjektorientierten Soziologie*, in: Dies. (Hg.): *Riskante Freiheiten*, a.a.O. 1994b, S. 10-39.

Becker, G.S.: *Der ökonomische Ansatz zur Erklärung menschlichen Verhaltens*, Tübingen 1982.

Becker, U./Nowak, H.: *Lebensweltanalyse als neue Perspektive der Meinungs- und Marketingforschung*, in: ESOMAR (Hg.): *Fitting Research to Turbulent Times*. Bd. II 1982, S. 247-267.

Becker, U./Becker, H./Ruhland, W.: *Zwischen Angst und Aufbruch*, Düsseldorf 1992.

Blau, J.R./Blau, P.M.: *The Cost of Inequality: Metropolitan Structure and Violent Crime*, in: *American Sociological Review* 47 (1982), S. 114-129.

Böltken, F./Jagodzinski, W.: *Postmaterialism in the European Community, 1970-1980: Insecure Value Orientations in an Environment of Insecurity*, in: *Comparative Political Studies* 17 (1985), S. 453-484.

Bundeskriminalamt (Hg.): *Polizeiliche Kriminalstatistik Bundesrepublik Deutschland*. Berichtsjahre 1982, 1984, 1986, 1988, 1990, 1991, 1992, Wiesbaden.

Burkart, G.: *Individualisierung und Elternschaft – Das Beispiel USA*, in: *Zeitschrift für Soziologie* 22 (1993a), S. 159-177.

Burkart, G.: *Eine Gesellschaft von nicht-autonomen biographischen Bastlerinnen und Bastlern. Antwort auf Beck/Beck-Gernsheim*, in: *Zeitschrift für Soziologie* 22 (1993b), S. 188-191.

Coleman, J.S.: *Foundations of Social Theory*, Cambridge/London 1991.

Dangschat, J./Blasius, J. (Hg.): *Lebensstile in Städten*, Opladen 1994.

dpa (Deutsche Presse-Agentur): *Wachstumsbranche Schwarzarbeit. dpa-Hintergrund* 3167, Hamburg 1985.

Ellinghaus, D./Welbers, M.: *Vorschrift und Verhalten. Eine empirische Untersuchung über den Umgang mit Verkehrsregeln* (Uniroyal Verkehrsuntersuchung, Bd. 6), Köln 1992.

Esser, H.: *Alltagshandeln und Verstehen*, Tübingen 1991.

Friedrichs, J.: *Kriminalität und sozio-ökonomische Struktur von Großstädten*, in: *Zeitschrift für Soziologie* 14 (1985), S. 50-63.

Friedrichs, J.: *Anomietendenzen und soziale Integration – Schleswig-Holstein im Vergleich. Gutachten für die Staatskanzlei Schleswig-Holsteins*, Kiel 1994.

Gluchowski, P.: *Lebensstile und Wandel der Wählerschaft in der Bundesrepublik Deutschland*, in: *Aus Politik und Zeitgeschichte.* Beilage zur Wochenzeitung *Das Parlament* B 12 (1987), S. 18-22.

Heitmeyer, W.: *Gesellschaftliche Desintegrationsprozesse als Ursache von fremdenfeindlicher Gewalt und politischer Paralysierung*, in: *Aus Politik und Zeitgeschichte* Bd. 2-3 (1993), S. 3-13.

Herbert, W.: *Wandel und Konstanz von Wertstrukturen.* Speyerer Forschungsberichte, Bd. 101, Speyer 1991.

Herz, T. A.: *Werte, sozio-politische Konflikte und Generationen. Eine Überprüfung der Theorie des Postmaterialismus*, in: *Zeitschrift für Soziologie* 16 (1987), S. 56-69.

Inglehart, R.: *The Silent Revolution: Changing Values and Political Styles Among Western Publics*, Princeton 1977.

Inglehart, R.: *Zusammenhang zwischen sozio-ökonomischen Bedingungen und individuellen Wertprioritäten*, in: *Kölner Zeitschrift für Soziologie und Sozialpsychologie* 32 (1980), S. 144-153.

Inglehart, R.: *Kultureller Umbruch: Wertwandel in der westlichen Welt*, Frankfurt/New York 1989.

Institut der Deutschen Wirtschaft Köln: *Zahlen zur wirtschaftlichen Entwicklung der Bundesrepublik Deutschland*, Köln 1993.

Kirchgässner, G.: *Homo Oeconomicus*, Tübingen 1991.

Klages, H.: *Wohlstandsgesellschaft und Anomie*, in: Haferkamp, H. (Hg.): *Wohlfahrtsstaat und soziale Probleme*, Opladen 1984, S. 6-30.

Klages, H./Franz, G./Herbert, W.: *Sozialpsychologie der Wohlfahrtsgesellschaft*, Frankfurt/New York 1987.

Klocke, A.: *Sozialer Wandel, Sozialstruktur und Lebensstile in der Bundesrepublik Deutschland*, Frankfurt/M. 1993.

Kluckhohn, C.: *Values and Value-Orientation in the Theory of Action*, in: Parsons, T./Shils, E. (Hg.): *Toward a General Theory of Action*, Cambridge 1962, S. 388-433.

Lüdtke, H.: *Lebensstile und Subkulturen als Kontexte der Interessenartikulation.* Unveröff. Manuskript. Erscheint in: Vaskovics, L. A. (Hg.): *Subkulturen und Subkulturkonzepte*, Opladen.

Maas, U. u. a.: *Infrequent Neonatal Opiate Withdrawal Following Maternal Methadone Detoxification During Pregnancy.* Paper zur Veröffentlichung in Journal. Prenat. Medicine, Berlin 1989.

Merton, R. K.: *Social Theory and Social Structure*, Rev. Aufl., New York 1957.

Noll, H.-H./Wiegand, E. (Hg.): *System Sozialer Indikatoren für die Bundesrepublik Deutschland*. Zeitreihen 1950-1991, Mannheim 1993.

Opp, K.-D.: *Abweichendes Verhalten und Gesellschaftsstruktur*, Darmstadt/Neuwied 1974.

Opp, K.-D.: *Das Modell des Homo Sociologicus*, in: *Analyse und Kritik* 8 (1986), S. 1-27.

Pfeiffer, C.: *Die polizeilich registrierte Kriminalitätsentwicklung des Jahres 1991 in Niedersachsen.* Kriminologisches Forschungsinstitut Niedersachsen e. V. (Unveröff. Bericht), Hannover 1992.

Popitz, H.: *Über die Präventivwirkung des Nichtwissens. Dunkelziffer, Norm und Strafe*, in: *Recht und Staat* 350, Tübingen 1968.

Prantl, H.: *Im Norden Totschlag, im Süden Rauferei*, in: *Süddeutsche Zeitung*, 3. 3. 1993.

Ramb, B.-T./Tietzel, M. (Hg.): *Ökonomische Verhaltenstheorie*, München 1993.

Schenk, M.: *Medienwirkungsforschung*, Tübingen [2]1987.

Schulze, G.: *Die Erlebnisgesellschaft. Kultursoziologie der Gegenwart*, Frankfurt/New York 1993.

Schwinges, U./Kiehl, K.: *Die Eingliederung von Aussiedlern. Eine empirische Untersuchung in Hamburg*, Hamburg 1989.

Seeman, M.: *On the Meaning of Alienation*, in: *American Sociological Review* 24 (1959), S. 783-791.

Der Spiegel: Was habe ich nur getan? Heft 7 (1990), S. 166-181.

Srole, L.: *Social Integration and Certain Corollaries*, in: *American Sociological Review* 6 (1956), S. 709-716.

Verband Deutscher Städtestatistiker (Hg.): *Städte in Zahlen. Ein Strukturbericht zum Thema Finanzen.* Verband Deutscher Städtestatistiker, Nürnberg 1989.

Vester, M./von Oertzen, P./Geiling, H./Hermann, T./Müller, D.: *Soziale Milieus im gesellschaftlichen Strukturwandel*, Köln 1993.

Weede, E.: *Mensch und Gesellschaft*, Tübingen 1992.

ZUMA (Hg.): *ZUMA-Skalenhandbuch*. 2. Ergänzungslieferung 1986. Zentrum für Umfragen, Methoden und Analysen, Mannheim 1983.

Günter Albrecht
Anomie oder Hysterie – oder beides?
Die bundesrepublikanische Gesellschaft und ihre Kriminalitätsentwicklung[1]

1. Theoretischer Bezugsrahmen

Die lebhafte soziale, politische und wirtschaftliche Geschichte der Bundesrepublik kennt eine Reihe von Phasen, die von bedeutenden gesellschaftlichen Gruppen als Krisen gedeutet wurden. Als einer der beliebtesten Indikatoren galt dabei die Kriminalitätsentwicklung, die auch in der aktuellen Situation von der Öffentlichkeit als eines der zentralen sozialen Probleme der Gegenwart angesehen wird. Nun sind »soziale Probleme« keine objektiven Tatbestände, sondern sie sind Produkte von gesellschaftlichen Definitionsprozessen, die ihre eigene Realität konstruieren (vgl. dazu Albrecht 1990). Gerade am Beispiel der Kriminalität hat sich wiederholt gezeigt, daß zwischen objektiven Gegebenheiten und der allgemeinen Wahrnehmung erhebliche Diskrepanzen bestehen (vgl. u.a. Fishman 1978) und »Kriminalitätswellen« unter Umständen Fiktionen, Resultate »moralischer Panik« sind (vgl. zu diesem Konzept Ben-Yehuda 1986). Angesichts massiver öffentlicher Debatten über die tatsächliche oder vermeintliche dramatische Entwicklung der Kriminalität in der Bundesrepublik stellt sich also die Frage, ob wir es hier mit einem exemplarischen Fall von moralischer Panik zu tun haben oder vor Manifestationen gesellschaftlicher *Anomie* infolge massiver gesellschaftlicher Umbrüche stehen.

Seit R.K. Mertons berühmtem Aufsatz *Social Structure and Anomie* (1938, 1995a) gehört die Deutung der Kriminalität aus anomietheoretischer Sicht zu den wesentlichen Perspektiven der Kriminalsoziologie und nimmt damit bahnbrechende Ideen Durkheims über problematische Formen der Arbeitsteilung und über unzulängliche Regelungsmechanismen für menschliche Bedürfnisse wieder auf (vgl. zur Geschichte des Konzeptes Merton 1964,

1 Ich widme diese Arbeit meinem Sohn Oliver Albrecht, der mich bei der Erstellung des Projektberichtes, auf dem der vorliegende Text beruht, unterstützt hat. Ich danke ihm v.a. für wichtige technische Hilfen bei der Verarbeitung der Daten.

S. 214, 226, 1995b; Orru 1983, 1987, sowie zur empirischen Bewährung Clinard 1964; Bohle 1975).

Durkheims Analysen verdienten an sich eine ausführliche Würdigung, da sie im Grunde eine dynamischere Sichtweise darstellen (vgl. zum Verhältnis Durkheim–Merton Passas 1995). In seinem Buch *Über soziale Arbeitsteilung* kommt Durkheim (zuerst 1893; dt. 1977 bzw. 1988) zu der Einsicht, daß es verschiedene anormale Formen der Arbeitsteilung gibt, deren Existenz kein Resultat zeitigt, wie er es ansonsten durchgehend für arbeitsteilige gesellschaftliche Organisation postuliert, nämlich Solidarität in Form von »organischer Solidarität«, die auch bei zunehmendem Individualismus, ja selbst angesichts eines gesellschaftlich bedingten und tolerierten »Kults des Individuums« (vgl. Albrecht 1982, S. 39; Marske 1987) gesellschaftliche Integration und Regulation und damit soziale Ordnung sicherstellt.

Eine dieser anormalen Formen der Arbeitsteilung ist die »erzwungene Arbeitsteilung« (Durkheim 1988, S. 443-458), bei der die Aufteilung der sozialen Funktionen und damit auch der gesellschaftlichen Belohnungen nicht nach der tatsächlichen Leistung bzw. Leistungsfähigkeit erfolgt, sondern aufgrund von Privilegien, die zunehmend als ungerecht empfunden werden und die Grundlage von Klassenkämpfen darstellen (vgl. Filloux 1993, Green 1989). Eine andere anormale Form der Arbeitsteilung besteht in der Form der *anomischen Arbeitsteilung* (ebd., S. 421-442), bei der die Entwicklung der Arbeitsteilung so plötzlich vorangeschritten ist, daß zwischen den nun »geteilten Funktionen« keine hinreichenden Abstimmungen erfolgen konnten, um ein wohlintegriertes Ganzes und damit soziale Ordnung zu bewirken (ebd., S. 435-440). Aus heutiger Sicht könnte man sagen, daß es Durkheim darum ging, »Modernisierungsschübe«, die Auswirkungen auf die Arbeitsteilung haben, in ihren umfassenden gesellschaftlichen Folgen zu analysieren. Durkheim leitet die anomische Arbeitsteilung aus der mangelnden *Integration* der verschiedenen Teilfunktionen ab, die sich im Zuge schubartiger gesellschaftlicher Transformationsprozesse ergeben, so daß hier die *Regel- oder Normlosigkeit* – und so wird Anomie oft interpretiert – als *Resultat mangelnder Integration*, allerdings nicht von Personen oder sozialen Gruppen, sondern von Funktionen gedeutet wird.

Damit ergibt sich ein gewisser Kontrast zu Durkheims Buch über den Selbstmord (1973). Hier unterscheidet er vier Typen von

Selbstmord, die sich jeweils den polaren Ausprägungen zweier theoretischer Dimensionen zuordnen lassen. »Egoistischer« und »altruistischer« Selbstmord resultieren aus einer mangelnden bzw. zu extremen sozialen Integration, und »anomischer« und »apathischer« Selbstmord stellen sich als Folgen unzulänglicher bzw. extrem repressiver sozialer Regulation dar (Thompson 1982, S. 110). Bei genauer Betrachtung zeigt sich, daß die Differenz zwischen Regulation und Integration bei Durkheim schwer zu bestimmen ist und widersprüchliche Deutungen erfahren hat (Pope 1976, S. 30 ff.).

Der Grad der Integration hängt von den strukturellen Gegebenheiten einer Gesellschaft ab, die tendenziell auf eine zunehmende strukturelle und *funktionale Differenzierung* durch Arbeitsteilung und auf eine zunehmende *Individualisierung* hinauslaufen. Der Verlust der sozialen Integration in kleine und intermediäre Gruppen und dadurch in umfassendere gesellschaftliche Zusammenhänge durch individuelle biographische Prozesse (z. B. Scheidung) oder durch umfassendere gesellschaftliche Transformationsprozesse (z. B. Auflösung ständischer Organisationen im Zuge der Durchsetzung des Industriekapitalismus) macht die Individuen so verletzlich gegenüber Enttäuschungen, Ängsten und Nöten, daß sie sich eher dazu entschließen, ein »sinnlos gewordenes Leben« selbst zu beenden. Da Durkheim den Gegentypus des altruistischen Selbstmordes angesichts der dominanten Entwicklungszüge moderner Gesellschaften auf dem Rückzug befindlich sieht, wollen wir ihn hier nicht näher erläutern (d. h. nicht, daß sich eine eingehendere Betrachtung nicht lohnen würde; vgl. Besnard 1993).

Durkheim deutet bestimmte Entwicklungen der gesellschaftlichen Selbstmordraten als Erscheinungen von *Anomie*, d. h. als Folgen bzw. Ausdruck des Zustandes gesellschaftlicher *Regellosigkeit*. Dabei geht es ihm nicht um das Fehlen konkreter Regeln des Verhaltens, sondern um das Fehlen der gesellschaftlichen Begrenzung und der Regulierung der Wünsche und Bedürfnisse. Dieser Regulation kommt besondere Bedeutung zu, weil Durkheim von der »Doppelnatur des Menschen« (homo duplex) ausgeht, der einerseits ein biologisches, andererseits aber auch ein gesellschaftliches Wesen ist. Eine »biologische Sicherung« und Leitung fehlt insbesondere für die Wünsche und Bestrebungen, die sich deshalb prinzipiell »unendlich« ausdehnen können, sofern nicht Grenzen von außerhalb gesetzt werden, die letztlich nur gesellschaftlicher Natur sein können. Durkheims zentrale Schriften bemühen sich um die Klärung des Ursprungs und der Möglichkeiten der Gestaltung solcher moralischer Regeln, sozialer Strukturen und Organisationen (vgl. Durkheim 1979, 1991, 1992; vgl. König 1976; Gülich 1991; Müller 1983, insbes. S. 183 ff.). Dennoch kann man nicht sagen, daß ihm eine theoretische Klärung der Frage gelungen sei, unter welchen Bedingungen es zu einer mangelnden gesellschaftlichen Kontrolle der Aspirationen und der Bedürfnisse kommt. In Zusammenhang mit der Analyse der Selbstmordraten und ihrer Abhängigkeit von wirtschaftlichen Entwicklungen gewinnt er jedoch erste Einsichten.

Während der Nachweis, daß in Zeiten der Verschlechterung der materiellen Bedingungen, z. B. durch zurückgehende Gewinne der Unternehmer oder durch Arbeitslosigkeit der Lohnabhängigen, die Selbstmordraten deutlich steigen, bei genauerer Betrachtung der Argumentation Durkheims gar keine anomietheoretische Deutung in dessen Sinne nahelegt, denn hier handeln die Akteure ja gerade deshalb, weil die aktuellen gesellschaftlichen Bedingungen nicht erlauben, die *gesellschaftlich vermittelten* und positiv sanktionierten Ziele zu verwirklichen, verhält es sich bei der beobachteten positiven Beziehung zwischen überhitzter Konjunktur und Höhe der Selbstmordrate anders. Hier liegt die Interpretation nahe, daß in bestimmten gesellschaftlichen Situationen (z. B. Hochkonjunktur mit anscheinend grenzenlosen Chancen der Erhöhung der Gewinne oder Steigerung des Niveaus der Lebenshaltung) Gesellschaften nicht in der Lage sind, den Individuen Grenzen in bezug auf ihre Aspirationen zu setzen. Obwohl die Menschen es nun schaffen, frühere hochgesteckte Ziele zu erreichen, geben sie sich damit nicht zufrieden, sondern stecken sich noch höhere Ziele, die bei Annäherung alsbald erneut angehoben werden etc. Auf diese Weise stellt sich so etwas wie die »Anomie des Erfolges« ein (vgl. auch Cohen 1972), die den einzelnen unglücklich werden läßt. Während Durkheim diese Interpretation zunächst nur auf die Entwicklung des Selbstmordes bezogen hatte, finden sich in anderen Arbeiten Hinweise auf eine entsprechende Deutung der Entwicklung von Kriminalitätsraten. Heute wissen wir, daß analoge Interpretationen auch für psychische und sogar physische Erkrankungen durchaus Sinn machen.

Betonte diese Variante der Anomietheorie die dynamischen

Aspekte gesellschaftlicher Bedingungen, also z. B. die zyklischen oder episodischen Phänomene des sozialen Wandels, so setzt sich Durkheim auch mit strukturellen Voraussetzungen anomischer Tendenzen auseinander. Als eine wichtige Beobachtung kann gelten, daß derartige anomische Tendenzen nicht in allen gesellschaftlichen Gruppen in der gleichen Stärke auftreten, sondern sich in einigen als »endemisch« bezeichnen lassen, so z. B. bei denjenigen Berufen, die mit jenen Funktionen zu tun haben, die sich im Zuge der zunehmenden Arbeitsteilung und der gesellschaftlichen Differenzierung als Vorreiter der Entwicklung herausgestellt haben, nämlich z. B. dem Handel mit Waren und Geld. Im Bereich des Güteraustauschs und der Finanzen fallen die »Fieberkurven« der Entwicklung besonders extrem aus: Auf Zeiten der Stagnation bzw. des Rückschlags folgen zyklisch Phasen des überhitzten Wachstums, in denen die Chancen des Gewinns ins unermeßliche zu steigen scheinen, um alsbald in die reinste Panik umzuschlagen (vgl. dazu insbesondere Ginsberg 1980).

Bei Robert K. Merton (1938, 1949, 1957, 1964) finden wir eine, verglichen mit Durkheim, systematischer ausformulierte Anomietheorie, die dessen Ideen selbständig weiterentwickelt. Sie hat einerseits den Nachteil, daß sie bestimmte Erklärungsansätze kappt, so z. B. den ausdrücklichen Bezug zum sozialen Wandel und zu epochalen gesellschaftlichen Entwicklungen, die im Sinne unserer konkreten Fragestellung besonders relevant sein könnten; sie hat aber auch den Vorteil, daß sie den Bezug zum Aspekt der Kriminalität eindeutiger herstellt und *verschiedene Formen* der Reaktion auf anomische Zustände theoretisch durchdenkt. Daher kann man auf der Basis dieser Theorie genauere Aussagen darüber formulieren, unter welchen spezifischen Randbedingungen anomische Zustände durch je spezifische Formen angepaßten bzw. abweichenden Verhaltens zu bewältigen versucht werden (vgl. z. B. Clinard 1964, Dunham 1964).

Andererseits steht dem entgegen, daß Merton im Sinne der Durkheim-Tradition betont, daß es ihm *nicht* um die Erklärung *individuellen* Handelns, sondern um *gesellschaftliche Verteilungsmuster* abweichenden Verhaltens, also um die Raten abweichenden Verhaltens bestimmer gesellschaftlicher Teilgruppen geht. Für die Wahl zwischen funktional äquivalenten Reaktionsformen dürften aber nicht nur rein strukturelle Aspekte, sondern auch mikrosoziale, wenn nicht gar v. a. psychische Faktoren von erheblicher

Bedeutung sein. Tatsächlich bezieht Merton auch die individuelle Ebene insofern mit ein, als er davon ausgeht, daß anomische Zustände auf gesellschaftlicher Ebene unter bestimmten Umständen eine Widerspiegelung auf individueller Ebene erfahren, also sozusagen *individuelle Anomie* auslösen, die, um die wichtige Differenz zwischen beiden Ebenen zu betonen, als *Anomia* bezeichnet wird. Trotz dieses »Zugeständnisses« an die individuelle Ebene bekräftigt Merton immer, daß die eigentliche Anomietheorie auf der *gesellschaftlichen* und nicht auf der individuellen Ebene angesiedelt sei.

Mertons zentrale Aussage lautet, daß sich Anomie aus der unterschiedlich starken gesellschaftlichen Betonung und sozialisatorischen Vermittlung von primären Werten und von Normen zur Bestimmung der legitimen Mittel zur Erreichung dieser Ziele einerseits und aus der sozial ungleichen Verteilung der Zugangschancen zu den legitimen Mitteln zur Erreichung dieser Ziele andererseits ergibt. Auf diese sind fünf Reaktionsformen denkbar, die sich darin unterscheiden, inwieweit sie die primären Werte und die bisher als legitim geltenden Mittel akzeptieren, aufgeben oder gar aktiv durch andere ersetzen. Zwar hat Merton ausdrücklich dargelegt, daß er die Situation des blockierten Zugangs zu den legitimen Mitteln zur Erreichung der zentralen Werte für eine typische *Unterschichtsituation* hält, und sich in späteren Ergänzungen des zentralen Aufsatzes ausführlich mit der Diskussion der Frage befaßt, inwiefern und wie die soziale Schicht der Akteure für die Wahl zwischen den verschiedenen Anpassungsformen bedeutsam ist, aber er hat die »Anomie« nicht als Prädikat der individuellen Befindlichkeit von bestimmten Personen, sondern als der von Gesellschaften konzipiert. Damit stellt sich für die weitere Arbeit jedoch das methodologische Problem der angemessenen Prüfung dieser gesamtgesellschaftlichen Anomietheorie. Wenn Anomie nicht mit der »Dissoziation von kultureller und sozialer Struktur« identisch ist, sondern sich als deren Folge ergibt, und andererseits aus den genannten Gründen nicht durch die Messung der Befindlichkeit von Individuen, wie bspw. durch die Anomieskala von Leo F. Srole (1956; vgl. die deutsche Übersetzung bei Basler 1977 sowie die methodische und theoretische Kritik an Sroles Skala bei Clark 1958, Dean 1962, Jaffe 1963, McClosky u. Schaar 1965, Merton 1964), erfaßt werden kann, dann bedarf es anderer, *gesamtgesellschaftlicher* Indikatoren für das Vorliegen der Anomie. Dabei gilt es, tautologische Argumentationen zu vermeiden. Wollte man z. B. die Verbreitung von Alkoholismus anomietheoretisch erläutern und diese Erklärung empirisch testen, so wäre die Wahl der gesamtgesellschaftlichen Kriminalitätsrate als Anomieindikator untauglich, da kriminelles Verhalten selbst von der Anomietheorie als Anpassungsform an anomische Situationen konzipiert wird, daher also nicht als Maß der Anomie selbst fungieren kann.

Dies ist der Hintergrund für seit langem anhaltende Debatten, ob die Studien zur Überprüfung der Mertonschen Anomietheorie auf der Basis von *Individualdaten* überhaupt herangezogen werden können (vgl. verneinend Bernard 1987, bejahend Agnew 1987; vgl. auch die neue Bilanz der Forschung bei Agnew 1995). Eine Lösung dieser Frage könnte darin bestehen, die Beziehungen zwischen strukturellen gesellschaftlichen Gegebenheiten, »gesellschaftlicher Anomie« und »individueller Anomie« (Anomia) in ihren jeweiligen Wechselwirkungen genauer zu formulieren. Merton selbst hat sich in Reaktion auf anhaltende Kritiken darum bemüht, jedoch nicht mehr als eine Skizze dazu geliefert. In Anlehnung an Byrne (1977) sei dazu auf folgende Punkte hingewiesen: Merton setzt keineswegs Anomie mit dem Wertkonflikt bzw. mit der Dissoziation von kultureller und sozialer Struktur gleich, aber auch nicht mit den Anpassungsreaktionen darauf. Sie wird zeitlich und kausal zwischen beiden Phänomenen eingeordnet. Das strukturelle Auseinanderklaffen von Zielen und Mitteln führt zu sozialen Spannungen, die wiederum die individuelle Anomie (Anomia) hervorrufen. Anomia ruft bei einem Teil der Mitglieder eines Sozialsystems (wie Merton meint v. a. bei den besonders benachteiligten) abweichende Verhaltensreaktionen hervor, deren Wahrnehmung bei vielen Mitgliedern der Gesellschaft den Eindruck gesellschaftlicher Anomie erzeugt und damit die individuelle Anomie verstärkt. Anomie und Anomia stehen also in einer Interdependenz- bzw. Interaktionsbeziehung, die jedoch über andere Variablen vermittelt wird. Sie sind durch Interdependenzbeziehungen mit den Anpassungsreaktionen verknüpft, und auch zwischen der sozialen Spannung und Anomie werden Wechselwirkungen angenommen. Lediglich Anomia steht in einer auf den ersten Blick einfachen kausalen Abhängigkeit von der sozialen Spannung, aber über die Brücke »Anpassungsreaktionen – Anomie« finden auch Rückwirkungen der Anomia auf die soziale Spannung statt.

Damit zeigt sich, daß zu einer angemessenen empirischen Überprüfung der Anomietheorie methodologische Voraussetzungen erfüllt sein müßten, die selten tatsächlich gegeben sind, nämlich das Vorliegen von *Längsschnittdaten* einerseits und von Daten *sowohl auf individueller als auch auf Aggregatebene* andererseits.

2. Empirische Analysen auf der gesamtgesellschaftlichen Ebene

2.1 Methodologische Vorbemerkungen

Eine der Voraussetzungen, um sich über etwaige Zusammenhänge zwischen Anomie und Kriminalität Klarheit zu verschaffen, besteht darin, die Entwicklung der Kriminalität im *Längsschnitt* zu betrachten. Unterstellt man, daß anomische Tendenzen entweder als plötzlicher Zusammenbruch der normativen Ordnung auftreten oder aber in einem schleichenden Entwicklungsprozeß wirksam werden und einen längerfristigen Kriminalitätsanstieg verursachen, so gilt in beiden Fällen, daß mit deutlichen Zunahmen der Kriminalität zu rechnen ist, die in dem einen Fall unvermittelt und innerhalb eines eng begrenzten Zeitraums und in dem anderen Fall weniger abrupt, aber länger anhaltend verlaufen müßten. Geht man ferner davon aus, daß die moderne Industriegesellschaft durch eine permanente, ja durch eine steigende Anomie gekennzeichnet ist (und viele Argumente sprechen dafür, hat doch Durkheim zwischen akuter und chronischer Anomie unterschieden und postuliert, daß in Handel und Industrie die Anomie sozusagen endemisch ist, und haben sich doch gerade diese beiden Teilbereiche in der modernen Gesellschaft auf Kosten der anderen merklich ausgeweitet), so wäre eine durchgehende und sich beschleunigende Zunahme der Kriminalität über annähernd 150 Jahre zu erwarten. Dann allerdings würde sich die theoretische Brauchbarkeit des Anomiekonzeptes zur Erklärung *kurzfristiger* Schübe von bestimmten Formen abweichenden Verhaltens völlig verflüchtigen.

Eine methodisch vorsichtige Vorgehensweise würde daher die akute Entwicklung in den Zusammenhang *längerfristiger* Entwicklungen stellen, weil nur so Standards zur Bewertung des Ausmaßes kurzfristiger Auf- und Abwärtsbewegungen gewonnen werden können. Diese längerfristigen Betrachtungen hätten wiederum nur dann Sinn, wenn sie delikt-, alters- und geschlechtsspezifisch angelegt worden wären (vgl. Albrecht u.a. 1986). Leider mußten wir auf die beste Lösung, eine systematische Zeitreihenanalyse, verzichten. Gegen diese sprach, daß sich nach bisherigen Erfahrungen z.B. die sozioökonomischen Variablen in differenter Weise auf die verschiedenen soziodemographischen Gruppen hinsichtlich deren Kriminalitätshäufigkeiten auswirken (z.B. die Richtung des Zusammenhanges und den sog. time-lag zwischen »Ursachen« und »Wirkungen« betreffend). Globale Zeitreihenanalysen würden also eine Analyse eines kaum interpretierbaren »Konglomerates« von sehr unterschiedlichen Teilentwicklungen darstellen, die zu bedenklichen Fehldeutungen führen kann (vgl. das ansonsten sehr verdienstvolle Beispiel von Heiland 1983 sowie die dazu in Widerspruch stehenden Befunde von Albrecht 1983). Populations- und deliktspezifische Zeitreihenanalysen hätten jedoch einen außerordentlich hohen Arbeitsaufwand erfordert, so wünschenswert sie auch wären.

Die nachfolgenden Kommentare zur Kriminalität stellen nur den Versuch dar, die Entwicklungen in der jüngeren Vergangenheit zu beschreiben und sie in etwas längerfristige Tendenzen einzuordnen, nicht mehr.

2.2 Kriminalitätsindikatoren

Obwohl in der Öffentlichkeit immer wieder heftig diskutiert, sagt die Betrachtung der *absoluten* Deliktzahlen nichts aus. Diese müssen vielmehr auf das sorgfältigste zu bestimmten Parametern in Beziehung gesetzt werden, um Veränderungen der Bevölkerungszahl, der geschlechtlichen und altersmäßigen Zusammensetzung der Einwohnerschaft etc., die alle von erheblicher Bedeutung für die Deliktwahrscheinlichkeit sind, zu kontrollieren.

Grundsätzlich wäre zudem zwischen der Zahl der Straf*taten* pro Einwohnerkategorie und der Zahl der Straf*täter* pro Einwohnerkategorie zu unterscheiden, denn in dem einen Fall steht eher der angerichtete Schaden, in dem anderen Fall die soziale Verbreitung im Mittelpunkt. Da beide Phänomene empirisch jedoch eng zusammenhängen, sei hier eine gewisse »Unausgewogenheit« erlaubt, indem wir uns v.a. auf die Straftatenentwicklung konzentrieren.

Da für die Bundesrepublik keine dichte zeitliche Folge von *Dunkelfeldstudien* zur Kriminalitätsentwicklung existiert und vorliegende Dunkelfeldstudien nicht den Anspruch erheben können, für die ganze Bundesrepublik bzw. für alle Altersgruppen repräsentativ zu sein, sind wir auf die Befunde der *offiziellen Statistik* angewiesen, die uns aber vor eine Unzahl von methodischen Problemen stellen, die wir hier nur in sehr kursorischer Form ansprechen können (vgl. als sehr gute Analysen dieser Probleme Bohle 1981, S. 143 ff.; Kerner 1973 sowie als einen sehr vorsichtigen und durch seinen Empiriebezug anschaulichen Beitrag Sack 1968).

Die offizielle Kriminalstatistik erfaßt nur die offiziell bekanntgewordenen Fälle, die mehrheitlich auf private Strafanzeigen zurückgehen. Die Anzeigebereitschaft variiert u. a. in Abhängigkeit von versicherungstechnischen Regelungen, von Strafbedürfnissen und nicht zuletzt vom Vertrauen in die Instanzen sozialer Kontrolle – und damit ja auch von Anomie. Die »nachfolgenden« Statistiken (Tatverdächtigen-, Angeklagten- und Verurteiltenstatistik etc.) sind in hohem Maße abhängig von verfahrenstechnischen Regelungen, behördeninternen Routinen und ihren Schwankungen in zeitlicher und regionaler Hinsicht, von Arbeitskapazität und Selektionsstrategien der entsprechenden Behörden etc., so daß sowohl längs- als auch querschnittsanalytische Betrachtungen auf der Basis dieser Daten mit großer Vorsicht zu genießen sind (vgl. etwas genauer Albrecht 1994).

2.3 Längsschnittliche Betrachtungen auf der Basis der offiziellen Statistik

Wir müssen uns bei unserer Analyse auf einige wenige Datenquellen beschränken, obwohl ein gesichertes Bild im Grunde nur bei Rückgriff auf alle relevanten Datenquellen zu gewinnen ist. Wir konzentrieren uns auf die Untersuchung der Häufigkeitsziffer der Polizeilichen Kriminalstatistik und können leider auch nur einige wenige empirische Befunde durch Darstellungen und Tabellen illustrieren (vgl. gründlicher und unter Berücksichtigung auch anderer Datenquellen Albrecht 1994; vgl. sehr informativ zur Aussagekraft der Polizeilichen Kriminalstatistik Hauf 1994).

Wie oben begründet, ist es sinnvoll, die quantitative Entwicklung der Kriminalität nicht anhand globaler Parameter zu analysieren, sondern dies möglichst für spezifische Deliktgruppen zu betreiben. Dabei betrachten wir zunächst die sog. *Häufigkeitsziffer*, die definiert ist als die Zahl der bekanntgewordenen Fälle pro 100 000 Einwohner (Stichtag 1.1. des Berichtsjahres), wobei die Aussagekraft der Häufigkeitszahl dadurch beeinträchtigt ist, daß u.a. Stationierungskräfte, ausländische Durchreisende, Touristen, grenzüberschreitende Pendler sowie Nichtdeutsche, die sich illegal im Bundesgebiet aufhalten, in der Einwohnerzahl nicht enthalten sind, obwohl sie natürlich als Täter durchaus in Frage kommen.

Als wichtiger methodischer Aspekt ist zu beachten, daß die meisten der weiter unten berichteten Entwicklungen sich aus naheliegenden Gründen nur auf die alten Bundesländer beziehen. Eine Einbeziehung der neuen Bundesländer ist nur für die letzten Jahre möglich und stößt auch dabei aus technischen Gründen auf erhebliche Probleme. In jedem Fall kann man die Zahlen für die erweiterte Bundesrepublik nicht ohne weiteres mit denen der alten Bundesrepublik in Beziehung setzen. Im Zuge der Darstellung müssen wir uns auf Erläuterungen im Einzelfall beschränken.

Diebstahl ohne erschwerende Umstände

Die Entwicklung der Häufigkeitszahlen für den Diebstahl ohne erschwerende Umstände, dem wegen seiner hohen quantitativen Anteile an den Delikten insgesamt besondere Bedeutung zukommt, zeigt einen markanten Verlauf, denn in der Zeit zwischen 1953 und 1992 beobachten wir eine ganz erhebliche Anhebung des Niveaus von ca. 820 pro 100 000 Einwohner auf ca. 2 000, die sich durch eine unstetige Entwicklung ergibt. So folgen auf vier unterschiedlich lange und ausgeprägte Zeiträume massiver Zunahmen (1955 bis 1961, 1966 bis 1970, 1974 bis 1982 sowie 1990 bis 1993, von denen insbesondere die Phase 1974 bis 1982 hervorzuheben ist) jeweils leichte Abschwünge und Stagnationsphasen, diese naturgemäß auf gegenüber der Vorphase jeweils deutlich höherem Niveau. In den Zeiträumen der markanten Zunahme scheint die Entwicklung außer Kontrolle gewesen zu sein. Die Befunde für die alten Bundesländer inklusive Gesamt-Berlin für die Jahre 1993,

1994 und 1995 (HZ von 1983, 1831 und 1877) zeigen, daß diese starke Expansion zum Stillstand gekommen ist. Dies gilt im wesentlichen auch für die neuen Bundesländer (vgl. Abb. 1 im Anhang).

Diebstahl unter erschwerenden Umständen

Die Entwicklung des Diebstahls unter erschwerenden Umständen, ebenfalls ein quantitativ sehr bedeutender Ausschnitt der Gesamtkriminalität, läßt eine dramatische Zunahme in der Zeit zwischen 1953 und 1992 erkennen (von ca. 250 auf ca. 2900 pro 100000 Einwohner). Nach einer fast stagnierenden Entwicklung (1953 bis zu Beginn der sechziger Jahre) und nachfolgender leichter Steigerung (bis 1969) folgen eine kurze massive (1970 bis 1972) und eine länger anhaltende markante Anstiegsphase (1974 bis 1979), auf die wiederum in den Jahren 1980 bis 1983, 1985 bis 1987 und 1992 bis 1993 Phasen sprunghafter Zuwächse einsetzen. Für die alten Bundesländer inklusive Gesamt-Berlin kommt diese Entwicklung mit dem Jahre 1993 zum Stillstand, um für die Jahre 1994 bis 1995 deutlich rückläufig zu sein (HZ 2827, 2588, 2510); ganz ähnlich die aktuellen Trends für die neuen Bundesländer. Während beim Diebstahl ohne erschwerende Umstände ausgeprägte Konsolidierungsphasen eingeschaltet waren, ist die Entwicklung beim »schweren Diebstahl« seit dem Ende der sechziger Jahre praktisch außer Kontrolle (Ausnahme späte achtziger und frühe neunziger Jahre), so daß man beim Versuch einer anomietheoretischen Deutung von einer etwa über 23 Jahre dauernden Phase anomischer Tendenzen mit vier eingelagerten besonders massiven Zuspitzungen ausgehen muß. Dieses Bild spricht eher für eine durchgehende anomische Tendenz seit Mitte der sechziger Jahre – mit den genannten Zuspitzungen – als für verschiedene »Wellen« anomischer Tendenzen (vgl. Abb. 2 im Anhang).

Häufigkeitszahl Betrug

Für die Betrugsdelikte registrieren wir ein Bild, das mit dem der zuvor dargestellten Straftaten zwar teilweise übereinstimmt, in Einzelheiten jedoch deutlich davon abweicht. Auf der einen Seite beobachten wir eine allerdings relativ bescheidene Niveauanhebung der Häufigkeitszahl von 432 (im Jahre 1953) auf ca. 620 pro

100 000 Einwohner (1992) bzw. auf 788 (1995) für die alten Bundesländer inklusive Gesamt-Berlin. Auf der anderen Seite zeigt sich von 1953 bis 1970 ein merklicher, nicht ganz kontinuierlicher Rückgang auf unter 300 (277,5), ein Trend, der den meisten Entwicklungsverläufen widerspricht. Nach erstem deutlichen Anstieg in den Jahren 1974 bis 1976 erkennen wir von 1981 bis 1985 eine drastische Steigerung von ca. 400 (1980) auf 610, die dann von einer Pendelbewegung (Ausreißer nach oben 1989) um dieses relativ hohe Niveau abgelöst wird, bevor mit dem Jahr 1992 eine erneute starke Zunahme in Sprüngen auf die höchsten Häufigkeitszahlen einsetzt (690, 749, 788 in den Jahren 1993 bis 1995; bei ganz ähnlicher Tendenz in den neuen Ländern in den letzten drei Jahren). Bei summarischer Betrachtung könnte man für die letzten 23 Jahre von einer anomischen Tendenz sprechen, müßte bei genauerer Untersuchung jedoch die Phasen von 1981 bis 1985 und 1992 bis 1995 in den Vordergrund rücken, in denen die entscheidenden Sprünge stattfinden (vgl. Abb. 3 im Anhang), wobei allerdings wegen geänderter Zählweise bei sog. Fortsetzungsdelikten für die letzte Phase die Zahlenverhältnisse teilweise artefaktbedingt sind.

Häufigkeitszahl Unterschlagung

Die Häufigkeitszahlen für das Delikt Unterschlagung haben sich in der Zeit von 1953 bis 1992 fast halbiert (von ca. 144,5 auf ca. 82). Es ergeben sich gewisse Parallelen zum Betrug, da von 1953 bis 1972 die Entwicklung zunächst entschieden rückläufig ist (bis auf 49,3). Der Anstieg erfolgte – wie beim Betrug – zunächst nur langsam, um dann zwischen 1980 und 1988 an Dynamik zu gewinnen und sich auf dem etwas erhöhten Niveau zu stabilisieren. Wenn überhaupt, dann könnte man für die Jahre zwischen 1980 bis 1988 anomische Tendenzen vermuten, in interessanter Parallele zum Betrug. Die Werte für 1993 bis 1995 (82, 82, 86) indizieren – abweichend vom Betrug – eine erstaunliche Stabilität in den letzten Jahren (leicht abweichend davon die neuen Länder).

Häufigkeitszahl Urkundenfälschung

Bei der Urkundenfälschung läßt sich eine deutliche Niveauanhebung von 1953 auf 1995 von 29,7 auf ca. 100 pro 100 000 Einwohner beobachten. Diese Entwicklung kennzeichnet aber erst die Zeit nach 1972, zuvor stagnierten die Zahlen auf dem niedrigen Ausgangsniveau. Seit diesem Zeitpunkt schreitet die Entwicklung, mit Beschleunigungsphasen von 1972 bis 1977, 1980 bis 1982, 1989 und sehr ausgeprägt von 1991 bis 1995 fast linear voran. Bei stark generalisierender Betrachtung offenbaren sich deutliche Ähnlichkeiten mit der Entwicklung der Unterschlagung, so daß man entweder von einer großen anomischen Phase von ca. 1972 bis 1995 spricht oder von mehreren stärkeren »Schüben«, z. B. 1972 bis 1977, 1980 bis 1982 bzw. 1991 bis 1995. Der Wert von 113 für das Jahr 1993 deutet an, daß sich die Tendenz hier noch einmal bedenklich zugespitzt hat.

Häufigkeitszahl Mord und Totschlag, einschließlich Versuche

Die Entwicklung dieses im Mittelpunkt des öffentlichen Interesses stehenden Deliktbereiches weist einen komplexen Verlauf auf, der mit Sicherheit nicht dem allgemeinen Wahrnehmungsmuster entspricht. Zwar ist zwischen 1953 bis 1995 ein Niveauanstieg von 1,6 auf ca. 4,6 pro 100 000 Einwohner, also fast eine Verdreifachung der Häufigkeitszahl, festzustellen, doch die Progression ist nicht kontinuierlich, und die höchsten Ziffern liegen nicht am Ende des Berichtszeitraumes. Im einzelnen zeigt sich bis etwa 1958 eine Stagnation auf niedrigem Niveau. Ab 1959 und verstärkt ab 1962 setzt eine deutliche Steigerung ein, bis 1967 auf 3,2. Nach kurzfristigem leichtem Rückgang findet von 1969 bis 1975 ein rasanter Anstieg auf 4,7 statt. Nach erneutem kurzfristigem Rückgang (von 1976 bis 1978) wird 1982 eine erste Höchstmarke von 4,9 erreicht, um dann bis zum Ende der achtziger Jahre in einer leichten Wellenbewegung abzusinken (auf 3,76). Auf eine kurze Stagnationsphase erfolgt im Jahr 1992 wieder ein merklicher Anstieg, der jedoch zunächst nicht die Höhe des Jahres 1982 erreicht. Die Werte für die alten Bundesländer inklusive Gesamt-Berlin für die Jahre 1992 und später sind dadurch verzerrt, daß etliche Grenzzwischenfälle auf der Basis der Daten der Zentralen Ermittlungsgruppe Regierungs- und Vereinigungskriminalität, die eigentlich aus früheren Jahren stammen, in die entsprechenden Untersuchungszeiträume einbezogen worden sind. Insgesamt kann man also sagen, daß sich die Steigerung der Gewaltbereitschaft zwischen 1960 und 1975 vollzieht, während danach die Entwicklung (eher leicht rückläufig) auf dem einmal erreichten Niveau hin- und herpendelt. Nimmt man nur neueste

Daten zur Kenntnis (für die aber obige Warnung zu beachten ist), dann beunruhigen diese durchaus; betrachtet man sie vor dem Hintergrund der längerfristigen Entwicklung, so sieht das Bild weniger dramatisch aus, so bedauerlich das Einpendeln auf einem gegenüber den fünfziger und sechziger Jahren deutlich erhöhten Niveau auch ist (vgl. Abb. 4 im Anhang).

Häufigkeitszahl Raub, räuberische Erpressung, räuberischer Angriff auf Kraftfahrer

Dieser Deliktbereich, der wegen seiner gelegentlich spektakulären Begleitumstände und wegen seines besonderen Angstpotentials für die Öffentlichkeit ebenfalls bedeutsam ist, weist für den untersuchten Zeitraum eine starke Anhebung des Niveaus von ca. 7 auf ca. 71,0 auf, also eine gute Verzehnfachung, so daß zweifellos von einer bedenklichen Entwicklung gesprochen werden muß. Bis 1968 steigen die Häufigkeitszahlen zunächst sehr langsam, nämlich von 7,0 auf ca. 16,2, um sich dann innerhalb von sechs Jahren fast zu verdoppeln (30,6 im Jahr 1974). Bis 1979 bleibt es bei einem mäßigen Anstieg (auf 35,8), um von einem erheblichen Sprung auf 49,4 bis zum Jahre 1982 abgelöst zu werden. In den Jahren 1983 bis 1989 bleiben die Werte in etwa auf dieser Stufe. Von 1990 bis 1992 vollzieht sich nochmals ein enormer Sprung von 48,6 (1989) auf ca. 71,0 (alte Bundesländer inklusive Gesamt-Berlin!), der für die Gesamtentwicklung sehr untypisch ist, so daß man hier von einer ausgesprochenen Krisensituation sprechen könnte, zumal die Werte für die dann folgenden Jahre (73, 68, 76) auf diesem hohen Niveau verbleiben (vgl. Abb. 5 im Anhang). Krisenhafte Zuspitzungen beobachten wir also in den Jahren von 1969 bis 1974, 1980 bis 1982 und von 1990 bis in die Gegenwart.

Häufigkeitszahl Gefährliche und schwere Körperverletzung

Dieser Deliktbereich zeigt einen markanten Verlauf, der sich bei einer deutlichen Anhebung des Niveaus (von ca. 52,4 im Jahr 1953 auf ca. 120 im Jahre 1995) in insgesamt vier Phasen einteilen läßt. Von 1953 bis 1968 steigt die Ziffer minimal von 52,4 auf 54,3, d. h., sie blieb für ca. eineinhalb Jahrzehnte fast konstant. In der Zeit von 1969 bis 1981 verdoppelt sich die Zahl von 54,3 (1968) auf 111,7. Von 1982 bis 1988 beobachten wir einen leichten Rückgang auf 102, der in den folgenden sieben Jahren durch einen mäßigen Anstieg auf ca. 120 (1995) abgelöst wird. Hier läßt sich feststellen, daß die Entwicklung dieser Form von Gewaltkriminalität in einem genau umschreibbaren Zeitraum (von 1969 bis 1981) außer Kontrolle geraten ist, während für den jüngsten, ebenfalls beträchtlichen weiteren Anstieg noch nicht absehbar ist, ob er als Beginn einer weiteren längeren, auf ein erneut drastisch erhöhtes Niveau führenden »Gewaltwelle« interpretiert werden muß oder als erste Phase einer Pendelbewegung, die bald wieder nach unten zeigt (vgl. Abb. 6 im Anhang).

Häufigkeitszahl Gewaltkriminalität

Dieser sich aus einer ganzen Reihe von sehr verschiedenen Deliktkategorien (Mord, Totschlag, Vergewaltigung, Raub, Körperverletzung mit Todesfolge, gefährliche und schwere Körperverletzung, erpresserischer Menschenraub, Geiselnahme) ergebende Straftatbereich weist ebenfalls einen charakteristischen Verlauf auf, der durch eine erhebliche Niveauanhebung, nämlich von 69,3 (1953) auf 202,0 (1995), also fast eine Verdreifachung, gekennzeichnet ist. Dabei lassen sich etwa fünf Phasen unterscheiden. In den Jahren 1955 bis 1966 stagnieren die Zahlen auf etwa derselben Stufe (bis ca. 80), während sie zwischen 1967 und 1979 sukzessive zulegen (bis 143,3). In den folgenden drei Jahren steigen sie sprunghaft auf 175,3, um schließlich zwischen 1983 und 1988 auf 163,0 zurückzufallen. Wie bei einer Reihe anderer Deliktbereiche setzt auch in den Jahren 1989 bis 1995 eine starke Anstiegsbewegung (auf 210) ein, also eine Steigerung von mehr als 50 Punkten in sieben Jahren. Auch hier zeigt sich innerhalb der fast durchgehenden Progressionsbewegung eine Akzentuierung in den späten siebziger und frühen achtziger sowie in den ausgehenden achtziger und frühen neunziger Jahren, ohne daß man sagen könnte, inwieweit die zuletzt beobachtete massive Steigerung ihre Fortsetzung finden wird (vgl. Abb. 7 im Anhang).

Häufigkeitszahl Straftaten gegen die persönliche Freiheit

Dieser recht heterogene Deliktbereich, der in dieser Zusammensetzung erst seit 1963 in der BKA-Statistik dokumentiert wird, nimmt für die Jahre 1963 bis 1995 einen bemerkenswert einheitlichen Verlauf, der sich durch eine massive Niveauanhebung von 14,4 auf 133 auszeichnet, also etwa eine Verneunfachung. Dieser klare Trend über drei Jahrzehnte könnte durchaus als Ausdruck einer sehr kritischen Entwicklung gedeutet werden, handelt es sich bei der persönlichen Freiheit doch um ein zentrales gesellschaftlich zu garantierendes Gut. Bei sehr genauer Analyse lassen sich allerdings vier Phasen gegeneinander abgrenzen: Von 1963 bis 1978 zeigt sich ein mäßiger, linearer Anstieg (auf 58,9), dem zwischen 1979 und 1981 eine jähe Aufwärtsbewegung folgt (auf 79,9). In den Jahren 1982 bis 1987 schließt sich zunächst eine leichte, lineare Progression auf 88,4 an, bevor in einer Abfolge von Teilschritten ein Sprung bis 1995 auf 133 einsetzt. Bei einer durchgehenden Steigerung dieses Deliktes lassen sich also zwei kritische Phasen, nämlich die Jahre 1979 bis 1981 und v. a. 1988 bis 1995, ermitteln, in denen ca. 66 der 120 Punkte Zunahme erfolgen, so daß hier »anomische Tendenzen« vermutet werden können. Die neuesten Werte deuten an, daß die zweite kritische Entwicklungsperiode zum Abschluß gekommen sein könnte.

Häufigkeitszahl Sachbeschädigung

Die Sachbeschädigung (in dieser Form erst ab 1963 in der BKA-Statistik aufbereitet), die trotz ihrer destruktiven Merkmale nicht zu den Gewaltdelikten gerechnet wird, weist in den Jahren 1963 bis 1995 eine klare Entwicklungslinie auf, die durch einen durchgehenden Anstieg (und zwar von 148 auf ca. 681, also fast eine Verfünffachung) gekennzeichnet ist und in ca. fünf Phasen erfolgte. Von 1963 bis 1970 erhöhen sich die Ziffern sukzessive von 148,4 auf 289,5, während sie in den folgenden drei Jahren stagnieren. Zwischen 1974 und 1983 sind massive Zuwachsraten zu verzeichnen (auf ca. 584,9), auf die jedoch eine weitere Stagnationsphase zwischen 1984 und 1985 folgt. Anders als bei den oben angesprochenen Gewaltdelikten beginnt ein deutlicher Anstieg bei der Sachbeschädigung schon 1986, der bis 1995 anhält und auf das Höchstniveau von ca. 680 führt. Eine entscheidende Erhöhung der Häufigkeitsziffern finden wir also während der gesamten siebziger Jahre und wieder seit Mitte der achtziger Jahre, wobei die abruptere Entwicklung in den siebziger Jahren zu konstatieren ist. Die erneute Zunahme im Jahre 1995 akzentuiert die sehr bedrohlichen Tendenzen der letzten Jahre.

Für die Rauschgiftdelikte betrachten wir hier nur die Jahre von 1970 bis 1995, da die Entwicklung zuvor im Grunde vernachlässigbar ist. Für diese Zeit finden wir eine sehr markante Steigerung der Häufigkeitszahlen, die in vier Phasen von ca. 26,2 auf 230 führt, also einer Verneunfachung gleichkommt. Sehen wir vom Jahr 1970 ab, so stagnieren die Werte zwischen 1971 und 1974 auf dem Niveau von ca. 42,9. Von 1975 bis 1980 beobachten wir dann eine deutliche erste Progression auf 101,4, die von einer fünfjährigen Stagnation auf diesem Niveau abgelöst wird. Von 1986 bis 1992 gerät das Problem dann sukzessive außer Kontrolle, denn es erfolgt ein starker linearer Anstieg von 100 (1985) auf das Niveau von 180, also fast eine Verdoppelung in ca. sechs Jahren. Nach einer kurzen Konsolidierung auf diesem hohen Niveau spitzt sich die Entwicklung zwischen 1994 und 1995 dramatisch zu (HZ von 230) und spricht ganz eindeutig für das Wirken anomischer Tendenzen.

Häufigkeitszahl Straftaten gegen die Umwelt

Auch für die Entwicklung der Straftaten gegen die Umwelt gibt es nur wenig Datenmaterial, zumal die Rechtsgrundlagen erst vor wenigen Jahren geschaffen wurden. Bei diesem Deliktbereich ist offensichtlich, daß die Daten nur begrenzt interpretierbar sind, da sie weniger die Entwicklung des Verhaltens als vielmehr die seiner Deutungen und Sanktionierungen erfassen. Insgesamt ist eine Verzehnfachung der Häufigkeitszahlen zwischen 1973 (3,7) und 1995 zu konstatieren, wobei die entscheidende Steigerung während der achtziger Jahre erfolgte, wohingegen die neunziger Jahre eine Stagnation (Werte um ca. 35) aufweisen. Der Wert von 41 für 1995 könnte allerdings eine neue Dynamik in der Entwicklung andeuten.

Häufigkeitszahl Entwicklung der Gesamtkriminalität

Die Häufigkeitsziffern für die Gesamtkriminalität, die aus technischen Gründen (ab 1991 werden die alten Bundesländer inklusive Gesamt-Berlin erfaßt) eigentlich nur für die Zeit von 1953 bis 1990 als durchgehende Zeitreihe betrachtet werden sollten, hier jedoch trotz der methodischen Bedenken für die Zeit bis 1995 herangezogen werden, sprechen eine deutliche Sprache. Wir beobachten eine sehr markante Anhebung des Niveaus, nämlich von ca. 3 000 auf ca. 7 774 pro 100 000 Einwohner (also etwa auf das Zweieinhalbfache), wobei der höchste Wert im Jahre 1993 mit ca. 8 000 erreicht wurde. Die fünfziger Jahre zeigen einen fast stationären Verlauf, an dessen Ende bis zu den frühen sechziger Jahren eine kurzfristige Anhebung steht, die in ihrem Ausmaß durch rechtliche Änderungen deutlich unterschätzt wird. Etwa ab Mitte der sechziger Jahre setzt eine kontinuierliche Steigerung ein, die sich ab Mitte der siebziger Jahre verstärkt und bis 1982 anhält. Während der gesamten achtziger Jahre registrieren wir eine erstaunliche Stagnation auf dem 1983 erreichten Niveau. Mit dem Jahr 1991 setzt dann eine dynamische Entwicklung ein, die jedoch teilweise durch Sonderentwicklungen in Gesamt-Berlin verursacht ist. Ein drastischer Sprung zeichnet das Jahr 1992 aus (HZ 7 921), während im folgenden Jahr nur noch eine kleine weitere Zunahme erfolgt, die durch leichte Rückgänge in den beiden folgenden Jahren abgelöst wird. Insgesamt sprechen diese Gesamtzahlen der jüngeren Vergangenheit nicht unbedingt für fundamental bedeutsame anomische Tendenzen. Wenn es sie gegeben haben sollte, so müßten sie zwischen 1991 und 1993 vonstatten gegangen sein, doch lassen hier die oben genannten technischen Probleme der statistischen Berichtsführung Vorsicht angeraten erscheinen.

2.3.2 Strafmündige Tatverdächtige insgesamt

Neben der Analyse der Häufigkeit von bestimmten Delikttypen, die wir der Übersichtlichkeit wegen nicht auf spezifische Personenkategorien bezogen haben, obwohl dies der Sache nach durchaus angemessen und notwendig wäre, kommt der Untersuchung der Entwicklung der Straftäter pro Zahl der einer bestimmten Personenkategorie zuzurechnenden Individuen große Bedeutung zu. Diese zeigt an, mit welcher Wahrscheinlichkeit bei einer bestimmten Kategorie von Personen Straffälligkeit auftritt, unabhängig von der Frage, wie viele Delikte von diesen Personen jeweils begangen werden. Die entsprechende Kennziffer hat jedoch den Nachteil, daß nur »Tatverdächtige« gezählt werden, also solche Individuen, bei denen die Polizei hinreichenden Tatverdacht nachgewiesen zu haben glaubt, während alle »Täter«, denen man nicht auf die Spur kommen konnte, unberücksichtigt bleiben. Damit ist klar, daß diese Ziffer in hohem Maße von der Entwicklung der *Aufklä-rungsquote* abhängig ist. Sinkt die Aufklärungsquote, was gerade bei starker Erhöhung der Kriminalität nicht untypisch sein dürfte, so könnte dadurch bei »objektiver Zunahme der Täterzahlen und der Kriminalitätsbelastungsziffer (KBZ)« ein Rückgang der sich ergebenden Kriminalitätsbelastungsziffer auftreten. Aus diesem Grunde kann diese Kennziffer nur unter gleichzeitiger Betrach-tung der Entwicklung der Aufklärungsquote sinnvoll interpretiert werden. Andererseits richtet sich das Interesse auf eine differen-zierte Untersuchung dieser KBZ nach Alter, Geschlecht etc., weil so Hinweise auf Ursachenfaktoren gefunden werden könnten. Da es aber in der Natur der Sache liegt, daß die Aufklärungsquote nicht alters-, geschlechts-, nationalitätsspezifisch etc. berechnet werden kann, entfallen im Detail die oben angesprochenen Kon-trollmöglichkeiten. Sie sind nur bei der Analyse der KBZ insge-samt gegeben. Daher werden wir es bei einer summarischen Behandlung dieser Kennziffern belassen müssen. Dabei konzen-trieren wir uns aus statistisch-organisatorischen Gründen auf den Zeitraum 1972 bis 1990, wobei als weiteres Handikap hinzu-kommt, daß die Entwicklung der ersten zehn Jahre mit der von 1984 bis 1990 nicht wirklich vergleichbar ist, weil durch die Elimi-nation von doppelt bzw. mehrfach gezählten Straftätern in der zweiten Periode die Ziffern erfahrungsgemäß im Schnitt um ca. 20% niedriger liegen müssen als zuvor (eben weil sich aufgrund intensiver Recherchen zeigen läßt, daß zur damaligen Zeit mit einer entsprechenden Zahl von Mehrfachzählungen gerechnet werden mußte). Die durchgehend erkennbare Niveausenkung ab 1984 ist also ein statistisches Artefakt und muß als solches immer mitbe-achtet werden.

Zwischen 1972 und 1982 läßt sich eine kontinuierliche, in den letzten Jahren beschleunigte Zunahme der KBZ insgesamt erken-nen, und zwar von ca. 2 000 pro 100 000 Einwohner auf fast 3 000 pro 100 000 Einwohner, also in kurzer Zeit eine Steigerung um 50%, *ohne* die veränderte Aufklärungsquote zu beachten. 1984 scheint ein Einbruch der Entwicklung einzusetzen, doch berück-sichtigt man die Minderung des Wertes um ca. 20%, die durch die Elimination der Mehrfachzählungen erfolgt ist, so liegt man fast auf dem Wert von 1982 – es wäre also also allenfalls ein Stillstand konstatierbar. 1990 wird der Wert von 1982 wieder erreicht (nach Korrektur), so daß wir von einer seit Beginn der achtziger Jahre stagnierenden Entwicklung ausgehen können. Da sich die Aufklärungsquote insgesamt (vgl. Abb. 6 im Anhang) seit den siebziger Jahren nicht entscheidend verändert hat (abgesehen von 1991 und 1992), kann man für die KBZ insgesamt seit den siebziger Jahren von einer fast konstanten Entwicklung auf allerdings recht hohem Niveau sprechen.

Ergänzt man die Information, daß die KBZ für das *gesamte* Bundesgebiet, also inklusive der neuen Bundesländer, deren Ziffern prägnant unter denen der alten Bundesländer insgesamt liegen, für das Jahr 1992 2337 und für das Jahr 1993 2771 pro 100000 Einwohner betrug, so dürfte die Zahl einerseits für die alten Bundesländer, für die die obige Reihe aufgestellt war, sicher deutlich höher, ca. bei 2900 gelegen haben. Bei einer Korrektur um die oben angesprochenen 20% ergäben sich ca. 3400 pro 100000 Einwohner. So gesehen wäre in den Jahren von 1990 bis 1993 die KBZ in einer Weise gestiegen, die eine kritische Situation signalisieren würde. Ähnliche Tendenzen zeigen sich – allerdings unterschiedlich ausgeprägt – auch bei einer geschlechts- und altersspezifischen Analyse, auf die wir aus Raumgründen jedoch nicht eingehen können.

Die Betrachtung der neuesten Zahlen für die Bundesrepublik insgesamt wird dadurch erschwert, daß sich die Polizeiliche Kriminalstatistik seit dem Jahre 1994 aus guten methodischen Gründen auf die Berechnung von Kriminalitätsbelastungszahlen (nun auch umbenannt in Tatverdächtigenbelastungszahl = TVBZ) für die *deutsche* Bevölkerung beschränkt, da das Problem des Dunkelfeldes bei den *nicht-deutschen* Tatverdächtigen und insbesondere das Problem der Nicht-Existenz einer gesicherten Risikopopulationsgröße die Berechnung einer zuverlässigen Kennziffer im Grunde ausschließen. Dadurch werden aber auch die Belastungsziffern für die deutschen Tatverdächtigen mit denen früherer Jahre im Grunde unvergleichbar. Die Werte betragen für die Jahre 1994 und 1995 2086 bzw. 2212 pro 100000 Einwohner (ohne Kinder unter acht Jahren). Hierbei habe ich auf die weiter oben ansatzweise versuchte Annullierung der Bereinigung um die Mehrfachzählungen verzichtet. Diese Daten sprechen für eine unverkennbare Zuspitzung der Entwicklung in den letzten Jahren.

Dieses Bild wird besonders bedrohlich, wenn man sich die Tatverdächtigenbelastungszahl der Deutschen bei Straftaten insgesamt für die Zeit seit 1984, aber getrennt für die verschiedenen

Alterskategorien, vor Augen führt (vgl. Abb. 8): Während bei den Erwachsenen die Entwicklung seit 1984 im Grunde mehr oder weniger stagniert, ergeben sich für alle anderen Altersgruppen sehr bedeutsame Veränderungen. Diese betreffen die Kinder (8- bis 14jährige) in den letzten zwei Jahren und die Jungerwachsenen (21- bis 25jährige) nur im letzten Jahr, aber in beiden Fällen sehr massiv. Bei den Jugendlichen (14- bis 18jährige) dagegen setzt schon mit dem Jahr 1989 eine dramatische Entwicklung ein, in deren Verlauf sich die Belastungszahl von 3478 (1988) auf 6431 (1995) erhöht. Um ein Jahr verzögert, aber dann fast identisch, zeigt sich dieser Trend auch bei den Heranwachsenden (18- bis 21jährige) mit einem Sprung der Belastungszahl von 4120 (1989) auf 6354 (1995). Hier manifestieren sich anomische Tendenzen bei einigen gesellschaftlichen Teilgruppen – und zwar bei denen, die ihre Zukunft noch vor sich haben sollten – außerordentlich deutlich.

2.3.3 Verurteiltenziffer insgesamt

Die Verurteiltenziffer kennzeichnet die Zahl der Verurteilten pro 100 000 Personen einer entsprechenden Bezugspopulation, hat also nicht die Entwicklung der Delikte, sondern die Entwicklung der Zahl der Täter im Blick bzw. jener Täter, deren Verfolgung bzw. Sanktionierung bis zu einer strafrechtlichen Verurteilung geführt hat. Wie oben dargelegt, sind in diesem Fall sehr viele und bedeutsame Selektionsfilter dazwischengeschaltet, so daß diese Statistik fast weniger über die Entwicklung der Täterschaft als über den gesellschaftlichen Umgang mit Tätern aussagt. Nicht nur die Aufklärungsquote, sondern auch die durchaus variable Intensität und Härte, mit der die Kontrollinstanzen Polizei, Staatsanwaltschaft und Gericht auf bekanntgewordene Rechtsbrüche und ermittelte Delinquenten reagieren, wirken sich hier aus, wobei nicht alleine variierende Bewertungen, sondern auch Ressourcenfragen eine wichtige Rolle zu spielen pflegen. Entsprechend vorsichtig müssen diese Daten gedeutet werden, wenn man sie vor dem Hintergrund der Suche nach anomischen Ursachenfaktoren für die Kriminalitätsentwicklung betrachtet. Wegen der außerordentlich starken Bedeutung dieser Rahmenbedingungen für die »Produktion« der Verurteiltenziffer und wegen der starken Verzögerungen der Publikation dieser Zahlen müssen wir uns bei dieser Analyse auf die Jahre 1968 bis 1990 beschränken.

Die Entwicklung der Verurteiltenziffer insgesamt bietet zwischen 1968 und 1990 ein Bild erstaunlicher Kontinuität: Die Ziffern pendeln in etwa um den Wert von 1 400 pro 100 000 Einwohner, mit einer gewissen Tendenz in den frühen achtziger Jahren zu einer Überschreitung und einer merklichen Tendenz in der zweiten Hälfte der achtziger Jahre zur Unterschreitung. Wie durch einen Vergleich mit den Häufigkeitsziffern unschwer festzustellen, kommt hier eine starke Diskrepanz zwischen der Entwicklung der Straftatenzahl und der Entwicklung der Verurteiltenzahl zum Ausdruck: Während die Gesamtkriminalitätsziffer seit 1968 bis 1983 kontinuierlich gestiegen ist und seit 1984 stehenblieb, stagniert die Verurteiltenziffer mehr oder weniger während der ersten Periode und ist seit 1984 sogar rückläufig. Dieses Bild wird durch die sinkende Aufklärungsquote bis zum Ende der siebziger Jahre zum Teil durchaus nachvollziehbar, zum Teil müssen aber auch ganz andere Faktoren eine Rolle spielen, denn in den achtziger Jahren stabilisiert sich die Aufklärungsquote und steigt sogar leicht an, während sich die Gesamtkriminalitätsziffer – wie gesagt – in den achtziger Jahren ebenfalls stabilisiert bzw. stagniert, die Verurteiltenziffer dagegen rückläufig ist. Diese Entwicklung wäre nur dadurch zu erklären, daß das Strafjustizsystem zunehmend mit Verzicht auf Verurteilungen reagiert hat.

Diese Tendenzen werden durch eine alters- und geschlechtsspezifische Untersuchung im wesentlichen bestätigt, obwohl zahlreiche kleinere Sonderentwicklungen nicht zu übersehen sind, auf die wir hier jedoch nicht näher eingehen können. Insbesondere zeigt sich, daß die Verurteiltenziffern bei Jugendlichen und Heranwachsenden beiderlei Geschlechts trotz gegenläufiger Entwicklung der Häufigkeitsziffern gerade in den letzten Jahren zurückgegangen sind.

2.4 Häufigkeitsziffern in Großstädten

Die Theorien und empirischen Ergebnisse der kriminalökologischen Forschung lassen es geboten erscheinen, die Kriminalitätsentwicklung nicht nur auf dem hohen Aggregationsniveau der Bundesrepublik insgesamt zu betrachten, sondern ihre Ausprägung innerhalb von soziologisch sinnvoll abgrenzbaren Untereinheiten in den Blick zu nehmen. Aus pragmatischen Gründen haben wir für einige wenige ausgewählte Delikte die Häufigkeitsziffern der Polizeilichen Kriminalstatistik für Großstädte über 200 000 Einwohner überprüft und beziehen dabei – in Abweichung von unserer Praxis bei längsschnittlichen Analysen – die jeweiligen Großstädte aus den neuen Bundesländern mit ein. Die Auswahl der Metropolen ist dadurch gerechtfertigt, daß sich Erscheinungsformen der »sozialen Desintegration« und des Zusammenbruchs der Strukturen gesellschaftlicher Kontrolle, die oft als Synonyme für Anomie behandelt werden, besonders frühzeitig und markant in den größeren Städten und Metropolitangebieten zeigen. Den wichtigen Umstand, daß gerade auch *innerhalb* dieser die Kriminalität in qualitativer und quantitativer Hinsicht spezifische Verteilungsmuster aufzuweisen pflegt, die – durch zahlreiche Forschungen belegt – einen engen kausalen Bezug zu Anomietendenzen aufweisen, lassen wir dabei unbeachtet, da wir für die Bundesrepublik über keine aktuellen Studien über die *innerstädtische* Kriminalitätsverteilung verfügen, sondern nur über Arbeiten, deren Daten meist noch aus den späten siebziger Jahren stammen (vgl. Albrecht 1983, Schwind/Ahlborn/Weiß 1978, Frehsee 1978).

Leider müssen wir auf eine Darstellung der Einzelbefunde verzichten. Diese zeigen, daß die Häufigkeitsziffern für die verschiedenen Großstädte ganz außerordentlich differieren, wobei die Werte teilweise bis auf das mehr als Hundertfache verglichen mit anderen Städten ansteigen (z. B. bei Taschendiebstahl). Besonders problematische Werte weisen bei einer Zahl von Delikten die Städte in den neuen Bundesländern auf (v. a. bei Diebstahl aus Kraftfahrzeugen, Autodiebstahl, Sachbeschädigung, Brandstiftung, Straßenkriminalität). Offensichtlich wirken sich »gesellschaftliche Tendenzen« wie die Anomie in unterschiedlichen sozialen Kontexten verschiedenartig aus, wie sich an den äußerst differenten Häufigkeitsziffern für Städte derselben Größenordnung unschwer erkennen läßt. Dies führt zu der entscheidenden Frage, ob es so etwas wie eine »allgemeine anomische Tendenz« als gesamtgesellschaftliches Phänomen überhaupt gibt oder vielleicht nur regionale, lokale oder gar milieuspezifische anomische Zustände etc., bzw. ob zu einer befriedigenden anomietheoretischen Erklärung nicht immer auch eine systematische Theorie darüber gehört, über welche meso- oder mikrosozialen Strukturen anomische Tendenzen in Form abweichenden Verhaltens wirksam oder erfolgreich bewältigt werden.

2.5 Die Entwicklung und räumliche Differenzierung der Aufklärungsquoten

Wie oben dargelegt, kommt der Entwicklung der Aufklärungs-quote eine hohe inhaltliche Bedeutung zu, denn zum einen variiert natürlich die Entwicklung der Tatverdächtigenziffern (also der KBZ), aber auch der Abgeurteilten- und der Verurteiltenziffern mit der Ausprägung der Aufklärungsquote. Zum anderen kann die Aufklärungsquote als Maß für die Unterstützung der Polizei durch die Bevölkerung, als Ausdruck der Überlastung der Polizei durch die Kriminalitätsentwicklung, aber auch als Stellgröße für die zu-künftige Bereitschaft der Bundesbürger, den Ordnungshütern zu helfen, und als »objektiver« Indikator für die wahrgenommene Ohnmacht der Sicherheitsorgane gegenüber dem Verbrechen und damit als Stellgröße für die »subjektive«, »individuelle Anomie« bzw. Anomia gedeutet werden. Aus Raumgründen können wir nur die Gesamtentwicklung betrachten und einige ausgewählte Deliktbereiche kursorisch erwähnen.

Ein Blick auf den Verlauf der Aufklärungsquote der Straftaten insgesamt für die Zeit von 1953 bis 1992 zeigt eine bedenkliche Gesamtentwicklung, die zu einer prägnanten Niveausenkung von ca. 75% im Jahre 1953 auf ca. 45% im Jahre 1992 führt und in etwa sechs Phasen abläuft. Nach einem deutlichen linearen Rückgang von 1953 bis 1962 folgt ein Niveaubruch nach unten (von ca. 65 auf ca. 56%), der von einem langsamen linearen Rückgang von 1964 bis 1971 (auf ca. 47%) abgelöst wird. In der folgenden Dekade kann dieses Niveau, bei leichten Schwankungen nach unten, in etwa ge-halten werden; zwischen 1981 und 1990 vollzieht sich sogar ein minimaler Anstieg der Aufklärungsquote (auf ca. 47,5%), dem sich jedoch in den Jahren 1991 bis 1992 ein Rückgang (auf ca. 45%) anschließt. Demnach liegen die entscheidenden Einbrüche bei den Aufklärungsquoten insgesamt in den fünfziger und sechziger Jah-ren, während die beiden folgenden Jahrzehnte eher eine erstaun-liche Stabilität widerspiegeln, die erst in den letzten zwei Jahren verlorenzugehen droht. Diese Daten würden nicht dafür sprechen, daß die Organe der öffentlichen Sicherheit durch einen aktuellen weiteren dramatischen Verlust ihrer Leistungsfähigkeit desavou-iert worden sind. Zudem scheint mit einer Steigerung auf 46,5% für die alten Bundesländer inklusive Gesamt-Berlin eine gewisse Verbesserung der Aufklärungsquote insgesamt gelungen zu sein.

Alles in allem zeigt sich bei der Entwicklung der Aufklärungsquote ein komplexes Bild. Einerseits ist nicht zu übersehen, daß sie tendenziell über Jahrzehnte hinweg rückläufig gewesen ist, z. T. in dramatischen Größenordnungen. Andererseits liegen die entscheidenden Perioden des Rückgangs meist recht lange zurück und wurden durch Phasen der Stagnation oder der minimalen Regression abgelöst. Allerdings darf nicht übersehen werden, daß in letzter Zeit zahlreiche Fehlschläge bei einzelnen Deliktarten zu verzeichnen waren (z. B. schwerer Diebstahl, Raub etc.). Bei den quantitativ besonders bedeutsamen Straftaten ist die Aufklärungsquote erschreckend niedrig, und bei vielen Rechtsbrüchen zeigen sich in verschiedenen städtischen und regionalen Kontexten außerordentlich differente Werte, wobei insbesondere die Städte in den neuen Bundesländern teilweise sehr niedrige Aufklärungsquoten zu beklagen haben. Gefühle der Ohnmacht bei der betroffenen Bevölkerung sind in diesem Zusammenhang also durchaus verständlich. Daraus könnten sich überdies Rückwirkungen auf Einstellungen und Verhalten ergeben, die auf eine Verstärkung der individuellen Anomie (Anomia) hinauslaufen.

3. Untersuchungsergebnisse zum Zusammenhang von sozialer Schicht, Blockierung von Mobilitätskanälen, subjektiver Benachteiligung und Kriminalität auf der Individualebene

Wie oben bereits erwähnt, sind Studien, die die Anomietheorie auf einer angemessenen Datenbasis mit adäquater Untersuchungsanlage und sachgerechter Analysestrategie bezüglich abweichenden und insbesondere kriminellen Verhaltens getestet haben, kaum vorhanden. Die Befunde der verbleibenden Untersuchungen sind äußerst widersprüchlich (vgl. z. B. Bohle 1975 sowie weitere Nachweise bei Albrecht 1994). Wir berichten an dieser Stelle daher über einige wesentliche Ergebnisse einer umfangreichen repräsentativen Dunkelfeldstudie (ca. 1500 Befragte) zur Delinquenzbelastung von Jugendlichen im Alter von 13 bis 17 Jahren im Jahr 1986 (vgl. Albrecht/Howe 1992, Albrecht 1994).

Ersatzweise Lösungen, das Wirken von Anomie indirekt durch Nachweise von Zusammenhängen zwischen sozialer Schicht und Kriminalität zu belegen, erbringen durchweg wenig eindeutige Resultate (vgl. insbesondere die Arbeiten von Tittle sowie die Kommentierungen dazu bei Albrecht/Howe 1992). Wählt man Jugendliche als Untersuchungspopulation und verwendet Self-Report-Daten und erfaßt die soziale Schicht über das Berufsprestige der Eltern oder deren Bildungsniveau, so ergeben sich nur für bestimmte Teilgruppen und für bestimmte Delikttypen und bei sehr spezifischen Formen der Messung der Delinquenzbelastung signifikante Beziehungen zwischen Schicht und Delinquenz, die zudem inhaltlich nicht stark ausfallen. Wählt man dagegen die »soziale Lage« der Jugendlichen selbst, erfaßt durch ihren Schulstatus, so werden die Beziehungen ausgeprägter, doch hängt auch dies im Grunde von der Deliktkategorie, dem Geschlecht, dem Alter etc. ab (vgl. im einzelnen Albrecht/Howe 1992 mit detaillierten Nachweisen).

3.2 Drohender Statusverlust und Delinquenzbelastung

Eine anomietheoretische Deutung der Relevanz der eigenen sozialen, v. a. schulischen Situation für die Delinquenzbelastung von Jugendlichen würde erhärtet, wenn sich zeigen ließe, daß diese überwiegend dann delinquente Handlungen begehen, wenn ihnen der Rückfall hinter die Schichtlage ihrer Eltern droht.

Unsere empirischen Analysen (vgl. Albrecht 1994) erbrachten in bezug auf die »potentielle Anomiequelle« drohender bzw. sich abzeichnender intergenerationaler Statusverlust ein klares und erstaunliches Resultat. Drohender Statusverlust hängt offensichtlich fast durchwegs mit der Ausübung von *Aggressionsdelikten* zusammen, insbesondere mit der *Körperverletzung* und der *Sachbeschädigung*. Erstaunlicherweise sind diese Beziehungen bei *weiblichen* Probanden durchgehend, nicht aber bei den männlichen Jugendlichen, von denen man angesichts der traditionellen Rollenverteilung eher erwartet hätte, daß sie auf diese bedrohliche Situation mit abweichendem Verhalten reagieren. Der Umstand, daß für die 17jährigen diese Zusammenhänge tendenziell am deutlichsten sind, spricht dafür, daß sich entweder entsprechende Delinquenzerfahrungen bis zu diesem Alter »angehäuft« haben oder daß der drohende relative Abstieg gegenüber der Elterngeneration nun manifester und unabwendbarer anmutet. Unzweifelhaft scheint es aber zu sein, daß die hier analysierte spezifische Anomiequelle mit einer gesteigerten Gewaltbereitschaft einhergeht.

3.3 Wahrgenommene gesellschaftliche Benachteiligung und Delinquenzbelastung

Da ein plausibler Einwand gegen anomietheoretische Deutungen des Zusammenhanges zwischen Chancenblockade und Kriminalität dahin geht, daß eine gezielte Wendung der betroffenen Akteure gegen die Gesellschaft und ihre Rechtsordnung (und nicht gegen sich selbst) nur dann anzunehmen ist, wenn diese der Gesellschaft Schuld an der Blockade der Chancen zurechnen, haben wir an anderer Stelle (vgl. Albrecht 1994) die Beziehung zwischen wahrgenommener gesellschaftlicher Bedingtheit der Chancenungleichheit und Delinquenz genauer betrachtet. Auch diese Befunde machen die Komplexität des Verhältnisses zwischen potentiell anomieproduzierenden strukturellen Gegebenheiten bzw. ihrer subjektiven Verarbeitung und der Kriminalität deutlich. So erweist sich, daß Zusammenhänge mit dem Delikt der *Körperverletzung* praktisch *nicht* mehr auftreten, während die *Diebstahlsdelikte* und die *Sachbeschädigung*, tendenziell die Aggressionsdelikte insgesamt, regelmäßig mit der wahrgenommenen Chancenungleichheit korrelieren. Ferner fällt auf, daß bei dieser Chancenstrukturvariablen die Beziehungen der *männlichen* Probanden zur Kriminalität ausgeprägter sind und daß sie sich eindeutig eher bei den *jüngsten* Jugendlichen zeigen. Ein Vergleich mit den zuvor dargestellten Strukturbedingungen belegt, daß sich diese Befunde fast vollständig von den früheren unterscheiden.

Die teilweise erstaunlich systematischen und hochsignifikanten Beziehungen sollten jedoch nicht zu einer Überschätzung der *Erklärungskraft* der wahrgenommenen Chancenungleichheit in bezug auf einen Schulabschluß führen, denn wir stellen fest, daß selbst in den Fällen hoher Signifikanz und bei den höchsten Korrelationen die Zusammenhänge zwischen Delinquenzbelastung und *wahrgenommener Chancenungleichheit* nicht überdurchschnittlich ausfallen. Neben den früher genannten Gründen für eine nicht allzu starke Korrelation zwischen den strukturellen Variablen und der Kriminalität könnte hier eine Erklärung auf der Tatsache beruhen, daß man sich mittels der Frageformulierung *abstrakt* nach der Existenz von Chancenungleichheit erkundigte, ohne zu klären, ob das jeweilige Individuum *sich selbst* als *benachteiligt* erfahren hat oder wodurch diese Chancenungleichheit gegebenenfalls als verursacht gedeutet wird. Da manches dafür spricht, daß im wesentlichen nur das *eigene* Betroffensein durch Chancenungleichheit zu Kriminalität führen wird, sollte man keine prägnante Relation zwischen wahrgenommener Chancenungleichheit an und für sich und Kriminalität erwarten. Ferner wäre vorstellbar, daß nur jene wahrgenommene Chancenungleichheit Kriminalität hervorruft, die auf *gesellschaftliche Diskriminierung* bei *gleicher Leistung* zurückgeführt wird, während z. B. Chancenungleichheit durch biologisch bedingte Leistungsunterschiede (z. B. mangelnde Begabung, körperliche Behinderung) u. U. andere Formen abweichenden Verhaltens, nicht aber Kriminalität heraufbeschwört.

4. Zusammenfassung

4.1 Zusammenfassende Deutung der Kriminalitätsentwicklung

Eine bündige Interpretation der Kriminalitätsentwicklung auf der Basis der offiziellen Statistik fällt nicht leicht. Es ist nicht zu übersehen, daß die Häufigkeitsziffern für die Gesamtkriminalität und für nahezu alle Einzeldelikte bzw. Deliktgruppen, die wir untersucht haben, seit 1954 in den alten Bundesländern beträchtlich gestiegen sind. Dabei fallen die Zuwächse allerdings sehr unterschiedlich aus, denn während sich etwa für den Betrug die Häufigkeitsziffer auf das ca. 1,55fache erhöht hat, beträgt der Vergleichswert für den Diebstahl unter erschwerenden Umständen ca. 11,6. Behauptungen, das Wachstum der Kriminalitätsraten sei deshalb nicht bedenklich, weil insbesondere die weniger gravierenden Delikte zugenommen hätten, lassen sich *nicht* halten, denn das mit erheblichem persönlichen Risiko verbundene Delikt des Raubes weist z. B. einen Anstieg der Häufigkeitsziffer auf immerhin das 10,5fache auf, und auch die Zunahme bei Mord und Totschlag um das ca. 2,75fache muß sehr bedenklich stimmen.

Die Frage, ob der Verlauf der Häufigkeitsziffern Hinweise auf *anomische Tendenzen* geben kann, ist aber nur schwer zu beantworten. Im Fall der *Eigentumsdelikte* könnte man bei generalisierender Betrachtung tatsächlich von starken anomischen Zügen in den letzten 27 Jahren sprechen. Dies gilt v. a. für den Diebstahl in und aus Wohnungen, für den Diebstahl unter erschwerenden Bedingungen, die Urkundenfälschung, den Betrug und, mit gewissen Einschränkungen, für den Diebstahl ohne erschwerende Umstände, der krisenhafte Entwicklungen eigentlich nur zwischen 1974 und 1982 und von 1990 bis 1993 aufweist. Auf der anderen Seite decken sich die Zeiträume, für die bei den genannten Delikten deutliche Hinweise auf Anomie vorliegen, nicht exakt.

Im Falle der *Aggressionsdelikte* ist das Bild weniger eindeutig und je nach Typus der Straftat z. T. recht unterschiedlich. Das besonders schwere Verbrechen *Mord und Totschlag* zeitigt z. B. eine besorgniserregende Entwicklung (nach Stagnation von 1953 bis 1958 und leichter Steigung von 1959 bis 1967 und erneuter Stagnation im Jahr 1968) erst zwischen 1969 und 1975. Nach kurzem Rückgang wird ein erster Höhepunkt zwischen 1979 und 1982 erreicht, auf den leichter Rückgang und Stagnation folgen, die erst 1992 durch eine neue Zuspitzung abgelöst werden. Für den *Raub* finden wir dagegen drei kritische Perioden, nämlich von 1969 bis 1972, 1980 bis 1982 und 1990 bis 1995. Die *gefährliche und schwere Körperverletzung* wiederum weist prekäre Verläufe insbesondere zwischen 1969 und 1981 und von 1989 bis 1995 auf, mit dazwischenliegender deutlich rückläufiger Phase. Straftaten gegen die *persönliche Freiheit* nahmen, bei durchgehend bedrohlicher Entwicklung, zwischen 1979 und 1981 und zwischen 1988 und 1992 (bzw. 1993) besonders gravierend zu. Die *Sachbeschädigung*, die unseres Erachtens auch als Gewaltdelikt zu deuten ist, ist hier nur von 1963 bis 1993 dokumentiert. Sie weist drei Hochphasen auf: 1963 bis 1970, 1974 bis 1981 und 1985 bis 1992, d. h., die insgesamt bedenkliche Entwicklung wird nur durch zwei kurze Stagnationsperioden unterbrochen.

Betrachten wir den Verlauf der *Tatverdächtigenziffern*, die wir aus Ressourcengründen nur nach einigen soziodemographischen Kriterien und nicht nach Deliktarten differenzieren konnten, so wird das oben dargestellte Bild ein wenig nuanciert, denn es zeigt sich, daß die kritischen Entwicklungen sich wohl zu nicht geringen Teilen spezifischen Prozessen in verschiedenen soziodemographischen *Teilpopulationen* verdanken. So ergeben sich deutlich erhöhte Belastungsziffern namentlich bei Jugendlichen und Heranwachsenden. Dabei zeigen sich allerdings auch geschlechtsspezifische Besonderheiten, nämlich seit den siebziger Jahren eine verglichen mit der männlichen Vergleichspopulation *stärkere relative* und *schwächere absolute Zunahme* bei der weiblichen Bevölkerung. Da Anomie als gesamtgesellschaftliches Phänomen konzipiert ist und nicht bestimmten Teilpopulationen zugerechnet werden kann, sprächen die genannten Befunde dafür, daß bestimmte Teilgruppen durch anomische Tendenzen besonders stark betroffen, d. h. vulnerabel, sein müßten. Die Vermutung läge nahe, daß jene Individuen, bei denen zentrale Sozialisationsprozesse noch im Gange und soziale Integrationsprozesse noch zu absolvieren sind, eine besondere Risikogruppe für abweichendes Handeln infolge anomischer Tendenzen darstellen. Im übrigen sind die genannten Ziffern wegen der erwähnten Problematik des Rückgangs der Aufklärungsquote, der zudem deliktspezifisch ist, mit äußerster Vorsicht zu beurteilen.

Die Interpretation, daß anomische Tendenzen – obwohl als gesamtgesellschaftliches Phänomen konzipiert – in Abhängigkeit von meso- und mikrosozialen Strukturen ihre Wirkungen auf individuelles Handeln erzielen, wird durch unsere *sozialökologischen* Betrachtungen gestützt. So zeichnen sich selbst zwischen verschiedenen großstädtischen Kontexten sehr große Unterschiede in den Häufigkeitsziffern ab, sei es für die Gesamtkriminalität, sei es für einzelne Delikttypen. Dieses Resultat ist aber auch geeignet, Zweifel an der Konzeptualisierung von Anomie als ein die *ganze Gesellschaft* charakterisierendes Merkmal zu nähren. Diese Zweifel werden mit Blick auf die an anderer Stelle ausführlicher angesprochenen vielfältigen Ergebnisse der Kriminalökologie in der Nachfolge der Chicago-Schule massiv verstärkt, zeigt sich doch auch einerseits eine enorme innerstädtische Varianz der Kriminalitätshäufigkeit und andererseits eine recht klare Bindung dieser Verteilung an bestimmte *soziale Strukturmuster der Städte*.

Zu den strukturell bedeutsamen Variablen dürften dabei auch die quantitativen und qualitativen Merkmale des Polizeiapparates gehören. Unsere Analysen wiesen nach, daß die Effektivität der Polizeiarbeit, wenn sie über die *Aufklärungsquote* gemessen wird, historisch und geographisch außerordentlich variabel ist, allerdings auch in diesem Falle in deliktspezifischer Weise. So hat die Polizei in bezug auf die Gesamtkriminalität seit den fünfziger Jahren einen massiven Einbruch der Aufklärungsquote hinnehmen müssen, der jedoch nicht – wie vielleicht erwartet – in den letzten Jahren eintrat, sondern im wesentlichen schon in den fünfziger und sechziger Jahren, allerdings mit einer leichten Verschärfung in den letzten Jahren. Eine ökologische Betrachtungsweise bestätigt aber auch hier, daß die Aufklärungsquoten von städtischem Kontext zu Kontext selbst bei demselben Delikt sehr stark schwanken, wobei bei einzelnen, für die Bevölkerung besonders sensiblen Delikten die Aufklärungsquoten – wie oben dargestellt – unter Umständen erschreckend niedrig sind. Hier liegt die enorme Gefahr sich selbst verstärkender Prozesse: Weil die Effektivität der Polizei niedrig eingeschätzt wird, unterbleibt Kooperation der Bevölkerung mit den Ordnungshütern, und in der Regel irrationale Furcht vor Kriminalität führt zu veränderten Lebensstilen (z. B. Vermeiden von bestimmten innerstädtischen Verkehrsflächen und Quartieren), die das Risiko, Opfer zu werden, für diejenigen, die am bisherigen Lebensstil und an früheren Verhaltensformen freiwilliger- oder unfreiwilligerweise festhalten, bedeutend erhöhen, da potentielle Hilfestellung bzw. Schutz vor Angriffen durch andere Passanten wegfällt etc. Wir verfügen über vielfältige Belege dafür, daß Furcht vor Kriminalität und eigene Opfererfahrung in gewissem Ausmaß entkoppelt sind und erstere stärker über »subjektive Vulnerabilität« bestimmt wird. Diese wiederum hängt neben vielen anderen Variablen von der Kontrollorientierung bzw. von dem »sense of control« ab (vgl. Antonovsky 1979, 1987; Mirowsky/Ross 1989, 1990), der wiederum deutlich inhaltliche Bezüge zur individuellen Anomie (Anomia) aufweist.

Wir dürfen daher folgern, daß die Polizei in jenen Kontexten, in denen sie fatal niedrige Aufklärungsquoten aufweist, nicht nur von überbordender Kriminalität oder reinen Organisationsmängeln geplagt wird, sondern daß sie sich jenem oben angegebenen, sich selbst verstärkenden Prozeß gegenübersieht, der schwer zu durchbrechen ist. Die Extreme einer solchen Entwicklung, z. B. Aufstellung von privaten Schutztruppen, Rekrutierung privater kommerzieller Sicherheitsdienste durch diejenigen, die noch handlungsfähig und zahlungskräftig sind, oder Bildung krimineller Gangs oder Zusammenrottung ethnisch-homogener Gruppen zur handgreiflichen Selbstverteidigung bei unterlegenen ethnischen Minoritäten, zeichnen sich schon ab und stellen eine gravierende Gefahr für den staatlich garantierten »inneren Frieden« dar.

Bei genauer Untersuchung bereitet eine anomietheoretische Deutung aber dennoch Probleme. Analysiert man die Eigentumsdelikte, so spricht manches für eine durchgehende anomische Tendenz seit dem Ende der sechziger Jahre. Sieht man auf die Aggressionsdelikte, so liegt die Unterscheidung mehrerer kürzerer Perioden anomischer Tendenz nahe (z. B. Ende der sechziger bis etwa Mitte der siebziger Jahre, Ende der siebziger bis Anfang der achtziger Jahre und 1988/89 bis 1992), die jedoch nicht genau abgrenzbar sind, da leicht different je nach Straftat. Auffällig ist, daß die kritischen Phasen bei den Aggressionsdelikten deutlicher erkennbar sind als bei den Eigentumsdelikten, für die eher ein epochaler Trend als eine krisenhafte periodische Zuspitzung vorzuliegen scheint. Damit wird auch deutlich, vor welchem Dilemma eine anomietheoretische Deutung der längerfristigen Entwicklung steht: Aus bestimmten konjunkturellen Krisen und Überhitzungen und/oder Modernisierungsschüben resultierende Anomietendenzen müßten, wenn sie denn für den Verlauf der Kriminalität kausal verantwortlich sein sollten, entweder differente Wirkungen auf die Bereitschaft zu kriminellem Handeln haben und/oder ihre Wirkungen unterschiedlich schnell zeitigen, wobei dies wiederum deliktspezifisch divergierend sein könnte. Es gibt deutliche Hinweise darauf, daß z. B. die psychologischen Auswirkungen desselben Ausmaßes wirtschaftlicher Verschlechterung am Ende eines Konjunkturtiefs andere sind als zu Beginn der Rezession und daß dies wiederum je nach Folgentyp unterschiedlich ausfällt (z. B. für Mord anders als für Selbstmord etc.; vgl. Henry/Short 1954).

Im übrigen stellt sich die Frage nach der Einheitlichkeit des Anomiephänomens und seiner Ursachen und Wirkungen. Wenn etwa zwischen chronischer und akuter, zwischen progressiver und regressiver, zwischen sexueller und politischer Anomie – um nur einige Beispiele zu nennen – unterschieden wird, so liegt der Gedanke nahe, daß diese verschiedenen Typen nicht nur verschiedene Ursachen haben, sondern auch unterschiedliche Wirkungen und Wirkungsweisen haben könnten. Angesichts des defizienten Theorie- und Empiriestandes helfen diese kategorialen Differenzierungen jedoch noch nicht weiter.

Die Betrachtung der kritischen Phasen der deliktspezifischen Häufigkeitsziffern animiert allerdings zu Spekulationen: Die Anomietheorie hat sich tendenziell auf die Analyse der Auswirkungen sozioökonomischer Krisen und sozialstruktureller Veränderungen verengt und die politische und kulturelle Dimension gesellschaftlicher Prozesse zu wenig beachtet. Für die Bundesrepublik fällt z. B. auf, daß ungefähr ab Mitte der sechziger Jahre eine kritische Entwicklung der Eigentumsdelikte einsetzt, die dann tendenziell fortdauert. Eine einseitige und monokausale ökonomische Erklärung, z. b. hinsichtlich der Arbeitsmarktlage, scheidet angesichts der Datenlage eindeutig aus. Im Falle der Aggressionsdelikte gilt dies um so mehr, da z. B. gerade in den Jahren, in denen der Arbeitsmarkt in Bedrängnis kam, die zentralen Rechtsbrüche stagnierten oder gar rückläufig waren. Andererseits scheint ein Wechsel des politischen Klimas (z. B. »geistig-moralische Wende« zu Beginn der achtziger Jahre; vgl. die entsprechende Interpretation bei Kanther 1994, S. 47 f.) trotz weiterer massiver wirtschaftlicher Verschlechterung – gemessen an den Arbeitsmarktdaten – mit stagnierenden und teilweise sogar regressiven Häufigkeitsziffern für fast alle Gewaltdelikte einherzugehen. Die Deutung, daß die oben angesprochenen Entwicklungen etwas mit »politischer Anomie« und ihren Wandlungen zu tun haben könnten, bedarf sehr sorgfältiger Prüfung, erscheint aber nicht von vornherein als sinnlos.

Selbstverständlich sind diese Aspekte für die Analyse der Situation in den *neuen* Bundesländern, deren Kriminalitätsentwicklung wir aus methodischen Gründen mehr oder weniger außer acht lassen mußten, von ganz besonderer Bedeutung, denn hier schlägt die Legitimitätskrise des Staates und der gesellschaftlichen Ordnung (vgl. Hanf 1994) voll durch. Dies ist ein sehr wichtiges Erklärungsmoment für die Zunahme der Kriminalität in der Ex-DDR (vgl. Ewald 1993; Kreuzer u. a. 1993, 1994; Kury 1993, 1994) bzw. für die subjektive Verarbeitung dieser Vorgänge. Dabei ist zu beachten, daß sich die subjektive Kriminalitätsfurcht keineswegs proportional zur tatsächlichen Viktimisierungserfahrung entwickelt (vgl. Köcher 1994; Kury 1993, 1994; Kiefl/Lamnek 1986; Reuband 1993), sondern viel komplexere Hintergründe hat (vgl. allgemein Skogan 1990, 1993; Skogan/Maxfield 1981).

In gleicher Weise sollte man die Möglichkeit prüfen, daß sich anomische Tendenzen aufgrund einer spezifischen Dynamik der Wert- und Normbasis – in einer gewissen Unabhängigkeit von sozialstrukturellen und sozioökonomischen Gegebenheiten – ergeben können. Als klassisches Beispiel für einen solchen Prozeß könnte gelten, daß sich – unabhängig von jeder strukturellen Veränderung – die Aspirationsniveaus von gesellschaftlichen Teilgruppen verändern, wie dies z. B. für die weibliche Bevölkerung in vielen westlichen Staaten in den letzten Jahrzehnten in einem ziemlich abrupten Prozeß geschehen ist. Die sehr subtile Weiterentwicklung Durkheimscher Ideen durch Ginsberg (1980) argumentiert dahingehend, daß vermutlich weniger die wahrgenommene Diskrepanz zwischen Aspirationen und erzieltem Ergebnis enttäuschungs- und in der weiteren Folge anomieerzeugend sein dürfte, sondern daß es sowohl auf die Frage der gesellschaftlich vermittelten Legitimität der Aspirationshöhe als auch und v. a. auf die ebenfalls gesellschaftlich vermittelte Legitimität des Ausmaßes, in dem das erzielte Ergebnis des eigenen Handelns und Strebens hinter den billigerweise gehegten Aspirationen und/oder Erwartungen zurückbleiben darf, ankommt. Nicht jede Erwartungsenttäuschung erzeugt Anomie, sondern die Auswirkungen hängen sowohl davon ab, ob der Akteur die enttäuschten Aspirationen *legitimerweise* hegen durfte, als auch davon, ob die Höhe der erfahrenen Diskrepanz jenseits dessen ist, was gesellschaftlich als zu tolerierend, da immer noch mit dem Equity-Prinzip vereinbar, definiert ist. Damit gewinnt die Anomietheorie enorm an Differenziertheit: Nicht nur Aspirationen an und für sich und erzielte Erfolge bzw. Mißerfolge müssen betrachtet werden, sondern die Höhe des gesellschaftlich als legitim angesehenen Aspirationsniveaus und das gesellschaftlich als legitim angesehene Ausmaß der Erwartungsenttäuschung müssen in gleicher Weise berücksichtigt werden. Hinzu kommt, daß nicht nur eine als nicht mehr legitim angesehene Enttäuschung der legitimerweise gehegten Aspirationen als anomieerzeugend gedacht wird, sondern auch ein über das legitimerweise erwartbare Maß der Erfüllung der Aspirationen hinausgehender *Erfolg* einen Spannungszustand erzeugt, der potentiell anomische Qualitäten annehmen kann (vgl. allgemein dazu Cohen 1972). Durch diese Umakzentuierung erfährt die Anomietheorie eine entscheidende Dynamisierung, die Entwicklungen auf der Ebene der gesellschaftlichen Werte, der normativen Sozialisation, der politischen Orientierungen und der politischen Ordnung stärkeres Gewicht verleiht.

4.2 Zusammenfassende Deutung der ausgewählten Befunde auf der Individualebene

Auch auf der Ebene der Individualdaten zeigte sich, daß verschiedene Teilaussagen der Anomietheorie den Falsifikationsversuchen anhand unseres eigenen empirischen Materials widerstanden haben, daß aber auf der anderen Seite die Daten dafür sprechen, daß die traditionelle Anomietheorie nur eine sehr bescheidene Erklärungsleistung erbringen dürfte. Der *eigene* soziale Status selbst ist offensichtlich relevant für die männlichen Jugendlichen, kaum dagegen für die weiblichen. Er wirkt sich ferner auf die Aggressionsdelikte und den schweren Diebstahl aus, also auf die schweren Straftaten. Eine anomietheoretische Erklärung steht folglich vor dem Problem, daß die strukturellen Ursachen für »individuelle Anomie« offensichtlich für beide Geschlechter unterschiedlich sein müßten bzw. sich »individuelle Anomie« auf verschiedenartige Weise in Handlungen umsetzt.

In dieselbe Richtung weisen unsere Befunde über die Bedeutung drohenden intergenerationalen Statusverlustes als Quelle individueller Anomie und darüber vermittelt als Kausalfaktor für delinquentes Handeln. Hier zeigt sich, daß diesen Variablen durchaus Bedeutung zukommt, erwartungswidrig nun aber im wesentlichen nur für die *weiblichen* Jugendlichen.

Die Komplexität der Zusammenhänge erhellt sich aus der Tatsache, daß wir für die *subjektive Wahrnehmung* von gesellschaftlicher Chancenungleichheit Auswirkungen auf die Begehung von Diebstahlsdelikten und von Sachbeschädigungen sowie tendenziell von Gewaltdelikten insgesamt beobachten, während bei den anderen strukturellen »strains« gerade die Körperverletzungsdelikte im Vordergrund gestanden hatten, für die hier keine Zusammenhänge nachweisbar sind. Zudem zeigen sich die genannten Korrelationen insbesondere bei den *männlichen* Probanden und deutlich schwächer bei den weiblichen.

Schließlich konnten wir durch weitere Analysen (vgl. Albrecht 1994) belegen, daß diese strukturellen Variablen mit einer gewissen Sicherheit durch eine spezifische Einstellung zu sich selbst ihre Wirkung erzielen, die inhaltlich große Ähnlichkeit mit dem hat, was sonst von vielen Autoren als »individuelle Anomie« bezeichnet wird, nämlich eine Perspektivlosigkeit und Hoffnungslosigkeit bezüglich der Zukunft. So offenbaren sich vielfältige Beziehungen zwischen dem Selbstkonzept der *Kompetenz der Zukunftbewälti-gung*, die jedoch in mehreren Hinsichten zu qualifizieren sind: Einerseits zeigte sich, daß diese Variable für die *weiblichen* Proban-den wichtiger ist, wenn es um die Frage geht, ob *überhaupt* Delin-quenz auftritt, daß sie jedoch für die *männlichen* Probanden von größerer Bedeutung ist, wenn es um die *Häufigkeit* der Delikte geht. Die vielfältigen weiteren Nuancierungen in Zusammenhang mit der Deliktart und dem Alter machen deutlich, daß sich allen-falls Spuren anomischer Tendenzen finden, nicht mehr.

4.3 Schlußbetrachtung

Global gesehen ist die Geschichte der Bundesrepublik durch eine fast notorisch ansteigende Kriminalitätshäufigkeit gekennzeich-net, auch wenn dies für verschiedene Deliktarten, verschiedene Teilpopulationen in zum Teil sehr unterschiedlicher Weise gilt, so daß man für bestimmte Teilgruppen und Straftaten sogar von einer erstaunlichen Stabilität sprechen muß (vgl. z. B. Kerner 1996). Man sollte sich daher davor hüten, sich durch die öffentliche Debatte falsche Maßstäbe aufzwingen zu lassen. In internationalen und hi-storischen Zusammenhängen betrachtet, relativiert sich die schein-bar fatale Entwicklung. Manche Verlaufskurve seit der Schaffung des Deutschen Reiches bis zum Ersten Weltkrieg, die unaufhaltsam in chaotische Zustände zu führen schien, hat sich später in eine rückläufige Entwicklung verkehrt, und manche erschreckende Steigerung von Häufigkeitsziffern ist im Zuge längerfristiger Ana-lysen nur ein »kleiner Ausreißer«, über den sich nach einigen Jahren schon keiner mehr Gedanken macht (vgl. Albrecht 1986). Die Öffentlichkeit neigt dazu – animiert und verstärkt durch ver-schiedenste Interessengruppen –, die Entwicklung zu dramatisie-ren, und wird damit Partner in einem Spiel, bei dem durch Verweis auf die drängende Kriminalität ganz spezifische, in der Regel reak-tionäre Kontrollpolitiken betrieben werden (vgl. dazu Cremer-Schäfer 1993, Lehne 1993), selbst auf die Gefahr hin, damit neue »Anomie« zu erzeugen. Hier ergeben sich fatale Übergänge und Wechselwirkungen zwischen Anomie und Hysterie, wobei die Möglichkeit bedacht werden muß, daß die Forcierung der allge-meinen Aufmerksamkeit auf das soziale Problem »Kriminalität« durch mächtige gesellschaftliche Gruppen auch den beabsichtigten Effekt hat, von anderen Schwierigkeiten abzulenken bzw. Kriminalität aus dem Cluster von miteinander innig verknüpften sozialen Problemen herauszulösen, an deren Bewältigung man sich nicht herantraut oder aus Wert- oder Interessengründen nicht herangehen möchte (z. B. Armut, psychische Verelendung, strukturelle Benachteiligung, ethnische Diskriminierung etc.).

Hier stellt sich dann auch die Frage nach der Einheitlichkeit des sozialen Problems »Kriminalität«. Formal gesehen gehören dazu so unterschiedliche Normverletzungen wie Ladendiebstahl, Mord, Subventionsbetrug, Regierungskriminalität und Völkermord. Durch welchen Delikttyp ist die gesellschaftliche Ordnung in ihren Grundfesten erschüttert, und durch welche Entwicklung können wir auf Anomie schließen? Hinweise darauf, wie die bundesrepublikanische Gesellschaft diese Frage bisher beantwortet hat, erhalten wir aus einer Kontrastierung der Verurteiltenziffern und der Häufigkeitsziffern: Während erstere in den letzten einteinhalb Jahrzehnten tendenziell stagnierten, sind die letzteren – wie im Detail gezeigt und kommentiert – teilweise drastisch angestiegen. Das heißt mit anderen Worten, daß die staatlich organisierte strafrechtliche soziale Kontrolle mit einem äußerst engmaschigen Netz, dem geltenden Strafrecht, auf Fang geht und die prall gefüllten Netze, in denen sich neben den vielen »kleinen Fischen« auch etliche »große Fische« *nicht* wiederfinden, gar nicht bergen bzw. den gesamten Fang nicht verwerten kann. Nach langen Mühen muß ein Großteil der kleinen Fische wieder über Bord geworfen werden, wobei das erhebliche Risiko besteht, daß sich viele der kleinen Fische dennoch durch diese Prozedur einen bleibenden Schaden holen und die »Fischer« sich zudem noch in gewisser Weise lächerlich machen. Wer angesichts dieses Sachverhalts die Netze noch zahlreicher und die Maschen noch enger machen will, kann nicht erwarten, »rational« genannt zu werden. Obwohl diese Zusammenhänge offenkundig sind, kann sich der Gesetzgeber seit Jahren nicht dazu durchringen, in bestimmten Bereichen die Strategie der »materiellen Entkriminalisierung« zu ergreifen. Es scheint jedoch ungewiß, ob die Ablehnung »materieller Entkriminalisierung« bestimmter Delikte bzw. bestimmter Delikte für bestimmte Personenkategorien wegen drohender »Normerosion« vor der empirischen Überprüfung standhalten würde oder die jetzige halbherzige Strategie nicht langfristig eher zu Defiziten im Rechtsbewußtsein führt.

Wenn wir wirklich die Anomie als entscheidende Quelle der

Kriminalitätsentwicklung ausgemacht hätten, so könnte man diese nicht durch das Strafrecht bekämpfen, sondern bedürfte anderer gesellschaftlicher Reaktionen auf die Ursachen von Anomie. Wir wissen heute, daß Durkheims mühseliges Ringen um eine gesellschaftstheoretische Fundierung einer solchen Strategie gescheitert ist (vgl. König 1976; Marks 1974, 1976; Müller 1993) und manches dafür spricht, daß auch modernste Bewegungen aus dem Zusammenhang der Kommunitarismusdebatte (vgl. die Beiträge in Daly 1994) einen ähnlichen Weg zu gehen drohen, aber der vertraute Griff nach dem Instrument des Strafrechts kann nicht Ersatz für solche Anstrengungen sein.

Gegen eine glatte anomietheoretische Deutung der Entwicklung sprechen aber – wie oben wiederholt gezeigt – gewichtige Argumente: Die verschiedenen Schübe der Kriminalitätszunahme decken sich hinsichtlich der mannigfaltigen Deliktarten nur sehr begrenzt, und sie fallen zudem in nicht unerheblichem Maße alters- und geschlechtsspezifisch unterschiedlich aus. Eine befriedigende anomietheoretische Erklärung müßte so beschaffen sein, daß sie entweder differierende Ursachen für anomische Zustände für gesellschaftliche Teilpopulationen vorsieht, was keinen besonderen Sinn machen dürfte, oder aber sie müßte theoretische Argumente dafür zur Verfügung stellen, warum anomische Zustände bei differenten Teilgruppen mit unterschiedlicher zeitlicher Verzögerung wirken bzw. warum abweichende Handlungen verschiedenster Art mit unterschiedlicher Verzögerung auf anomische Zustände folgen. Da eine solche, differenzierte Version der Anomietheorie nicht existiert, bleiben anomietheoretische Deutungen der betrachteten Entwicklung allenfalls mehr oder weniger plausible Spekulationen.

Dies gilt v. a. deshalb, weil die Forschung bisher vor der Aufgabe versagt hat, das theoretische Konstrukt Anomie präzise zu fassen. Dies wird schon daran deutlich, daß weder die Relationen zu anderen theoretischen Konstrukten klar sind, wie z. B. zur sozialen Desorganisation oder zur Desintegration, noch über die inhaltliche Bestimmung dessen, was Anomie bedeutet, semantisch Einigkeit besteht. Übersetzungen bzw. Umschreibungen mit »Normlosigkeit«, »Regellosigkeit«, »Ziellosigkeit«, »Sinnlosigkeit«, »Regulierungsversagen« etc., wie sie sich in der Literatur finden, illustrieren dies. Wenn man weiter bedenkt, daß in den einschlägigen Skalen zur Messung von »Anomie auf individueller Ebene« auch Items einbezogen werden, die traditionellerweise Entfremdung, Hoffnungslosigkeit, Mißtrauen etc. messen, dann wird evident, daß wir von einer Klärung des theoretischen Konstruktes noch weit entfernt sind.

Andererseits haben Durkheim und Merton sowie eine Reihe von Autoren dieser Tradition ansatzweise theoretische Ideen darüber entwickelt, unter welchen gesellschaftlichen Bedingungen Zustände der Anomie eintreten müßten; also z. B.: plötzliche und beschleunigte Prozesse der Arbeitsteilung im Zuge von Modernisierungsumbrüchen, überschäumende Konjunkturen und tiefe Depressionskrisen, Zuspitzung bzw. Verschärfung des Bewußtseins ungleicher Chancenstrukturen etc. Der reine Nachweis, daß im Zuge solcher Entwicklungen bestimmte Devianzphänomene überzufällig gehäuft auftreten, stellt so lange allenfalls eine Plausibilisierung der Anomietheorie und keine Bestätigung derselben dar, wie nicht gezeigt werden kann, daß zwischen diesen »Ursachen« und ihren (indirekten) »Folgen« durch präzise Indikatoren nachweisbare Zustände »gesellschaftlicher Anomie« kausal wirksam werden. An solchen gesellschaftlichen Indikatoren bzw. an diesem speziellen Nachweis mangelt es in hohem Maße, so daß bei allen Interpretationen Vorsicht geboten ist.

Damit bleibt es bei einem diffusen Gesamtergebnis: »Anomische Tendenzen« lassen sich bei einem weniger strengen Sprachgebrauch und bei weniger exakter empirischer Vorgehensweise allenthalben erkennen, bei genauerer Betrachtung wird vieles widersprüchlich, und manche bekannte Deutung erscheint fahrlässig vereinfachend. Leider konnten wir selbst hier nicht viel mehr leisten, als bisherige, zu grobe und überholte Entwürfe in ihren Grenzen deutlich werden zu lassen. Dennoch soll die im Titel aufgeworfene Frage eine Antwort finden: Die Entwicklungen der Kriminalitätsbelastungsziffern bei Kindern, Jugendlichen, Heranwachsenden und jungen Erwachsenen in den neunziger Jahren sind vor dem Hintergrund der aktuellen gesellschaftlichen Situation kaum anders denn als Resultat von Anomie zu interpretieren, während die Entwicklung bei den Erwachsenen solche Deutungen nicht zuläßt. Insofern ist eine Gesellschaft, die angesichts der Kriminalitätsraten die »Welt aus ihren Fugen« geraten sieht und hysterisch reagiert, schlecht beraten. Sie täte besser daran, die strukturellen Ursachen der Anomie bei der jüngeren Generation gezielt zu beheben.

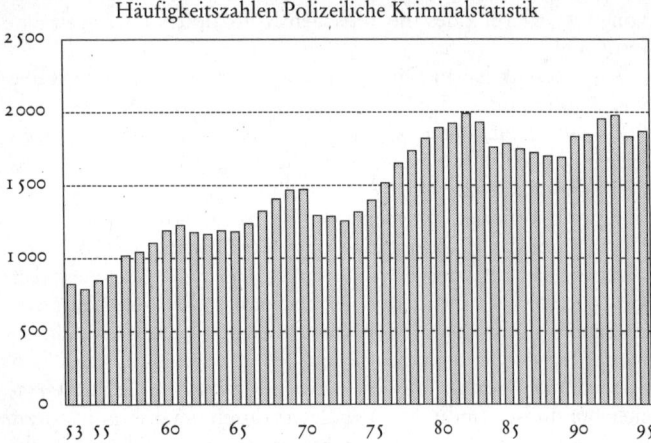

Abb. 1: Diebstahl ohne erschwerende Umstände

Häufigkeitszahlen Polizeiliche Kriminalstatistik

nur alte Bundesländer, ab 1991 einschl. Gesamt-Berlin

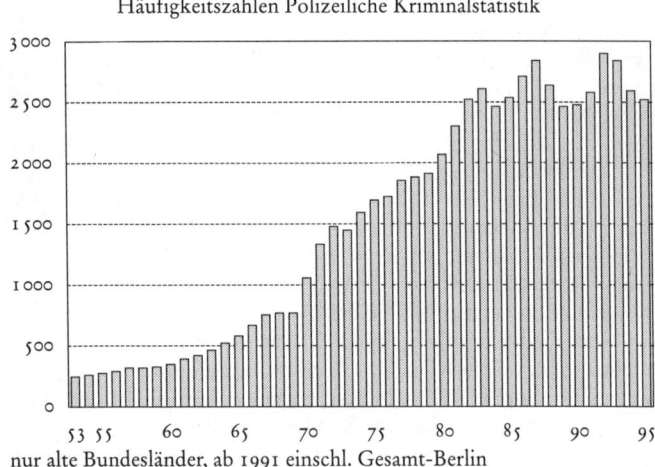

Abb. 2: Diebstahl unter erschwerenden Umständen

Häufigkeitszahlen Polizeiliche Kriminalstatistik

nur alte Bundesländer, ab 1991 einschl. Gesamt-Berlin

Abb. 3: Betrug

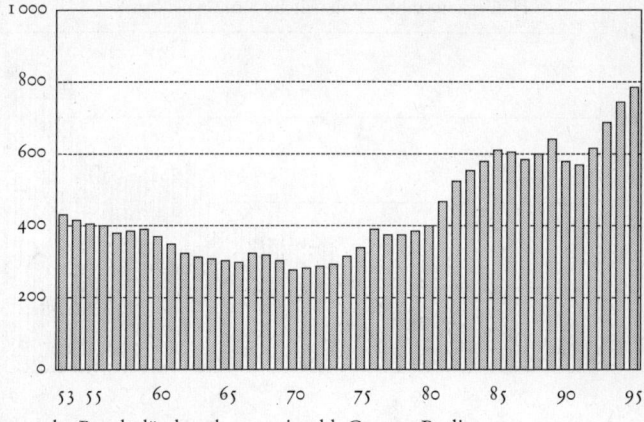

Häufigkeitszahlen Polizeiliche Kriminalstatistik

nur alte Bundesländer, ab 1991 einschl. Gesamt-Berlin

Abb. 4: Mord und Totschlag (einschl. Versuche)

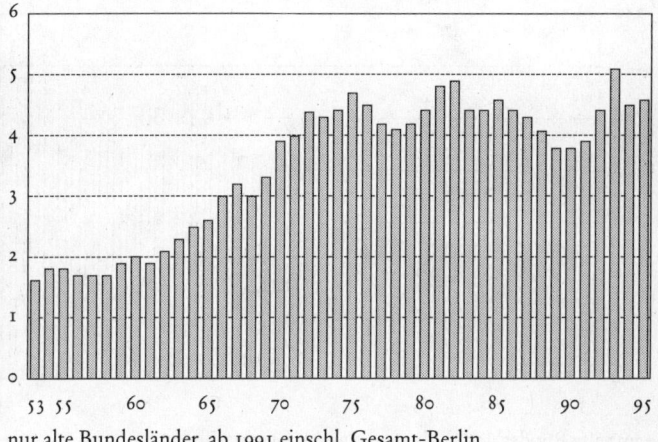

Häufigkeitszahlen Polizeiliche Kriminalstatistik

nur alte Bundesländer, ab 1991 einschl. Gesamt-Berlin

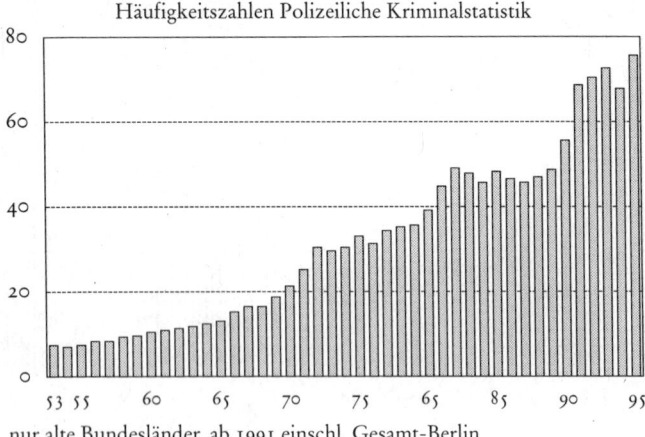

Abb. 5: Raub, räuberische Erpressung und räuberischer Angriff auf Kraftfahrer

Häufigkeitszahlen Polizeiliche Kriminalstatistik

nur alte Bundesländer, ab 1991 einschl. Gesamt-Berlin

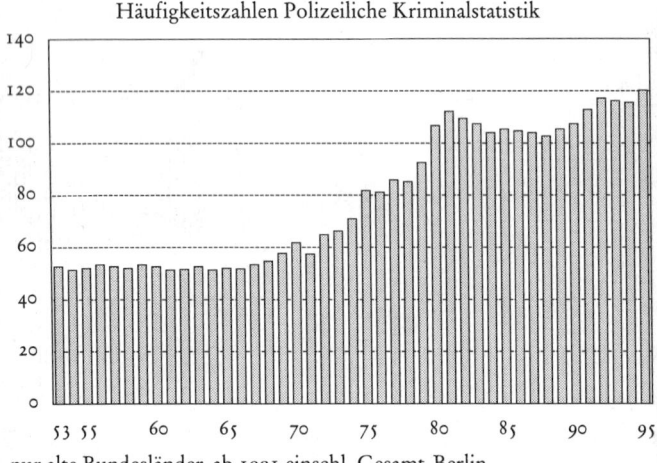

Abb. 6: Gefährliche und schwere Körperverletzung

Häufigkeitszahlen Polizeiliche Kriminalstatistik

nur alte Bundesländer, ab 1991 einschl. Gesamt-Berlin

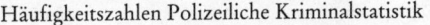

Abb. 7: Gewaltkriminalität

Häufigkeitszahlen Polizeiliche Kriminalstatistik

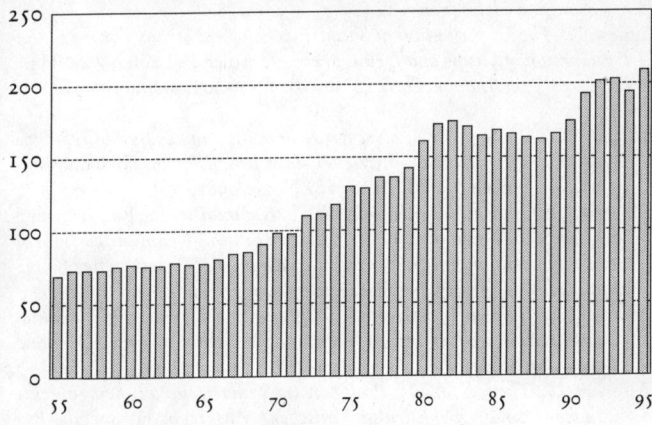

nur alte Bundesländer, ab 1991 einschl. Gesamt-Berlin

Abb. 8: Tatverdächtigenbelastungsziffern ab 1984

Deutsche Tatverdächtige bei Straftaten insgesamt

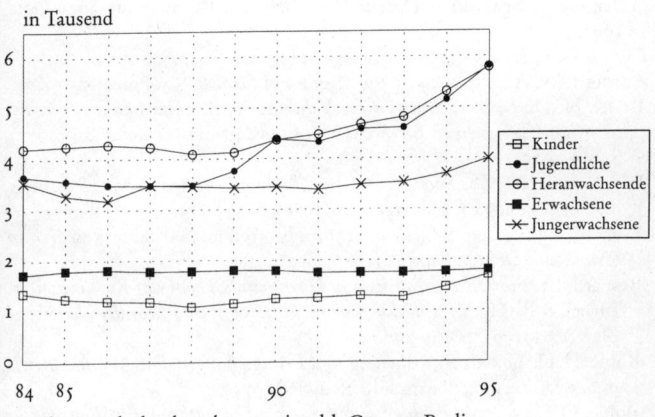

nur alte Bundesländer, ab 1991 einschl. Gesamt-Berlin

Literatur

Agnew, R.: On »Testing Structural Strain Theories«, in: Journal of Research in Crime and Delinquency 24 (1987), S. 281-286.

Agnew, R.: The Contribution of Social-Psychological Strain Theory to the Explanation of Crime and Delinquency, in: Adler, F./Laufer, W. S. (Hg.): The Legacy of Anomie Theory, New Brunswick/London 1995, S. 113-137.

Albrecht, G.: Ökologische Analyse der Kriminalität in der Bundesrepublik Deutschland auf der Basis offizieller statistischer Daten, Forschungsbericht Univ. Bielefeld, Fakultät für Soziologie, 1982.

Albrecht, G.: Gutachten zur Kriminalität in Neumünster, in: Ratsversammlung der Stadt Neumünster (Hg.): Kriminalität in Neumünster. Bericht der Enquete-Kommmission zur Untersuchung der Ursachen der Kriminalität in Neumünster, Neumünster 1983, S. 23-84.

Albrecht, G.: Die quantitative Entwicklung der Eigentumskriminalität von 1882 bis in die Gegenwart, Forschungsbericht Universität Bielefeld, Fakultät für Soziologie 1986.

Albrecht, G.: Theorie sozialer Probleme im Widerstreit zwischen »objektivistischen« und »rekonstruktionistischen« Ansätzen, in: Soziale Probleme 1 (1990), S. 5-20.

Albrecht, G./Howe, C.-W.: Soziale Schicht und Delinquenz. Verwischte Spuren oder falsche Fährte?, in: Kölner Zeitschrift für Soziologie und Sozialpsychologie 44 (1992), S. 697-730.

Albrecht, G.: Anomie und Kriminalität. Ausführliche empirische Analyse der hier vorgestellten Daten, Ms., Bielefeld, Fakultät für Soziologie 1994.

Antonovsky, A.: Health, Stress, and Coping, San Francisco 1979.

Antonovsky, A.: Unravelling the Mystery of Health, San Francisco 1987.

Basler, H.-D.: Untersuchungen zur Validität der Anomia-Skala von Srole, in: Kölner Zeitschrift für Soziologie und Sozialpsychologie 29 (1977), S. 335-342.

Ben-Yehuda, N.: The Sociology of Moral Panics: Towards a New Synthesis, in: The Sociological Quarterly 27 (1986), S. 495-513.

Bernard, T. J.: Testing Structural Strain Theories, in: Journal of Research in Crime and Delinquency 24 (1987), S. 262-280.

Besnard, P.: Anomie and Fatalism in Durkheim's Theory of Regulation, in: Turner, S. P. (Hg.): Émile Durkheim. Sociologist and Moralist, London/New York 1993, S. 169-190.

Bohle, H. H.: Soziale Abweichung und Erfolgschancen. Die Anomietheorie in der Diskussion, Darmstadt/Neuwied 1975.

Bohle, H. H.: Soziale Probleme und Soziale Indikatoren. Ein Beitrag zur Diskussion der Anwendungsmöglichkeiten der Soziologie für das Problemfeld »Kriminalität«, Berlin 1981.

Byrne, N.: *The Anomie-Anomia Nexus: A Re-Examination. Paper prepared for presentation at the 72nd Annual Meetings of the American Sociological Association*, Chicago 1977.

Clark, J. P.: *Measuring Alienation within a Social System*, in: *American Sociological Review* 24 (1958), S. 849-852.

Clinard, M. B.: *The Theoretical Implications of Anomie and Deviant Behavior*, in: Marshall, B./Clinard, M. B. (Hg.): *Anomie and Deviant Behavior. A Discussion and Critique*, London/New York 1964, S. 1-56.

Cohen, H.: *The Anomia of Success and the Anomie of Failure: A Study of Similarities in Opposites*, in: *British Journal of Sociology* 23 (1972), S. 329-343.

Cremer-Schäfer, H.: *Was sichert Sicherheitspolitik? Über den politischen Nutzen steigender Kriminalität und ausufernder Gewalt*, in: Kampmeyer, E./Neumeyer, J. (Hg.): *Innere Unsicherheit. Eine kritische Bestandsaufnahme*, München 1993, S. 13-40.

Daly, M. (Hg.): *Communitarianism. A New Public Ethics*, Belmont 1994.

Dean, D. G.: *Alienation: It's Meaning and Measurement*, in: *American Sociological Review* 26 (1961), S. 753-758.

Dunham, H. W.: *Anomie and Mental Disorders*, in: Marshall, B./Clinard, M. B. (Hg.), a. a. O., S. 128-157.

Durkheim, É: *Der Selbstmord*, Berlin/Neuwied 1973.

Durkheim, É.: *Essays On Morals and Education*, London 1979.

Durkheim, É.: *Über soziale Arbeitsteilung*, Frankfurt/M. ²1988 (erste Aufl. unter dem Titel *Über die Teilung der sozialen Arbeit*).

Durkheim, É.: *Physik der Sitten und des Rechts. Vorlesungen zur Soziologie der Moral*, Frankfurt/M. 1991.

Durkheim, É.: *Professional Ethics and Civic Morals*, London/New York 1992.

Ewald, U.: *Kriminalität nach der Wende – Bild und Wirklichkeit in den neuen Bundesländern*, in: *Neue Justiz* 1 (1993), S. 106-109.

Filloux, J.-C.: *Inequalities and Social Stratification in Durkheim's Sociology*, in: Turner, S. P. (Hg.), a. a. O., S. 211-228.

Fishman, M.: *Crime Waves as Ideology*, in: *Social Problems* 25 (1978), S. 531-543.

Frehsee, D.: *Strukturbedingungen urbaner Kriminalität. Eine Kriminalgeographie der Stadt Kiel unter besonderer Berücksichtigung der Jugendkriminalität*, Göttingen 1978.

Ginsberg, R. B.: *Anomie and Aspirations. A Reinterpretation of Durkheim's Theory*, New York 1980.

Green, S. J. D.: *Émile Durkheim on Human Talents and Two Traditions of Social Justice*, in: *The British Journal of Sociology* 40 (1989), S. 97-117.

Gülich, C.: *Die Durkheim-Schule und der französische Solidarismus*, Wiesbaden 1991.

Hanf, T.: *Legitimitätskrise im sozialen Umbruch in den neuen Bundeslän-*

dern des vereinigten Deutschland, in: Boers, K./Ewald, U./Kerner, H.-J./Lautsch, E./Sessar, K. (Hg.): *Sozialer Umbruch und Kriminalität*, Bd. 1, Bonn 1994, S. 123-135.

Hauf, C.-J.: *Die Aussagekraft der Polizeilichen Kriminalstatistik – ein ausgestandenes Thema? Ein Beitrag zur Kriminalitätserfassung und Kriminalitätsnachweis*, in: *Monatsschrift für Kriminologie und Strafrechtsreform* 77 (1994), S. 388-394.

Heiland, H. G.: *Wohlstand und Diebstahl. Eine Makroanalyse ausgewählter ökonomischer, sozialer und kriminalstatistischer Indikatoren unter Anwendung der multiplen Regressionsanalyse*, Bremen 1983.

Henry, A. F./Short, J. F.: *Suicide and Homicide. Some Economic, Sociological, and Psychological Aspects of Aggression*, London/New York 1954.

Jaffe, L. D.: *Delinquency Proneness and Family Anomie*, in: *Journal of Criminal Law, Criminology and Police Science* 54 (1963), S. 146-154.

Kanther, M.: *Wachstumsbranche Kriminalität. Lehren aus der Statistik*, in: Fietz, M./Jach, M. (Hg.): *Zündstoff Kriminalität. Innere Sicherheit auf dem Prüfstand*, Bonn 1994, S. 34-54.

Kerner, H.-J.: *Verbrechenswirklichkeit und Strafverfolgung*, München 1973.

Kerner, H.-J.: *Die Kriminalität macht keine Sprünge. Die Entwicklung der polizeilich registrierten Kriminalität in Westdeutschland seit 1980*, in: *Neue Kriminalpolitik* 3 (1996), S. 44-47.

Kiefl, W./Lamnek, S.: *Soziologie des Opfers*, München 1986.

Köcher, R.: *Das Angstsyndrom. Wie das Volk sich fühlt*, in: Fietz, M./Jach, M. (Hg.), a. a. O., S. 22-32.

König, R.: *Émile Durkheim*, in: Käsler, D. (Hg.): *Klassiker des soziologischen Denkens*, Bd. 1, München 1976, S. 312-364.

Kreuzer, A./Görgen, T./Krüger, R./Münch, V./Schneider, H.: *Jugenddelinquenz in Ost und West. Vergleichende Untersuchungen bei ost- und westdeutschen Studienanfängern in der Tradition Gießener Delinquenzbefragungen*, Bonn 1993.

Kreuzer, A./Görgen, T./Münch, V./Schneider, H.: *Delinquenz im Systemvergleich (Erste Ergebnisse des Projektes »Vergleichende Aspekte der Dunkelfeldforschung – eine Replikation der Gießener Delinquenzbefragung in der ehemaligen DDR und der Bundesrepublik Deutschland«)*, in: Boers, K./Ewald, U./Kerner, H.-J./Lautsch, E./Sessar, K. (Hg.), a. a. O., S. 137-164.

Kury, H.: *Crime in East and West Germany-Results of the First Intra-German Victims' Study*, in: Bilsky, W./Pfeiffer C./Wetzels, P. (Hg.): *Fear of Crime and Criminal Victimization*, Bonn 1993, S. 213-230.

Kury, H.: *Kriminalität und Viktimisierung in Deutschland – Ergebnisse einer Opferstudie*, in: Boers, K./Ewald, U./Kerner, H.-J./Lautsch E./Sessar, K. (Hg.), a. a.O, S. 165-197.

Lehne, W.: *Politik Innerer Sicherheit. Die entpolitisierende Konstruktion gesellschaftlicher Risiken als Kriminalitätsprobleme*, in: Kampmeyer, E./ Neumeyer, J. (Hg.), a. a. O., S. 51-70.

Marks, S. R.: *Durkheim's Theory of Anomie*, in: *American Journal of Sociology* 80 (1974), S. 329-363.

Marske, C. E.: *Durkheim's »Cult of the Individual« and the Moral Reconstitution of Society*, in: *Sociological Theory* 5 (1987), S. 1-14.

McClosky, H./Schaar, J. H.: *Psychological Dimensions of Anomy*, in: *American Sociological Review* 30 (1965), S. 14-40.

Merton, R. K.: *Social Structure and Anomie*, in: *American Sociological Review* 3 (1938), S. 672-682.

Merton, R. K.: *Social Structure and Anomie: Revisions and Extensions*, in: Anshen, R. N. (Hg.): *The Family: Its Function and Destiny*, New York 1949, S. 226-257 (wieder abgedruckt in: Merton, R. K.: *Social Theory and Social Structure*, Rev. Aufl., New York 1957, S. 131-160).

Merton, R. K.: *Anomie, Anomia, and Social Interaction: Contexts of Deviant Behavior*, in: Clinard, M. B. (Hg.): *Anomie and Deviant Behavior*, a. a. O., S. 213-242.

Merton, R. K.: *»Sozialstruktur und Anomie« und »Weiterentwicklungen der Theorie der Sozialstruktur und Anomie«*, in: ders.: *Soziologische Theorie und soziale Struktur*, Berlin/New York 1995a, S. 127-185.

Merton, R. K.: *Opportunity Structure: The Emergence, Diffusion, and Differentiation of a Sociological Concept, 1930s-1950s*, in: Adler, F./Laufer, W. S. (Hg.): *The Legacy of Anomie Theory*, New Brunswick/London 1995b, S. 3-78.

Mirowsky, J./Ross, C. E.: *Social Causes of Psychological Distress*, New York 1989.

Mirowsky, J./Ross, C. E.: *Control Or Defense? Depression and the Sense of Control Over Good and Bad Outcomes*, in: *Journal of Health and Social Behavior* 31 (1990), S. 71-86.

Müller, H. P.: *Durkheim's Political Sociology*, in: Turner, S. P., a. a. O., S. 95-110.

Orru, M.: *The Ethics of Anomie: Jean Marie Guyau and Émile Durkheim*, in: *The British Journal of Sociology* 34 (1983), S. 499-518.

Orru, M.: *Anomie. History and Meanings*, London etc. 1987.

Passas, N.: *Continuities in the Anomie Tradition*, in: Adler, F./Laufer, W. S. (Hg.), a. a. O., S. 91-112.

Pope, W.: *Durkheim's Suicide: A Classic Analyzed*, Chicago 1976.

Reuband, K.-H.: *Steigt in der Bundesrepublik die Verbrechensfurcht? Widersprüchliche Ergebnisse aus der neueren Umfrageforschung*, in: Kampmeyer, E./Neumeyer, J. (Hg.), a. a. O., S. 41-50.

Sack, F.: *Die Ost-West-Wanderung der Kriminalität*, in: Schäfer, H. (Hg.): *Grundlagen der Kriminalistik*, Bd. 4, Hamburg 1968, S. 245-293.

Sander, G.: *Abweichendes Verhalten in der DDR. Kriminalitätstheorien in einer sozialistischen Gesellschaft*, Frankfurt/New York 1979.

Schwind, H.-D./Ahlborn, W./Weiß, R.: *Empirische Kriminalgeographie. Kriminalitätsatlas Bochum*, Wiesbaden 1978.

Skogan, W.G.: *The Various Meanings of Fear*, in: Bilsky, W./Pfeiffer, C./ Wetzels, P. (Hg.), a.a.O., S. 131-140.

Skogan, W.G./Maxfield, M.G.: *Coping with Crime: Individual and Neighborhood Reactions*, Newbury Park 1981.

Skogan, W.G.: *Disorder and Decline: Crime and the Spiral of Decay in American Cities*, New York 1990.

Srole, L.: *Letter to the Editor*, in: *American Journal of Sociology* 62 (1956), S. 63-67.

Thompson, K.: *Émile Durkheim*, London/New York 1982.

V

Die Situation in Ost- und Westdeutschland

Wolfgang Glatzer, Mathias Bös
Anomietendenzen im Transformationsprozeß
Analysen mit den Wohlfahrtssurveys

1. Anomietendenzen und ihre Messung

1.1 Gesellschaftliche Entwicklungsphasen, Krisen und Lebensqualität

Anomische Einstellungen und anomisches Verhalten werden seit den Anfängen soziologischer Analyse (Durkheim) als Begleiterscheinungen beschleunigten gesellschaftlichen Wandels und ökonomischer Krisen thematisiert. Daß eine solche Problematik am Beginn der neunziger Jahre virulent wird, hat damit zu tun, daß die Vereinigung Deutschlands und die Umwandlung der sozialistischen Staaten zweifellos mit den größten gesellschaftlichen Veränderungen in den letzten Jahrzehnten verbunden sind. Zugleich wird eine weltweite ökonomische Krisenphase durchlaufen. Allerdings erscheinen die gesellschaftlichen Turbulenzen, die die Bundesrepublik und Europa seit 1950 durchleben, im Vergleich zu den Kriegen und Krisen der ersten Hälfte dieses Jahrhunderts als eher gering. Das 20. Jahrhundert teilt sich in zwei grundsätzlich verschiedene Phasen. Auf die ersten fünf Jahrzehnte entfallen die beiden Weltkriege und die große Weltwirtschaftskrise, und diese haben die Lebensverläufe der meisten Individuen nachdrücklich beeinflußt. In der zweiten Hälfte des Jahrhunderts gab es in den Industrieländern eine relativ kontinuierliche Entwicklung zu mehr Wohlstand, die nur von kleineren Wirtschaftskrisen und nur am Rande von kriegerischen Konflikten betroffen wurde. Im letzten Jahrzehnt des Jahrhunderts wurden der Sturz des DDR-Regimes und die Vereinigung der beiden deutschen Staaten zum aufregendsten Ereignis seit der Gründung der Bundesrepublik Deutschland. Dies erfolgte in einer neuen Phase beschleunigten weltpolitischen Wandels und zugleich steigenden Problemdrucks. Eine Verschärfung gesellschaftlicher Schwierigkeiten ergab sich in den hochindustrialisierten Ländern neben den ökologischen Gefährdungen insbesondere aus der strukturellen Massenarbeitslosigkeit, die in ihrem Gefolge die Verbreitung von Armut nach sich zog.

Als zu Beginn der siebziger Jahre die Probleme der Wohlstandsgesellschaft stärker ins Bewußtsein traten, wurde die Frage nach der Lebensqualität intensiver gestellt. Dabei wurden die Maßstäbe für soziale Wohlfahrt neu definiert und zugleich die Methoden ihrer Messung ausgebaut. Speziell von der Sozialindikatorenforschung ist das Interesse an einer verläßlichen Untersuchung der Wohlfahrtsentwicklung aufgenommen und in neue Instrumente der gesellschaftlichen Dauerbeobachtung umgesetzt worden. In diesem Rahmen wurden seit 1978 auch die Lebensqualität in der Bundesrepublik und ihre Veränderung in mehreren repräsentativen Umfragestudien – den »Wohlfahrtssurveys« – untersucht. Die Fragestellung bezieht sich dabei explizit auf die objektiven Lebensbedingungen und die wahrgenommene Lebensqualität; beides zusammen bildet die zentralen Komponenten von Lebensqualität, wobei insbesondere auch ihr Zusammenhang Aufmerksamkeit weckt. Im Rahmen dieser Untersuchung wurde der Befund für das subjektive Wohlbefinden der Bundesbürger folgendermaßen umschrieben:

»Subjektives Wohlbefinden ist ein differenziertes Phänomen und weist ambivalente Aspekte auf. Auf der positiven Seite subjektiven Wohlbefindens stehen Glück und Zufriedenheit mit dem Leben; sie sind ungleich verteilt und gehören weder zu den extrem knappen Gütern noch sind sie im Überfluß vorhanden. Es läßt sich ein eher hohes Maß an Zufriedenheit mit dem Leben (kognitives Wohlbefinden) und auch ein eher hohes Maß an Glück (affektives Wohlbefinden) feststellen. Auch die negativen Aspekte subjektiven Wohlbefindens sind ungleich verteilt und eher häufig vorhanden, wie aus der Verbreitung von Besorgnissymptomen (hohe Beanspruchung, Angst, Nervosität, Niedergeschlagenheit) und Anomiesymptomen (Gefühle der Einsamkeit, Freudlosigkeit und Orientierungslosigkeit) hervorgeht. Alles in allem gibt es ein Nebeneinander von einerseits Glück und Zufriedenheit und andererseits subjektiv empfundenen Beeinträchtigungen und damit eine Gleichzeitigkeit scheinbar gegensätzlicher Aspekte des Wohlbefindens. Vom Individuum her gesehen ändert sich das Wohlbefinden eher häufig, aus der gesellschaftlichen Perspektive besteht eine verblüffende Konstanz der Strukturen bei umfangreichen individuellen Veränderungen. Die Verteilungen von Glück und Zufriedenheit bleiben ebenso wie die Häufigkeit von Besorgnis- und Anomiesymptomen seit dem Ende der siebziger Jahre ziemlich stabil« (Glatzer 1992, S. 77 f.).

Dies ist ein Befund der Wohlfahrtssurveys 1978 bis 1988 und gilt für die (alte) Bundesrepublik. Die Vereinigung der beiden deutschen Staaten brachte eine völlig neue Konstellation für das subjektive Wohlbefinden in Deutschland; so zeichnet es sich jedenfalls im Wohlfahrtssurvey 1990 ab, der in Ostdeutschland durchgeführt wurde:

»Die Frage nach der gegenwärtigen Lebenszufriedenheit schließt eigene Ansprüche und Erwartungen ebenso ein wie soziale Vergleiche, mit Nachbarn oder aktuell mit ›den anderen‹ Deutschen. Im Westen lag der Durchschnittswert 1988 bei der allgemeinen Lebenszufriedenheit bei 7,9. Er war über zehn Jahre hinweg auf diesem hohen Niveau stabil. Im Osten lag der Wert im Jahr 1990 bei 6,5 und damit außerordentlich tief. Das hier dokumentierte Ausmaß an Unzufriedenheit ist im Westen nur bei typischen Problemgruppen anzutreffen, beispielsweise bei Arbeitslosen oder bei alleinstehenden, einsamen Älteren« (Spellenberg/Landua/Habich 1992, S. 258).

Der Befund, daß die Stabilität der Struktur des Wohlbefindens, wie sie in der alten Bundesrepublik festzustellen war, von umfangreichen Auf- und Abwärtsbewegungen begleitet wurde und daß es in Einzelbereichen wie der Zufriedenheit mit dem Umweltschutz durchaus starke kurzfristige Veränderungen gab, hat theoretische Bedeutung. Dies deutet darauf hin, daß es sich keinesfalls um eine festgefügte Stabilität handelt, sondern eher um eine labile Konstanz (vgl. Bös/Glatzer 1992). Ob die derzeitige gesellschaftliche Situation sich kritisch zuspitzt oder die prekären Entwicklungen mit Gelassenheit ertragen werden, ist eine empirische Frage, die sich allein auf theoretischer Basis nicht beantworten läßt.

Geht man davon aus, daß Individuen auf beschleunigten Wandel und ökonomische Krisen vermehrt anomisch reagieren, dann müßte in der ersten Hälfte des Jahrhunderts weit mehr Anomie hervorgerufen worden sein als in der zweiten Hälfte. Ältere Menschen, die um die Jahrhundertwende geboren wurden, müßten also in einem höheren Maße anomische Einstellungen übernommen haben als jüngere. Freilich läßt sich annehmen, daß anomische Denk- und Verhaltensweisen auch wieder abgebaut werden können. Und die Älteren haben vielleicht inzwischen gelernt, mit gesellschaftlichen Krisensituationen umzugehen. Gerade die Jüngeren, die keinen größeren kollektiven Krisenerfahrungen ausgesetzt waren, könnten eher dazu neigen, auf ungewohnten sozialen Wandel anomisch zu reagieren. Dies ist ebenso empirisch zu prüfen wie die Annahme, daß anomische Einstellungen von vielfältigen Aspekten individueller Betroffenheit abhängen. Nach sozialstrukturellen Kriterien abgegrenzte Bevölkerungsgruppen können als Analyseeinheiten aufgefaßt werden, in denen die Muster der Betroffenheit relativ einheitlich sind. Nicht zuletzt sind die Intensität des gesellschaftlichen Wandels und die damit verbundene Betroffenheit in den neuen Bundesländern stärker als in den alten Bundesländern. Deshalb sind in diesen Fällen Differenzierungen der anomischen Einstellungen und Verhaltensweisen zu erwarten.

Es ist wichtig, im Auge zu behalten, daß das Problem der Anomie hier im Rahmen des umfassenderen Konzepts der Lebensqualität betrachtet wird. Es trägt dazu bei aufzuzeigen, daß wahrgenommene Lebensqualität und subjektives Wohlbefinden einen differenzierten und ambivalenten Charakter haben. Positive und negative Aspekte subjektiven Wohlbefindens schließen einander nicht aus, da das Wohlbefinden der meisten Individuen zu einem gegebenen Zeitpunkt aus unterschiedlichen Facetten besteht, die positive und negative Komponenten zugleich enthalten. Wenn sich die Perspektive im folgenden auf »Anomie« konzentriert, dann handelt es sich dabei um eine von mehreren zentralen Dimensionen des individuellen Wohlbefindens, die in einem weit größeren, teilweise inkonsistenten Komplex von subjektiven Aspekten steht. In diesem Beitrag konzentriert sich die Analyse auf das Ausmaß von Anomie und die feststellbaren Anomietendenzen in der Bundesrepublik Deutschland.

1.2 Das Konzept der Anomie und seine Messung

Anomie kann am einfachsten als Auflösung oder Infragestellung von Normen übersetzt werden. Schon Durkheim wies dabei darauf hin, daß dieser Prozeß nicht nur allgemein mit beschleunigtem sozialem Wandel einhergeht, sondern speziell auch mit ökonomischen Entwicklungen. Anomie kann einerseits durch ökonomische Krisen ausgelöst werden, andererseits kann aber auch zunehmender Wohlstand zu anomischen Tendenzen führen, wenn z.B. die Anspruchsniveaus überzogen werden oder auf nicht mehr zu verarbeitende Informationsfülle reagiert wird (vgl. »the alienation of the overprivileged« in Klapp 1978). Nicht zuletzt wird vor diesem Hintergrund das Streben nach Wohlstand als Ursache von anomischen bzw. abweichenden Verhaltensweisen gesehen (vgl. Bohle/Heitmeyer/Kühnel/Sander in diesem Band).

Die empirische Erforschung anomischer Phänomene nimmt

notwendigerweise anomietheoretische Ansätze als gegeben an und führt auf deren Basis eine erfahrungswissenschaftliche Analyse durch.

Als Grundstein der eher quantitativ orientierten Anomie-Forschung kann sicherlich die Klassifikation anomischer Einstellungen von Melvin Seeman (1959) gelten, der »powerlessness«, »meaniglessness«, »normlessness«, »social isolation« und »self-estrangement« unterschied. Dwight Dean (1961) konzentrierte die Messung von Anomie auf drei Unterskalen: »powerlessness«, »normlessness« und »social isolation«.[1] Auf die Messung des Verlustes von Normen und die damit einhergehende Erhöhung von Unsicherheit zielen die Arbeiten von Leo Srole (1957). Die Variationsbreite der verwendeten Skalen ist sehr hoch. Als Lehrmeinung scheint sich lediglich durchgesetzt zu haben, daß Anomie nur als mehrdimensionales Konstrukt meßbar ist. Auch wenn durch die inzwischen hochentwickelten Verfahren zur Verbesserung von Meßinstrumenten die Reliabilität der Skalen gestiegen ist, liegen die Hauptprobleme immer noch in der Konstruktion valider Tests. Deswegen ist besondere Vorsicht bei der Schätzung der Größenordnung anomischer Bevölkerungsgruppen geboten. Hier können schon geringe Unterschiede in Konzeptionalisierung und Formulierung von Fragestellungen sehr unterschiedliche Ergebnisse hervorbringen (vgl. Robinson/Shaver 1973). Darüber hinaus erlauben standardisierte Wiederholungen von Anomie-Messungen durchaus verläßliche Aussagen über die Veränderung von Anomie im Zeitablauf.

1.3. Das Konzept der Anomie und seine Operationalisierung in den Wohlfahrtssurveys

Die Wohlfahrtssurveys sind repräsentative Umfragen in der Bundesrepublik Deutschland, die sich auf die objektiven Lebensbedingungen und die wahrgenommene Lebensqualität der Bundesbürger beziehen. Sie wurden an der Universität Mannheim unter Leitung von Wolfgang Zapf, Wolfgang Glatzer und Heinz-Herbert Noll etabliert und von der Arbeitsgruppe Sozialberichterstattung am Wissenschaftszentrum Berlin für Sozialforschung insbesondere

---

1 Leicht zugänglich sind die meisten der hier genannten Skalen bei Miller 1991, S. 470 ff. In dieser Studie ist auch weitere Literatur aus dem sozialpsychologischen Bereich zu finden.

unter Mitwirkung von Roland Habich weitergeführt.[2] Die repräsentativen Umfragen wurden 1978 (2012 Befragte), 1980 (2427), 1984 (2067) und 1988 (2144) in der damaligen Bundesrepublik durchgeführt, 1990 fand eine Erhebung (735) auf dem Gebiet der neuen Bundesländer statt und schließlich 1993 (3062) im vereinigten Deutschland. Die Stichproben sind für die deutsch(sprachig)e Wohnbevölkerung ab 18 Jahren repräsentativ.[3]

Die 1978 ausgewählten Anomie-Indikatoren gehen zurück auf Seeman (1959) und Middleton (1963).

2 Wir danken Wolfgang Zapf, Roland Habich und Heinz-Herbert Noll für die Überlassung von Daten aus dem Wohlfahrtssurvey 1993 und Detlef Landua für mit diesem Datensatz vorgenommene Berechnungen.
3 Die Zufallsauswahl der Hauptstichprobe der Wohlfahrtssurveys wird mit dem ADM-Stichproben-Design vollzogen, das sich im Rahmen einer mehrstufigen Zufallsauswahl auf die privaten Haushalte bezieht (für eine kurze Darstellung des Ziehungsverfahrens vgl. Küchler 1989; eine ausführliche Darstellung findet sich in Böltken 1976, S. 367 ff.). Durch Gewichtungsverfahren wird sichergestellt, daß die Ergebnisse ähnlich wie die einer einfachen Personen-Zufallsstichprobe behandelt werden können; offensichtliche systematische Stichprobenverzerrungen werden soweit wie möglich beseitigt (vgl. die Methodenberichte der jeweiligen Surveys). Die Faustregel für die Fehlerspanne einer einfachen Zufallsstichprobe ist für Anteilswerte mit 5% Irrtumswahrscheinlichkeit der Wert

$$\pm \frac{100}{\sqrt{n}},$$

wobei n die Größe der Bezugsstichprobe ist (z. B. alle Befragten einer Stichprobe). So beträgt etwa das Konfidenzintervall eines Prozentsatzes, das aufgrund einer Stichprobe von $n = 2000$ geschätzt wird, maximal $\pm 2{,}24$ Prozentpunkte – diese Fehlerspanne gilt für einen Anteilswert von 50%, bei allen anderen Anteilswerten ist sie geringer. Neben diesen allgemeinen Fehlerquellen der Gesamtstichprobe kann die Antwortcharakteristik einzelner Items Probleme aufwerfen. Erfreulicherweise sind die Antwortausfälle bei den Anomie- und Besorgnisskalen – mit Ausnahme der Frage nach der Entfremdung von der Arbeit – immer unter 2% bzw. meist weit niedriger. (Einzige Ausnahme ist hier die Ausfallquote bei der Frage nach der Entfremdung von der Arbeit im Ostsurvey von 1990; sie liegt bei ca. 9%.) Ein Problem der Umfragen sind die oft hohen Ausfallraten bei der Frage nach dem Einkommen, so konnten je nach Wohlfahrtssurvey zwischen 14% und 37% der Befragten nicht nach ihrem Haushaltseinkommen eingeordnet werden. Damit können Aussagen über den Zusammenhang zwischen Anomie und Einkommen nur mit Einschränkungen als repräsentativ angesehen werden.
    Bei einer Sekundäranalyse, wie im vorliegenden Fall, müssen wir uns mit den (Anomie-)Indikatoren zufriedengeben, die zum jeweiligen Zeitpunkt in die Umfragen aufgenommen wurden. Dabei handelt es sich um eine spezifische Auswahl; nicht alle Indikatoren wurden zu allen Zeitpunkten erhoben, und in seltenen Fällen wurde aus theoretischen Gründen der Wortlaut geändert, so daß manche Fragen keine identischen Stimuli mehr darstellen.

»Unter Machtlosigkeit versteht Seeman eine geringe Erwartung, daß Ereignisse durch das eigene Verhalten kontrollierbar und beeinflußbar sind. Sinnlosigkeit bedeutet Nichtverstehen von Ereignissen und ihren Zusammenhängen. Mit dem Aspekt der Normlosigkeit bezieht sich Seeman auf Durkheims Anomiebegriff. Er definiert Normlosigkeit als hohe Erwartung, daß sozial mißbilligte Mittel erforderlich sind, um gegebene Ziele zu erreichen. Mit dem Begriff der Isolierung oder kulturellen Entfremdung beschreibt Seeman die Entfremdung des Individuums von den Werten der Gesellschaft. Die letzte Art der Entfremdung, die Selbstentfremdung, kommt in dem Gefühl zum Ausdruck, Tätigkeiten auszuführen, die nicht um ihrer selbst willen Belohnungscharakter haben. In einer späteren Publikation fügt Seeman dieser Aufzählung einen weiteren Aspekt der Entfremdung hinzu, die soziale Isolation. Soziale Isolation bedeutet eine geringe Erwartung sozialer Akzeptanz und drückt sich in Gefühlen der Einsamkeit aus« (Berger 1980, S. 5).

Zu diesen Konzepten wurden Fragen in den Wohlfahrtssurvey 1978 aufgenommen und dann weitgehend in den Folgesurveys wiederholt. Die Frageformulierung schließt dabei an Items an, die Middleton (1963) erfaßt hat. Die Zustimmung zu folgenden Aussagen wurde als Indikator für die jeweilige Anomiedimension verwendet:

Sinnlosigkeit:	Die Welt ist heute so kompliziert geworden, daß ich mich fast nicht mehr zurechtfinde.
Normlosigkeit:	Wenn man es heute zu etwas bringen will, ist man regelrecht gezwungen, Dinge zu tun, die nicht richtig sind.
Soziale Isolation:	Ich fühle mich oft einsam.
Entfremdung von der Arbeit:	Meine Arbeit macht mir eigentlich keine Freude mehr, aber ich muß sie tun, um andere Dinge zu haben, die ich will und brauche.
Machtlosigkeit:	Ich kann an den meisten unserer heutigen Schwierigkeiten nicht viel ändern.

Die Antwortskalen waren vierstufig: »Ich stimme ganz und gar zu«; »stimme eher zu«; »stimme eher nicht zu«; »stimme ganz und gar nicht zu«. Neben Anomie-Items wurden auch Besorgnis-Items in die Wohlfahrtssurveys einbezogen, um unterschiedliche Schattierungen des negativen Wohlbefindens feststellen zu können.

»Besorgnisse schließen eng an die Konstrukte der Angst und Ängstlichkeit an, und ihre Bestandteile sind Nervosität, Aufgeregtheit, Schuldgefühle, häufige Sorgen und Ängste, Schüchternheit, leichte Verwirrbarkeit und

Störbarkeit, die von psychosomatischen Symptomen wie Herzklopfen, Kopfschmerzen, Magenbeschwerden, Zittern und Schwitzen, Erschöpfung und schnelle Ermüdung begleitet werden« (Berger 1980, S. 15).

Basierend auf der skandinavischen »Anxietyscale« (Allardt 1973, S. 27), wurden folgende Items erhoben:
   Fühlen Sie sich öfters erschöpft oder zerschlagen?
   Leiden Sie öfters unter Kopfschmerzen?
   Bringt es Sie völlig durcheinander, wenn Sie Dinge schnell tun müssen?
   Machen Sie sich große Sorgen über Ihre Gesundheit?
   Kommen Ängste und Sorgen immer wieder über Sie?
   Sind Sie öfters über starkes Herzklopfen beunruhigt?
   Sind Sie ständig aufgeregt oder nervös?
   Fühlen Sie sich gewöhnlich unglücklich oder niedergeschlagen?
   Zittern Sie öfters oder schüttelt es Sie?
   Haben Sie öfters verrücktes Herzklopfen?
   Die Antwortskala umfaßt hier lediglich die Ausprägungen »Ja« und »Nein«. Damit wird keine Abstufung des Wohlbefindens zugelassen, sondern eine klare Ablehnung oder Zustimmung verlangt.
   Anomie und Besorgnis stellen nur einen Ausschnitt aus der Vielfalt denkbarer Beeinträchtigungen des subjektiven Wohlbefindens dar. Während Anomie sich vorwiegend auf fehlende soziale Integration bezieht, konzentriert sich Besorgnis auf Beeinträchtigungen der Gesundheit.

2. Anomie und subjektives Wohlbefinden

2.1 Anomie-Indikatoren im Überblick

Die Ausgangsfragestellung bezieht sich auf die Veränderungen der Anomie-Indikatoren im Zeitablauf und betrachtet insbesondere die Unterschiede zwischen Ost- und Westdeutschland. Alle Aspekte von Anomie, die in den Wohlfahrtssurveys erhoben wurden (vgl. Tabelle 1), sind in einem Ausmaß von zumindest 3% vorhanden und reichen bis zu einer Größenordnung von 48%, sofern eine eindeutige Zustimmung zu den Anomie-Items zugrunde gelegt wird (»Ich stimme ganz und gar zu«). Von den einzelnen

Anomie-Aspekten sind meist nur mehr und weniger große Minderheiten der Bevölkerung betroffen. Dieses Bild ändert sich, wenn die Zustimmung zu einem Anomie-Item mit »Ich stimme eher zu« als ausreichend für anomische Einstellungen akzeptiert wird. Starke und schwache Zustimmung ergeben zusammengenommen je nach Anomie-Item sehr verschiedene Betroffenheitsquoten; teilweise stimmt eine Zwei-Drittel-Mehrheit der Bevölkerung den Anomie-Items zu.

Vergleicht man die verschiedenen Erhebungszeitpunkte, so ist festzustellen, daß sich für die (gleichbleibenden) Fragen in der alten Bundesrepublik eine beträchtliche Stabilität abzeichnet bei niedrigen Anomie-Werten für die meisten Items. Die neuen Bundesländer weisen insbesondere 1990 ein viel höheres Niveau bei einzelnen Anomie-Indikatoren auf; dies stützt die klassische Hypothese von der Verbreitung von Anomie bei beschleunigtem Wandel und in Krisensituationen. Im Jahr 1993 hat sich gegenüber 1990 das Niveau anomischer Einstellungen in den neuen Bundesländern leicht reduziert, es blieb aber deutlich über dem der alten Bundesländer. In Westdeutschland hat sich zwischen 1988 und 1993 am Ausmaß anomischer Denkweisen kaum etwas geändert. Insgesamt ist das Anomiepotential im vereinten Deutschland von 1993 wenig höher als in der alten Bundesrepublik von 1988 (Anomie-Index S. 572 und Besorgnis-Index S. 572).

Im einzelnen gab es folgende Befunde:

Im mittelfristigen Vergleich scheint es in den alten Bundesländern einen leichten Trend zu weniger »Einsamkeit« und weniger »Entfremdung« zu geben, während »Sinnlosigkeit« etwas ansteigt (für den genauen Fragetext der Items siehe S. 566). Das Gefühl der Machtlosigkeit ist in den alten Bundesländern 1988 weiter verbreitet als 1993.

In Ostdeutschland liegen 1993 alle Anomie-Items auf einem höheren Niveau als in Westdeutschland. Dasselbe gilt, wenn man die Ergebnisse für die neuen Bundesländer im Jahr 1990 denen der alten Bundesländer im Jahr 1988 gegenüberstellt. Besonders hohe Unterschiede ergeben sich dabei für die Anomie-Dimension »Machtlosigkeit«. Die Akzeptanz von »Normlosigkeit« war in Ostdeutschland 1990 nicht größer als in der alten Bundesrepublik 1978/80.

Ein weiterer Vergleich bezieht sich auf die Veränderungen in den neuen Bundesländern zwischen 1990 und 1993. Bei allen Items

Tabelle 1: Zustimmung der Bundesbürger zu den Items der Anomie-Skala (Anteil in %).

Item	Ausprägung	1978	1980	1984	1988	1993 (West)	1990 (Ost)	1993 (Ost)	1993 (Gesamt)
Sinnlosigkeit: Die Welt ist heute so kompliziert geworden, daß ich mich fast nicht mehr zurechtfinde (1978 »das Leben« statt »die Welt«).	ganz und gar	(15)	4	4	3	3	12	10	4
	eher	(30)	11	10	8	10	28	23	13
	eher nicht	(33)	29	28	29	33	37	39	34
	ganz und gar nicht	(22)	56	59	60	54	24	28	49
	insgesamt	100	100	100	100	100	100	100	100
Soziale Isolation: Ich fühle mich oft einsam.	ganz und gar	8	7	7	5	4	10	7	5
	eher	10	11	10	9	9	12	10	9
	eher nicht	22	24	27	30	28	25	30	28
	ganz und gar nicht	61	58	56	56	59	53	54	58
	insgesamt	100	100	100	100	100	100	100	100
Entfremdung von der Arbeit: Meine Arbeit macht mir eigentlich keine Freude mehr.	ganz und gar	9	5	6	4	4	9	6	4
	eher	17	10	9	9	7	13	11	8
	eher nicht	28	28	29	30	31	26	32	31
	ganz und gar nicht	46	58	56	56	58	52	51	56
	insgesamt	100	100	100	100	100	100	100	100

Machtlosigkeit: Ich kann an den meisten unserer heutigen Schwierigkeiten nicht viel ändern.									
ganz und gar	32	–	–	–	28	–	34	48	32
eher	37	–	–	–	46	–	41	38	44
eher nicht	22	–	–	–	21	–	21	11	19
ganz und gar nicht	10	–	–	–	5	–	5	3	5
insgesamt	100				100		100	100	100
Normlosigkeit: Wenn man es heute zu etwas bringen will, ist man regelrecht gezwungen, Dinge zu tun, die nicht richtig sind.									
ganz und gar	10	9	–	–	–	12	–	–	–
eher	26	28	–	–	–	25	–	–	–
eher nicht	31	31	–	–	–	33	–	–	–
ganz und gar nicht	33	33	–	–	–	30	–	–	–
insgesamt	100	100				100			–

zeigt sich mit Ausnahme der »Machtlosigkeit« eine leichte Tendenz zur Verringerung von Anomie. Dabei wird die Gewißheit, 1990 die Wende geschafft zu haben, noch nachwirken, wohingegen 1993 die anhaltende Problemsituation das Vertrauen in die Gestaltbarkeit des eigenen Lebens schwinden läßt.

Zu einer differenzierteren Beurteilung des Gefühls der »Machtlosigkeit« trägt eine Anzahl weiterer Indikatoren bei (vgl. Tabelle 2). Demnach verbergen sich hinter »Machtlosigkeit« offensichtlich sowohl realistische Einsichten (»An vielen Dingen, die mir im Leben wichtig sind, kann ich wenig ändern«) als auch persönliche Hilflosigkeit (»Oft fühle ich mich meinen Problemen ausgeliefert«). Die Zustimmung zum ersten Sachverhalt ist dabei weit höher als zum zweiten. Machtlosigkeit im hier erfaßten Sinn bedeutet allem Anschein nach eher die Wahrnehmung von Restriktionen für das eigene Handeln als Leidensdruck und Hilflosigkeit.

Bei den einzelnen Items zur Machtlosigkeit bestehen zwischen Ost- (1990) und Westdeutschland (1980) teilweise große Unterschiede (z. B. »Ich fühle mich in meinem Leben gelegentlich hin und her geworfen«), teilweise ergeben sich nahezu übereinstimmende Antwortverteilungen (z. B. »Meine Zukunft hängt hauptsächlich von mir selbst ab«). Der Tendenz nach läßt sich doch behaupten, daß sich die ostdeutschen Bürger im Jahr 1990 stärker gesellschaftlichen Entwicklungen ausgeliefert sahen als ihre westdeutschen Nachbarn.

Im Bereich negativen Wohlbefindens ist neben der Anomieskala die Besorgnisskala für eine umfassendere Beurteilung zu betrachten, die sich ebenfalls auf subjektiv empfundene Belastungen v. a. gesundheitlicher Art bezieht. Je nach Stärke der »Besorgnisse« ergibt sich eine unterschiedlich hohe Betroffenheit für die Bevölkerung der Bundesrepublik (vgl. Tabelle 3).

40 % der Deutschen fühlten sich 1993 öfters erschöpft oder zerschlagen; insgesamt besteht eine sinkende Tendenz. Ostdeutschland verzeichnet im Zeitablauf abnehmende, aber zu jedem Zeitpunkt höhere Werte als Westdeutschland.

Häufiger unter Kopfschmerzen litten im letzten Jahrzehnt zwischen 25 % und 31 % der Bundesbürger. Wiederum sind nachlassende Werte seit 1978 festzustellen, und wieder gilt, daß die Werte für Ostdeutschland höher liegen als für Westdeutschland.

12 % bis 18 % waren wiederholt über starkes Herzklopfen beun-

Tabelle 2: Zustimmung der Bundesbürger zu Items zu Machtlosigkeit
(Anteile in %)

Item	Ausprägung	1984	1988	1990 (Ost)
Ich werde mit einigen meiner Problemen nicht fertig.	voll und ganz	6	3	6
	eher	13	11	19
	eher nicht	31	33	42
	nicht	50	53	33
	insgesamt	100	100	100
Ich fühle mich in meinem Leben gelegentlich hin und her geworfen.	voll und ganz	4	2	5
	eher	16	15	22
	eher nicht	27	29	32
	nicht	54	54	40
	insgesamt	100	100	100
Ich habe wenig Kontrolle über die Dinge, die ich erlebe.	voll und ganz	2	1	2
	eher	5	5	7
	eher nicht	25	26	30
	nicht	68	68	61
	insgesamt	100	100	100
Oft fühle ich mich meinen Problemen ausgeliefert.	voll und ganz	5	3	5
	eher	16	13	17
	eher nicht	35	37	41
	nicht	44	48	37
	insgesamt	100	100	100
An vielen Dingen, die mir im Leben wichtig sind, kann ich wenig ändern.	voll und ganz	20	14	18
	eher	40	34	36
	eher nicht	29	37	36
	nicht	12	15	11
	insgesamt	100	100	100
Was ich mit vornehme, kann ich auch erreichen.*	voll und ganz	29	26	27
	eher	52	55	53
	eher nicht	15	14	16
	nicht	4	4	4
	insgesamt	100	100	100
Meine Zukunft hängt hauptsächlich von mir selbst ab.*	voll und ganz	39	39	40
	eher	38	39	35
	eher nicht	17	16	18
	nicht	6	7	7
	insgesamt	100	100	100

* Diese zwei Items liegen auf einer anderen Dimension.

Tabelle 3: Zustimmung der Bundesbürger zu Items der Besorgnis
(Anteile in %)

Item	1978	1984	1988	1993 (West)	1990 (Ost)	1993 (Ost)	1993
Fühlen Sie sich öfters erschöpft oder erschlagen?*	54	47	44	39	50	43	40
Leiden Sie öfters unter Kopfschmerzen?	31	29	25	22	29	27	23
Bringt es Sie völlig durcheinander, wenn Sie Dinge schnell tun müssen?	26	22	20	16	31	24	17
Machen Sie sich große Sorgen über Ihre Gesundheit?	21	23	23	21	27	22	21
Kommen Ängste und Sorgen immter wieder über Sie?*	19	21	19	17	27	26	19
Sind Sie öfters über starkes Herzklopfen beunruhigt?	17	16	15	12	18	14	12
Sind Sie ständig aufgeregt oder nervös?*	17	16	12	10	18	14	10
Fühlen Sie sich gewöhnlich unglücklich oder niedergeschlagen?*	14	15	10	10	17	16	12
Zittern Sie öfters oder schüttelt es Sie?*	9	8	6	6	7	6	6
Haben Sie öfters verrücktes Herzklopfen?	3	10	9	–	16	–	–

* Diese Items wurden in die Besorgnisskala übernommen.

ruhigt, und 10% bis 18% klagten über ständige Aufgeregtheit oder Nervosität. Schließlich fühlten sich gewöhnlich unglücklich oder niedergeschlagen 10% bis 17% der Bevölkerung. Immer gilt, daß seit 1978 die Werte sukzessive niedriger werden und daß die ostdeutschen Bürger mehr Probleme anführen als die westdeutschen.

Bei »Zittern und Schütteln« handelt es sich um Symptome mit gleichbleibender Häufigkeit, die 6% bis 9% in West- und Ostdeutschland angeben. Überraschende Schwankungen weist demgegenüber das Item »Haben Sie öfters verrücktes Herzklopfen?« auf.

Insgesamt zeigen diese Items unterschiedliche Ausprägungen negativen Wohlbefindens im Sinn einer Abweichung von der gesundheitlichen Normalverfassung. Dies korrespondiert durchaus mit einem relativ hohen Maß an Glück und Zufriedenheit, wie aus den Untersuchungen positiven Wohlbefindens hervorgeht (vgl. z. B. Bös/Glatzer 1992).

Besonders große Unterschiede zwischen Ost- und Westdeutschland ergaben sich bei zwei Besorgnis-Items: »Bringt es Sie völlig durcheinander, wenn Sie Dinge schnell tun müssen?« ist eine Frage, der 1993 nur 16% der Westdeutschen, aber 24% (1990: 31%) der Ostdeutschen zustimmen. Bei »Kommen Ängste und Sorgen immer wieder über Sie?« antworteten 17% der Westdeutschen, aber 26% (1990: 27%) der Ostdeutschen mit »Ja«. Damit wird belegt, daß sich das Leben in den neuen Bundesländern für einen erheblichen Teil der Bevölkerung hektischer und ängstlicher darstellt. Daran hat sich zwischen 1990 und 1993 nur wenig verbessert.

2.2 Kumulationen und Zusammenhänge

Den einzelnen Anomie-Indikatoren läßt sich keine Aussage darüber entnehmen, ob sie zusammengenommen über die ganze Bevölkerung streuen oder ob sie sich auf einen kleinen Teil der Bundesbürger konzentrieren. Ein erster Schritt, um diesen Sachverhalt aufzuhellen, besteht in der Bildung von Indizes, bei denen jedes Item mit dem Gewicht »1« eingeht, wenn es mit den Kategorien »Stimme ganz und gar zu« oder »Stimme eher zu« beantwortet wurde. Die Auszählung gibt nun an, wie viele Individuen keinmal, einmal, zweimal oder dreimal einem Anomie-Item zustimmen (vgl. Tabelle 4). Die einbezogenen Items sind hierbei Sinnlosigkeit, soziale Isolation und Entfremdung (nur diese Items wurden für alle Meßzeitpunkte erhoben). Völlig unbelastet von diesen Anomie-Aspekten sind 1993 69% der Bevölkerung, 1980 waren es 65%. Von allen drei Items waren 1980 3%, im Jahr 1993 2% der Bevölkerung betroffen. Das Niveau der Betroffenheit lag in Ostdeutschland leicht höher als in Westdeutschland.

Immerhin bejahten im Jahr 1993 10% der Bundesbürger mindestens zwei Anomie-Items, also ebensoviel wie 1978. In Ostdeutschland betrug dieser Anteil 20% (1990) bzw. 16% (1993) und lag damit etwa doppel so hoch. Kumulationen von Anomie-Aspekten sind also nicht mehrheitlich vorhanden, aber doch in einem erheblichen Ausmaß.

Tabelle 4: Anomie-Index (Anteile in %)
(basierend auf Sinnlosigkeit, soziale Isolation und Entfremdung)

Anomie-Index	1980	1984	1988	1993 (West)	1990 (Ost)	1993 (Ost)	1993 (Gesamt)
0 niedrig	65	67	72	72	45	55	69
1	25	22	19	20	35	29	22
2	7	8	6	7	15	13	8
3 hoch	3	2	2	1	5	3	2

Tabelle 5: Besorgnis-Index (Anteile in % und Korrelationswerte)

Skala	1978	1984	1988	1993 (West)	1990 (Ost)	1993 (Ost)	1993
0 niedrig	41	45	49	53	38	44	51
1	30	28	28	28	29	29	28
2	14	13	12	10	18	13	11
3	8	7	7	6	8	9	7
4	4	5	3	2	6	4	2
5 hoch	3	3	2	1	1	2	1
Kendall's τ_b							
Alter	0,15	0,18	0,11	0,15	0,15	0,17	0,15
Geschlecht	0,17	0,20	0,16	0,12	0,20	0,18	0,13
Einkommen	−0,08	−0,12	−0,05	−0,09	−0,11	−0,04	−0,07
Beruf	0,06	0,13	0,08	0,10	0,19	0,13	0,10

Eine ähnliche Feststellung läßt sich für die Besorgnisindikatoren mit fünf Items (siehe die in Tabelle 3 mit * gekennzeichneten Items) treffen (vgl. Tabelle 5). Die Hälfte der Bundesbürger bezeichnet sich 1993 als frei von allen diesen subjektiven Beeinträchtigungen, während ein Fünftel von zwei und mehr Aspekten betroffen ist. Wiederum verzeichnet Ostdeutschland ein deutlich höheres Maß an Sorgen und Problemen als Westdeutschland. Kumulationen von Sorgen und Problemen treten zwar stets bei einer Minderheit in der Bevölkerung auf, aber dies sind durchaus beachtenswerte Prozentsätze.

Einen anderen Blick auf den gleichen Sachverhalt läßt sich mit

Hilfe einer Kovariationsmatrix werfen. Sie zeigt, wie eng die einzelnen Anomie-Items miteinander in Verbindung stehen. Nur in wenigen Ausnahmefällen gibt es starke Wechselbeziehungen. Das Gesamtbild deutet auf einen schwach zusammenhängenden Einstellungskomplex hin. Es bestätigen sich die Befunde detaillierter Untersuchungen von 1978, denen zufolge festgestellt werden kann,

»daß die sechs Items verschiedene Merkmale messen, die überwiegend so wenig gemeinsam haben, daß es nicht gerechtfertigt ist, sie in einer Skala zusammenzufassen und mit demselben Begriff zu belegen. Falls es sich bei den gemessenen Merkmalen wirklich um Gefühle der Machtlosigkeit, Sinnlosigkeit usw. handelt und diese verschiedene Ausdrucksformen von Entfremdung sind, so kann aus den Ergebnissen gefolgert werden, daß Entfremdung in der Population, aus der die Stichprobe stammt, (...) einen mehrdimensionalen Sachverhalt darstellt. Entfremdung kann sich z.B. in Machtlosigkeit oder Normlosigkeit äußern, aber die Häufigkeit des gemeinsamen Auftretens dieser Merkmale ist gering« (Berger 1980, S. 12).

Die Ergebnisse der Besorgnisskala sehen anders aus. Hier läßt sich mit Hilfe einer Guttman-Skalogramm-Analyse eine eindimensionale Skala entwickeln, die fünf der zehn Items enthält (vgl. Berger 1980). Die Besorgnis-Items hängen insgesamt enger zusammen als die Anomie-Items.

Untereinander stehen Anomie und Besorgnisse in einer leicht positiven Beziehung (die τ_b-Werte schwanken um .25). Dies ist ein Hinweis auf ihre gemeinsame Zugehörigkeit zum negativen Wohlbefinden, das unterschiedliche Schattierungen beinhaltet.

3. Die sozialstrukturelle Betroffenheit

Ein erster Schritt zur Identifizierung der mehr oder weniger von Anomie betroffenen Gruppen kann darin bestehen, zentrale sozioökonomische Gruppierungen – Junge und Alte, Männer und Frauen, Arme und Reiche, Erwerbstätige und Arbeitslose – im Hinblick auf ihre anomischen Einstellungen zu vergleichen. Die verschiedenen Alterskategorien stehen in jeweils anderen Phasen des Lebenszyklus und verfügen über unterschiedliche Erfahrungen. Männer und Frauen durchlaufen geschlechtstypisch geprägte Lebensverläufe und orientieren sich an entsprechenden Verhaltensmustern. In unterschiedlichen Bereichen der Einkommens-

Tabelle 6: Sozialstrukturelle Betroffenheit durch Anomie (Anteil in %)

Faktoren → / Anomie ↓Dimension	Geschlecht		Alter			Stellung zum Erwerbssystem					Einkommen	
	männlich	weiblich	18-34 Jahre	35-59 Jahre	60 u. älter	erwerbstätig	arbeitslos	Rentner	Hausfrau	Ausbildg.	unteres Quintil	oberes Quintil
Sinnlosigkeit												
** 1978	***37	53	30	43	67	35	*49	66	53	21	52	38
1980	14	16	15	12	20	13	*19	23	15	10	20	9
1984	11	16	12	11	20	11	*21	16	18	11	23	9
1988	10	12	7	8	21	7	17	22	10	7	15	5
1993 (West)	11	15	10	10	21	8	13	20	21	12	22	7
1990 (Ost)	37	43	35	38	51	36	*34	52	*44	–	50	31
1993 (Ost)	26	37	26	26	51	24	40	52	50	12	42	21
1993 (Gesamt)	14	20	13	14	27	11	27	27	22	12	28	10
Einsamkeit												
1978	11	22	13	14	27	12	*23	31	14	18	21	13
1980	13	23	17	15	25	14	*22	26	20	20	22	19
1984	11	22	17	14	24	13	*19	21	22	19	25	19
1988	8	19	10	9	26	8	23	24	17	11	14	12
1993 (West)	8	18	10	10	22	9	13	21	19	13	17	8
1990 (Ost)	16	28	14	20	38	16	*31	38	*10	–	31	14
1993 (Ost)	8	23	11	13	29	10	19	31	32	12	16	13
1993 (Gesamt)	8	19	10	11	23	9	16	23	19	13	16	9

Entfremdung

1978	24	28	25	26	27	25	*34	27	27	25	33	23
1980	15	14	18	13	14	15	*8	16	12	23	18	14
1984	15	15	17	14	13	14	*28	12	15	16	19	13
1988	15	12	15	14	11	13	*29	10	15	13	17	11
1993 (West)	10	12	12	10	11	11	13	9	13	15	9	11
1990 (Ost)	23	21	23	21	23	22	*40	24	*0	—	28	22
1993 (Ost)	17	18	18	19	14	18	27	13	—	7	17	13
1993 (Gesamt)	11	13	13	12	12	12	19	10	13	14	11	13

Normlosigkeit

1978	41	32	43	35	30	40	*53	31	30	46	45	32
1980	41	32	44	37	26	41	*60	31	28	55	38	31
1990 (Ost)	41	33	44	35	32	38	*45	32	*12	—	40	32

Machtlosigkeit

1978	62	74	56	69	83	60	*73	84	77	54	72	60
1993 (West)	71	76	64	73	87	71	76	89	76	54	74	65
1990 (Ost)	73	76	67	75	84	70	*71	86	*79	—	78	63
1993 (Ost)	86	86	79	88	91	83	89	93	85	76	87	80
1993 (Gesamt)	74	78	67	76	88	74	83	90	76	57	76	68

— Wegen zu geringer Fallzahl kein Wert ausgewiesen (n < 10).

* Wegen geringer Fallzahl nur unter Vorbehalt zu interpretieren (n < 50).

** Wegen leicht geänderter Fragestellung nur unter Vorbehalt mit den anderen Jahren vergleichbar.

*** Lesebeispiel: 37% der männlichen Befragten stimmten 1978 der Aussage »Das Leben ist heute so kompliziert geworden, daß ich mich fast nicht mehr zurechtfinde« eher oder ganz und gar zu (zum Fragetext der anderen Dimension vgl. Tabelle 1).

schichtung bestehen grundverschiedene Möglichkeiten und Restriktionen, auf Problemsituationen zu reagieren. Mit der Stellung zum Erwerbssystem sind divergente Positionen in der Verfügung über materielle und immaterielle Ressourcen verbunden. Wenn anomische Einstellungen mit gesellschaftlichen Problemlagen und Lösungschancen zusammenhängen, dann müßten sich die sozialstrukturellen Gruppen durch mehr oder weniger Anomie unterscheiden.

3.1 Alterskategorien und Anomie

Alter und anomische Einstellungen sind je nach Dimension positiv oder negativ korreliert. Die Betrachtung bezieht sich auf drei Alterskategorien, nämlich 18 bis 34 Jahre, 35 bis 59 Jahre, 60 Jahre und älter. Sinnlosigkeitsempfindungen und Einsamkeit sind Probleme, die die Ältere weit eher betreffen als Jüngere. Der gleiche Zusammenhang besteht im Hinblick auf das Gefühl der Machtlosigkeit, während Entfremdung von der Arbeit sowohl Ältere wie auch Jüngere beklagen. Beim Item der Normlosigkeit verhält es sich genau umgekehrt: Die Bereitschaft zu normwidrigem Verhalten äußern Jüngere viel öfters als Ältere. Zusammenfassend ist also festzustellen, daß ältere Menschen besonders häufig Gefühle der Einsamkeit, Sinnlosigkeit und Machtlosigkeit haben, aber weniger bereit zu Normverstößen sind. Dies würde bedeuten, daß Jüngere den beschleunigten sozialen Wandel mit mehr anomischen Reaktionen zu bewältigen versuchen als ältere Menschen.

3.2 Geschlecht und Anomie

Die Gefühle der Sinnlosigkeit und Einsamkeit werden von Frauen weit häufiger artikuliert als von Männern. Der Tendenz nach gilt dies auch für die Empfindungen der Machtlosigkeit. Nicht festzustellen sind entsprechende Unterschiede hinsichtlich der Entfremdung von der Arbeit. Im Hinblick auf Normlosigkeit ist es genau umgekehrt: Männer sind viel eher bereit, auch einmal gegen Normen zu verstoßen. Damit entspricht der Vergleich zwischen Frauen und Männern der Tendenz nach dem Vergleich zwischen Älteren und Jüngeren.

3.3 Einkommensniveau und Anomie

Die Unterschiede zwischen den Einkommensschichten zeigen sich besonders deutlich, wenn die Anomie-Indikatoren für das unterste und das oberste Einkommensquintil[4] gegenübergestellt werden: Die Gefühle der Sinnlosigkeit, der Einsamkeit, der Entfremdung, der Normlosigkeit und der Machtlosigkeit sind in der untersten Einkommenschicht weit häufiger verbreitet als in der obersten.

3.4 Erwerbsbeteiligung und Anomie

Im Hinblick auf die zentralen Positionen der Stellung zum Erwerbsleben – Erwerbstätigkeit, Arbeitslosigkeit, Rentner/in, Hausfrau – sind erhebliche Differenzen zu erwarten: die großen individuellen Belastungen, die mit Arbeitslosigkeit verbunden sind, stellen den Hauptgrund dar. Allerdings erhalten die meisten Anomie-Indikatoren das höchste Maß an Zustimmung bei den Rentner/innen. Vom Gefühl der Sinnlosigkeit berichten mehr als die Hälfte der Befragten. Sie stellen auch den größten Anteil derjenigen, die über Einsamkeit und Machtlosigkeit klagen. Entfremdung von der Arbeit und Normlosigkeit werden hingegen von den Arbeitslosen am häufigsten genannt. Jedoch ist der Vorbehalt zu machen, daß die Zahl der Arbeitslosen unter 50 liegt und damit hohe Fehlerspielräume bestehen. Erwerbstätige sind jeweils am geringsten von Anomie betroffen. Das gleiche gilt, abgesehen von dem Item »Normlosigkeit«, für die Auszubildenden. Rentner/innen leiden insgesamt am meisten unter Anomie, ähnlich verhält es sich mit den Hausfrauen.

Die bisherigen Analysen bezogen sich auf bivariate Zusammenhänge; sie sind deskriptiv und geben Auskunft über die Verbreitung von anomischen Einstellungen in bestimmten Bevölkerungsgruppen. Ob die Zusammenhänge erhalten bleiben, wenn andere Faktoren kontrolliert werden, soll im folgenden geprüft werden.

3.5 Multivariate Erklärungsmodelle

In multiplen Klassifikationsmodellen wird der Einfluß der sozialstrukturellen Variablen auf den Grad an Anomie ermittelt. Das

---

4 Zur Einordnung der Haushalte wurde das pro Kopf gewichtete Netto-Haushaltseinkommen verwendet (Glatzer/Zapf 1984, S. 51).

Tabelle 7: Übersicht über die Stärke sozialstruktureller Einflußfaktoren auf verschiedene Dimensionen der Anomie*

Faktoren →	Geschlecht		Alter		Stellung zum Erwerbssystem		Einkommen		Gesamtmodell	
Anomie-↓ Dimension	eta	beta	eta	beta	eta	beta	eta	beta	r	F sig.
Sinnlosigkeit										
** 1978	schwach	schwach	mittel	schwach	mittel	schwach	–	–	stark	ja
1980	–	–	schwach	–	schwach	schwach	schwach	–	schwach	ja
1984	–	–	schwach	mittel	schwach	schwach	schwach	schwach	mittel	ja
1988	–	–	schwach	schwach	schwach	–	schwach	schwach	mittel	ja
1993 (West)	–	–	schwach	schwach	schwach	–	schwach	–	mittel	ja
1990 (Ost)	–	–	schwach	–	schwach	mittel	schwach	–	mittel	ja
1993 (Ost)	–	–	mittel	stark	stark	schwach	schwach	–	stark	ja
1993 (Gesamt)	–	–	mittel	schwach	mittel	schwach	schwach	schwach	mittel	ja
Einsamkeit										
1978	mittel	schwach	schwach	–	mittel	schwach	–	–	stark	ja
1980	schwach	schwach	schwach	–	schwach	–	–	–	schwach	ja
1984	schwach	schwach	–	–	schwach	schwach	–	–	mittel	ja
1988	schwach	mittel	schwach	schwach	schwach	–	–	–	mittel	ja
1993 (West)	schwach	schwach	schwach	schwach	mittel	schwach	schwach	–	stark	ja
1990 (Ost)	schwach	schwach	mittel	schwach	mittel	–	–	–	mittel	ja
1993 (Ost)	mittel	mittel	mittel	schwach	mittel	–	–	–	mittel	ja
1993 (Gesamt)	mittel	mittel	schwach	schwach	schwach	–	–	–	mittel	ja

Entfremdung									
1978	–	–	–	–	–	–	–	schwach	nein
1980	–	–	–	–	–	–	–	–	nein
1984	–	–	–	–	–	–	–	–	nein
1988	–	–	–	–	schwach	–	–	schwach	ja
1993 (West)	–	–	–	schwach	schwach	–	–	schwach	nein
1990 (Ost)	–	–	–	–	schwach	–	schwach	schwach	nein
1993 (Ost)	–	–	schwach	–	–	–	–	schwach	nein
1993 (Gesamt)	–	–	–	–	schwach	–	–	–	nein
Normlosigkeit									
1978	schwach	–	schwach	–	–	–	–	schwach	ja
1980	–	–	–	–	–	–	–	schwach	ja
1990 (Ost)	–	–	schwach	–	–	–	–	schwach	nein
Machtlosigkeit									
1978	schwach	mittel	schwach	schwach	–	–	–	mittel	ja
1993 (West)	–	schwach	schwach	–	–	–	–	mittel	ja
1990 (Ost)	–	schwach	schwach	schwach	–	–	–	mittel	ja
1993 (Ost)	–	mittel	schwach	stark	–	–	schwach	schwach	nein
1993 (Gesamt)	–	schwach	schwach	schwach	schwach	schwach	schwach	schwach	ja

* Die Kennzahlen wurden wie folgt verbalisiert: ,00–,09 → – (kein oder sehr schwacher Einfluß);
,10–,19 → schwacher Einfluß;
,20–,29 → mittlerer Einfluß;
,30–1 → starker Einfluß.

** Wegen leicht geänderter Fragestellung nur unter Vorbehalt mit den anderen Jahren vergleichbar.

Modell mit den gleichen unabhängigen Variablen wurde für jedes Erhebungsjahr und für jedes Anomie-Item gerechnet. Damit kann an einer Vielzahl von Parametern abgelesen werden, ob sich bei den wiederholten Analysen übereinstimmende Ergebnisse einstellen.[5]

Zunächst ist festzustellen, daß den sozialstrukturellen Variablen zusammengenommen in der Regel zwar eine signifikante, aber keine sehr große Erklärungskraft für anomische Einstellungen zukommt. Dies bedeutet, daß entweder die wichtigen Determinanten von Anomie bisher nicht entdeckt wurden oder daß sich beschleunigter sozialer Wandel und ökonomische Krisen in allen Bevölkerungsgruppen gleichermaßen auswirken.

Im Hinblick auf das Entfremdungs-Item haben sozialstrukturelle Variablen überhaupt keine wesentliche Erklärungskraft. Geschlecht und Einsamkeit sind miteinander verbunden, auch bei Kontrolle der anderen sozialstrukturellen Variablen. Sinnlosigkeit, Einsamkeit, Normlosigkeit und Machtlosigkeit hängen bei Kontrolle der anderen Variablen vom Alter ab, nicht jedoch in allen Modellen.

Mit der Stellung zum Erwerbssystem stehen Sinnlosigkeit, Einsamkeit und Machtlosigkeit in wechselseitiger Beziehung, auch bei Kontrolle der anderen Variablen.

Das Einkommen erweist sich letzten Endes als Variable, die bei Überprüfung der anderen nur die Sinnlosigkeit beeinflußt. Dieses Ergebnis ist überraschend, zumal die Unterschiede zwischen den extremen Einkommensgruppen sehr hoch waren. Offensichtlich handelt es sich hierbei um Scheinbeziehungen, die von der spezifischen sozialstrukturellen Zusammensetzung der unteren und oberen Einkommmensgruppen abhängen.

---

5 Die hier verwendete Multiple Klassifikationsanalyse (MCA) bezeichnet eine Untergruppe von Modellierungsverfahren der einfachen Varianzanalyse (oft auch als ANOVA oder ANCOVA bezeichnet); hierbei werden im Normalfall nur die Haupteffekte der unabhängigen Variablen in das multivariate Modell mit einbezogen. Der angegebene Eta-Koeffizient gibt dabei die Variable unter Konstanthaltung der anderen Variablen, der F-Test liefert – wie bei jeder Varianzanalyse – die Signifikanz des Gesamteffektes des Modells (zu einer anwendungsorientierten Beschreibung varianzanalytischer Modellierungsverfahren vgl. Tabachnik/Fidell 1989, S. 316ff.; zum weiteren mathematischen Kontext und der Überführung von varianzanalytische in regressionsanalytische Verfahren z.B. Fox 1984). Die Berechnungen wurden mit der Prozedur ANOVA aus SPSS für Windows durchgeführt.

Tabelle 8: Kennzahlen der multiplen Klassifikationsanalyse mit dem Anomie-Index (basierend auf Sinnlosigkeit, soziale Isolation und
Entfremdung)

Faktoren →	Geschlecht		Alter		Stellung zum Erwerbs-system		Einkommen		Gesamt-modell	
Summen-↓ Index	eta	beta	eta	beta	eta	beta	eta	beta	r	F sig.
*1978	,19	,15	,23	,13	,24	,09	,10	,09	,30	,00
1980	,08	,08	,11	,05	,13	,10	,07	,06	,16	,00
1984	,13	,13	,08	,11	,10	,10	,11	,09	,19	,00
1988	,08	,09	,11	,12	,11	,09	,06	,06	,16	,00
1993 (West)	,12	,13	,15	,22	,12	,10	,08	,07	,21	,00
1990 (Ost)	,14	,10	,13	,06	,18	,19	,15	,11	,24	,00
1993 (West)	,09	,04	,25	,16	,29	,16	,13	,07	,31	,00
1993 (Gesamt)	,11	,11	,19	,19	,20	,09	,10	,08	,25	,00

* Wegen leicht geänderter Fragestellung nur unter Vorbehalt mit den anderen Jahren
vergleichbar.

4. Soziale Konsequenzen von Anomie

Ein weiterer Schritt der Untersuchung kann hier nicht vorgenommen werden, nämlich Zusammenhänge zwischen anomischen
Denkweisen und anderen Einstellungs- bzw. Verhaltensvariablen
aufzuzeigen. Die potentiellen Fragestellungen beziehen sich auf die
Auswirkungen von Anomie auf Apathie, politisches Interesse,
Wertvorstellungen (Postmaterialismus), Parteipräferenz, Fremdenfeindlichkeit und soziale Desintegration.

5. Zusammenfassende Interpretation von Anomietendenzen in Deutschland seit 1978

Anomische Einstellungen stellen Aspekte negativen Wohlbefindens dar, die durch verringerte soziale Integration gekennzeichnet
sind. Sozialpsychologische Anomie-Indikatoren wurden vor Jahrzehnten aus theoretischen Konzepten abgeleitet und in vielfältigen
Untersuchungen verwendet. Ein Befund ist, daß die zentralen
Anomie-Dimensionen Sinnlosigkeit, Einsamkeit, Machtlosigkeit,

Entfremdung und Normlosigkeit keinen homogenen Einstellungskomplex bilden, vielmehr ist Anomie ein breitgefächertes Phänomen mit nur lose verkoppelten Komponenten. Anomie gehört zum Gesamtkomplex negativen Wohlbefindens, wie ihr positiver Zusammenhang mit Besorgnisindikatoren und ihr negativer Zusammenhang mit positiven Aspekten des Wohlbefindens zeigen. Grundsätzlich gilt, daß das Wohlbefinden der Individuen nicht einheitlich geprägt ist. Vielmehr bestehen positive und negative Aspekte gleichzeitig nebeneinander, so daß man von einer Ambivalenz des Wohlbefindens sprechen kann.

Auch wenn davon auszugehen ist, daß über die absolute Verbreitung von Anomie Sozialwissenschaftler lange streiten können, lassen sich mit den heute bekannten Indikatoren Entwicklungen im Zeitablauf ziemlich verläßlich messen. Die Veränderungen in Westdeutschland sind auf lange Sicht – seit 1978 – erstaunlich gering. Für die hochaggregierte, gesamtgesellschaftliche Ebene kann also gesagt werden: In den achtziger Jahren hat die neue Phase beschleunigten weltpolitischen Wandels, gepaart mit steigendem Problemdruck durch ökologische Gefährdung, struktureller Massenarbeitslosigkeit und zunehmender Armut, die anomischen Tendenzen wenig beeinflußt.

Bei einer kurzgefaßten Darstellung der Entwicklung anomischer Einstellungen im Hinblick auf den Transformationsprozeß in Deutschland kann man folgendes konstatieren: Von 1978 bis 1988 bestand eine weitgehend gleichbleibende Häufigkeit von anomischen Denkweisen in Westdeutschland. Eine neue Qualität anomischer Einstellungen wird erst mit dem Vereinigungsprozeß seit 1990 sichtbar. In den neuen Bundesländern liegt das Niveau dieser Anschauungen im Jahr 1990 deutlich höher als zuvor in der Bundesrepublik, und im Jahr 1993 zeigt sich, daß Ostdeutschland bezüglich der Häufigkeit anomischer Verarbeitungsmuster – trotz eines leichten Rückgangs – weiterhin die alte Bundesrepublik übertrifft. Dies steht in Übereinstimmung mit der theoretischen Aussage, daß beschleunigter gesellschaftlicher Wandel, der überdies mit einer wirtschaftlichen Krise verbunden ist, zu einer Ausbreitung von Anomie führt.[6] Dennoch bleibt der Eindruck zurück, daß die anomischen Reaktionen angesichts der Bedeutung der historischen Ereignisse eher gering ausfallen. Auch in anderen Län-

6 Einschränkend muß jedoch hinzugefügt werden, daß keine vergleichbare Messung des Anomieniveaus in der ehemaligen DDR vorliegt.

dern zeigte sich, daß große historische Umwälzungen im subjektiven Wohlbefinden keinen entsprechenden Niederschlag finden.

Die Untersuchung einzelner Anomie-Dimensionen zeigt für die alten Bundesländer eine erhebliche Stabilität der Dimension »Sinnlosigkeit«, auf dem Hintergrund leicht abnehmender Häufigkeiten in anderen Anomie-Dimensionen. Für die neuen Bundesländer ist der vergleichsweise hohe Anteil an »Machtlosigkeit« charakteristisch. In der bivariaten Analyse verzeichnet v. a. das Item »Sinnlosigkeit« einen deutlichen Anstieg für das untere Einkommensquintil sowie für Frauen, Arbeitslose und ältere Menschen. Bei dem Item »Machtlosigkeit« kann von einer ähnlichen Entwicklung ausgegangen werden.

Ältere Menschen, die einen großen Teil ihres Lebens in der krisenhafteren ersten Hälfte dieses Jahrhunderts verbracht haben, sind stärker von anomischen Einstellungen betroffen. Jüngere Menschen hingegen, die zu Zeiten relativ unbedeutender gesellschaftlicher Krisensituationen heranwuchsen, zeigen insgesamt eine weniger deutlich ausgeprägte Anomieneigung, wenn sie auch stärker zu Normverletzungen neigen. Multivariate Analysen belegen, daß sozialstrukturelle Kriterien für sich genommen einen äußerst geringen »Einfluß« auf anomische Einstellungen haben. Auch die Auswirkung der sozialstrukturellen Faktorenbündel ist für die gesamte Bevölkerung nicht gerade hoch. Hier zeigt sich ein weiteres Mal der eher schwache Zusammenhang zwischen objektiven und subjektiven Dimensionen der Lebensverhältnisse. Die Befunde weisen jedoch nach, daß die Kumulation mehrerer Problemlagen bei den Individuen durchaus zu einer starken Beeinträchtigung des Wohlbefindens führt. Dies wird nicht zuletzt durch die Forschungsergebnisse über das Ausmaß anomischer Denkweisen in den neuen Bundesländern eindrücklich demonstriert.

Die Analysen der Verbreitung von Anomie im speziellen – wie von Lebensqualität im allgemeinen – könnten in unterschiedlicher Weise, z. B. im Hinblick auf Kinder und Jugendliche, akzentuiert werden. Insbesondere bedarf es einer kontinuierlichen Fortführung (Replikation) vorhandener Untersuchungen im Rahmen einer systematischen Sozialberichterstattung, um die Wandlungstendenzen moderner Gesellschaften auch auf ihrer subjektiven Seite besser verstehen zu können.

Literatur

Agresti, A.: *Analysis of Ordinal Categorial Data*, New York 1984.

Allardt, E.: *About Dimensions of Welfare*, Research Group for Comparative Sociology, Research Report No. 1, University of Helsinki 1973.

Benninghaus, H.: *Deskriptive Statistik*, Stuttgart 1982.

Berger, R.: *Angst und Entfremdung – Zur Eindimensionalität zweier Skalen im Wohlfahrtssurvey 1978*, Diskussionspapier Nr. 36, Projekt A-1, Sonderforschungsbereich 3, Frankfurt/Mannheim 1980.

Bohle, H. H.: *Soziale Abweichung und Erfolgschancen – Die Anomietheorie in der Diskussion*, Neuwied 1975.

Böltken, F.: *Auswahlverfahren*, Stuttgart 1976.

Bös, M./Glatzer, W.: *Trends subjektiven Wohlbefindens*, in: Hradil, S. (Hg.): *Zwischen Bewußtsein und Sein: Die Vermittlung ›objektiver‹ Lebensbedingungen und ›subjektiver‹ Lebensweisen*, Opladen 1992, S. 197-222.

Dean, G. D.: *Alienation: Its Meaning and Measurement*, in: *American Sociological Review* 26 (1961), S. 753-758.

Durkheim, É.: *Über soziale Arbeitsteilung*, Frankfurt/M. 1977 (1930).

Easterlin, R. A.: *Does Economic Growth Improve the Human Lot?*, in: David, P./Reder, M. W. (Hg.): *Nations and Households in Economic Growth*, New York 1974.

Fox, J.: *Linear Statistical Models and Related Methods – With Applications to Social Research*, New York 1984.

Glatzer, W.: *Lebenszufriedenheit und alternative Maße subjektiven Wohlbefindens*, in: Glatzer, W./Zapf, W. (Hg.): *Lebensqualität in der Bundesrepublik: objektive Lebensbedingungen und subjektives Wohlbefinden*, Frankfurt/M. 1984, S. 177-191.

Glatzer, W.: *Lebensqualität und subjektives Wohlbefinden*, in: Bellebaum, A. (Hg.): *Glück und Zufriedenheit*, Opladen 1992.

Glatzer, W./Hondrich, K. O./Noll, H.-H./Wörndl, B./Stiehr, K. (Hg.): *Recent Social Trends in West Germany 1960-1990*, Frankfurt/M. 1992.

Kahn, J. R./Mason, W. M.: *Political Alienation, Cohort Size, and the Easterlin Hypothesis*, in: *American Sociological Review* 52 (1987), S. 155-69.

Klapp, O. E.: *Opening and Closing*, London 1978.

Korte, H.: *Die Anomietheorie*, in: ders. (Hg.): *Einführung in die Geschichte der Soziologie*, Opladen 1992, S. 187-190.

Küchler, M.: *Stichprobe – 3.3 Mehrstufige Auswahlverfahren*, in: Endruweit, G./Trommsdorf, G. (Hg.): *Wörterbuch der Soziologie*, Stuttgart 1989, S. 19-20.

Merton, R. K.: *Sozialstruktur und Anomie*, in: Sack, F./König, R. (Hg.): *Kriminalsoziologie*, Frankfurt/M. 1968, S. 283-313.

Middleton, R.: *Alienation, Race and Education*, in: *American Sociological Review* 28 (1963), S. 973-977.

Miller, D. C.: *Handbook of Research Design and Social Measurement*, London 1991.

Mirowsky, J./Ross, C. E.: *Paranoia and the Structure of Powerlessness*, in: *American Sociological Review* 48 (1982), S. 228-39.

Robinson, J. P./Shaver, P. R.: *Measures of Social Psychological Attitudes*, Ann Arbor 1973.

Seeman, M.: *On the Meaning of Alienation*, in: *American Sociological Review* 24 (1959), S. 783-791.

Spellerberg, A./Landua, D./Habich, R.: *Orientierungen und subjektives Wohlbefinden in Ost- und Westdeutschland*, in: Glatzer, W./Noll, H.-H. (Hg.): *Lebensverhältnisse in Deutschland: Ungleichheit und Angleichung*, Frankfurt/New York 1992.

Srole, L.: *Social Integration and Certain Corollaries: An Exploratory Study*, in: *American Sociological Review* 21 (1956), S. 709-716.

Tabachnik, B. G./Fidell, L. S.: *Using Multivariate Statistics*, New York 1989.

Veenhoven, R. (Hg.): *Did the Crisis Really Hurt? – Effects of the 1980-82 Economic Recession on Satisfaction, Mental Health and Mortality*, Rotterdam 1989.

Wolfgang Kühnel
Integrationsprobleme im gesellschaftlichen Strukturwandel Ostdeutschlands

1. Vorbemerkungen

Die Versuche, den sozialen Wandel im Osten Deutschlands zu beschreiben, sind um so zahlreicher geworden, je weiter wir uns vom
Herbst 1989 entfernt haben und je unübersichtlicher die Situation
durch den Vereinigungsprozeß geworden ist. Daß dem Wand-
lungsbegriff eine solche Attraktivität zukommt, ist nichts Unge-
wöhnliches in Zeiten des Umbruchs, wie wir sie augenblicklich
erleben. Stehen doch die begrifflichen Suchbewegungen nicht nur
im Dienste zeitgeschichtlicher Selbstvergewisserung. Gesucht
werden ebenso, wie die Forschungssituation zur Genüge ausweist,
analytische Zugänge, um die Wandlungsprozesse und die damit
im Zusammenhang stehenden Integrationsprobleme auch angemessen untersuchen zu können, in ihren makrostrukturellen, institutionellen und mikrostrukturellen Zusammenhängen gleichermaßen.

Zunächst wollen wir uns in kurzen Zügen der wandlungs- und
modernisierungstheoretischen Diskussion vergewissern, die mit
Blick auf die Situation im Osten Deutschlands geführt wird. Im
Ergebnis dessen und unter Rückgriff auf unsere theoretischen
Ausgangsüberlegungen (vgl. Bohle/Heitmeyer/Kühnel/Sander in
diesem Band) soll der analytische Rahmen abgesteckt werden, mit
dem anomische Strukturen und Prozesse im Osten Deutschlands
herausgearbeitet werden können. Dies wird die Grundlage bilden
für die Ermittlung von anomischen Tendenzen auf verschiedenen
Ebenen und in ausgewählten Bereichen.

2. Integrationsprobleme im sozialen Wandel Ostdeutschlands – Zugänge

Bei der gegenwärtig geführten wandlungs- und modernisierungstheoretischen Diskussion begegnen wir unterschiedlichen Überlegungen. Stark vergröbert zeichnen sich drei Perspektiven ab.

Zum einen gibt es den Versuch, die Veränderungen im Osten Deutschlands wie auch in anderen osteuropäischen Gesellschaften unter Rückgriff auf Annahmen der klassischen (systemtheoretischen) Modernisierungstheorie zu fassen. Dementsprechende Vorschläge haben Wolfgang Zapf (1994a, 1994b) und Karl-Ulrich Mayer (1994a, 1994b) unterbreitet. Während Zapf den Schwerpunkt auf die Institutionenbildung legt und die Prozesse auf der handlungstheoretischen Ebene wesentlich daraus ableitet, geht es Mayer um die Wechselwirkung zwischen Sozial- und Systemintegration (vgl. Lockwood 1964). Zapf zielt mit seinen Vorstellungen von der »nachholenden Modernisierung« auf Prozesse der »Anpassung an die Institutionen moderner Gesellschaften mit Konkurrenzdemokratie, Marktwirtschaft, Massenkonsum und Wohlfahrtsstaat« (Zapf 1994a, S. 5; 1994b, S. 300). Er sieht zwar den Nachteil eines solchen modernisierungstheoretischen Ansatzes, dem die »evolutionären Universalien« eingeschrieben sind, jedoch auch keine Alternative zum Entwicklungspfad moderner kapitalistischer Gesellschaften nach dem Zusammenbruch des Staatssozialismus in Ost- und Südosteuropa. Wichtig sind aber auch die kritischen Einlassungen, die Zapf gegenüber seiner Auffassung gemacht hat. Sie beziehen sich auf die Vorstellung, daß sich sozialer Wandel nicht nur durch »differenziation, upgrading, inclusion, value generalization« (Parsons 1985, S. 110), sondern auch als ungleichzeitiger und konflikthafter Prozeß vollzieht.

Auseinandersetzungen, die durch gesellschaftliche Veränderungen hervorgerufen werden, können sowohl durch Inklusion als auch durch Exklusion bewältigt werden (Zapf 1994a, S. 7). Das führt zu der Vorstellung, daß sozialer Wandel als selektive Integration abläuft. Das Verhältnis zwischen sozialem Ausschluß und Einschluß wird neu geregelt. Das geschieht nicht allein durch die Ausbreitung von marktförmigen Strukturen. In nicht unerheblichem Maße wirken sich ebenso die veränderten Modalitäten staatlichen Handelns aus. Neue Regulative erhalten zwar ihre Geltung für Anspruchsberechtigungen von staatlichen Leistungen und für die Definition von Übergangsprozessen und sozial bedeutsamen Ereignissen im Lebensverlauf. Sie rufen aber auch neue Segmentierungen und Ausgrenzungen hervor, die sich an zugeschriebenen Kriterien orientieren. Bestimmte Bevölkerungsgruppen, wie Jugendliche, ältere Menschen im erwerbstätigen Alter und Frauen, sind mit einer »mehr oder minder dauerhaften Exklusion«

(Grünert/Lutz 1996, S. 5) in ihren Beschäftigungschancen konfrontiert.

Ein anderer Zugang steht in der Tradition der Individualisierungstheorie, wie sie insbesondere von Ulrich Beck (1986, 1994) vertreten wird. Die Perspektive der Analyse richtet sich dabei auf die gesellschaftlichen und politischen Implikationen der Veränderungen von sozialen Strukturen, sozialen Gruppen, aber auch Mentalitäten und Lebensstilen (vgl. Vester 1993). Der Modernisierungsprozeß und dessen Folgeprobleme werden im Spannungsfeld von Desintegration, Enttraditionalisierung, Freisetzung und Differenzierung einerseits und Integration, Retraditionalisierung, Segmentierung und Entdifferenzierung andererseits analysiert (vgl. Weymann 1989). Anomie läßt sich mit diesem Ansatz aus den strukturell gleichursprünglichen Prozessen von Desintegration/Differenzierung und Integration/Entdifferenzierung und der Wechselwirkung zwischen beiden Vorgängen erklären. Integration und Desintegration bilden komplementäre Prozesse gesellschaftlicher Entwicklung. Anomische Prozesse gehören in gewisser Hinsicht auch zur Normalität moderner Gesellschaften. Wenn sich jedoch die Dynamik der beiden Prozesse zuungunsten des einen verschiebt, so können daraus Schwierigkeiten für den Bestand und Zusammenhalt von Gesellschaften erwachsen. So kann man die ehemalige DDR-Gesellschaft beispielsweise als hochgradig integriert betrachten. Die institutionelle und zum großen Teil auch die soziale Integration erfolgten weitgehend durch den Staat. Daneben gab es Gesellungsformen im privaten Bereich, die sich dem Staat entzogen. Eine weitergehende Ausdifferenzierung, die zur Institutionalisierung neuer Vergesellschaftungsformen geführt hätte, war damit jedoch nicht möglich. Die mangelnde politische und soziale Differenzierungsfähigkeit der Gesellschaft war immer auch ihr Bestandsproblem und hat im Zusammenhang mit der veränderten außenpolitischen Situation zum Zusammenbruch geführt.

Eine regelrechte Konjunktur erleben momentan Ansätze, die sich auf das Transformationskonzept beziehen. Im Lichte der gesellschaftlichen Veränderungen in Südost-, Osteuropa und im Osten Deutschlands sollte dadurch ein kritisches Bedenken traditioneller wandlungstheoretischer Annahmen angestoßen werden. Der Grund dafür, den Transformationsbegriff in die neuere sozialwissenschaftliche Debatte einzuführen, ist sicher auch in dem Versuch zu sehen, den Zusammenhang zwischen den singulären

Umwälzungsprozessen im Osten Deutschlands und globaleren Wandlungsvorgängen herzustellen. Die analytischen Erträge entsprechender begrifflicher Variationen im Umkreis der sog. »Transformationsforschung« fallen jedoch bescheiden aus (vgl. Kollmorgen 1994, Mayntz 1994). Auf der einen Seite sind zahlreiche empirische Studien vorgelegt worden, die den Wandel in Ostdeutschland in einzelnen Bereichen, für bestimmte Gruppen oder Phänomene recht gut beschreiben. Es liegen jedoch kaum originäre theoretische Arbeiten zur Transformationsproblematik vor, die über den bestehenden Erkenntnisstand hinausgehen. Verfehlt wäre es, wollte man sich bei der Erklärung des »Sonderfalls« des Umbruches der DDR-Gesellschaft einer spezifischen Theorie bedienen. Wandlungstheorien müssen hinreichend generalisierbare Aussagen über Struktur, Richtung und Verlauf von Umbrüchen enthalten, die über die Situation im Osten Deutschlands hinausweisen.

Im folgenden soll kein neuer Versuch einer modernisierungs- bzw. wandlungsanalytischen Bestimmung der Transformation im Osten Deutschlands unternommen werden. Ich halte es auch nicht für angeraten, von einem »zentralen« theoretischen Bezugspunkt aus, die Folgeprobleme des Wandels zu deduzieren. Da der Wandlungsprozeß hochkomplex verläuft, spricht vieles für ein mehrdimensionales Vorgehen. Das schließt Erklärungen auf unterschiedlichen Ebenen ein. Bei der Betrachtung von sozialen Veränderungsprozessen in den neuen Bundesländern werde ich mich weitgehend differenzierungstheoretischer Annahmen bedienen. Der Grundgedanke der Theorie funktionaler Differenzierung besteht darin, daß vormals integrierte Bereiche, Strukturen und Handlungsanforderungen auseinandertreten, sich dabei von ihren traditionellen Verankerungen lösen, auf bestimmte Interessenlagen und Subsysteme spezialisieren und dadurch ein bestimmtes Ausmaß an Autonomie erhalten (vgl. Tyrell 1978). Ausgelöst werden funktionale Differenzierungen durch Markt- und Machtprozesse, aber auch durch Konkurrenzbeziehungen und Institutionenbildungen und -veränderungen. Die durch die Differenzierungsprozesse erzeugten Strukturveränderungen sind irreversibel. Sie können tiefgreifender, dynamischer und grundlegender ablaufen, wie im Falle Ostdeutschlands. Wandlungsvorgänge unterliegen weder einer linearen noch einer gleichzeitigen Abfolgeordnung. Sie enthalten stets auch Möglichkeiten für ungleichzeitige und gegenläufige Entwicklungspfade. Funktionale Differenzierung korrespondiert zwar generell mit Spezialisierung, Ausweitung der Handlungsoptionen durch veränderte Gelegenheitsstrukturen. Sie verursacht allerdings soziale und individuelle Kosten, die in der Gesellschaft immer wieder neu »verrechnet« werden müssen. Und sie führt zu sozialen Spannungen, die veränderte Formen der Austragung von Konflikten erforderlich machen. Dabei sollte der Hinweis Eisenstadts auf die Zentralität von Gruppenkonflikten bei grundlegenden Wandlungsprozessen nicht unberücksichtigt bleiben (Eisenstadt 1992, S. 414). Konflikte bilden für Eisenstadt geradezu ein ubiquitäres Merkmal differenzierter Gesellschaften.

Wenn bei der Analyse des Wandels von einer entdifferenzierten zu einer funktional differenzierten Gesellschaft im Osten Deutschlands der Anomiebegriff eingeführt wird, so geht es in erster Linie um die Konflikte und die Integrationsprobleme, die dabei entstehen. Bei der Untersuchung von Desintegrationsproblemen soll weitgehend dem Rechnung getragen werden, was Renate Mayntz (1994) für die theoretische Verarbeitung des Transformationsprozesses angemahnt hat: die Brücke zwischen institutionenbezogenen Ansätzen auf der einen Seite, den sozialstrukturellen und mikrosoziologischen Ansätzen auf der anderen Seite zu schlagen. Deshalb scheint es mir sinnvoll, in Ergänzung zu den differenzierungstheoretischen Annahmen die Perspektive sozialer Akteure einzuführen. Dadurch erhalten wir Aufschlüsse über die Handlungsmöglichkeiten, -zwänge und Intentionen verschiedener Akteure im Hinblick auf die institutionellen und sozialen Voraussetzungen des Wandlungsgeschehens. Welche Akteure in dem Transformationsprozeß zum Zuge kommen und welche Chancen ihnen zur Verfügung stehen, ist nicht zuletzt für die sich neu strukturierende Beziehung zwischen gesellschaftlicher Integration und Desintegration von Bedeutung. Anomische Tendenzen können sich beispielsweise aus dem Verschließen von Handlungsmöglichkeiten, aus den unzureichenden Chancen für die Entfaltung neuer Akteure (der Mittelklasse) oder aus Blockaden und Konflikten in den Beziehung zwischen unterschiedlichen »Ost«- und »West«-Akteuren (z. B. im Hinblick auf den Wechsel der Eliten) ergeben.

Mit Blick auf anzunehmende anomische Strukturen und Prozesse im Osten Deutschlands sollen folgende Variablen in Betracht gezogen werden:

– Eine der entscheidenden makrostrukturellen Variablen für Desintegration liegt in den ökonomischen Bedingungen. Wenn sich langfristig gesehen unterschiedlichen Bevölkerungsgruppen Arbeitsmarktchancen eher verschließen als eröffnen, sich deren Lebensziele mit den ihnen zur Verfügung stehenden Mitteln und Ressourcen nicht realisieren lassen, dann muß das als Voraussetzung für anomische Prozesse angesehen werden. Durch den historisch einmaligen Vorgang einer unfreiwilligen Freisetzung von mehr als 3 Mio. Menschen aus dem Beschäftigungssystem entstehen für bestimmte Gruppen zwar neue Chancen, für den größten Teil wird man aber eher von erheblichen Risikolagen ausgehen müssen. Dieser Prozeß ist v. a. auch deshalb so folgenreich für die Lebensverläufe und gesellschaftlichen Beziehungen der Menschen, weil die Sozialintegration in der DDR weitgehend durch Arbeit realisiert wurde (vgl. Kohli 1994).

– Eine weitere makrostrukturelle Variable läßt sich durch die Folgen charakterisieren, die der Wandel der Institutionenstruktur hervorgebracht hat. Dabei kann es zu Konflikten zwischen dem bereits vollzogenen Umbau der Institutionenstruktur und der kaum hinreichend ausgeprägten Unterstützung kommen. Institutionen und deren normative Regelungen haben eine integrative Wirkung für den gesellschaftlichen Zusammenhang. Wenn Institutionen von der Bevölkerung jedoch nicht angenommen werden, oder wenn sie kaum anschlußfähig an die Lösung ihrer Alltagsprobleme sind, so kann das auf absehbare Zeit zu erheblichen Instabilitäten führen.

– Der Konflikt zwischen der institutionellen Inkorporation und den fehlenden Voraussetzungen in den alltagsweltlichen Bedingungen und sozialen Milieus gilt ebenso für den Handlungsrahmen von Organisationen, Verbänden und Parteien. Intermediäre Organisationen realisieren Funktionen der Interessenartikulation und -vermittlung. Dadurch lassen sich Interessen zwischen unterschiedlichen Subsystemen ausgleichen. Die Voraussetzung dafür ist aber nicht nur, daß die Menschen mit den neuen Organisationsformen in selbstverständlicher Weise umgehen können. Erforderlich ist auch, daß die ursprünglich als Trennung und Abschottung gelebte Beziehung zwischen privatem Bereich und öffentlichem Raum überwunden wird. Nicht zuletzt dürfte die Institutionenbildung im Osten auch dadurch erschwert werden, weil die Integrationskraft der traditionellen Organisationen im Westen Deutschlands nachläßt und es zu Synergieeffekten zwischen West und Ost kommt.

- Integrationsprobleme können weiterhin dadurch entstehen, wenn sich die Institutionen und Regelungen sozialer Kontrolle geändert haben, ohne daß sich in gleicher Weise neue Formen sozialer Einbindung herausbilden. Die rasche Umgestaltung der Institutionenstruktur (Recht, Polizei, Verwaltung) hat zu Schwierigkeiten im Umgang mit den Regelungsformen sozialer Kontrolle, teilweise sogar zu einem »control lag« geführt. Die Veränderungen in der Kriminalitätsentwicklung und Kriminalitätsfurcht lassen sich nicht nur auf die neuen Bedingungen von Konkurrenz, sozialem Ausschluß und Unterscheidung zurückführen. Sie stehen auch im Zusammenhang mit der Öffnung des zuvor v. a. staatlich kontrollierten öffentlichen Raumes. Dadurch werden neue Voraussetzung für den Umgang mit sozialer Kontrolle geschaffen.
- In der sozialstrukturellen Entwicklung äußert sich der Wandel zwangsläufig in stärkerem Maße als Differenzierung denn als Angleichung. Bei bestimmten Gruppen sind erhebliche soziale Deklassierungen zu beobachten. In dieser Hinsicht gibt es gute Gründe für die Annahme, daß mit dem Vereinigungsprozeß kumulative zirkuläre Prozesse in Gang (Vester 1993, S. 16) gekommen sind, die zu einer Verstärkung sozialer Disparitäten führen. Dabei ist es erstaunlich zu bemerken, wie auf der einen Seite Strukturen konserviert werden und auf der anderen Seite in Bewegung geraten sind. So eröffnen sich v. a. denjenigen Gruppen neue Chancen, die bereits zu DDR-Zeiten über vorteilhafte soziokulturelle Ressourcen, über ein hohes Qualifikationsniveau verfügten und in leitenden Funktionen beschäftigt waren (Mayer 1994, S. 29 f). Weitaus ungünstiger fallen die Chancen für die »arbeitsgesellschaftlichen Kerngruppen in unteren Lagen« (Vester 1993, S. 15) aus. Sie drohen wesentlich schneller aus den Arbeitsprozessen herauszufallen.

Auch im mikrosozialen Bereich treten Folgeprobleme des Strukturumbruchs hervor. Sie lassen sich mit der Exklusion vertrauter Lebensbereiche und der Erosion traditioneller normativer Regelungen erklären:
- Neue Handlungsanforderungen entstehen durch den Druck zur Koordination unterschiedlicher sozialer Felder und Handlungsroutinen. Das wird besonders im Verhältnis zwischen Berufsarbeit und den verpersönlichten Beziehungen in der Familie deutlich. In der DDR ermöglichte das Beziehungsnetzwerk der

Familie sowohl emotionale Unterstützung, Schutz vor den Zugriffen des Staates als auch ökonomische Hilfe beim Ausgleich der staatlichen Mangelwirtschaft. Es war kaum vorstellbar, daß damals die Anforderungen im Bereich der Familie mit denen in der Berufsarbeit kollidierten. Das Verhältnis zwischen den beiden Bereichen hat sich durch die Funktionsdifferenzierung mittlerweile grundsätzlich geändert. In Anbetracht der nach wie vor ungünstigeren Ressourcenlage im Osten läßt sich die Auslagerung von Funktionen aus der Familie nicht in dem Maße realisieren, wie das erforderlich wäre und im Westen Deutschlands zur Normalität geworden ist. Die Konflikte, die dadurch entstehen, schlagen sich besonders in den sozialen Beziehungen der Familien nieder. Dies führt zu der Annahme, daß die Wandlungsprozesse in den Familien offensichtlich asynchron zu denen des Arbeitsmarktes und des Beschäftigtensystems verlaufen.

– Ausdruck für das in der Veränderung begriffene Verhältnis zwischen individuellen Werterwartungen und Realisierungsmöglichkeiten sind demographische Prozesse, insbesondere die Geburtenentwicklung und Wanderungsbewegungen. Durch die krisenhafte Situation auf dem Arbeitsmarkt hervorgerufen, fanden in kurzer Zeit sowohl ein Rückgang als auch ein zeitlicher Aufschub der Geburt des ersten Kindes statt. Wanderungsbewegungen aus strukturschwachen Bereichen in Gebiete, die bessere Chancen versprechen, werden auch in Zukunft anhalten und nur in einigen wenigen attraktiven Standorten durch West-Ost-Wanderungen gegengesteuert.

3. Integrationsprobleme im Strukturwandel der ostdeutschen Gesellschaft – Der makrosoziale Kontext

3.1 Wirtschafts- und Beschäftigungsentwicklung mit anhaltender Negativbilanz

Ganz gleich aus welcher Perspektive man sich den Problemen des Umbaus der ostdeutschen Wirtschaft nähert, bislang überwiegt noch die Negativbilanz. Die Merkmale dieses Strukturwandels sind hinreichend bekannt und lassen sich schnell aufzeigen. Der Umbau der ostdeutschen Wirtschaft verläuft weitgehend asymmetrisch und wird durch exogene Einflüsse bestimmt (Wegner 1994, S. 16). Gesteuert wird er v. a. durch Transferleistungen, aber auch den Austausch der Eliten in Wirtschaft und Verwaltung unter der zentralen Trägerschaft westdeutscher Akteure.

»Mit der Herstellung der deutschen Sonderbindungen der Transformation wurden auch uno actu die Positionen der institutionell privilegierten und als solche für das Transformationsschicksal Ostdeutschlands maßgeblichen Akteure besetzt« (Wiesenthal 1993, S. 4).

Wenn dieser Prozeß gewissermaßen schockartig vollzogen wurde, so hat das neben externen Bedingungen (Rezession der Weltwirtschaft) auch mit den politischen Intentionen zu tun, relativ rasch Privateigentum und eine marktwirtschaftliche Ordnung einzuführen, um dadurch endogene Wachstumsfaktoren freizusetzen.

Die rasche Anpassung der Beschäftigtenstrukturen hat unweigerlich zu einem dramatischen Beschäftigungsabbau geführt. Nach Angaben von Klinger (1994) beträgt der Anteil der Beschäftigten ca. 60 bis 70% der früheren Belegschaftsstärke. Um die sozialen Kosten der Systemintegration abzufedern, ist der Umbau der Beschäftigungsverhältnisse eher von einer politischen als von einer ökonomischen Steuerung der Einkommensentwicklung begleitet worden. Dieser Prozeß verläuft wesentlich langsamer und vermag das nach wie vor anhaltende ungünstige Verhältnis zwischen Einkommens- und Produktivitätsentwicklung nicht umzukehren (Bialas/Ettl 1993, S. 61).

Betrachtet man die Wirtschafts- und Beschäftigungsentwicklung näher, so zeigen sich differenzierte Tendenzen. Im Zeitraum von 1990 bis 1992 sind die stärksten Rückgänge in den Kernbereichen der Industrie (Maschinenbau, Feinmechanik/Optik, Büromaschinen- und Textilindustrie) zu verzeichnen gewesen. Dieser Vorgang ist deshalb treffenderweise als Deindustrialisierung bezeichnet worden (ebd., S. 54).

Eine Umkehr dieser Entwicklung ist bisher nicht absehbar. Von einem enormen Rückgang der Produktion und des Beschäftigtenbestandes ist schließlich auch die Landwirtschaft betroffen.

Wenn es Anzeichen für ein Wachstum in der ostdeutschen Wirtschaft gab, so blieben diese auf bestimmte Bereiche des produzierenden Gewerbes, wie die Bauindustrie, Bergbau und Energie, der verarbeitenden Industrie und auf den Dienstleistungssektor in der jüngeren Vergangenheit begrenzt. Das Wachstum im produzieren-

Tabelle 1: Reale Bruttowertschöpfung in Ostdeutschland 1991-1994 (in Preisen von 1991)

	Veränderungen gegenüber dem Vorjahr (in Prozent)		
	1992	1993	1994*
Landwirtschaft, Fischerei	18,8	41,4	n. v.
Produzierendes Gewerbe	14,3	11,1	12,1
Handel und Verkehr	−3,0	7,5	2,6
Dienstleistungs-unternehmen	16,7	2,7	7,2
Staat, private Haushalte	−0,5	1,3	−1,0
Bruttowertschöpfung	9,7	7,1	7,0

* Schätzungen
Quelle: Wegner (1994, S. 16)

den Gewerbe wurde maßgeblich von der Bauindustrie getragen. Diese Entwicklung strahlte zwar auf jene Bereiche des verarbeitenden Gewerbes aus, die von der Aufwärtsbewegung der Bauindustrie und der Binnennachfrage profitierten. Die Asymmetrien im Verhältnis zu anderen Bereichen des verarbeitenden Gewerbes sind jedoch deutlich genug zu spüren, noch dazu wenn man in Rechnung stellt, daß der »Anteil der Wertschöpfung des warenproduzierenden Gewerbes, der einmal bei über 60% der Gesamtwirtschaft lag, (...) bis 1991 auf rund 36% geschrumpft« (Wegner 1994, S. 17) ist. Hinzu kommt, daß nicht nur die Konjunktur in den Wachstumsbereichen erheblich zurückgegangen ist, sondern auch die neuen Wachstumseffekte bisher kaum exportwirksam geworden sind. Dazu bedarf es erheblicher Investitionen beim Aufbau wettbewerbsfähiger Produktionsstandorte. Bemerkenswert hoch fällt der Anteil der Wertschöpfung am Bruttoinlandsprodukt und bei den Beschäftigten im Staatssektor (einschließlich private Haushalte) aus. Der Anteil, der darauf entfällt, ist sehr viel höher als im Westen Deutschlands (ebd.). Diese Entwicklung verweist auf ein zentrales Problem der Wirtschaft im Osten. Die Umstellung auf marktförmige Beziehungen wurde zum großen Teil durch staatliche Leistungen abgefedert. Sie setzt aber in gewisser Weise die einstige Vorherrschaft des Staates gegenüber der Wirtschaft fort und unterstützt die »institutionelle Beharrungskraft bestehender Produktionsverhältnisse« (Sorge 1993, S. 554).

Wenn wir die Strukturprobleme herausarbeiten, die sich mit dem Umbau des Wirtschaftssystems im Osten Deutschlands abzeichnen, dann lassen sich folgende Schwerpunkte identifizieren:

1. Offensichtlich – und vermutlich noch von langer Dauer – sind Konflikte, die durch die Konstruktion der »alimentierten Transformation« (Wiesenthal) entstanden sind. Sie finden ihren Ausdruck in dem Dilemma zwischen einer dominant exogenen Steuerung im Hinblick auf Institutionenaustausch, Transferzahlungen und Elitenwechsel und den unzureichend ausgeprägten endogenen Entwicklungsimpulsen für Wirtschaft und Beschäftigung.

2. Der Umbau der Wirtschaft im Osten vollzieht sich ausgesprochen ungleichgewichtig und führt zu sektoralen und regionalen Disparitäten. Von den Veränderungen in den sich neu bildenden Wirtschafts- und Beschäftigungsstrukturen profitieren zunächst einmal die Baubranche und der Dienstleistungssektor. Mitnahmeeffekte zeigen sich in den Bereichen, die auf die Leistungen dieser Bereiche angewiesen sind bzw. deren Leistungen ausschließlich auf dem östlichen Binnenmarkt nachgefragt werden. Offen ist, ob sich durch die Wachstumsimpulse neue Kernbereiche der Industrie entwickeln, die ihre Wettbewerbsfähigkeit nicht nur auf den Binnenmärkten unter Beweis stellen können.

3. Die Einführung neuer Wirtschaftsverhältnisse ist mit einem drastischen Abbau der Beschäftigtenzahl einhergegangen, der in der Geschichte der Bundesrepublik Deutschland einmalig ist. Selbst wenn der Aufbau neuer Industrien und Dienstleistungsunternehmen teilweise in Gang kommt, kann der Rückgang kaum ausgeglichen werden. Deshalb wird die Beschäftigungskrise, ähnlich wie im Westen, chronische Ausmaße annehmen. Zu vermuten ist eine weitere Segmentierung zwischen denjenigen, die in einem Arbeitsverhältnis stehen, anderen, die auf Umschulungs- und Fortbildungsmaßnahmen bzw. auf ABM-Stellen verwiesen sind, und Menschen, die längerfristig, wenn nicht sogar dauerhaft aus dem Arbeitsmarkt ausgegrenzt werden (Bialas/Ettl 1993, S. 66).

3.2 Arbeitslosigkeit und Armut als besondere Strukturprobleme
im Osten Deutschlands

Bei der Suche nach Charakteristika für die einstige DDR-Gesellschaft wurde nicht von ungefähr der Begriff der »Arbeitsgesellschaft« (Kohli 1994, S. 10; Zapf 1991, S. 152; Adler 1991, S. 167) geprägt. Einesteils bildete die Arbeitswelt einen der wesentlichen Bereiche für die systembezogene Integration. Die DDR verfügte generell über eine höhere Erwerbsquote als moderne kapitalistische Staaten. Das gilt besonders für Frauen. Den größten Anteil an den Erwerbstätigen hatte die Gruppe der Facharbeiter. Die auf die Arbeitswelt zentrierten Beziehungen spielten eine wichtige Rolle für die Sozial- und Systemintegration. Der betriebliche Arbeitszusammenhang bildete eine Schnittstelle bei der Realisierung verschiedener gesellschaftlicher Funktionen. Er fungierte als eine Instanz der sozialen Kontrolle, eröffnete den Zugang zu knappen Dienstleistungen und Versorgungsgütern. In den Betrieben wurde sogar über die Zuteilung von Karrierechancen durch Vergünstigungen bei der Vergabe von Studienplätzen und Qualifikationsmöglichkeiten entschieden. Und schließlich erwiesen sich die in der Arbeitswelt gestifteten Beziehungen als eine entscheidende Ressource für den Zugang zu Gütern und Leistungen, die der staatliche Handel nicht zur Verfügung stellen konnte (Kohli 1994, S. 13).

Die Entwicklung, die sich seit der Wende in den Arbeitsbeziehungen der Ostdeutschen vollzogen hat, ist hinreichend bekannt. Einschneidend ist der massive Beschäftigungsabbau, der für einen Teil der Bevölkerung zu Arbeitslosigkeit, Kurzarbeit, Wanderungsbewegungen und zu vorzeitigem Ausscheiden aus dem Berufsleben, aber auch zu neuen »Sackgassen« und Suchbewegungen in Gestalt von Umschulungs- und Fortbildungsmaßnahmen und arbeitsmarktpolitisch geförderten Beschäftigungsmaßnahmen (ABM) geführt hat. Wie eine von Infratest Sozialforschung (1993) durchgeführte Untersuchung zu den Erwerbsverläufen seit der Wende ausweist, konnten nur 31 % der Befragten ihre Tätigkeit in ihrem ehemaligen Unternehmen fortsetzen. Im verarbeitenden Gewerbe beträgt der Anteil lediglich 24 und in der Landwirtschaft 19 %. In Abhängigkeit von der Wirtschaftsentwicklung fällt die Beschäftigungssituation bei Verkehr, Bahn und Post mit 52 %, bei Banken und Versicherungen mit 44 % und im Baugewerbe mit 43 % günstiger aus.

Besonders gravierend hat sich der Beschäftigungsabbau für Frauen, ältere und niedrigqualifizierte Arbeitnehmer ausgewirkt. In diesen Gruppen ist die Wahrscheinlichkeit, arbeitslos zu werden, am größten (Hanesch 1994, S. 151; Berger/Schultz 1994, S. 5; Kurz-Scherf/Winkler 1994, S. 119; Hahn/Schön 1996, S. 123 ff.).

Berger und Schultz (1994) sind mit ihrer Untersuchung zu dem Ergebnis gekommen, daß die erst im Jahre 1991 angelaufenen Arbeitsbeschaffungsmaßnahmen und die Maßnahmen zur Fortbildung und Umschulung sich nur in begrenztem Umfang auf dem Arbeitsmarkt ausgewirkt haben. Insofern nimmt es nicht wunder, daß die Arbeitsmarktlage von den Ostdeutschen als anhaltend prekär eingeschätzt wird. Ungefähr 20% der Erwerbstätigen befürchten, in der nächsten Zeit arbeitslos zu werden (ebd., S. 12). Aus den Untersuchungen zur Wohlfahrtsentwicklung zeichnet sich der Befund ab, daß anomische Einstellungen (Sinnlosigkeit, Einsamkeit, Machtlosigkeit, Entfremdung und Normlosigkeit) ein höheres Ausmaß im Osten als im Westen erreichen (vgl. Glatzer/Bös in diesem Band). Im Vergleich von 1990 zu 1993 wird zwar ein Rückgang von Anomiesymptomen festgestellt. Das Ausmaß an Anomia ist jedoch nach wie vor höher als im Westen Deutschlands (Statistisches Bundesamt 1994, S. 613).

Offen ist die Frage, wie die weitere Entwicklung aussieht, wenn den Menschen bewußt wird, daß der Umbruch von Dauer ist. Diese Frage ist auch deshalb zu stellen, weil sich die »sozialisatorischen Reaktionen« immer erst zeitversetzt auswirken und dementsprechend in Untersuchungen festgehalten werden können.

Ein weiterer Indikator für Anomie ist Armut. In Anlehnung an Hanesch (1994) gehen wir davon aus, daß für die Armutsentwicklung unterschiedliche Dimensionen von Unterversorgung von Bedeutung sein können. Zwar sind deprivierte Lebenslagen, Arbeitslosigkeit und Einkommensarmut notwendige, jedoch keine hinreichenden Kriterien für eine Armutskarriere. Dazu bedarf es der Berücksichtigung von verschiedenen Dimensionen der Unterversorgung im Hinblick auf Wohnraum, Bildung und Ausbildung, Gesundheit und soziale Beziehungen (ebd., S. 22 ff.; Kieselbach 1992, S. 67 ff.). Besondere Problemlagen dürften sich dann ergeben, wenn sich eine Kumulation von Unterversorgungslagen abzeichnet. Hanesch hat in Untersuchungen herausgefunden, daß bei einer Kumulation von mindestens zwei Unterversorgungslagen in den Dimensionen Einkommen, Arbeit, Wohnraum und berufliche

Bildung 7,3% der Bevölkerung im Westen und 10,3% der Bevölkerung im Osten davon betroffen sind (ebd., S. 177). Berücksichtigt man jeweils einzelne Dimensionen der Unterversorgung, so fallen die Unterschiede wesentlich stärker ins Gewicht. Mit Ausnahme der Allgemeinbildung und der beruflichen Bildung sind die Unterversorgungslagen der Ostdeutschen in allen anderen Bereichen wesentlich höher (vgl. ebd., S. 175). Im Osten ist auch die Eintrittsschwelle für Armut niedriger als im Westen. Diese Tendenzen weisen offensichtlich darauf darauf hin, daß die Armutsentwicklung im Westen eher stabilere Formen angenommen hat, währenmd sie im Osten über eine kürzere Zeit wesentlich dramatischer verlaufen ist. Mit der Zunahme von sozialen Ungleichheiten steht zu vermuten, daß sie sich in Ostdeutschland an das westdeutsche Muster annähert, wobei Armut dann »als Ausdruck einer ungleichen Ressourcenverteilung« (ebd., S. 208) ansteigen wird. Generell lassen sich aus den Tendenzen von Arbeitslosigkeit und Armut im Osten folgende Annahmen für die Entwicklung von anomischen Potentialen in Ostdeutschland ableiten:

1. Arbeitslosigkeit erscheint zunächst als eine Folge der raschen Strukturveränderungen im Wirtschaftssystem. Längerfristig werden die Freisetzungseffekte durch die Umstellung auf ein neues Produktions- und Verteilungssystem jedoch nicht auszugleichen sein. Insofern wird auch für die Menschen in Ostdeutschland Arbeitslosigkeit zu keinem vorübergehenden, sondern zu einem chronischen Zustand. Anomische Prozesse ergeben sich aus dem Konflikt zwischen der anhaltenden Orientierung auf Erwerbsarbeit, die nicht zuletzt die Art und Weise und die Qualität der privaten Lebensführung bestimmt, und den relativ geringen Beschäftigungseffekten, die durch den Aufbau neuer Industrie- und Dienstleistungsbereiche entstehen. Es ist zu vermuten, daß die von der Arbeitsmarktentwicklung ausgehenden Beschäftigungswirkungen sozial und regional zu enormen Disparitäten führen werden. Die Teilhabe am Arbeitsmarkt beeinflußt im wesentlichen, wer zu den »Gewinnern«, den »Duldern« oder den »Verlierern« gehört.

2. Eine Stabilisierung und Verstetigung steht im Hinblick auf die Armutsentwicklung zu erwarten. Welche Richtung dieser Prozeß nimmt, wird in erster Linie durch die Beschäftigungs- und Einkommensentwicklung bestimmt. Von Bedeutung scheint aber auch zu sein, inwieweit aufgrund ungleicher Ressourcen

Unterversorgungslagen kumulieren und dadurch soziale Segregationsprozesse forciert werden.

3.3 Kumulative Wirkung sozialer Ungleichheiten – Wandel sozialer Strukturen

Wenn wir die anomischen Potentiale in der Sozialstrukturentwicklung betrachten, ist es nicht ganz unwichtig, die Hypothek zu berücksichtigen, die durch die ostdeutsche Gesellschaft in den Vereinigungsprozeß eingebracht wurde. Weitgehende Einigkeit besteht in der Einschätzung, daß in der DDR eine starke Nivellierung vertikaler Ungleichheiten bestand (Geisler 1993, S. 68). Die Überpolitisierung des gesellschaftlichen Lebens war nicht nur für soziale Kontrolle und Statuszuweisung entscheidend. Sie hat v. a. Wandlungen in den sozialen Strukturen blockiert, die Freisetzung einer ökonomischen Leistungsdynamik und die Herausbildung eines modernen Dienstleistungssektors verhindert. Vester (1993) gelangt zu der Einschätzung, daß sich im Osten Deutschlands ein »›Wasserkopf‹ oben, eine ›Modernisierungslücke‹ in der Mitte und eine noch erstaunlich große traditionale Arbeiterklasse« (ebd., S. 35 f.) herausgebildet hat. Der Anteil der ehemaligen Macht- und Funktionseliten betrug 32%, der der Gruppen in Mittellage 28% und der Anteil der Arbeiterklasse 40% (Vester 1994b, S. 16). Soziale Differenzierungen sind eher auf einer horizontalen als auf einer vertikalen Ebene zur Geltung gekommen. In den letzten Jahren der DDR-Gesellschaft hat allerdings die Generation der in den siebziger Jahren Herangewachsenen mit Aufstiegsambitionen, hoher Bildung und aus modernisierten Sozialmilieus eine zunehmende Einengung in ihren Entwicklungschancen erfahren. Das führte zur Verstärkung sozialer Ungleichheiten im Generationenverhältnis (vgl. Bathke 1986, Kühnel 1987).

Mit dem Vereinigungsprozeß zeichnen sich zweifellos neue Konturen in der Sozialstruktur ab. Enttäuscht wurden allerdings diejenigen, die von einer raschen und weitgehenden Angleichung der Sozialstruktur an das westdeutsche Muster ausgingen (Geißler 1991, S. 192). Erste Untersuchungen über den realen Verlauf des Umbruchs in der Sozialstruktur machen auf Ambivalenzen und Gegenläufigkeiten aufmerksam (vgl. Vester 1993/1994a; Mayer 1994a/1994b; Zapf 1991, S. 154). Abgesehen von dem im Vergleich zum Westen in geringerem Ausmaß vorhandenen ökonomischen

Kapital vollzieht sich eine massive Entwertung des kulturellen (z. B. Bildungsabschlüsse) und sozialen Kapitals (z. B. Beziehungen und soziale Vergemeinschaftungsformen). Gleichwohl gehen die jeweiligen sozialen Gruppen mit der Entwertung und Neubewertung ihrer Chancen ganz unterschiedlich um, je nach Ausgangslage im Hinblick auf ihre Ressourcen und je nach den Chancen, die sie auf dem Arbeitsmarkt vorfinden. Davon zu profitieren vermögen v. a. soziale Gruppen aus den neuen Dienstleistungsbereichen und den insularen Zentren moderner Produktion und nicht zuletzt die Inhaber von Leistungspositionen aus dem Westen (Bialas/Ettl 1993, S. 64). Auch bestimmte Gruppen der neuen Selbständigen, in denen Angehörige der ehemaligen Eliten überrepräsentativ vertreten sind (Mayer 1994a, S. 30), gehören zu den »Gewinnern« des Vereinigungsprozesses. Die »Verlierer« repräsentieren weitgehend Beschäftigte mit nur geringen Ausbildungsabschlüssen, in der Landwirtschaft Tätige, Angehörige aus traditionellen und traditionslosen Arbeitermilieus. Es handelt sich um soziale Gruppen, die in erster Linie von der Deindustrialisierung der ostdeutschen Wirtschaft betroffen sind. Darunter sind insbesondere alleinerziehende Frauen und Beschäftigte vertreten, die in den vorzeitigen Ruhestand gehen mußten (Geißler 1993, S. 85; Vester 1993, S. 16; Bialas/Ettl 1994, S. 64).

Generell ist die Sozialstrukturentwicklung im Osten durch wachsende soziale Ungleichheiten und regionale Disparitäten gekennzeichnet. Das ist bis zu einem gewissen Maße auf den Umbruch von eher egalitären zu stärker meritokratischen Strukturen zurückzuführen. Zunehmende Ungleichheitslagen entstehen nicht nur aus den unterschiedlichen Optionsmöglichkeiten für soziale Gruppen auf den Kapital- und Arbeitsmärkten, sondern auch aus der Verstärkung von relativen Vorteilen sozialer Gruppen, die bereits vor dem Umbruch über günstige gesellschaftliche und kulturelle Ausgangsbedingungen verfügten. So liegt es nahe, in der Sozialstrukturentwicklung von kumulativ-zirkulären Prozessen auszugehen (Klinger 1994, S. 12; Vester 1993, S. 16). Dadurch dürften auch Anomiepotentiale, die auf Ungleichheit beruhen, eine Steigerung erfahren. Im Hinblick darauf ist langfristig gesehen mit Synergieeffekten zwischen der Entwicklung in Ost und West zu rechnen.

3.4 Institutionentransfer ohne hinreichend ausgeprägte
vororganisatorische Bedingungen – Das Verhältnis zur Politik
und den Organisationen

Als wichtige Voraussetzung für die Gestaltung des gesellschaftlichen Wandels wird im Zusammenhang mit dem Aufbau der Wirtschafts- und Sozialordnung die Schaffung eines neuen Institutionensystems angesehen. Das bezieht sich sowohl auf die normativen wie auch die verfahrensmäßigen, organisationsbezogenen und rechtlichen Voraussetzungen für die Interessenartikulation und -durchsetzung. Die Etablierung neuer Regelsysteme in Politik und Gesellschaft bildet nur die eine Seite des Transformationsprozesses. Sie funktionierten nicht ohne eine Veränderung der »Repräsentations- und Assoziationsverhältnisse« (Wiesenthal 1993, S. 1). Artikulation und Austausch der Interessen zwischen Politik und Bürgern auf breiter Basis erfordert eine ausdifferenzierte Öffentlichkeit mit einer Vielfalt von Organisationen. Die Grundlagen dafür wurden zwar mit dem Institutionentransfer von West nach Ost geschaffen. Damit das Institutionensystem jedoch auch funktionieren kann, bedarf es einer hinreichenden Verankerung in den lebensweltlichen Bedingungen. Daß dieser Prozeß, der im westlichen Teil Deutschlands Jahrzehnte in Anspruch genommen hat, nicht in drei oder vier Jahren ablaufen kann, ist evident. In verschiedenen Untersuchungen wird deshalb auf die »Repräsentationsprobleme« einer gewissermaßen unter äußerem Einfluß vollzogenen Demokratisierung (ebd., S. 11) hingewiesen. Abromeit (1993) spricht von der »Vertretungslücke« ostdeutscher Interessen. Bialas und Ettl (1993) diagnostizieren den Befund des strukturell bedingten Ausschlusses Ostdeutscher von Entscheidungen, die für die Gestaltung ihrer Lebensverhältnisse von Bedeutung sind. Die Defizite bei der Herausbildung und Vertretung eigener Interessen können wiederum dazu führen, daß die Leistungsfähigkeit der Organisationen und die unter westlichen Vorzeichen eingespielten Entscheidungssysteme beeinträchtigt sind. Für den Bereich der intermediären Organisationen haben Backhaus-Maul und Olk (1992) die Probleme untersucht, die mit der Einführung der großen Wohlfahrtsverbände im Osten entstanden sind. Sie gelangen zu dem Ergebnis, daß aufgrund der nicht vorhandenen »vororganisatorischen Quellen formaler Organisationen« (Streeck 1987, S. 475) die Funktionsfähigkeit der Verbände eingeschränkt ist. Infolgedessen kann es zu einer Rückwirkung auf die Stammorganisationen im Westen kommen, die den »latent wirksame(n) Prozeß des Abschmelzens wertgebundener Organisationsprofile, etwa bei den konfessionellen Verbänden und der Arbeiterwohlfahrt« (Backhaus-Maul/Olk 1992, S. 126), forcieren könnte. Auch besteht Grund zu der Vermutung, daß der staatlicherseits unterstützte Organisationsaufbau die »bereits in den Altbundesländern feststellbare Tendenz einer strukturellen Angleichung von Wohlfahrtsverbänden an staatliche Bürokratien durch die Umstände des deutschen Vereinigungsprozesses noch verstärkt wird« (ebd.). Damit dürften im Osten eher die traditionellen, im Umgang mit den Institutionen und Vertretern des Staates vertrauten Muster bedient werden, als daß es zur Herausbildung von selbsttragenden Formen der Interessenvertretung kommt.

Inwieweit die Leistungsfähigkeit der institutionellen Entscheidungssysteme, nicht zuletzt des politischen Systems, auf längere Sicht garantiert ist, wird auch von einer entsprechenden politischen Kultur abhängen (vgl. Almond/Verba 1963). Dazu gehören ganz entscheidend die Akzeptanz des politischen Systems und die Beteiligung der Bürger am politischen Geschehen. Es ist anzunehmen, daß die Unterstützung der neuen politischen Ordnung, des politischen Gemeinwesens und der Leistungen der politischen Akteure durch die Bürger aus dem Osten nur gering ausgeprägt ist. Denn die Bildung des Vertrauens in das neue politische System wird erwartungsgemäß einen längeren Zeitraum in Anspruch nehmen. Hinzu kommt die Hypothek der DDR-Gesellschaft. In der DDR war das politische Entscheidungssystem sehr stark zentralisiert und an autoritären Prinzipien orientiert. Deshalb ist es nicht ganz abwegig, eine politische Kultur in Rechnung zu stellen, die eher an autoritären Persönlichkeitsmustern orientiert war.

Westle (1992) konnte mit einer auf der Grundlage von ALLBUS-Daten durchgeführten Analyse belegen, daß im Osten Deutschlands der Grad der Zufriedenheit mit der bestehenden Demokratie, mit den Leistungen der amtierenden Bundesregierung im Hinblick auf das Funktionieren des politischen Systems generell niedriger ist als im Westen (ebd., S. 23; Statistisches Bundesamt 1994, S. 618 f.). Berücksichtigt man überdies die Ausprägung autoritärer Persönlichkeitsmerkmale, dann liegen die von Fuchs/Klingemann und Schöbel (1991, S. 40) für den Osten ermittelten Werte durchweg höher als im Westen. Ein ähnliches Ergebnis ist bei Entfremdungstendenzen feststellbar. Die Befunde entsprechen den Erwartungen und können offenbar als ein Ausdruck für eine vergleichsweise geringe affektive Unterstützung gegenüber dem politischen System der Bundesrepublik bewertet werden. Untersuchungen über die Bereitschaft, auf die Politik Einfluß zu nehmen und dafür auch bestimmte Beteiligungsformen einzusetzen, sind u. a. von Fuchs, Klingemann und Schöbel (1991) und von Feist (1991) vorgelegt worden. Dabei zeichnet sich erstaunlicherweise die Tendenz ab, daß die Einstellungen zu konventioneller und legal-unkonventioneller Beteiligung bei Ost- und Westdeutschen ähnlich stark verbreitet sind (Feist 1991, S. 31; Fuchs/Klingemann/Schöbel 1991, S. 44). Im Unterschied zu den eben angeführten Partizipationsformen ist bei den Ostdeutschen die Bereitschaft zur Beteiligung an Formen des zivilen Ungehorsams geringer ausgeprägt (Fuchs/Klingemann/Schöbel 1991, S. 44). Daß unkonventionelle Handlungsformen in der politischen Partizipation der Ostdeutschen eine so große Rolle spielen, mag durchaus etwas mit den Erfahrungen im Umgang mit den Umbruchprozessen im Herbst 1989 zu tun haben. Ob sich daraus ein säkularer Trend ableiten läßt, muß allerdings bezweifelt werden.

Desintegrationspotentiale bei der Entwicklung des (politischen) Institutionensystems und beim Wandel der politischen Kultur zeigen sich in folgenden Punkten:

1. Eine wesentliche Vorbedingung für Anomie ist in dem Vorgang des exogenen Institutionentransfers von West nach Ost gegeben. Das führt zum einen zu strukturellen Defiziten in der Repräsentation der Interessen der Ostdeutschen, die wiederum die Leistungsfähigkeit der Entscheidungssysteme insgesamt beeinträchtigen. Zum anderen stößt der Vorgang der institutionellen Transformation auf inkongruente Umweltbedingungen.

2. Die »vororganisatorischen« Bedingungen sind von Bedeutung für das Unterstützungs- und Partizipationsverhältnis der Bürger gegenüber dem politischen System. Sowohl das Vertrauen in die neuen Institutionen wie auch die Bereitschaft zur politischen Beteiligung dürften gering ausgeprägt sein und noch nicht die Selbstverständlichkeit erlangt haben wie im westlichen Teil. Dies könnte sich als ein gewisses Instabilitätspotential für die Legitimität der politischen Ordnung erweisen.

4. Integrationsprobleme im Strukturwandel – Der mikrosoziale Kontext

4.1 Differentielle Verarbeitungsmuster in der Bevölkerungsentwicklung

Wenn der Umbau des Institutionensystems, der Wirtschafts- und Sozialstruktur von strukturellen Spannungen und Krisen begleitet wird, dann gilt das nicht minder für die Lebenszusammenhänge und Bewältigungsmuster der Menschen. Allerdings müssen die neuen Formen der Systemintegration keineswegs zwangsläufig zu veränderten Regeln und Verhaltensmustern der Sozialintegration führen. Die gelebten Formen des Alltags verweisen einerseits auf einen Eigensinn, eine Widerständigkeit gegenüber raschen Anpassungsbestrebungen. Andererseits enthalten sie immer auch Veränderungspotentiale, die bei der Auseinandersetzung mit den neuen Rahmenbedingungen freigesetzt werden können. Dies legt die Vermutung nahe, daß es zu einer differentiellen Verarbeitung der Folgen des Strukturumbruchs kommt (Schmidt 1982, S. 183). Nach Maßgabe der Handlungs- und Beziehungsressourcen, die den Individuen und Gruppen zur Verfügung stehen, werden sie versuchen, mit den externen Veränderungen so umzugehen, daß sie daraus relative Vorteile für die eigene Lebensführung beziehen können. Das geschieht offensichtlich in selektiver Weise. Denn die Anforderungen, die durch die gewandelten institutionellen und sozialen Beziehungen entstehen, treffen auf differentielle Ausgangsbedingungen und Verarbeitungsmuster. Diese Prozesse lassen sich recht gut in den demographischen Veränderungen nachweisen.

Auf den ersten Blick muten die Tendenzen in der Bevölkerungsentwicklung Ostdeutschlands seit 1989 dramatisch an. Generatives Verhalten und das Ausmaß der Wanderungen sind einesteils Ausdruck für die Anpassung an die veränderten Bedingungen und erweisen sich anderenteils als Indikatoren für den Wandel informeller sozialer Kontrolle (Friedrichs 1994, S. 159).

Die vorliegenden Befunde zur Bevölkerungsentwicklung von 1989 bis 1993 zeigen folgendes:
- Ungefähr 1,3 Mio. Menschen sind von Ost- nach Westdeutschland ausgewandert.
- Die Anzahl der Lebendgeborenen ist von 198 922 im Jahr 1989

auf 80 548 im Jahr 1993 zurückgegangen, also auf 40,5% (Liebscher 1994, S. 62).

– Eheschließungen haben sich von 130 989 im Jahr 1989 auf 49 257 im Jahr 1993, d. h. auf 37,5%, verringert (vgl. ebd.).

– Ehescheidungen erfahren von 1989 (50 000) bis 1991 (9 000) einen Rückgang um ca. 80% (Statistisches Bundesamt 1994, S. 35; Münz/Ulrich 1994, S. 1). Seit 1992 hat sich der Trend wieder umgekehrt. Die Anzahl der Scheidungen ist von 6,6 (je 10 000 Einwohner) in 1992 auf 11,8 (je 10 000 Einwohner) in 1993 angestiegen, hat aber noch nicht das Niveau von vor der Wende erreicht (vgl. Liebscher, ebd.; Statistisches Bundesamt 1994, S. 35).

Trotz der weitgehenden Übereinstimmung, die unter den Bevölkerungswissenschaftlern über die längerfristige Anpassung des Geburtengeschehens und der Heiratsentwicklung besteht (vgl. Schulz u. a. 1993, Zapf/Mau 1993, Münz/Ulrich 1994), kann nicht unterschätzt werden, daß die gegenwärtige Bevölkerungsentwicklung in Ostdeutschland stärker durch »Strukturbrüche als durch Kontinuitäten« (Münz/Ulrich 1994, S. 1) bestimmt wird.

a) Geburtenentwicklung und Eheschließungen

Münz und Ulrich (1994) konnten im Zeitraum von 1989 bis 1992 einen drastischen Rückgang der Geburten in allen Altersgruppen feststellen. Die Entwicklung fiel jedoch in den jeweiligen Alterskohorten verschieden aus. Am stärksten davon betroffen war die Gruppe der 18- bis 24jährigen (ebd., S. 9). Im Unterschied zum Westen gab es im Osten bis 1990 noch die Möglichkeit des Schwangerschaftsabbruchs nach der Fristenlösung. Das hat sich mit dem Beitritt zur Bundesrepublik geändert. Die Anzahl der Schwangerschaftsabbrüche hat sich reduziert und erreichte 1991 54% des Niveaus von 1990 (Winkler u. a. 1993, S. 54). Zwar deutete sich der Trend zum Rückgang der Schwangerschaftsabbrüche bereits in den achtziger Jahren an; er hat aber durch die Wende eine deutliche Verstärkung erfahren.

Merklich zurückgegangen sind auch die Eheschließungen. Der spektakuläre Geburtenrückgang und Heiratsverzicht werden in erster Linie auf die veränderte Arbeits- und Wohnungsmarktsituation zurückgeführt, die sich v. a. für Alleinerziehende und junge Paare negativ ausgewirkt hat (ebd., S. 10). Weiterhin spielen die gesteigerten Optionsmöglichkeiten eine Rolle. Unter den veränderten Bedingungen geraten Karriere- und Einkommenspläne in Konkurrenz zu dem Wunsch, Kinder aufzuziehen (ebd., S. 11). So läßt sich die im Osten sich abzeichnende Entwicklung im Hinblick auf Geburten und Familiengründungen als Ausdruck eines selektiven Anpassungsverhaltens an die gewandelten Reproduktionsbedingungen fassen. Langfristig gesehen ist eine Entwicklung zu erwarten, die sich seit den siebziger Jahren im Westen Deutschlands herausgebildet hat: niedrige Kinderzahlen, Verlagerung des Zeitpunktes der Geburt des ersten Kindes nach »oben«, Entkopplung von Partnerschaft, Ehe und Geburt.

b) Wanderungen

Überwiegen bis zum Jahre 1990 die Abwanderungen aus dem Osten in den Westen, so nimmt der Anteil der aus dem Westen Zugewanderten seit 1991 zu. Allerdings ist mit großer Wahrscheinlichkeit anzunehmen, daß auch diese Bewegung künftig zurückgeht. Eine größere Bedeutung als zuvor werden Binnenwanderungen erhalten. Regionen, von denen Struktureffekte für die Wirtschaftsentwicklung ausgehen, vermögen Wanderungsgewinne zu erzielen. Die strukturschwachen Gebiete werden dagegen Wanderungsverluste hinnehmen müssen (Münz/Ulrich 1994, S. 24f.).

Der drastische Bevölkerungsrückgang und die Wandlungen in der Altersstruktur sind generell ein Ausdruck für das Anpassungsverhalten an die Krise in Wirtschaft und Gesellschaft wie auch ein Anzeichen für die veränderten Optionsmöglichkeiten bei Partnerschaft, Geburt und Mobilität. Diese Entwicklung trägt offensichtlich dazu bei,

1. daß die Bevölkerung im Kindes- und Jugendalter ab- und die im Rentenalter zunehmen wird,
2. daß die gegenwärtig feststellbaren demographischen Veränderungen in 25 Jahren zu einem weiteren Geburtenrückgang führen werden, der nach Aussagen der Bevölkerungswissenschaftler noch »80 Jahre lang in der Alterspyramide der neuen Bundesländer sichtbar bleibt« (ebd., S. 39),
3. daß der Bevölkerungsrückgang langfristig gesehen zu zusätzlichen Belastungen für die Wirtschaftsentwicklung in strukturschwachen, überalterten Regionen führen kann und
4. daß die geographische Mobilität nicht zu einem Ausgleich zwischen strukturschwachen und strukturstarken Regionen, son-

dern eher zu einer Verstärkung regionaler Disparitäten führen wird.

4.2 Ändern sich die Umstände, zeigen sich die Konstanten: Partnerschaft und Familie

Obgleich im Osten Deutschlands die Bereitschaft, eine Ehe einzugehen, nach der Wende deutlich zurückgegangen ist, ist die Familie nach wie vor die wichtigste Form des Zusammenlebens und ein maßgeblicher Anker für soziale Unterstützung. Verglichen mit dem Westen Deutschlands ist im Osten der Anteil der Verheirateten höher, der der Ledigen niedriger und der der Geschiedenen geringfügig höher. Nichteheliche Lebensgemeinschaften haben im Osten eine vergleichsweise geringe Bedeutung (Bertram 1992a, S. 44 ff.). Nach den Befunden der zum Gegenstand vorliegenden Untersuchungen zu urteilen, hat sich der für die DDR typische frühere Eintritt in Ehe und Elternschaft noch nicht grundsätzlich geändert (Keiser 1993, S. 21). In Anbetracht der dramatischen Systemveränderungen hält offensichtlich die Orientierung auf eher traditionelle Muster in den Familienbeziehungen an. Gleichwohl deuten sich auch Wandlungen in den Formen des Zusammenlebens an, die besonders bei den jüngeren Altersgruppen zu beobachten sind. So ist die Zahl der (ledigen und geschiedenen) Alleinerziehenden mit einem oder mehreren Kindern im Osten wesentlich höher als im Westen (ebd., S. 22). Das betrifft auch den Anteil der Stiefkinder, die entweder unehelich geboren wurden oder aus geschiedenen Ehen stammen. In der Gruppe der Alleinerziehenden, die sich zum überwiegenden Teil aus Frauen zusammensetzt, konzentrierten sich bereits vor dem Umbruch soziale materielle Ungleichheitspotentiale. Daran hat sich auch nach der Wende nichts geändert. Unter den neuen Arbeitsmarktbedingungen zeichnet sich eine Verschärfung der sozialen Situation Alleinerziehender ab (Winkler u. a. 1993, S. 238; Habich/Landua/Seifert/Spellerberg 1991, S. 23).

Im Hinblick auf die Partnerschafts- und Familienentwicklung ergeben sich mögliche Anomiepotentiale aus folgenden Problemkonstellationen:

1. Die Gruppe der Alleinerziehenden ist in erheblichem Maße von den Risiken der Arbeits- und Wohnungsmarktentwicklung betroffen.

2. Trotz der nach wie vor bestehenden starken Orientierung auf traditionellere Familienformen wird es im Osten Deutschlands künftig zu einer Ausdifferenzierung und Pluralisierung von Mustern der Lebensführung kommen. Wie sich soziale Beziehungen, soziale Kontrolle und (geschlechtsspezifische) Rollenmuster verändern werden, ist gegenwärtig nicht absehbar. Was mit großer Wahrscheinlichkeit angenommen werden kann, ist ein zweifacher Konflikt zwischen der starken Orientierung der Frauen auf Erwerbsarbeit und den kaum hinreichend zur Verfügung stehenden Realisierungsmöglichkeiten, ihren traditionellen Rollenverpflichtungen in der Familie und den normativen Zwängen, die die veränderten gesellschaftlichen Bedingungen im Hinblick auf Berufsarbeit nahelegen.

4.3 Konflikte zwischen Lebenszielen und Realisierungschancen in der Wohlfahrtsentwicklung

Das sozialwissenschaftliche Interesse an der Wohlfahrtsentwicklung bezieht sich auf die Analyse der Lebensbedingungen und der wahrgenommenen Lebensqualität (Habich/Landua/Seifert/Spellerberg 1991, S. 14). Unter anomietheoretischen Gesichtspunkten ist insbesondere das Spannungsverhältnis zwischen subjektivem Wohlbefinden und objektiven Lebenschancen von Bedeutung. Die Wahrnehmung entsprechender Konflikte kann zu relativer Deprivation (vgl. Gurr 1970) führen. Zu Situationen relativer Deprivation können entweder steigende Lebensziele bei gleichbleibenden Realisierungsmöglichkeiten oder gleichbleibende Lebensziele bei abnehmenden Möglichkeiten zu deren Realisierung beitragen. Aus den Forschungen zur Wohlfahrtsentwicklung läßt sich die Überlegung ableiten, daß eine Verschlechterung in der Lebenszufriedenheit nicht unbedingt mit einer negativen Entwicklung in den objektiven Lebensbedingungen einhergehen muß. Im allgemeinen wird angenommen, daß es auf der subjektiven Seite eher zu Veränderungen kommt, während die Strukturen eine erhebliche Konstanz aufweisen (Glatzer 1992, S. 77 f.). Dieser Befund gilt zumindest für die alte Bundesrepublik (vgl. Glatzer/Bös in diesem Band). Im Osten Deutschlands werden wir erwartungsgemäß mit anderen Entwicklungen konfrontiert sein. Betrachtet man die Dimension des subjektiven Wohlbefindens, so zeigt sich der klassische Zusammenhang zwischen beschleunigtem Wandel in den Lebensverhältnissen und der Verbreitung von Anomia. Die Ostdeutschen haben bei der Einschätzung des Ausmaßes der Sinnlosigkeit des eigenen Lebens, sozialer Isolation, Entfremdung von der Arbeit, Macht- und Normlosigkeit generell höhere Werte aufzuweisen als die Westdeutschen (ebd.). Eine ähnliche Tendenz zeichnet sich in der Zufriedenheit mit verschiedenen Lebensbereichen ab. Einer IPOS-Umfrage zufolge liegen die Zufriedenheitswerte hinsichtlich der Bildungschancen, der Tatsache, daß man sein Recht erhält, im Hinblick auf Schutz vor Kriminalität, den Chancen auf den Arbeitsplatz, auf soziale Sicherheit und Selbstverwirklichung um ca. 20% niedriger als im Westen. Am stärksten treten die Unterschiede bei der Einschätzung der Arbeitsmarktchancen und der sozialen Sicherheit hervor (Jaufmann/Kistler 1994, S. 14f.). Ähnliche Ergebnisse dokumentiert der Wohlfahrtssurvey. Dabei wird festgestellt, daß die gesamte ostdeutsche Bevölkerung Zufriedenheitswerte erreicht, die im Westen Deutschlands eher für Problemgruppen gelten (Habich/Noll 1994, S. 433). Diese Befunde deuten nicht nur auf den zu erwartenden Wandel bei den Werten hin, die in der DDR für soziale Sicherheit galten. Sie lassen ebenso ahnen, daß sich die Angleichung der Lebensverhältnisse nur sehr zögerlich in den subjektiven Urteilen niederschlägt.

Zusammenfassend können wir im Hinblick auf anomische Tendenzen in der Wohlfahrtsentwicklung im Osten Deutschlands folgende Tendenzen festhalten:

1. Der Strukturumbruch ist generell von einem Anstieg der Anomia im subjektiven Wohlbefinden (Sinnlosigkeit, soziale Isolation, Entfremdung von der Arbeit, Macht- und Normlosigkeit) begleitet worden.
2. Für anomische Tendenzen von Bedeutung ist v. a. die Bewertung der schlechten Arbeitsmarktchancen und der geringen sozialen Sicherheit. Im Vergleich zu anderen Bereichen scheint hier die Diskrepanz zwischen der Bewertung der objektiven Chancen und den Realisierungsmöglichkeiten am größten zu sein.

4.4 Veränderte soziale Kontrolle, steigende Kriminalität und Kriminalitätsfurcht

Aufgrund der Pluralisierung von Lebenslagen und normativen Ansprüchen, des Wettbewerbs um günstige Chancen auf den Arbeits-, Wohnungs- und Gütermärkten muß ein gewisses Maß an Anomie als Normalität moderner kapitalistischer Gesellschaften in Betracht gezogen werden. Die zunehmende Ausdifferenzierung und Heterogenität von Lebensvollzügen führt nicht zwangsläufig zu einem gesteigerten Ausmaß an Desintegration und zu einer Zunahme von kriminellen Handlungen. Friedrichs (1994) hat allerdings darauf hingewiesen, das »Gesellschaften, die eine Diversität der sozialen Gruppen und Normen ausweisen (…) in Phasen des Wandels stabiler sind als weniger plurale (…)« (ebd., S. 92). Insofern werden wir mit Blick auf die Situation im Osten Deutschlands, wo in einer vergleichsweise kurzen Phase soziale Differenzierungen freigesetzt werden, eine stärkere Kriminalitätsbelastung als im Westen annehmen müssen. Erste Untersuchungen in den neuen Bundesländern scheinen die Tendenz einer allgemeine Zunahme der Kriminalität und der Kriminalitätsfurcht zu bestätigen (vgl. Boers 1994, Pfeiffer/Brettfeld/Delzer/Link 1996). In den Diskussionen über die Kriminalitätsentwicklung im Umbruch der ostdeutschen Gesellschaft spielen folgende Aspekte eine Rolle:

– Die ehemalige DDR-Gesellschaft trug in hohem Maße monostrukturelle Züge. In Anbetracht des abrupten Wandels besteht Grund zu der Annahme, daß sich die Ausdifferenzierungsprozesse eher von ihrer desintegrativen als von ihrer integrativen Wirkung zeigen.

– Normenpluralität erweist sich nicht per se als begünstigend für die Kriminalität. Sie kann es aber werden, wenn Individuen oder soziale Gruppen um knappe wirtschaftliche und soziale Ressourcen konkurrieren müssen. Wie Heiland (1983) nachgewiesen hat, können wirtschaftlicher Aufschwung und steigende soziale Ungleichheit eine Bedingung für die verstärkte Beteiligung an Eigentumsdelikten sein.

– Nicht unwesentlich für die Kriminalitätsentwicklung ist die Veränderung der sozialen Kontrolle, in institutioneller wie informeller Hinsicht. In der DDR war die Sozialkontrolle in autoritär-patriarchalischer Gestalt prägend für die Lebensverhältnisse der Menschen. Sie trug mit ihren fürsorglichen Zügen einerseits der staatlicherseits intendierten Versorgungshaltung Rechnung und entsprach andererseits den funktionalen Erfordernissen nach Systemstabilität. Die Veränderung der institutionellen Ordnung nach der Wende geht allerdings nicht gleichermaßen mit einem Wandel der Einstellungen gegenüber den Kontrollinstanzen einher. Die Umstellung in den Sanktionspraktiken wird vielfach als Mangel an staatlicher und polizeilicher Handlungsfähigkeit bewertet (Korfes 1994, S. 224).

– Einschätzungen über Anomie werden auch durch die Entwicklung der Kriminalitätsfurcht beeinflußt. Als Ausdruck von Befürchtungen und subjektiver Betroffenheit über Kriminalität muß dieser Indikator jedoch nicht unbedingt mit der realen Kriminalitätsentwicklung in Verbindung stehen. Boers (1994) konnte in einer Untersuchung zu Kriminalitätseinstellungen zeigen, daß die sprunghaft anmutende Zunahme der Kriminalitätsfurcht in den neuen Bundesländern v. a. mit Veränderungen in der wahrgenommenen persönlichen Sicherheitslage im Zusammenhang steht (ebd., S. 67). Wenn das persönliche Risiko, Opfer von Gewalt oder Sexualdelikten zu werden, hoch eingeschätzt wird, dann erhalten soziale Destabilisierungserfahrungen in der Nachbarschaft eine Relevanz (ebd., S. 68). Mit dem Wandel des gesellschaftlichen Referenzsystems scheinen nicht unmittelbare Opfererfahrungen, sondern die Bedrohungspotentiale im sozialen Nahbereich für Kriminalitätsfurcht bedeutsam zu sein.

Beim gegenwärtigen Stand der Untersuchungen bleibt es gewiß problematisch, fundierte Aussagen über die Krimininalitätsentwicklung im Osten Deutschlands zu treffen. Dagegen sprechen zum einen die immensen Probleme der Kriminalitätserfassung (vgl. Pfeiffer 1995, S. 3-12; Pfeiffer u. a. 1996). Zum anderen ist die Entwicklung noch zu kurz, um langfristige Trends und Schwankungen bei unterschiedlichen Bevölkerungsgruppen und Deliktarten herauszufinden. Längsschnittuntersuchungen zur selbstberichteten Delinquenz gibt es um Unterschied zu anderen Ländern in der Bundesrepublik kaum. Eine Ausnahme bilden die Analysen Gießener Kriminologen (vgl. Kreuzer u. a. 1993). Ansonsten ist man auf die Angaben der Polizeilichen Kriminalstatistik angewiesen. Der Nachteil besteht allerdings darin, daß die Erfassung der Straftatbestände von der Definition der Strafverfolgungsbehörden abhängt. Das Dunkelfeld der Kriminalitätsbelastung kann mit diesen Datensätzen nicht erfaßt werden. Überdies sind die Angaben von der Aufklärungsquote abhängig. Diese ist im Osten vorerst noch niedriger als im Westen. Deshalb gibt es gute Gründe für die Vermutung, daß die reale Kriminalitätsbelastung wesentlich höher sein dürfte als im Westen. Berücksichtigt man die Angaben zur

Entwicklung der Tatverdächtigen für 1994, so fällt auf, daß Jugendliche und Heranwachsende aus dem Osten erheblich stärker belastet sind als die gleichen Altersgruppen im Westen (Pfeiffer 1995, S. 45 ff.). Im Osten spielen Eigentumsdelikte (Diebstahl, Raub, Sachbeschädigung), aber auch Gewaltdelikte eine wesentlich größere Rolle (ebd., S. 89). Abgesehen von der Tatsache, daß es einen leichten Anstieg bei Drogendelikten im Osten zu verzeichnen gibt, sind sie im Vergleich zum Westen kaum von Bedeutung. Bei den Erwachsenen ist der Unterschied in der Kriminalitätsentwicklung zwischen Ost und West nicht so stark ausgeprägt, wobei aber auch hier die Ostdeutschen höhere Werte bei Diebstahl und Raub erreichen (vgl. ebd., S. 82). Besonders dramatisch mutet die Entwicklung an, wenn man weibliche und männliche Jugendliche und Heranwachsende miteinander vergleicht. Die Kriminalitätsbelastung von männlichen Jugendlichen fällt im Osten sehr viel stärker ins Gewicht als im Westen. Bei den weiblichen Jugendlichen und Frauen sind die Unterschiede zwischen Ost und West hingegen nicht so gravierend (ebd., S. 81 f.).

Sowohl vom Ausmaß als auch von der Struktur her gesehen, spiegelt sich in der Kriminalitätsentwicklung in erster Linie der gesellschaftliche Umbruch wider, der zu einer grundlegenden Veränderung der normativen Ordnung, zu einer dramatischen Entwicklung in der Wirtschaft und einem spürbaren Einbruch im Hinblick auf soziale Sicherheit geführt hat (Kury 1994, S. 193). Deshalb verwundert es nicht, daß erstens die Generation in besonderer Weise davon betroffen ist, die unter den neuen gesellschaftlichen Rahmenbedingungen heranwächst, und daß zum zweiten Eigentumsdelikte (Diebstahl und Raub) eine große Rolle spielen (Kreuzer/Görgen/Münch/Schneider 1994, S. 162). In der DDR waren Eigentum und Verstöße gegen das Eigentum kaum von Bedeutung. Das hat sich grundsätzlich mit dem Einzug der neuen Gesellschaftsordnung und dem veränderten Zugang zu Waren und Leistungen geändert. Die neuen Gelegenheitsstrukturen auf den Freizeit- und Konsummärkten versprechen neue Handlungsmöglichkeiten und verwandeln auch die Erwartungen der Menschen. Die Realisierung entsprechender Ziele oder die Anpassung der Erwartungen an die veränderten Bedingungen dürfte deshalb Spannungen und Konflikte hervorbringen. Das gilt besonders für Jugendliche, aber nicht nur für sie. Um im Wettbewerb um Anerkennung mithalten zu können, greifen manche auf illegitime Mittel zurück und versichern sich dadurch ihres Status. Die Situation der heranwachsenden Generation scheint sich nicht zuletzt auch dadurch zuzuspitzen, weil sie im Vergleich zu ihren Altersgenossen aus dem Westen über eine ungünstigere Ressourcenlage verfügt (vgl. Vaskovics/Buba/Früchtel 1992). Hinzu kommt, daß der Anstieg von Sozialhilfeempfängern – als ein Potential für Armut – v. a. auf seiten der Jugendlichen zu Buche schlägt.

Nicht zuletzt dürften Einstellungen gegenüber den veränderten Institutionen und Regelungen sozialer Kontrolle die Wahrnehmung und den Umgang mit Kriminalität beeinflussen. Die Erfahrungen des Umbruchs führen vorerst nicht in erster Linie zu einer Pluralisierung und Individualisierung im Umgang mit sozialer Kontrolle, sondern eher zu einem stärkeren Bedürfnis nach staatlicher Regulierung und der Forderung nach »Law and Order« (Korfes 1994, S. 244).

4.5 Fremdenfeindlichkeit und Nationalismus[1]

Nicht unbeeinflußt von den Einwanderungsbewegungen aus Ost- und Südosteuropa, dem komplizierten Prozeß der europäischen Vereinigung und begünstigt durch die gesellschaftlichen Umbrüche im wiedervereinigten Deutschland ist eine neue Konfliktlinie zwischen der »Gemeinschaft« der Westeuropäer und den neu hinzugekommenen Gruppen entstanden (vgl. Fuchs/Gerhards/Roller 1993). Der Integrationskonflikt wird womöglich dadurch verschärft, daß nicht nur einzelne Gruppen, sondern eine ganze Gesellschaft, und zwar die der Ostdeutschen, in einen neuen staatlichen Zusammenhang kooptiert wurde. Die Asymmetrien in der vorerst auf institutioneller Ebene vorangetriebenen Vereinigung und die krisenhafte Integration der Menschen aus den neuen Bundesländern dürften die Wahrnehmung von neuen sozialen Ausgrenzungsprozessen begünstigen, die mit einer stärkeren Neigung zu ethnozentristischen und nationalistischen Orientierungsmustern verbunden ist. Zwar haben sich die Lebensbedingungen für die Menschen im Osten generell nicht verschlechtert. Da jedoch seit 1989 neue Ausdifferenzierungen in den Lebenslagen (vgl. Bertram 1992b, Vester 1993) und zugleich andere Vergleichsbedingungen für soziale Zielsetzungen entstanden sind, wird auch das

---

[1] In diesem Abschnitt greife ich teilweise auf Formulierungen zurück, die ich anderenorts schon gebraucht habe (vgl. dazu Kühnel 1995).

Verhältnis zwischen steigenden Zielsetzungen und sinkenden bzw. gleichbleibenden Realisierungschancen auf eine neue Weise wahrgenommen. Als scheinbare Konkurrenten auf dem Arbeits- und Wohnungsmarkt werden dann Asylbewerber identifiziert. Damit wird aber offensichtlich nur eine Seite einer möglichen Bedingungskonstellation für (alltags-)politische Radikalisierungsprozesse berührt. Neben Problemen und strukturellen Spannungen in den Lebenslagen und subjektiven Wahrnehmungs- und Bewältigungsmustern gilt es ebenso die krisenhaften Veränderungen im Unterstützungsverhältnis gegenüber den politischen und rechtlichen Institutionen zu berücksichtigen. Dies trifft um so mehr die Situation der Menschen im Osten Deutschlands. Der Übergang vom zerfallenden administrativen und paternalistischen Institutionensystem von einst zum »alimentierten« Institutionenaufbau ist nicht nur mit erheblichen Unsicherheiten im Partizipationsverhalten verbunden. In Anbetracht der grundsätzlich anderen Erfahrungen mit dem Regulierungspotential politischer, rechtlicher und verwaltungsmäßiger Verfahren dürfte die Ausdehnung des westlichen Institutionensystems auch neue Unzufriedenheitspotentiale geweckt haben, die Möglichkeiten politischer Radikalisierung beinhalten.

Eines der umstrittensten Probleme bei der Untersuchung nationalistischer und fremdenfeindlicher Einstellungsmuster ist die Frage nach der sozialen Verankerung. Sind entweder ganz bestimmte Lebenslagen bzw. Sozialmilieus dafür anfällig, oder erfahren entsprechende Orientierungen eine weitergehende Verbreitung, die auch in der Mitte der Gesellschaft (vgl. Heitmeyer 1987) verankert ist? Für eine Reihe von Sozialwissenschaftlern hat nach wie vor die Annahme Gültigkeit, die in Anlehnung an Parsons (1954) von Scheuch und Klingemann (1967) bereits in den sechziger Jahren entwickelt wurde. Demnach gehören rechtsextreme Potentiale ganz generell zur »normalen Pathologie westlicher Industriegesellschaften« (ebd., S. 14). Sie treten insbesondere dann hervor, wenn es zu radikalen Veränderungsprozessen in der Gesellschaft kommt. Damit verbindet sich die Annahme, daß bestimmte soziale Gruppen in besonderer Weise von den strukturellen Spannungen des sozialen Wandels betroffen sind. Verschiedene Untersuchungen, die dazu im Westen Deutschlands angestellt wurden, zeigen eine Anfälligkeit bei Gruppen, die über ein niedriges Bildungsniveau verfügen. Ebenso werden jüngere wie auch ältere Menschen angeführt, denen unter den sich wandelnden gesellschaftlichen Anforderungen keine angemessenen Bewältigungsformen zur Verfügung stehen. Für die ältere Generation werden in der Regel autoritäre Sozialisationsbedingungen, für die Jugendlichen Furcht vor Arbeitslosigkeit und eine fehlende Zukunftsperspektive geltend gemacht (Falter/Schumann 1988, S. 107). Auf der anderen Seite finden wir Überlegungen, daß eine erhebliche Verbreitung nationalistischer und fremdenfeindlicher Einstellungen bei Bevölkerungsgruppen besteht, die von den Folgewirkungen der Individualisierung und Pluralisierung von Lebensverhältnissen betroffen sind (vgl. Heitmeyer u. a. 1992). Dafür spricht auch die These von Lipset (1960), wonach in jeder sozialen Gruppe die Tendenz zu demokratischen, aber auch zu extremistischen Ausdrucksformen ausgeprägt ist. Für Lipset ist allerdings die Mittelschicht ausgesprochen für Fremdenfeindlichkeit und Nationalismus anfällig.

Interessant ist nun, wie sich diese Tendenzen im Osten Deutschlands entwickelt haben. Verschiedene Untersuchungen zeigen widersprüchliche Ergebnisse. Auf der Grundlage der Auswertung des ALLBUS 1992 gelangt Wiegand (1992) zu dem Schluß, daß bei den Erhebungen, die »nach Hoyerswerda, aber noch vor Rostock-Lichtenhagen« durchgeführt wurden, (...), eine höhere Ausländerfeindlichkeit im Osten Deutschlands« (ebd., S. 11) nicht nachgewiesen werden konnte. Ähnliche Befunde spiegeln die Untersuchungen des IPOS-Instituts wider (vgl. IPOS 1993, Hill 1993). Stöss (1991) gelangt in einer in West- und Ostberlin durchgeführten Studie zu anderen Resultaten. Das extrem rechte Einstellungspotential liegt in Ostberlin doppelt so hoch wie in Westberlin (ebd., S. 52). Er begründet diesen Befund mit dem höheren Autoritarismus- und Entfremdungspotential. Mit Blick auf die sozialen Determinanten ausländerfeindlicher Einstellungen konnte Hill (1993) in einer auf der Basis von ALLBUS-Daten vorgenommenen Reanalyse zur Entwicklung der Einstellungen zu verschiedenen Ausländergruppen zwischen 1980 und 1992 eine deutliche Kontinuität in den sozialen und altersmäßigen Einflüssen über die Zeit finden. Demnach erweisen sich Bildung und Alter als die wichtigsten Determinanten. Für den Osten Deutschlands gilt der Zusammenhang: je höher der Bildungsgrad, desto geringer sind ethnozentristische Überzeugungen vertreten. Signifikante Effekte konnten für den Zusammenhang zwischen der persönlichen Verortung im rechten Spektrum und Ethnozentrismus nachgewiesen werden. Andere Variablen, wie »Religionszugehörigkeit«, »persönlich in den letzten 10 Jahren erlebte Arbeitslosigkeit«, »subjektive Schichteinordnung«, »Berufsprestige« und »Bildung des Vaters« haben in dieser Studie keine Wirkung gezeigt. In einer weiteren Untersuchung, die unmittelbar vor den gewaltsamen Auseinandersetzungen in Rostock-Lichtenhagen in der Stadt Rostock durchgeführt wurde, haben Richter und Schmidtbauer (1993) herausgefunden, daß die »Akzeptanzprobleme gegenüber Asylbewerbern – ungeachtet einiger sozialstruktureller Besonderheiten – kein sozialstrukturell eindeutig eingrenzbares und etwa auf spezifische ›Problemgruppen‹ reduzierbares Phänomen« (ebd., S. 49) ist. Eine Auswertung, die auf der Grundlage einer 1993 durchgeführten Umfrage der Kommission zur Erforschung des sozialen und politischen Wandels in den neuen Bundesländern (KSPW) vorgenommen wurde, legt folgende Schlüsse nahe (vgl. Kühnel 1995):

1. Was wir den Befunden entnehmen können, ist auf keinen Fall der Hinweis auf Polarisierungen und Radikalisierungen in der Haltung gegenüber Asylbewerbern und Ausländern. Was sich viel eher zeigt, ist ein hohes Maß an Indifferenz und Unentschiedenheit in der Begegnung mit Fremden und im Hinblick auf die Frage des Nationalen. Offensichtlich spiegelt sich in den Ergebnissen eine gewisse Fortsetzung des Umgangs mit Ausländern in der DDR-Gesellschaft wider, wie vielleicht ganz generell ein bestimmtes Orientierungsmuster in einer sich neu etablierenden politischen Kultur.

2. Fremdenfeindliche und nationalistische Orientierungsmuster, und damit unterscheidet sich diese Untersuchung kaum von anderen Analysen, sind in gewisser Weise abhängig von den sozialen und kulturellen Handlungspotentialen (insbesondere vom Bildungs- und Berufsstatus). Aber es wäre weit gefehlt, fremdenfeindliche, rechtsradikale und nationalistische Einstellungen bestimmten marginalisierten Gruppen zuzuschreiben.

3. Das bemerkenswerteste an dieser Erhebung ist der Befund, daß Erfahrungen sozialer Deprivation anscheinend nicht die entscheidende Bedeutung für die Erklärung von Fremdenfeindlichkeit und Nationalismus haben, die man ihnen erwartungsgemäß einräumen möchte. Fremdenfeindliche und nationalistische Einstellungen scheinen im Osten Deutschlands offensichtlich

zu einer Domäne derjenigen zu werden, die zwar erhebliche Anstrengungen im Berufsleben unternehmen müssen, die aber mit ihrer starken Arbeits- und Genußorientierung nicht gerade zu den Verlierern des Vereinigungsprozesses gehören.

4. Mit Blick auf die Erwartungen und Ziele gegenüber dem politischen System sind Fremdenfeindlichkeit und Nationalismus nicht die hervorstechenden Merkmale politisch Unzufriedener. Fremdenfeindlichkeit und Nationalismus befürworten eher jene Menschen, die auch ein repressives Vorgehen staatlicherseits unterstützen und denen es nicht unbedingt auf demokratische Mitwirkung ankommt.

5. Fremdenfeindlichkeit und nationalistische Einstellungspotentiale reichen weit in das Elektorat der traditionellen Parteien hinein. Sie sind auf keinen Fall nur eine Domäne rechtsradikaler Parteien. Viel stärker noch wiegt bei Fremdenfeindlichkeit und Nationalismus das Gewicht der parteipolitisch Unentschiedenen und Ablehnenden.

5. Zusammenfassung

Bei der Beurteilung anomischer Tendenzen in Ostdeutschland stehen wir vor ähnlichen Schwierigkeiten wie bei der Einschätzung des Modernisierungsprozesses. Zwar lassen sich auf einer allgemeinen Ebene Annahmen über die Kriterien und Modalitäten des gesellschaftlichen Umbruchs treffen. Unbestimmt müssen allerdings Aussagen über den konkreten Verlauf von Differenzierung und Entdifferenzierung, über den Zusammenhang zwischen Sozial- und Systemintegration, über die Beziehung zwischen den Veränderungen der Institutionenstrukturen und den vororganisatorischen Voraussetzungen und nicht zuletzt über den Wandel der Erwartungen und subjektiven Bewältigungsformen bleiben. Es ist auch nicht abzusehen, inwieweit anomische Prozesse lediglich auf den Strukturwandel zurückgeführt werden können und welche längerfristigen Wirkungen durch die Tradition der Institutionenstrukturen und Lebensvollzüge der DDR-Gesellschaft bestehen. Unter Rückgriff auf den bereits ausgearbeiteten begrifflichen Rahmen zur Erklärung anomischer Prozesse im Verhältnis von Strukturkrise, Regulationskrise und Kohäsionskrise (vgl. Bohle/Heitmeyer/Kühnel/Sander in diesem Band) sollen einige tentative

Antworten auf die bereits identifizierten Folgeprobleme des sozialen Wandels im Osten Deutschlands gegeben werden.

Für die *Strukturkrise* des Umbruchs ist der anhaltende Konflikt zwischen der exogenen Steuerung des Institutionenaufbaus und den unzureichend vorhandenen endogenen Entwicklungspotentialen maßgebend. Da die neuen Institutionen vorerst keine hinreichende Verankerung in den im Umbruch befindlichen Sozialmilieus und keine ausreichende Entsprechung in den kulturellen Werten finden, können sich daraus längerfristige Disbalancen, wenn nicht gar Konflikte entwickeln. Sie bilden ein mögliches Destabilisierungspotential, das sich auch auf die Funktionsfähigkeit und die Legitimation der Institutionenordnung in den alten Bundesländern auswirken könnte.

Im Zusammenhang mit der regional und strukturell ungleichgewichtigen Wirtschafts-, Arbeitsmarkt- und Wohlfahrtsentwicklung ergeben sich weitere Strukturprobleme. Sie finden ihren Ausdruck in wachsenden Disparitäten in den sozialen und regionalen Lagen und den Mustern der Lebensführung. Die kumulativzirkuläre Entwicklungsdynamik eröffnet offensichtlich sozialen Akteuren Optionen, die bereits in der DDR-Gesellschaft über günstige Entwicklungschancen verfügten. Hingegen verschließt sie Handlungsmöglichkeiten für solche Gruppen, denen schon damals kaum Entwicklungspotentiale zur Verfügung standen, die allerdings durch die bestehende Form der Sozialintegration als integriert galten. Der durch die Wende ausgelöste Strukturwandel wirkt dabei als eine Art Katalysator. Damit scheint sich die negative oder positive Ausgangssituation in den Strukturen und Handlungsoptionen sozialer Gruppen zu verstärken. Gleichzeitig kommt es zu weiteren horizontalen Differenzierungen in den Lebenslagen. Zunächst dürfte jedoch die vertikale gegenüber der horizontalen Dynamik in der Strukturentwicklung überwiegen.

Die *Regulationskrise* hat ihren zentralen Ausgangspunkt in dem Zerfall einer normativen Ordnung, die nicht auf Differenzierung, sondern auf Entdifferenzierung in der DDR-Gesellschaft beruhte. Sie unterlag bereits erheblichen Erosionen. Sozial- und Systemintegration erfolgte weitgehend im kollektiven Rahmen von Ausbildung und Arbeit. Der residuale Möglichkeitsraum im Privaten bzw. in der Familie durchbricht diesen Zusammenhang nicht, sondern ergänzt ihn in funktionaler Hinsicht. Nach der Wende sind Defizite sozialer Regulation dadurch entstanden, daß große Teile der ostdeutschen Gesellschaft an der Orientierung auf Erwerbsarbeit festhalten, ihnen jedoch vergleichsweise geringe Realisierungschancen zur Verfügung stehen. Der Umgang mit einem marktförmigen System macht differenzierte und nicht kollektive Such- und Bewältigungsstrategien erforderlich und ist mit einer individuellen Verrechnung sozialer Risiken verbunden. Die Anpassung daran ist für verschiedene Gruppen (insbesondere für ältere Arbeitnehmer und alleinerziehende Frauen) offensichtlich nur sehr schwer möglich.

Ihren Ausdruck findet die Regulierungskrise auch in der Entwicklung von Kriminalität und Kriminalitätsfurcht. Die Kriminalitätsentwicklung, die sich besonders dramatisch für männliche Jugendliche in der heranwachsenden Generation darstellt, und die enorme Zunahme der Kriminalitätsfurcht müssen als ein Ausdruck der Integrationsprobleme bewertet werden. In Anbetracht der anhaltend ungünstigen Ressourcenlage für einen großen Teil der ostdeutschen Jugendlichen und des Wettbewerbs- und Anerkennungsdrucks werden die gestiegenen Möglichkeiten auf den Konsum- und Freizeitmärkten nicht als Zugewinn erfahren. Der Weg, die steigenden Ansprüche zu realisieren, liegt für viele Jugendliche nicht in der Anpassung an gleichbleibende oder sich verschlechternde Bedingungen, sondern in delinquentem Verhalten. Inwieweit sich aus dieser Situation ein längerfristiger Trend ergibt, läßt sich beim gegenwärtigen Stand allerdings nicht beantworten.

Fremdenfeindlichkeit ist weiter verbreitet, als das die gewaltförmigen Aktionen in der jüngsten Vergangenheit ahnen lassen. Im Verhältnis zu Fremden setzt sich einerseits das bereits in der DDR-Gesellschaft vertraute Beziehungsmuster von funktionaler Integration und Indifferenz fort. Andererseits ist durch die Wanderungsbewegungen eine neue Konfliktlinie entstanden, die die Wahrnehmung von Konkurrenzen und Benachteiligungen, Ausgrenzungsbestrebungen und Law and Order-Einstellungen begünstigt.

Die *Kohäsionskrise* resultiert aus der Pluralisierung sozialer Beziehungen bei gleichzeitigem Schwinden althergebrachter institutioneller und kollektiver Integrationsmöglichkeiten. Die abrupte Einführung der neuen Gesellschafts- und Sozialordnung hat einerseits zu einer Zunahme der Optionsmöglichkeiten geführt, erzeugt aber andererseits auch erhebliche Probleme bei der Koordinierung veränderter Handlungsabläufe und Beziehungen der Herausbildung neuer Solidaritätsrechte und -pflichten, der Legitimation der Institutionenordnung und der Mobilisierung neuer Wertbindungen. Die Modernisierung der ostdeutschen Gesellschaft folgt keinesfalls einer Logik der eindimensionalen Angleichung. Sie enthält gegenläufige und regressive Tendenzen, die sich sowohl innerhalb Ostdeutschlands als auch im Verhältnis zwischen Ost und West zeigen. In den neuen Bundesländern treten die Ungleichgewichte in der regionalen, strukturellen kulturellen Entwicklung sehr viel stärker hervor. Das scheint eher Polarisierungen zwischen innovativen und emanzipatorischen Tendenzen einerseits und Potentialen des Rückzugs und der sozialen Segregation andererseits zu begünstigen. Gleichzeitig wird der Wandel der Institutionen- und Sozialordnung die Asymmetrien zwischen Ost- und Westdeutschland auf längere Sicht nicht aufheben können. Das begünstigt offenbar eine Situation, in der sich die Segmentationsprozesse in beiden Gesellschaften überlagern und intensivieren und die Unterschiede zwischen beiden Gesellschaften eher noch verstärken.

Literatur

Abromeit, H.: *Die »Vertretungslücke«. Probleme im neuen deutschen Bundesstaat*, in: *Gegenwartskunde* 3 (1993), S. 281-292.

Adler, F.: *Ansätze zur Rekonstruktion der Sozialstruktur des DDR-Realsozialismus*, in: *Berliner Journal für Soziologie* 1 (1991), S. 157-175.

Almond, G. A./Verba, S.: *The Civic Culture. Political Attitudes and Democracy in Five Nations*, Princeton 1963.

Backhaus-Maul, H./Olk, Th.: *Intermediäre Organisationen als Gegenstand sozialwissenschaftlicher Forschung. Theoretische Überlegungen und erste empirische Befunde am Beispiel des Aufbaus von intermediären Organisationen in den neuen Bundesländern*, in: Schmähl, W. (Hg.): *Sozialpolitik im Prozeß der deutschen Vereinigung*, Frankfurt/New York 1992, S. 91-132.

Bathke, G.-W.: *Sozialstrukturelle Herkunftsbedingungen und Persönlichkeitsentwicklung von Hochschulstudenten*, Akademie für Gesellschaftswissenschaften, Berlin 1985 (Diss.).

Beck, U.: *Risikogesellschaft. Auf dem Weg in eine andere Moderne*, Frankfurt/M. 1986.

Beck, U./Beck-Gernsheim, E.: *Individualisierung in modernen Gesellschaften – Perspektiven und Kontroversen einer subjektorientierten Soziologie*, in: Beck, U./Beck-Gernsheim, E. (Hg.): *Riskante Freiheiten. Individualisierung in modernen Gesellschaften*, Frankfurt/M. 1994, S. 10-39.

Berger, H./Schultz, A.: *Veränderung der Erwerbssituation in ostdeutschen Privathaushalten und Befindlichkeit der Menschen*, in: *Aus Politik und Zeitgeschichte. Beilage zur Wochenzeitschrift Das Parlament*, B 16, 22. 4. 1994, S. 3-15.

Bertram, H.: *Familienstand, Partnerschaft, Kinder und Haushalt*, in: Bertram, H. (Hg.): *Die Familie in den neuen Bundesländern*, Opladen 1992 (1992a) S. 41-78.

Bertram, H.: *Soziale, regionale und geschlechtsspezifische Ungleichheiten*, in: Bertram, H. (Hg.), a. a. O., 1992b, S. 263-286.

Bialas, C./Ettl, W.: *Wirtschaftliche Lage, soziale Differenzierung und Probleme der Interessenorganisation in den neuen Bundesländern*, in: *Soziale Welt* 1 (1993), S. 52-74.

Boers, K.: *Kriminalitätseinstellung in den neuen Bundesländern*, in: Boers, K./Ewald, U./Kerner, H.-J./Lautsch, E./Sessar, K. (Hg.): *Sozialer Umbruch und Kriminalität. Ergebnisse einer Kriminalitätsbefragung in den neuen Bundesländern*, Bd. 2, Bonn 1994, S. 21-74.

Eisenstadt, S. N.: *A Reappraisal of Theories of Social Change and Modernization*, in: Haferkamp, H./Smelser, N. J. (Ed.): *Social Change and Modernity*, Berkeley/Los Angeles/Oxford 1992, S. 412-429.

Falter, J. W./Schumann, S.: *Affinity Towards Right-Wing Extremism in Western Europe*, in: v. Beyme, K. (Ed.): *West European Politics. Special Issue on Right-Wing Extremism in Western Europe*, London 1978, S. 96-110.

Feist, U.: *Zur politischen Akkulturation der vereinten Deutschen. Eine Analyse aus Anlaß der ersten gesamtdeutschen Bundestagswahl*, in: *Aus Politik und Zeitgeschichte, Beilage zur Wochenzeitung Das Parlament*, B 11-12, 8. 3. 1991, S. 21-32.

Friedrichs, J.: *Anomietendenzen und soziale Integration. Schleswig-Holstein im Vergleich. Gutachten für die Staatskanzlei Schleswig-Holstein*, Universität Köln 1994.

Fuchs, D./Klingemann, H.-D./Schöbel, C.: *Perspektiven der politischen Kultur im vereinigten Deutschland*, in: *Aus Politik und Zeitgeschichte, Beilage zur Wochenzeitschrift Das Parlament*, B 32, 21. 8. 1991, S. 35-46.

Fuchs, D./Gerhards, J./Roller, E.: *Wir und die anderen. Ethnozentrismus in den zwölf Ländern der europäischen Gemeinschaft*, in: *Kölner Zeitschrift für Soziologie und Sozialpsychologie* 2 (1993), S. 238-253.

Geißler, R.: *Transformationsprozesse in der Sozialstruktur der neuen Bundesländer*, in: *Berliner Journal für Soziologie* 2 (1991), S. 177-194.

Geißler, R.: *Sozialer Umbruch als Modernisierung*, in: Geißler, R. (Hg.): *Sozialer Umbruch in Ostdeutschland*, Opladen 1993, S. 63-91.

Glatzer, W.: *Lebensqualität und subjektives Wohlbefinden*, in: Bellebaum, A. (Hg.): *Glück und Zufriedenheit*, Opladen 1992, S. 49-85.

Grünert, H./Lutz, B.: *Transformationsprozeß und Arbeitsmarktsegmentation*, in: Nickel, H.M./Kühl, J./Schenk, S. (Hg.): *Erwerbsarbeit und Beschäftigung im Umbruch*, Opladen 1996, S. 3-28.

Gurr, T.R.: *Why Men Rebell*, Princeton 1970.

Habich, R./Landua, D./Seifert, W./Spellerberg, A.: *»Ein unbekanntes Land« – Objektive Lebensbedingungen und subjektives Wohlbefinden in Ostdeutschland*, in: *Aus Politik und Zeitgeschichte. Beilage zur Wochenzeitung Das Parlament*, B 32, 2. 8. 1991, S. 13-33.

Habich, R./Noll, H.-H.: Teil II: *Objektive Lebensbedingungen und subjektes Wohlbefinden im vereinten Deutschland*, in: Statistisches Bundesamt (Hg.) (In Zusammenarbeit mit dem Wissenschaftszentrum Berlin für Sozialforschung und dem Zentrum für Umfragen, Methoden und Analysen, Mannheim): *Datenreport 1994. Zahlen und Fakten über die Bundesrepublik Deutschland*, Bonn 1994, S. 416-627.

Hahn, T./Schön, G.: *Arbeitslos – chancenlos? Verläufe von Arbeitslosigkeit in Ostdeutschland*, Opladen 1996.

Hanesch, W. u. a.: *Armut in Deutschland*, Reinbek 1994.

Heiland, H.-G.: *Wohlstand und Diebstahl*, Bremen 1993.

Heitmeyer, W.: *Rechtsextremistische Orientierungen bei Jugendlichen*, Weinheim/München 1987.

Heitmeyer, W. u. a.: *Die Bielefelder Rechtsextremismus-Studie. Erste Langzeituntersuchung zur politischen Sozialisation männlicher Jugendlicher*, Weinheim/München 1992.

Hill, P.B.: *Die Entwicklung der Einstellungen zu unterschiedlichen Ausländergruppen zwischen 1980 und 1992*, in: Willems, H. (Zusammen mit R. Eckert/S. Würtz/L. Steinmetz): *Fremdenfeindliche Gewalt. Einstellungen, Täter, Konflikteskalationen*, Opladen 1993, S. 25-92.

Infratest Sozialforschung: *Arbeitsmarktmonitor für die neuen Bundesländer, Schnellbericht: Daten für November 1992 im Auftrag der Bundesanstalt für Arbeit Nürnberg*, Nürnberg 1993.

IPOS: *Jugendliche und junge Erwachsene in Deutschland Februar/März 1993. Ergebnisse jeweils einer repräsentativen Bevölkerungsumfrage in den alten und neuen Bundesländern*, Mannheim 1993.

Jaufmann, D./Kistler, E.: *Die Bedeutung und der Stellenwert von Erwerbsarbeit in Deutschland – unterschiedliche Bewertungen in Ost und West*, in: Sozialwissenschaftliches Forschungszentrum Berlin-Brandenburg e.V. (Hg.): *Sozialreport II/94. Neue Bundesländer*, Berlin 1994.

Keiser, S.: *Zusammenfassende Darstellung zentraler Ergebnisse des Familiensurveys-Ost*, in: Bertram, H. (Hg.), a.a.O., S. 19-38.

Kieselbach, Th.: *Massenarbeitslosigkeit und Gesundheit in der Ex-DDR:*

Soziale Konstruktion und individuelle Bewältigung, in: Kieselbach, Th./
Voigt, P. (Hg.): *Systemumbruch, Arbeitslosigkeit und individuelle Bewältigung in der Ex-DDR*, Weinheim 1992, S. 43-72.

Klein, D.: *Eine mehrdimensionale, kritische Deutung der ostdeutschen
Transformation*, in: *BISS public* 13 (1994), S. 33-44.

Klinger, F.: *Aufbau und Erneuerung. Über die institutionellen Bedingungen der Standortentwicklung in Deutschland*, in: *Aus Politik und Zeitgeschichte, Beilage zur Wochenzeitschrift Das Parlament*, B 17, 29. 4. 1994,
S. 3-13.

Kohli, M.: *Die DDR als Arbeitsgesellschaft? Arbeit, Lebenslauf und soziale
Differenzierung*, in: Kaelble, H./Kocka, J./Zwahr, H. (Hg.): *Sozialgeschichte der DDR*, Stuttgart 1994, S. 31-61.

Kollmorgen, R.: *Auf der Suche nach Theorien der Transformation. Überlegungen zu Begriff und Theoretisierung der postsozialistischen Transformation*, in: *Berliner Journal für Soziologie* 3 (1994), S. 281-399.

Korfes, G.: *Einstellungen der Bürger in den neuen Bundesländern zu den
Instanzen der Strafverfolgung*, in: Boers, K./Ewald, U./Kerner, H.-J./
Lautsch, E./Sessar, K. (Hg.), a. a. O., S. 215-250.

Kreuzer, A./Görgen, Th./Krüger, R./Münch, V./Schneider, H.: *Jugenddelinquenz in Ost und West. Vergleichende Untersuchung bei ost- und
westdeutschen Studienanfängern in der Tradition der Gießener Delinquenzbefragung*, Bonn 1993.

Kreuzer, A./Görgen, Th./Münch, V./Schneider, H.: *Delinquenz im Systemvergleich*, in: Boers, K./Ewald, U./Kerner, H.-J./Lautsch, E./Sessar, K.
(Hg.), a. a. O., Bd. 1, S. 137-164.

Kühnel, W.: *Jugend in den gesellschaftlichen Strukturveränderungen. Ein
Beitrag zur generationssoziologischen Analyse des Lebenszusammen-
hanges Heranwachsender*, Humboldt-Universität zu Berlin, Institut für
Soziologie, Berlin 1987 (Diss.).

Kühnel, W.: *Fremdenfeindlichkeit und Nationalismus – Korrelate sozialer
Deprivation und politischer Unzufriedenheit?*, in: Bertram, H. (Hg.):
*Ostdeutschland im Wandel: Lebensverhältnisse – politische Einstellun-
gen*, Opladen 1995, S. 207-229.

Kury, H.: *Kriminalität und Viktimisierung in Deutschland*, in: Boers, K./
Ewald, U./Kerner, H.-J./Lautsch, E./Sessar, K. (Hg.), a. a. O., Bd. 1,
S. 165-197.

Kurz-Scherf, I./Winkler, G. (Hg.): *Sozialreport 1994. Daten und Fakten
zur sozialen Lage in den neuen Bundesländern*, Berlin 1994.

Liebscher, R.: *Bevölkerungsstrukturen und Bevölkerungsentwicklung*, in:
Kurz-Scherf, I./Winkler, G. (Hg.), a. a. O., S. 47-87.

Lipset, S. M.: *Political Man: The Social Basis of Politics*, Garden City 1960.

Lockwood, D.: *Social Integration and System Integration*, in: Zollschan,
G. K./Hirsch, W. (Ed.): *Explorations in Social Change*, London 1964,
S. 244-257.

Mayer, K. U.: *Von der Transformationstheorie zur Transformation oder umgekehrt?*, in: *BISS public* 13, 1994 (1994a), S. 25-31.

Mayer, K. U.: *Vereinigung soziologisch: Die soziale Ordnung der DDR und ihre Folgen*, in: *Berliner Journal für Soziologie* 3, 1994 (1994b), S. 307-321.

Mayntz, R.: *Die deutsche Vereinigung als Prüfstein für die Leistungsfähigkeit der Sozialwissenschaften*, in: *BISS public* 13 (1994), S. 21-24.

Münz, R./ Ulrich, R.: *Was wird aus den Neuen Bundesländern? Demographische Prognosen für ausgewählte Regionen und für Ostdeutschland*, in: *Demographie aktuell* 3. Institut für Soziologie, Humboldt-Universität, Berlin 1994.

Parsons, T.: *Democracy and Social Structure in Pre-Nazi-Germany*, in: Ders.: *Essays in Sociological Theory*, Glencoe 1954.

Parsons, T.: *Das System moderner Gesellschaften*, Weinheim/München 1985.

Pfeiffer, Ch.: *Kriminalität junger Menschen im vereinigten Deutschland. Eine Analyse auf der Basis der Polizeilichen Kriminalstatistik 1984-1994*, Hannover, KFN, Vorabdruck aus *Dv JJ-Journal* 3 (1995).

Pfeiffer, Ch./Brettfeld, K./Delzer, I./Link, G.: *Steigt die Jugendkriminalität wirklich?* Hannover, KFN, 1996.

Richter, K. O./Schmidtbauer, B.: *Zur Akzeptanz von Asylbewerbern in Rostock-Stadt. Empirische Ergebnisse aus dem Frühjahr 1992*, in: *Aus Politik und Zeitgeschichte, Beilage zur Wochenzeitschrift Das Parlament*, B 2-3, 8. 1. 1993, S. 44-54.

Scheuch, E. K./Klingemann, H.-D.: *Theorien des Rechtsradikalismus in westlichen Industriegesellschaften*, in: *Hamburger Jahrbuch für Wirtschafts- und Gesellschaftspolitik*, Jg. 12 (1967), S. 11-29.

Schmidt, M.: *Theorien sozialen Wandels*, Opladen 1982.

Sorge, A.: *Arbeit, Organisation und Arbeitsbeziehungen in Ostdeutschland*, in: *Berliner Journal für Soziologie* 4 (1993), S. 569-579.

Statistisches Bundesamt (in Zusammenarbeit mit dem Wissenschaftszentrum Berlin für Sozialforschung und dem Zentrum für Umfragen, Methoden und Analysen, Mannheim) (Hg.): *Datenreport 1994. Zahlen und Fakten über die Bundesrepublik Deutschland*, Bonn 1994.

Stöss, R.: *Rechtsextremismus in West- und Ost-Berlin*, Berlin 1991 (Ms.).

Streeck, W.: *Vielfalt und Interdependenz. Überlegungen zur Rolle von intermediären Organisationen in sich ändernden Umwelten*, in: *Kölner Zeitschrift für Soziologie und Sozialpsychologie* 2 (1987), S. 471-495.

Thomas, M.: *Binnenperspektive des gesamtdeutschen Transformationsprozesses*, in: *BISS public* 13 (1994), S. 123-140.

Tyrell, H.: *Anfragen an eine Theorie gesellschaftlicher Differenzierung*, in: *Zeitschrift für Soziologie* 2 (1978), S. 175-193.

Vaskovics, L. A./Buba, H./Früchtel, F.: *Postadoleszenz und intergenerative Beziehungen in der Familie*, in: Zinnecker, J. (Red.): *Jugend '92. Lebenslagen, Orientierungen und Entwicklungsperspektiven im vereinigten Deutschland*, Opladen 1992, S. 395-408.

Vester, M.: *Das Janusgesicht sozialer Modernisierung. Sozialstrukturwandel und soziale Desintegration in Ost- und Westdeutschland*, in: *Aus Politik und Zeitgeschichte, Beilage zur Wochenzeitschrift Das Parlament*, B 26-27, 25. 6. 1993, S. 3-19.

Vester, M.: *Politische Kultur und sozialer Wandel*, in: *Die real-existierende postsozialistische Gesellschaft. Chancen und Hindernisse für eine demokratische politische Kultur*, Brandenburgische Landeszentrale für politische Bildung, Potsdam 1994 (1994a), S. 19-43.

Vester, M.: *Milieuwandel und regionaler Strukturwandel in Ostdeutschland*, in: Vester, M./Hofmann, M./Zierke, I. (Hg.): *Soziale Milieus in Ostdeutschland. Gesellschaftliche Strukturen zwischen Zerfall und Neubildung*, Köln 1994 (1994b), S. 7-50.

Wegner, M.: *Produktionsort Ostdeutschland. Zum Stand der Modernisierung und Erneuerung der Wirtschaft in den neuen Bundesländern*, in: *Aus Politik und Zeitgeschichte, Beilage zur Wochenzeitschrift Das Parlament*, B 17, 29. 4. 1994, S. 14-23.

Westle, B.: *Unterstützung des politischen Systems des vereinten Deutschland*, in: Mohler, P.Ph./Bandilla, W. (Hg.): *Blickpunkt Gesellschaft 2. Einstellungen und Verhalten der Bundesbürger in Ost und West*, Opladen 1992, S. 21-44.

Weymann, A.: *Handlungsspielräume im Lebenslauf. Ein Essay zur Einführung*, in: Ders. (Hg.): *Handlungsspielräume. Untersuchungen zur Individualisierung und Institutionalisierung von Lebensläufen in der Moderne*, Stuttgart 1989, S. 1-39.

Wiegand, E.: *Zunahme der Ausländerfeindlichkeit? Einstellungen zu Fremden in Deutschland und in Europa*, in: *ZUMA-Nachrichten* 31 (1993), S. 7-28.

Wiesenthal, H.: *Blockaden, Asymmetrien, Perfektionsmängel: Ein Vergleich der Repräsentationschancen sozialer Interessen im Transformationsprozeß*, Max-Planck-Gesellschaft, Arbeitsgruppe Transformationsprozesse in den neuen Bundesländern an der Humboldt-Universität zu Berlin, Berlin 1993.

Winkler, G. u. a.: *Sozialreport 1992. Daten und Fakten zur sozialen Lage in den neuen Bundesländern*, Berlin 1993.

Zapf, W.: *Die DDR 1989/1990 – Zusammenbruch einer Sozialstruktur?*, in: *Berliner Journal für Soziologie* 2 (1991), S. 147-155.

Zapf, W.: *Zur Theorie der Transformationen*, in: *BISS public* 13, 1994 (1994a), S. 5-9.

Zapf, W.: *Die Transformation in der ehemaligen DDR und die soziologische Theorie der Modernisierung*, in: *Berliner Journal für Soziologie* 3, 1994 (1994b), S. 295-305.

Zapf, W./Mau, St.: *Eine demographische Revolution in Ostdeutschland? Dramatischer Rückgang von Geburten, Eheschließungen und Scheidungen*, in: *Informationsdienst Soziale Indikatoren (ISI)* 10 (1993), S. 1-5.

VI

Anomie und ethnisch-kulturelle Konflikte

Wilhelm Heitmeyer
Gesellschaftliche Integration, Anomie und ethnisch-kulturelle Konflikte

o. Die Ausweitung des Analyserahmens

Die Analysen dieses Bandes haben in zahlreichen Facetten aufzeigen können, daß die moderne Gesellschaft vor weitreichenden Problemen steht, die auf schwerwiegende Zerreißproben hindeuten.

Die Arbeitsmarktentwicklung in ihren nationalen und internationalen Dimensionen (Dörre), die Ausbreitung der Armut (Bohle) und die Unzufriedenheit mit dem politischen System (Hennig) verweisen auf strukturelle *Integrations*schwierigkeiten wie sozialisationsrelevante Folgen in verschiedenen Lebensbereichen des städtischen Wohnens (Keim), im schulischen Lernen (Holtappels/Hornberg), in der Freizeit (Lüdtke) und in den religiösen Praktiken (Barz). Die individuellen wie kollektiven *Verhaltenskonsequenzen* äußern sich u. a. vermittelt über mediale Darstellungen (Sander/Meister) und in dem z. T. dramatischen Anstieg der Kriminalitätsrate (Albrecht; Friedrichs). Hinzu kommt die unterschiedliche strukturelle Entwicklung wie subjektive Verarbeitung in den beiden deutschen Gesellschaften (Glatzer/Bös; Kühnel).

Die in diesem Band versammelten Untersuchungen sind im wesentlichen auf die deutsche Mehrheitsgesellschaft zugeschnitten, die die Entwicklungsrichtung »bestimmt«. Innerhalb dieses Beitrages wird nun eine Ausweitung vorgenommen, um die Folgen von Anomieprozessen für eine ethnisch-kulturell vielfältige Gesellschaft aufzuzeigen.

1. Die leitende These zunehmender ethnisch-kultureller Konflikte

Die sozialwissenschaftliche Diskussion zur grundlegenden Thematik der Integration moderner Gesellschaften hat lange Zeit die ethnisch-kulturelle Problemdimension als Randfrage behandelt.

Dies lag sowohl am Theorieansatz soziologischer Klassiker, die fälschlicherweise die Erwartung gehegt hatten, daß die funktionale Differenzierung der Gesellschaft die ethnischen Kategorisierungen zum Verschwinden bringen würde. Entscheidend war dafür auch die Theorie der »cross-cutting cleavages« (Douglas/Taylor 1970), nach der im Zuge der Modernisierung die eröffneten Zugänge zu vielfältigen Teilsystemen und Mitgliedschaften in eine Kreuzung von Interessen münden und in Fällen aufkommender Gegensätzlichkeiten eine Konfliktkreuzung erzeugen, die u. a. auch ethnische Kategorisierungen entschärft.

Dieser Annahme zufolge dürfte es also die in jüngster Zeit auch in den hochindustrialisierten Kontexten sichtbar gewordene Zuspitzung ethnisch-kultureller Konflikte und ihre z. T. unerbittlichen Gewaltformen nicht geben.

Da diese Phänomene aber *innerhalb* zahlreicher Gesellschaften auftreten (ohne jetzt hier bereits auch die weitere internationale Ebene des »clash of civilisations« im Sinne Huntingtons 1993, mit einzubeziehen), stellt sich sowohl die Frage nach gesellschaftlichen Ursachenkonstellationen, ihren Auswirkungen auf maßgebliche Akteursgruppen und auf solche sozialökologischen Kontexte, in denen sich die Probleme mutmaßlich verdichten könnten, als auch die Frage nach der Bedeutung konfliktregulierender Institutionen.

In dieser Komposition wird die *These* zunehmender ethnisch-kultureller Auseinandersetzungen auch für die deutsche Gesellschaft vertreten.

Sie zieht ihre *theoretische* Substanz aus der in diesem Band aufgeblätterten anomietheoretischen Figur und verwendet dazu *analytische* Kategorien der Differenzierungs- und Individualisierungsdebatte, die bereits in unserem einleitenden Beitrag (Bohle/Heitmeyer/Kühnel/Sander) in die Charakterisierung von Struktur-, Regulations- und Kohäsionskrisen umgesetzt wurden.

Sie sollen in ein konflikttheoretisches Konzept eingebunden werden, um auf die *(groß)städtischen Kontexte* gespiegelt zu werden, in deren Verdichtungsraum sich diese anomieträchtigen Krisenphänomene besonders ausgeprägt zeigen und die namentlich für Jugendliche einen problembeladenen Handlungsraum bereitstellen.

2. Das Wechselverhältnis von Modernisierung und Migration

Ob entzündungsfähige ethnisch-kulturelle Konflikte auflodern können, hängt nach der hier vertretenen Auffassung vom Anomiepotential der betreffenden Gesellschaft ab. Ein hoher Anomiegrad würde demnach bedeuten, daß die integrationswirksamen Prozesse in den strukturellen, regulativen und kohäsiven Bereichen nicht genügen, um das schnelle Zusammenwirken gesellschaftlicher Modernisierung und der Internationalisierung wie Globalisierung v. a. der ökonomischen Prozesse integrierend in einem sozialverträglichen und demokratischen System aufzufangen.

Die Modernisierung führt bekanntlich zu einer hochgradigen *strukturellen Differenzierung*, die Internationalisierung durch Zuwanderung zu neuen *kulturellen Differenzen*. Einerseits haben wir es mit den durch die Modernisierungsschübe ausgelösten Desintegrationsprozessen für Teile der Mehrheitsgesellschaft zu tun. Andererseits treten neue Integrationsprobleme für Migranten in dem Maße auf, wie die Desintegrationsprozesse für die Mehrheitsgesellschaft anwachsen. In welchem Verhältnis stehen nun diese Entwicklungen von Modernisierung und Migration?

Stehen sie in einem *positiven Wechselverhältnis*, d. h., daß Anomie die zwangsläufige »Begleitmusik« einer differenzierten Gesellschaft darstellt und so die Vielfältigkeit geradezu unterstützt, weil sich die Normalitätsstandards pluralisieren, also Anomie die Innovationen einer Gesellschaft vorantreibt und deshalb auch neue Sinnkonstruktionen ermöglicht, neue Regulationsvorgänge schafft, neue Zugehörigkeiten etabliert, kurz: die Integration der Gesellschaft erneuert?

Aus dieser Perspektive betrachtet, würden anomische Tendenzen als *Übergangsphänomene* z. B. in Form der Auflösung tradierter, aber z. B. nicht mehr funktionaler Strukturen, Lebensweisen, Werte und Normen interpretiert. Sie stellen insofern geradezu *notwendige* Voraussetzungen für die Entwicklung ethnisch-kultureller Vielfältigkeit dar.

Eine zweite Perspektive knüpft daran an, betont aber andere Seiten. Es stellt sich die Frage, ob diese beiden Entwicklungen eher in einem *negativen Wechselverhältnis* stehen, aus dem zwar einerseits die bereits genannten positiven Effekte der Pluralisierung von Werten hervorgehen, welches aber gleichzeitig auch eine Delegitimierung von Normen befördert, die im strukturellen Gehäuse asymmetrischer Konflikte zwischen der Mehrheitsgesellschaft und den Minderheiten erst die Grundlagen von Gewalt entstehen lassen. In diesem Fall ist also ein ständiger *Balanceakt* zu erwarten, dem man nicht ausweichen kann, weil sowohl Modernisierungs- als auch Migrationsprozesse globalisiert sind und deren Dynamisierung und Ausweitung in ihren prekären Auswirkungen untersucht werden müssen.

Vor dem Hintergrund ethnisch-kultureller Konflikte und der Brutalität ihrer Gewaltformen soll hier die zweite Perspektive in den Mittelpunkt gestellt werden, um zu überprüfen, welche Bedingungen diesem Balanceakt zuzurechnen sind.

3. Anomische Entwicklungen und Gewaltpotentiale

Die bereits vertretene These von der Zunahme ethnisch-kultureller Konflikte in den modernen Gesellschaften signalisiert die Auffassung, daß die Frage nach dem Wechselverhältnis bereits in einer pessimistischen Sichtweise interpretiert wird. Dazu sollen nun im folgenden einige Argumentationsstränge aus der anomietheoretischen Grundfigur ausgeführt und gebündelt werden (vgl. Schema 1).

Dabei sollte aber berücksichtigt werden, daß, im Gegensatz zu prominenten Integrationsansätzen wie z.B. den strukturfunktionalistischen oder »rational-choice«-Konzeptionen, immer die »Wirkungsweise« aller drei Integrationsebenen einbezogen werden müssen, also der ökonomischen, der kulturellen und der sozialen. Eine solche Sichtweise wird insbesondere in ethnisch-kulturell vielfältigen Gesellschaften von enormer Bedeutung sein und hat insofern erhebliche Vorteile gegenüber Ansätzen, die entweder die Werteebene (Parsons) in den Vordergrund stellen oder allein die Inklusion in den wirtschaftlichen Bereich als hinreichend systemintegrierend und damit konfliktreduzierend identifizieren.

1. Ein erster wesentlicher Bestandteil unserer anomietheoretischen Figur wurde als *Strukturkrise* bezeichnet, die sich entlang der Differenzierung gesellschaftlicher Teilsysteme feststellen läßt. Daraus resultiert zunehmend eine Problementwicklung der stratifikatorischen Positionierung bis hin zur Existenzgefährdung. Die

Schema 1

Gesellschaftliche Entwicklungen	Problementwicklung für	Krisenphänomene im Sinne der Anomietheorie	Folgen für soziale und politische Prozesse	Individuelle/kollektive Wahrnehmung/Verhaltensweisen
Differenzierung (System)	stratifikatorische Positionierung/Existenzsicherung	*Struktur*krise	Ausgrenzung/Desintegration (Verschärfung von Ungleichheit)	Ohnmacht/Machtlosigkeit/Gleichgültigkeit (Indifferenz) *Entsicherung* von Gewaltpotential
Pluralisierung (Werte/Normen)	Verständigung/Sinn	*Regulations*krise	Delegitimierung von Normen/Kontingenz von Werten	*Absenkung* der Gewaltschwellen/Steigerung der Gewaltanfälligkeit
Individualisierung (soziale Lebenswelt)	Anerkennung Bindungen/Zugehörigkeiten	*Kohäsions*krise	Vereinzelung und kollektive (Re-)Aktivierung von Abgrenzungen	(Selbst-)Ethnisierungsprozesse (*Lenkung* von Gewaltpotentialen)

besondere Qualität dieser Strukturkrise läßt sich an der Tatsache verdeutlichen, daß aus dem Gegensatz von Kapital und Arbeit eine Entkoppelung entstanden ist, die mit dem Symbolbegriff des »jobless growth« belegt werden kann. Die bisherige Wirtschaftsphilosophie »Wachstum schafft Arbeitsplätze« wird endgültig und offenkundig zur Wachstumsideologie. Wachstum schleift also nicht mehr die Bastionen von Ungleichheit, sondern verschärft mitsamt einer prosperitätsorientierten Politik eben diese. Die besonders tragische Pointe dabei ist, daß diese Ungleichheit mit ihren vielen Facetten der ökonomischen, sozialen und kulturellen Desintegration v. a. in den florierenden Wirtschaftszonen zunimmt. Dies läuft zum Ausgang des 20. Jahrhunderts mit einer immensen Geschwindigkeit ab, die Etzioni zu einer pessimistischen Prognose im Hinblick auf das politische System veranlaßt:

»Eine demokratische Gesellschaft hält das Tempo der Marktöffnung, wie es jetzt angeschlagen wird, nicht durch« (1995, S. 43).

Der Option einer von ihm vorgeschlagenen Reduzierung der Entwicklungsgeschwindigkeit fehlt indes ein institutioneller und prozessualer Bremsmechanismus und löst die ökonomischen Strukturprobleme der Abkoppelung von Kapital und Arbeit nicht auf. Der materielle Verlust als Effekt der ersten Option erscheint nicht mehrheitsfähig, wohl aber der Demokratieabbau bei Wohlstandserhaltung für deutungs- und mobilisierungsfähige Milieus. Insofern spricht einiges für eine zweite Option, die auf eine Demokratiereduzierung hinauszulaufen scheint, um die desintegrativen Prozesse kontrollieren zu können. Dies ist von größter Relevanz, denn mit Desintegration (in Form von Ausgrenzungserfahrungen oder Abstiegsängsten) gehen individuelle wie kollektive Wahrnehmungen bzw. Verhaltensweisen einher, die Ohnmacht/Machtlosigkeit als Erscheinungsform von Anomia, also der subjektiven Seite von gesellschaftlicher Anomie, ebenso einschließen wie Gleichgültigkeit/Indifferenz, die unterschiedliche Verhaltensausprägungen je nach sozialem Milieu oder individueller Ausstattung erfahren, aber allesamt aufgrund ihrer verunsichernden Substanz auch zur »*Entsicherung« von Konflikt- und Gewaltpotentialen* (Heitmeyer 1994) beitragen können. An Jugenduntersuchungen (Heitmeyer u. a. 1995/²1996) läßt sich dieser Zusammenhang belegen.

2. Ein weiterer wesentlicher Bestandteil der anomietheoretischen Figur wurde auf eine *Regulationskrise* hin zugespitzt. Ausgangspunkt ist die Annahme, daß die soziale Integration auch über gemeinsam geteilte Wert- und Normsysteme verläuft. Die gesellschaftliche Entwicklung zu einer Pluralisierung von Werten und Normen schafft nun zwar die Voraussetzung von Vielfältigkeit, bewirkt jedoch im Zusammenspiel mit Strukturkrisen zugleich, daß unter dem Druck von Existenzsicherung sowohl »Sinn« als auch Verständigung abnehmen, wenn Perspektiven fehlen und Konkurrenz den Zwang zur Abgrenzung steigert. Die Folgen für die sozialen und politischen Integrationsprozesse sprudeln dabei aus zwei Hauptquellen: Durch die Pluralisierung von Werten er-

höht sich die Kontingenzerfahrung, d. h., auch die Beliebigkeit untergräbt die Wert- und Normstruktur, weil die Auswirkungen des eigenen Handelns auf andere nicht mehr sonderlich berücksichtigt werden müssen. Die andere Quelle ist von ebensolcher Wichtigkeit, auf die besonders Friedrichs (1994 und in diesem Band) hingewiesen hat: Es ist die Delegitimierung von Normen, d. h., daß der Kern unstrittiger Normen kleiner, der der umstrittenen hingegen größer wird. Letzteres führt dazu, daß die Bereitschaft abnimmt, sich nach den als strittig erlebten noch zu richten. Wenn die Delegitimierung von Normen nach Friedrichs zur Konsequenz hat, daß strittige Normen die individuelle Integration geringer werden lassen, weil die Unsicherheit des einzelnen darüber zunimmt, wie er zu handeln habe, dann zeigen die Pluralisierungsentwicklungen neben ihren Freiheitszuwächsen auch ihre Schattenseiten, die sich auf die Regulationen des sozialen Zusammenlebens eher negativ auswirken können – zumal dann, wenn diese Unsicherheiten vor dem Hintergrund der schon skizzierten Strukturkrisen um sich greifen.

Mit der Zunahme des Normalitätsgrades solcher Normzonen, etwa durch die unsanktionierte Darstellung in Medien etc., erhöht sich die Gefahr einer *Absenkung von Gewaltschwellen* und damit der Zunahme der Gewaltanfälligkeit im individuellen wie kollektiven Verhalten. Konkurrenz und knappe Ressourcen sieht Friedrichs (in diesem Band) als die wichtigsten Bedingungen dafür, daß die positiven Seiten der Normenpluralität für die Stabilität und Integrationsfähigkeit eines Systems von den negativen überdeckt werden und zu Gewalt führen.

Aus diesem Grund führt das Zusammenwirken von Struktur- *und* Regulationskrisen in schwerwiegende Problemzonen, weil dadurch die klassische anomietheoretische Figur gegeben ist: Eine steigende Anzahl von Menschen unterliegt der Zerreißprobe zwischen zunehmenden soziokulturellen Optionen und abnehmenden sozioökonomischen Realisierungschancen, die aufgrund der Strukturkrisen auch künftig immer weniger über sozialstaatliche Transferleistungen ausgeglichen werden (können), um eine als befriedigend erlebte soziale Integration zu gewährleisten.

3. Der dritte wesentliche Bestandteil nach den *ökonomischen* wie *politischen*, auf der Strukturebene plazierten Problemen und den *kulturellen*, im Werte- und Normenbereich ansetzenden Regulationskrisen ist die im Zusammenhang mit den Individualisie-

rungsprozessen in der *sozialen* Lebenswelt zu verortende *Kohäsionskrise*. Damit sind jene Phänomene gemeint, die soziale Anerkennung, Bindung und Zugehörigkeiten umfassen. Analog zur Pluralisierung von Werten und Normen zeigen sich die Sonnenseiten der Individualisierung (Beck 1983) in der Selbstgestaltung von Lebenswegen und -konzepten, während die Schattenseiten sich u. a. in Vereinzelung und Vereinsamung dokumentieren können. Gegen eine Zunahme dieser Phänomene wird der potentielle wie faktische Anstieg der »Sozialkontakte« durch Mobilität etc. ins Feld geführt. Offen bleibt v. a. die Antwort auf die Frage, ob sie in Zeiten schnellen Wandels auch dauerhafte Anerkennungs-, Bindungs- und Zugehörigkeitsqualitäten möglich machen, um solche Kohäsionsintensität zu entwickeln, daß die Folgen von Struktur- und Regulationskrisen zwischen Individuen wie zwischen gesellschaftlichen und v. a. ethnisch-kulturell differenten Gruppen sozialverträglich verarbeitet werden können. Die ungeheure Ausweitung des Psychobooms wie die sektenartigen und religiösen Praktiken (vgl. Barz in diesem Band) zeugen davon, daß hier die sozialtechnische Aufrechnung der möglichen Sozialkontakte als nicht mehr hinreichend betrachtet wird, so daß die Suche nach neuen und z. T. obskuren »expressiven Gemeinschaften« zunehmen wird.

Gerade die mit Vereinzelung einhergehenden Angstpotentiale, die nirgends aufgefangen werden, intensivieren vielfach verdeckt wie offen kollektive Abgrenzungen, die auch über die aktivierten Gruppierungsmerkmale zur *Lenkung von Gewaltpotentialen* dienlich werden können.

Ein vorläufiges Fazit soll nun die Aufmerksamkeit auf zwei Argumentationen lenken. Bisher ist das präsentierte Analysetableau in drei Schritten »horizontal« durchmessen worden, um den anomietheoretischen Grundkategorien von der gesellschaftlichen zur individuellen Ebene zu folgen und Problempotentiale der einzelnen Entwicklungslinien aufzuzeigen. Dies reicht jedoch nicht aus, weil der eigentliche anomietheoretische Gehalt nun in »vertikaler« Verbindung deutlich und gleichzeitig argumentativ in die Richtung ethnisch-kultureller Konflikthaftigkeit vorangetrieben werden kann: Ein Syndrom, das Desintegrationserfahrungen und Ängste mit Delegitimierung von Normen und der Kontingenz von Wertvorstellungen verbindet sowie ihren Niederschlag sowohl in Vereinzelung als auch in Re-Aktivierungen von Abgrenzungen er-

fährt, hat weitreichende Folgen: die »*Entsicherung*« von Konflikt-
potentialen, und damit Gewaltlatenz durch Gleichgültigkeit, geht
in diesem Syndrom einher mit der *Absenkung* von Gewaltschwellen und der *Lenkung* von Gewaltpotentialen.

4. Anomische Entwicklungen und ethnisch-kulturelle Konflikte

Wenn nun von ethnisch-kulturellen Konflikten gesprochen wird,
dann ist jene Konstellation gemeint, in die sowohl Teile der Mehrheit als auch Teile der Minderheiten involviert sind. Das Konzept
der ethnisch-kulturellen Auseinandersetzungen geht über die
Fremdenfeindlichkeit und damit einhergehende Gewalt sowie
Rechtsextremismus hinaus. Es will die eskalierenden (Folge-)Pro-
zesse einbeziehen, wenn auch Teile der Minoritäten aktiv, z. T. als
Re-Aktion, z. T. aus politisch-strategischem Kalkül, zur Ausweitung des eigenen Machtspektrums mit nationalistischen Freund-
Feind-Schemata oder Gewalt die Konfliktdynamik beeinflussen.
  Die Einseitigkeit durch die Mehrheitsgesellschaft wird in eine
Wechselseitigkeit umgeformt. Ob es zu einer solchen reziproken Beeinflussung und damit zu unkontrollierbaren Prozessen kommt,
hängt nun von zahlreichen Faktoren ab.
  Betrachtet man die Entstehungsbedingungen von ethnisch-kulturellen Konfrontationen in ihren Varianten der *Rangordnungs-
konflikte*, in denen sich die Folgen sozialer Ungleichheit zeigen, in
Form von *Verteilungskonflikten*, die um knappe Ressourcen gruppiert sind, sowie in Gestalt von *Regelkonflikten*, die im Kern eine
Kontroverse um die Gültigkeit von kulturellen Werten und Normen bedeuten; verfolgt man die weiteren deren Verläufe abseits der
strategischen Instrumentalisierung durch Politik und Massenmedien und spiegelt sie statt dessen vorrangig in den Anomiedimen-
sionen von strukturellen Disparitäten, Regulationsprozessen über
Werte und Normen sowie im Bereich der sozialen Kohäsion, so ist
zunächst davon auszugehen, daß die Mehrheitsgesellschaft und die
Minoritäten von den darin liegenden Problemlagen unterschiedlich belastet werden. So z. B. im Hinblick auf Ohnmachtserfahrungen, wenn es um die Präsentation und Durchsetzung eigener oder
kollektiver Interessen zur Sicherung materieller Existenz, kultureller Selbstverständlichkeiten oder politischer Partizipation geht.

Die ethnisch-kulturellen Konflikte haben differierende Konstellationen, je nachdem, ob sie als »Folge der Gefährdung der spezifischen Kulturen in einer Welt des Wandels und der Neudefinition der Ordnungen« (Esser 1996) in einer Gesellschaft mit eindeutig dominanter Mehrheit und ethnischer Unterschichtung durch Minderheiten lagern, also innerhalb klarer asymmetrischer Konfliktkonstellationen, oder in einer in der Transformation befindlichen Gesellschaft, in der die Relationen zwischen ethnischen Gruppen neu zur Debatte stehen.

Im Zusammenhang mit diesen Überlegungen geht es um ersteren Fall, wie er in den meisten westeuropäischen Gesellschaften auftritt, in denen einerseits Anomiepotentiale für die Mehrheitsgesellschaft und andererseits eine »anomische Marginalität« (Esser 1990, S. 74) für die Minderheiten in der Analyse von ethnisch-kulturellen Konfliktdynamiken zu berücksichtigen sind. Jede Art der Ausweitung des Anomieniveaus im Zusammenwirken von Struktur-, Regulations- und Kohäsionskrisen in der Aufnahmegesellschaft hat weitreichende Folgen für diese Aufzunehmenden, denn das Verhältnis von Mehrheit und Minderheit ist immer asymmetrisch bestimmt. Dies soll heißen, daß die Minorität prinzipiell geringere Chancen hat, ihre Anliegen angemessen zu artikulieren. Das steigende Anomieniveau beinhaltet für die Migranten bzw. die hier aufgewachsenen Nicht-Deutschen generell zwei Konsequenzen: entweder Duldung der individuellen wie kollektiven Verhaltensweisen, die von alltäglicher Diskriminierung bis zu fremdenfeindlicher Gewalt reichen, oder an den Ungleichzeitigkeiten, Widersprüchen und Dilemmata der Struktur-, Regulations- und Kohäsionsprozesse anzusetzen und die einseitige Konfliktrichtung (z. B. der fremdenfeindlichen Gewalt) in eine wechselseitige umzuwandeln, d. h. die Konfliktdynamik mitzubestimmen.

Entzündungsfähige Konstellationen treten, so Esser (1996), dann auf, wenn auch die Minderheiten die Chance zu einer wesentlichen Veränderung ihrer Lagen sehen. Dagegen gibt es nach dieser Konzeption keine »Probleme«, wenn sie ihre Situation ohnehin als hoffnungslos ansehen, mithin Macht- und Ungleichheitsfragen eindeutig »geklärt« und zementiert erscheinen. Wenn es allerdings zu Ungleichzeitigkeiten in der ökonomischen, sozialen und politischen Entwicklung kommt, sich zudem die anomietheoretisch relevanten Struktur-, Regulations- und Kohäsionskrisen zeigen, die sich zu gesellschaftlichen Desintegrationsproblemen größeren

Ausmaßes ausweiten, und sich überdies Ungleichzeitigkeiten zwischen der Aufwertung von rechtlicher und den Abwertungen sozialer Anerkennung ausbreiten, die die anomischen Spannungen verstärken, dann entstehen auch in den westeuropäischen Industrienationen neue Bedingungen, die in der hier vertretenen These auf Konflikteskalation hindeuten.

Diese Eskalation wird nicht nur mitbestimmt durch die veränderten Relationen zwischen Majorität und Minorität aufgrund der sozialen Wandlungsprozesse, sondern v. a. auch dadurch, daß Minderheiten von den Anomiepotentialen einer Gesellschaft in besonderer Weise betroffen sind: Auf der strukturellen Ebene leiden sie unter Diskriminierung des Zugangs zu existenzsichernden Positionen, im Werte- und Normenbereich geraten sie in die Diffusionszonen konkurrierender Systeme hinein, die Erosion traditionaler Bindungen im Umfeld der zuerst genannten strukturellen Benachteiligungen und irritierenden Wert- und Normvorstellungen spüren sie häufig negativ. Es entfallen zwar die zumeist beengenden Verpflichtungen, aber auch die Sicherheit verbürgenden Angebote.

Die daraus verstärkt hervorgehenden ethnischen Identitätspolitiken manövrieren die Gruppen in ambivalente Konstellationen. Einerseits können diese Identitätspolitiken als Bestrebungen gegen anomische Spannungen gewertet werden,

– um auf der Strukturebene die Disbalancen zugunsten eigener Interessen zu verändern,

– um auf der Regulationsebene die Anstrengungen zur Durchsetzung öffentlicher und rechtlicher Anerkennung eigener Wert- und Normvorstellungen zu forcieren und

– um auf der Kohäsionsebene den Versuch zur Festigung von ethnisch abgegrenzten Bindungen zu betreiben, die auch gleichzeitig als Mobilisierungspotential dienlich sein können.

Solche weitgehend aus den Ursachen der Mehrheitsgesellschaft hervorgehenden Bestrebungen enthalten gleichzeitig auch das ambivalente Potential zur Etablierung bzw. Verschärfung ethnisch-kultureller Konflikte,

– weil auf der Strukturebene die Konkurrenzen wachsen,

– auf der Regulationsebene die Partikularisierung um sich greift und

– auf der Kohäsionsebene die Konformitätsprozesse wirksam werden, um Mobilisierungspotentiale zu verdichten.

Ethnisch-kulturelle Konflikte werden außerdem auch durch das Anomiepotential angeheizt, das v. a. die dritte Generation der Migranten in ihrer Lebensgestaltung trifft, da sie sich in unvergleichlicher Weise auf die Mechanismen der Mehrheitsgesellschaft einläßt und direkte Heimkehrwünsche – wohin auch – erst gar nicht entwickelt. Diese Generation steckt obendrein in dem Dilemma, daß sie einerseits individuellen Konkurrenzmechanismen des Zugangs zur Arbeitswelt nachkommen muß und andererseits den traditionalen Gemeinschaftsvorstellungen der jeweiligen Migrantengruppen folgen soll. So zeigt z. B. die eigene Jugenduntersuchung (Heitmeyer u. a. 1995) deutlich höhere, gewaltträchtige Anomiepotentiale bei ausländischen Jugendlichen als bei ihren deutschen Altersgenossen. Ganz anders sieht es aus, wenn ausgeprägte Identitätsangebote religiös-kultureller Art gesucht oder reaktiviert werden. Dann zeigt sich ein Kontext, in dem die Anomiepotentiale desto niedriger ausfallen, je ausgeprägter etwa die islamisch-fundamentalistischen Orientierungen sind. Diese werden gewissermaßen gegen die bedrängenden Anomiepotentiale in Stellung gebracht, erzeugen aber aus dieser politisch-ideologisch umgeformten Religion auch neue Konfliktqualitäten bis hin zur Gewaltbereitschaft (vgl. Heitmeyer u. a. 1997).

Ein solches Ergebnis dokumentiert die empirische Evidenz der ambivalenten Rolle ethnisch-religiöser Identitätspolitik. Folglich stellt sich hier die Frage, ob die Ausbreitung islamisch-fundamentalistischer Orientierungen allein geopolitischen Quellen, den Reaktionen auf fremdenfeindliche Gewalt oder den Verweigerungen eines kollektiven Identitätsangebots durch die Mehrheitsgesellschaft entspringt oder ob sie nicht auch mit einer Ausbreitung der Anomiepotentiale parallel läuft.

Sie sind auf seiten der Minderheiten unterschiedlichen Ursprungs, der in unserer anomietheoretischen Figur verortet werden kann. Dabei offenbaren sich auch ungleichzeitige Entwicklungen mit durchaus tragischen Zügen, die die anomieträchtigen Konflikte eher verstärken, weil Integration partiell *erfolgreich* ist.

Im Kontext der *Strukturkrise* zeigen sich deshalb anomische Spannungen, weil die (allmählichen) Erfolge politischer Forderungen (z. B. in Richtung doppelte Staatsangehörigkeit) zwar auch sukzessive den Zugang zum politischen System eröffnen, mit ihnen aber gleichzeitig immer häufiger Mißerfolge im ökonomischen

System (u. a. durch steigende Arbeitslosigkeit bzw. dem Fehlen von Ausbildungsplätzen für Jugendliche der dritten Generation) einhergehen. Eine zunehmende rechtliche Gleichheit wird also durch steigende berufliche Ungleichheit und Ausgrenzung konterkariert. Gerade diese ungleichzeitige Entwicklung von Integration und Desintegration ist äußerst brisant, zumal paradoxerweise das Konfliktpotential desto eher anwächst, je erfolgreicher die partielle Integration verläuft. Dies folgt der Annahme, daß Gleichheit nicht mit Konfliktlosigkeit verbunden ist, sondern die »Konkurrenz ums Gleiche« (vgl. Neckel 1997) erst die Konflikthaftigkeit erhöht. In ethnisch-kulturellen Konstellationen kommt hinzu, daß die »teilbaren Konflikte« (Hirschman 1994) zu »unteilbaren Konflikten« avancieren, die in der Regel mit erheblichen Mobilisierungspotentialen verbunden sind, weil es um Selbstverständnisse und Selbstverständlichkeiten geht – und nicht mehr »nur« z. B. um materielle Ressourcen und Interessen.

Im Hinblick auf die *Regulationskrisen* ist die Spannung von »westlichen« und islamischen Wert- und Normvorstellungen von eminenter Bedeutung. In einer sich rapide säkularisierenden bzw. vielfältig religiös zerrissenen Mehrheitsgesellschaft einerseits und einer sich (trotz mancher Spielarten) in Konfliktfällen letztlich doch homogenisierenden islamischen Gemeinschaft andererseits, die sich z. T. in eine islamistisch-fundamentalistische Ideologisierung hineinbewegt, manifestieren sich religiöse Differenzen dergestalt, daß scharfe Wert- und Normdifferenzen entstehen, die gerade nicht der Anhebung des Integrationsniveaus im Sinne wechselseitiger Anerkennung dienlich sind.

Auch in bezug auf die *Kohäsionsthematik* verdichten sich die Problemzonen. Während in der Mehrheitsgesellschaft der soziale Zusammenhalt verlorengeht, werden die nationalen Bindemittel reaktiviert, die die »eigene« Desintegration zumindest symbolisch rückgängig machen sollen, aber diese Re-Integration nur durch den Ausschluß anderer bewirken können. Insofern ist die Selbstethnisierung als Rückzug, und das heißt im Falle von türkischen Zuwanderern die verstärke Orientierung auf das Heimatland, nicht sonderlich überraschend. Gleichwohl sind gravierende Folgen zu erwarten, wenn Nationalismus und islamistischer Fundamentalismus in der Türkei (z. B. über die Wahlergebnisse im Dezember 1995) weiter erstarken.

Insgesamt wird durch das Zusammenwirken der bisher immer

wieder hervorgehobenen Anomieaspekte auch die Kohäsionsproblematik prekär. Elias/Scotson (1990) haben gezeigt, daß einerseits zu *starke* Kohäsion Zwang erzeugt und Konformitätsdruck entlang dominanten und geglaubten Zugehörigkeiten nach sich zieht. Andererseits führt aber auch zu *schwache* Kohäsion zu Gleichgültigkeit gegenüber anderen und bewirkt, daß nicht mehr die gesellschaftliche Zugehörigkeit den Referenzrahmen bildet, sondern die Identifikation mit dem Nationalen als Integrationsmittel an Bedeutung gewinnt. *Konformitätsdruck* und *Gleichgültigkeit* stellen problemerzeugende Facetten des Kohäsionsprozesses dar, die beide in ihren Extremen ethnisch-kulturelle Konflikte heraufbeschwören. Konformitätsdruck betont das Eigene und bildet die Grundlage zur Unterdrückung von »Abweichendem«. Gleichgültigkeit ist die Vorbedingung für die »Entsicherung« des Konformitätsdrucks und schafft die Voraussetzung für Gewalthandlungen.

Insgesamt lassen sich verhängnisvolle Kombinationen erkennen. Dazu gehört die *Delegitimierung von Normen* auf der moralischen Ebene innerhalb der Mehrheitsgesellschaft, wenn etwa Gewalt gegen Fremde als »normal« angesehen wird, oder auf seiten der Minderheiten, wenn etwa universal gültige Menschenrechte mit rigorosen traditionalistisch-islamistischen Argumenten oder mit dem Hinweis auf westliche Dekadenz abgelehnt werden. Nicht von ungefähr sind damit sozialkulturelle Homogenisierungsabsichten verbunden: Einerseits sollen hierdurch Fremde ausgegrenzt, andererseits soll der Weg zu politischen wie ökonomischen Gelegenheitsstrukturen geebnet werden. Dabei gelingt offensichtlich, unter dem Druck der Strukturkrise und damit einhergehender Verarmungszunahmen, z. B. in den USA, immer häufiger die Umdefinition von ethnischer Diskriminierung in positive Identitätspolitik (Ostendorf 1992, S. 856). In dem Maße, wie die wirtschaftliche Krise die Abstiegsängste von Angehörigen der Mehrheitsgesellschaft verstärkt und die Aufstiegsaspirationen von Teilen der Minderheiten sowohl vergrößert als auch gleichzeitig faktisch abdrosselt, steigen die Konfliktpotentiale. Und in dem Maße, wie die Grenzen verschwimmen, z. B. in manchen Sektoren des Arbeitsmarktes, werden dann die Grenzziehungen umso unerbittlicher festgelegt (vgl. Dörre, in diesem Band).

Nach Überprüfung verschiedener Auswirkungen gesellschaftlicher Anomie zeigt sich m. E. ganz deutlich, daß diese darin bestehen,

- eine Re-Vitalisierüng ethnisch-kultureller Kategorien voranzu-
treiben,
- eine ethnisch-kulturelle Identitätspolitik im Sinne der Abgrenzung zu befördern,
- die zur sozialen Befriedung unumgänglichen »ethnizitätsblin-
den« *intermediären Instanzen* der Gesamtgesellschaft noch weiter zu schwächen und statt dessen auf institutionelles »Eigenle-
ben« zu setzen.

Damit werden die Auseinandersetzungen eher forciert, weil die
schon angeführten teilbaren und damit interessenorientierten
Konflikte im Sinne Hirschmans sukzessive in unteilbare, an die
ethnisch-kulturellen Zugehörigkeiten gebundene Konfrontationen umdefiniert werden, die die Grundlagen für die Eskalation der
Unstimmigkeiten legen.

Ethnisch-kulturelle Konflikte leben von der Nicht-Akzeptanz
und der Nicht-Anerkennung des anderen. Eine zentrale Voraussetzung dafür ist Indifferenz. In Gleichgültigkeit drückt sich jene
Regellosigkeit aus, die als ein wesentliches Merkmal von anomischen Verhaltensweisen gelten kann. Gleichgültigkeit läßt sich nun
als Kategorie kennzeichnen, die aus allen drei Facetten der anomie-
relevanten Krisenelemente hervorgeht und sie übergreifend verbindet:

- Sie entwickelt sich im Zuge von *Strukturkrisen*, in denen sich
stratifikatorische Positionen prekär darstellen, weil sie Ausgrenzung und Desintegration durch verschärfende Ungleichheit und
daraus entstehende Ohnmachtsgefühle hervorbringen. Gleichgültigkeit ist *ein* Effekt. Im Hinblick auf die Konfliktsteigerung
ergibt sich aus der Indifferenz bezüglich der Folgen des eigenen
Handelns die *Entsicherung* gegenüber den »Nicht-Eigenen«.
- Sie entwickelt sich im Zuge der *Regulationskrise*, durch die sich
Verständigung und sinnhaftes soziales Handeln als problembela-
stet ausweisen. Durch die Delegitimierung von Normen, die
Indifferenz nach sich zieht und mit der Kontingenz von Werten
eine Verbindung eingeht, werden Gleichgültigkeit und Beliebigkeit des Handelns befördert, die implizit eine heimliche Legitimation der Absenkung von Gewaltschwellen bewirken, v. a.
gegenüber denjenigen, die als nicht zugehörig definiert werden.
Die den Wert- und Normproblemen entspringenden Orientie-
rungs- und Regelprobleme lassen Gewalt als Mittel zur Ambiva-
lenzreduktion sinnhaft erscheinen, indem u. a. binäre Muster

(oben/unten; Freund/Feind; Eigene/Fremde) handlungsleitend werden. Solche Raster heben dann die Unübersichtlichkeit und Diffusität der insgesamt strittiger werdenden Wert- und Normbereiche »klärend« auf.

– Sie entwickelt sich im Zuge der *Kohäsionskrise*, durch die Bindungen und Zugehörigkeiten in Frage gestellt werden. Gleichgültigkeit entsteht hier in Form gruppenbezogener Ethnisierungsprozesse, in denen Individuen nicht mehr vorkommen. Um so leichter wird eine *Lenkung* von inhumanen Gewaltpotentialen gegen andere Gruppen.

5. Der sozialräumliche Konfliktkontext: Das Versagen der »Integrationsmaschine« Stadt

Der (groß)städtische Kontext ist ein Sozialraum, der sowohl einen besonders attraktiven Lebens- wie bedrohlichen Verdichtungsort anomischer Entwicklungen darstellt, wenn man die gängigen Kriterien wie Kriminalität, Armut, Wohnungsnot, Ungleichheit, Auflösung von Familienstrukturen etc. heranzieht.

Insgesamt war aber – so Häußermann (1997) – die europäische Stadt des 20. Jahrhunderts eine soziale und hocheffektive »Integrationsmaschine«, die durch die Dialektik von Öffnung und Schließung gekennzeichnet war, was nicht zuletzt auch für die Aufnahme von Fremden gilt, die es v. a. in die Metropolen zieht. Häußermann vermutet nun, daß am Ende dieses Jahrhunderts ein Wendepunkt erreicht ist. Die »Integrationsmaschine«, deren Antriebskraft durch das Wachstum der Bevölkerung, das Wachstum der Arbeitsplätze und von starken planerischen und sozialstaatlichen Interventionen gespeist wurde, funktioniert immer weniger. Denn die Entwicklung zeige, so Dangschat (1995), auf eine zunehmende sozioökonomische Polarisierung und soziokulturelle Heterogenisierung.

»Wir erleben das Ende des goldenen Zeitalters von Wachstum und Homogenität in den Großstädten« (Häußermann 1995, S. 96).

Häußermann (1997) weist auf ein Dilemma hin: Städte sind auf Zuwanderung angewiesen, dennoch soll sie keine sichtbare Konzentration, also ethnische Gemeinschaften in homogenen, segregierten Räumen, hervorbringen. Diese Gemeinschaften wären aber unter den Bedingungen der Arbeitsmarktentwicklung noch am ehesten in der Lage, die sozialen Folgekosten abzufedern. Es würde zu einer eigenen Ökonomie, zu einem eigenen Sozialsystem, einer eigenen Kultur führen, und eigene Regeln und Normen würden sich etablieren. Dagegen werden – so Häußermann weiter – gewichtige Argumente in Stellung gebracht: die Beachtung von sozialen Gleichheitsgrundsätzen, die Risiken einer Verletzung von Normen einer ethnisch und kulturell homogen gedachten Stadt, die Furcht vor sich verfestigender Marginalisierung, die Gefahr wechselseitiger Einbunkerungsmentalitäten usw.

Die absehbare Entwicklungsrichtung führt v. a. auch zu der Zunahme segregierter Wohngebiete, die immer dann entstehen, wenn mit wachsender Heterogenität der städtischen Bevölkerung der Druck steigt, sich seiner eigenen Identität zu vergewissern (Simmel). Es stellt sich nun die Frage, ob unter den obwaltenden Bedingungen das Konzept der »Integration durch Separation«, das sich sowohl in den Analysen von Simmel (als Folge von Individualisierung) als auch von Park (als Konsequenz von »community-Bildung«) herausgeschält hat (vgl. Häußermann 1995, S. 89-98), vor dem Hintergrund der aufgezeigten anomischen Entwicklungen, ihren ethnisch-kulturellen Konturen und ihren städtischen Plazierungen nicht mit großer Skepsis zu betrachten ist. Es gibt wenig Anlaß, den von Simmel und Park aus unterschiedlichen Blickwinkeln verfolgten optimistischen Deutungen zu folgen. Aber wo liegt dann die Perspektive? Häußermann (1995, S. 94) hat in seiner Analyse der Stadtkonzepte beider Soziologen deutlich gemacht, daß sie eine »Kultur der Differenz und Indifferenz ist«. Diese »negative Integration« (ebd.) hat aber zur Voraussetzung, daß sich Anomie in der ethnisch-kulturell vielfältigen Gesellschaft nicht in massiven Konflikten und Gewalt niederschlägt:

»Die Freiheit zur Differenz (bzw. zur Verschiedenheit) entwickelt sich nur dann, wenn alle Individuen oder communities in diesen Mechanismus [der Systemintegration; W. H.] eingebunden sind« (ebd.).

Genau diese Vorbedingung aber wird ein immer knapperes Gut für immer mehr Personen oder communities, was andererseits vor dem Hintergrund der aus den anomietheoretischen Krisenelementen hervorgehenden individuellen wie kollektiven Folgen die These von der Zunahme ethnisch-kultureller Konflikte stützen dürfte.

Wenn Urbanität die geregelte soziale Gleichgültigkeit zwischen einander Fremden auf der Basis einer gesicherten systemischen Integration ist (ebd., S. 95), dann stehen angesichts der Anomieentwicklung dem ethnisch-kulturellen Zusammenleben in städtischen Kontexten enorme Konflikte bevor.

Segregation kann zunächst kollektiv konfliktreduzierend wirken wie individuell auch gegen Anomie schützen, indem
– auf struktureller Ebene die Existenzsicherung durch die Gemeinschaft bzw. Nischenökonomie gesichert wird;
– auf der Regulationsebene vertraute Regeln und Normen ihre Gültigkeit haben und Handlungssicherheit bringen;
– auf der Kohäsionsebene das Zugehörigkeitsgefühl verstärkt wird.

Nicht Segregation »an sich« ist also das Problem, weil auch homogene Sozialräume der Identitätsvergewisserung dienen, sondern die destruktive Wirkung zeichnet sich erst ab einer gewissen Großflächigkeit und Rigorosität der Separierung ab. Hinzu kommt, daß in den Anomiepotentialen stets auch – wie schon angeführt – Mechanismen der »Entsicherung«, Absenkung von Gewaltschwellen und »Lenkungen« von Gewaltpotentialen enthalten sind. Diese Konfliktbalance wird offensichtlich immer dann prekär, wenn zu starke Binnenintegration (durch Selbstethnisierung, religiöse Homogenisierung und Fundamentalisierung mitsamt Konformitätsdruck) abschließende Folgen zeitigt. Fremdethnisierung durch die Mehrheitsgesellschaft wird durch zusätzliche reaktive Selbstethnisierung als Verbindung identitärer Selbsterhaltung mit instrumenteller Machtausweitung zu einem hochexplosiven Gemisch, wenn Angst vor Ausschluß mit Überzeugungen der Überlegenheit (durch kollektive Stärke etwa bei Jugendgruppen oder religiösem Fundamentalismus) einhergeht.

Die exemplarische Sozialgruppe, die in eine problembeladene Zukunft zu gehen scheint, setzt sich aus Teilen der dritten Migrantengeneration zusammen. Die Mehrzahl gerät immer häufiger in eine massive Spannung zwischen gestiegenen Aspirationen und abnehmenden Realisierungschancen. Es ist die klassische anomietheoretische Figur. Die ökonomische Strukturkrise und die Umstrukturierung des Arbeitsmarktes manövrieren gerade diese Generation in ein Dilemma: Fallen Arbeitsplätze im produzierenden Gewerbe fort, so erhöht sich unter den Ausländern die Erwerbsquote drastisch. Gelingt in den Regionen eine wirtschaftliche

Revitalisierung zugunsten neuer Industrien, so haben Ausländer meist aufgrund des fehlenden Qualifikationsniveaus geringere Chancen (Friedrichs 1997). Damit läßt sich auch ein wesentlicher Teilbereich der hohen Abbruchquote von Ausbildungen bei ausländischen Jugendlichen erklären, die entweder keinen Sinn mehr sehen oder auch nicht mehr »mithalten« können. Die Antwort steht aus, wie diese Generation damit umgehen kann. Wenn Hoffmann-Nowotny (1973, S. 176) feststellt »daß das Nähren einer Heimkehrillusion einer der Mechanismen ist, die es möglich machen, die marginale Situation und die damit verbundene Anomie zu ertragen«, so gilt diese »Exit«-Variante (im Sinne Hirschmans, 1970) für die zweite und v. a. für die dritte Generation nicht mehr, also gerade für jene Altersgruppe, die, historischen Migrationsstudien (vgl. Hansen 1938) zufolge, mit vielfältigen Schwierigkeiten zu kämpfen hat.

Insofern ist die Gefahr der »Voice«-Variante von Hirschman, also des politischen Protests (vgl. Friedrichs 1997), zu berücksichtigen, da dieser sich v. a. mit Selbst-Ethnisierung verbinden kann, welche besonders mobilisierungsträchtig ist. Angesichts solcher Entwicklungen scheint für bestimmte ethnische Jugendgruppen nur noch der Ausweg in die »Kultur der Gewalt« (Cloward/Ohlin 1960) möglich, um Status und Prestige zu erwerben. Die Auseinandersetzungen entzünden sich zumeist an vermeintlichen Nebensächlichkeiten. Dies verweist aber gerade auf die hohe Konfliktlatenz und Anspannung, weil immer auch die Substanz von kulturellen Selbstverständlichkeiten bloßgelegt wird, so daß Gewalt zu einem effektiven Mittel der Selbststabilisierung avanciert. Dieser Mechanismus erklärt auch einen Teil der Fehden zwischen rußlanddeutschen und türkischen Jugendlichen bzw. zwischen Angehörigen der Mehrheitsgesellschaft und anderen Migrantengruppen.

Die Vermeidung ethnisch-kultureller Spannungen über einen tragischen, ja zynischen Zusammenhang gelingt nicht mehr. Hoffmann-Nowotny (1973) beschreibt diesen als Prozeß der Anerkennung »neofeudaler Absetzung«. Indem die Zugewanderten die Einheimischen als überlegen anerkennen, verschärfen sie nicht die anomischen Konflikte der Aufnahmegesellschaft und reduzieren für sich selbst die Zwiespältigkeiten etwa der Statusunvollständigkeit.

»Das Gefühl der Diskriminierung besteht erst dann, wenn die Mobilitäts-
aspirationen (wieder) erhoben werden. In dem Moment, wo die Zugewanderten ihre Bezugsgrößen vom Einwanderungskontext beziehen, wird
ihnen ihre marginale Lage erst bewußt« (Treibel 1990, S. 129).

Die Förderung der Mobilitätsaspiration einerseits, was sich in der
Zunahme qualifizierter Bildungs- und Ausbildungsabschlüsse jugendlicher Migranten manifestiert, und das Fehlen von Übergän-
gen ins Berufsleben andererseits begünstigen somit geradezu die
anomischen Spannungen und tragen auch zur Delegitimierung von
Normen bei, weil z. B. das Befolgen von Leistungsanforderungen
nicht durch die Integration auf dem Arbeitsmarkt honoriert wird.
Dies kann als Indifferenz des politisch-ökonomischen Systems interpretiert und übertragen werden auf die eigene Gleichgültigkeit
gegenüber normativen Vorgaben, deren Sinngehalt durch diese existentiell anomische Spannung in Mitleidenschaft gezogen wird:

»Unsere Lebensschizophrenie bringt uns ja dazu, daß wir sehr unsicher
sind, ob wir nun Türken sind oder Deutsche. Das sind alles Konflikte, wo
man sich dann später Gleichgesinnte sucht. Und es sind eben die Gleichden-
kenden und Gleichfühlenden, die dann die Banden bilden. (...) Dann hole
ich mir halt meine eigenen Leute und versuche, meine eigenen Regeln, unsere
eigenen Gesetze zu machen« (zit. nach Farin/Seidel-Pielen 1991, S. 43 f.).

Vor diesem Hintergrund sind insbesondere für die dritte Migrantengeneration erhebliche Problemlagen zu erwarten, zumal dann,
wenn sich Fremdausgrenzung, die Angst erzeugt, und Selbstaus-
grenzung, die Elitebewußtsein hervorbringt, verbinden und gruppenspezifisch formieren. Eine weitere kritische Variante ergibt sich
aus den Folgen der Bearbeitung anomischer Spannungen durch die
Orientierung an aggressiven islamisch-fundamentalistischen Anschauungen. Die (Rück-)Gewinnung eigener Sicherheiten geht mit
einer erhöhten Konfrontationsgefahr einher. Es werden also dann
solche Verarbeitungsstrategien gewählt, über die man *selbst verfügen* kann. Gerade diese sind nicht die schon mehrfach aufgeführten
systemischen Zugänge, über die sich in der Stadt auch zukünftig
eine »Kultur der Differenz und Indifferenz« entwickeln kann.

Ganz gleich, in welche Richtungen die Entwicklungen verlaufen
werden, ihr Konfliktpotential wird steigen; sei es jene krisenhafte
Entwicklung im Gefolge von Anomie oder jene, die auf »erfolgreiche« Integration hinausläuft. Dies liegt im wesentlichen in vielfach
übersehenen Zusammenhängen begründet, die das Dilemma kom-
plettieren:

– Eine Zunahme von ökonomischer Gleichheit führt nicht zur Verringerung, sondern zur Erhöhung des Konkurrenzverhaltens und zur Ausweitung von Konflikten.
– Eine Minderung von politischen Machtunterschieden bewirkt nicht weniger, sondern mehr Auseinandersetzungen.
– Eine Sperrung von sozialen Statuslinien verhilft den Einheimischen zur Absicherung des eigenen Aufstiegs. Jede Veränderung des Aspirationsniveaus bei Einwanderern und daraus entstehender »erfolgreicher« Integration reduziert nicht die Spannungen, sondern verstärkt sie.

Diese Punkte zeigen, daß die Konflikte dauerhaft sind und sich die Frage zuspitzt, wie eine Konfliktbalance erreicht werden kann, denn einer solchen »Störung« ihrer Hierarchien begegnen *moderne* Gesellschaften *traditionell* mit der Aktivierung von Ethnisierung, die wiederum von Re-Ethnisierung bei den Zugewanderten begleitet oder als Reaktion erfolgen wird.

Beide Entwicklungslinien, von denen die krisenhafte, von Anomieprozessen bestimmte die empirisch evidentere sein dürfte, erfordern neue Anstrengungen im Bereich *intermediärer Instanzen*, also Institutionen, die integrierend wirken. Ihre Aufgabe ist es, Interessenbalancen herzustellen und demokratische Konfliktaustragungen, z. B. zwischen ethnisch-kulturellen differenten Gruppen oder zwischen staatlichen Stellen und Bürgern »abgehängter«, verslumender Stadtteile, zu gewährleisten.

Es gehört aber gerade zu den Auswirkungen von gesellschaftlicher Anomie, daß diese Institutionenlücke aufgerissen wird. Sei es,
– daß die Mitglieder in Scharen die Parteien oder Kirchen verlassen;
– daß sich auch die Firmen aus ihren kollektiven Verbänden verabschieden und auf eigene Rechnung ihre Tarife »hausgerecht« zuschneiden;
– daß die Bindekraft der Institution so nachläßt, daß etwa fremdenfeindliche Einstellungen wie selbstverständlich auch in Gewerkschaften verbreitet sind;
– daß sich vermittelnde Instanzen wie etwa Ausländerbeiräte als Fehlkonstruktion erweisen, in die keine Migrantengruppe übermäßiges Vertrauen investiert;
– daß die abschottende Selbstethnisierung die Bedeutung intermediärer Instanzen völlig absenkt;

– daß die subjektive Wahrnehmung der individuellen Ohnmacht und das Gefühl mangelnder Selbstwirksamkeit die Durchsetzungs- und Legitimationskraft von Institutionen weiter schwächen.

Diese Liste ließe sich fast beliebig verlängern; sie zeigt aber schon anhand der aufgeführten Beispiele, welche Brisanz die Institutionen-Lücke birgt.

6. Die Entwicklungsperspektive: Ein »Amerikanisierungs«-Prozeß?

Die Internationalisierung und Globalisierung mit ihrem hohen Entwicklungstempo scheint die Integrationskraft moderner Gesellschaften weiter zu schwächen und die desintegrierenden Kräfte zu verstärken. Daraus entsteht eine »Amerikanisierung« des Arbeitsmarktes (Dangschat 1995) über neue Formen der Deregulierung etc. Dieser folgt eine »Amerikanisierung« des Wohnungsmarktes durch das Abschmelzen der marktunabhängigen Steuerung. Nach Häußermann (1997) betrug der Anteil von »public houses« in den USA selten mehr als 2%, während er sich in den europäischen Städten auf bis zu 30% belief. Diese Quote als Puffer zur Regelung der Sozialintegration geht drastisch zurück, da die Städte ihre Bestände zur Sanierung des Haushaltes veräußern oder bestenfalls jene in den Randzonen behalten, wo keine Kapitalinteressen zu binden sind. Die Folgen sind noch nicht abzusehen. Häußermann (1997) befürchtet, daß die Klassenstädte des 19. Jahrhunderts eine Renaissance erleben werden; im 21. Jahrhundert allerdings in Gestalt segregierter Zonen mit ethnisch-kulturell vielfältigen »underclasses«. Dabei läuft die demographische Entwicklung in den Städten darauf hinaus, daß jene ethnischen Minoritäten (z. T. jenseits aller Steuerungs- und polizeilicher Kontrollanstrengungen), die den stärksten Diskriminierungen ausgesetzt sind, größer werden. Deshalb wird inzwischen auch in der Bundesrepublik vom »Gift der Vorstädte« (Habermas) gesprochen. Diese Charakteristik ist allerdings auf zweifache Weise falsch. Zum einen, weil diese rigorosen Segregationen in Form von Gettos noch nicht existieren, zum anderen, weil die Kennzeichnung den Ausgangspunkt der Krisenphänomene falsch verortet. Die Probleme ziehen sich danach von der Peripherie in die Zentren. Dies ist nur phänomenologisch richtig, nicht ursächlich, denn daß sich ein »Gift der Gettos« auswirken kann, ergibt sich aus Politiken bzw. Nicht-Politiken in den Zentren.

Unter einer ruhig scheinenden Oberfläche gären die alten Probleme. So zeigen auf der einen Seite unveröffentlichte Bevölkerungsumfragen von Stadtverwaltungen, z.B. in einer westdeutschen Metropole mit desintegrierenden Arbeitsmarktbedingungen, daß 1996 die Ablehnung von Asylbewerbern schon wieder den Höchststand von 1993 und den vorhergehenden Jahren, also zu Zeiten der dramatischen Gewaltwellen, erreicht hat. Fremdenfeindlichkeit, in dem Sinne, daß »sich die Deutschen im eigenen Land gegen die vielen Ausländer wehren müssen«, ist beispielsweise innerhalb eines Jahres, d.h. zwischen Frühjahr 1995 und Frühjahr 1996, von 25,5% auf 40,9% gestiegen.

Auf der anderen Seite wird der Rückzug von Migrationsgruppen in die eigenethnischen Gemeinschaften immer deutlicher. Seifert (1996) etwa berichtet, daß die interethnischen Kontakte zunehmend schwinden. Und auch Nauck/Kohlmann (1996) zeigen, daß immer häufiger türkische Migranten in der eigenethnischen Gemeinschaft verbleiben oder sich dorthin zurückziehen. Zugleich läßt sich unter türkischen Jugendlichen inzwischen ein hohes Maß an islamisch-fundamentalistischen bzw. nationalistischen Positionen feststellen (vgl. Heitmeyer u.a. 1997).

Die These von den zunehmenden ethnisch-kulturellen Konflikten kann m.E. fundiert werden durch die anomietheoretischen Überlegungen und den damit analysierten desintegrativen Prozessen, die sich insbesondere im (groß-)städtischen Kontext zuspitzen. Die zentralen Ursachen werden darin gesehen, daß durch die erörterten Struktur-, Regulations- und Kohäsionskrisen die zentralen Voraussetzungen für eine befriedende System- und Sozialintegration abnehmen.

Literatur

Beck, U.: *Jenseits von Stand und Klasse? Soziale Ungleichheiten, gesellschaftliche Individualisierungsprozesse und die Entstehung neuer Formationen und Identitäten*, in: Kreckel, R. (Hg.): *Soziale Ungleichheiten* (*Soziale Welt*, Sonderband 2), Göttingen 1983, S. 35-74.

»Beethoven teilen«. *ZEIT-Gespräch mit dem Kommunitarier Amitai Etzioni über Moral, Sozialstaat und Weltmarktkonkurrenz im amerikanischen Vorwahlkampf*, in: *Die Zeit*, Nr. 46, 10. 11. 1995, S. 43.

Cloward, R./Ohlin, L.: *Delinquency and Opportunity*, New York 1960.

Dangschat, J. S.: *Multikulturelle Gesellschaft und sozialräumliche Polarisierung*, in: Schwarz, U. (Hg.): *Risiko Stadt? Perspektiven der Urbanität*, Hamburg 1995.

Douglas, W./Taylor, M.: *The Analysis of Political Cleavages*. New Haven/London 1970.

Elias, N./Scotson, J. L.: *Etablierte und Außenseiter*, Frankfurt/M. 1990.

Esser, H.: *Nur eine Frage der Zeit? Zur Frage der Eingliederung von Migranten im Generationen-Zyklus und zu einer Möglichkeit, Unterschiede hierzu theoretisch zu erklären*, in: Esser, H./Friedrichs, J. (Hg.): *Generation und Identität*, Opladen 1990, S. 73-100.

Esser, H.: *Ethnische Konflikte als Auseinandersetzung um den Wert von kulturellem Kapital*, in: Dollase, R./Heitmeyer, W. (Hg.): *Die bedrängte Toleranz*, Frankfurt/M. 1996.

Farin, K./Seidel-Pielen, E.: *Krieg in den Städten. Jugendgangs in Deutschland*, Berlin 1991.

Friedrichs, J.: *Anomietendenzen und soziale Integration – Schleswig-Holstein im Vergleich*. Gutachten des Forschungsinstituts für Soziologie an der Universität zu Köln, 1994.

Friedrichs, J.: *Neue Perspektiven der Stadtsoziologie in Deutschland zu ethnisch-kulturellen Konflikten*, in: Backes, O./Dollase, R./Heitmeyer, W. (Hg.): *Riskante Stadtentwicklungen* (i. Druck), Frankfurt/M. 1997.

Häußermann, H.: *Die Stadt und die Stadtsoziologie. Urbane Lebensweise und die Integration des Fremden*, in: *Berliner Journal für Soziologie* 5 (1995), S. 89-98.

Häußermann, H.: *Zuwanderung und Stadtentwicklung. Bildet sich eine neue Unterklasse?*, in: Backes, O./Dollase, R./Heitmeyer, W. (Hg.), a. a. O.

Heitmeyer, W. u. a.: *Gewalt. Schattenseiten der Individualisierung bei Jugendlichen aus unterschiedlichen Milieus*, Weinheim/München 1995.

Heitmeyer, W. u. a.: *Verlockender Fundamentalismus*, Frankfurt/M. 1997.

Hirschman, A. O.: *Exit, Voice and Loyalty*, Cambridge/London 1970.

Hirschman, A. O.: *Wieviel Gemeinsinn braucht die liberale Gesellschaft?*, in: *Leviathan* 22 (1994), H.2, S. 293-304.

Hoffmann-Nowotny, H.-J.: *Soziologie des Fremdarbeiterproblems*, Stuttgart 1973.

Huntington, S. P.: *The Clash of Civilizations?*, in: *Foreign Affairs*, Summer 1993, S. 22-49.

Ostendorf, B.: *Der Preis des Multikulturalismus. Entwicklungen in den USA*, in: *Merkur* 9/10, 1992, S. 847-862.

Seifert, W.: *Zunehmende Arbeitsmarktintegration bei anhaltender sozialer Segregation*, in: ISI 15 (1996), S. 7-11.

Treibel, A.: *Migration in modernen Gesellschaften*, Weinheim/München 1990.

Die Autorinnen und Autoren

Günter Albrecht: Dr., Professor für Soziologie an der Universität Bielefeld

Heiner Barz: Dr., wiss. Assistent für Erziehungswissenschaft an der Albert-Ludwigs-Universität Freiburg/B.

Mathias Bös: Dr., wiss. Mitarbeiter am Fachbereich Gesellschaftswissenschaften der Universität Heidelberg

Hans Hartwig Bohle: Dr., Privatdozent an der Fakultät für Soziologie der Universität Bielefeld

Klaus Dörre: Dr., wiss. Mitarbeiter am Soziologischen Forschungsinstitut (SOFI) in Göttingen

Jürgen Friedrichs: Dr., Professor für Soziologie an der Universität Köln

Wolfgang Glatzer: Dr., Professor für Soziologie an der Universität Frankfurt/M.

Wilhelm Heitmeyer: Dr., Professor für Sozialisation an der Universität Bielefeld

Eike Hennig: Dr., Professor für Politikwissenschaft an der Universität/GHS Kassel

Heinz-Günter Holtappels: Dr., Professor für Schulpädagogik an der Hochschule Vechta

Sabine Hornberg: Dipl.-Pädagogin, wiss. Mitarbeiterin am Institut für Schulentwicklungsforschung (IFS) der Universität Dortmund

Karl-Dieter Keim: Dr., Professor, Direktor des Instituts für Regionalentwicklung und Strukturplanung, Berlin

Wolfgang Kühnel: Dr., wiss. Mitarbeiter am Sozialwissenschaftlichen Fachbereich der Humboldt-Universität Berlin

Hartmut Lüdtke: Dr., Professor für Soziologie an der Universität Marburg

Dorothee M. Meister: Dr., wiss. Mitarbeiterin am Fachbereich Erziehungswissenschaft der Universität Halle-Wittenberg

Rüdiger Peuckert: Dr., Professor für Soziologie an der Universität Osnabrück

Uwe Sander: Dr., Hochschuldozent am Fachbereich Erziehungswissenschaft der Universität Halle-Wittenberg